日本婦人洋装史

新装版

中山千代著

吉川弘文館

序

第二次世界大戦後、わが国の服装は和服から洋服に変った。それは、「服装革命」といわれる変革であった。戦後四〇年、和服は民族衣裳として社交儀礼に、あるいは趣味的に着用されるにすぎず、洋服が絶対多数を占めて日本の服装に定着した。着用意識においても、洋服はその名称の示す「西洋服」ではなく、私たちの服装として着用され、完全に日本服装となった。この推移は男女服装に共通の現象であるが、最も鮮明に変身したのは、女性の服装であった。その性による特殊性は、戦前に遡る女性生活の社会的条件に基く。男子洋服には勤務服としての軌跡が明瞭であるが、婦人洋装は女性の特殊な社会性がからみ合って展開し、戦後急速に普及した。外来服装受容は、どのようなプロセスを辿ったか。それは歴史の進展にどうかかわり、現代女性にとって何を意味するのか。服装史研究には、特に婦人洋装の歴史的展開が明らかにされなければならない。西洋服装が十六世紀にわが国へもたらされてから、現代日本の服装となった歴史的変遷について、婦人洋装を中心に解明するのが、本書の課題である。

わが国の洋装史研究は、西洋服装史と日本服装史の挾間にあって成立が遅れた。嚆矢は昭和五年出版の業界史、大阪洋服商同業組合編纂『日本洋服沿革史』である。貴重な体験的沿革史であるが、考証に不備な点があるのは、同書の性質上止むを得ない。なお同書の記述は、十七年版の東京洋服商工同業組合神田区部編『洋服沿革史』をはじめ、その後の業界史に踏襲されているので、注意を要する。学界では、藤沢衛彦『明治風俗史』(昭和四年)、江馬務「明治時代の風俗史的考察」(『風俗研究』一三八号、昭和六年)に、洋服がとりあげられたが、明治風俗の論考にとどまった。十一年には、江馬務『日本服装史要』に、明治・大正・昭和の「和洋混淆時代」が設定され、洋服は初めて日本服装史に体系づけられた。

和服から洋服への変革が行われた戦後は、服装史研究が盛んになった。文化の変容に伴う生活史研究が志向され、従来の様式史的風俗史・服装史は転機に迫られた。遠藤武「衣服と生活」(開国百年記念文化事業会編『明治文化史　生活』昭和二十九年)、家永三郎「日本人の洋服観の変遷」(『日本近代思想史研究』昭和三十年)、村上信彦『服装の歴史』(昭和三十一年)、江馬務『日本風俗文化史』(昭和三十二年)、和歌森太郎『日本風俗史』(昭和三十三年)等に、新研究が続出した。次いで、遠藤武「日本洋服史」(『被服文化』連載、昭和三十四年)は、専門別研究を確立し、石川綾子『日本女子洋装の源流と現代への展開』(昭和四十三年)に、女子洋装と西洋婦人服との関連が論考された。日本風俗史学会編『服飾近代史』(遠藤武編、昭和四十四年)では、当時の着用状況を反映して、洋装は近代服飾、和装は伝統服飾に位置づけられた。

家永三郎『日本人の洋服観の変遷』の「服装は、衣・食・住と並称されるとおり、人間の日常生活に不可欠の必需品という実用的機能が根本にあるとともに、社会の体制が要求する広い意味での政治的機能を負わせられている」という論旨は、婦人洋装を指標に展開された。村上信彦『服装の歴史』は、衣服と人間生活を支配する社会的条件の相関から、服装史を生きた人間生活の問題とし、洋装史は女性の「ズボンとスカート」論に集約された。両著は婦人洋装史にスポットをあて、服装史の主要論点を明確にした。その後、写真資料による洋装史、実物資料の実測調査、その他多くの研究論文が発表された。しかしまだ、綜合的な婦人洋装史は刊行されていない。本書はささやかながら、その試論である。

本書の資料について詳述する紙数はないが、基本的な二、三を挙げて記したい。当代の服装を着用して生活した人びとの資料は、かなり豊富に残されている。服装は常にこれら着用者によって考察されてきたが、製作者からも解明する必要がある。さらに、ミシンを含めて製作技術の時代的特性は、服装史に重要な問題である。裁縫技術史は女子大学の被服構成（洋裁）研究に、行われている。本書には、東京家政学院大学教授豊原繁子・井上和子氏の実測裁断図二例を掲載させていただいた。さらに、細かな事象を把握できる製作者に関する史料はほとんど無い。そのため、業界長老の談話を蒐集した。数十名にわたる聞書は、明治末年からの体験であるが、貴重な資料となった。しかし、業界成立期については伝聞のための誤りがあり、体験談話にも種々な事情から、オリジナルでないものが含まれている。その補充には、商館のディレクトリ（名簿）が有用である。日本在留外国人研究を続けていられた重久篤太郎京都芸術大学名誉教授と共同調査を行い、在外ディレクトリを含めて、一八六〇年（万延元）から一九二七年（昭和二）まで、検出することができた。ディレクトリは人間の動静から外来文化を探るに役立ち、業界成立の解明も可能になった。外来服装受容二大エポックのうち、古代大陸服伝来はあまりにも遙かであるが、西洋服導入の後期は現代人の自分史である。しかし、無名の民衆史料はきわめて得にくい。しかも、それらは次第に湮滅する。資料採集は、急がねばならぬことを痛感させられた。

本書成稿にあたり、時代区分の設定に従って章をたてた。さらに、十六世紀後期の南蛮服、十七世紀から十九世紀前半期に至る紅毛服を第一部とし、以降を第二部とした。日欧交通開始によって流入した西洋服は、男子服であった。しかし、これが男子服であったことに婦人洋装史上の意味があり、個々の事象では婦人洋服への関連もあって、南蛮服導入は婦人洋装史の起点である。

私たちが洋服と称する西洋服装は、幕末の開国によって流入し、第二部を構成する起章となる。婦人洋服はまだ着用されていないが、幕末の人びとが洋服に接した種々な状況は、明治洋装へ発展する黎明期であった。

第二章　明治洋装は、受容過程から三期に分ける。初期は西洋文明の激しく流入する文明開化期、中期は十五年から二十三年頃までの鹿鳴館洋装流行期、後期はハイカラな貴族・ブルジョア洋装展開期である。

第三章　大正洋装は、市民社会が二十世紀スタイルを受容し、明治洋装とは明確に区別される。初期には生活改善運動の洋装化が進行し、関東大震災後の末期は、アッパッパとモダニズムの大衆時代であった。

第四章　昭和洋装は、着用率の増大が大正洋装を劃す発展である。初期に普及の速度を早め、大戦中にも活用され、戦後には和服から洋服への変革が行われ、わが国服装の洋装化が完成された。

以上のような時代区分を設定した本書は、洋服史ではなく洋装史を構成した。洋装は、洋服の着装状態をいう。また、近年では女性の洋服を指すことが多い。「洋装史」の表題によって、本書の主題を明確にしたい。

戦前の学生時代から既に洋服を着用していた私にとっても、戦後の和服から洋服への変貌は、眼前に見る驚異であった。戦後、何かをしなければという思いの私は、女性に初めて開かれた大学へ編入学して、婦人洋装史研究に志した。立正大学文学部史学科から大学院へ、唯一人の女子学生は、諸先生から深い学恩と御激励を受けた。特に卒業後も長く、石田茂作先生から御指導いただいた。昭和四十六年十一月十三日、喜寿の祝賀を辞退された石田先生は、先生の教を受けた者五十数名を上野精養軒に招かれ、各自の研究を成就し、出版することを要請された。私の日本婦人洋装史研究もその中へ入れて下さったので、完成への決意を新たにした。しかし、研究は長くかかり、ディレクトリ研究の進捗を御報告後間もなく、五十二年八月十日に、先生は急逝された。「やっていればよい」といつも申され、序文執筆を約束して下さった先生に申訳なく、本書出版に際して、限りなく深い悲しみである。謹んで本書を

石田茂作先生の霊に捧ぐ

石田先生御逝去後「日本婦人洋装史研究」を完成し、立正大学の学位論文に提出した。本論文を審査し、御推奨賜わった北島正元、桃裕行、中尾堯先生に深く感謝申し上げる。

今は亡き立正大学の恩師有高巖、伊木寿一両先生にも、本書をごらんいただくすべはないが、御健在の楢崎宗重先生に御報告できたのは、私にとって大きな喜びである。

中国商館のテーラー、ドレスメーカー研究のため、勤務校文教大学海外研修制度（昭和五十七年度）によって中国へ留学し、北京大学、北京师范大学、上海师范大学、中国社会科学院、各地の博物館・図書館の各位諸先生から、御支援、御指導を賜わり、現地調査を行うことができた。また、社団法人日本洋装協会をはじめ業界の諸先生から多くの談話を承り、東京・横浜・千葉・神戸・京都・長崎・熊本・佐賀等各地の方がたから、貴重な資料を御提供いただき、欧米にある関係資料の写真も掲載させていただいた。多数の御名前をここに記せぬことを残念に思い、衷心から感謝の意を表したい。

本書の刊行について、御配慮いただいた吉川弘文館社長吉川圭三氏、出版部長山田亨氏に、厚く御礼を申し上げる。

昭和六十一年十二月五日

中山千代

目次

第二部

挿図目次

図版目次

原色

単色

録』 大正九年 ……49
74 木村鉄太敬直像 木村鉄太『航米記』 青潮社 ……49
75 カメハメハ四世と王妃 木村鉄太敬直筆 木村鉄太『航米記』 青潮社 ……50
76 ピアノを弾くイギリス少女 木村鉄太敬直筆 木村鉄太『航米記』 青潮社 ……50
77 大統領公式謁見 田中一貞編『万延元年遣米使節図録』 大正九年 ……50
78 大統領大夜会『フランク・レスリーズ・イラストレイテッド・ニュースペーパー』 一八六〇年六月六日 ……51
79 大統領晩餐会『フランク・レスリーズ・イラストレイテッド・ニュースペーパー』 一八六〇年六月九日 ……51
80 ハリエット・レイン像 東京大学史料編纂所 ……52
81 アメリカ男子・女子像 木村鉄太敬直筆 木村鉄太『航米記』 青潮社 ……52
82 福沢諭吉とアメリカ少女 万延元年 慶応義塾大学福沢研究センター ……53
83 パリ万国博覧会派遣委員一行 マルセイユ 慶応三年三月一日 『渋沢栄一滞仏日記』 ……53
84 徳川昭武像 ティソ筆 一八六八年 水府明徳会彰考館 ……54
85 紫と金の奇想曲第二：金屏風 ホイッスラー筆 一八六四年 フリア美術館 ……54
86 バルコニー ホイッスラー筆 一八六七年 フリア美術館 ……55
87 日本娘 モネ筆 一八七六年 ボストン美術館 ……55
88 運上所より東異人商館町を見込たる之図（部分） 貞秀筆『横浜開港見聞誌』 ……56
89 亜墨利加婦人夏の衣姿 貞秀筆『横浜開港見聞誌』 ……56
90 同婦人之姿冬之衣之図 貞秀筆『横浜開港見聞誌』 ……56
91 コルセット 一八五〇年 Charles H. Gibbs-Smith; The Fashionable Lady in the 19 th Century. London, 1960 ……56
92 横浜海岸通り蘭人ミニストルの売場内部 貞秀筆『横浜開港見聞誌』 ……57
93 西洋婦人図『横浜日記』 神奈川県立金沢文庫 ……57
94 アメリカ人夫婦揺歩之図『横浜日記』 神奈川県立金沢文庫 ……57
95 亜墨利加国の婦人けはいするすがたを作るに二面鏡をもって合せ見る躰なり 貞秀筆『横浜開港見聞誌』 ……58
96 イギリス 芳富筆（横浜絵） 万延元年 日本通運株式会社 ……58

97 運上所より東異人商館町を見込たる之図（部分） 貞秀筆『横浜開港見聞誌』……59
98 生写異国人物阿蘭陀婦人挙觴愛児童之図 貞秀筆（横浜絵） 万延元年 神奈川県立博物館……59
99 穏磵 一光斎芳盛筆（横浜絵） 万延元年 神奈川県立博物館……59
100 らしゃめん『横浜日記』 神奈川県立金沢文庫……59
101 英吉利国波止場風景 二代広重筆（横浜絵） 万延元年 日本通運株式会社……60
102 筒袖羽織陣股引 勝麟太郎 万延元年 田中一貞編『万延元年遣米使節図録』 大正九年……60
103 陸軍服 撤兵頭並 揖斐吉之助 慶応四年『旧幕府』第二巻第一一号 明治三十一年十一月……61
104 海軍服 総裁榎本武揚と幕僚 慶応四年『旧幕府』第三巻第五号 明治三十二年七月……61
105 片山淳之助『西洋衣食住』 慶応三年……62
106 ヘボン夫妻 金婚式記念撮影 明治二十三年十月二十七日 神奈川・高谷道男氏……63
107 S・R・ブラウン夫人 ニューヨーク、サンド・ビーチ・リフォームド教会……64
108 仕かけぬい物の図（部分） 貞秀筆『横浜開港見聞誌』……64
109 縫もの「異人双六」（部分） 万延・文久頃……65
110 万延元年遣米使節、ミシンを見る図『フランク・レスリーズ・イラストレイテッド・ニュースペーパー』一八六〇年六月六日……65
111 制服『太政官日誌』明治三年十一月十五日……66
112 鉄道開業式（部分）『イラストレイテッド・ロンドン・ニュース』一八七二年十二月七日『描かれた幕末明治』 雄松堂出版……67
113 大礼服着用岩倉倶視像（銅版画）……67
114 横河秋濤『開化の入口』挿絵 明治六〜七年『明治文化全集』……68
115〜118 長崎丸山寄合町松月楼遊女の洋装 明治六年 長崎市立博物館……69
119 丸山遊女の洋装 長崎・渡辺庫輔氏……70
120 東京芸妓洋装 よし町小君 長野・若林勅滋氏……70
121 同 仲ノ町小国……70
122 同 島原玉吉……70
123 北海道開拓使派遣女子留学生出発の記念撮影 明治四年十月 津田塾大学……71
124 同 シカゴでの洋装記念撮影 明治五年一月 津田塾大学……71

125 蜂須賀茂韶夫妻 ロンドン 明治六年 徳島・森甚一郎氏 …… 72
126 見立多以尽 洋行がしたい 大蘇芳年筆 明治十一年 … 72
127 当世開化別品競 女子師範学校 豊原国周筆 明治二十年 …… 72
128 メアリ・エディ・キダーの肖像 フェリス女学院資料室 …… 72
129 宮廷服 初雁ノ御歌（明治十一年九月二十六日） 鏑木清方筆 大正十五年 明治神宮聖徳記念絵画館 …… 73
130 大礼服 東伏見宮周子妃 『化粧かゞみ』明治四十年四月 …… 73
131 中礼服 侯爵山内豊景夫人頼子 『婦人世界』第二巻第七号 明治四十年六月 …… 73
132 通常礼服 子爵松前修廣夫人藤子 『化粧かゞみ』明治四十年四月 …… 73
133 明治天皇・皇后 キヨソネ筆 明治神宮宝物館 …… 74
134―1 北白川宮妃着用 白サテン地銀ビーズ刺繍大礼服 塙経亮氏提供 …… 74
134―2 同 白ブロケード地菊花模様ラメ入りコート 塙経亮氏提供 …… 74
135 伯爵大谷光瑞夫人籌子着用 白サテン地に赤シフォンクレープ重ね中礼服 京都女子大学 …… 75
136 皇后着用 白綸子地桜花模様ベージュ色模様チュール重ね通常礼服 明治神宮宝物館 …… 75
137 皇后着用 紫色メリノ地テーラード型バッスル・ドレス 千葉・誕生寺 …… 75
138―1 伯爵大谷光瑞夫人籌子所用 キャプリン型帽子 京都女子大学 …… 75
138―2 同 ビーズ飾パンプス型ハイヒール 京都女子大学 …… 75
139 伯爵井上馨夫人武子 神奈川・影山智洋氏 …… 75
140 侯爵鍋島直大夫人栄子 霞会館 …… 76
141 ヨーロッパのファッション 一八八〇～九〇年（銅版画） …… 77
141―1 片前三ツ釦背広服 モーニング・コート フロック・コート イブニング・コート（左から）
141―2 バッスル・ドレス
142 侯爵伊藤博文夫人梅子・長女生子 神奈川・影山智洋氏 …… 78
143 伯爵戸田氏共夫人極子 神奈川・影山智洋氏 …… 78
144 貴女裁縫之図 松斎吟光筆 明治二十年 …… 78
145 東京名所之内 西丸二重橋 楊斎延一筆 明治二十一

年 ……… 79
146 東京名所之内 靖国神社真景 楊斎延一筆 明治二十一年 ……… 79
147 風俗参十二相遊歩がしたそう 明治年間妻君之風俗 芳年筆 明治二十一年 ……… 80
148 教育誉之手術 勝月筆 明治二十三年 ……… 80
149 平塚光沢の洋装 明治二十一、二年頃 東京・平塚家 … 81
150 平塚光沢の和装 明治二十年二月 東京・平塚家 ……… 81
151 女子高等師範学校制服 明治十九年 『東京女子高等師範学校沿革略志』 大正四年 ……… 82
152 新潟県尋常師範学校女子部洋服 東京・佐々木ウメ氏 … 82
153 現世佳人集 楊州周延筆（部分） 明治二十年 ……… 83
154 今様柳語誌 水野年方筆（部分） 明治二十一年 ……… 83
155—1 陸軍軍医総監石黒忠悳夫人クカ着用 黒ファイユ地黒ビーズ飾上着 東京・石黒孝次郎氏 ……… 83
155—2 同 黒ファイユ地レース飾クロッシェ型帽子 ……… 83
155—3 同 コルセット ……… 83
155—4 同 コルセット ……… 83
156 浦賀船渠創立者塚原周造夫人着用 黒ブロケード地茶ビロード地組合せバッスル・ドレス 文化学園服飾博物館 ……… 84
157 猿まね ビゴー筆 『トバエ』 一八八七年五月十五日号… 84
158 ハイカラ 『当世ハイカラ競』 口絵 明治三十八年 ……… 84
159 憲法発布式 和田英作筆 明治神宮聖徳記念絵画館 …… 85
160 麹町永田町之図 『新撰東京名所図会』 明治三十三年… 86
161 御堀端の図 『新撰東京名所図会』 明治三十六年 ……… 86
162 東宮妃のマントー・ド・クール 『婦人世界』 第三巻第一号 明治四十一年一月 ……… 87
163 ハイカラー、ゴアード・スカート 一八九五年 Henny Harald Hansen; Costume Cavalcade. Copenhagen, 1954 ……… 87
164—1 S型スタイル 一九〇〇年 Charles H. Gibbs-Smith; The Fashionable Lady in the 19th Century. London, 1960 ……… 87
164—2 アール・ヌーボー ペンダント 作者不詳 『アール・ヌーボー展』 カタログ 昭和四十三年 ……… 87
164—3 アール・ヌーボー 鼈甲の櫛 ヴェヴェール作 『アール・ヌーボー展』 カタログ 昭和四十三年 ……… 87
164—4 アール・ヌーボー 銀製バックル 作者不詳 『アール・ヌーボー展』 カタログ 昭和四十三年 ……… 87
165 キモノスタイル（ラフリエール作）、キモノスリーブ（パカン作） 一九一二年 Henny Harald Hansen;

188 流行社日本衣服改良案懸賞募集　二等当選作品『流行』第一四号　明治三十四年一月……97
189 梶田半古新案改良服『流行』第一九号　明治三十四年六月……97
190 原貞子新案婦人服『婦人之友五十年の歩み』婦人之友社　昭和二十八年……97
191 吾妻コート　山村耕花筆「温室の朝」『婦人世界』第七巻第三号　明治四十五年二月……97
192 中国人洋服業　正木安子『男女服装西洋裁縫指南』（口絵）明治二十年……98
193 諸工職業競　舶来仕立職　明治十二年……98
194 青木たけ　明治二十七年　東京・飯島偉孝氏……98
195 鈴木濱子『新婦人』第二年第一号　明治四十五年一月……98
196 徒弟　横浜元町、桜井貴婦人洋装店　昭和六年　東京・信濃正氏……99
197—1 洋裁師島田平八　横浜の職人時代　大正十年　東京・島田平八氏……99
197—2 同　横浜の店主時代　昭和八年……99
198 ブルマー服　一八五一年『イラストレイテッド・ロンドン・ニュース』一八五一年九月二十七日　横浜開港資料館……100
199 日本のブルマー服　国民学校高等科女生徒体操服　昭和十七年……100
200 ポール・ポアレのドレス　一九一二年　Palmer White; Poiret. London, 1973……100
201 二〇世紀スタイル　The playgoer and society illustrated. Vol. VI. No. 33, London, 1912……101
202 ショート・スカート、チューブ・スタイル　La mode Pratique. Paris, 1922……101
203 婦人之友社懸賞募集作品（1・2）と軽快服（3）大正八年『婦人之友』第一三巻第八号　大正八年八月……101
204 日本服装改善会　大正十年　東京・尾崎げん氏……102
205 津田敏子の洋装『婦人之友』第一三巻第八号　大正八年八月……102
206 俄仕込　岡本一平漫画『婦女界』第二一巻第六号　大正九年六月……102
207 新婦人協会幹部『婦女界』第二二巻第三号　大正九年九月……103
208 平塚らいてう、市川房枝の洋装『東京朝日』大正九年七月二日……103
209 婦選獲得同盟の女性たち　大正十四年　憲政記念館提供……104

210 尾崎げん　大正十一年　東京・尾崎げん氏 ……… 104
211 山脇高等女学校制服　『婦人画報』第一一巻　大正八年十一月 ……… 104
212 山脇高等女学校職員旅行　大正九年　東京・松井きつ氏 ……… 105
213 フェリス和英女学校標準服　大正十一年　フェリス女学院資料室 ……… 105
214 山口県立高等女学校教員中山セツ　大正十年一月　東京・守屋セツ氏 ……… 105
215 長崎女教員会制定女教員服　大正十年　長崎・西美代子氏 ……… 106
216 東京市街自動車女子車掌服　大正九年　『世界の自動車』朝日新聞社　昭和四十六年 ……… 106
217 森永製菓会社女工員制服　『婦女界』第二一巻第六号　大正九年六月 ……… 106
218 第一回メーデー　大正九年　共同通信社 ……… 107
219 紡績工場女工員　『婦女界』第二〇巻第五号　大正八年十一月 ……… 107
220 『女工哀史』の女工服　大正十二年　細井和喜蔵『女工哀史』　岩波書店 ……… 108
221 和服を直した簡単服　『婦人之友』第一七巻第一〇号　大正十二年十月 ……… 108
222 アッパッパの情景　住宅地の奥さん　『アサヒグラフ』　昭和七年八月二十四日号 ……… 108
223 同　げいこはんも ……… 109
224 同　シネマ見ませうか ……… 109
225 同　デパートへも ……… 109
226 同　マネキン人形が泣く ……… 110
227 同　海へも ……… 110
228 吉屋信子　『婦人公論』第一〇巻四号　大正十四年四月 … 110
229 大橋房子　『婦人公論』第一〇巻四号　大正十四年四月 … 110
230 銀座街頭毛断嬢之図　岸田劉生筆　『東京日日新聞』昭和二年五月二十八日 ……… 111
231 モダン・ボーイ、モダン・ガール　岡本一平漫画　『太陽』昭和二年六月号 ……… 111
232 ダンサー　『アサヒグラフ』昭和六年三月十八日号 …… 112
233 カフェー・ライオン　昭和十年頃　『画報近代百年史』第一〇集　国際文化情報社 ……… 112
234 海浜のトップ・モード　『アサヒグラフ』昭和五年七月二日号 ……… 112
235 モボ・モガ二人連れ　昭和二年十二月　『眼で見る昭和』　朝日新聞社　昭和四十七年 ……… 112

236　現代職業婦人の標準服装　オフィスガール　『アサヒグラフ』昭和四年九月十八日号……113
237　同　オフィスガール……113
238　同　車掌……113
239　同　教員……113
240　同　新興支那ショップ・ガール……114
241　同　ショップ・ガール……114
242　同　キャツシヤー……114
243　同　レデイース・メイド……114
244　同　ウエートレス……114
245　同　劇場案内人……115
246　同　チエムバー・メイド……115
247　同　美容師……115
248　大阪乗合自動車女子車掌服　『アサヒグラフ』昭和七年五月四日号……115
249　自由学園卒業制作勤労婦人服　昭和六年　『婦人之友五十年の歩み』婦人之友社　昭和二十八年……116
250　女子事務服　『アサヒグラフ』昭和四年二月十三日号……116
251　上野松坂屋　フアツシヨンレヴュー　『アサヒグラフ』昭和四年六月五日号……116
252　同　モダン・バザー、スポーツ・アンサンブル……117
253　同　モダン・バザー、アフタヌーン・ドレス……117
254　一九三〇年代ヨーロッパのロング・スタイル　Créations de manteaux. No. 34, Paris, 1938……117
255　一九三〇年代日本のロング・スタイル、アール・デコ模様　影山光洋氏撮影　昭和九年　神奈川・影山智洋氏……117
256　レディス洋裁学院　昭和元年　「あの頃」木崎都代子『ファッションタイムス』昭和三十一年二月二十日……118
257　渋谷君子洋裁講習会　昭和三年　新潟・渋谷君子氏……118
258　木村婦人洋服店　木村幸男夫人志んと内弟子　昭和五年頃　東京・木村志ん氏……119
259　シンガーミシン宣伝絵ハガキ　シンガー裁縫女学院生徒作品展覧会入場券　明治四十四年九月……119
259―1　日本の部
259―2　イタリアの部
260　立正学園女子挺身隊　昭和十八年　立正学園……120
261　ヨーロッパ戦時ファッション　Revue Parisienne. Paris, 1941……120
262　東亜の服装　『服装文化』第一一一号　昭和十五年三月……121
263　日本的右前式スタイル　『東亜服装』昭和十七年四月号……121
264　防空服　『東亜の装ひ』昭和十八年六月号……122

第一部

第一章　南　蛮　服

一　日欧交通の開始

1　天文十二年八月二十五日の種子島

旧暦八月は、台風の季節である。天文十二年（一五四三）八月二十五日、台風に遭遇した一艘の大船が、薩南種子島の西《にし》村《のむら》へ漂着した。どこの国から来たのかわからない。船には一〇〇余名乗っているが、異様な姿で言葉も通じない。その奇怪な様子に、西村の海岸は大騒ぎになった。しかし、船客の中に明国の儒生五峯という者がいたので、文字をよく知っている西村の主宰織部丞が、海岸の砂に杖で字を書いて尋ねた。

船中の客、何れの国の人なるを知らず。何ぞその形の異なるや（原漢文）

五峯も砂上に書いて答えた。

此は是れ西南蛮種の賈胡なり。ほぼ君臣の義を知ると雖も、いまだ礼貌のその中に在るを知らず。この故に、その飲むや杯飲して杯せず。その食するや手食して箸せず。徒に嗜欲のその情に愜《かな》うを知りて、文字のその理に通ずるを知らざるなり。所謂賈胡一処に到りて輒《すなわ》ち止るという。これその種なり。その有る所を以て、その無き所に易《か》うるのみ。

怪むべき者にあらず（原漢文）

右はわが国に初めてヨーロッパ人が来航した時の様子を、それから六三年後の慶長十一年（一六〇六）に、薩摩の禅僧南浦文之が『鉄炮記』（南浦文集所収）に記すところである。なお同書によると、織部丞はまた筆談で、彼らに領主の居処赤尾木の港へ行くことをすすめ、一方では、この大事を領主種子島時堯《ときたか》とその父恵時《よしとき》に知らせた。時堯は小船数十隻を出して彼らを迎え、二十七日に赤尾木へ入港させた。この地には、経書に通じ文字を書くことの速い忠首座という法華宗の僧がいて、文字によって五峯と話が通じた。五峯は異邦で知己を得たことを喜び、意気相通じ、両者の筆談で種々なことがわかった。商人の長は二人いて、一人は牟良叔舎《ムラシユクシヤ》、一人は喜利志多佗孟太《キリシタタモッタ》という。彼が手に持っている二、三尺の長さのものは、日本人が初めて見る鉄炮であった。小さな鉛の玉と妙薬をその中へ入れて、身を整え目を眇《すが》めて穴から火を放つと、電光を発し驚雷を轟かして的にあたり、傍の人びとは耳を掩うばかりであった。これは銀山や鉄壁をも撃破し、敵を倒す希世の武器であった。時堯は高価をいとわずに、二挺の鉄炮を買い、家臣篠川小四郎に命じて火薬の製法を学ばせた。時堯は毎日鉄炮の打ちかたを練習し、百発百中命中するまでに上達すると、その製法を志した。鉄匠数人に鉄炮の形を熟視させて、同じものを造らせてみたが、銃筒の底をふさぐことができなかった。しかし、翌年また蛮種の商人が種子島の熊野浦に来航し、その中に鉄匠がいたので、金兵衛尉清定に銃底をふさぐ技術を学ばせた。その結果製造できるようになったのが、種子島銃であるという。わが国に初めて伝わったヨーロッパの鉄炮は、中国製の破烈弾「てっぽう」よりも、威力的な火薬兵器であったので、戦国風雲の世に拡まった。最も早く鉄炮隊を組織して、実戦に用いた織田信長は、天下を制覇するのである。

南浦文之の『鉄炮記』は、時堯の子久時の依頼により、鉄炮の初伝を記したものであるが、また日欧交通開始の記録である。文之和尚は薩摩大竜寺の開山で宋学をもって知られ、島津家の外国文書を司っていた。『鉄炮記』を書いた時は、五二歳であった。この事件は彼の生れる一二年前にあたるが、外国関係文書に造詣の深い碩学が、種子島家の記録によって編述したのである。そのため、種子島家鉄炮伝来の功績を誇示する面があるとしても、ヨーロッパ人来航年月日については、日本側史料のうち最も信用度が高い。

しかし、西欧側の記録は、『鉄炮記』よりも一年早い一五四二年（天文十一）とするものが多い。そのもとになったのは、一五三六年から四〇年まで、ポルトガル領モルッカ諸島総督であったアントニオ・ガルヴァン António Galvão の『論述の書』の一節である。

一五四二年、ディオゴ・デ・フレイタス Diogo de Freitas 暹羅国ドドラ市に一船のカピタンとして在りしとき、その船より三人のポルトガル人一艘のジャンクに乗りて脱走し支那に向へり。その名をアントニオ・ダ・モッタ António da Motta フランシスコ・ゼイモト Francisco Zeimoto アントニオ・ペイショット António Peixoto といふ。北方三十度余に位置するリャンポー市へ入港せんとて行きたるに、後ろより非常なる暴風雨襲来して彼等を陸より隔てたり。かくの如くにして数日、東の方三十二度の位置に一島を見たり。これ人のジャポンエスと称し、古書のその財宝に就て語り伝ふるシパンガスなるが如し。而して、この諸島黄金・銀その他の財宝を有す。(1)

イエズス会本部が、一六二〇年から三四年にかけてマカオで編纂した『日本教会史』(2)の第四章「この諸島に関する知識が昔エウロッパ人の間にあったかどうかということ、また最初にポルトガル人によって発見された時期」に、ガルヴァン説が採られている。本書の執筆者、ポルトガル人、ジョアン・ロドゥリーゲス João Rodriguez は、一五七七年（天正五）頃から一六一〇年（慶長十五）まで約三三年間、日本に滞在したイエズス会士である。『日本大文典』『日本小文典』を著わすほど日本語に上達して、通訳をつとめた日本通であった。彼は『日本教会史』に、ガルヴァンの『論述の書』をその副題の一文から『諸国発見記』(3)と名付けて紹介し、それに書かれている通りであると言い、さらに次のような彼の知識を付け加えた。一五四二年にシャムからシナへ一隻のジャンクで出かけた三名のポルトガル人は台風に襲われて海上を漂流し、数日後、薩摩の海上にある種子島に入港して、「それから現在の一六三三年までの九一年間、ポルトガル人との交易が続いている」と言い、鉄砲についても、「鉄砲の製法を教えたポルトガル人の名前は今もその島に伝えられている」と言及した。ロドゥリーゲスは長崎及び豊後に滞在し、南浦文之の住む薩摩から遠く離れていたが、その期間は文之の二三歳から五六歳にあたり、同時代の人である。文之が『鉄炮記』を書いた時、ロドゥリーゲスは在国二九年目であった。日本通の彼は漂着地名も書き加えたが、その年月についてはガルヴァン説を掲げるだけで関心を示さなかった。その後、初めて豊後に入港したポルトガル船についても、府内のコレジオで日本語教師の養方軒パウロから聞いた話(4)を記しているが、その年月は書き留めていない。

なお、ヨーロッパの日本発見記には、ポルトガル人、フェルナン・メンデス・ピント Fernaõ Mendes Pinto の『遍歴記』(5)がある。ピントは一五三七年頃から五八年まで東洋諸国を旅行し、日本へは四度来航した。帰国後、その旅行の思い出を記したのが本書である。これによると、種子島に漂着したのは、シナ海賊船に乗って来たピント及び、ディオゴ・ゼイモト Diogo Zeimoto クリストヴァン・ボラリョ Christovão Borralho のポルトガル人三名である。到着年月は記していない。種子島領主ナウトキンは、琉球婦人の通訳で漂着ジャンクのシナ人と語り、顔と髭の特徴からシナ人でない三名を、ポルトガル人と知って大いに驚いた。ゼイモトは携えていた鉄炮を撃って、三六羽の鴨を射落した。日本人は初めて見る鉄炮の威力に驚き、魔法だと騒いだ。しかし、領主はゼイモトを厚遇して、鉄炮を譲り受けた。そして、射撃を練習し、火薬の製法を習い、遂に鉄炮の製造を始めた。ピントらが五ヵ月半後に種子島を出帆した時には、既に六〇〇挺以上の鉄炮が存在したことなど、詳細に記されている。ロドゥリーゲスはピントの記述について、「フェルナン・メンデス・ピントは、彼の作り話の書物で、自分自身をこれら三人の中の一人だとして、このジュンコに乗っていたのだとしているが、それは、この書物にある他の多くのことと同様に偽りである。彼は実地に見なかった国や事件は一つもないように書いているので、事実を伝えるよりは、むしろ娯楽のために彼の書物を著わしたと思われる」(6)と、排斥した。ロドゥリーゲスの非難には、イエズス会を脱退したピントに対する反感があるとも見られているが、ピントの記述には年月、地名、人名等の誤りが多く、彼自身が最初の漂着者であることは、一般的に信用されていない。岡本良知氏の考証によると、ピントの種子島来航は一五四四年末か四五年一月である。(7)

以上の文之、ガルヴァン、ピント、ロドゥリーゲスの諸書は、各自の立場から、ポルトガル船種子島漂着の日欧交通開始を伝え、ゼイモト、ダ・モッタという同一人物のような名も記されている。ヨーロッパの一五四二年説は、漂着年月に近い時に採録されているが、伝聞という難点があり、文之の一五四三年説は、六三年後の編述であるが、種子島家の記録に基いている。漂着年月日をその何れかに決定することはできないが、この頃の同じ事件が伝えられている。このように、日欧交通はポルトガル船の種子島漂着から開始された。

わが国はポルトガル船漂着まで、ヨーロッパを知らなかった。しかし、ヨーロッパでは、十三世紀末に書かれたイタリア人、マルコ・ポーロ Marco Polo の『東方見聞録』が読まれていて、日本はあこがれの黄金島であった。それから二〇〇年後、航海術の発達によって遠洋航海が可能になり、未知の国々に進出する大航海時代となった。黄金の国ジパングをめざして大西洋を進むコロンブス Christoph Columbus は、一四九二年に新大陸を発見した。ポルトガルはアフリカ沿岸に進出して、九八年にヴァスコ・ダ・ガマ Vasco da Gama が、アフリカ南端喜望峰からインドに至る東まわりのインド航路を開いた。一五二一年には、マジェラン Fernão Magalhães がフィリッピン諸島に達し、スペインによる西まわり世界航路が開かれた。ポルトガルとスペインが東と西から南アジアに来航し、ヨーロッパ世界を拡大する大航海時代に、東からのポルトガル人は日本に到達した。

南洋諸島は、香料・胡椒の特産地である。ヨーロッパの主要食料肉類の貯蔵や味付に、また薬用として重要な香料・胡椒は、アラビア商人がヴェネチアに運んで巨利を占めていた。インド航路を開いたポルトガル人はアラビア商人を駆逐し、武力による植民政策を進め、一五一〇年にインドのゴアを、翌一一年にはマラッカを占領して、南海貿易を手中に収めた。さらに、二年後の一三年には、北上してシナへ進出した。当時の明は朝貢船以外の外国貿易を厳禁していたので、ポルトガル船は密貿易を行った。取締りのゆるやかな福建、浙江沿岸に来航するポルトガル船は、四〇年代には、浙江省寧波《ニンポー》海上の二つの島リャンポー Liampo を根拠地とした。

中国貿易のポルトガル人は、中国人から日本についての知識を得て、次の前進目標を日本へむけた。国王ドン・マヌエール Dom Manuel の使節トメ・ピレス Tomé Pires をシナへ伴ったインド総督フェルナン・ペーレス・デ・アンドラード Fernão Peres de Andrade は、日本発見のための船を派遣したが、福建あたりで引返し、成功しなかった。[8] しかし、中国貿易根拠地リャンポー入港のため、東シナ海を往来するポルトガル船は、台風に遭遇すれば日本に到達する。ポルトガルから日本への道は、中国貿易の一船が台風のため、種子島に漂着して開かれたのである。その漂着船はヨーロッパの記録にシナのジャンクと記され、『鉄炮記』に記された五峯は、中国海賊王直といわれ、[9] ポルトガル船の中国貿易関係が示されている。しかも、これは台風による偶然な結果だけではなく、ポルトガル東進にとっては、必然的な到達点であった。

大航海時代の世界的波動によって、ポルトガル人が種子島に上陸し、日本人は初めてヨーロッパ人に出会ったのである。『鉄炮記』に「其の形類せず、その語通ぜず、見る者以て奇怪となす」「何ぞその形の異なるや」(原漢文)と、人びとの驚きを記されたヨーロッパ人の姿は、体形・容貌はもとより、その服装への驚異でもあった。日本人はここに初めて、十六世紀ヨーロッパの服装を眼前に見たのである。領主島津貴久の家臣新納喜右衛門は彼らを視察して、その服装を次のように報告したという。

> 未だ夷狄の風情を知らず。衣に於て袖は之無く、上着下穿に分つ。羽織長大なり、恰《かたち》好ましからず、猶、紐を結ばず。其奇体何ぞ不審なるや。(原漢文)

上着とズボンにマントをはおり、日本人のような帯を結ばない服装に驚愕した。乗組員たちは助けられた御礼に、上着・ズボンなどを漁夫たちに贈った。島津の家臣南園次郎右衛門常康は、網元船屋源兵衛からこの衣服を譲り受け、鹿児島の郷士伊集院兼房に献上したという。[10] この奇怪な異装のポルトガル人が携える鉄炮を種子島時尭が入手するため、彼我の交渉が行われた。時堯から鉄炮製造を命ぜられた金兵衛尉清定はむすめの若狭を異国船の船長に嫁がせて、その技術を伝授されたという話も伝えられ(11)、生活的な種々な関係が生じたことがうかがわれる。

ポルトガル船は種子島漂着後、九州の薩摩・日向・豊後へも来航した。ポルトガル船入港地の人びとは、初めてヨーロッパ人の服装に接した。

2　キリスト教の伝来

ポルトガル人が種子島に漂着して日欧交通が開かれてから六年後、天文十八年七月二十二日（一五四九年八月十五日）に、イエズス会 Compañía de Jesús の宣教師フランシスコ・サビエル Francisco Xavier 図1 が鹿児島に上陸して、わが国にキリスト教を伝えた。

イエズス会はイグナチオ・デ・ロヨラ Ignacio de Loyola がサビエルら一〇名の同志と共に、一五三四年、パリ、モンマルトルの丘の聖堂で結成した修道団体である。プロテスタントの宗教改革に対抗するカトリシズム改革教団の一会派を成し、四〇年にはローマ教皇の認可を得て、世界各地の布教に活躍した。ヴァスコ・ダ・ガマが一四九八年にインド航路を開いてから、ポルトガル人はインド、東南アジアに進出していた。この地域にキリスト教を拡めようとするポルトガル国王の依頼を受けて、イエズス会は創立者の一人、サビエルを派遣した。

サビエルは一五四一年（天文十）四月にリスボンを出立して翌年五月、インドのゴアに着いた。インド各地及びモルッカ諸島で種々な危険に遭遇しながら布教を続けたサビエルは、四八年（天文十七）にインドシナのマラッカへ来て、アンジロウ Anjiro(12) という日本人に出会った。薩摩のアンジロウはかつて、鹿児島で人を殺して寺に隠れた後、同地入港のポルトガル船へ遁れた。船長は彼を親友のサビエルに託すため、マラッカへ連れて行った。しかし、おりあしくサビエルに会うことができなかった。やむなくアンジロウは日本に帰る船に乗ったが、暴風雨のためシナに漂着した。シナから再びマラッカへ戻った時、サビエルに出会った。

サビエルはアンジロウから日本のことを聞き、東インドでの計画をすべて中止して、日本へ渡る決心を固め、渡航準備のためインドへ行った。アンジロウも弟と下僕を連れてインドのゴアへ行き、イエズス会が現地の少年を教育する聖パウロ学院に入って修業した。その頃、ゴアに来たイエズス会宣教師ルイス・フロイス Luis Frois は、この学院でアンジロウら三名に会い、彼の著書『日本史』[13]にその様子を記している。[14]それによると、アンジロウは三六、七歳と思われ、学院の修業六ヵ月の間、他の修道士たちと同じ服装であった。彼は修道服ルペータ rupeta を着用した最初の日本人である。ポルトガル語に上達し、学院中最も優れた能力を発揮し、模範生であった。イエズス会の心霊修業を行って、パウロ・デ・サンタ・フェ Paulo de Santa Fé の霊名を授けられた。彼の弟も下僕も洗礼を受け、キリシタンとなった彼らが、サビエルをわが国に案内して来たのである。

サビエルは一五四九年（天文十八）四月に、ゴアを出帆した。その一行は、宣教師サビエルとコスメ・デ・トルレス Cosme de Torres, S.J. イルマン、ジョアン・フェルナンデス João Fernandez 従僕アマドール（マラバール人）、マノエル（シナ人）に、日本人パウロ・デ・サンタ・フェ（アンジロウ）が弟ジョアン及び従者アントニオを伴い、計八名である。日本への定期便がまだない時期で、日本行ポルトガル船を見付けることができなかった。しかし、日本布教の熱意に燃えるサビエルは危険を顧みずに、シナ海賊船に乗りこんだ。一行は危険な長途の航海を続け、同年八月十五日（邦暦七月二十二日）に、鹿児島に着くことができた。[15]

日本に上陸したサビエル一行の足跡は、キリスト教布教の道であると同時に、日本人が初めて宣教師たちの服装を見る範囲の拡がりであった。サビエルの布教の動きをたどりながら、わが国の人びとがキリスト教の服装に接する過程をさぐることができる。

サビエルらはアンジロウの出身地鹿児島で、奉行や住民から歓迎された。ポルトガル船入港地の人びとはアンジロウが外国へ行ったことを尊敬し、キリシタンになったことにも驚かなかった。しかし、ポルトガル商人と異なる宣教師たちの服装には、非常な驚きを示した。一行はまた、伊集院宇治城に薩摩領主島津貴久を訪問した。貴久はアンジロウに種々質問し、聖母の画像を喜んで拝した。藩主の母も驚きと喜びのあまり、同じ画像の製作を注文したが、鹿児島には材料がないため、この希望は実現できなかった。(16) これは宗教的感動というよりも、初めて見る西洋婦人像への驚嘆であろう。貴久は珍しい異国の客を歓待し、彼らに一軒の小さな家を与えた。しかし、サビエルはみやこ(京都)へ行くことを希望した。国内の戦争のため便船は与えられず、滞在一〇ヵ月になった。この間、宣教師たちは住民と交際し、日本語を学び、教話を和訳して説教を行った。約一五〇人が洗礼を受けた。(17) また、アンジロウは異国の見聞を盛んに話したので、多数の人びとがマラッカ見物に出かける流行が起ったという。(18)

天文十九年(一五五〇)、平戸にポルトガル船が入津したことが、鹿児島へ伝えられた。同船の積んでいるイエズス会からの書簡を受取るため、サビエルは健康を害して熱のある身をいとわず、炎暑の中を通弁役の侍者一名を連れて、平戸へ出かけた。往復一ヵ月の旅を終えて鹿児島に帰着したサビエルは、足止めされている当地から、ポルトガル船の碇泊している平戸へ移ることを決意した。貴久もやむなく同意して、船を一艘貸し与えた。サビエルらは鹿児島のキリシタンたちに別れを告げて平戸へ行く。ポルトガル船貿易に潤う平戸では、領主松浦隆信に厚遇された。しかし、サビエルはみやこへ行くことを、なお思い続けるのである。みやこ行の船がないので、ともかく山口まで歩いて行くことを決心したサビエルは、日本語に上達したフェルナンデスを通弁に連れて、十月に平戸を出発した。フェルナンデスの背負う頭陀袋の中には、ミサ用の白麻製長衣の祭服アルバ alva(ポルトガル語。以下同国語については指示を略す)一枚、肌着三、四枚と、二人が体にかけて寝る古い毛布が一枚入っていた。日本人が見たこともないこの異様な姿は、貧しく粗末であったので、往来や広場の子供たちから石を投げられ、悪口を浴びせられた。全身びしょ濡れの体は凍え、空腹に堪えかねても、泊めてくれる宿のない時もあった。深い雪と寒さの山越には、足がはれて倒れるような苦しい旅路であったが、途中で三名を教化した。博多の町では、大きな寺院の僧侶に説教する機会に恵まれた。僧侶たちは彼らの異様な姿を見て、或る者は笑い、或る者は呆然として言葉も出ない有様であった。

困難な旅を続けて、ようやく周防国の首都山口に着いた。領主大内義隆を訪問すると、王は快活に、彼らの航海やインド及びヨーロッパについて尋ねた。彼らが布教の許可を望むキリスト教についても、話を聞いた。しかし、フェルナンデスの説明が仏教攻撃に及んだ時、怒りの態度を示したので、彼らは急ぎ退出した。サビエルは王に殺されるであろうと思ったが、翌日から許可を待たずに、町に出て説教を始めた。(19) 人びとの集まる辻で毎日説教を行ったので、山口の住民たちは宗教服をまとう宣教師たちの姿に接したのである。

サビエルはフェルナンデスを連れて、同年（天文十九）末、クリスマスの一週間前に山口を出立して、みやこへ旅立った。雪が深く、膝から上まで埋まる道である。夜の寒さはなお厳しく、身を刺す風雪は耐え難い。僅かな衣類を持参するだけであるから、夜は床に敷いてあるござを被っても、暖まることはできなかった。氷のように冷たい川を幾度か渡って、岩国まで裸足で歩いた。岩国から堺への船中では、この異様な異邦人に、乗客の罵倒があびせられた。しかし、港の名望家は貧しい姿の彼らに同情を寄せて、堺の友人へ依頼状を書いてくれた。堺の人はサビエルを我が家へ泊め、みやこへ行く貴人の行列に加わることを取り計らった。サビエルは布製のシャム帽をかぶり、堺から京都まで喜び勇んで、行列のあとから、雪の道を駆足でついて行った。

待望のみやこへ着いてみると、戦乱の巷と化し、サビエルの目的を果たせるような状況ではなかった。みやこの人びとはサビエルの姿に驚き、背後から大きな声で悪口を叫んだり笑ったりする。子供たちも、往来に走り出て嘲笑した。将軍足利義輝はみやこを脱出しているので、サビエルは古い御殿にひきこもる最高の国主、天皇訪問をはかった。粗末な服装の彼は、拝謁に必要な献上品について尋ねられた。天皇にお目通りがかなうならば、平戸から取り寄せようと答えたが、結局拝謁は実現しなかった。サビエルはみやこの布教をあきらめ、僅か一一日の滞在で堺へ引き返した。再び平戸まで、新年二月の寒さは雪と氷と風の辛い旅であった。四ヵ月を費して、平戸へ帰り着いた。[20]

平戸では留守をまもる宣教師コスメ・デ・トルレスの教化に、多数のキリシタンが増えていた。旅行の見聞によって、最も有力な王は大内氏であると考えたサビエルは、即刻山口へ移ることを決心した。平戸のキリシタンたちには、インドから宣教師を派遣することを約し、トルレス、フェルナンデス及び従者らを引き連れて別れを告げた。

サビエル一行は山口に着き、布教の許可を得るため、再び大内義隆を訪問した。サビエルは平戸のポルトガル船から入手したインド司教及びインド総督の書翰、マラッカの司令官から届いた種々の品物を持参した。フロイス『日本史』には、大きく精巧な時計、三つの砲身をもち贅をこらした燧石銃、緞子、美しい精良なガラス器、鏡、眼鏡等、この地方の人々がまだ一度も見たこともない十三の貴重な進物[21]

と、その贈物が記されている。『大内義隆記』にも、

天竺仁ノ送物様々ノ其中ニ。十二時ヲ司ルニ夜ル昼ノ長短ヲチガヘズ響鐘ノ声ト十三ノ琴ノ糸ヒカザルニ五調子十二調子ヲ吟ズルト老眼ノアザヤカニミユル鏡ノカゲナレバ。程遠ケレドモクモリナキ鏡モ二面候ヘバ。カヽル不思議ノ重宝ヲ五サマ送ケルトカヤ[22]

とある。義隆はこれらの珍奇な贈物を喜び、直ちに布教を許し、彼らの住む寺を与えた。サビエルが二回目の訪問の際、義隆は彼の携帯する金襴の祭服を見ることを望んだ。さらに、それを着て見せてほしいと頼み、「全くこのぱあでれは我等の信ずる神の生き写しのように見える」と、手を叩いて感嘆した。[23]

布教を許可されたサビエルは山口の住民にキリスト教を弘め、約五〇〇人に洗礼を授けた後、豊後に出立した。トルレスとフェルナンデスを山口に残し、二、三人の日本人に伴われて、険阻な山岳地の苦しい道を旅して行った。豊後に入港していた甲比丹ドゥアルテ・ダ・ガマ Duarte da Gama の船のポルトガル人たちは、全員祝着を着てサビエルを迎えた。

府内（現大分市）にいる豊後・肥後の守護職大友義鎮《よししげ》は、サビエルに会うことを熱望した。サビエルが義鎮を訪問する時、ポルトガル人たちの勧めにより、「黒きシャマロテの衣を着け、その上に錦を添えたる緑色天鵞絨《ビロード》金翠ある白き司祭衣」を着けた。ポルトガル人三〇人も立派な装いで随行した。そのほか多数の青年を従えた華やかな行列は、絹旗を掲げた三艘の舟に分乗し、シャラメラとフラウタの音楽を奏して、祝砲を発しながら大分川を交互に上って行った。この状況は、宣教師セバスチャン・ゴンサルベス Sebastião Gonçalvez によって記録されている。(24) サビエルの着たシャマロテ chamalote は絹毛混紡織物で、しなやかで美しい光沢があり、その黒衣にはおる司祭服は、錦を添えて金や翡翠のように美しい緑色ビロード地の飾り布を付けた白い大外衣である。商人たちのすすめによるとはいえ、サビエルも豪華な服装のデモンストレーションに、日本人の彼らを見る意識を充分に利用したのである。義鎮は一行を歓迎して、サビエルの国内に留まることを望んだ。しかし、サビエルは十一月までの僅か二ヵ月滞在の後、インドに出立した。インドから宣教師を送ることを約束して、義鎮の派遣したインド副王への使節と、インド及びヨーロッパ行きを希望する日本人二名を伴って行った。

サビエルの同伴した日本人のうち、山口の人、マテウス Matheus はゴアの学院に数ヵ月滞在した後病死したが、鹿児島のベルナルド Bernardo はヨーロッパに行く。一五五三年（天文二十二）九月、リスボンに上陸したベルナルドは、日本人として初めてのローマ行きを果した。その後、ポルトガルのコインブラ大学で勉学につとめたが、五七年春に病死した。(25) 留学生ベルナルドの四年にわたるヨーロッパの服装生活は、日本人最初の経験であった。

サビエルがわが国に滞在した二年三ヵ月に歩いた道は、鹿児島—平戸—鹿児島—平戸—山口—岩国—堺—京都—堺—平戸—山口—豊後府内である。この道中の住民たちは、初めて見るポルトガル宣教師の服装に驚愕した。そして、彼の留まる地、鹿児島・平戸・山口・府内で、キリシタンとなった約九〇〇名と多くの住民たちは、イエズス会士の服装を見なれていった。サビエルの粗末な服装は嘲笑されたが、豪華な祭服には感嘆が集まる。荘厳な装飾を尊ぶ仏教国日本では、宗教的美意識に外形美への感受性が強い。熱烈な布教精神に弊衣をかえりみなかったサビエルにとって、このことは新しい日本人観を開かせるものであった。また、ヨーロッパの珍しい贈物によって、布教許可が容易になることも、彼の切実な体験であった。訪問の贈物はヨーロッパでも一般的な儀礼であるが、宣教師は領主への贈物について特に、「日本の習慣に従って」と言い、布教許可との関係がつくられた。サビエルのこの行動は、立派な服装を着用して珍しい品物を贈る領主訪問のパターンとなった。これはわが国にとって、ヨーロッパ文化流入の一ルートとなり、教団にとっては、後に提起される宣教師服装問題の契機をはらんでいた。

二　南蛮人の服装

1　貿易商人の服装

ポルトガル船による日欧交通が開かれてから、わが国に渡来してヨーロッパ文化を伝えたのは、ポルトガル貿易商人とイエズス会宣教師であった。ポルトガル国王及びローマ教皇から、宗教者と商人以外の日本渡航は禁止されていたので、この両者だけである。彼らポルトガル人を当時のわが国では、天竺人または南蛮人と呼んでいた。天竺人と呼ぶのは、南方から来航するポルトガル人を、天竺（印度）から来る者と考えたからである。サビエルが一五五〇年（天文十九）に山口で初めて大内義隆に会った時、その手引をした貴人はサビエルを「天竺、すなわち仏が来たシャム国から渡来した」と紹介していることがフロイスの『日本史』[26]に記され、『大内義隆記』にも「天竺仁」と書かれている。コスメ・デ・トルレスが豊後滞在のサビエルへ送った一五五一年十月二十日（天文二十年九月二十一日）付書翰にも[27]、山口の兵士たちが彼らを「天竺人」と呼んだとある。その後、五九年（永禄二）に、京都布教のため豊後を出立した宣教師ガスパール・ヴィレラ Gaspar

Vilelaらが立ち寄った厳島神社で、小さな子供が「天竺人、天竺人」と叫んだ。[28] 京都での生活をはじめた彼らは、みやこの人びとからも天竺人と呼ばれ、[29] 各地にこの名称が通用していた。

一五六一年十一月五日（永禄四年九月二十八日）付、鹿児島の領主島津貴久から耶蘇会インド管区長への書翰には、「南蛮人のパードレ」[30] とある。南蛮とは、中国が自国を中華、四方後進国を東夷・西戎・北狄・南蛮と称する語である。わが国では平安中期から、南方諸国を指す南蛮の使用例が見られる。[31] ポルトガル人はこの南方諸国を経由して来たので、南蛮人と呼ばれた。しかし、永禄年間以前は、「天竺人」Chenjicus が多く用いられ、「南蛮人」Nambangis の名称は少ない。その後、一五七六年九月九日（天正四年八月十七日）付、宣教師フランシスコ・カブラル Francisco Cabral が口ノ津からポルトガルの耶蘇会イルマンらに贈った書翰に、「南蛮の坊主 Bonzos de Nambão（我等をかくの如く称せり）」[32] とあり、八一年（天正九）の「イエズス会日本年報」にも、「南蛮（日本においては我等をかく称した）」[33] とあって、天正頃には南蛮という呼名が定着したようである。『信長公記』が「唐土・高麗・南蛮」[34] の世界観を示すのに対して、『太閤さま軍記のうち』には「高麗・琉球・南蛮」及び「唐土・天竺」[35] をあげ、天竺と区別された南蛮、即ちヨーロッパが明らかになっている。なお、秀吉時代にはスペイン人も来航したので、南蛮はポルトガル、スペイン等の南欧諸国を指す名称となった。江戸時代には新来のオランダ人を紅毛といい、南蛮と紅毛の対称語が行われる。

南蛮という語が定着すると、導入されるヨーロッパ文化は、南蛮を冠して表現された。南蛮船（挿図1）・南蛮寺・南蛮宗・南蛮笠・南蛮頭巾・南蛮帽子・南蛮菓子・南蛮犬・南蛮屏風[図I]・南蛮筒・南蛮流外科等である。しかし、南蛮人の服装を南蛮服と称したことは、文献上まだ見当らない。南蛮——という諸例にならって、私たちが便宜上南蛮服と名付けているのである。

ポルトガル船は日本発見以後、中国寧波の海上の島、リャンポーからわが国に来航していたが、朝貢貿易以外を禁止する明政府の取締り強化のため、四八年（天文十七）に上川島《サンシャン》へ、さらに東方のランパカウ Lampacau へと、根拠地を移した。

挿図1　南蛮船（南蛮屏風・部分）神戸市立博物館

その頃、倭寇がはびこって日中貿易は中断し、ポルトガル船が日中仲継貿易を掌握することとなった。この成功により、ポルトガル王はカピタン・モール Capitão mor（甲比丹）を派遣して、個人貿易を王室貿易に改めた。王の任命する甲比丹モールは、ポルトガル船の司令官兼貿易商人頭である。五四年（天文二十三）に、甲比丹モール、レオネル・デ・ソーザ Leonel de Sousa が海道副使汪柏から中国貿易の公許を得た。ついで五七年（弘治三）には、マカオ（媽港、天川）の海賊を広東政庁の依頼によって滅ぼし、当地の居住権を与えられた。以後、マカオがポルトガル貿易の根拠地となったといわれ、甲比丹モールはマカオの行政・司法権を獲得して、対日貿易の伸長をはかった。(36) 一方、西まわり世界航路を開いてフィリッピンを占領したスペインは、太平洋北部航路によって日本近海に達した。しかし、トルデシリャス Tordesillas 協定によって、ポルトガルは日本諸島、スペインはフィリッピン諸島の領域をこえることはできない。このため、十六世紀の日本貿易は、ポルトガルの独占するところであった。

リスボンを出発したポルトガル帆船は大西洋を南下して喜望峰をまわり、アフリカの基地モザンビークを経由して、インドのゴアに着く。ゴアで季節風を待って出帆し、コチン、マラッカを経て南支の根拠地マカオに入港する。マカオから日本へも、季節風にたよらねばならない。風に乗って北上し、九州に着く。リスボンから九州の港まで、後の天正遣欧使節が二年七ヵ月をかけて帰って来た道である。それは、暴風雨、暑熱、海賊の難などが次々と襲う困難な旅であった。ようやく九州に達したポルトガル船は、西岸では薩摩の鹿児島、山川、坊ノ津、京泊、阿久根、天草の志岐、有馬の口ノ津、肥前平戸、筑前博多、東岸では豊後の日出《ひじ》、府内《ふない》、佐賀関等に入港する。九州最大の平戸港が最も良港で、ポルトガル船の入港が多かった。しかし、貿易にはキリスト教布教がセットされていた。平戸では仏教徒の反対が強く、貿易を望む領主松浦隆信もやむなく教会の閉鎖を命じて、貿易を断念しなければならなかった。ポルトガル船は平戸入港を中止し、大村純忠が領内の横瀬浦を、永禄五年（一五六二）に開いた。翌年、キリスト教反対の大村領内乱に横瀬浦は焼失した。八年（一五六五）、同領内の福田を開港したが、福田港は浅く船の碇泊に不適当であったので、元亀元年（一五七〇）に、長崎港が開かれた。この地は天正八年（一五八〇）に、大村純忠からイエズス会に寄進され、日葡貿易及びキリスト教の中心地となった。

ポルトガル貿易の主力は、日本の銀を明国に、明国の生糸・絹織物・金等を日本に売る日明仲介貿易であったが、南洋諸島及びインド方面の商品、ヨーロッパの物資も輸入した。ヨーロッパ品は武器・弾薬・火薬原料の硝石等である。織物・衣服・服飾品・器物等は貿易品としては少ないが、宣教師たちの着用衣類その他の生活用品、布教に必要な物資、贈用珍品等を舶載した。

貿易品の取引は、入港地だけで行われた。フロイスは「大部分の者は彼らの船が入る肥前の諸港のほか何も見ていない」(37)と言い、この平戸の状況を『大曲記』には、「唐南蛮ノ珍物ハ年々満々ト参候。京堺ノ商人諸国皆集リ候間、西ノ都トソ人ハ申ケル」とあって、港のポルトガル商人の許に、京都・堺をはじめ諸国の貿易商人が集まるのである。他の諸港においても、平戸と同様な状況であった。ポルトガル船は六、七月に到着して、十月または翌年二、三月の季節風を待って出帆するので、商人らは少なくとも三ヵ月、長期には八ヵ月滞在した。

港町では、取引に集まる諸国商人はもとより、領主・住民との間に、日常的な交渉が行われた。豊後の領主大友義鎮は入港船の甲比丹モールに招かれて饗応を受け、ポルトガル商人たちと談笑する習慣であった。大村純忠に対しても、頻繁な交際が行われている。宣教師が領主を訪問する時、商人を伴うことが多い。また当地の教会のミサに、商人は出席した。しかし、このような平穏な交際ばかりでなく、日葡商人の取引に紛争を起すこともあった。永禄三年（一五六〇）に平戸で取引の商人が争い、日本商人が一把の生糸でポルトガル商人の頭を打ち、怒ったポルトガル人は日本人の顔を傷つけた。

そのため大勢の日本人が激昂し、ポルトガル人を全部殺せと逆襲して大騒ぎになったが、キリシタンたちが集まり、死ぬ覚悟を見せてポルトガル人を守ったので、事件は鎮まった。[38] また、六年(一五六三)には、インド木綿の価のことから両国商人が争い、甲比丹モールとポルトガル商人一三人が殺されるなど、[39] 殺伐な光景にもポルトガル人の姿がある。このように、港町の領主館・教会のあたりに行動するポルトガル人の服装を、当地の人びとは見馴れていった。

入航地のポルトガル商人はその生活について、ほとんど書き残していない。詳細な通信を本国へ送った宣教師たちも、ポルトガル商人の服装にはあまりふれていないが、フロイスは甲比丹モール、ドン・ペドゥロ・ダ・ゲーラ Dom Pedro da Guerra の所持品を記した。[40] これは、宣教師コスメ・デ・トルレスが彼に、大村純忠改宗祝の贈物をすすめたのに対して、喜んで差し出した品物であった。トランクの中から取り出した彼の衣類は、緋のマント、ビロードの帽子、白いシャツ類、上品なズボン下、新しい帽子等である。そのほか、高価な宝石をはめた金の指輪、頸にかける金の鎖、金塗りの寝台、琥珀織の掛蒲団、ビロード製の枕、ベンガール絹の寝台掛、網をかぶせた葡萄酒の大罎、愛玩犬等があり、財力に富む甲比丹モールの豪華な生活がうかがわれる。彼らに接することのできる入港地は限られていたから、逆風に遭遇してやむなく入港した町では、珍しい異国人の姿を見たいと熱望する大勢の人びとがつめかけた。[41] その他の遠い諸国では、入港地に出かけた貿易商人によって、帰国後の情報に異国の珍しい服装が語り伝えられた。

開港後の長崎には、多数のポルトガル商人が滞在するほか、店舗をかまえる定住者もあった。[42] 教会領となってからは、住民のすべてがキリスト教徒であったので、ポルトガル風俗が浸透した。日本女性との結婚も行われるようになった。天正二年(一五七四)、大村・諫早間の戦乱に長崎が攻撃された際、長崎甚右衛門の館を脱出して、住民たちに危険を報じたのは、ポルトガル商人の妻となった日本女性であった。[43]

秀吉は十五年(一五八七)にキリスト教を禁止し、長崎をイエズス会から没収して直轄領とした。しかし、海外貿易は奨励し、天下統一事業のため、長崎の発展をはかった。内外人雑居の国際都市長崎には、ヨーロッパ風俗が充満した。

ポルトガル商人が初めて入航地を出て、長崎―諫早…佐賀―久留米…秋月―小倉…下関…室の港…大坂…鳥羽―京都（―は陸路、…は舟行）の道程によって入洛したのは、天正十九年一月三十日（一五九一年二月二十三日）である。これは前年に帰国した遣欧少年使節が秀吉に謁見のため、巡察師アレッサンドゥロ・ヴァリニャーノ Alessandro Valignano に引率されて入京する一行であった。ヴァリニャーノは十五年（一五八七）に秀吉の布告した宣教師追放令にふれるのを避けるため、印度副王使節として、盛装のポルトガル商人を従えて来た。商人及び従者を加えた二六名の豪華なポルトガル服装は、一行の通過する各地の人びとを驚かした。都入りの日、ポルトガル人は特にきらびやかな服を着て行列を整えた。彼らを見ようとする人びとが四方から集まった。路を埋めた群衆はその華麗な服装に、「天から降りて来た仏《ホトケ》、即ち偶像《パコーデ》のようだ」と感嘆し、「人々は皆、指を口にくわえたまま（呆然として）一言も発することなく立ちすくんでしまった(44)」という。

聚楽第での謁見の日、閏一月八日（三月三日）には、ポルトガル人は互いに衣裳を競い合い、都入りの時よりもさらに豪華であった。美しく飾ったインド副王贈物の見事に飾られた馬を曳く先頭のインド人馬丁は、色とりどりの絹の長衣を装い、頭にターバンを巻き、同じ服装のインド青年がインド風の美しい大きな傘をさしかけ、騎馬のポルトガル人二名が付き添う。次に、少年使節の貸し与えた立派なポルトガル服を着た騎馬の小姓たちにかこまれて、四名の少年使節が進む。騎馬の公子たちは、ローマ教皇から贈られた金モールの縁飾りのある黒ビロードの長衣を着用し、観衆一同を驚嘆させた。そのあとに続くヴァリニャーノと二名の司祭は、黒色の修道服長衣とマントのイエズス会服である。行列の最後には、豪華な服装のポルトガル人数十名が行進する美観であった。謁見の様子はフロイスの『日本史』に詳述されている(45)。秀吉は美麗なポルトガル服を賞讃して、「服装についてはヨーロッパの人々に比べると、日本人は乞食のようだ。このように遠方から来て、なお華やかで清潔な服装をしているとは驚くべきことだ(46)」と述べたという。使節を迎える準備に八日間を費し、関白位の豪華な衣装を着用し、宮廷儀式に最大の威厳を示した秀吉が、日本人の服装を乞食のようだと言ったのは不可解である。秀吉の歓待を受けて喜んだ宣教師の過大な表現であろうが、室町三条坊門の円福寺前でこの行列を見物した西洞院時慶《ときよし》も、「上下 拵《こしらえ》 結構也」と日記『時慶卿記』に記している。長崎に流行する南蛮風俗が京都にも拡まったのは、使節上京後の新しい現象であった。京都滞在中、人びとの好奇心をつのらせた一行は、帰路に奈良を旅行し、長崎帰着までの途上諸国にも、華やかな南蛮服の話題をふりまいて行った。

この謁見以後、入港ポルトガル船の総司令官甲比丹モールは、秀吉を訪問するのを例とした。文禄二年（一五九三）には、肥前名護屋城に宣教師と甲比丹たちが秀吉を訪れた。長崎に近い名護屋は、ポルトガル人の往来に便利である。同地滞在のキリシタン諸侯も宣教師を招き、通訳のロドゥリーゲスは、数ヵ月も滞留した。ロドゥリーゲスがフロイスに送った報告によると、名護屋城訪問の甲比丹モール、ガスパール・ピント・ダ・ローシャ Gaspar Pinto da Rocha は輝くばかりの豪華な装いであった。この時、シナの使節一行が居合わせ、彼らの粗末な衣服が甲比丹の服装を引き立て、城中の評判を高める動機となったという(47)。シナの使節とは、五月十五日に、朝鮮役和議のため名護屋に上陸した明使の謝用梓、徐一貫である。同年にはまた、フィリッピン総督の使者、フランシスコ派修道士ペドゥロ・バウティスタ Pedro Bautista が秀吉に謁見した。スペインは七一年（元亀二）にフィリッピンを占領以来、アジア進出の拠点とし、フランシスコ Francisco・ドミニコ Dominico・アウグスチノ Augustino 修道会の伝道基地ともなっていた。ロドゥリーゲスの報告によると、バウティスタが秀吉に献上したスペイン服装は、「ビロードのような滑らかで光沢のある琥珀織《タフエター》の衣服、同じ織の帽子、幾つかのカルサン、使い古した銀色布のジバン(48)」である。これらの報告は自国の服装を賞讃するあまり明使の服装やフィリッピン使節献上のスペイン服を低く評価しているが、彼が強調したようにポルトガル商人の服装はきらびやかであった。

狩野光信筆と考証されている「肥前名護屋城図屏風」（六曲一隻）に、上陸する明使一行と城下の町並に立つ二人の南蛮人が描かれている(図2)。上記のロドゥリーゲス報告と一致する景観であるが、南蛮人の服装は彼のいうような輝くばかりの盛装ではない。淡彩の本図が下絵または見取図であるならば、金碧極彩の完成図には、豪華な南蛮服が描出されることになろう。なお、内藤昌・楢崎宗重氏の論証された鳥瞰図構法の写生図として見れば、遠望人物の服装が略画であることは当

然であり、むしろ光信の実見描写が確かめられる。(49)

秀吉死去後は、駿府の家康と江戸または伏見の秀忠の許へ甲比丹モールが訪れ、スペイン使節も来訪した。慶長十八年(一六一三)には、遙かな仙台藩にも、南蛮人阿牟自牟が来て、猩々緋合羽一枚を献上した。(50)

港を離れて各地を訪れる南蛮人に、人びとの関心が集まった。この頃から盛んになった世俗的存在感のあふれる風俗画にとって、異国人は新しい現実の主題となり、南蛮屏風が成立した。南蛮屏風には、長崎入港の南蛮船から上陸する南蛮人と、彼らを迎える人びとのさまざまな姿態が描かれた。高見沢忠雄氏によって集録された現存南蛮屏風は、六〇図ある。(51)このうち内膳の署名・印章、友信の印章のあるもの、光信筆と推定されるものがあり、名護屋城で障壁画を描いた狩野派一門及び有力画家は、近くの長崎に赴いて南蛮風俗を写生したと思われる。長崎の町並、教会、南蛮船の写実性は、実見によるものであろう。宣教師・商人の服装については、京都での描写も可能であった。

南蛮屏風に描くポルトガル商人の服装は、図3 十六世紀末から十七世紀初頭のヨーロッパ男子服装である。その基本様式は半ズボン、上着、マントを着用する。十六世紀後半のヨーロッパ・ファッションは、海外発展に国力の充実した旧教国スペインの拡大スタイルであった。詰めものでふくらませたズボンと上着、大きな襞衿に、スペイン宮廷の権威とカソリシズムの威儀が表出されている。しかし、あまりに拡大が進行して生活妨害になると、縮小しなければならなくなる。世紀末には、拡大から縮小に移行しはじめた。それはまた、スペイン風からヴェネチア風への変化でもあった。

南蛮画中のポルトガル商人の半ズボン、カルサン calção(52)は、襞と詰めものでふくらませた。しかし、十六世紀半ばの玉ねぎ型膝上ズボンではなく、膝下にまで長くなった一五七〇〜一六二〇年頃までの半ズボン型が描かれている。膝下ズボンは、編もの靴下の普及によって出現した。靴下が布製であった時は、ズボンに縫付けなければならないから、ズボンは膝上丈である。メリヤス編み靴下が生産されると、ズボンと靴下の分離が可能になって、ズボン丈は膝下まで伸びた。(53)南蛮屏風には、この膝下ズボンと長靴下が的確に描写されている。

南蛮屏風には半ズボン、カルサンのほかに、腰巾が太く裾口の細い長ズボン、ボンバーシャbombacha[図4]が描かれている。この両種のズボンは、一五八三年十月から八八年十一月までゴアに滞在したオランダのリンスホーテンJan Huyghen van Linschotenの見聞録『東方案内記』[54]第三十章「インディエにおけるポルトガル人およびメスティーソの生活ぶり、礼儀、婚姻、その他の風俗、習慣について」にも見ることができる。[図5]リンスホーテンがボクセン（boksen 蘭語）と言う長ズボンは、半ズボンと共に、インド在住ポルトガル人に着用されていた。また第四十章「インディエに居住するアラビエ人とアビシニエ人について」には、ゴアからシナ、ヤポン（日本）その他東方各地へ航海する商船に乗りこむアラビア人とアビシニエ人（現エチオピア人）の水夫と妻はマホメット教徒の風俗であるボクセンをはくと述べ、写生図を掲げている。[図6]ポルトガル以前にゴアを占領したアラビア人の長ズボンは、航海生活と風土に適する様式であった。ポルトガルに次いで進出したスペインもこの長ズボン（ボンバーチャ bombacha スペイン語）をはき、大航海時代ヨーロッパ諸国に伝わった。

南蛮屏風に描く半ズボンと長ズボンの両種は、当時の着用状況の正写である。『東方案内記』によれば、船長・操舵長・水夫長以外のすべての船員は、アラビア人とアビシニエ人であって、黒人水夫は長ズボン姿に描かれている。[図7]しかし、甲比丹モールの正装は半ズボン型である。ポルトガル人すべてを、長ズボン型に描く図は実写でない。町絵師が量産する場合、ズボンのふくらみに興趣が集中して、誇大化されたものであろう。

上着のジバンgibão[55]は、詰めものをしてふくらませ、前明きはボタンまたはループで留める。胴を細くするためにウエストで切り替え、垂れ布[56]（フォリョ folho）を縫い合わせる。一五八〇年代の垂れ布は短く平面的であったが、八〇年末から九〇年代には長くなり、フレヤーを出したり、数枚に切って重ね付けるなど変化に富む。リンスホーテンは八〇年代型、[図8]南蛮屏風は九〇年代型[図9]の垂れ布を描いている。袖ぐりには襞布の肩飾りを付け、[57]袖口には共布またはレースの襞飾りを付ける。衿は襞衿（マンテウ manteu、またはアヴァノ avano）[58]である。襞衿の立衿型は一五七〇年に最も流行し、九〇年代から折返り衿に移った。移行期に当る南蛮屏風には両種の型が描かれ、内膳筆[59]には旧型、[図10]光信筆（推定）[60]には新型が多い。[図11]

リンスホーテン『東方案内記』のインド在住ポルトガル人の襞衿にも、両様式が見られる。なお、ジバンの上に袖無し、または短い袖の胴着（ジャケタ jaqueta）(61)を重ね着することが行われた。この胴衣にも垂れ布と肩飾りが付き、上着と同じ装飾が施されている。胴衣着用は南蛮屏風に多く描かれている。

上着の上にはおるカパ capa は、防寒用または旅行用であったが、十六世紀後半から平常衣に用いられ、正式な場合には屋内でも着用するようになった。一五八〇〜一六二〇年には、ウエストまでの短い丈が流行した。南蛮屏風に描く上陸行進の上級商人のほとんどが、カパを着ているのは正装である。正装には赤・緑・青等原色のビロード・ブロケード・サテン・タフタなどの絹地に、当時最も流行した金・銀糸モール刺繡が施されて、豪華な趣きを加えた。粗服は、インド産麁布《そふ》木綿カンガ canga で作り、黒人水夫服は、粗織の木綿縞である。それには、使役者の色とされる青または褐色が多い。帽子には、ベレー帽状の縁なし帽子ゴロ gorro クラウンの広いソンブレイロ sombreiro（sombrero スペイン語）、プリムの高いコポティン・ハット copotain hat（英語）等が用いられた。

当時のポルトガル服の上着は加藤清正の菩提寺、本妙寺（熊本市花園町）に伝えられている。図12 寺伝に安南服というのは鎖国時代の名称であって、その様式及び裁断・裁縫技法上、十六世紀のポルトガル服、ジバンであることは明らかである。畝織緑色絹地（顕微鏡による所見）、経糸藍色、緯糸茶色の縞柄の単衣仕立である。ジバンの立衿・垂れ布・肩飾りに、一五九〇年代様式を見ることができる。ポルトガル本国あるいはインドのゴアからの舶載品であろうが、安南国との通商史料が寺に遺存しているので、その貿易品であろうか。清正との関係は明らかでない(62)。

また、信長が謙信に贈ったというカパ（上杉神社）、家康所用と伝えられるカルサン（紀州東照宮）、同じく徳川頼宣所用襞衿三枚（同上）が遺されている。これらは日本人着用南蛮服として次項に再録する。

ポルトガル商人の渡来には、婦人を伴わなかった。しかし、南蛮屏風にヨーロッパ婦人を描く図がある。次の各図はその例証である。

挿図2　南蛮人図金蒔絵鞍　神戸市立博物館

教会テラスの騎乗を見物する六名の婦人像……東京国立博物館
教会テラス門前に立つ六名の婦人像……サントリー美術館 図13
聖堂及び住院内の婦人像……リスボン国立美術館
聖堂内各所の婦人像……京都、矢代仁兵衛氏
甲比丹モール行列先頭三名の婦人像……アメリカ、個人蔵
甲比丹モール行列を迎える道傍の床几上三名の婦人像（同右）

絵師にとって、未知な南蛮婦人服装は、的確に描かれていない。中国婦人衣裳に似るような奇妙な服装である。想像図はもとより洋画・銅版画等の模写にも、衣服の知識不足が目立つ。これらに対し、コレジオで描かれた洋画の婦人像は、「西洋風俗図屛風」に描く一婦人像の不明確な服装を除き、正確に描写されている。「洋人奏楽図屛風」図14「四都市図屛風」「西洋風俗図屛風」各種の油彩風俗画中の人物像にはよい手本があり、宣教師の指導も受けて、正しい描写が行われた。このように、実見することのない南蛮婦人像を書き添えようとするのは、異国への深い関心であった。

南蛮人の姿は、南蛮屛風という特殊なジャンルを成立させたモードである。南蛮服装は、洛中洛外図、祭礼図、遊楽図の点景にも描かれた。これは、慶長・元和期の実景であるが、金雲屛風のインテリアに、流行モードは欠かせない。また、鍔・鞍（挿図2）・火薬入れなど、武士の身のまわり品、鏡・硯箱・燭台、椅子などの調度品に新しいモチーフとして、南蛮人の姿が描かれている。

風俗画中南蛮人例

洛中洛外図屏風（舟木家旧蔵本、東京国立博物館）　寺町通り　甲比丹モールら四名、大仏殿内四名 図15
洛中洛外図屏風（南蛮文化館）　二条城献物行列
洛中洛外図屏風（南蛮文化館）　大仏殿前　献物行列
洛中洛外図屏風（個人蔵）　二条城献物行列
洛中洛外図屏風（個人蔵）　二条城前　二名、三十三間堂　三名
洛中洛外図屏風（シアトル美術館）　町通り　甲比丹モールら三名
洛中洛外図屏風（個人蔵）　町通り　二名
洛中洛外図屏風（佐渡妙法寺）　大仏殿前　宣教師一名、南蛮人一名
豊国祭礼図（豊国神社）　見物の南蛮人たち
祇園祭図（西村増次郎氏）　甲比丹モールら五名
清水寺遊楽図（ＭＯＡ美術館）　参詣道　二名
東山・北野遊楽図（サントリー美術館）　菊渓の岸　二名
観能図（神戸市立博物館）　聚楽第庭上　甲比丹モールら六名、フランシスコ会宣教師一名(63)
歌舞伎草子絵巻（徳川美術館）　見物二名
江戸図屏風（出光美術館）　浅草寺境内　七名、川岸　三名(64)

2　宣教師の服装

ポルトガル商人が貿易を入港地でしか行わなかったのに対して、布教の宣教師は意欲的に足跡を拡げた。サビエルが九〇〇名を改宗させて、天文二十年（一五五一）に日本を去った後、次々と派遣されて来るイエズス会士は、信長の保護を受けて宣教地域を拡大し、信者の増加をはかった。元亀二年（一五七一）のキリシタン総数二万、会堂四〇、天正九年（一五八一）には信者一五万、会堂二〇〇になった。一五万人の地域別内訳は豊後一万、有馬・大村・平戸・天草・五島・志岐及び四国に一一万五〇〇〇、京都を中心の五畿内諸国と山口及びその他の地方に散在する者二万五〇〇〇である。[65] なお、同年にはフロイスが越前北庄へ行き、領主柴田勝家に布教を許された。[66] イエズス会の教線は九州から越前にまで伸長し、日本人との接触は拡大されていく。

十二年（一五八四）、マニラからマカオにむかうポルトガル船が、天候悪化のため平戸に入港した。同船はフランシスコ会宣教師二名、アウグスチノ会宣教師二名を乗せていた。フィリッピンから渡航した最初の船で、イエズス会以外の諸派の宣教師が初めて渡来したのである。貿易を長崎に奪われた平戸領主松浦鎮信は、フィリッピンとの修好を望み、宣教師を厚遇して布教許可を約し、総督への書翰と贈物を彼らに託した。[67] フィリッピンのマニラを根拠地とするフランシスコ会、ドミニコ会、アウグスチノ会はこれを契機に、日本伝道を強く希望した。イエズス会がポルトガルの傘下にあるのに対して、この三派はスペインの支持を受ける修道会である。フランシスコ会は一二〇九年、聖フランチェスコが創立した托鉢修道会で、清貧と謙遜を尊び、福音活動を行う。ドミニコ会は一二一六年、聖ドミニクスが創立し、清貧と学問を重んじ、説教を使命とする説教者兄弟修道会である。アウグスチノ会は一二五六年、聖アウグスティヌスが設立し、共同生活の協調精神と愛徳の実践を重んじる戒律修道会である。

日本布教を独占するイエズス会は、三派の進出を危惧して、その渡日禁止をはかった。一五八五年一月二十八日付の教皇グレゴリウス十三世の勅書が下付され、イエズス会以外の日本布教が禁じられた。しかし、秀吉のフィリッピン降伏要求に対する使節として、文禄元年（一五九二）にドミニコ会修道士ファン・コーボ Juan Cobo 翌年にフランシスコ会修道士ペドゥロ・バウティスタ Pedro Bautista 一行が来日して、日本布教が開始された。慶長元年（一五九六）八月、暴風雨に遭遇して土佐浦戸に避難入港したスペイン船サン・フェリーペ号を没収した秀吉は、さらにバウティスタら六名のフランシスコ会士と信者一七名及び日本人イエズス会士三名を捕えた。彼らは慶長元年十二月十九日（一五九七年二月五日）に、長崎で磔刑に処せられた。スペインの日本征服を訴えたイエズス会宣教師の策謀といわれる。二十六聖人殉教に、フランシスコ会の布教は頓座した。これに対して、フィリッピンの抗議が行われている時（慶長三年〈一五九八〉八月十八日）、秀吉は病死した。

秀吉に代って天下統一をはかる家康は、禁教政策を継承しながらもスペイン通商を望み、フランシスコ会の伝道を黙認した。貿易を斡旋する同会修道士ジェロニモ・デ・ジェズース Jeronimo de Jesús は家康に保護され、修道士服を着て布教することを許された。彼は慶長三年に、江戸に教会を建てた。諸修道会は日本進出のため、ポルトガル王を兼ねたイスパニア王フェリペ三世を動かして、一六〇〇年十二月十二日付の教皇クレメント八世の勅書が発布された。ポルトガル領から入国するという制限付きながら、諸派の日本布教が許可されて伝道は活発になった。ドミニコ会は薩摩、アウグスチノ会は豊後を本拠に、フランシスコ会は京都・伏見・江戸から浦河（浦和）に進出した。(68) イエズス会も他派に劣らず、十二年（一六〇七）には、駿河から江戸に行き、まだ宣教師の入らない上野地方も遍歴した。(69) ついで、教皇パウロ五世の一六〇八年六月十一日の勅書が、入国経路の制限を解き、諸派の日本布教が保証された。しかし、日本では既に幕藩体制が確立し、将軍秀忠のキリスト教厳禁政策が励行されていた。十八年（一六一三）の江戸キリシタン迫害に、殉教を望むフランシスコ会宣教師ルイス・ソテロ Luis Sotelo は、伊達政宗に伴われて仙台に赴いた。キリスト教は禁教時代に、奥州にまで教線を伸ばしたのである。

わが国の各地に現われる宣教師に初めて接した人びとは、どのような反応を示したであろうか。最初の宣教師サビエルの服装は粗末な白衣アルバ alba[図16]であった。アルバはローマの日常着、長袖型チュニックが八世紀頃から聖職服となったもので、中世様式は紡錘型白衣であった。両脇マチ入りの亜麻製長衣に帯を結ぶ。十二世紀フランスゴシック以後は、袖口・裾に刺繡がほどこされ、金・銀箔の精巧な縁飾りを付けた。しかし、サビエルのアルバは装飾もなく、粗織の粗末な生地である。長途の旅に、白衣は変色するほど汚れていたことであろう。その貧しい身なりに民衆は石を投げ、悪口を浴びせるので、彼は死を覚悟するのであった。

しかし、大内義隆に見せた金襴の祭服、大友義鎮訪問に着用した緑色天鵞絨《ビロード》地金翠付祭衣は賞讃を博した。サビエルはこの経験から、日本人は外見によって人を評価すると見ている。(70)清貧主義イエズス会宣教師の着用した豪華な金襴付きの祭服は、ミサ専用の上祭服カズラ casula[図17]である。古代ローマの雨外套から典礼用外衣となったカズラは、十二世紀頃、ミサ服となるに伴い、亜麻・木綿・毛織製から絹製に変わり、金繡の最上級外衣となった。また、大友義鎮訪問の豪華な司祭服は、緑色天鵞絨地に、金糸で織りなした翠色錦の飾布が付けられていた。これらは中世様式の美麗なマントのプルヴィアレ pluviale（ラテン語）・カパ capa[図18]（ポルトガル語）である。(71)サビエルをはじめ、次々と派遣されて来る宣教師たちは、高価な最上等のカズラや大マントを持参している。粗末なアルバは賤められ、金襴や錦の祭服が賞讃されて、仏教の法衣に劣らぬ評価を受けるのであった。飾りのない裾までの大きな黒色カパは、通常の外衣として着用されていた。

永禄三年（一五六〇）に京都に入ったガスパール・ヴィレラ一行に対しても、異様な姿を恐れて家を貸す者はなかった。ようやく借りた掘立小屋はあまりに狭く、玉倉ノ町に移るが、これもみすぼらしい家であった。ヴィレラは民衆の関心をひきつけるため、古い縫い合わせの掛蒲団を蘆の壁にかけて飾り、紙で作った十字架を結び付けた。彼は古いマントを着て、大学を卒業したしるしの赤い帽子をかぶり、祈禱書・墨筆・紙を載せた小さな台の前に坐った。日本人のイルマン・ロレンソ Lorenço は大きなロザリオを持って片側に、一方には同宿たちが坐って形を整えた。この珍しい様子とまだ聞いたこともない教えに、大勢の人が押し寄せた。「真先に坐席を取ろうと我も我もと入って来る人々にはそれぞれの理由がある」と、フロイスは次の四点を挙げている。

一は宣教師が普通の人と違った姿をしていると確信して見に来たにすぎない。二は好奇心からインドやヨーロッパのことや習慣を尋ねに来た。三はこの新しい教えを攻撃に、四は宣教師を嘲り辱かしめるためである。(72)

以上のうち、宗教的攻撃のほかは外形への好奇心が占めている。最初に注目された異形は、宣教師の着用する黒い大きなマントのカパであった。ヴィレラが将軍足利義輝を訪問する時、日本のキモノの上に羅紗製の非常に糸目もあらわなカパを着て、赤い帽子をかぶり、一冊の本を持ち、ロレンソは黒い木綿の道服を着用した。人びとがこの姿に驚き騒ぐ光景を、フロイスは次のように述べている。「子供たちは往来に出て来て大声にどなったり叫んだりしながら、ぱあでれの後について行った。男たちは戸口に立っており、女たちは窓に出ていた」。将軍の居処妙覚寺では、「召使たちのある者はぱあでれの眼の中に指を入れそうにしたり、ある者は手を拍いて大笑しながら頭をふり、ある者はぱあでれを一目見て呆れたような様子をし、後から前からぱあでれを見るためにその周囲をぐるぐる廻り歩き、ぱあでれの周囲に押し寄せた」。(73)河内のキリシタン、サンチョ(三箇伯耆守頼照)も、ヴィレラに初めて会った時のことを、「その言葉も、衣裳も、服装も、起居振舞も、我々が初めのうち見た時は、嘲笑い、嬲り、愚弄するための種を与える以上何の役にもたたないほど、我々の目には滑稽だったのです」(74)と、回想している。

宣教師の異様な服装は、民衆の嘲笑的好奇心をかりたて、その結果は強い拒否反応であった。大きな黒いカパを肩にかけた宣教師は、「天狗」「狐」と言われた。この姿に肉食の風習が結合されて、人間を喰うとの悪評がたち、人びとは宣教師を殺すか追放することを望んだ。宣教師の家には悪童が土や馬糞を投げ、夜は大人たちの投石が絶えない。四条烏丸の家の周囲の住民は、宣教師に家を貸している酒屋に不売運動を起した。家主は宣教師に立ち退きを迫ったので、彼らは転々と家を移らねばならなかった。

このような反応は京都だけでなく、宣教師を初めて見る各地の人びとに共通な感情である。六四年（永禄七）に、宣教師ジョワンニ・バッティスタ Giovanni Battista の豊後からの通信は、「我々が人間を食べるという説が言いふらされていて、それゆえ、彼等はいつでも我々に対して不快な感じや毛嫌いをもっています。そのために、我々は街でも道でも悩まされなければなりません。何しろごく小さな子供たちでさえも我々を馬鹿にして、後ろから侮辱するような言葉を叫びます。時に彼等は夜、我々に石を投げ、また、別の時には、気がついてみると、彼等が我々の家を焼き払おうとした火箭が屋根の上にありました[75]」と記している。その後、八一年（天正九）に、フロイスが北国伝道のため長浜に着いた時も、「この地全体が騒ぎ、同伴者の言うところによれば、三、四千人予の後に随い、或は前を歩いて、大きな声を発し、また我等の服装を嘲笑し、また罵言する者もあり[76]」という状況であった。越前へ入ってからも、同様である。全国の信者一五万という当年に至っても、初めて宣教師に接する地方では、その服装への嘲笑が激しかった。

民衆の拒否反応に耐えながら伝道する宣教師たちは、サビエルの例のように、貴人訪問には立派な服装の着用を考えるのである。ヴィレラの最初の足利義輝謁見には、短白衣ソブレペリイズ sobrepeliz 図19 に頸垂帯ストラ stola 図20 をかけ、二度目はポルトガル修道服ルペータにカパを着たが、永禄八年（一五六五）正月祝には、豪華な服装を整えた。彼は絹毛混紡織物シェメロテで作った司祭用長白衣ロバ loba と、古くはあるがオルムズ産[77]の緞子付きカパを着て、聖職帽バレッタ barreta をかぶった。同行のフロイスは、修道服とカパを着た。彼らは権威ある人の用いる撚糸製上靴をはき、輿に乗った[78]。公方邸に入ったヴィレラは、控えの間で謁見の順を待つ多数の貴人たちから、大いに敬意を表された。その豪華なマントを見たい人びとから依頼されて、料理番頭《かしら》が借りに来るほどの評判であった。その後、みやこのキリシタンの葬儀にも、ヴィレラは緞子のカパをつけて、荘厳な葬列を示威した[79]。

元来、麻・木綿・毛織製防雨衣であったカパは八世紀頃から祭事に用いられ、聖歌隊が着用するようになり、十世紀には典礼服となった。十一世紀頃から絹製が増加し、前身の縁、背後の小布、裾等に刺繡入りの飾布を付ける美麗な中世様式が成立した。特に裾飾りは十六世紀に最大に達し、飾布入りカパは、金襴のカズラに次ぐ上位の祭服となった。

短白衣は白亜麻または白木綿のゆるやかな膝丈チュニックである。中世には刺繍、レース、襞飾り等の装飾が施され、帯をしめない襞の簡素な流れが美しい。典礼服としては下位聖職者用であり、司祭は日常執務服に用いる。

ストラは短白衣及び白衣の上にかける幅五～一〇センチ、長さ約二・五メートルの飾り帯で、助祭・司祭・司教の職標である。司教及び司祭が短白衣に用いる場合は、七世紀の教会律にしたがって、首から胸前へまわし、真直に垂れ下げる。はじめは亜麻・木綿・毛織物であったが、十二世紀には絹製になり、十六世紀には、金モール・金糸刺繍・金の飾り縁等華やかである。両端に向って幅を広げる台型も、当世紀中存続した。長さも足許に達するまで伸長し、両端の総飾りの意匠に工夫がこらされた。十六世紀のストラは、最も華やかな形態である。しかし、ストラの用法については、教皇庁及び各修道会に、詳細な規定の典範が成立しているので、イエズス会のストラには、豪華な贅沢が規制されていた。将軍訪問最初のポルトガル製生地の修道服は、亜麻か毛織地の黒色長衣であった。

カパは典礼服としては短白衣より上位であるが、黒いカパに対する日本人の反応は前述の通りである。ヴィレラの服装は、豪華な緞子製カパに代えて、はじめて賞讃を受けた。この立派な服装についてフロイスは、「僧侶たちは近頃は外観の華美によってその人物を価値づけるためには何でもするので、みやこの古くからのキリシタンたちは、訪問の際にはその服装によってできるだけ威厳を示すように、ぱあでれたちに懇願した」[80]「日本人は外形整えるにあらざれば人を崇敬せざる故に、パードレは此際平常の如くしては宮廷に入るを許されず。主の栄光とキリシタンの幸福の為め盛装する必要ありき」[81]と説明している。なお、このような贅沢な服装に対して、イエズス会宣教師としての立場から、「この外見の贅沢は、異教徒たちがまだ司祭というものの真価やキリシタンの教について何の知識ももっていなかった初期には、少くともキリシタンの信望を高めるための助けとなった」[82]という弁明を加えた。

ヴィレラの将軍訪問後間もなく、義輝は松永久秀に殺され、織田信長が義輝の弟義昭を擁して、永禄十一年（一五六八）

に入京した。その間、堺に避難して機を待っていたフロイスは、信長の重臣和田惟政《これまさ》の斡旋によって、十二年（一五六九）に帰京し、信長の厚遇をうけた。信長から布教免許状を下付されたフロイスは、義昭を訪問して公方の布教公許も得ることができた。将軍訪問に着用したのは、金襴の古い装飾を付けたカパ（プルヴィアレ）と黒頭巾の豪華な衣裳であった。信長はまだ見たことのないその緞子のマントを見たいと望み、フロイスは信長の岐阜帰国の前日（永禄十二年四月二十日）に暇乞いの挨拶を兼ねて持参した。当日は出発前の多忙な夜であったので、再び出京する日まで保存しておくと言うフロイスに、信長は早速着用させた。外には所用の者が大勢待っているにもかかわらず、信長はその姿をゆっくり眺めて感嘆し、贈物の蠟燭をともして、フロイスを引きとめた。(83) フロイスの意見の通り、豪華な服装は上層階級に畏敬の念を与え、民衆の拒否反応をやわらげる役割を果した。

信長が美濃へ帰還後、僧日乗らが宣教師追放を宮廷に策動した。フロイスらは信長の庇護を求めるため、美濃へ行った。彼らを岐阜城に迎えた信長は、自ら食膳を供した後、日本のキモノを与えた。フロイスには袷の絹のキモノと最上品の白帷子《かたびら》（単衣）、同伴のイルマン・ロレンソには上等な白衣であった。このキモノをフロイスに着せた信長は、「これでそなたも日本の大僧正のように見えるわ」と言った。また、キモノを運ばせた彼の息子たちにむかって、彼らにキモノを与えたのは、彼らの信望と名声を高めるためだ、と説明した。(84) 日本の絹のキモノはポルトガルの錦繡の祭服と同じく、宣教師観を変えるものであった。しかし、元亀元年（一五七〇）に来日した布教長フランシスコ・カブラルは、宣教師のキモノ着用に反対した。彼が招集した天草支岐布教会議に始まるキモノ着用禁止の経緯については、松田毅一氏の非公開文書による詳細な研究がある。(85) その際、カブラルの方針に反対した多数の宣教師は、布教初期の民衆的拒否反応に、辛酸を経た者たちである。キモノを着用して日本の風習に随う対策は成功していた。しかし、カブラルは順応主義に反対するばかりでなく、イエズス会の清貧理念に反する贅沢な絹の禁止を指令した。日本でも絹は上流階級の衣料であったが、生産量の少ないヨーロッパでは王侯の贅沢品であった。

カブラルに次いで、天正七年（一五七九）に来日した巡察師、アレッサンドゥロ・ヴァリニャーノはカブラルと反対の指導方針を示し、徹底的な順応主義を堅持して、食事さえも日本食を実行すべきであると説いた(86)。しかし、絹のキモノ着用は、カブラルと同様に反対した。彼は従来については、日本人と親しくするため、当初に絹の衣服を着用したことを認めたが、以後はこの贅沢な絹のキモノを禁止した。日本でもヨーロッパでも、絹のキモノ着用は、限られた上流階級にすぎない。宣教師のキモノ着用問題が常に絹のキモノであるところに、彼の順応主義は適応できないのである。ヴァリニャーノが巡察師として「日本における司教が修院の内外で守るべき方法」に規定した宣教師服は、インド産木綿粗布カンガでつくる黒色修道服ソターナ sotana と、黒色のカパであった(87)。

秀吉、家康時代にはイエズス会以外の諸派修道会士が渡来したので、南蛮屏風には各派独特の服装が描かれている。イエズス会士はサビエル渡来以後すでに半世紀を経て、宣教地域も広く、その服装は各地の人びとによく知られ、ポルトガル商人と共に、南蛮屏風の主題となった。黒い修道服の上に黒いカパをはおり、黒の僧帽をかぶるのは、図21ヴァリニャーノの規定通りである。しかし、カパの下にキモノを着用している者があるのは(88)、必ずしもその禁止が守られていないことを示している。内膳筆の南蛮屏風（神戸市立博物館）にはミサの祭服が描かれ、司祭は豪華なカズラを着けている。図22傍の助祭が着用する祭服には、背面に三角垂れ布がある。この垂れ布は元来、カパに備わる頭巾であった。十二世紀からミニチュア化し、十三世紀には三角形の垂小片に変った。本図と同種の図柄は、京都・矢代氏蔵の南蛮屏風にも見られる。

フランシスコ会士は、褐色または灰色の修道衣に、清貧・純潔・服従を示す三つの結び目のある紐または縄を結びたらす。同色の肩覆付頭巾カプーチョ capucho（スペイン語）を被る。京都を根拠地とするため、南蛮屏風にしばしば登場する。図23ドミニコ会士は、白色の修道衣に裾までの長いエスカプラリヨ escapularro（スペイン語）をかけ、黒色のカパと肩覆付頭巾カプーチョをつける。図24前身はカパが開き、白いエスカプラリヨが見える。アウグスチノ会士は、黒色の頭巾付修道衣を着て黒い皮帯をしめる。図25この二派は九州を根拠地として京都になじみ少なく、南蛮屏風には明確でない。

遺品には、慶長遣欧使節将来品のカズラ（仙台市博物館）、禁教時代に没収されたカズラ、ストラ、マニプル、[89] 白衣の紐[90]（水府明徳会）などがある。

三　南蛮服の着用

1　宗教服装

わが国における南蛮服着用は、キリスト教信者の宗教服着用にはじまった。

イエズス会の初期布教地、山口の新キリシタン、パウロの改宗後最初の行動は、ロザリオとこれに付ける十字架を、自分の手で作ることであった。[91] ロザリオ、十字架、メダイ等の宗具を身につける信仰心は、やがて宗教服着用に及ぶ。天文二十三年九月一日（一五五四年九月二十七日）、山口のキリシタン、アンブロショの葬儀には、同宿のベルショールが白衣を着用して十字架上のキリスト像を捧げ、宣教師の後に随った。荘厳な葬列に、親族も市民も感激した。[92]

キリスト教の拡まった豊後府内では、弘治三年三月十二日（一五五七年四月十一日）からの聖週復活祭の行列に、二人のキリシタンが白衣を着て、蠟燭を持って行進した。[93] エキゾチックな行列は多数の観衆を集め、キリシタンたちの信仰を高揚させ、宗服着用への意欲を燃えさせた。それから数年後の府内の教会では、行事に当っては当然のように宗服が着用されていた。永禄四年三月十九日（一五六一年四月三日）、聖週の木曜日のジシピリナ disciplina（鞭打ち）を行うキリシタンは黒服をつけ、顔を覆い、荊の冠を戴く。夜の行進には皆白衣を着てキリスト像を持つ。復活祭には玄義の絵をかかげる少年たちが白衣を着用し、薔薇などの冠をかぶった。[94] 五年（一五六二）に、豊後領主大友義鎮を府内の住院に饗応した時、ポルトガル風の食事の間、弓のビオラを奏したキリシタン少年たちは、揃いの白衣姿であった。キリスト教王国奏楽隊のようなムードに、招待された人びとは感動した。(95)

堺の最も熱心なキリシタン、ディオゴ日比屋了珪の弟、ビセンテという少年は、宣教師コスメ・デ・トルレス Cosme de Torres の薫陶を受けて頭髪を刈り、日本の絹の着物を脱いでイエズス会士風に装った。このことを報じたイルマン、ルイス・デ・アルメイダ Luis de Almeida は、「日本人の間に於ては髪を断つことは最も難き事」(96)と言い、フロイスも「頭髪を刈る事は日本人が払い得る最大の犠牲の一つである」(97)と評価した。しかし、その二年後、みやこで行われたアンタン結城庄衛門尉の葬儀には、大勢のキリシタンが僧侶のように頭髪を剃り、ある者は短白衣を着て、ある者は長白衣を着て、そのうち幾人かは袈裟のように祭壇の飾布を肩から掛けた。彼らは先頭に十字架を高く掲げ、燭台・鈴・ミサ典書・聖水器・灌水器、御受難の道具を刺繡してある絹旗等を持ち、一定の間隔をおいて行列をつくり、ラテン語でカテキスモを歌いながら進み、公式葬儀が荘厳に行われた。(98)

各地の教会、住院に十字架が立てられ、四旬節・復活祭・降誕祭・鞭打ちの聖行列に参加するキリシタンは、すべて宗教服装を着用するようになった。永禄八年(一五六五)に九州度島《たくしま》を訪問した宣教師バルタザール・ダ・コスタ Balthasar da Costa の許で行われたジシピリナに、三〇〇余人が集まった。領主ドン・アントニオ籠手田安経以下全島民は、みなキリシタンである。彼らはこの日のために前もって作っておいた黒衣を着し、荊棘の冠を戴き、宣教師が中止を命じるほどの激しい鞭打ちを行った。(99)住院衣裳部屋の衣服でなく、各自の寸法によって、イエズス会風に製作した黒服着用の群衆は、異常なほどの信仰心の高まりに酔うのである。キリスト教伝来当初、異様な教会服を嘲笑し、あるいは恐れた人びとが夢想することもできなかった状況となった。年月の経過に伴ってキリシタン服を見馴れ、違和感が減少していった。キリシタンたちの着る長白衣(アルバ)、短白衣(ソブレペリイズ)は教会内の下位聖職者用祭衣であるが、鞭打ち贖罪用黒衣トゥニカ tunica と共に、観る者にも深い宗教的感動を起させた。そのムードに魅せられて、行列に参加する者もある。ことに、キリシタン葬儀の厳粛な行列は改宗の動機になるほど、人びとに強い印象を与えた。

教会・住院内の宗務に携わる修道士・同宿が増え、イルマンの資格を与えられる日本人も多くなり[100]、修道服（ルペータ）、黒色長衣（ソターナ）が彼らの日常着となった。各地のコレジオ・セミナリオでは、少年時代から宗教服を着用した。ヨーロッパ人と日本人の融和をはかる巡察師ヴァリニャーノは、「日本布教内規」（一五八二年二月十二日付）に、日本人とヨーロッパ人修道士及び同宿との間に、衣服の差別があってはならないと規定した。また、彼の署名した「神学校内規」に、生徒たちの外出には青い衣服と黒いマントを着用させ、著名な貴人の葬儀には聖職者の服装で参列することが定められた[101]。しかし、これらの規定は、イエズス会唯一の女子修道院には及んでいない。内藤ジュリアが慶長五年（一五六五）頃、京都に創立したベアタス Beatas 修道院では、約二〇名の修道女が髪を切り、日本の尼僧と同様な黒衣であったという[102]。

永禄六年（一五六三）に、イルマン、ルイス・デ・アルメイダがキリシタン大名、ドン・バルトロメウ大村純忠を訪問した時、純忠は意匠にキリスト教的工夫をこらした肩衣を着て出迎えた。肩衣の両袖の紋は白い地球の形を描き、その中央に緑色の美しい文字 Jesus を置き、文字の中心から上方に罪標の三文字、J・N・R を記した十字架が真直に立ち、地球の周囲の白無地には、三本の釘がよい位置に美しく配置されている。背中には、袖紋と同じ形の Jesus が美しく刺繍されていた。頸には金の十字架と見事な細工のロザリオをかけ、風采のすぐれた純忠はなお一層立派に見えた。この服装に対してアルメイダは、「この君ほどキリシタンであることに誇りをもっている人を見たことがない[103]」と、その印象を述べている。

翌六四年（永禄七）、平戸、後藤、針尾から三二〇艘の大船団が大村を襲撃した時、純忠は左の胸に十字架、右の胸に荊の冠と釘、背には十字架の紋をつけ、宣教師コスメ・デ・トルレスから贈られた十字架の旗を掲げて戦い、大勝を得ることができた。この戦勝は彼の信仰の結果であると、敵将からも称えられ、戦場の空に十字架があらわれたという噂がひろく伝わった[104]。その後、キリシタン武士たちは戦場に十字架の旗を用い、冑に十字架やイエズスの字を付け、胸にロザリオをかけて出陣し、戦場に自己の信仰を誇示した。やがてそれは、具体的に戦死を免れる護符の効果として強調される。冑の上の十字架が敵弾を避けたこと、胸にかけた聖宝や画像が着衣を通過した弾丸を防いだことなどの奇蹟が伝えられて、異教徒の武士さえもこれらを求めて携えるようになった。

足利義昭を奉じて入京する信長に協力して、都の総督に任じられた和田伊賀守惟政は、元亀二年（一五七一）八月二十一日に、摂津池田三十一人衆と戦って戦死した時の武装に、南蛮帽子をかぶっていた。緋天鵞絨《ビロード》の帽子に金の紐を付け、帽子の形に作った鋼鉄の冑の下にかぶったのである。彼は高山右近にすすめられてキリスト教に帰依し、堺に避難している宣教師たちを都へ復帰させ、フロイスを伴って二条城で信長に会わせるなど、宣教師の有力な保護者であった。この帽子は宣教師フランシスコ・カブラルが、豊後から贈ったものである。[105]

キリシタン武将として知られたジョウチン隆佐（小西行長の父）は、白緞子の衣の上に緋絹に金の刺繡を施した短い上衣を着て、ビロード裏の猩々緋（赤地羅紗）の帽子を被っていた。天正十三年（一五八五）、秀吉根来攻めの出撃軍が堺を行進中、彼の華やかな南蛮風衣裳が最も目立って人気を集めた。[106]

十五年（一五八七）の九州征服の戦には、アゴスチニョ小西行長、ジェスト右近（高山右近）、ドン・シメオン小寺官兵衛（黒田孝高《よしたか》）・長政、ドン・パウロ志賀親次、ドン・プロタジョ有馬晴信、フランシスコ大友義鎮と世子のコンスタンチノ義統《よしのぶ》ら、キリシタン武将の十字架の旗が海陸ともに翻った。[107]

秀吉は宣教師追放令を公布した後も、イエズス会から没収した長崎に代官を派遣して貿易を奨励したので、長崎は南蛮風俗流入、伝播の中心地であった。その住民はすべてキリスト教徒であるから、教会暦の聖行事に着用する宗服は、住民の生活に浸透していった。

家康も創設当初の幕府財政を豊かにするため、海外貿易を積極的に行って、布教活動を黙認した。しかし、慶長十五年（一六一〇）に信徒七〇万に達したキリスト教団は、幕藩体制確立に不安を与えるものであった。オランダ・イギリス船が来航してから貿易も宗教関係も複雑化し、キリシタン武士の反徳川勢力が大坂側との政治関係に錯綜した。家康はキリスト教禁圧を強化し、十七年（一六一二）、十八年に発布した禁教令によって、十九年（一六一四）のキリシタン迫害がはじまった。長崎のキリシタンたちはこれに抗議して、プロセション（procesión 聖体行列、スペイン語）の大デモンストレーションを行った。(108) 同年四月初め、フランシスコ会の鞭打ち行列に始まり、聖週の木曜日から四月末まで続いた。四月一日（聖霊降臨の祝日の月曜日、西暦五月九日）のドミニコ会行列には「白衣と黒い面覆を着け、頭には薔薇の冠を戴き、手には十字架または聖像を持つ二〇〇〇人の女子が先頭に立った。次いで八〇〇〇人の男子が、規律正しく二人ずつ続いて行進した。列の中央にいる者は灯のついた蠟燭を持っていた。行列の最後には、黒衣で包んだ大きな十字架があった」(109)。次いで十一日（西暦五月十九日）には、婦人キリシタン二〇〇〇余人が参加した。彼女たちはトゥニカ(110)を着て、黒色のヴェロ velo（ベール、スペイン語）をかぶり、その上に茨の冠または釘を打った冠を戴き、銘々に耶蘇の聖像・画像（イマッヘン imagen, スペイン語）・十字架を携えた。二十一日（西暦五月二十九日）の聖体の祝日には、イエズス会が行列を行った。先頭五〇人の児童は美々しく飾り、銘々に蠟燭を持ち、短白衣を着ていた。宣教師二〇人はカパ、三〇人は短白衣にストラをつけ、イルマン二一六人も短白衣姿である。(111) 四〇〇人の児童たちは小天使の装いに着飾り、キリシタンの主な人びとは紅色の服を着て、麗しい天蓋を八本の棒で聖体の上にさしかけた。長崎キリシタンのプロセションは、宗服の装いで行われた。婦人服装については、このトゥニカが和服を指すのか宗服であるのか明らかでないが、ヴェロが用いられている。

元和八年（一六二二）八月五日、長崎の宣教師及び信徒五五名が処刑された。火刑二五名、斬首三〇名であった。この状を描いた「元和大殉教図」図26（ローマ、ジェス聖堂）及び教会諸記録に、宗服着用が見られる。聖フランシスコ会第三会員のルシアは、会服を着用して刑場に到着した。彼女が熱烈な祈りを捧げて殉教者たちを励ましたので、怒った番人は、彼女から会服と十字架を奪い取って引き裂いた。聖服を取られたルシアは、「我が魂、主を讃めまつれ」の童貞聖母マリヤの讃美歌を歌った。殉教図の海側から四番目の柱に縛られて、火刑を受けている婦人はルシアである。会服は奪われ、和服姿が描かれた。二番目の柱の男性は、ロザリオ会員、朝鮮人アントニオで、長ズボンの会服を着用している。その他も宗服着用の各派会士であった。斬首された聖フランシスコ会第三会員マリア村山は、一九年に殉教したアンデレア徳庵の妻で、前長崎代官村山等安の姉にあたる。この貴婦人は白いビロードの服を着て、顔は照り輝いて天使のようであったという。(112) 斬首刑は図の前方に描かれ、会服の男子と婦人、和服の婦人と子供が見える。白い会服の婦人は二名描かれ、マリア村山に比定できるような姿がある。信徒組織コンフラリヤ Confraria（コフラヂヤ Cofradia, スペイン語）として、男子修道会、婦人修道会に次いで組織されたのが、平信徒信心会の第三会であった。在俗の信徒が結成した「組」には、婦人の組もあった。コンフラリヤの女性も会服を着用するようになったが、(113) それは熾烈な最後を飾る殉教の服装であった。

2 南蛮趣味

宣教師の布教活動には、支配者の許可を得ることが最初の条件である。また、イルマン、ジョアン・フェルナンデスの「この国の領主達は皆臣民を遇すること甚だしきゆえに、臣民は全く領主次第にて」(114) という見解のように、宣教師は布教に有効な手段として領主を訪問した。その際に携えるヨーロッパの珍しい品々は、布教許可に大きな役割を果たした。ルイス・フロイスが「彼等が珍重する好き物」として、巡察師アレッサンドゥロ・ヴァリニャーノに報告したヨーロッパ品は「ポルトガルの帽子に琥珀又は天鵞絨の裏のあるもの・砂時計・硝子器・眼鏡・コルドバの製革・天鵞絨又はグランの財布・刺繡のある上等の手巾・瓶の金米糖・上等の砂糖漬・蜂蜜・ポルトガルの羅紗のカッパ・好きセイラ・壷入の砂糖菓子・フランドルの羅紗又はゴドメシン・毛氈・銀製聖宝匣・琥珀製その他の数珠・聖母又は諸聖の画像等」(115) であった。

宣教師たちはその書翰に、次のような贈物を記録している。大内義隆に時計・燧石銃・鏡・眼鏡・楽器・ガラス器・緞子・聖書、大友義鎮にロザリヨ・聖骨匣・聖徒画像・武器・武具、大村純忠に十字架付金扇・絹の敷布団と掛布団・天鵞絨の枕・鍍金の寝台・織物・金指輪・緋のマント・天鵞絨の帽子・襯衣・ズボン・ロザリオ・ボヘミヤの珠・葡萄酒・愛玩犬、足利義輝に砂時計・鏡・黒い帽子・麝香、足利義昭に硝子器・絹・孔雀の尾、織田信長に黒天鵞絨帽子・シャツ・セイラのシロウラ・紅色の上履・篠の杖・孔雀の尾・鏡・天鵞絨張り椅子・鍍金の楯・鍍金の燭台と蠟燭・緋天鵞絨・切籠硝子・金平糖入り硝子器・紅紙・黒奴、柴田勝家にオリーブの実・ロザリオ・聖像画、豊臣秀吉に糖果・葡萄酒・時計・スペイン服、徳川家康に時計・葡萄酒・地球儀・貴重薬・鞍・具足等がある。これらの贈物を持って訪問する宣教師の金襴・錦繡の祭衣がどのような感銘を与えたかは、サビエルと義隆、フロイスと信長の会見記に明らかである。「日本においては大なる諸侯パードレを愛し厚くこれを遇するゆえに、その衣服も大なる者と交りこれを訪問するに適したるよきものを用うる必要あり」(116)と、ポルトガル商人も指摘するのであった。

東方の孤島日本へは、東南アジアで行われた武力征服も及ばず、貿易関係の平穏を保つことができた。ポルトガル船の司令官甲比丹モールは、日本へは商人頭としてきらびやかな衣裳をまとって来る。遠い未知の国の品々を贈られる領主たちは、外来文化に憧憬の心を寄せるのであった。また、貿易によって多大な利益を得る領主は、貿易船を支配するキリスト教団からも、エキゾチックな南蛮趣味を誘発された。

信長は南蛮好みであった。フロイスに錦繡の祭服を着用させて、その美しさにいつまでも感嘆して眺める信長の南蛮趣味は、世間によく知られていた。信長の好む南蛮品を贈るのは宣教師だけでなく、朱印状を得るための貴人や市民からも届いた。ポルトガル服、緋のカッパ、羽飾りのついた天鵞絨の帽子、聖母の像がついた金メダル、コルドバの山羊革製品、時計、きわめて高価なヴェネチア製クリスタルガラス器、緞子の生地などの贈物は、多数の大きな櫃にいっぱいつまっていて、宣教師も驚くほどであった。

信長は早くから、南蛮品を使用した。永禄十三年(一五七〇)、駿河田中に進出した武田信玄の許へ、使者佐々権左衛門を遣わして、からのかしら(印度、中国産旄牛《ぼうぎゅう》の尾を綴ったかぶりもの。冑の装飾とする)一二〇、毛氈三〇〇枚、猩々緋の笠(緋羅紗南蛮帽子）を贈った。信長は強敵信玄には、子息信忠と信玄第六女お松との政略結婚を通じて誼みを結び、莫大な贈物をたびたび届けていた。この時は特に、南蛮船舶載品ばかりであった。緋羅紗南蛮帽子については、足利義昭を奉じて戦った時の「縁起のよき笠にて候」と、その由来を述べた。信玄は使者の面前で、「信長の武篇にあやかれ」と、奥近習の土屋右衛門尉昌次に、その南蛮帽子を授けたという。[117] 信長は南蛮帽子を戦勝の褒賞にも用い、元亀三年（一五七二）九月、前田利家の功臣村井又兵衛長頼に与えたという黒フェルトの南蛮帽子ソンブレイロが村井家に伝わっている。図27 このように信長自慢の南蛮帽に対して、信玄の態度は素気ない。新旧両雄の面目躍如というところであった。しかし、後の長篠合戦（天正三年、一五七五）に、武田騎馬軍団の精鋭を撃滅したのは、南蛮帽を冑持ちに掲げさせて、足軽鉄砲隊を駆使した信長であった。この信長の姿は、「長篠合戦図屏風」図28（成瀬家蔵）に描かれた。信長方諸将の旗旌持ちにも、南蛮帽をかぶる者が描かれている。本図は十七世紀後半の制作と考証されているが、[118] 南蛮帽子は信長の鉄砲隊南蛮戦法のシンボルであった。

信長は同盟を結んだ上杉謙信には天正二年（一五七四）に、「洛中洛外図屏風」類を贈ったが、謙信はカパを所持している。牡丹唐草文赤地ビロードに、金モールの縁飾りをめぐらす豪華なマントは、上杉神社（米沢市）蔵遺品中にある。[119]

ソンブレイロをかぶる信長に、マントは遺されていないが、信長所用と伝えられる南蛮式鎧下着二枚が、図29 現在の名古屋城にある。山崎重友が拝領したものという。その緞子の綿入と麻の単衣は、細袖、立衿の南蛮仕立である。また、安土の摠見寺に伝えられた信長所用という革袴は、図30 曲線裁ちの前股上に前明きを作り、前明きと裾をボタン botão でとめるところに、南蛮仕立が採り入れられている。元亀三年、浅井攻めの帰路・江州三石に宿った信長は、参会した朽木家の家臣長谷川五右衛門に与えたという。[120] 激戦にすり切れている彼の袴は、ボタン止めの効果を挙げたことであろう。鉄砲隊を率いる信長は、服装にも南蛮の機能性を素早く採り入れる合理主義であった。[121]

天正九年（一五八一）正月十五日、安土城で爆竹の行事を行った信長は、「黒き南蛮笠をめし、御眉をめされ、赤き色の御

挿図３　扇面京都南蛮寺　狩野元秀筆　神戸市立博物館

ほうこう《（布袴）》をめされ、唐錦の御そはつぎ《（側次）》、虎皮の御行縢《むかばき》。蘆毛の御馬、すぐれたる早馬、飛鳥の如くなり」[122]と、南蛮帽子ソンブレイロの勇姿である。次いで二月二十八日に、京都で行った馬揃は、五畿内隣国の諸将を召集して、正親町天皇臨幸のもとに行われた。信長は宣教師ヴァリニャーノから贈られた金の飾りを施した天鵞絨の椅子を四人の武士に高く掲げさせた。多数の武将を随えた華麗な行列に威勢を加え、休息にはその椅子を用いた。また、宣教師の献上した黒奴は世間の評判となった。信長は少し日本語を解する彼と語り、人を付けて市内を巡らせ、[123]まことに賑やかな歳次であった。戦乱に荒廃した京都の聖堂は改築され、三階建ての壮麗な構えが聳え（挿図３）、安土にも信長から与えられた湖水埋立地に三階のカザ（住院）が建設され、壮麗宏大な聖堂建築の準備も進んでいた。信長は聖堂建築資金寄贈も約束して、[124]大いに南蛮趣味を満足させ、イエズス会にとっても最盛期であった。中世的権威を否定する信長は、外来の南蛮文化に傾倒した。キリスト教をこのように保護したのは、彼の仏教弾圧政策でもある。しかし、当年の南蛮風ハイライトが彼の最後であった。本能寺の変が起ったのは、その翌年である。

イエズス会副管区長ガスパール・コエリュ Gaspar Coelho らが天正十四年（一五八六年三月十六日）に、大坂城の秀吉を訪問した時、秀吉が自ら鍵を持って案内した天守閣には、金・銀・生糸及び緞子・衣服・武器の財宝が満ちていた。その一室に、新しい緋のカパが一〇から一二組も絹の紐で吊され、立派な織物に金糸刺繡を施した蒲団が掛けてある非常に高価な寝台が二つあった。訪問の一行（宣教師四名、イルマン四名、同宿一五名、セミナリオの少年数名）が最も驚嘆したのは、マントと寝台であった。[125] その後、同年四月五日、豊後の大友宗麟が秀吉を訪問した際にもこのカパと寝台を見せられ、[126] 秀吉にとって自慢の南蛮品であった。

コエリュはこの訪問の時、北政所にシナの刺繡をした一枚のサイア saia（スカート）を贈った。彼女がこのスカートを非常に気に入ったので、秀吉は夫人に着せて室内を歩かせ、「宣教師について話をしている間、着たままでいるように」と、言った。秀吉は当日会った宣教師について語り、夫人に会わせなかったことを残念がった。それは日本の当然な習慣であるから、関白のそのような考えは信じられないと答える夫人に、彼ら外国人は善良な人たちで、日本のような心配はないと言った。[127] この状況は城内のキリシタン婦人を通じて、宣教師が知り得たことである。北政所の侍女には三、四名の信者がいた。関白夫人秘書マグダレナは秀吉の信任が厚かった。秀吉は彼女の勧めに従って、城中婦人の呼び名に聖徒の名を付けていたという。[128] 北政所の着たスカートは、「四都市図屏風」図Ⅱ（神戸市立博物館）に描かれたような南蛮婦人服の上スカートであろうか。これは和服の上にも巻くことができる。なお当日、秀吉はコエリュにいくつかの品を依頼した。コエリュはある司祭に命じて、その品を贈物として城中に届けた。夫人用の品もあったようで、贈物が届くと夫人は司祭に礼状を認め、二着の立派なキモノを贈った。[129] 南蛮スカートをつけて、新しい世界にふれた北政所の宣教師に対する態度は、その後好意的であった。

天正十八年（一五九〇）に帰国した遣欧少年使節一行を、聚楽第に迎えた秀吉の歓迎ぶりは、彼の南蛮趣味をよく示している。一行を引率するヴァリニャーノが、秀吉の宣教師追放令に対する配慮をめぐらしたのも、杞憂に終るほど好調であった。四名の使節、伊東マンショ・千々岩ミゲル・原マルチノ・中浦ジュリアンは、ローマ教皇グレゴリウス十三世から贈られた三着の衣のうち、黒天鵞絨地金モール飾り襞衿の長衣を着用した。図31 彼らの滞欧中の服装は、ほとんどヨーロッパ服であった。ヴァリニャーノは、教皇・国王及び王訪問の場合以外、使節に日本服を着用してはならないと指示していたのである。彼らは帰国後もポルトガル服を着用した。その服は、国王フェリペ二世の名代としてポルトガルを統治するアルベルト・デ・アウストリア Alberto de Austria 枢機卿から賜わったものである。[130]

使節が近親者の問に答える形式に編述された『デ・サンデ天正遣欧使節記』[131]「対話四」に、千々岩ミゲルはポルトガル服の利益三点を挙げている。第一、体の動作が妨げられない。第二、寒さを凌ぐに有効である。第三、襯衣《シャツ》を毎日着換えると、着物の衿に垢がつかず、清潔である。そして、胸当 thorax や襯衣 subucula（ラテン語）を和服に添えて用いれば、体付きも優雅に見え、寒さを防ぐ効果が多いと提言した。伊東マンショは二名の質問者に、有馬藩と大村藩へこの風習を採り入れるよう説くことをすすめた。使節らの体験的思考は、すでに信長をはじめ都の武将たちの鎧下着に実現していたことを、彼らはまだ知らなかった。

前述のように、[132]秀吉謁見の遣欧使節に随行したポルトガル商人上京後、その華やかな服装の評判が高まった。信長以来の南蛮趣味は、ポルトガル人の盛装を目前に見て、さらに高揚したのである。フロイスはこの状況を、

パードレ・ヴィジタドールの使節（の任務を遂げられし）以来我が（国の）諸事は日本人の方に大いに理解せらるるに至りしかば、国都に於てはポルトガルの衣服若しくは（他の）何物かを所有せざれば人とは思はれざるなり。かくしてこの（ポルトガルの）風は大いに流行したるが、そは蓋し甚だ奇異なることとなり。多くの諸侯はカッパ、頭巾《マンチーリヤ》、カミーザ・ダワノ、短かきカルサ、無縁帽子《シャペウ》等種々の装身具を有す。[133]

と述べている。

その後、文禄元年（一五九二）三月二十六日、秀吉は朝鮮出兵基地として築いた肥前名護屋城に出陣した。大政所死去のための一時帰洛（文禄元年七月二十二日〜十月一日）を除き、二年八月二十五日まで約一年三ヵ月の滞在であった。長崎に近い名護屋には、宣教師のほか甲比丹モールらがしばしば訪れた。フィリッピン総督からの使者も当地に上陸し、ドミニ

コ会士、フランシスコ会士が随伴して、スペイン商人も来航した。名護屋には城下町が建設されたので、造営関係者や武将の滞在する者が多く、彼らは長崎に出かけて南蛮文化に接することができた。

数年以来ほとんどことごとくの日本諸侯がポルトガルの服飾品を買い求め、またポルトガル風の服を作らせるようになった。ポルトガル船が当地――長崎――へ着くと、彼らの代理人がその主君に代わって衣服を購おうと、またポルトガル風に裁縫させようとの熱心な希望を懐いて現われ、無茶苦茶のやり方で買い込むのである。すると、ポルトガル人は、どれほど支払いを受けるかによって、少し好い衣服を日本で売り払ってしまい、裸で中国――マカオ――へ帰って行く。日本人は執拗にせがんで、その衣服を購う。(中略) ついにはポルトガル人が頸に掛けている金鎖付きのコンタスや聖宝箱をさえ慾しがるほどである。そして彼らは聖宝箱を――長崎で――造らせたりもする。その頸にはコンタスを、またある者は聖宝箱をかけている。(134)

これは一五九五年(文禄四)十月二十日付の年報に、フロイスの記すところである。南蛮服飾流行状況と服飾品の入手経路を知ることができる。名護屋滞在のジョアン・ロドゥリーゲスの書翰も、

太閤様が名護屋から都に向って出発する時には、名護屋(にいる人々)は市と政庁を挙げて、ポルトガル風の衣裳をまとって彼に随伴しました。そしてそういう服装で都入りをしたのでした。長崎の仕立屋たちは、一同の(衣服の)仕立てに従わねばならず、皆が都に(戻って)行くので休む程もない有様でした。(135)

と、南蛮服着用と仕立屋の状況を記した。宣教師ニェッキー・オルガンチノ Gnecchi Organtino の京都からの書翰はさらに、

国王(秀吉)とその甥の新関白殿をはじめとして、主だった人々は、(しばしば)ポルトガル風の服装をするので、この首都で彼等の多くの者に出会っても、彼等が果して日本人であるのかポルトガル人であるかが容易に見分けられない(ほどである)。(136)

と、着用者に秀吉と秀次の名を挙げて具体的である。しかし、これら宣教師の記録は事実であろうか。わが国の資料によ

って、考証する必要がある。

文禄三年二月二十七日（一五九四年四月十九日）に催された吉野の花見を描く「太閤吉野花宴図屛風」[137]（ニューヨーク、ジョン・パワーズ蔵）の秀吉は、筒袖のきものに袴をはき、縁なし帽子を被る姿である。図32 この帽子は南蛮帽ゴロであり、袴はその紐の形からカルサンと思われる。後方扈従の武将に、縁なし帽子ゴロを被る者と、縁の広いソンブレイロの者が見える。『太閤記』（巻第十六、吉野花見御見物之事）によれば、秀吉は作り髭、作り眉、お歯黒で歯を染め、供奉の人びとはみな美麗に着飾り、若々しい装いに見物が群集したという。本図の秀吉にもその髭と眉が描かれている。本図は六田の橋を渡り、市之坂から千本の桜、ぬたの山、かくれがの松と、山中の道を乗馬で進む行列であるが、蔵王堂鳥居前で、爛漫の桜花にかこまれた秀吉を描く別本がある。この「太閤吉野花宴図屛風」図33[138]（細見實氏蔵）の秀吉は衣冠、供奉の武士は素襖・大紋の正装である。輿上の秀吉の前方に、南蛮服の一人物が描かれ、その占める場所から高位の武士と思われる。当年の吉野花見について、一五九五年十月のイエズス会年報に、フロイスは次のような記事を送った。

昨年夏、日本で或るはなはだ美しい花を眺める季節に、慣わしとして行われる遊楽の宴を太閤様が催そうとして、ミヤコにいた諸侯全部に、それぞれ変った趣向をこらし、ポルトガル風の服装で、彼に従って現われるように命じた。そこでだれもみな、ポルトガル人がする通りに頸にコンタスや聖宝箱を掛けることにした。太閤様は和服で現われたけれども、それに興じ、そんな風に着衣している全諸侯に近づいて、それを眺めまわした。[139]

フロイスは当時マカオに滞在していたので、これは在京宣教師の実見にもとづく書翰であろう。花宴両図はその画風から、狩野派画家の記録画と見られている。宣教師書翰と同時資料の両図によって、宣教師の表現を比較考察することができる。両図中には何名かの南蛮帽子と一名の南蛮服が見えるが、だれもみなコンタスや聖宝箱を頸にかけたという宣教師書簡の表現は、誇張であることが明らかである。[140]

家康については、尾張徳川家に分けられた形見の中に、唐人着物四、唐人ジュバン一、羅紗の合羽二五（駿府御分物御道具帖）があるが、着用は明らかでない。武士たちの南蛮服（ジバン・カルサン）着用例は、南蛮屏風と風俗画中に見られる。

太閤吉野花宴図屏風（前掲）

御物、南蛮屏風図34（宮内庁）

南蛮屏風（アメリカ、デ・ヤング記念博物館）

清水寺遊楽図屏風（MOA美術館）

歌舞伎図巻（徳川黎明会）

和服に南蛮襞衿を付けることも流行した。

御物、南蛮屏風（宮内庁）

南蛮屏風（天理図書館、アメリカ　クリーブランド美術館、イギリス　個人、神戸市立美術館、金沢　本泉寺。以上五図の襞衿付和服は同型である）

歌舞伎草子絵巻（徳川美術館）

遺品には、前掲のポルトガル服上着（熊本、本妙寺）、徳川頼宣所用と伝えられる襞衿三点図35（紀州東照宮）がある。

カルサン着用については、次のような例証がある。秀吉には、「一　従《ヨリ》二太閤様一黄成《ル》段子御用候とて取に来、則御かるさん」（『駒井日記』文禄四年四月四日の条）の例があり、秀次には、文禄三年（一五九四）九月四日、伏見訪問の秀吉からカルサン三枚が贈られた（『言経卿記』）。細川忠興は慶長八年（一六〇三）四月二十一日に、子息忠利へカルサン一枚を贈った（『細川家記十三忠興』）。徳川家康は元和元年（一六一五）五月七日の大坂落城の朝、「白き御殿にしゆすのかるさんをめす、かき色の御羽織袖なし」（『玉音抄』『明良洪範二十三』）の具足をつけない軽装であった。遺品には、家康所用と伝えられる紅黄縞繻子地袷仕立カルサンが、紀州東照宮に蔵されている。[141]

カパは、諸将が所持していた。有馬鎮貴が官途御祝礼に島津義久へ贈ったカパを、島津の重臣上井覚兼が「かはんとて蓑のごとく雨降にめされ候ても不苦候打掛なと様の物」と、日記に記した。(142)義久も秀吉にカパを贈り、秀吉の礼状に「醒《しょう》々皮蓑《じょうひのみの》」(143)とある。「女歌舞伎図屛風」には、カパ着用の見物客が描かれている。遺品に、豊臣秀吉所用（名古屋市豊清二公顕彰館）、上杉謙信所用（上杉神社）図36と伝えられる天鵞絨のカパ、後述の支倉常長関係（仙台市博物館）の羅紗製カパがある。

武将に最も多く着用されたのは、南蛮意匠の陣羽織である。和装の陣羽織に輸入毛織を用い、南蛮風デザインに、立衿、折返り衿、モール飾り、ボタン、穴かがりを用いる南蛮仕立である。次のような武将の所用と伝える遺品が多い。

織田信長所用　緋羅紗鳥毛陣羽織（近江風土記の丘資料館）
上杉謙信所用　紺緋羅紗袖替陣羽織（上杉神社）
　緋羅紗陣羽織（上杉神社）
豊臣秀吉所用　茶地獅子文唐織裏緋羅紗陣羽織（東京国立博物館）
　綴織鳥獣文陣羽織（高台寺）
　茶絹地孔雀羽根模様金糸刺繡綿入陣羽織（名古屋・豊清二公顕彰館）
徳川家康所用　天鵞絨陣羽織（水府明徳会）
　皮革金泥陣羽織（紀州東照宮）
細川忠興所用　鹿革陣羽織・袴付（熊本・島田美術館）
伊達政宗所用　黒羅紗地裾緋羅紗山形模様陣羽織図37（仙台市博物館）
　紫羅背板地五色水玉模様陣羽織（仙台市博物館）
小早川秀秋所用　猩猩緋羅紗地違鎌文陣羽織（東京国立博物館）
徳川頼宣所用　紅繻珍地桃文陣羽織（紀州東照宮）

鎧下着にも、南蛮風が採り入れられた。南蛮式立衿・折返り衿は首を保護し、筒袖は活動的である。忠興のは袖口がカフス式ボタンどめにつくられている。衿もと、前明き下、胸明き等にボタンを利用する。鎧下着の南蛮仕立は機能性に富み、実戦に有効である。前述の信長関係及び次のように伝えられている遺品がある。

織田信長所用　緞子地綿入鎧下着・麻地単鎧下着（名古屋城）

徳川家康所用　緋緞子地牡丹唐草文鎧下着（水府明徳会）

細川忠興所用　藍麻地九曜文鎧下着図38（熊本・島田美術館）

徳川頼宣所用　麻地葵散し文鎧下着・麻地牡丹唐草文鎧下着・緞子地白雲文鎧下着（紀州東照宮）

籠手にも、ボタンを使用したものがある。大坂夏の陣に、内藤左馬助政長嫡子帯刀忠興が着用した（内藤家）。

以上のように武士の南蛮服流行は、帽子・カルサン・襞衿・カパ・南蛮風陣羽織・鎧下着等であり、南蛮服着用とは限らない。南蛮服着用は最も先端的な流行であり、一般には服装各部の南蛮風が多くみられる。その帽子はわが国の頭巾・笠に、カルサンは四幅袴や小袴に、カパは簑に似ているので着用しやすい。陣羽織・鎧下着は、和服に南蛮意匠を加味したにすぎない。ロザリオ・コンタス・襞衿は和装に最も異質な服飾であるから、聖具は信者に、襞衿は若者に多く用いられたことが首肯できる。

ロドゥリーゲスの伝える秀吉の名護屋出立の一行は、南蛮帽子をかぶる者あり、カルサンをはく者あり、その多くは南蛮意匠の陣羽織を着る光景であろうか。宣教師は「ポルトガル風の服装 vestidos ao nosso modo」と、書いた。これは必ずしもジバン・カルサン服ではなく、南蛮風を採り入れた服装を指すものと思われる。文禄三年六月二十八日、秀吉の催した瓜屋風趣の茶会に、茶屋の亭主を命ぜられた三上与三郎の南蛮扮装は「ひろ袖のゆかたしゆすのかるさん、なんばんづきんをかふつて」（『太閤記』巻第十）という姿であった。南蛮服の概念は、カルサンや帽子の着用によっても成立するのである。オルガンチノが書翰に記した秀吉と秀次の「ポルトガル風服装」も、カルサンあるいは南蛮風陣羽織の着用であろうか。そのため日本人かポルトガル人か見わけられないというのは誇張的だが、カルサン姿は太閤や関白の和装よりもその傾向がある。

南蛮服仕立技術についても、フロイス書翰に「ポルトガル風の服を作らせる」とあり、袴式カルサン、南蛮意匠陣羽織、鎧下着等の仕立と思われる。和服と異なる複雑な西洋服裁縫技術を、習得したわけではない。同書翰が伝えるように、ポルトガル服は古着購入であった。しかし、ポルトガル風仕立には、衿、袖、ボタンホール等の裁縫技術が必要である。裁縫のできる宣教師に伝授されたのであろう。それらの遺例には、種々な技法が用いられている。帽子については、南蛮屏風の町並に南蛮帽子を売る店が描かれ図39(144)、川越喜多院「職人尽絵屏風」図40に描く革師の仕事場には、でき上った二個の南蛮帽子が置かれて、製作と販売の場を見ることができる。このように、和服に初めてヨーロッパのデザインを加え、固定化した中世和服に機能性を採り入れたのは、近世初頭の政権争奪に戦う武将たちであった。

天下人の南蛮好みから武家に流行した南蛮趣味は、やがて民衆社会にも拡まった。その情景は、近世初期風俗画に描出されている。京の四条河原遊楽街に、種々の芸能や見せものに並び、南蛮服の洋犬曲芸師が「四条河原遊楽図屏風」(静嘉堂文庫図41及びボストン美術館図42)に描かれている。肩飾り、垂れ布のある胴着を襞衿の上着に重ねて和風カルサンをはき、ソンブレイロをかぶる南蛮服装であった。襞衿は一五九〇年代のギャザー型で、静嘉堂本のフレヤー式垂れ布も世紀末様式である。肩飾りはボストン美術館本に、正確に描かれている。また、「祇園祭礼図屏風」(出光美術館)の神輿還幸行列に随うのは、曲芸輪に犬を入れて掲げる南蛮服の犬づかいである。「豊国祭礼図屏風」(豊国神社)にも、洋犬を背負って道具を持ち、豊国踊を見物する姿が見える。猿まわしの和装に対し、南蛮犬曲芸師の南蛮服は、異国情緒をかもし出す。元禄頃、英一蝶が描いた南蛮服の唐人飴売も既に、このあたりで興を添えていたであろう。

この頃盛んになった民衆の祭礼に、南蛮服の仮装が登場した。慶長九年(一六〇四)八月十八日の秀吉七回忌祭典の情景を描く「豊国祭礼図屏風」(豊国神社図43、徳川黎明会)の大群舞の中に、南蛮扮装も踊っている。「豊国祭礼町家内外図屏風」は、寛永初期の夏祭の景観である。キリスト教厳禁期にかかわらず、南蛮服仮装一五名が豊国踊りの輪をつくり、輪外の南蛮服二名と呼応して踊っている。祇園祭礼には、南蛮服仮装が恒例になった。各種の「祇園祭礼図屏風」に、山桙及び神輿に随う南蛮服の人物が描かれた。[図44][145]祇園祭礼にならう地方の祭にも、行列中の南蛮変装は欠かせぬものであった。「住吉祭礼図屏風」（高津文化会館）には、その姿が見える。

また、風流踊にも南蛮扮装が加わった。「花下遊楽図屏風」[図Ⅲ]（神戸市立博物館）には、南蛮服の洋犬づかいが曲芸の輪を持って踊る。「住吉社頭遊楽図屏風」の風流踊では、カルサンをはき、南蛮帽子をかぶって、身振り激しく踊っている。祭礼や風流踊の南蛮仮装に呪術性のあることは、「築城図」[図45]にうかがわれる。慶長十二年（一六〇七）から行われた駿府城と思われる築城に、石引きの音頭をとる男たちの先頭は、南蛮扮装である。呪力をもつ変装者の掛け声で、大石を載せた修羅は少しずつ進んでいく。

祭礼・風流踊に登場する南蛮服は、当時流行の傾《かぶ》き者たちの異装でもあった。歌舞伎の舞台では、十字架付ロザリオをかけた役者が人気を博し、南蛮服の見物がいる（「歌舞伎図巻」[図46]徳川美術館）。八十島市郎兵衛筆「邸内遊楽図屏風」（村井家蔵）に描く傾き者の集まりには、大たぶさ・長刀の伊達奴のなかに、南蛮服の若者もいる。

南蛮犬曲芸師服、祭礼・遊楽の扮装、傾き者の異装等、民衆の南蛮服は情熱を発散する遊楽の服装であった。武家南蛮服飾のように豪華ではないが、異国情緒の民衆的受容は、若者の南蛮ファッションを形成した。

3　支倉常長の遺品

南蛮文化最後の光芒は、慶長十八年（一六一三）に、伊達政宗がヨーロッパに派遣した使節である。大使に任ぜられた支倉六右衛門常長は、伊達家譜代家臣の分家六〇〇石の小禄で[146]長銃隊長を勤め、[147]キリシタンではなかった。大使としての支倉は、ヨーロッパ各地でその能力と威厳が認められ、使命を立派に果し、政宗の見込んだ優れた人物であった。

慶長使節派遣を実現したのは、フランシスコ会宣教師ルイス・ソテロ Luis Sotelo である。イスパニア、セビリャ市の名家出身のソテロは、サラマンカ大学卒業後フランシスコ会士となり、メキシコ及びフィリッピンに派遣された。フィリッピンで日本人宣教の際、日本語を覚えた。慶長七年（一六〇二）[148]に長崎へ上陸して、江戸へ入った。江戸には、家康の優遇したフランシスコ会修道士ジェロニモ・デ・ジェズースが慶長四年（一五九九）に建てたロザリオの聖母の寺と修道院及び小さな病院があった。[149]修道院長となったソテロが政宗に出会ったのは、十五年（一六一〇）である。ソテロの病院で侍女の病気が快癒したのを喜んだ政宗の豪華な贈物を、ソテロは宗規に従って返した。感激した政宗は、彼と医師のイルマンを藩邸に招いて歓待したのである。[150]その際、ソテロは伊達藩布教の許可を得た。翌年、仙台に入った奥州最初の宣教師である。使節派遣は、政宗の独断ではない。使節の黒船は公儀の指導によって完成し、使節は幕府からの贈物を携行しているので、家康の意志によることは明らかである。

信長・秀吉の南蛮文化流行期に生きてきた家康・政宗の南蛮趣味は、彼の遺品からも明らかである。家康の日常生活には、一五八一年マドリッド製造の時計を用い、眼鏡をかけ、鉛筆を使っていた。[151]遺品にも多数の南蛮品が含まれ、[152]南蛮服・南蛮具足・陣羽織・鎧下着[153]などがある。政宗も華麗な南蛮意匠陣羽織を着用し、ブローチ型黄金ロザリオ[154]を愛蔵した南蛮文化愛好者であった。慶長十七年（一六一二）八月六日に、幕府直轄領のキリスト教が禁止され、翌年の江戸キリシタン迫害に殉教しようとしたソテロを、浅草の藁掛礼拝堂から救い出したのは、政宗である。ソテロは日本司教就任を夢みる宣教師であった。南蛮志向の家康・政宗とソテロの願望が揃ったところに、使節派遣が計画された。十八年（一六一三）九月十五日、家康の意を受けた政宗は、ソテロによって支倉一行をヨーロッパに派遣した。

家康の禁教と貿易に揺れ動く政策は、老獪な政治性といわれるが、彼はスペイン鉱業の世界にさきがけた技術革新の導入を熱望していた。そのため、使節を四回もメキシコへ派遣した。しかし、幕府は十八年十二月十九日に、全国にわたって、キリスト教の布教を禁じた。使節出帆の三ヵ月後で、彼らはメキシコに着いたばかりであった。支倉をメキシコまで送って帰国する船に便乗したスペイン王使節フランシスコ会修道士三名が、元和元年（一六一五）閏六月二十一日に、浦賀に入港した。駿府の家康はその使節を引見したが、一言も発せずに贈物を受取った。江戸の将軍秀忠は使節に会わず、贈物も受けなかった。[155]家康にはまだ南蛮文化への執着があり、秀忠は時代的にも地域的にも南蛮文化流行に離れていた。封建体制確立に伴って、その距りはますます開く。元和二年（一六一六）四月十七日に家康が没すると、秀忠は八月八日に禁教令を強化し、貿易も平戸と長崎に制限した。日本のキリスト教弾圧はヨーロッパ諸国に伝わり、使節への疑惑、ソテロへの批判が高まった。ソテロの希望する日本司教就任は実現せず、使節と共に日本へ渡航することも許されない事態となった。後にソテロは日本に潜行して、火刑に処せられるのである。

元和六年（一六二〇）九月二十三日に、使節は帰国した。政宗は報告の書翰と使節の持ち帰った贈物を、幕府に送った。[156]仙台藩の禁教はまだゆるやかで、宣教活動の最盛期であった。洗礼を受けて帰国した支倉らは、表面的には棄教したとされながら、キリシタンの中心となっていた。そして、支倉常長は八年（一六二二）七月一日に、病没した。九年（一六二三）七月二十七日には秀忠が引退して、家光が三代将軍となった。家光は同年十月十三日に、江戸キリシタンを極刑に処して、全国にキリスト教禁止の厳令を下した。封建体制が確立した時、南蛮文化は既に遠くなっていたのである。次いで十二月七日に家光は政宗を招き、奥州キリシタンの禁絶を直談した。[157]家光の命に政宗も従わねばならず、この以後、政宗の熾烈なキリシタン弾圧が行われるのである。政宗は、寛永十三年（一六三六）五月二十四日に没した。霊廟瑞鳳殿から発掘された黄金ブローチ型ロザリオは、[158]彼の南蛮志向の残像であった。その後、家光の鎖国政策進行期に、奥州キリシタンは潰滅する。十七年（一六四〇）に常長の子常頼が斬死し、常長に随行した人びとの一族のキリシタンも殉教した。

政宗が幕府に届けたヨーロッパ諸国からの返礼品は伝わらないが、伊達家には教皇パウロ五世像と短剣三口が蔵されていた。[159]支倉家にも常長の将来品が伝えられたが、寛永十七年の常頼斬罪と支倉家改易によって、それらは仙台藩切支丹所に没収された。その後、文化九年（一八一二）十月四日に、藩蘭医大槻磐水玄沢がこれらの一覧を願い出て許可を得た。その記録『帰朝常長道具考略』が、彼の著『金城秘韞』に収められている。支倉家は寛文八年（一六六八）に常長の孫常信が再興し、仙台藩では遺欧使節及びその将来品について知られていた。しかし、鎖国時代にこのことを知るのは藩内に限られ、世間では忘れられていた。

慶長使節派遣から、二世紀半を経た明治六年（一八七三）五月二十九日、政府の欧米派遣使節がベニスに滞在した。全権大使岩倉具視は天正少年使節の書翰を当地の文書館へ見に行き、支倉六右衛門長経署名の文書を発見した。記載年月から、それは大友氏の家臣でないと思った岩倉は、随員の久米邦武に模写させた。久米は帰朝後著わした『特命全権大使米欧回覧実記』にその事情を記し、「或ハ謂フ、支倉ハ仙台ノ伊達政宗ノ家臣ナリト、伊達氏ノ西洋ニ交通スルハ、殆ト怪ムヘキニ似タリ、聞ク所ヲ録シ、史家ノ考ニ備フ」と述べている。また随員福地源一郎もこれを写し、帰国後、政宗遣使のことを捜索したが、明らかにすることができなかった。外教禁止のため欧州に遁走した者が伊達家の名をかたったのであろうとも考えられ、疑問のままになっていた。[160]

その後、九年（一八七六）の天皇東北巡幸に仙台博覧会が開かれ、伊達家出品中に支倉将来品が陳列された。六月二十五日の臨幸に供奉した岩倉具視は、ベニス発見文書の実証品を目前に見て驚喜した。福地源一郎も彼の発刊する『東京日日新聞』明治九年七月三日の社説に、「積年ノ疑ヲ解ク事ヲ得タリ」と、遺物の考証を論じた。岩倉は帰京後これらを東京に郵送させ、内閣修史局の平井希昌に、「是等ノ品、既ニ二百有余年ノ星霜ヲ経、伝ヘテ今ニ至ル、実ニ稀世ノ珍ト言フヘシ、且ツ古ヲ考フルノ一大要具也、而シテ古物毀損シ易シ、為メニ叮嚀製補シテ、以テ永久保存ノ計ヲ為シ、為メニ事蹟ヲ考索シ、之ヲ略述セサルヘカラス」[161]と命じた。平井はガラスをはめた桐箱を送ってこれを納め、修史局での研究が行われ『伊達政宗欧南遣使考』が刊行された。

岩倉大使一行を文書館へ案内したベニス市長、グリエルモ・ベルシェ Guglielmo Berchet が史料を蒐集して研究を始めたのに続いて、ヨーロッパ各地にも研究者があらわれた。その後、十五年（一八八二）に、パリ駐在公使井田譲がセルビャ市役所の政宗書翰を発見し、二十二年（一八八九）には、ローマ駐在公使徳川篤敬と工学博士辰野金吾は、バチカン図書館蔵伊達政宗書翰の撮影を行い、日本及びヨーロッパでの研究が進んだ。内閣修史局の後身、東京帝国大学史料編纂掛は、未刊の使節関係文書を蒐めていたが、三十二年（一八九九）から三十五年（一九〇二）にわたって、文部省留学生村上直次郎に託して、ヨーロッパに残る史料を蒐集した。その集大成が、四十二年（一九〇九）三月に刊行された『大日本史料 第十二編之十二』である。

岩倉具視は、伊達家資料を明治政府に移し、東京帝室博物館に出陳した。明治二十二年（一八八九）に、伊達家の出願によって、再び同家に戻された。(162) これらが仙台市博物館（昭和三十六年開館）に納められたのは、昭和三十九年（一九六四）である。そして、四十一年（一九六六）に、絵画・工芸・服飾品の計五二点は、一括して重要文化財に指定された。

仙台市博物館「慶長遣欧使節関係資料」のうち、衣服は祭服鐘形カズラ、マント図47及び下衣図48である。また、滞欧中の支倉の衣服を知ることのできるヨーロッパ服着用の肖像画図49がある。和装の肖像画図50は、彼の接待係をつとめたイタリアのボルゲーゼ家に伝えられている。(163)

使節のイタリア語通訳事務官としてマドリッドからローマに随行したシピオネ・アマチ Scipione Amati の著『アマチ編伊達政宗遣使録』及び使節の訪問した各地の記録によれば、セルビャ市、ローマ市の入市式、スペイン国王フェリペ三世・ローマ教皇パウロ五世謁見式の支倉の服装は日本服であった。ローマ入市式では「大使は甚だ美麗なる絹と金銀とを以て、鳥獣草花の繡を施したる白地の日本服を纏い」(164) という服装が、各記録に示されている。この姿はボルゲーゼ家の肖像画に描かれた。キモノの下には、レース飾り付折衿の襯衣 camisola をつけている。天正遣欧使節はインドのゴアで肌着を作らせ、腕を覆うためキモノの下に着用した。(165) 支倉も同様と思われるが、彼の時代には南蛮風鎧下着があるから、出航時からの日本製着用も考えられる。衿は天正使節のような立衿でなく、十七世紀初頭様式の折衿である。羽織の裾に描かれる山形模様は、政宗の遺品「黒羅紗地裾緋羅紗山形模様陣羽織」にも見られる。謁見式の入場行進にこの衣裳を着用し、式場では直垂の正装であった。

ヨーロッパ服装の肖像画は、衿と袖にレース飾りのある上着を着る半身像である。描かれていない下方を長衣とすれば、当時流行のバロック様式の法衣スータン soutane とも思われる。しかし、使節たちが聖職服を着ることは拒絶され、帯剣していることからも、通常の上着と見るべきであろう。レース飾り付折衿の上着は十七世紀初頭の流行スタイルであった。

使節関係諸記録に記された使節のヨーロッパ服装には、随員の小寺外記がローマ市サン・ジョバンニ教会で洗礼を受けた時の衣服がある。パオロ・カミルロ・小寺の洗礼服は、パウロ五世から贈られた「白繻珍の服・外套・帽子・ズボン下・繻絆・靴下・カラー・靴(166)」の一式であった。支倉のヨーロッパ服についての記録はなく、彼の将来したマント及び下衣についても記されていない。しかし、これらは小寺の服装に照合するものであろう。小寺の服装を黒色にすれば肖像画の服装、緑色のは遺品となるわけである。しかし、遺品のマントに組み合されている同生地の下衣は、現在ほどかれた状態の四枚の布片であるため、考証が困難である。

文化九年(一八一二)に、大槻磐水が切支丹所保管の支倉将来品を記録した「帰朝常長道具考略」には、法衣のカズラ、マント、下衣について、次のように記している。

一　金糸縫天鵞絨打掛　一枚

これは総て西洋人の服飾上衣に用る胴着にて、カミソール、フハイカ、カンザ抔呼べるものに似たり。地は鶯色の天鵞絨に、金糸にて花形を繍にしたり。背の方には人物あり。其縫模様綾羅錦繡ともいふべき極て精巧なる物なり。二百年を経しものといへども、其金繡の色彩照り輝きて、白を驚すに堪へたり。彼国にても貴介の服なるべし。

一　羅紗丸合羽　一

一　同前あて　一

色萌黄、其緑色甚麗し。既今織り成したる新鮮のものかと疑はる。尤織立のかさね至て厚く、光沢あること未だ見及ざる所なり。これ外套となし、服するものにして、彼地方の礼服ときけり。即彼辞にてカッパといふよし。今邦俗雨衣をカッパと呼ぶは此蛮語より来る言葉なりといふ。但仕立かたは古今の差別あるにや。再考正徳年間白石翁邏馬人ニ其法衣ノ名ヲ問フニ「ルリヂョ」ト答フ。其法衣「ポルトガル」ノ語ニハ「カッパ」トイフ。今俗ニイフ「マルカッパ」トイフ物ノ如ニシテクビカミノ所少シク異ナリ、コレヲ身ニ披キテ前襟ニテ「ボタン」トイフモノヲモテ左右ヲ鎖ス。其タケ長クシテ地ヲヒクコト三四尺ニ至レリト云々。即此物也。

遺品に対する磐水の説明は、キリスト教服及び南蛮服について、当時の碩学も知識の少なかったことを示している。金糸縫天鵞絨打掛は、祭服カズラである。丸合羽即ちカパは、上着と脚衣に組み合わされる正装である。磐水が「彼《か》の地の礼服」と知ったのは正しかったが、新井白石の『西洋紀聞』によって、法衣と再考した。白石は虜囚の宣教師ジョヴァンニ・バッティスタ・シドッチ Giovanni Battista Sidotti から聞いたので、それは法衣のカパであった。

次の前あてについての考証はない。現在ほどかれているが、当時は縫合わされて前あての形を成していたのか、あるいは現在のように四布片を前あてと見なしたのか、二通りの場合が考えられる。縫合わされていて「前あて」と記したならば、スカート形である。当時はズボンを「袴」と和訳したから、「前あて」はズボンではない。ほどかれた四布片ならば、その形状から「前あて」と推量したと思われる。当資料がズボン型であるか、スカート型であるか解明できるような記述はない。打掛と合羽には説明があるが、前あてにはなく、打掛と合羽には写生図が付されているのに前あて図がないということは、四布片であった可能性が強い。

マントと同生地の四布片は、きわめて異常な形である。どのような形態のスカートであろうか。また、どのような組合せによって、ズボン型に再現できるであろうか。昭和四十九年、日本風俗史学会有志四名によって、実物資料の裁断・縫製の調査研究が行われた。その研究結果には、スカート型説とズボン型説が提示された（挿図4）[167]。しかし、ズボン型とするには、明瞭に残る縫目あと、縁とりの位置、ブレード飾りの状態に不自然なところが残る。また、「長上着のスカート部分にあたり、和装むきデザインの加味された馬上衣の機能をもつスカート型」とするには、なお傍証資料が必要である。

挿図4　支倉常長将来服**マント下衣**

I　スカート型組合せ

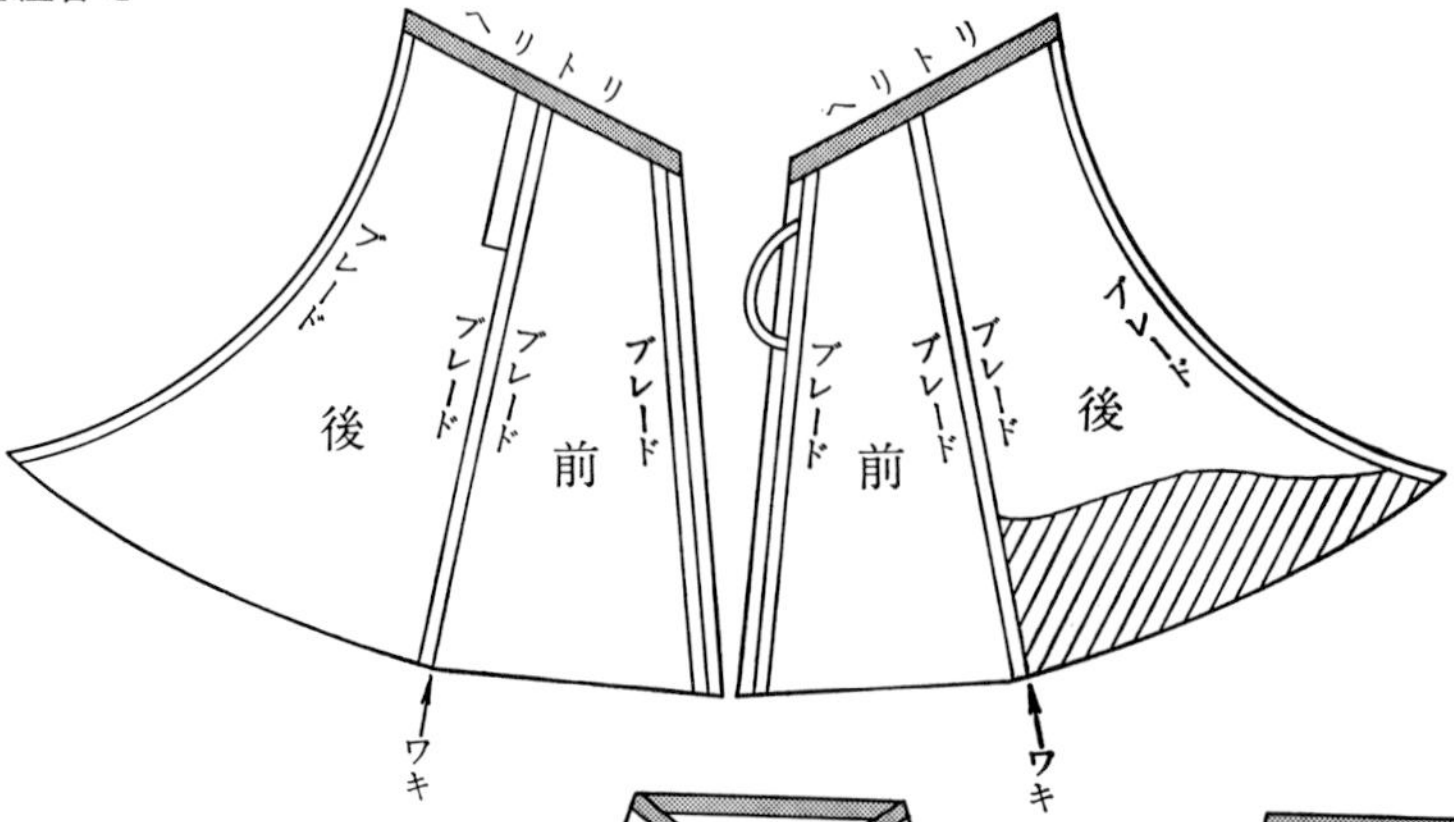

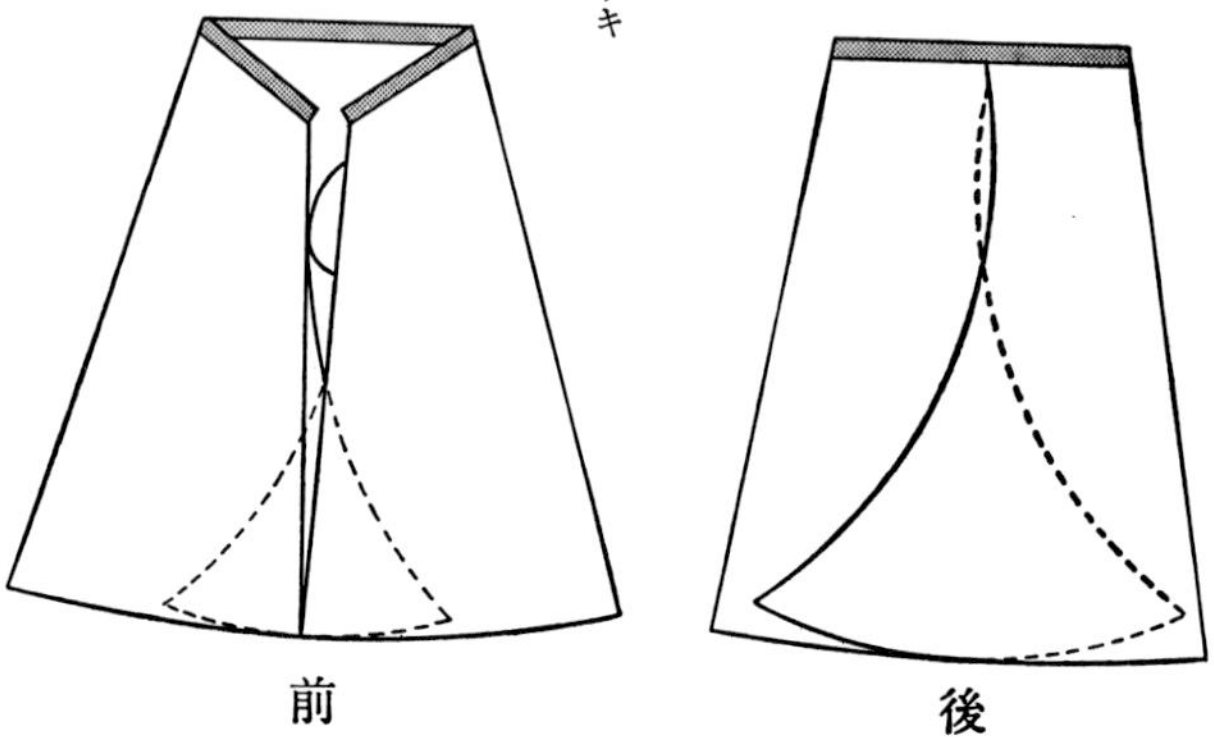

- ヘリトリ・ブレード揃う
- 前中心・後中心に突合せ縫の痕跡なし，後中心切込の上部のみ突合せ縫の痕跡あり

II　ズボン型組合せ

(1)

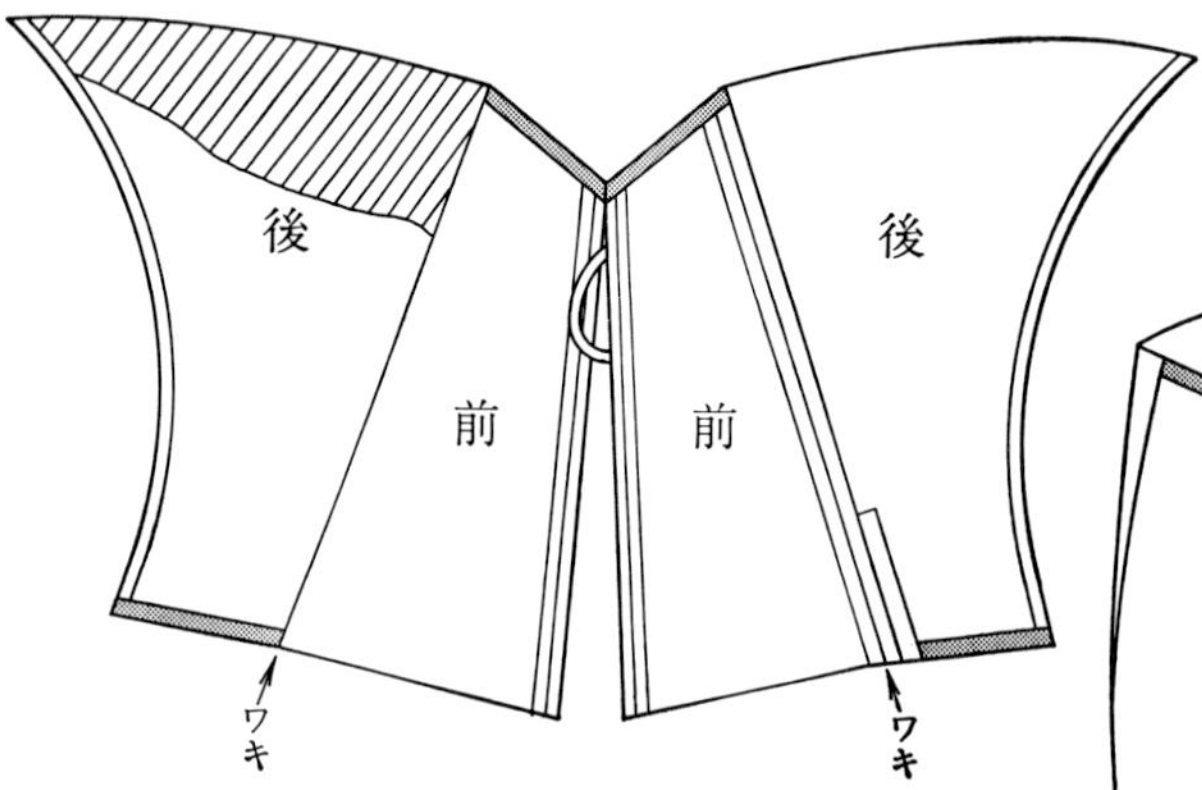

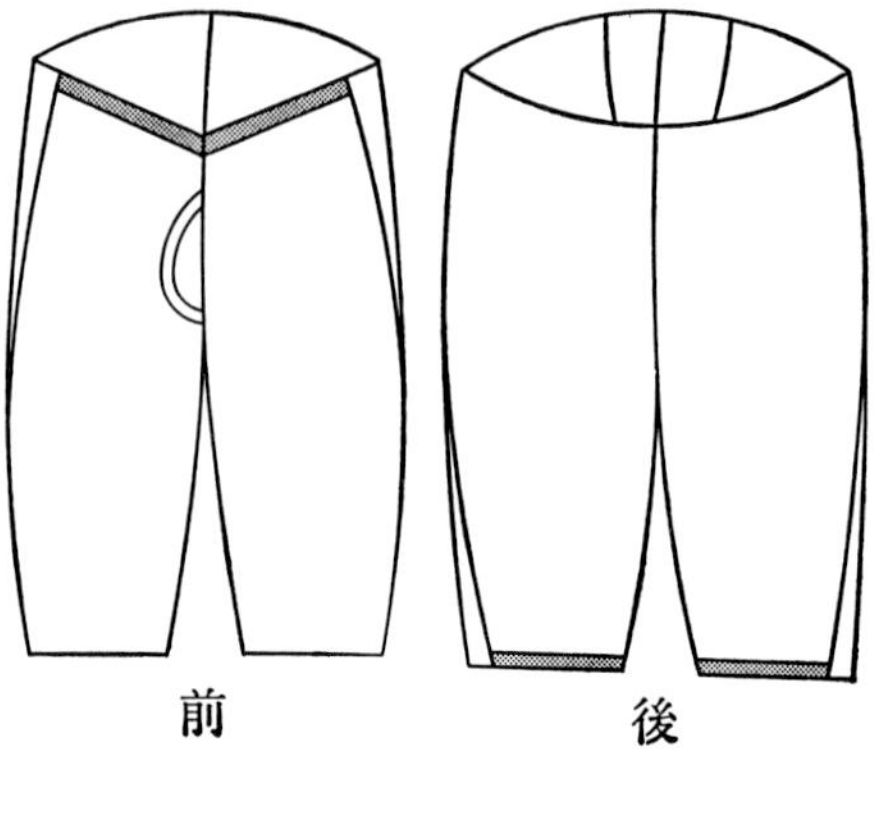

- 脇・股下の寸法は合うが，ヘリトリ揃わず
- ブレードの数が合わず
- 後中心には縫い合せの痕跡なし

(2)

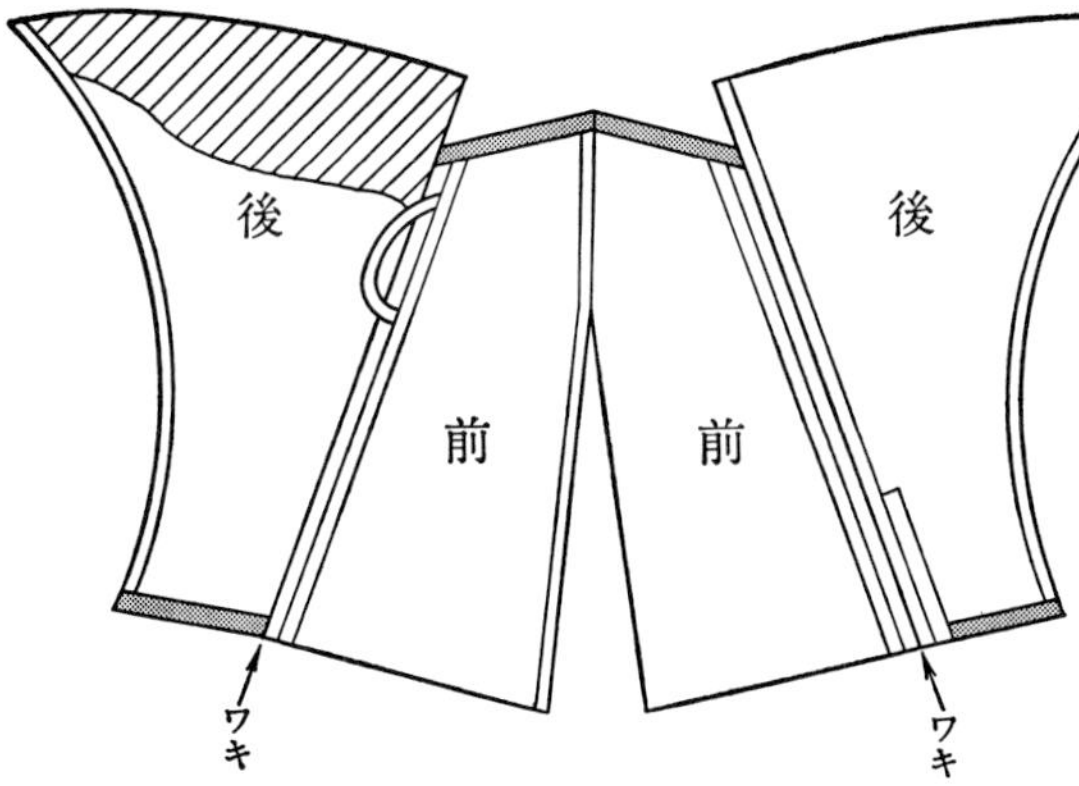

• 脇丈合わず
• ヘリトリもブレードも揃わず

(3)

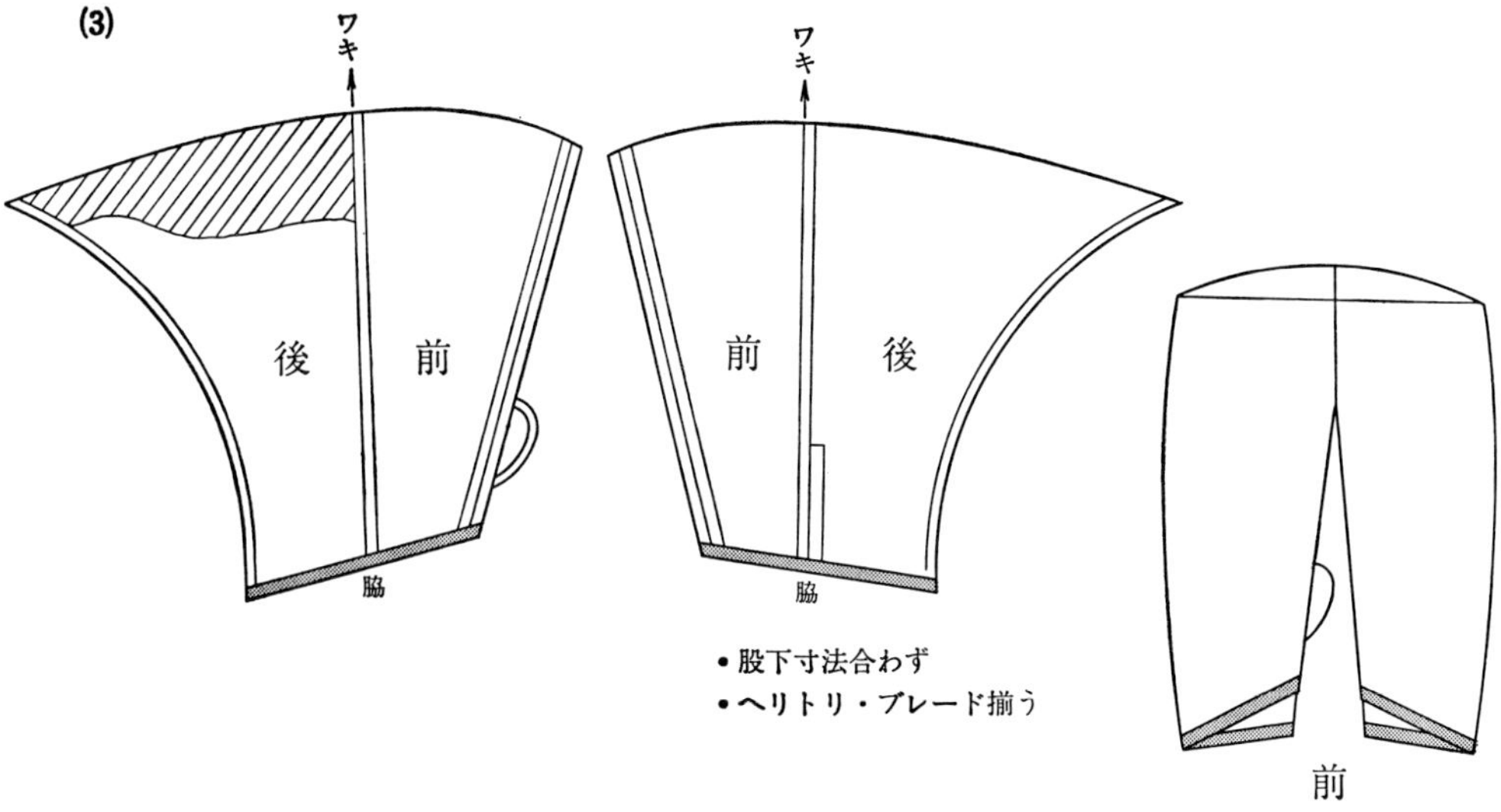

• 股下寸法合わず
• ヘリトリ・ブレード揃う

(4)

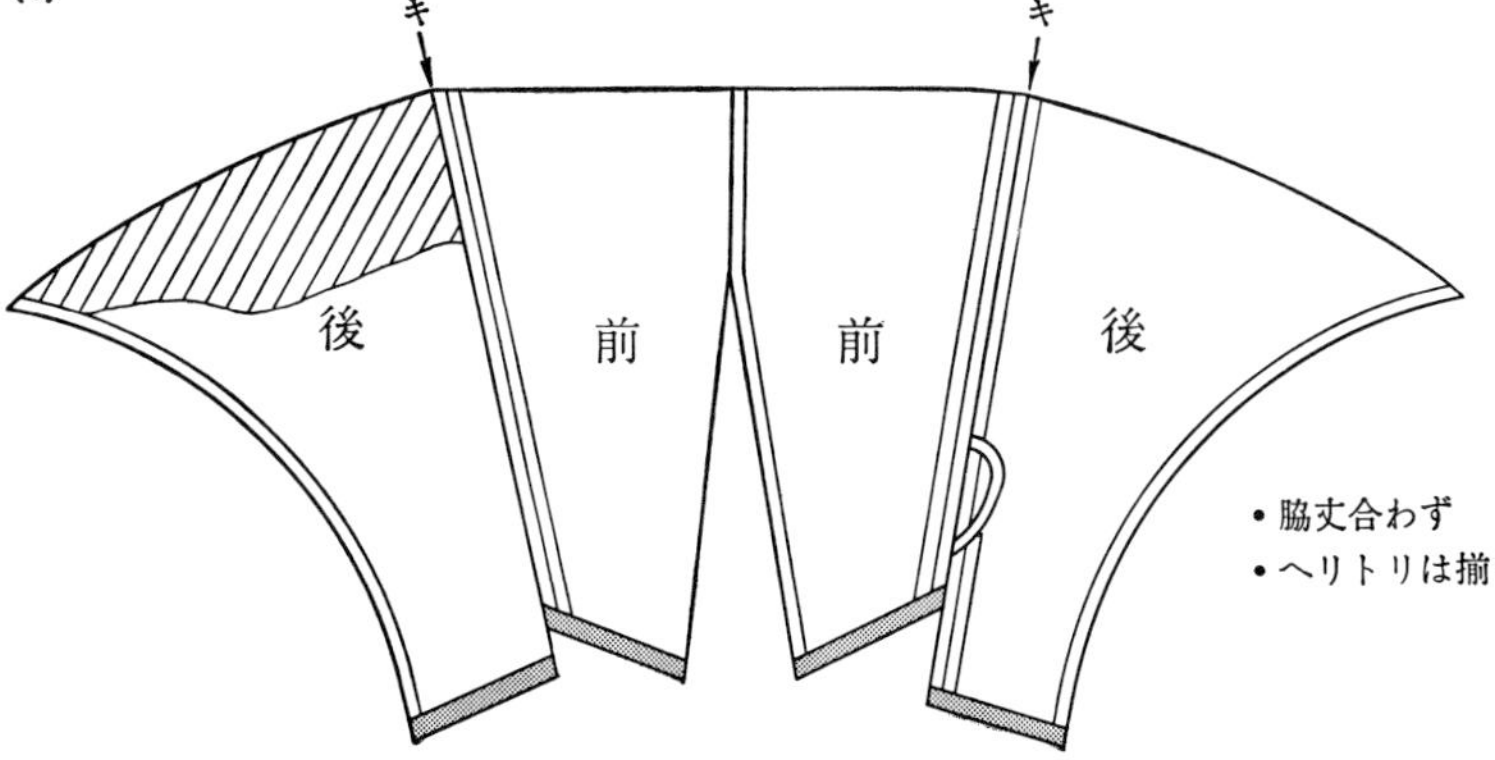

• 脇丈合わず
• ヘリトリは揃うが，ブレード揃わず

実物資料の緻密な研究によっても、その解明は困難であった。しかし、マントは形態と裁断・縫製の技法に十七世紀前期の様式を示し、管見の限りではヨーロッパにも見られない貴重な遺品である。

4　南蛮服飾の遺したもの

初伝の南蛮服飾が外延的に波及していく現象は、外来文化伝播のパターンである。この水平的コミュニケーションに、流行の垂直形態が交叉するのは、階級社会特有の形態であった。階級社会では、上層階級のホスピタリティが最初に外来文化を心情的に受け入れる。また、政治的・経済的にも受容能力のあるのは上層社会である。上層階級の受容した文化は、階層的に下降して一般に拡まる。しかし、このような外来文化伝播のパターンを形成する事例は、異文化の特性とそれを受容する時代の特殊性によって、異なった様相を示した。

遣唐使を派遣して渇仰的に受容した古代文化、欧米諸国の外圧に激しく流入した近代文化と異なり、南蛮文化は帆船交通の遙かなポルトガルから南海を経て、貿易商人とキリスト教宣教師がもたらした。帆船の困難な航海をのりこえてくるのは、限られた人数であった。大航海時代の武力征服も日本には及ばず、宣教師は宗教的制約の中にあり、甲比丹モールは港の商人頭にすぎなかった。外来文物は貿易ルートの南蛮商品と宣教師の贈物として輸入され、上層階級の異国趣味を醸成したのである。渡来ポルトガル商人は、遠隔地貿易に利潤を追求するだけであった。布教中心の宣教師はヨーロッパ・ルネッサンス文化を教会管理のもとにおき、印刷・天文学・医術・絵画・哲学等の学術は教会内文化にとどまった。信者以外、ポルトガル語に習熟する者もない。教団内にキリスト教文化が浸透しても、信仰に関係のない外縁社会では、南蛮品に対する異国趣味が流行するだけであった。

受け入れ側の日本の状況も、領国大名制から幕藩体制の統一政権にむかう途上の政権交代が続き、外来文化を根底から吸収する場に欠けていた。キリスト教布教を許可して異文化受容のリーダーであった信長は、九年の治世で倒れた。重商主義から外進政策に変貌した秀吉時代は、僅か一六年である。ヨーロッパ文化の科学技術に意欲を示した家康も、開幕以後一三年、豊臣氏滅亡の翌年に死去した。新政権はそれぞれに南蛮文化へ対応しているが、各十年余の短い治世に、南蛮趣味の流行に終った。

武家新政権に受け入れられた新文化は、上層武家階級から庶民層へ下降した。首都京都では、上から下への垂直伝播形態である。しかし、イエズス会領時代から住民のすべてがキリスト教徒の長崎では、キリシタン層に拡大する水平形態を構成して、宗教生活の南蛮風俗が形成された。南蛮文化にはキリシタン都市長崎と、首都京都との二つの核があった。幕藩体制を確立した江戸幕府が、キリスト教を厳禁して鎖国を断行した時、南蛮文化の中心地、長崎のキリシタン風俗は壊滅した。しかし、キリスト教に関係のない南蛮服飾は、どのように残り得たであろうか。

南蛮人の伝えたポルトガル語のうち、三〇〇余語が現代でも続いて用いられている。宗教用語を除いて、伝来語のほとんどが生活用語であるのは、南蛮文化の性格上当然の帰結であろう。服装関係二〇余語のうちの衣服名には、襦袢 gibão 軽袴 calção 合羽 capa 釦 botao 莫大小 meiãs がある。それぞれの意味に相当する漢字があてはめられている。

襦袢は、ポルトガル語のジバン即ち上着である。ポルトガル語が当時から、日本の衣服名に用いられていたことは、『伊達日記』(168)の記事によって知られる。天正十九年(一五九一)一月半ば、聚楽第に集まった諸侯が名護屋へ出陣の時、伊達政宗家中の豪華な出立《いでたち》は、京中の賞讃を博したという。その装いの描写に、

政宗家中出立ハノボリ三十本、紺地ニ金ノ丸。ノホリ指ノ衣裳具足。下ニムリヤウノジユバン。具足ハ黒糸、前後ニ金ノ星。

とある。このジュバンはむりょう(六糸緞)(169)の生地を用い、具足の下に着用している。これによって想起させられるのは、織田信長・細川忠興らの武将の遺品、南蛮風鎧下着である。南蛮の衿・袖・ボタンをそなえたこれらの鎧下着が、「ジュ

バン」と呼ばれていたことがわかる。

寛永十二年（一六三五）の『跳記』に記される伊勢踊の唐人服装は、じゅばんとかるさんの南蛮服であった。

てうち伊勢跳は跳子衆と同前の事其外は中跳唐人之出立一人は狂言師
一繻子のじゅばん但襟袖口にひだをよせすり箔　　繻子
附りかるさん

これは、宮本勢助氏がカルサンの用例として挙げられ、[170]風俗画にも描かれる風流踊の南蛮服である。襟・袖口に襞を寄せた繻子地摺箔文様の上着は、「じゅばん」と呼ばれていた。幕末の黒船来航の際に流行したアメリカ大津絵節「雨の夜」にも、将兵の上着は「羅紗猩々緋の筒っぽ繻絆」と歌われていた。また、現在の山形地方では、膝丈の綿入れ上着を「繻絆」という。これらは下着ではなく、南蛮服と同様に上着である。前述の通りジバンには、袖無しの胴着ジャケタを上に重ねて着ることが多い。その場合、ジバンは下着の位置を占めることになる。また、ジュバンと呼ばれた南蛮式鎧下着は具足下ばかりでなく、通常は和服の下に着用された。繻袢が和服の下着になったのは、このような着用法に関連する。上着に着用されたばかりでなく、和服の肌着として現在も用いられている繻袢に、南蛮服の大きな影響が見られる。

繻袢が和服の肌着になったのは、半衣型が重ね着にも洗濯にも、便利なためであった。肌小袖と称する従来の下着は長衣であるから、繻袢は和服に普及した。古い用例は遠藤武氏によって、西鶴の『日本永代蔵』（元禄元年〈一六八八〉）の「不断の身持、肌に単繻袢」が指摘されている。[171]

武家も民衆も着用した南蛮服の軽袴《カルサン》は、江戸時代にも引き続き用いられた。江戸期を通じての着用例は、武士・庶民の旅装、番匠（大工）、左官、狩人、樵人、山師、髪結、魚屋、呉服屋下僕、紺屋の物取、鍋釜鋳、蠟燭職その他の職人らに挙げられる。[172]これらはすべて労働用であり、軽袴の宛字もその用法を示している。わが国庶民の労働着には、古代から山袴・小袴などの作業袴があった。輸入軽袴は、都市労働者に多く用いられた。長衣の和服と組み合わされて労働着とするには、腰部のゆったりした形態が有効であった。堀越すみ氏が昭和十一年に行った山袴（モンペ・雪袴・裁付・カルサン等の総称）の調査によると、調査総数八九枚を襠型によって第一型から第五型に分類した中に、乗間（袴の股）を曲線裁ちにした第五型が八枚ある。米沢地方では裾細、最上地方ではふごみというが、曲線裁断は日本袴にない南蛮型である。なお、その着用地は山形県に限られるという結果であった(173)。山形地方には、上着のジバンも残っているので、南蛮服上下一揃の残存形態を見ることができる。山形の特産品紅花の海運交易によって、京の南蛮文化は当地に伝わった。その後、明治の鉄道開発の遅れたこの地方に、残されていたのである。

喜田川守貞『守貞漫稿』（天保八年〜嘉永六年）によると、カルサン（挿図5）は幕末激動期の武士に多用され、特に砲術服に指定されたという。労働服としての命脈は長く続き、明治から昭和戦前まで、洋服を着ない職人のズボン代りであった。農山村のカルサンは、昭和十三年に調査結果を発表した柳田国男の『服装習俗語彙』(174)に集録されている。そして、戦後の洋服化時代に、カルサンの終焉がおとずれた。しかし、今日でもなお、香具師《やし》らの伝統服に見かけることがある。

合羽は南蛮服正装の外衣であり、宣教師の司祭服であったが、日本の武将は簑に代る雨衣に用いた。江戸時代にも、防雨着として巧みに利用した。輸入羅紗は高価であるため、生地を工夫して、庶民の雨衣に普及した（挿図6）。桐油を引いた紙製の坊主合羽・木綿製（縞又は絣）の引廻し・赤木綿の中間用赤合羽が作られた。袖を付けて着物仕立にした袖合羽には、単合羽・袷合羽・半合羽・掖入れ合羽（襠入り）・豆蔵合羽（袖付桐油合羽）・長合羽などがある。色彩も黒・紺・黄・茶・御納戸茶・縹・浅葱・萌黄・赤など、現代のレインコートも及ばぬほど多彩である。武家の女性は浴衣を雨除けに用いていたが、十八世紀半頃から、袖合羽によって、雨着の恩恵を享受することができた。さらに、座敷合羽と言われる被布を案出して、防寒にも役立った。明治以降の洋服生活にも、防雨・防寒に着用されている。

釦は南蛮服付属品として伝わり、陣羽織の胸の板紐の代りとなり、鎧下着やカパの衿もとを留め、ジバン・カルサン・籠手に用いられた。江戸時代にも陣羽織・鎧下着・合羽の留め具であったが、和服の肌着になった襦袢には無用となった。

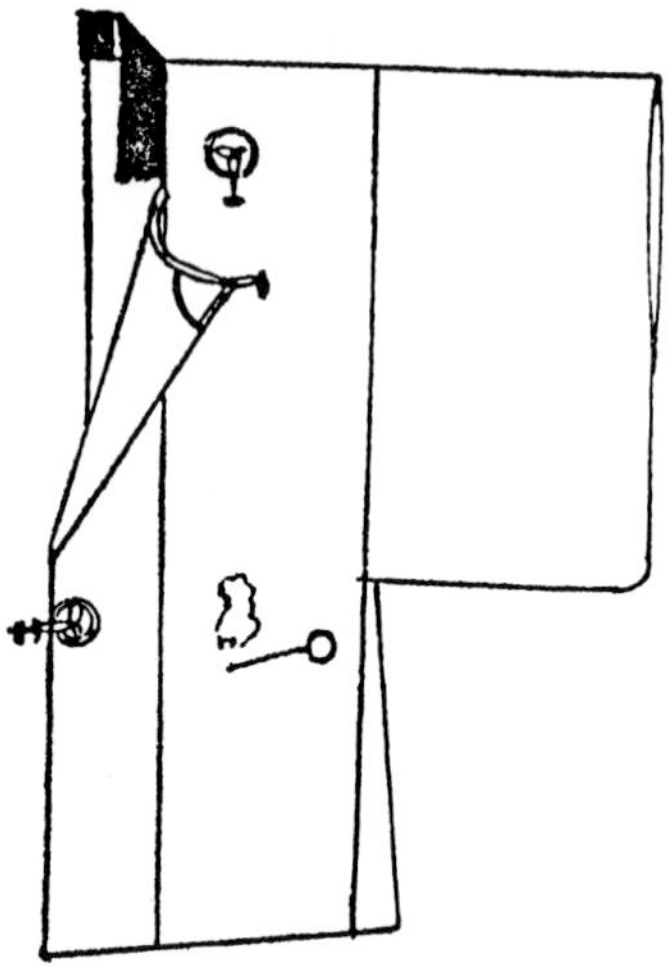

半合羽之図

坊主合羽図

挿図5　かるさん袴
『守貞漫稿』巻之十三

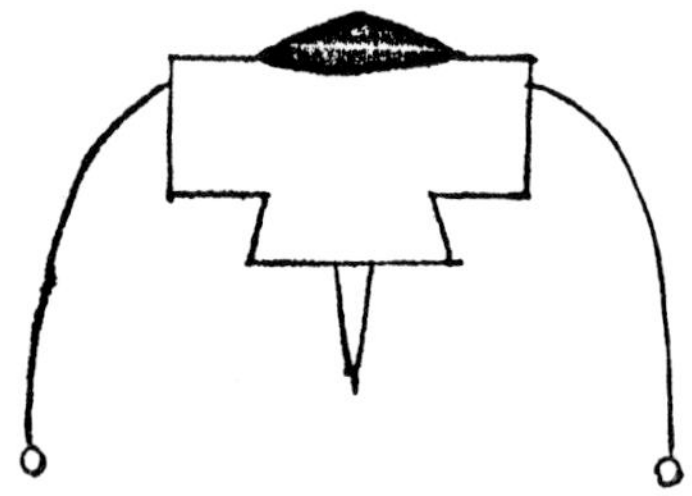

豆蔵図

被布図

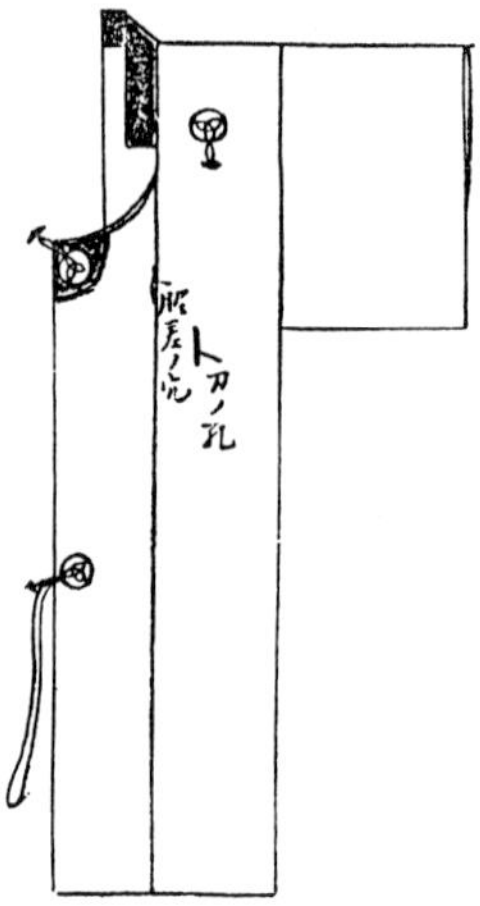

長合羽之図

挿図6　合　羽　『守貞漫稿』巻之十四

江戸の釦に新しい用途を開いたのは、紐で結んでいた足袋への利用であった。松永貞徳の俳諧式目『御傘』（慶安四年〈一六五一〉）に、「蹈皮《たび》などの緒にぼたんといふものあり」と記され、皮足袋の紐の一方に釦をつけて、一方のループに差込んだ。西鶴の『好色一代男』（天和二年〈一六八二〉）には、「足踏《たび》は白綸子に紅を付けぼたん掛にして」とあり、布製の足袋にも釦が用いられるようになった。元禄の頃（一六八八〜一七〇三年）にはぜが発明されるまで、足袋は釦がけであった。また、袖合羽から派生した被布にも、釦が使われた。座敷着の被布のボタンは、最も装飾的である。

莫大小は「めりやす」と読み、木綿編みの手袋をいう。ポルトガル語のメイアス meias（スペイン語 merias）は靴下のことで、編物を用いた。江戸では、この編み技法によって手袋を作った。白木綿二糸を並べて手の形に織成する。長さは約曲尺一尺二寸（三九・六センチ）に作る。表は杉綾編み、裏は経緯編みで、五本指を編み出すが左右同形である。そのため、手甲に◇形の編み模様を付けて、掌が同じ側になるように工夫されている。伸縮自在であるから、左右どちらの手にも合い、手の大きさにかかわらずぴったり合う。「莫二大小一」（大小なし）の宛字の所以である。言葉から見れば、ポルトガルの靴下はわが国では手袋になった。めりやす（手袋）は、武士の剣法に使用された。武士以外の者でも、刀を使う時には用いる。めりやすによって刀はすべらずに支えられる。相手の切先から手を保護することもできる。防寒用ではなく、四季ともに用いるが、炎暑と寒風時には必ず使用した[175]。

以上のポルトガル語江戸服飾のほかに、実戦の機会がなく儀礼服化した陣羽織・鎧下着には、南蛮意匠が継承された。陣羽織の文様が常に大胆斬新であるのは、南蛮服飾の傾向である。陣羽織・鎧下着の南蛮式折り返り衿も定型化し、伝統衣裳の鎧直垂にも付けられるようになった。とくに、被布の衿型にはすべて折り返り衿が用いられている。南蛮の衿型は和服に吸収されたのである。

南蛮服飾は江戸の武士にも庶民にも引き継がれ、より有効的に生かされた。しかし、武家服飾の硬直的な継続性に対して、庶民層はその機能性を伸展させる創造力に富んでいた。傾き者、祭礼、風流踊に流行した南蛮服は、江戸庶民の風俗に定着したのである。その日本化現象は着用状況ばかりでなく、彼らの意識の面にもうかがうことができる。江戸三〇〇年の間に、南蛮風俗の伝来は忘れ去られていた。合羽を例に挙げると、次のような状況であった。寺島良安は、『和漢三才図会』(正徳二年〈一七一二〉)に「此云合羽、字義未ㇾ詳」と記し、この頃、既に、南蛮服との関係は忘れられていた。虜囚宣教師シドッチからカッパ即ち法衣の説明を聞いた新井白石が『西洋紀聞』(享保十年〈一七二五〉)に、「ポルトガルノ語ニハカッパトイフ今俗ニイフマルカッパトイフ物ノ如ニシテ」と述べているのは、一代の碩学だけが学んだ知識であった。その後は、前述の大槻磐水『帰朝常長道具考略』(文化九年〈一八一二〉)の不鮮明な知識に続いて、喜多村信節『嬉遊笑覧』(文政十三年〈一八三〇〉)の、「今の合羽は慶長の頃紅毛人の衣服袖もなく裾ひろきカッパといへる者を学びて」、喜田川守貞『守貞漫稿』の、「阿蘭陀の詞也」という類である。学界にも忘れられた南蛮服の伝来関係は、鎖国社会に風化していた。これらの衣服は、和服として着用されていたのである。近世の民衆文化には、町衆・町人層の華麗な小袖がある。しかし、小袖の肌着として活用された襦袢と、小袖に欠ける機能性をもつ労働着の軽袴や合羽は、南蛮文化遺産の再生であった。

註

(1) アントニオ・ガルヴァン『論述の書』、António Galvão:Tratados. Lisboa, 1563. 日葡協会編、葡萄牙叢書第二輯『日葡交通の起源』付録資料第一号「諸国発見記の一節」(岡本良知訳)、昭和十七年

(2) ジョアン・ロドゥリーゲス『日本教会史』、João Rodriguez Tçuzu: História da Igreja do Japão. 大航海時代叢書Ⅸ・Ⅹ、岩波書店、昭和四十二・四十五年

(3) 『諸国発見記』Dos varios descubrimentos.

(4) このポルトガル船については、大友宗麟の懐旧談がフロイス書翰(一五七八年九月二十日〈天正六年八月二十九日〉付、臼杵発、耶蘇会某パードレ宛)にある。四八、九歳の宗麟が一六歳の時であるから、一五四四年か四五年となる。

(5) フェルナン・メンデス・ピント『遍歴記』、Fernaõ Mendes Pinto: Peregrinação. Lisboa, 1614. 前掲『日葡交通の起源』付録資料第七号「巡歴記」の一節、昭和十七年。全訳本、岡村多希子訳『東洋遍歴記』1〜3、東洋文庫、平凡社、昭和五十四年

(6) ジョアン・ロドゥリーゲス『日本教会史』第四章

(7) 岡本良知『十六世紀日欧交通史の研究』弘文荘、昭和十一年

（8）ジョアン・ロドゥリーゲス『日本教会史』第四章

（9）許一許二等敵殺得志。仍与仏郎機夷泊双嶼。夥伴王直（的名鋥即五峯）於乙巳歳往市日本。始誘博多津倭助才門等三人来市双嶼。明年復行風布其地。直浙倭患始生矣。（『日本一鑑』「窮河話海」巻六、海市の条）

（10）大阪洋服商同業組合編纂『日本洋服沿革史』昭和五年

（11）八板清定一流系図、『種子島碑文集』

（12）サビエル書簡には Anhero フロイス『日本史』には Anjiro ピント『遍歴記』には Angiro ロドゥリーゲス『日本教会史』には Yajiro とある。日本側には該当する史料が見出されていない。

（13）フロイス『日本史』、Luis Frois S.J.: Historia do Japão. 柳谷武夫訳『日本史—キリシタン伝来のころ—ルイス・フロイス』1〜5、東洋文庫、平凡社、昭和三十八〜五十三年。次項以下は訳書名を略す。

（14）フロイス『日本史』1、第一部第一章

（15）アルーペ神父・井上郁二訳『聖フランシスコ・デ・サビエル書翰抄』岩波文庫、昭和二十四年。フロイス『日本史』1、第一部第一章〜第二章

（16）『イエズス会士日本通信』上、一五四九年十一月五日（天文十八年十月十六日）付、鹿児島発、パードレ・メストレ・フランシスコ・サビエルよりゴアのサン・パウロのコレジヨのイルマン等に贈りし書翰。新異国叢書1、雄松堂書店、昭和四十三年

（17）フロイス『日本史』1、第一部第二章

（18）『イエズス会士日本通信』上、一五四九年十一月五日（天文十八年十月十六日）付、鹿児島発、パードレ・メストレ・フランシスコ・サビエルよりマラッカの司令官ドン・ペトロ・ダ・シルバに贈りし書翰

（19）フロイス『日本史』1、第一部第三章

（20）フロイス『日本史』1、第一部第四章

（21）フロイス『日本史』1、第一部第五章

（22）『群書類従』巻第三百八十五

（23）フロイス『日本史』1、第一部第五章

（24）岡本良知『十六世紀日欧交通史の研究』第二編第三章

（25）フロイス『日本史』1、第一部第六章

（26）フロイス『日本史』1、第一部第三章

（27）『イエズス会士日本通信』上

（28）フロイス『日本史』1、第一部第二十二章

（29）フロイス『日本史』3、第一部第六十六章

（30）『イエズス会士日本通信』上

（31）『日本紀略』一条天皇長徳三年（九九七）十月一日「南蛮乱入管内諸国奪取人物」十一月二日「伐獲南蛮四十余人」、『後鑑』「若狭国税所今富名領主代々次第云。応永十五年（一四〇八）六月廿二日ニ。南蛮船着岸。帝王御名亜烈進卿」「(同) 応永十九年六月廿一日。南蛮船二艘着岸」などの南蛮は、南洋地方をいう。南方の地理的知識は、ペルシア、インドが限界であった。

（32）『イエズス会士日本通信』下、新異国叢書2、雄松堂書店、昭和四十三年

（33）『イエズス会年報』上、新異国叢書3、雄松堂書店、昭和四十四年

（34）『信長公記』巻十三、天正八年庚辰八月二日「宇治橋御見物の事」。

戦国史料叢書2『信長公記』人物往来社、昭和四十年

(35)『太閤さま軍記のうち』「日本の黄金時代」。戦国史料叢書1『太閤史料集』人物往来社、昭和四十年

(36)岡本良知『十六世紀日欧交通史の研究』第二編第三章「支那に於けるポルトガル人の貿易港の推移」。『明史　仏郎機伝』『広東通志』には、ポルトガル人の媽港占拠の原因を記していない。岡本氏は、ピント『遍歴記』『媽港コレジオの長老功労者の端緒』(一六一七年)「宣教師ガブリエル・マットス文書」(一六二一年)等のポルトガル史料から、海賊討伐による占拠を実証された。

(37)フロイス『日本史』1、緒言

(38)『イエズス会士日本通信』上、一五六〇年十二月一日(永禄三年十一月十四日)付、ゴア発、イルマン・ゴンサロ・フェルナンデスよりコインブラの耶蘇会のコレジヨの某イルマンに贈りし書翰

(39)フロイス『日本史』2、第一部第四十章

(40)フロイス『日本史』2、第一部第四十七章

(41)フロイス『日本史』2、第一部第三十三章

(42)「パードレ・ルイス・セルケイラの規定」に定住商人の義務を示す。岡本良知『十六世紀日欧交通史の研究』第三編第三章

(43)フロイス『日本史』5、第一部第百章

(44)松田毅一・川崎桃太訳『フロイス日本史』2、第二五章(第三部一四章)、中央公論社、昭和五十二年

(45)松田・川崎訳『フロイス日本史』2、第二六章(第三部一五章)

(46)前掲書、第二八章(第三部一七章)

(47)前掲書5、第六九章(第三部四一章)

(48)前掲書

(49)昭和四十三年六月、新発見の図である。「肥前名護屋□《城カ》図板倉」の銘記が貼布されている。『徳川実紀』『寛政重修諸家譜』に、亀山城主板倉重常が元禄元年致仕の際、狩野光信筆肥前名護屋図の屏風を将軍綱吉に献上したとあるが、伝わっていない。新出本図は、この屏風の下絵もしくは見取図として、重要なものである。『国華』第九百十五号(昭和四十三年六月)に紹介され、内藤昌、石井謙治、岡本良知、楢崎宗重氏の論文が掲載されている。佐賀県立博物館蔵。

(50)「貞山公治家記録」慶長十八年朔日、『大日本史料』第十二編之十二

(51)岡本良知・高見沢忠雄『南蛮屏風』図録巻・解説巻、鹿島研究所出版会、昭和四十五年

(52)原綴りはポルトガル語を示す。以下同じ。スペイン語・カルソン(calzon)、イタリア語・カルツォーニ(calzoni)、仏語・カルソー(caleçon)、英語・ガリガスキンズ(galligaskins)

(53)C. Willette and Philis Cunnington: Handbook of English Costume in the Sixteenth Century. 1970, London

(54)Jan Huyghen van Linschoten: Itinerario, voyage ofte schipaert naer Oost ofte Portugaels Indien, 1596. 大航海時代叢書Ⅷ、岩波書店、昭和四十三年

(55)スペイン語・ジュボン(jubón)、仏語・プールポアン(Pourpoint)、英語・ダブレット(doublet)

(56)コエーリョ神父御教示。英語・ペプラム(peplum)

(57)仏語・エポーレット(epaulette)、英語・ウィング(wing)

(58)仏語・フレーズ(fraise)、英語・ラフ(ruff)

(59) 神戸市立博物館蔵

(60) 大阪、南蛮文化館蔵

(61) 仏語・ジャック（jaque）、英語・ジャーキン（jerkin）

(62) 昭和四十七年調査。山本八重子他『風俗研究』一九六号（昭和十一年）発表後、野上俊子「本妙寺所蔵の南蛮上着について」『風俗』八―四（昭和四十四年）、丹野郁『南蛮服飾の研究』（昭和五十四年）がある。

(63) 天正十六年四月十四日の後陽成天皇聚楽第行幸が描かれている。南蛮人が観能に加わっているのは、虚構である。

(64) 本図の成立が寛永中期まで下がれば、南蛮服着用者は日本人の祭扮装であろう。なお、図中の一人は風流踊の仮装と見られる。

(65) 『イエズス会日本年報』上、一五八一年（天正九年）の日本年報、一五八二年二月十五日（天正十年一月二十三日）付、長崎発、パードレ・ガスパル・クエリヨよりイエズス会総会長に贈りし書翰

(66) 『イエズス会日本年報』上、一五八一年（天正九年）の日本年報付録二、一五八一年五月十九日（天正九年四月十七日）付、北庄発、パードレ・ルイス・フロイスより日本在留の他のパードレに送りし書翰

(67) 村上直次郎『貿易史上の平戸』付録、一五八四年九月十七日付、松浦法印よりフィリッピン総督宛書翰

(68) レオン・パジェス『日本切支丹宗門史』上、第一～十章、Léon Pagés: Histoire de la Religion Chrétienne au Japon depuis 1598 jusqu'a 1651, comprenant les faits relatifs aux deux cent cinq martyrs béatifiés le 7 juillet 1867. 2 vols. Paris, 1869. 吉田小五郎訳、岩波文庫、昭和四十四年

(69) 『イエズス会士日本通信』上、一五五八年一月十日（弘治三年十二月二十一日）付、コチン発、パードレ・メストレ・ベルショール・ヌネスよりポルトガルの耶蘇会のイルマン等に贈りし書翰

(70) 本章一―2「キリスト教の伝来」参照

(71) カソリック典礼服参考文献
Joseph Braun S.J.: Die Liturgische Paramente. Berlin, 1908.
Joseph Braun S.J.: Praktische Paramentenkunde. 1924.
Sakrale Gewänder des Mittelalters. 1955.
A・フリューラー『新しい祭服』キリスト教芸術叢書1、南窓社、昭和四十一年

(72) フロイス『日本史』2、第一部第二十四章

(73) フロイス『日本史』2、第一部第二十四・第二十五章

(74) フロイス『日本史』4、第一部第七十九章

(75) フロイス『日本史』3、第一部第五十三章

(76) 前掲(66)に同じ

(77) Hormūz. ペルシア湾入口の王国、ポルトガル植民地。十六世紀のオルムズについては、トメ・ピレス『東方諸国記』（大航海時代叢書V、岩波書店、昭和五十三年）に、生糸の取引を記している。リンスホーテン『東方案内記』には、豪華な絨緞や高価な毛織地の取引が記されている。

(78) フロイス『日本史』3、第一部第五十七章。第二十五章にも将軍訪問の服装が記されていて、この記述とは異なっている。最初の訪問のヴィレラは、キモノの上にカパを着て、赤い帽子をかぶり、ロレンソは道服を着た。再度の訪問には、短白衣と大外衣（プルヴィ

アレ）を着て赤い帽子をかぶり、一層の威厳を整えたとある。

(79) フロイス『日本史』3、第一部第六十六章

(80) フロイス『日本史』3、第一部第五十七章

(81) 『耶蘇会士日本通信』上、一五六五年三月六日（永禄八年二月四日）付、都発、パードレ・ルイス・フロイスよりパードレ・フランシスコ・ペレス及びイルマン等に贈りし書翰。村上直次郎訳、異国叢書、駿南社、昭和二年

(82) 『イエズス会士日本通信』上、一五四九年十一月五日（天文十八年十月十六日）付、鹿児島発、パードレ・メストレ・フランシスコ・サビエルよりゴアのサン・パウロのコレジヨのイルマン等に贈りし書翰

(83) フロイス『日本史』4、第一部第八十七章

(84) フロイス『日本史』4、第一部第八十九章

(85) 松田毅一『近世初期日本関係南蛮史料の研究』風間書房、昭和四十二年

(86) 『日本諸事要録』第十六章「日本人修道士、及び同宿と我等ヨーロッパ人宣教師の間に統一を維持する為の十分な注意と方法」、松田毅一他訳『日本巡察記』東洋文庫、平凡社、昭和四十八年

(87) 『日本諸事要録』第二十三章

(88) 神戸市立美術館蔵南蛮屏風、リスボン国立美術館蔵南蛮屏風

(89) manipel 腕帛。幅五〜一〇センチ、長さ一メートルぐらいの帯状飾布である。中世中期以降、ローマ教会規定によって、ミサ及び特定の儀式に、司祭から副助祭まで、左手にかける方法が定められている。

(90) チングルム cingulum. 長さ三〜四メートルの白色の紐。アルバの帯で、必要な時にはアルバをたくし上げる。この紐は節制と貞潔を祈って締められる。また、葡萄畑の働き人としてのキリストの労苦を偲び、受難の際の縄目を記念する。

(91) 『イエズス会士日本通信』上、一五五五年九月二十日（弘治元年九月五日）付、豊後発、イルマン・ドワテル・ダ・シルバよりインドの耶蘇会のイルマン等に贈りし書翰

(92) 前掲

(93) 『イエズス会士日本通信』上、一五五七年十月二十八日（弘治三年十月七日）付、平戸発、パードレ・ガスパル・ビレラよりインドおよびヨーロッパの耶蘇会のパードレおよびイルマン等に贈りし書翰

(94) 『イエズス会士日本通信』上、一五六一年十月八日（永禄四年八月二十九日）付、豊後発、イルマン・ジョアン・フェルナンデスより耶蘇会のイルマン等に贈りし書翰

(95) 『イエズス会士日本通信』上、一五六二年十月二十五日（永禄五年九月二十八日）付、横瀬浦発、イルマン・ルイス・ダルメイダより耶蘇会のイルマン等に贈りし書翰

(96) 『耶蘇会士日本通信』上、一五六二年十月二十五日（永禄五年九月二十八日）付書翰

(97) フロイス『日本史』2、第一部第三十五章

(98) フロイス『日本史』3、第一部第六十六章

(99) 『イエズス会士日本通信』下、一五六六年九月十五日（永禄九年閏八月二日）付、イルマン・ジョアン・フェルナンデスがゴアのコレジヨのパードレおよびイルマン等に贈りし書翰

(100) 一五八三年（天正十一）には、キリシタン一五万人、教会二〇〇、

パードレとイルマン八十余人、その他を合せて二〇〇名。日本人イルマン二〇名、同宿約一〇〇名、用務員その他を合せて三〇〇名である（ヴァリニャーノ『日本巡察記』一五八三年の年報による）。一五九二年（文禄元）には、日本人イルマン七十余名に達していた。ヴァリニャーノは増加させない方針をとる（ヴァリニャーノ『日本巡察記補遺』「補遺三」による。『日本巡察記』第十六〜第十八章）。

(101) ヴァリニャーノ『日本巡察記』、松田毅一「解題」

(102) 片岡瑠美子『キリシタン時代の女子修道会――みやこの比丘尼たち――』キリシタン文化研究会、昭和五十一年

(103) フロイス『日本史』2、第一部第四十六章

(104) 『イエズス会士日本通信』上、一五六四年身分ある一人のポルトガル人が日本よりシナに在りしパードレ・フランシスコ・ペレズ宛、日本のことならびに同船して日本に赴きしパードレ等の航海につきて認めたる書翰

(105) 『耶蘇会士日本通信』下、一五七一年九月二十八日（元亀二年九月十日）付、都発、パードレ・ルイス・フロイスより印度地方区長パードレ・アントニオ・クワドロスに贈りし書翰

(106) 『イエズス会士日本通信』下、一五八五年十月一日（天正十三年閏八月八日）付、長崎発、パードレ・ルイス・フロイスよりイエズス会総会長に贈りし書翰の数節

(107) 『イエズス会日本年報』下、一五八八年二月二十日（天正十六年一月二十四日）付、有馬発、パードレ・ルイス・フロイスよりイエズス会総会長に贈りたるもの

(108) レオン・パジェス『日本切支丹宗門史』。『長崎市史』風俗編、附考。古賀十二郎「慶長末年に於ける長崎切支丹のプロシッサン」清文堂出版、昭和四十二年。（史料）伴天連ベルナルディノ・デ・アヴィラ Bernardino de Avila の書留

(109) レオン・パジェス『日本切支丹宗門史』上

(110) tunica の古賀十二郎邦訳は「白帷子《かたびら》」とし（前掲書）、和服の白い単衣をさす。宗教服長衣を tunica というから、どちらを指すか断定しにくい。

(111) 本章二―2「宣教師の服装」参照

(112) レオン・パジェス『日本切支丹宗門史』中、第七章

(113) 海老沢有道「キリシタンのコンフラリア（兄弟会）――迫害下における抵抗の組織――」『アジア文化研究』一一号、昭和五十四年。片岡瑠美子註(102)

(114) 『イエズス会士日本通信』下、一五六五年二月二十日（永禄八年一月二十日）付、アルメリン発、ドン・セバスチャン王より総督ドン・アントン・デ・ノローニアに与えし書翰

(115) 『耶蘇会士日本通信』下、一五七七年八月十日（天正五年七月二十六日）付、パードレ・ルイス・フロイスよりビシタドールのパードレ・アレッサンドロ・ヴァリニャーノに贈りし書翰

(116) 『イエズス会士日本通信』上、一五六四年身分ある一人のポルトガル人が日本よりシナに在りしパードレ・フランシスコ・ペレズ宛、日本のことならびに同船して日本に赴きしパードレ等の航海につきて認めたる書翰

(117) 『甲陽軍鑑』巻第十一 上品第卅六「信長より使者御音信事付家康之御事」。戦国史料叢書4『甲陽軍鑑』中、人物往来社、昭和四十年

(118) 「長篠合戦図屏風」は六種が現存し、信長のソンブレロを描く五種はほとんど同じ図柄で、原本は犬山城主成瀬家蔵本と考えられている。本図は初代城主成瀬正成の父正一（元和六年〈一六二〇〉没、八十三歳）が描かせた（『大猷公記』）と伝えられるが、十七世紀後半の製作と考証されている。寛文・延宝（一六六一～七三）以前（高柳光寿『長篠の戦』春秋社、昭和三十五年）、明暦二年（一六五六）以降（内田九州男「長篠合戦図屏風について――両軍配備と文献」『戦国合戦絵屏風集成』第一巻所収、中央公論社、昭和五十五年）等の諸説がある。

(119) このマントの調査は、山辺知行・神谷栄子氏によって行われた。『上杉家伝来衣裳』講談社、昭和四十四年

(120) この袴は古くから知られ、松岡行義『後松日記』巻之九「たびの日なみ」天保四年四月十日の条、巻之十二「総見院信長公御袴朽木家臣長谷川五石衛門所蔵」に記されている（『日本随筆大成』第三期第七巻、吉川弘文館、昭和五十二年）。現在、近江風土記の丘資料館に寄託。その調査は、丹野郁氏によって行われた。『南蛮服飾の研究』雄山閣出版、昭和五十四年。これと同様なボタン付革袴が、上杉謙信所用と伝えられ、上杉神社に納められている。

(121) 村上直次郎訳『耶蘇会士日本通信』上、三一「一五六九年永禄十二年六月一日付、都発、パードレ・ルイス・フロイスよりパードレ・ベルショール・デ・フィゲイレドに贈りし書翰」に、足利義昭を奉じて入京した信長が二条城を築き、「工事の為め日本の諸王侯及び武士全部を使役し、通常二万五千人、少き時も一万五千人之に従事せり。皆軽袴。ポルトガル語カルサンより出で膝に達する狭き袴なり及び皮の短きカバヤ。マレー語薄き木綿の上衣を着し」とあり、頭注に「二条城の築造にカルサン、カバヤを用う」と記す。しかし、これは日本の作業衣（筒袖、小袴）をポルトガル語で記したもので、南蛮服着用の状況ではないであろう。

(122) 『信長公記』巻十四、戦国史料叢書2、人物往来社、昭和四十年

(123) 『イエズス会日本年報』下、一五八二年二月十五日（天正十年一月二十三日）付、長崎発、パードレ・ガスパル・クエリヨよりイエズス会総会長に贈りし書翰。この椅子については、同年報付録一「一五八一年四月十四日（天正九年三月十一日）付、パードレ・ルイス・フロイスが都より日本在留の一パードレに送りし書翰」にも記され、黒奴については、同年報付録六「一五八一年十月八日（天正九年九月十一日）付、パードレ・ロレンソ・メシヤが府内よりパードレ・ペロ・ダ・フォンセカに送りし書翰」にも記載されている。

(124) 前掲

(125) 『イエズス会日本年報』下、一五八六年十月十七日（天正十四年九月五日）付、下関発、パードレ・ルイス・フロイスよりインド管区長パードレ・アレッサンドロ・ヴァリニャーノに贈りし書翰

(126) 田北学編『大友史料』二。大友宗麟は謁見の翌日、その様子を国許の重臣古荘丹後入道ら三名宛に「あかきカツハ、四ツ五ツ、カケ被置候、巳上廿許も可有之候と覚申候」と書き送った。

(127) 松田・川崎訳『フロイス日本史』1、第九章（第二部七五章）

(128) 『イエズス会日本年報』上、一五八四年九月三日（天正十二年八月九日）付、長崎発、パードレ・ルイス・フロイスよりイエズス会総会長に贈りし書翰。また、同書翰によれば、信長は城中婦人に男子の名を付けていたとある。

(129) 松田・川崎訳『フロイス日本史』1、第一二章（第二部八八章）

(130) 前掲書2、第二六章（第三部一五章）

(131) DE MISSIONE LEGATORVM IAPONENSVM ad Romanam curiam, rebusq[ue] in Europa, ac toto itinere animaduersis DIALOGVS..... In Macaensi portu Siniei regni in domo Societalis IESV cum facultate Ordinarij, & Superiorum, Anno 1590.「日本使節たちのローマ〔教皇〕廷への派遣、ならびに〔使節たちの〕ヨーロッパ及び〔往復の〕全旅程において見聞せしことどもについての対話〔録〕。……シナ王国マカオ港においてイエズス会の館にて管区長司教ならびに高位聖職者たちの允許のもとに、一五九〇年（刊行）」……の部分 "Ex ephemeride ipsorum legatorum collectus, & in sermonem latinum versusad Eduardo de Samde Sacerdote Societàtis IESV."「使節たち自身の日記より集録し、イエズス会の司祭エドゥアルドゥス〔ポルトガル名ドゥアルテ〕・デ・サンデによってラテンの言葉に翻訳された〔もの〕」（本書解題）。泉井久之助他訳、新異国叢書5、雄松堂書店、昭和四十四年

(132) 本章二―1「貿易商人の服装」参照

(133) 岡本良知『十六世紀日欧交通史の研究』第三編第三章

(134) フロイス、一五九五年十月二十日年報、岡本良知・高見沢忠雄『南蛮屏風』解説巻所収

(135) 松田・川崎訳『フロイス日本史』5、第六九章（第三部四一章）

(136) オルガンチノ、一五九四年九月二十九日付書翰、岡本・高見沢『南蛮屏風』解説巻、第二章第二節「ポルトガル風俗」註26所収

(137) 昭和四十一年に発見された屏風である。楢崎宗重「新発見太閤吉野花宴図屏風」（『浮世絵芸術』第十六号、昭和四十二年）に紹介された。

(138) 昭和三十四年新発見。『国華』七百九十五号に紹介された。

(139) フロイス、一五九五年十月の年報、岡本・高見沢『南蛮屏風』解説巻所収

(140) 前掲書、第二章第三節「名護屋より近畿地方へ波及した南蛮風俗」（岡本）注11「この年報の記事が、事実ありのままというよりも、かなり誇張せられているようである。また一方で『吉野花見図』が当代の風俗画の一種であるから、必ずしも忠実な写生画ではなく、これも虚構や歪みがあるかも知れない。それだからフロイスの年報の記事と『吉野花見図』屏風との両者の間に齟齬するところのあるのはやむをえないことであろう」と記されている。

(141) 紀州東照宮所蔵衣服調査について、丹野郁『南蛮服飾の研究』（雄山閣、昭和五十年）、神谷栄子『紀州東照宮伝来衣裳』（芸艸堂、昭和五十六年）がある。

(142) 『上井覚兼日記』天正十三年二月二十七日の条。当時、有馬晴信は鎮貴と称していた。天正十二年にも、島津氏援軍により隆造寺隆信を島原に破ったことを謝した贈物に、南蛮笠・南蛮犬のあることが記されている。『大日本古記録』

(143) 『大日本古文書』家わけ第十六「島津家文書」。醒々皮蓑は猩猩緋の合羽である。

(144) 南蛮文化館蔵南蛮屏風、長崎県立美術博物館蔵南蛮屏風等

(145) 出光美術館蔵祇園祭礼図屛風、大阪市立博物館蔵祇園祭礼図屛風、某氏蔵祇園祭礼図屛風等

(146) 「明治九年書上支倉家譜」『大日本史料』第十二編之十二

(147) 『アマチ編伊達政宗遣使録』『大日本史料』第十二編之十二

(148) この年代について諸説あるが、『セビーヤ年代記』(『大日本史料』第十二編之十二) による。

(149) レオン・パジェス『日本切支丹宗門史』中、一八六九～七〇年

(150) 『アマチ編伊達政宗遣使録』『大日本史料』第十二編之十二

(151) 久能山東照宮蔵

(152) 「駿府御分物御道具帖」に、葡萄酒二十二貫、シャボン十貫、なんばん大敷物、羅紗、カナキン、ビロード等の織物、羅紗の合羽二十五領、唐人着物四、唐人ジュバン一などがある。

(153) 本章三―2「南蛮趣味」参照

(154) 仙台市博物館蔵

(155) 「日本国王及びその子に対する我が国王陛下の使節を帯び、贈物を携へて日本に至りし、サンフランシスコ跣足派の宣教師三名の遭遇せしことに関する右宣教師中の一名の作りたる報告書」『西班牙国セビーヤ市インド文書館文書』。『大日本史料』第十二編之十二

(156) 『伊達幀治家記録』二十八

(157) 「石文母文書」仙台市博物館

(158) 政宗の墓処瑞鳳殿が戦災で焼失したのを再建するため、昭和四十九年十月四日、発掘調査が行われた。

(159) このうち、クリス形短剣は東南アジア型で、フィリッピンで入手したものと見られている(『仙台市博物館図録』Ⅱ)。

(160) 『東京日日新聞』明治九年七月三日

(161) 平井希昌『伊達政宗欧南遣使考』「諸言」明治九年十二月

(162) 大槻文彦『伊達政宗南蛮通信事略』明治三十四年

(163) 肖像画の模写(昭和四十七年、高田力蔵筆)が仙台市博物館にある。

(164) 「日本奥州の王伊達政宗の大使ドン・フィリッポ・フランシスコ・ハセクラ及びパードレ・フライ・ルイス・ソテロのローマ入市式の記」(『大日本史料』第十二編之十二) のみには、「イタリヤ風の襟飾及び帽子を着け」とある。

(165) ギド・グヮルチェリ編『日本使節記』『大日本史料』第十一編別巻之一

(166) 『アマチ編伊達政宗遣使録』第三十八章

(167) 井上和子・丹野郁・豊原繁子・中山千代「仙台市博物館蔵慶長遣欧使節関係資料マント・下衣の考証」『風俗』第十五巻第二・三号、昭和五十二年

(168) 伊達政宗の家臣、伊達成実の著。成立年代は慶長五年十月頃とみられている。戦国史料叢書、第二期10『伊達史料集』上、人物往来社、昭和四十二年

(169) 中国伝来の織物。八絲綴に似て、糸の少ないため六絲という。その光沢は緞子より少ないが、厚く軟かい(『和漢三才図会』)。

(170) 『芸文』第六年第一号、宮本勢助「カルサンの服飾学的研究」『風俗研究』第二四三号に紹介された。

(171) 遠藤武「襯衣考」『考古学雑誌』第二十九巻第二号、昭和十四年二月

(172) 喜田川守貞『守貞漫稿』巻之十三。本書は天保八年起稿、嘉永六年脱稿、慶応三年加筆。別名『類聚近世風俗志』

(173) 堀越すみ「山袴の裁縫の研究」『家事及裁縫』昭和十一年五月号〜十一月号

(174) 民間伝承の会、昭和十三年

(175)『守貞漫稿』巻之十四

第二章　紅　毛　服

一　日蘭通交

1　平戸オランダ商館

一五八一年（天正九）、スペイン領ネーデルランド北部七州のプロテスタントは、旧教国スペインからの独立を宣言し、オランダ共和国をたてた。同年、ポルトガル国王を兼ねるスペイン国王フェリペ Felipe 二世は、オランダ船のリスボン入航を禁止し、ポルトガル商品によって北欧諸国へ仲介貿易を行っていたオランダに、大打撃を与えた。オランダは未開拓地のロシア海岸・地中海・アフリカ、さらにアメリカへと進路を求め、遠洋航海術がようやく発達した。インドから帰国したリンスホーテンの『東方案内記』が九六年（慶長元）にアムステルダムで出版されると、オランダの企業家は東洋貿易開拓を志向し、アムステルダム・ロッテルダムをはじめ各地に、アジアを目指す貿易会社が設立された。ロッテルダムのファン・デル・ハーヘン van der Hagen 会社は、南アメリカ南端のマゼラン海峡を経由して、アジアに航海する計画をたてた。五艘の探検船がロッテルダム港を出発したのは、九八年（慶長三）六月二十七日であった。デ・ホーベ（希望）、リーフデ（愛）、ヘローフ（信仰）、トローウ（誠実）、ブライデ・ボートスハップ（歓ばしき使）号の航海は、暴風雨や食料の欠乏に困難をきわめた。あるいは難破し、あるいはスペイン船に捕えられ、土人に殺害されるなどの結果、リーフデ号だけが、慶長五年（一六〇〇）三月十六日に、豊後へ漂着した。乗組員一一〇名中生存者二四名、歩ける者は五名だけという悲惨な状態であった。病気の船長ヤコブ・クワケルナック Jakob Quaeckernaeck に代って、イギリス人の上席舵手ウィリアム・アダムス William Adams は家康の命により、関ヶ原合戦直前の大坂城に出頭した。家康の種々な質問に答えるアダムスは、貿易のために来航したこと、オランダ人は布教をしない新教徒であることを説いた。オランダ人が危険な海賊であると言うポルトガル人の訴えを退けた家康は、船を江戸へ廻し、浦賀港で貿易を開くことを希望した。しかし、船は江戸到着前に難破したので、オランダ人らは職につき、あるいは帰国する自由を与えられた。しかし、アダムスは砲術・数学・造船の技術を有し、船を建造したので、家康から優遇され帰国を許されなかった。江戸小田原町に住み、相模三浦郡逸見《へみ》村に二五〇石の知行を与えられ、日本女性と結婚して、三浦按針と呼ばれた。彼の年収は本国イギリスの侯伯に匹敵し、家康の貿易顧問として重要な人物となった。また、オランダ人船員、ヤン・ヨーステン Jan Joosten も江戸に屋敷地（八重洲町と呼ばれた）を与えられ、朱印船貿易に従事した。リーフデ号に積んでいた大砲と火薬は関ヶ原戦に役立ち、家康はその後もオランダからの輸入をはかった。スペイン貿易に代る新教国オランダとの貿易は、家康によって推進された（挿図7）。

挿図7　オランダ船　長崎版画

オランダ本国では、各地の貿易会社が資本力増大のため大同団結をはかり、一六〇二年（慶長七）に東インド会社を設立した。当社は貿易を独占し、国家的権力を与えられた。喜望峰以東マゼラン海峡までの間は、王公または連邦の名のもとに、条約を締結する権利を有し、城砦を築いて代官・官吏・兵士を置き、治安、警察を司り、地域を確保して貿易を促進させた。本国には、元の会社の各所在地に六部屋を設置した。部屋の最高責任者を支配人と称し、連邦国の特許状によって任命した。各地支配人の総計は七三名である。この支配人の中から、最高機関十七人会所（十七人会）を組織し、貿易に関するすべての事項を決議・命令した。

国外の植民地では、艦長の提督が最高権力を行使した。しかし、提督は短期間の更迭が行われるので、一六〇九年（慶長十四）に、中心権力となるインド参事会が設立された。インド参事会はインド政庁または高等政庁と呼ばれ、総督と四名の参事から成る。参事は後に増員された。このように植民地の実権は、本国の十七人会と出先機関のインド参事会が握ることとなった。後には、インド参事会が強大となり、十七人会の上に立って、総督が最高権力を握った。政庁はジャワ島に置かれ、はじめはバンタンに、ついでジャガタラ（一六一九年、オランダがバタビヤと改称した）に移された。植民地各地には、商館を設けた。土地支配権のある植民地の商館では、最高責任者を司令官または太守・長官と称し、インド参事が就任した。日本のように貿易だけの商館責任者は商館長と称し、上席商務官から選ばれた。上席商務官は、商務官補から昇進する。商館長は通常の場合には、艦長と同等の地位である。商館長は記録（日誌）と帳簿の作成、商用旅行等の貿易事務のほか、外交、軍事の事務も取り扱った。(1)

一六〇五年（慶長十）、日本に残留していたリーフデ号船長クワケルナックらは、家康から与えられた通商許可の朱印状を携え、オランダ貿易を希望する平戸領主松浦鎮信《しげのぶ》（法印）提供の船によって、南洋のオランダ船隊へ戻った。報告を受けた東インド会社十七人会は日本貿易の準備を進め、九年五月、ローデ・レーウ・メット・パイレン（矢を持つ赤い獅子）とフリフーン（鷲獅子）快走艇を派遣した。二船は七月一日（慶長十四年五月三十日）に、平戸へ入港した。上席商務員アブラハム・ファン・デル・ブルーク Abraham van der Broeck とニコラス・ポイク Nicolas Poyck が使節として駿府の家康に謁見し、国書、贈物の葡萄酒コップ二個、木棉包三五〇ポンド、鉛三〇〇〇ポンド、象牙二本を献上した。ポルトガル人の豪華な装いと高価な贈物に比べると、粗末であった。オランダがマラッカの戦闘でポルトガル船団を敗走させ、インド洋の制海権を握ったという情報に通じていた家康は、新教国オランダとの通商を望んでいた。複雑になった国際関係には、美服と珍奇な贈物が彩る南蛮的謁見パターンは必要でない。オランダ船は自由な入港を認められ、貿易と居住を保証する返書と朱印状を与えられた。しかし、珍しい贈物を喜ぶ家康の態度は南蛮時代と変りなく、オランダ人の次のような批評がある。

日本到着の報に接し皇帝はしきりに予等の上府を待ちしが、是は全く如何なる品を献上すべきかを知らんが為めなりしことを発見せり。彼は甚だ貪欲にして珍奇なる品の贈与を喜べども、高価を出してこれを購うことは、容易に断行すること能わず。(2)

家康の南蛮的旧タイプは、オランダ人から経済的反発をうけたのである。しかし、この新来航者は家康の許可を得て、平戸にオランダ商館（挿図8）を設置した。上席商務員、ヤックス・スペックス Jacques Specx が、初代商館長に任ぜられた。

西アフリカ、アメリカへ進出していたイギリスは、オランダの東洋貿易に触発された。ロンドンの商人たちがエリザベス女王特許の東インド会社を、一六〇〇年（慶長五）十二月に設立し、商船隊をジャワ島に派遣した。同国人アダムスが家康に重用されているのを頼って、クローヴ号が平戸に入港したのは、慶長十八年五月四日（一六一三年六月十一日）である。船長ジョン・セーリス John Saris が

挿図8　平戸オランダ商館『モンタヌス日本誌』

家康に謁した時、アダムスとの関係から特別な好意を受け、オランダと同様な貿易上の特権のほか、治外法権さえも与えられた。平戸にイギリス商館を開き、リチャード・コックス Richard Cocks が初代商館長となった。

　ポルトガル、スペインの日本貿易は、中国の生糸・絹織物の仲介貿易が中心であった。ポルトガルは中国のマカオに根拠地があり、スペインは中国船の来航するルソン島を占有していた。オランダとイギリスはこの両国のような根拠地がなく、中国の絹を確保することが困難であった。また、自国商品においては、オランダ綿布の先染めの撚糸染色布に対して、イギリス綿布は後染めのため品質が悪く、布巾も狭かった。日本貿易を成功させることができなかったイギリスは元和九年（一六二三）に、平戸商館を閉鎖して、通商開始以来僅か一〇年で撤退した。オランダはその翌年に台湾を占拠し、日本貿易を伸長させた。

挿図9　長崎オランダ商館　『モンタヌス日本誌』

　家康没後、元和二年（一六一六）八月八日の秀忠の禁教令によって、オランダ、イギリス両国に家康から与えられた貿易自由の特権は取りあげられ、平戸と長崎の二港に制限された。家光はさらに貿易を犠牲にして、禁教政策を強化していく。寛永八年（一六三一）六月二十日、海外渡航には朱印状のほかに老中の奉書を必要とすることを定め、十年（一六三三）二月二十八日、奉書船以外の海外渡航を禁じ、海外居住五年以上の日本人の帰国を禁じ、十二年（一六三五）五月二十日、日本船・日本人の海外渡航と海外日本人の帰国を禁じ、中国来航船を長崎一港に制限、十三年（一六三六）、長崎に出島を築いてポルトガル商人を移し、ポルトガル人と結婚した日本婦人とその子女を海外に追放、十六年（一六三九）七月四日、ポルトガル船の来航を禁じ、十八年（一六四一）五月十四日、平戸オランダ商館を長崎に移して、鎖国が完成された。以後、安政五年（一八五八）の開国まで二一七年間、長崎出島のオランダ商館（挿図9）は、ヨーロッパへ開かれた唯一の窓であった。

2 長崎オランダ商館

出島は長崎在住のポルトガル人を隔離して、宣教師入国を防ぐため、長崎有力町人二五名に命じて築造した小さな島である。ポルトガル船来航禁止の後、平戸オランダ商館がこの出島に移された。寛永十八年五月十六日（一六四一年六月二十四日）に、商館長マクシミリアン・ルメール Maximiliaen le Maire は平戸オランダ商館を引き払って出帆し、翌十七日早朝、長崎出島の商館に入った。出島は総面積三九二四坪余、東西三五間余、陸に面する北側九六間余、海に面する南側一一八間余、周囲二八六間余の扇形である。周囲には忍び返し付きの板塀をめぐらし、長崎の町に続く石橋の正面に表門がある。表門及びその他三ヵ所に番所を設け、出入りには厳重な検査が行われた。「見改め」は所持品の検査、「探改め《さぐり》」は身体に手をふれて隠してあるものを探すのである。ルメールもこの検査を受けたので奉行に訴えたところ、商館長は除かれたが、随行者は検査を受けなければならなかった(3)。

島の周囲の海中には一三本の標識の杭を立て、それより中に舟の入るのを禁じた。西側に水門があり、オランダ船と水門の間を艀《はしけ》によって貿易品を運ぶ。構内には商館長住居、館員・船員の宿舎、乙名《おとな》と称する出島役人と通詞の詰所、入館を許された遊女部屋等が並び、倉庫・納涼所があり、花畑・牛豚舎・厩舎・鳩小屋もあった。オランダ人は出島を築いた二五名の家主に家賃を払って、商館を開いた。正門入口には、禁制の高札が立てられた。

禁制

一傾城之外女人入事
一高野聖之外出家山伏入事
一諸勧進之者幷乞食入事
一出島廻ぼうじより内船乗入事
　附、橋之下船乗入事
一断なくして、阿蘭陀人出島より外へ出事
　右之条々堅可相守者也

（寛文六年〈一六六六〉制札『通航一覧』所収）

このように、出島に出入を許される日本人は、長崎奉行所役人、出島の町役人、通詞、日用品御用商人と取引に集まる各地の貿易商人、特殊な高野聖と遊女だけであった。オランダ人も許可なく外出することはできず、両国人の出入には、厳重な監視が行われていた。

商館長（オッペルホーフト opperhoofd）をわが国では、甲比丹という。南蛮時代に使いなれたポルトガル語のカピタン capitão は、引き続き通用していた。商館長の次席を「へとる」というのも、ポルトガル語 feitor である。そのほか、厨所《メイドコロ》諸雑費支配役《ショザツヒシハイヤク》（ディスペンシール）、商売勘定役《ショウバイカンジョウヤク》（ニゴーシンイブックホールド）、筆者頭《ヒッシャカシラ》（シキリイバア）、筆者《ヒッシャ》（アシステント）、上外科《ウヘノゲクワ》（ヲッフルメーストル）、下外科《シモゲクワ》（オシドルメーストル）、厨処役《ツイドコロヤク》（ホフメーストル）、縫物師《ヌノモノシ》（スネイエル）、大工（テインムルマン）、船頭以下船役《センドウイカフナヤク》（カピタイン）、上按針役《ウワアンジンヤク》（カピタインロイトナント）、平按針役《ヒラアンジンヤク》（ロイトナント）、按針役見習（シュウロイトナント）、外料手伝《ゲリヤウテツダイ》（デルデメーストル）、惣水手頭《ソウスイシュガシラ》幷《ナラビニ》帆綱支配人《ホヅナシハイニン》（ボーツマン）、同手伝（ボーツマンスマアト）、荷物入所幷表柱よりやり出《ダ》し迄《マデ》の支配人（シキイマン）、同手伝（シキイマンスマアト）、石火矢役《イシビヤヤク》幷洋中にて碇綱支配人《イカリヅナシハイニン》（コンスターブル）、同手伝（コンスターブルスマアト）、厨所調《イドコロシラベ》幷食用之品支配人（ボトリイス）、同手伝（ボトリイススマアト）、料理人（コック）、同手伝（コックスマアト）、船大工（シケープステインムルマン）、帆縫《ホヌイ》（セイルマーカル）、鍛冶《カジ》（スミッツ）、樋細工人《オケサイクシ》（コイフル）、端船《ハシフネ》支配幷水手夫々《スイシュソレソレ》の場処江遣す支配人（クワルティールメーストル）、チャルメイラ吹（トロンベットル）[4]等、さまざまな人びとが紅毛船から上陸して、商館の生活が展開する。

商館のオランダ人と日本人の交流は、関係役人以外にも種々な機会があった。最も深い関係は、入館を許可されている遊女である。享保十七年（一七三二）に蘭館に入った遊女は三二九名、元文二年（一七三七）には、六二一名であった。[5]「遊女共衣裳髪頭飾立、禿遣手若者従へ、会所門前迄轎子来。如此者幾群有」（大田蜀山人『瓊浦通』）のように、遊女衣裳で蘭館に入る。付添の遣手《やりて》たちは、黒い合羽を着用した。遣手は遊興費の掛取りにも行くので、町の人びとから「黒皮おどし」と呼ばれていたという。[6]蘭館内の遊興は、川原蘆谷筆「蘭館饗宴の図」（崎陽十四景のうち）、弘化版『長崎土産』「蘭館《オランダヤシキ》」等に描かれた光景である。オランダ人と丸山遊女の関係は、商館長ヘンドリック・ドゥーフ Hendrik Doeff と丸山寄合所引田屋の瓜生野、同じく其扇《そのぎ》とシーボルト P.F.v. Siebold のように、世間に知られていた。混血児もかつてのように追放されることなく、母親の許で育てられた。ドゥーフの子、道富丈吉は唐目利きとなり、シーボルトの娘はわが国最初の女医、楠本いねである。

蘭館に入る遊女たちは、隔離されているオランダ文化の生活を享受した。長崎奉行所「正徳五年法度御書付」に、

一遊女之阿蘭陀人より与へ候品有之候はゞ、其品何品なりとも毛頭隠し置かず、出島乙名迄可申出之。於㆓左右㆒者従《タトヘ》金銀たりといふても、阿蘭陀人よりくれ候事に候はゞ、其遊女に与へ候勿論たるべし。申出ず探之節改出候品々は一切に取上之、其上遂㆓吟味㆒子細によって可申付之事。[7]

とあり、出島役人に届け出て、オランダ品を持ち帰ることができた。これらのオランダ品のうち、指輪が長崎に流行した。指輪はわが国でも古代からの装身具であったが、平安朝以後絶えて、中国の白銅製指輪が輸入されるだけであった。長崎遊女の蘭館関係によって、ヨーロッパの指輪が長崎に大流行をきたしたのである。「指がね」と呼ばれた。贅沢の禁令に

よって、金の使用は禁止されているので、銀製品であった。オランダ服のボタンを銀台にはめて作った指輪もある。安価な錫・鉛の指輪は、女児にまでひろく流行した(8)。シーボルトは文政七年(一八二四)の江戸参府旅行の途次、富士川を渡った所で薩摩藩主側室の行列に出会った時、指輪を贈って喜ばれた(9)。封建的閉鎖社会においても、流行の拡がる機会は至る所にあった。長崎の指輪は後に、江戸にも流行した。

蘭館に入ることのできる男子は、奉行所役人、通詞、商人と高野聖《ひじり》であった。そのため、長崎遊学の者は頭を剃って高野聖に変装したり、会所の商人や通詞の下僕になりすまして入館をはかった。天明八年(一七八八)、司馬江漢が長崎へ遊学して、十月十五日に到着し、十七日に頭を剃ったのは出島へ入る手段であった。しかし、彼を松平定信の隠密と疑った人びとは、入館の世話をしない。そのため、次には江戸会所の商人に変装した。絹紬の小袖に脇差一本を差し、同行の春木門弥は、通詞の草履取風に布子(木綿の綿入れ)を着て、尻ばしょりの姿になった。ようやく入館することができて通された硝子障子の部屋は、二〇畳の畳に毛氈を敷き、ビイドロの瑠璃燈が釣られている。紅いカーテンの向側から出てきたカピタンは、手に長いキセルを持ち、江漢たちに挨拶をした。黒坊二人が銀の盆の上に、金メッキのコップとフラスコをのせて立ち、そのコップでウィスキーを飲んだ。庭には花畠があり、池の上の納涼所では玉突きを見た(10)。大田蜀山人が文化二年(一八〇五)に長崎来遊の時には、蘭館の縫物師、ぺいとりすようせひすはんほれいん(四五歳)と交際した(11)。彼らは蘭館に入って、初めてオランダ人の生活様式を知ることができた。出島の役人と蘭館出入りの商人はオランダ人の生活を見聞する条件に恵まれ、蘭館の年中行事、阿蘭陀正月、阿蘭陀芝居などに招待され、オランダ文化に通暁する。蘭館の通詞が蘭学の先駆者となったのも、当然の結果であった。

オランダ人が出島の外へ出る最大の規模は、江戸参府である。長崎オランダ商館の最初の商館長、マクシミリアン・ルメールの時代に、翌年からの参府を長崎奉行から命ぜられ(12)、次の商館長ヤン・ファン・エルセラック Jan van Elseracq が寛永十八年十一月二十日(一六四一年十二月四日)に、長崎を出発したのに始まった(13)。旅行行列の商館長は駕籠に乗って姿を見せないが、随行者は乗馬であるから、沿道の人びとは見ることができた。オランダ人は茶屋での休憩、宿場の泊まりには日本人と交わり、江戸では定宿の本石町三丁目長崎屋に訪ねて来る多数の人びとと会った。オランダ人にとっても、日本文化を知るによい機会であった。

このほか、長崎では奉行所への年始挨拶、諏訪神社祭礼見物などにも出かけているので、一般の人びともオランダ人への知見をひろめていった。外出禁制も、長年月の間には形式化した。大田蜀山人は、蘭人たちの自由な外出情景を次のように記している。

夕つかた垣の外に人しげくゆきかふ声すれば出て、見るに、娼妓十余人を先にたてさせ、加比丹並ヘトネなどのかへるなり。供人あまた供して合羽籠もたせしもおかし。機関のやうなる箱をもになひてかへるなり。今日は浦上へ白魚とりにゆきしといふ。[14]

文政七年（一八二四）には、特別な待遇であったが、長崎郊外にシーボルトの鳴滝塾が開かれた。其扇と女児を伴う市井の生活であった。丸山花月での会食なども行われ、図51 出島生活はきびしい隔離の世界でなくなっていく。

外国貿易の唯一の窓口、オランダ商館からの輸入衣料は、オランダ産織物と中国の絹及び南方の絹と木綿であった。オランダの織物は毛織物・絹織物・オランダ木綿である。毛織物は、紡毛織物の羅紗（ラーケン laken）薄地羅紗の羅背板（コローン・ラスセン kroon rasjen）梳毛織物のへるへとわん（ペルペテュアン perpetuaan）同違《ちがい》さるぜ（イムペリヤール imperiaar）同薄地のごろふくれん（ゴロフゲレイン grofgerijn）等がある。羅紗には、コチニール染め猩々緋・黒・白・黄・淡黄・濃黄・紅欝金《うこん》・萌黄・淡萌黄・濃萌黄・茶色・すす竹色・紫・淡紫・濃紫・花色・淡花色・濃花色・鼠色・桔梗色・椛《もみじ》色・栗色・形付（模様付）、羅背板には、緋色・黒・黄・萌黄・花色・紫・茶色・千草色、違さるぜには、茶色・花色・黒・萌黄、へるへとわんには、緋・黒・黄色・萌黄・花色・紫・すす竹色・藍海松《みる》色等多くの色がある。[15] 防寒・防水に優れる毛織地は陣羽織・冬羽織・合羽・火事装束などに用いられた。蘭医・蘭学者は和服にラシャやビロードの上衣を着用して、独特な機能的スタイルを形成した。図52 輸入毛織は高価であったから、財布・煙草入・鼻紙入・鏡入などの小物に多く使用されている。

長崎蘭館のオランダ人は、紅毛人と呼ばれた。鎖国以前に来航したポルトガル・スペインの南蛮人と区別する呼名であった。紅毛国・紅毛船・紅毛語・紅毛画の称もあり、彼らの服装は紅毛服といわれた。紅毛文化は長崎オランダ商館から、鎖国の壁をめぐらした幕藩体制に流入し、しかも長期にわたった。江戸初期から幕末までの外来文化導入は、体制的制約下に行われた。着用された南蛮服と異なり、紅毛服は流入の当初から着用への道が閉ざされていた。しかし、長い年月に種々な状況の接触が行われ、その掉尾は開国による洋服着用への展開であった。

二　コルネリヤの紅毛服

1　海外追放令

幕府の禁教政策が鎖国へ進行する過程で、ポルトガル人・イスパニヤ人・イギリス人・オランダ人とその日本人家族の海外追放令が行われた。彼らを海外に追放することにより、キリスト教の根絶をはかるきびしい政策である。寛永十三年（一六三六）五月十九日に発令、九月二十日に実行された最初の追放令の対象は、ポルトガル人であった。ポルトガル人と結婚した女性とその子供、混血児を養子にした父子ら二八七名は、長崎出帆のポルトガル船四隻でマカオに流された。(16) 翌十四年八月十四日に、平戸オランダ商館長ニコラス・クーケバッケル Nicolaes Couckebacker は、長崎代官末次平蔵を訪問して、「閣老から長崎奉行に与えられた命令書」を要求した。手交された命令書には、追放される者はポルトガル人であることが明記されていた。(17) 商館長は追放令がオランダ人に及ばないことを確認したのである。

しかし、十六年（一六三九）四月に、長崎奉行はオランダ人子供の調査を行い[18]、追放令はオランダ人妻子に及ぶ形勢となった。本年出帆の船でオランダ及びイギリス人妻子を追放すること、彼らの文通を禁ずることが、長崎奉行から平戸オランダ商館に通知されたのは、五月十六日である[19]。そして、九月に一一名（十四日届出）、閏十一月八日に二九名がジャガタラに流された[20]。ポルトガル人家族追放から、二年後であった。既にイギリス商館は撤退し、ポルトガル断交政策を進めた幕府にとって、オランダは唯一の貿易国になった。貿易上の考慮から、追放令もポルトガル人に止まっていたが、十六年のポルトガル船来航禁止に伴い、「紅毛国も蛮国に類せし水土なれば、その種子日本の種子に混雑すべからず」（西川如見『長崎夜話草』）と実施されたのである。しかし、その内容はポルトガル人に対するほど厳重でない。オランダ人と結婚した女性も、その後日本人に再嫁した者は追放を免かれた。追放された者との文通・音物の交流も行われた。長崎入港のオランダ船によって届けられる書翰と贈物は、奉行所の検閲を経たものについては黙認されていた。

『長崎見聞集』巻二、「異国に住宅之日本人二十九人」は、親戚との通信から判明した人びとである。ジャガタラ（バタビヤと改称後も、日本ではジャガタラと呼ぶ）には男女八名が住み、村上武左衛門のほか、七名は女性であった。

ゐすてる　自注、長崎築町山崎甚左衛門為に姉

浜田助右衛門後家　自注、長崎今魚町浜田長衛門為に母、平戸吉次久左衛門為に姉

はる　自注、長崎築町小柳理左衛門為に養子、同酒屋町峰七兵衛為に姪、同袋町本田与三郎為に伯母

こるねりや　自注、平戸判田五右衛門女房之為に娘

きく　自注、平戸善三郎為に妹、同所三好庄左衛門女房之為に妹

ふく　自注、平戸谷村三蔵同五郎作譜代之下女、同所三吉為に妹

みや　自注、平戸立石清之助為に妹、同所森田伝右衛門女房為に姉

彼女らの故国への音信は、コルネリヤの文二通（平戸観光史料館）、某女の文（平戸市木田家旧蔵）、六兵衛後家ふくの文（平

戸観光史料館)、シモンス後家お春の文が伝えられている。(21) これらの書簡によって、追放地の衣生活をうかがうことができる。

2　コルネリヤの文

（その一）（挿図10）

毎年□（長崎）御両政所様ヨリ蒙御慈悲、壬寅九月廿一日之書状幷御音物数々無相違請取、恭令存候。互長久御左右可承候。

今度音信ニ指遣ス覚

一　から草□壱端　姥さま御方へ

一　上々竜脳　弐斤

一　きんかんとうふくしま　三端

一　霜ふりさらさ　壱端

　　右三色半田五右衛門殿夫婦御方へ

一　キンカン□ゐすてる殿かゝさま御方へ

一　霜ふりさらさ□端こるねりやちはゝ方へ

一　浜田助右衛門女共申候。御そくさいにおハしまし□御音信慥請取うれしく思ひ□こるねりや儀聊御気遣有ましく候。こ□《のる》殿儀結構なる人にて、弥仕合よく御なり候。少分にては候へども、ちつさらさ壱端、吉次久左衛門方へ遣候。慥御請取可被下候。

一　御無心□事候へ共、蒔絵ノ香盤六枚□求可被下候。恐惶謹言

癸卯五月廿一日　　　　このる（花押）

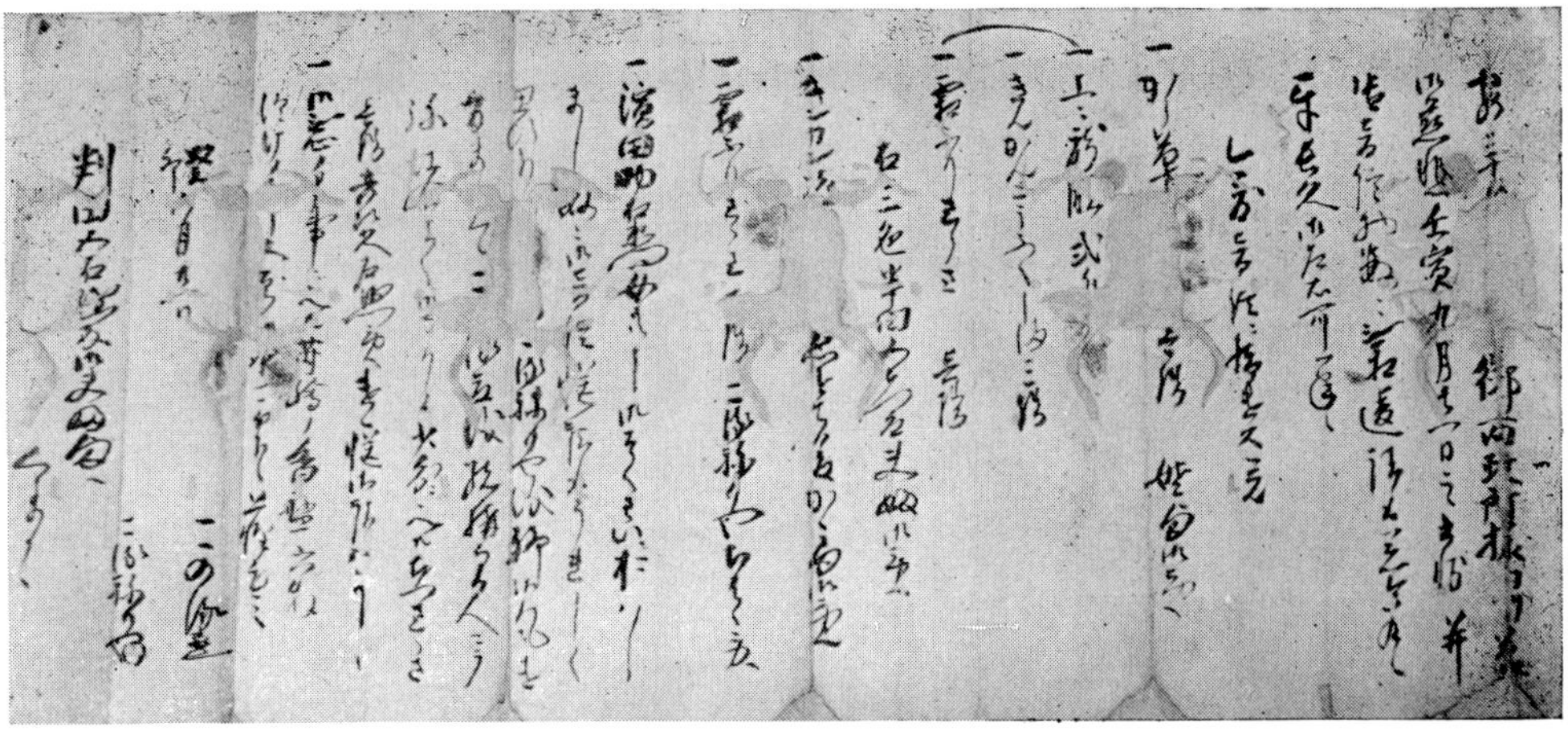

挿図10　コルネリヤの文（その1）　平戸観光資料館

こるねりや（印）

判田五右衛門殿御夫婦様へ

参る

（句読点、カッコ内は筆者添付、以下同じ）

この手紙の差出人このるは、オランダ人ピーテル・クノル Pieter Cnoll こるねりやはその妻 Cornelia である。癸卯の年即ち寛文三年（一六六三）に書かれた。コルネリヤは平戸オランダ商館長コルネリス・ファン・ナイエンローデ Cornelis van Neijenroode（一六二三年十一月二十一日～一六三二年十二月在勤）と、日本女性スリシオ Surisio の娘である。スリシオは、平戸の判田五右衛門と再婚した（『長崎見聞集』こるねりや）。手紙の宛先は、コルネリヤの母と養父であった。ナイエンローデには、山崎氏に再嫁した先妻トケシオ Tockesio との間に、ヘステル Hester（『長崎見聞集』ゑすてる）もいた。ナイエンローデは寛永九年十一月二十日（一六三三年一月三十一日）、平戸で狂死した。彼の遺言状には、先妻と妻と娘二人に遺産が分配されていた。彼の商館管理悪化を指摘する会社は、その遺産を審査にかけた。先妻と妻にそれぞれ三〇〇テール(22)と二〇〇テールを与えたが、二人の娘に遺された一四〇〇テールの高額な養育費は直接渡さず、彼女らをバタビヤに送ってキリスト教の教育を受けさせることを決定した。(23)十六年の追放船には乗っていないので、それ以前の出国であった。(24)このような特殊な渡航事情であるが、結果的には、混血児として追放された女性たちと同じ境涯になった。永積洋子氏の推定によれば、二人の年齢は九歳から一四歳の間であったという。[25]
姉妹はバタビヤで成人して、姉のヘステルはイギリス生れの軍人ミヒール・ツレソイル・ファン・ファルマイエン Michiel Tresoir van Valmijen と結婚、コルネリヤは東インド会社下級商務員ピーテル・クノルと結婚した。クノルはその後昇進して、岩生成一氏の調査によると、[26]この頃は会計課中尉の職にあった。「このる殿儀結構なる人にて、弥仕合よく御なり候」と、実母再婚先に知らせるコルネリヤの結婚生活は幸福であった。

手紙に記された贈物は、竜脳のほかすべて織物である。「きんかんとうふくしま」は「ギンガン gingan 胴服縞」で、キガン島産の薄地平織木綿をいう。現在のギンガム gingam である。「ちつさらさ」「霜ふりさらさ」の更紗類も、インド木綿と共に、日本へは貴重な贈物であった。贈り先は実母夫婦のほか、「姥さま」(祖母)、「ゐすてる殿かゝさま」(ヘステルの母トケシオ)、「こるねりやちはゝ」(コルネリヤの乳母)、「久左衛門」(ジャガタラに追放された浜田助右衛門後家の弟)である。

(その二)

まいねんなかさき御両まんところさまよりくわうたい(宏大)の御しひ(慈悲)おかうふり、つちのへさるの九月十一日の御ふみ、ならひにいんしん物とも、ちうもんノおもむき、同十月廿七日ニうけとり、はう〳〵へあいととけ、いつれもよろこひ、くわぶんのよし申され候。こゝもと一入ふしニて、きよかのへいぬノ四月ニむすめおもうけ、いまことも四人ともそくさいにまいらせ候まゝ、御こゝろやすかるへく候。

こんとすこしいんしん物の覚

一　上々さらんふりもめん　壱たん
一　上々大かなきんもめん　壱たん
一　上々小かなきんもめん　壱たん

一　さらんふりもめん　廿五たん
一　はるかるもめん　廿たん
一　ちつさらさ　二たん
右ワはん田五へもんとの御ふうふへ
一　四たんつゝき白もめん　壱たん
〆すとろかゝさまへ
一　はるかるもめん　壱たん　ちはゝへ

一　つちノとのとり、かのへいぬ、此両年こゝもとよりおとつれ申あけす候ゆへ、御こゝろもとなくおほしめされ候たん、もつともに候。しかれとも、いさゝかしさいこれなく、ふしに候あいた、御こゝろにかけられましく候。わかみ事ことも十人のはゝになりまいらせ候つるか、六人ワうしない、いま四人さかんにおわし候。大あに十四さい、そのいもと十二さい、又此いもと六さい、此つき小いもと八か月になりいつれもそくさいにまいらせ、なかんつく、おちゝさま、うはさまへ、大あにとつきのいもとそへふて申あけまいらせ候。御そくさいにおわしまし候よし、かす〳〵うれしく思ひまいらせ、そこもとよりの御ふみノやうすうけたまわり、ひとへにけんさん《（見参）》のこゝちして、そてをぬらしまいらせ候。

一　はんた五へもんとの御ふうふへ、村上ふさへもん申候。まいねん御いんしんかきつけノことくたしかにうけとり、かたしけなく候。こゝもと大へとるこのるとのふうふ、ことも、いちたんそくさいにおわし候。それニつき此両年このるとのふうふより、ふみつかはさゝるによつて、おほつかなくおほしめし候むね、ことわりとそんし候。此大へとるのやくしやう《（役掌）》、ときニよりすんかうにあたはす、かたく［　　　　］さてまたうり物なといつれも、へとる一人ニてさはかれ候ゆへのことニ候。せうふん《（少分）》ニ候へとも、白りんす《（綸子）》壱たん、こゝろさしまてに、しんせ候。

一　はま田助へもんこけ《(後家)》申候。まいねん御いんしんとも、かきつけノまゝたしかにうけとり、うれしく思ひまいらせ候。こゝもとこのるとのふうふ、ことも、みな〳〵ふしにおわし候。くわしくワ村上ふさへもんのはうより申こされ候まゝ、つふさからす候。せうふんに候へともはるかる白もめん壱たん、そくさいノしるしにおくりまいらせ候。
一　うはさま御事、さるノ八月廿六日に御年七十七さいニてびやうしのよし、さて〳〵御くわほうしや《(果報者)》じゆんし《順死)》とこそ思ひまいらせ候。なおかさねてふしノ御さうまちまいらせ候。　めでたくかしく

四月廿一日　　　　このる
　　　　　　　　　こるねりや（印）

ひらとニて　　　　　しやかたら
　はん田五右へ門との　　より
　　ふうふ御かたへ

なお〳〵申あ（げ）候。まつ申へきお、しうねん《(失念)》いたし候。おゝちゝさま、うはさま御両人御かたへ、おらんたぬの二たん、これワ大あに、そのいもと両人はうよりしん上申候。たいせつノしるしまでに候。
一　白ちりめん二たん上々ほんむらさきにそめたまわるへく候。めでたくかしく

このる、こるねりやから判田五右衛門夫婦への手紙は、年号の記入がない。しかし、文中に「きよかのへいぬの四月」とあるので、去庚戌四月即ち寛文十年の翌年、寛文十一年（一六七一）四月二十一日付の手紙であることがわかる。コルネリヤは一〇人の子供を生んだが、六人を亡くし、四人は丈夫に育っていること、夫のクノルはバタビヤ政庁の首席商務官に昇進して、多忙であることなどが記されている。贈物は前と同じく、織物であった。「さらんふりもめん」はサレムプーリス salumpoelis 和名大金巾《かなきん》（大幅）、「はるかる」はパルカール Palcaal 小金巾（小幅）、「ちつさらさ」は chits さらさのことで、捺染更紗をいう。「大あにとその妹」から祖父母へ贈った「オランダ布」は暖かな毛織布であろう。これらの

織物は大量で種類も多く、「上々」の高級品も添えられている。「文その一」から八年後、「文その二」時代のクノル家の生活は、経済的に恵まれていた。

コルネリヤ実母の再婚した平戸判田家に、贈物の品々を入れて運んで来たという大壺と、コルネリヤの姿を陽刻した木《もく》牌《ひ》が伝えられている図53（平戸観光資料館）。木牌は、再び故国に帰ることのできないコルネリヤが、バタビヤから我が身の代りに送って来たと伝えられ、判田家の仏壇にまつられていた。木牌に刻まれるコルネリヤの服装は和服ではなく、中国仏画様式の天衣スタイルである。

コルネリヤの紅毛服姿は、岩生成一氏によって紹介されたアムステルダム国立博物館蔵の家族図に描かれている図Ⅳ。一六六五年（寛文五）、ヤコブ・ヤンツ・クーマン Jacob Jansz Coeman 筆の油絵である。博物館の解説には、「主人のバタビヤ城筆頭上席商務員ピーテル・クノルと彼の娘二人。それに彼の妻コルネリヤ・ファン・ナイエンローデ。コルネリヤは日本人との混血児であった」とある。「文その一」二年後、「文その二」六年前の描写である。コルネリヤが一九三七年に九歳でバタビヤに渡ったとすれば、当年三七歳になる。ジャカルタ文書館に遺るコルネリヤの一〇名の子の受洗年月日記録によって、「文その二」生存子女四名の氏名と順序を決定された岩生成一氏の考証がある(27)。その結果を本図にあてはめさせていただくと、女児は第一子長女のカタリナ Catarina（一六五三年八月二十八日受洗、当年一一〜一二歳）、第五子次女ヘステル Hester（一六五九年十二月二十六日受洗、当年五〜六歳、七一年に生存）である。第六子以下は、誕生前か幼少である。女児服は婦人服と同じスタイルであるから、年齢差は明確でない。男児は第二子長男ヤコブ Jacob（八〜九歳）、第三子次男ピーテル Pieter（六〜七歳、七一年に生存）、第四子コルネリス Cornelis（五〜六歳）であるが、「文その二」までにピーテル以外は亡くなっている。右側に使用人二名を描き入れながら、当時の生存が確実な男児ピーテルの姿のないことに注目される。

コルネリヤと二人の娘の紅毛服は、十七世紀オランダの流行スタイルである。十六世紀後期ルネッサンスのスペイン風輪骨入り拡大スカートは、一六三〇年頃までに衰えた。国内政治の混乱と内外の反乱から国力の低下したスペインは、国際的地位が後退して、スペイン・モードも消滅した。

スペインに代った新流行は、オランダ共和国の服装であった。オランダは日本との貿易関係にも見られるように、スペインを駆逐して南海貿易の制海権を握り、本国では毛織物工業の発展によって繁栄の絶頂にあった黄金時代である。静止的なルネッサンスの美に対して、いきいきとした生命を表現する十七世紀の芸術様式は、バロックといわれる。元来バロックとは、ゆがんだ形の真珠のことであった。服装においても、前半期に台頭したオランダ市民の活動的スタイルと、後半期のルイ十四世宮廷を中心とするフランス・バロックに、新ファッションは形成された。

オランダ・モードは、拡大スカートから解放された襞スカートと車輪のような襞衿に代る垂れ衿である。スカートは二枚着用し、上スカートはたくし上げるかあるいは前を開く。別生地の下スカートは、上スカートが開く正面に、美しい刺繡飾りを見せる。大きな垂れ衿はレースで飾り、リボン・羽のささら飾りなどで留める。宮廷ファッションには、胸元を広くあけるローネックが多いが、プロテスタントのオランダ女性は、肩を覆う厳格なスタイルであった。胸と腰は鯨骨製のコルセットで締めて、形を整える。袖はふくらまさず、手首が出るほど短く、袖口にカフスを付ける。この新スタイルは、オランダの画家たちが都市の女性に描いた。ピーター・ド・ホーホ P.d. Hooch の描いた「九柱戯」（シンシナティ・アート・ミュージアム）に、ボーリングを楽しむ女性のドレスも、コルネリヤと同一様式である。

クノル着用の男子服も、スペイン拡大服後の新様式であった。長上着ワルムバース warmbuis(doublet 英語)、胴着フェスト veste(waistcoat 英語)、半ズボンコルテ・ブルーク korte broak (breeches 英語) のタイトな組合せである。本図は前ボタンを全部かけているため、フェストは見えない。衿もとには、ダス das（ネクタイ、cravat 英語）を結ぶ。飾帯をかけ、首席商務員・大尉の正装である。バタビヤの海を望む丘の上の富裕な家庭の服装は、本国に流行するバロック・モードであった。

3　某女の文

まいとしなかさき御両まんところさまより、くわうたいの御しひをかうむり、九月七日の御文御ゐんしんとして、大すきはらかみ一そくおくりたまはり、なにともくわぶんにそんしまいらせ候。まつ〳〵そこもと御一もん中、御ふしにおわしまするよし、一しほまんそくいたし候。

一きてん《(貴殿)》おは様事、十四五にちほと、ふくちう《(腹中)》わつらい、よろつりやうち《(療治)》いたし候へとも、としの身にて、かつはそのきとく《(奇特)》なく、四月四日ついに御はてなされ候。かす〳〵のこりおほき事にて候。そこもといつれも御ちからおとし、これよりさつしまいらせ候。われも一しをかなしく、ふてにもつくしかたく候。こまかく申こしたき事とも候へとも、わさとひかへ候。

そのはうおば様御はてのゝち、ひつ《(櫃)》のかき《(鍵)》をたつね候へは、まへひまとらせなされ候下女のてにかき御さ候まゝ、おみやとの、あんちとの、われら三人にてひつをあけ見候へは、きるものいて候。これかたみのため、こんと此舟より、そこもとときようたい中御かたへつかはし候。ちうもんのことく御みわけ、おの〳〵うけとらるへく候。

一　たんのひとへ物　一ツ
一　むらさきしほあわせ　一ツ
一　もゑきしほ同　一ツ
一　むらさきちりめん同　一ツ
一　あさぎちりめん同　一ツ
一　くろりんす同　一ツ

一　むらさきりんす同　一ツ
一　しろさやうらちりめん　一ツ
一　ひちりめんわた入　一ツ
一　しゆすのひとへ物　二ツ
一　そめものひとへ物　五ツ
一　むらさきしまひとへ物　一ツ
一　かなきんゆかた　六ツ
一　ふるきくゝしかたひら　一ツ
一　おひ　三すじ

このふんひつのうちより、いたみわつらいのうちにき申され候物は、ふとん、よるのもの、あわせひとへもの、みな〳〵、よるひるかんひやう（看病）いたしたるひまの下女ともにとらせ、こんと（以下欠損）

この手紙は欠損のため、差出人、宛名、宛名の人のおばに当る故人、日付などすべて不明である。この手紙の前に、差出人は故人の甥か姪におばの死を知らせた。知らせを受けた甥（姪）から、九月七日付の御礼の手紙と大杉原紙一束が届き、形見の品を送ってほしいという依頼があった。このため、バタビヤの知人三名（差出人、おみや、あんち）が、故人の下女が持っていた鍵で、遺品の櫃をあけたところ、きものが入っていたので、それを送るという手紙である。文中に氏名を記された「おみやとの、あんちとの」の「おみやとの」が、『長崎見聞集』記載の「みや」ならば、平戸の立石清之助の妹、森田伝右衛門女房の姉である。遺品のきものを分類すると、

綿入　緋縮緬　一

袷　紫縮、萌黄縮、紫縮緬、浅葱縮緬、黒綸子、紫綸子、白紗綾裏縮緬各一、計七

単衣　横縞（段の織もの）一、繻子　二、染もの　五、紫縞　一、古いくくり染　一、計一〇

浴衣　金巾　六　　　　　以上合計二四枚

帯　三　　　　　　　　　総計二七点

鍵をかけた櫃に納められたきものは、絹製・木綿製ともに高級品である。晴着、あるいは外出着であろう。このほかに、看病の下女たちに与えた病中着用のきものがある。これらの保有状況から、彼女の豊かな和装生活が推定できる。「としの身にて」と記された老婦人である。病中看護は下女たち、遺品整理は知人たちであるから、亡くなる時は身寄りもない境遇であろう。コルネリヤのように、ヨーロッパ風の華やかな家庭に恵まれなかった某女は、和服の生活であった。

4　六兵衛後家ふくの文

『長崎見聞集』に記載されているふくがジャカタラから、平戸の旧主谷村三蔵及び五郎作に出した手紙である。寛文五年（一六六五）四月十三日の日付がある。ふくは平戸で下女をしていた家の五郎作と子息平吉・娘おかめ、同じく谷村三蔵とその妻及び子息勘八、実兄三吉とその妻・子息・娘おもんの一〇名へ贈物をしている。織物関係は、ふとんさらさ、るりの単物（紺色単衣）、ゆかた、紫縮緬帯、綸子帯、竜爪文様帯が贈られている。岩生成一氏の現地史料調査によって、一六四四年（正保元）七月十四日に、長崎出身の青年ルイス六兵衛 Louwijs Locbbe と平戸出身の娘カタリナ Catarina が結婚し、一六五一年（慶安四）三月二十五日に、お春（5　シモンス後家お春の文、参照）の夫シモン・シモンセン立合で遺言状を作成したルイス六兵衛は、その後六ヵ月半の間に死去したことが判明している。(28) ルイス六兵衛後家の贈物も、大半は衣料である。旧主両家への贈物は、平戸の下女時代より経済的に恵まれた現在の生活を示している。ふくの文から彼女の衣生活を知ることはできないが、日本人との結婚生活には和装であったと思われる。

5　シモンス後家お春の文

「しもんすこけおはる」から「ミネ七ひやうへとの　同二郎右衛門との」へ、五月七日付の手紙である。その原物は失われ、大槻玄沢『畹港漫録』に収められたものと、渡辺庫輔氏紹介の長崎県立図書館蔵の写しがある。玄沢の採録は、蘭学者森島中良が長崎和蘭陀通詞今村源右衛門家に伝わるのを写したものであった。玄沢はこれを、西川如見が『長崎夜話草』に収録し、偽作と言われている「じやがたら文」の本文と考え、「しもんす後家阿春正文」として、自著に記載した。

このお春について、岩生成一氏がジャカルタの国立文書館・ヘーグ市のオランダ国立中央文書館の調査によって記録を発見され、実在をたしかめられた(29)。それによると、追放されたお春は一六四〇年一月一日（寛永十六年閏十一月八日）にジャガタラに到着し、一四歳であった。彼女は七年後の四六年十一月二十九日に、東インド会社商務員補、平戸生れのシモン・シモンセン Symon Symonsen と結婚した。夫は七二年（寛文十二）五月に没し、お春は九七年（元禄十）春、娘や孫に見守られて同地で亡くなっている。彼女は『長崎見聞集』記載の「はる」で、手紙の宛名の一人「ミね七ひやうへとの」も同書によって、伯（叔）父の長崎酒屋町峰七兵衛であることが知られる。

お春の文は遺された手紙の中で最も長く、内容も豊富である。文中の人物は一〇名にのぼり、贈物の記事、購入品の依頼などが記されている。贈物も他の文に比して多様であるが、やはり織物が多い。贈物の織物と贈先は次の通りである。

七兵衛殿と二郎右衛門夫婦へ贈る織物

一上々はるかるしろもめん　小かす九十四たん一丸ニして

一しろりんす　　六十壱たん

一あさきしゆす　　二たん

一大かなきん四《よ》きもの　六たん
一もゑきある□《も》しん　三□《たん》
一色さや
一上々らしや、しやうしやうひ、はしたくらいのしやくにて、十二ニすこしたらす
これはこゝもとにて、一はん《番》にて、いかにもしなやかに、きるものになり候するにて候。てしま《出島》にも　もちまいり
候たちにてハなく候
一ちつさらさ　四たん
一さらさたちもの　壱たん
一ぬのさよミ　二たん
一くろさや　一たん
一くろりんす　一たん
一はり　いろいろ　すこし
島原　七郎右衛門女房きくへ　（おさなきときよりそはにおきたるものにて候へは昔こひしくかす〳〵ふひんに候）
一しま　壱ひき
一色々そめませのさらさ　一たん
一しまたち物　一たん
一はり　すこし

他の文と同様な織物が多いが、「九十四たん」「六十一たん」の大量である。また、他の文に見られない織物に、あるもしん、さや、しやうしやうひ、ぬのさよみがある。あるもしんは蘭語 Armozijn 和名海黄（海機、海貴）で、絹地平織をい

う。さやは紗綾（稲妻・卍などの模様に光沢のある綾織物）である。しやうしようひ（猩々緋。コチニール染緋羅紗）は出島に輸入されるものより品質が良く、しなやかな高級品であると述べている。ぬのさよみ（貲布）は、荒く織った麻織物である。

また、お春はバタビヤから生地を送って染色を依頼した。

そめものゝためつかハす物之おほへ

一しろちりめん　壱たん

これハかたかのこ《型鹿の子》、てほんハ色あしく候。むらさきあさきの色も、すいふんよく

一しろしゆす　はんたん

色よくもえき

一もめん　上中

内二たんハてほんめいつけ候

一しろさや　一たん

一しろあや　一たん

この二たんハ、上々本むらさきに色よくそめらるべく候。にセハかつ《（へ）》てやくにたゝす候。たゝいやにて候。いつれもかミかたへ御のほせ、そめたまはるへく候。たゝし、こんねんの一はんふねにまいり候やうに［　　］（頼み入り候カ）、もしこんとの、かきあいになるましく候ハゝ右のしろものニくわへ、うりなさるへく候。

染ものは色を指定し、本ものの色でないのは「たゝいやにて候」と、色の注文は念を入れている。京都で染めることも指定した。コルネリヤも「文その二」で、「白ちりめん二たん上々ほんむらさきにそめたまわるへく候」と依頼している。故国の色「上々ほんむらさき」への、彼女らの執着であった。また、日本で流行していた型鹿の子（型紙捺染）も注文した。一番船帰航に間に合わぬ不安がありながら、海の彼方の故国へ注文するほど、愛着を示している。お春の夫はオラン

ダ人であるが、平戸生れであったから、彼女は和装生活を継続することができたであろう。

鎖国以前の南進時代から、在外日本人は故国の生活様式を固守した。オランダ船が日本人を傭う場合には、食料の米と塩魚と日本のきものを用意した。日本のきものは、俸給の代りにもなる必需品であった。(30)南洋日本人町の住民も、和服を着用していた。十八世紀初頭に至っても、なお日本風を固守していたことは、潜入宣教師シドッチが新井白石に語っている。(31)このように、海外日本人社会に追放された女性たちは、和服生活を継続した。故国に文を寄せた彼女らには、かなり豊かな和服生活がうかがわれる。しかし、バタビヤでヨーロッパ人と結婚した追放女性は、日本では着ることのなかった西洋服装の生活に遭遇する。平戸オランダ商館長フランソワ・カロン François Caron の妻は、バタビヤ到着後間もなく亡くなったが、二人の娘たちは、バタビヤで成人して、オランダ人と結婚した。総督の助手ウィレム・フェルステーヘン Willem Versteegen の妻子、貿易商ヴィセント・ロメイン Vicent Romeijn の妻、マルクス・シモンセン Marcus Simonsen の二人の娘たちには、西洋服装の生活が推定される。紅毛服の姿を画面にとどめたコルネリヤは、その一事例である。

その後、故国への文も絶えて、追放女性の生涯が終った後のバタビヤは、鎖国日本と隔絶された世界となった。

三　オランダ婦人の渡来

1　ハルチンク夫人

南蛮貿易のさかんな時代に、南蛮婦人が日本に来ることはなかった。渡航を禁止されていたわけではないが、日本への航海は困難であった。リンスホーテンが『東方案内記』に描いたインド・ゴア来住のポルトガル婦人にとっては、当地が進出の最先端であった。日欧交通が開かれてから一〇〇年を経た寛永二十年（一六四三）のマニラには、イスパニヤ人と、ポルトガル人男女及び混血児が三〇〇〇名いることを、奥州南部に投錨したオランダ船の船員が報告している。(32) オセアニア地域にはヨーロッパ各国が進出して植民地が開発され、婦人たちも来往する状況になってきたが、日本は既に鎖国し、オランダ船以外の外国船来航を禁止していた。唯一の貿易国オランダに対しても、商館禁制に「傾城之外女人入事」が定められて、女性の上陸は認めていない。

しかし、南蛮貿易時代に来航しなかったヨーロッパ女性が、女性上陸禁止の長崎に来航して、幾度かその姿を見せたのである。来航にはそれぞれの事情があるが、オセアニア地域の婦人来住を基盤とし、日蘭通商の特殊な関係によるものであった。したがって、来航者は紅毛船に乗って来たオランダ婦人であった。

一六四一年十月二日（寛永十八年八月二十八日）の『長崎オランダ商館の日記』に、ハルチンク夫人来航の記事がある。

> 夕刻の二時間前、博多の領主が、予報通り上使筑後殿及び奉行平右衛門殿と共に島に来て、予とエルセラック、ハルチンク両君の宿舎に入ったが、主としてハルチンク夫人を見るためであった。彼等はオランダ家具を珍しがり、手を触れ特に炉を称讃した。(33)

オランダ商館が平戸から長崎に移って来たのは寛永十八年五月十八日（一六四一年六月二十五日）である。商館長マクシミリヤン・ルメールは五月十七日（六月二十四日）に、平戸の人びとに見送られて出帆し、翌朝日の出の頃、長崎に入港した。平戸に残った上席商務員ヤン・ファン・エルセラックは、残務整理を終えて、七月七日（八月十三日）に長崎へ来た。彼はヘトル（館長の次席）であった。同じく上席商務員カレル・ハルチンク Carel Hartsinck は、安南のトンキン貿易に従事し、そのフロイト船メールマンが、八月十日（九月十四日）に長崎へ入港した。彼は安南王と世子の商館長宛書翰、及びトンキンの織物、香料等の貿易品を積んで来たのである。ハルチンクは夫人同道であった。ハルチンク夫人は上陸して、蘭館に入った。

幕府は九州領巡使のため、目付四名を派遣した。長崎視察には、上使井上筑後守政重、奉行馬場三郎左衛門が定められた。奉行は六月三十日（八月六日）に、上使は七月四日（八月十日）に長崎へ着いた。『商館日記』によれば、上使と奉行は長崎在住奉行柘植平右衛門正時と共に、七月十一日（八月十七日）にはオランダ船コニンギンネを視察し、水夫たちの海中飛込、その他の運動を見た。この時は外部からの参観であったので、奉行は再度の視察を申し入れた。オランダ船は歓迎の準備を整え、八月二十四日（九月二十六日）、上使は多数の随員を伴って到着した。両奉行は繁用のため来られなかったが、上使一行は約二時間をかけて蘭船を見学した。次いで八月二十八日（十月二日）に、上使は奉行と博多藩主黒田筑前守忠之を伴って、商館長及び上席商務員の宿舎を訪れたのである。(34) 上使の三回目の来訪は、主としてハルチンク夫人を見るためであったという。高官たちはオランダ家具を珍しがり、特に炉を称讃したと記録されているが、それ以上に、紅毛服の夫人に対する興趣は深かったことであろう。

2　ス・ホラーフェランデ号の婦人

寛文元年六月九日（一六六一年七月五日）、オランダ船ス・ホラーフェランデ s' Gravelande が長崎に入港した。同船は、台湾の国姓爺戦乱から脱出して来たのである。清朝に抗する明の遺臣、鄭成功国姓爺は大陸東南部で敗れ、再起の根拠地として台湾に来襲した。台湾はすでに三八年間オランダが占領して、ゼーランジャ Zeelandia 城、プロビンシヤ Provintia 砦を築いていた。国姓爺軍の猛攻にプロビンシヤは降伏し、ゼーランジャ城は包囲された。城内には兵士八七〇人のほか、婦人・小児二一八人、男女奴隷・小児五四七人がいた。海戦に参加して鄭氏船と戦ったス・ホラーフェランデは、他船の貿易品も引き受け、僚船フィンク Vink と共に、日本へ向った。途中雞籠（基隆）に入港した。国姓爺軍の来襲を恐れた当地の商務官ニコラス・ルーニウス Nicolaes Loenius はバタビヤに引き揚げるため、所属の全員を率いて同船に乗りこみ、長崎に入港したのである。雞籠の守備隊一七〇人のうち、オランダ婦人四人、住民の婦人一一人、オランダ児女三人、住民の児女一〇人、男女の奴隷二八人であった。長崎入港直後、オランダ婦人はその夫・児女・奴隷と共に上陸して、商館の宿舎に入った。船内不秩序で取締りが充分行われないから上陸させたと、オランダ側は説明した。緊急事態に同情した奉行はこれを黙認し、幕府へ「高砂之内ケイランと申所より、弐艘参候オランダ人之口上書」を送った。奉行らは貿易船の来港を喜び、オランダの不幸を慰め激励した。(35)

上陸中の八月二十三日(七月二十九日)に、オランダ商館商館補アムステルダムのヘンドリック・ヤコブスゾーン・セルバース Hendrick Jacobsz. **Servaes** は商館長室で、会社の使用人全員、出島乙名、通詞列席のうえ、牧師マルクス・マシウス **Marcus Masius** 司式のもとに、商館補助員であった故ピーテル・ヤンスゾーン・デ・ブール **Pieter Jansz. de Boer** の後家エレニヤ・ノルウィッツ **Jerenia Norwits** と結婚した。彼女はバタビヤから渡来し、牧師は雞籠から来たのである。また、教員ヘンドリック・ストラーチング **Hendrick Strating** の妻、アールチェ・ライエルス **Aeltje Reyers** は、八月十七日(七月二十三日)に子供を生み、小児は結婚式の牧師から同時に洗礼を受けて、ヨワンネスと命名された。(36)

この事件は「バタビヤ城日誌」に、詳細に記され、商館内の結婚と出生は、「日本においてこれまで見ざる事二つ」と、特記されている。女性を含むオランダ人らは上陸を咎められず、命令があるまで留まることが許された。

寛永のハルチンク夫人上陸の情報は、商館内にとどまったが、寛文の緊急入港と上陸は世に伝わり、諸書に記録された。「寛文元年……台湾より追出されし由、其内女阿蘭三十二人有之」(『長崎実録大成』)、「万治弐子のとし……おらんだ船おほくながさきへにげ来る。此時をんなおらんだあまた来たる」(『長崎虫眼鏡』)、「寛永元年六月九日……黒船二艘に男女三百人、内女は三十人ほど」(『長崎港草』)の類で、情報は不正確であるが、共通的に初来の女阿蘭陀が注目されている。

3　五島漂着婦人

この漂着婦人はマライ群島アンボン人であったが、紅毛服を着用していた。

享和元年（一八〇一）九月二日、五島黒瀬浦に漂着した広東往復の貿易船は、乗組員四四名中、生存者僅か男五名、女四名であった。女子は安問人（Anbon マライ群島東南部セラム島最大港）マリヤ　二一歳、知間人（Timor, Tibon, マライ群島南部チモル島）のアゴステナ　一一歳、ヨシイナ　一二歳、ロヲシイ　九歳、男子はマリヤの夫、チモル人ソセイ　二六歳、カナリインのカイタアノ　二〇歳、安南人アントオニイ　二五歳、中国漳州人林為政であった。この船は前年十二月二十九日に知間へ入港した。安問から知間へ嫁したマリヤは、以前から故郷へ行くことを望んでいた、同船の安問寄港を知り、夫ソセイ及び親族たちと乗船した。本年二月二十日に出帆した船は、途中暴風雨に遭い漂流する。乗員は次第に死亡し、五島漂着の九名が助けられた。吟味後、所持の石火矢八、小筒一一、短筒一、木筒二、火蓋八、剣七の武器は、直ちに出島内蔵に収納された。船は破損したので、繫留船をさしむけて乗移らせ、上陸させた。中国人と安南人は唐人屋舗の乙名部屋二階へ入れ、その他のマライ人らは、出島の町人部屋を区切らせて入館させた。曳船のため船三九艘、人数三一一人、警固のため船九艘、人数一五六人という大騒動であった。翌二年九月出帆のオランダ船がマライ人らを連れ帰り、三年三月出帆の唐船が漳州人と安南人を連れ帰った（『長崎志』続編巻七「紅毛船進港幷雑事之部」、巻九「外国人到港之部」）。

この事件に関する小冊子「五嶋漂流異国人持渡鉄砲薬入剣之写」図54（享保二戊年）には、武器図のほかに、紅毛服上着・下着、同婦人服着装前面図・背面図と上袴（上スカート）図が描かれている。

マライ語以外話せないマリヤの話を聞くことを奉行から依頼され、本件を詳細に記録した「商館日誌」（ウイルレム・ワルデナール Willem Wardenar の日記、一八〇〇年七月十六日〜一八〇三年十一月十四日）には、婦人の衣服について、「われわれの一般婦人と同様に、サロン（sarong スカート）とカバイ（cabaij 上着）をつけており、ただ、布（doek）で頭を包んでいる点が異っている」と記した。少女三名はマリヤの女奴隷であるから、紅毛服着用者はマリヤである。オランダ名で紅毛服を着るマリヤには、オランダ人との密接な関連が推定される。オランダ人と同様な羅紗（laken）の男子服は、ルソン人（スペイン）の着用であった。鎖国日本は、彼をマカオから来た中国人として扱った。

紅毛服のマライ婦人マリヤは五島へ漂着し、一年間出島に滞在した。南方女性の紅毛服着用はきわめて珍しい例である。

4 ブロムホフ夫人チチア・ベルフスマ

文化十四年（一八一七）七月四日、商館長ヤン・コック・ブロムホフ Jan Cock Blomhoff（一八一七年十二月六日〜一八二三年十一月二十日在勤）(37) は妻チチア・ベルフスマ Titsia Bergsma を伴ってきた。

『長崎志』続編巻七

文化十四丁丑年（一八一七）

去ル酉年帰国セシ、ヤンコックブロムホフ、新甲比丹ニナリ渡来ス。亥年以来入津欠闕ノ由シハ、欧羅巴諸州数年ノ戦争漸ク平和シ、本国ノ諸事取リシラベ混雑シ、諸貨物等モ咬𠺕吧ヘ回着セザルニヨリ、二個年入津スル事行ハス。漸ク当年、自国ノ船ニテ渡来ス。

新甲比丹ヤンコックブロムホフ病中ニテ、妻テッタベルフスマ看病イタシ、日本渡海ノ事咬𠺕吧ノ官所ヘ願ヒ、孩児一人、乳母、婢女等随従シテ渡海ス。

名称左ニ記ス

新甲必丹妻　テッタベルフスマ　三拾壱歳

同人子　ヨハン子スコックブロムホフ　弐歳
乳母　プルトロ子ルラミュンツ　弐拾三歳
婢　ヤコウバピイキ　十九歳
マラテイ　三十三歳

一　当年渡来ノ甲比丹連渡ル妻子并ニ乳母婢女トモ在留ノ事免許ナク、且ツ古甲比丹ヘンデレキトウフ《ママ》新甲比丹ト交代シテ、可レ令二帰国一旨御下知ニヨリ、八月十八日両甲必丹御役所ヱ被レ召、帰帆被レ命、婦女一同ニ連帰ル。

新商館長として赴任したヤン・コック・ブロムホフは、前館長ヘンドリック・ドゥーフ Hendrik Doeff（一八〇三年十一月十四日〜一八一七年十二月六日在勤）のヘトル（商館長次席）を勤め、文化十年（一八一三）に帰国していた。ヨーロッパのナポレオン戦乱がおさまり、ウィーン会議（一八一五年）によって、オランダ本国はフランスから、ジャワの領地はイギリスから恢復され、ようやく商館長交代が行われ、ドゥーフの後任としてブロムホフが来着した。彼は持病のため妻の介抱を必要とし、妻・男児・乳母・下女二名の在留を、幕府へ願い出た。請願は商館長ドゥーフの援助のもとに行われた(38)。

在留願

今般来朝の新かひたんヤンコックブロンホウ儀、当春咬𠺕吧表に於て日本かひたん役申付候後、持病の積聚差蒙り、色々保護相加候処、彼地出帆頃合に相成、漸く快方には御座候得共、兎角出来不出来有レ之、全快を得不申。然る処当時咬𠺕吧表に居合不申、最早彼地出帆之時節にも相成候に付不レ得レ止事、同人乗渡候ニ付ては、召仕之黒ぼう共俄に抱入候得ば、看病等相心得候もの無二御座一候。別而於二船中一は、薬餌起臥等之介抱行届不レ申候ニ付、病気看病として同人妻連越之儀、頭役共より差免申候。右に付ては十六ヶ月に相成候出生之男子、両親引離し咬𠺕吧表え残置候儀にも難二相成一御座候故、無レ拠妻子とも連越候儀、頭役共差免之儀に御座候。随て重畳恐多御願事ニ御座候得共、新かぴたん御当国滞在中、病気看病のため、妻子並乳母壱人、召仕女弐人、一同在留仕候儀、格別之御憐愍を以て御許容被レ為仰付被レ下候はゞ、偏に御仁恵の御蔭を以病気回復に至り、御用向無レ滞相勤申度、御高恩之程、生々世々難レ有仕合奉レ存候。乍レ恐此段書付を以奉レ願候に付、和解仕二差上一申候。以上

大小通辞

惣連名印

女名

新かひたん妻

てったべるふすま　歳三十一

乳母

ふれとろねるらみゆるつ　同二十三

下女

やこうはゐき　同十九

まふてる　同二十三

願書には、通詞から江戸表役向《やくむき》への私信が添付された。

此度かひたん女房壱人、当年十六ヶ月相成候男子壱人、乳母壱人、付添女弐人、女〆四人渡来いたし、いづれも稀成美女に御座候処、就中うば十八九歳に成候よし、別て美敷事類なき美女に御座候。いづれも着服抔も見事成事、難レ尽二筆紙一紅毛人婦人を召つれ候事、古今珍敷御儀に御座候[39]。

通詞らはオランダ婦人たちが「稀なる美女」であること、特に一八、九歳の乳母は「美しきことたぐいなき美女」であることを記し、彼女らの服装については、「美事なること筆紙に尽し難し」という驚嘆を江戸へ伝えた。奉行所は江戸へ連絡する間、婦人たちの上陸を許した。荷物運びの時、出島役人は見物に行き、その様子を次のように記録している。

当年は阿蘭陀船二艘入津、右乗組之内かひたん妻為二介抱一罷出、小児壱人、乳母壱人、黒坊之女壱人、舟頭之妻一人乗渡、在住願立候由之処、江戸表御伺中、出島江上陸被二仰付一、荷渡中見物罷出候。かひたん妻は絵図に有レ之通、琴抔たんし、夫婦とも手をかたにかけ、至而むつましき国風也。乳母は至而ヨカヤツ也。然ル処在住不二相叶一、御返し相成、誠乗切之節は、頭に白金をかつき、落涙あはれなることに候事。
（「自寛政至天保日記」）(40)

絵図に描かれているように、琴を弾く夫人を見ることができた。肩に手をかけ合う夫妻は、異国風の睦じい姿であった。また、若い乳母の美しさには、通詞と同様に圧倒されている。しかし、江戸からの指令は紅毛婦人の在留を許さず、一行はやむなく南方へ帰った。涙ながら去って行く夫人の嘆きに、深い同情がそそがれた。

右のブロムホフ夫人弾琴図は所在不明であるが、長崎の画家が描いた種々なブロムホフ家族図が伝えられている。長崎画壇の重鎮、奉行所唐絵目利石崎融思は、夫人・小児を抱く乳母・召使の「ブロムホフ家族図」図55（神戸市立博物館）を描き、出島絵師川原慶賀は、夫妻を中心とした「ブロムホフ家族図」（神戸市立博物館、図V 東京大学総合図書館）を描いた。なお、夫妻が子供の手をひく慶賀筆の家族図（個人蔵）、賛のある無款の狩野派風家族図（東京大学史料編纂所）等がある。また長崎版画の板元大和屋由平は、慶賀の板下絵による夫人と小児を抱く乳母を描いた「阿蘭陀婦人の図」のほか、数種の夫妻と小児の図を版行した。この大和屋版は、弘化〜嘉永（一八四四〜一八五三）の頃まで、摺り続けられた。長崎版画は土産品として長崎で売られたばかりでなく、全国の港町・城下町でも販売された(41)。ブロムホフ夫妻別離の哀話と珍しい紅毛婦人風俗は、ジャーナリスチックな画題となって、全国へ広まった。雛人形にも作って売り出され(42)、鎖国日本に紅毛服の情報が伝えられた。

5　フィレネーフェ夫人ミイミ

文政六年（一八二三）七月六日、商館長ブロムホフと交代する新商館長ヨアン・ウイルヘレム・ドゥ・ステュルレル Joan Wilhelm de Sturler と共に、商館医員フィリップ・フランツ・フォン・シーボルト Philipp Franz von Siebold が来日した。彼は医師としての仕事のほかに、植物・動物・地理・歴史・生活等にわたる日本の綜合研究を行うため、九年（一八二六）の商館長江戸参府に同行することを計画した。オランダの東インド会社は一七九八年（寛永十）に消滅し、欧州戦乱が終って日蘭貿易を再開した蘭領インド政府にとっても、日本研究は重要な課題であった。政府はシーボルトの研究を支援して、彼の希望する助手と画家を派遣した。物理学・化学・鉱物学の助手はハインリヒ・ビュルガー Heinrich Bürger 研究上の絵を担当するのは、商館職員に任命されて赴任するカレル・フーベルト・ドゥ・フィレネーフェ Carel Hubert de Villeneuve であった。[43]二人はシーボルトの参府旅行に間に合うよう、八年（一八二五）七月十二日に、長崎へ入港した。[44]フィレネーフェは参府旅行には同行できなかったが、商館勤務のかたわらシーボルトのために絵を描いて、その期待に応えた。

「商館日誌」によれば、フィレネーフェは来航四年後の一八二九年二月二十四日（文政十二年一月二十一日）、コルネリス・ハウトマン Cornelis Houtman 号でバタビヤへ戻り、同年八月十九日（七月二十日）、ジャワ号 de Java で長崎港へ再来した。この時、妻を同伴して来たが、上陸することは許されなかった（「ヘルマン・フェリックス・メイラン Germain Felix Meijlan の日記」一八二九年二月二十二日、八月十九日）。[45]

『長崎志』続編巻七には、フィレネーフェ夫人来航について、次のように記録している。

文政十二己丑年　弐艘七月廿日入津

一　当年入津ノ船ヨリ、役人阿蘭陀人洋中為ニ介抱ㇾ妻女壱人同船ニテ連渡。上陸相願フト雖ドモ免許ナク、帰帆ノ節連帰ル。名歳左ニ記ス。

役人阿蘭陀人　カルレスヒユヘルトデヒレネウヘ　歳廿九

右同人妻　ミイミ　歳拾九

妻の名とする「ミイミ」は、一般的な女性の愛称である。本名は、マリア・ヨアンナ・ヨセファ・ファン・ウィンゲルデン Maria Joanna Josefa van Wingerden であった。しかし、日本の人びとはミイミと呼んでいた。

『万国年代記』（安政版）にも、

文政十二年己丑

阿蘭陀商船に婦人乗来る。これ画工エテヒレヌホの妻なり。当年十九歳。美人なるよし

とあり、彼女が美人であったという評判を伝えている。上陸を許されなかったことは、往年のブロムホフ夫人と同様に、世の同情を集め、その姿は次のように絵に描かれ、歌にも詠まれた。

石崎融思「フィレネーフェ夫妻図」図Ⅵ（長崎県立美術館）は、ブロムホフ夫人も描いた唐絵目利としての記録画であることは、画賛に明らかである。

往年蛮首携《エ》二婦人孩児及乳女女奴《ヲ》一、来《ル》二于崎港《ニ》一。官有二故《モトヨリ》禁《ズ》レ之《ヲ》。今兹《ココニ》文政己丑秋七月、又載二一婦人一来。蓋《ケダシ》非二禁《ズ》不《ルニ》レ謹、令《ノ》不《ル》レ達《セ》也。於レ是、官命 使《ジテセシメ》二舟居一而不レ許二入館一。一日蒙《リ》レ命《ヲ》従《ヒ》レ吏《ニ》、往《テ》観二焉退一而閲《ス》二其貌《ニ》一。婦人《ノ》名《ハ》弥々、歳十有九、画工埊非列奴富妻《ノ》云《ト》。庚寅春日、長崎画史石崎融思写。

先年、商館長の家族同伴は許されなかったが、今また一婦人が来航したのは、禁をおかすつもりではなく、禁令が通じていなかったからであるという。奉行は舟居を命じて、商館に入るのを許さなかった。官命によって融思が、埊非列奴富の妻弥々《ミイミ》の姿を写したのは、「庚寅」天保元年（一八三〇）の春であった。しかし、「商館日誌」によれば、ミイミ舟居のジャワ号は一八三〇年一月三日（文政十二年十二月九日）に出帆した。融思が弥々の絵を完成して賛を記したのは、年が明けて

翌年の春であった。彼女の舟居は少なくとも半年に及んだ。

松井元仲「フィレネーフェ夫妻相愛図」（長崎大学経済学部）は、手を取り合った姿を描き、通詞吉岡権之助がオランダ語で相愛の賛を書いた。元仲は明の僧逸然《いつねん》を祖とする長崎の北宋画系の画家で、硯山と号した。北宋画の写照画法により、相愛の夫妻を写実的に描出している。但し、半身像である。

諸熊八郎「埡菲列奴富之妻」[図56]は、樺色摺りの大和屋版長崎絵である。長崎波止場役、諸熊作太夫子息の八郎は、風流人として知られ、画もよくした。秋琴と号し、熊秋琴と呼ばれた。この版画の原画である美麗な彩色画は、長崎郷土史家渡辺庫輔によって長崎の古書店で発見された。師の古賀十二郎の許に置かれていたが、古賀の没後所在不明ということである。本図には、次のような賛がある。

文政己丑七月、和蘭《オランダノ》商舶載《セ》二一婦人《ヲ》一来《ル》。即彼《ノ》画工埡菲列奴富之妻也。名《ハ》弥々、歳十有九。隆レ鼻深レ目《シテ》、肌膚《キフ》透瑩《トウエイス》。最《モ》巧《ニシテ》二女技《ニ》一、傍《カタワラ》善《ス》二書画《ヲ》一。風俗雖《イエドモ》レ異《リト》、容儀頗有《ル》二可レ観《ル》者一。聞《ク》、婚後一閲日《ニシテ》、其夫祇《シ》二役《エキス》于日本《ニ》一。然《ドモ》両情繾々、不レ忍二相離《ニ》二。故《ニ》不レ屑《ショウトセ》二艱難《ヲ》一、相従《テ》到《ニ》二崎港《ニ》一。殊域之人、異教之徒《モ》、其想レ夫之情、精一不レ移者《ハ》、可《ケン》レ不《ル》レ謂レ貞《ト》乎。仍《ヨッテ》今、玆《ココニ》記二其概略一、併《アワセテ》図《ス》二其髣髴《ヲ》一。以似《テニタリ》二好事《ノ》人《ニ》一。

文政十二己丑年のミイミ来航を記し、新婚二ヵ月後とある。「鼻は高く目は深く、肌は透明で輝いている」という容貌は写実的で、前掲二図よりヨーロッパ風に描かれている。紅毛服姿は「日本と異っているが、大変立派である」と称讃した。版行の同図は、江戸の藩邸に隠居する平戸前藩主松浦静山の許にもたらされた。ミイミは船中に滞在したので、見物の船がつめかけている状況も伝えられた。長崎から家中の者に届いた手紙には「今年入津の蘭船」とあり、版行も当年中と推定することができる。官命による融思の記録画より、早い版行であった。静山はその著『甲子夜話』続編巻之三十四（東洋文庫）に「近頃和蘭より渡来の女伎小伝幷画像」を収録した。ミイミの世評に対して静山は、「蘭にては最美人のよし称すれど、吾国の眼には悦ばざる容貌なり」と、異国風を好まない見解を示し、紅毛服飾については言及するところがなかった。

秋琴筆弥々図は一六年後の弘化二年（一八四五）、大和屋宣伝小冊子『長崎土産』に再録され、大和屋当主磯野文斎が秋琴図によって板下絵を描いた。（図57）文斎筆ミイミの容貌は、秋琴の写実的ヨーロッパ風に比して日本的である。髪型も多少異なり、ドレスのギャザーや皺の描法は独特で、画癖の相違が明らかに見られる。賛は次のように、省略されている。

文政己丑七月、蘭船載㆓一婦人㆒来ル。埕非列奴之妻、名弥々、年十九。隆㆑鼻深㆑目、肌膚透瑩。最巧㆓女技㆒、旁善㆓書画㆒。聞、婚後二閲月、其夫祇㆓役于日本㆒。繾々之情、不㆑忍㆓離居㆒、故来云。

弘化版『長崎土産』を飾るほどミイミはいつまでも、人びとに深い印象を与えていた。文斎は江戸浮世絵師渓斎英泉の弟子である。文政九年（一八二六）頃、大和屋の娘、貞と結婚して入婿となった。(46) 彼はオランダ人・ロシア人・唐人らの異国ニュースを画題に採り入れ、江戸錦絵の技法を用いて、大和屋を隆盛に導いた。

大和屋版「HOLLAND SCHE」「Holland Vrouw」（図58）の大首絵は、フィレネーフェと夫人ミイミの対幅である。フィレネーフェ画像には、文斎が天保・弘化頃使用した瓢形印が見られる。江戸に流行する大首絵を長崎絵に製作したのは文斎であった。文斎が長崎へ来る以前のブロムホフ夫人像は、かつて夫人を描いた川原慶賀に板下絵を描かせているが、彼の知るミイミは自ら大首絵に描いたものと思われる。ミイミ図はブロムホフ夫人図と共に大和屋から版行され、人気を集めていた。

文錦堂版「HOLLANDER」も大首絵である。本図は文錦堂版オランダ人に共通する容貌に描かれ、女性の服装も明瞭でなく、フィレネーフェ夫妻と断定できるほどの特色はない。しかし、大和屋文斎の大首絵と関連して、同夫妻と推定される。文錦堂二代松尾俊平が積極的に題材を拡大した時期であるから、大和屋の流行図に追随したものであろう、長崎絵板元の大手老舗文錦堂のオランダ人図は多くないが、文斎によって繁栄する大和屋に対抗するため、ミイミの人気に便乗しなければならなかった。

ミイミの姿は瓦版にも摺られた。半紙一枚の左図は「和蘭名医シーボルト」、右図は「和蘭婦人□写真《いきうつし》」である。雑誌『新旧時代』大正十四年九月号に紹介され、渡辺修二郎の次のような解説が掲載されている。

婦人は蓋し文政十二年長崎に着した同館員の妻ならむ。上部に記されたる蘭語 Vergift is een somtijds Best Artsenij とあるは、「毒物も時として一の最良薬剤となることあり」の意である。此画は半紙一枚の木版摺で其頃発行したもの、今では珍品となっている。シーボルト在任中此西洋人が渡来したによって、同じく評判広まり、共に瓦版一枚摺となしたるものと察せられる。

無名の長崎オランダ商館員の妻ミイミは、時の人シーボルトと瓦版に並ぶ人気であった。彼女の紅毛服姿は瓦版によっても、多くの人びとに伝えられた。大正末に珍品であった本図は、現在管見の限りでは見られない。

長崎の歌人、玉園青木永章《ながふみ》はミイミを詠じて、「玉園歌集」に収めた。

詠二紅毛女一歌

妹と背の互に思ひしぬぶらん、心のをろは天地の　そきへの限かはらざるものにもあるが　己が夫を別れもかねて万まり千里の波路はろばろに　うきを凌ぎてたわやめの思ひたわまず　いきの緒に慕ひ来ぬれど　みさだめの限しあれば　陸には許したまはで　橿の実のひとり残りぬ　あけたてば館にいゆきて　夕ぐれは帰り来る背を　大船の思ひ頼みて　ぬば玉の黒髪ならず　丹のほなす赤きしこ髪　まつぶさにゆひくるほして　青柳のしなふ姿に　白妙の衣きよほひ　さにづらふ面わ隠さず　にこやかにゑみてたてりと　里人は見のめづらしみ　水鳥のうかべる如く日毎に舟こぎなべて　つつづみうち　をごとかきひき　うたひ舞ひ　まねきことどひ　うちむれてあそばひくるをたわやめは　夫待つほどのいぶせかる　心なぐさに出でて見るらむ(47)

玉園は当時、町役人であった。天保頃には、諏訪明神大宮司となった歌人である。ミイミに寄せる同情の歌には、里人たちがオランダ船に小舟を寄せて、金髪に白いドレスの異国女性を慰める情景が詠まれている。

十六世紀半ばに開かれた日欧交通は、男子だけの来航であった。十七世紀初頭の日蘭通商により、初めて紅毛婦人が渡来したが、彼女らの入国は禁止されていた。上陸を許されない商館長ブロムホフ夫人、商館員フィレネーフェ夫人の姿は、夫婦別離の哀話として広く伝えられた。後に現代日本の服装となった婦人洋装の初見は、紅毛女性にまつわる鎖国期のロマンティック・ナレーションに讃美され、きわめて日本的な民衆の感銘であった。

6　渡来婦人の服装

長崎に渡来したオランダのハルチンク夫人からフィレネーフェ夫人に至る女性の服装には、十七世紀半ばから十九世紀初頭にわたるスタイルの変遷があった。寛永十八年（一六四一）に商館へ入ったハルチンク夫人、寛文元年（一六六一）入港のス・ホラーフェランデ号に乗って来た婦人たちの服装については、記録がない。しかし、その頃バタビヤで暮していたコルネリヤの服装と同様なスタイルであろう。前述の通り、コルネリヤの紅毛服はバロック・スタイルであった。

十七世紀のバロックは、十八世紀にロココ様式へ移った。ロカイユという貝殻物工から名付けられた曲線スタイルのロココは、ルイ十五世・十六世時代の華麗な装飾様式である。図59 縦長の細いスカートから、大きくふくらんだスカートの変化が新様式を形成し、刺繡・レース・リボン・造花などで美しく飾られた。享保元年（一八〇一）の五島漂着婦人の服装は、「五島漂流異国人持渡鉄砲剣之写」に描かれた。更紗のスカートにはギャザーがあって、ドーム形にふくらむ。スカートを拡大するため、前ウエストはV字型に切りこまれている。スカート前部には繻子の飾布がつき、裾飾りには、「嶋茶繻子之類」が用いられている。綾木綿のギャザー付下スカートを三枚はいて、さらにふくらませる。胸部には菱形の飾りが付き、背部は縦の切替で装飾される。袖は細く、衿飾りはレース形を示す。このように、衣服図は十八世紀ロココ様式の特色を表わしている。庶民服の装飾は簡素であるが、ロココ・スタイルが着用されていた。

次いで、文化十四年（一八一七）の商館長ブロムホフ夫人チチア・ベルフスマの渡来は、十九世紀初期の新古典スタイル時代であった。十八世紀半ばごろからドイツ・フランスで古典研究が盛んになり、イタリアでは古代都市ポンペイとヘルクラネウムが発掘された。古代生活についての知識が深まり、古代への憧憬が起って、芸術に新古典主義が興隆した。モードの世界にも、新古典主義が波及し、フランス革命後衰退したロココ・モードに代って、フランス執政官政府時代（一八〇〇〜一八〇四）に、新古典スタイルが流行した。ギリシアのキトン chiton 式の筒形ハイウエスト・ドレスはシュミーズ・ドレス robe à la chemis という。一八〇四年（文化元）、皇帝になったナポレオンは古代ローマにあこがれ、日常生活までローマ風であった。ナポレオン宮廷の古代的なエンパイア・スタイル[図60] empire style には、豪華な貴族性が加わった。モスリン、リネンのギリシア風シュミーズ・ドレスに、ブロケード、ビロードの高級生地が加わり、衿・袖口・裾は、レース・刺繡・金銀箔・宝石等で装飾された。広く明けた衿もと、ギャザーによって大きくふくらます袖も、華やかな宮廷モードであった。

長崎の画家が描いたブロムホフ夫人の服装は、ナポレオン宮廷の新古典スタイルである。ハイウエストの筒形ドレスの裾、方形デコルテの衿もとにレース飾りがある。ふくらませた袖マンシュ・ブーファント manche bouffante（パフ・スリーブ puff sleeve 英語）はエンパイア・スリーブと呼ばれるナポレオン宮廷様式を示す。髪型も、ギリシア風の髷である。各種のブロムホフ夫人図にこの服装が描かれ、川原慶賀筆「ブロムホフ家族図」は、夫妻・子供・乳母・婢の服装が正確に描写されている。美しさを特に日本人から称讃された乳母のハイウエスト・ドレスは、衿もとをつめた長袖の使用人服であった。長裾が少し床から上って足元の見えるのは、この頃の流行の正しい描写である。類例の少ない幼児や黒人婢の服装も本図に見られる。また、石崎融思筆「ブロムホフ家族図」に描く夫人着用の短い上着は、十九世紀初頭二〇年間にわたって、流行したスペンサー spencer（英語）である。イギリスのスペンサー伯爵が考案したといわれる男子服上着は、エンパイア・ドレスのデコルテを覆うため、婦人服にも着用されていた。

文政十二年（一八二九）に渡来したフィレネーフェ夫人ミイミの年代は、ロマン・スタイル時代である。[図61] 一八一五年にナポレオンは失脚し、ナポレオン宮廷を原動力とした新古典主義は衰退した。新時代には、個人主義的情熱を創造力の基盤とするロマン主義が起り、芸術界を風靡した。服飾界も新芸術様式に連なってロマン・スタイルを創造し、豊かな叙情性と色彩の美を表現した。婦人服のハイウエストは自然のウエスト・ラインに戻り、スカートは再び拡大した。袖付をふくらませ、袖口は細い羊の足型のジゴ袖 manche à gigot (leg-of-mutton sleeve 英語) が流行した。新スタイルへの変動は、一八二〇年（文政三）から数年の間に行われた。しかし、ミイミのドレスは、旧スタイルであった。石崎融思・諸熊秋琴が描いた彼女の画像には、ハイウエストの古典スタイルが表現され、新様式の基本的特徴は見出せない。これは在外婦人のファッション情報の遅れだけではない。ブロムホフ夫人と同じ様式でありながら、装飾の少ない簡素な衣服には、下級商館員の生活状況が示されている。商館長ブロムホフ夫人は、乳母・女奴隷を伴って来たが、彼女は召仕いも連れない渡来であった。しかし長崎絵「Holland Wrouw」に描かれたヘア・スタイルは、ニューモードである。この匂うばかりのロマン様式を、絵師に表現させたのは何であろうか。渡来婦人の服飾は長崎絵を媒体に、鎖国社会へ伝えられた。人びとの異国服讃美は、広い世界への開眼である。

四　紅毛服憧憬

1　十八世紀の紅毛服

長崎出島の商館に在住し、外出にも種々な制約を受けるオランダ人に、多くの日本人が接することのできるのは、将軍謁見のための参府旅行であった。商館長が使節となり、数名の商館員と医員、長崎奉行所の通詞・役人らの加わる一行であった。最初の頃は、彼らに対する警戒が厳重に行われた。一般人から隔離され、幕府高官との会話以外許されなかった。謁見も大目付が将軍に代って行ったが、商館長ヤン・ファン・エルセラック（一六四三年八月一日～一六四四年十一月二十三日在勤）は、寛永二十年十一月一日（一六四三年十二月十一日）に初めて将軍家光の前に導かれた。

陛下は黒い絹の上着を着て頭には黒い頭巾を被り、立派な高い座に着いて居られ、見たところ丈の低い痩せた人であった。筑後殿《(大目付)》はカピタンよ、陛下に敬礼感謝せよと言い、終って予の服装が見えるようマンテルを開くことを命ぜられた。暫く坐っていた後、大目付から外套を引張られ、いざりながら退出し、[48]

と、エルセラックが記しているように、家光の興味は紅毛服に集中した。毎年の参府には将軍・世子・幕閣の高官らに多くの贈物が進呈される。大目付井上筑後守は贈物行政を警戒して、江戸城での進呈以外は禁止した。[49] 商館側も贈物に要する莫大な費用を避ける方針であった。しかし、井上致仕後は役人たちが贈物を喜び、貿易利潤の多くなった商館側も費用を惜しまなくなって、要人への贈物が盛行した。将軍家に珍奇な品物及び織物、高官たちには種々な織物が贈られた。蘭船の舶載するオランダ及び中国・南方の織物は、日本人に最も珍重される贈物であった。

島原の乱以後切支丹勢力が壊滅すると、オランダ人への警戒がゆるみ、参府旅行には人びととの接触が行われるようになった。元禄四年（一六九一）、商館長ヘンドリック・ファン・バイテンヘム **Hendrick van Buijtenhem**（一六九〇年十月二十一日～一六九一年十一月九日在勤）に随行した外科医エンゲルベルト・ケンペル **Engelbert Kämpfer** の『日本誌』[50] には、参府の際に接した多くの人びとの行動が記されている。この頃の参府旅行は、長崎―小倉、小倉―大坂（舟便）、大坂―京都、東海道を通る江戸への行路であった。使節は駕籠に乗り、ケンペルとオランダ人二名は馬に乗り、歩行の通詞・諸役人、従者・雑役を含めて百十余名の行列であった。オランダ人たちは、道中の人びと、伊勢参りの連中、大名行列などに行き会い、茶店に憩い、旅宿に泊まり、沿道の人びととともかなり自由に接することができた。子供たちは後から大声で「唐人、バイ、バイ」と呼ぶ。京都町奉行役宅では接待を受けた後、もうしばらく留まるように頼まれた。障子の向側に出て来た婦人たちに、紅毛服がよく見えるよう、立ち止まらせたのである。使節は外套を脱ぎ、衣服を前後から見せ、帽子や剣、時計その他の品物を貸し与えてよく見せた。次に訪問した第二奉行の屋敷でも、彼らを見ようとする婦人たちが障子のうしろに集まって来た。人びとの興味は、彼らの服装と持物に注がれた。

江戸城では、将軍綱吉に謁見の後、奥の広間に通された（挿図11）。御簾の後の将軍夫妻・将軍一族の姫たち・大奥の女性・幕閣の高官・側衆その他大勢が並んでいた。将軍は側用人牧野成貞を通じて、使節に種々な質問をし、通詞の仲介によって問答が行われた。綱吉は御簾の中ではあるが、前方に席を移してオランダ人たちに外套を脱がせ、上体を起して顔をよく見ることができるようにさせた。さらに、将軍の要求によって行われたことをケンペルは次のように述べている。

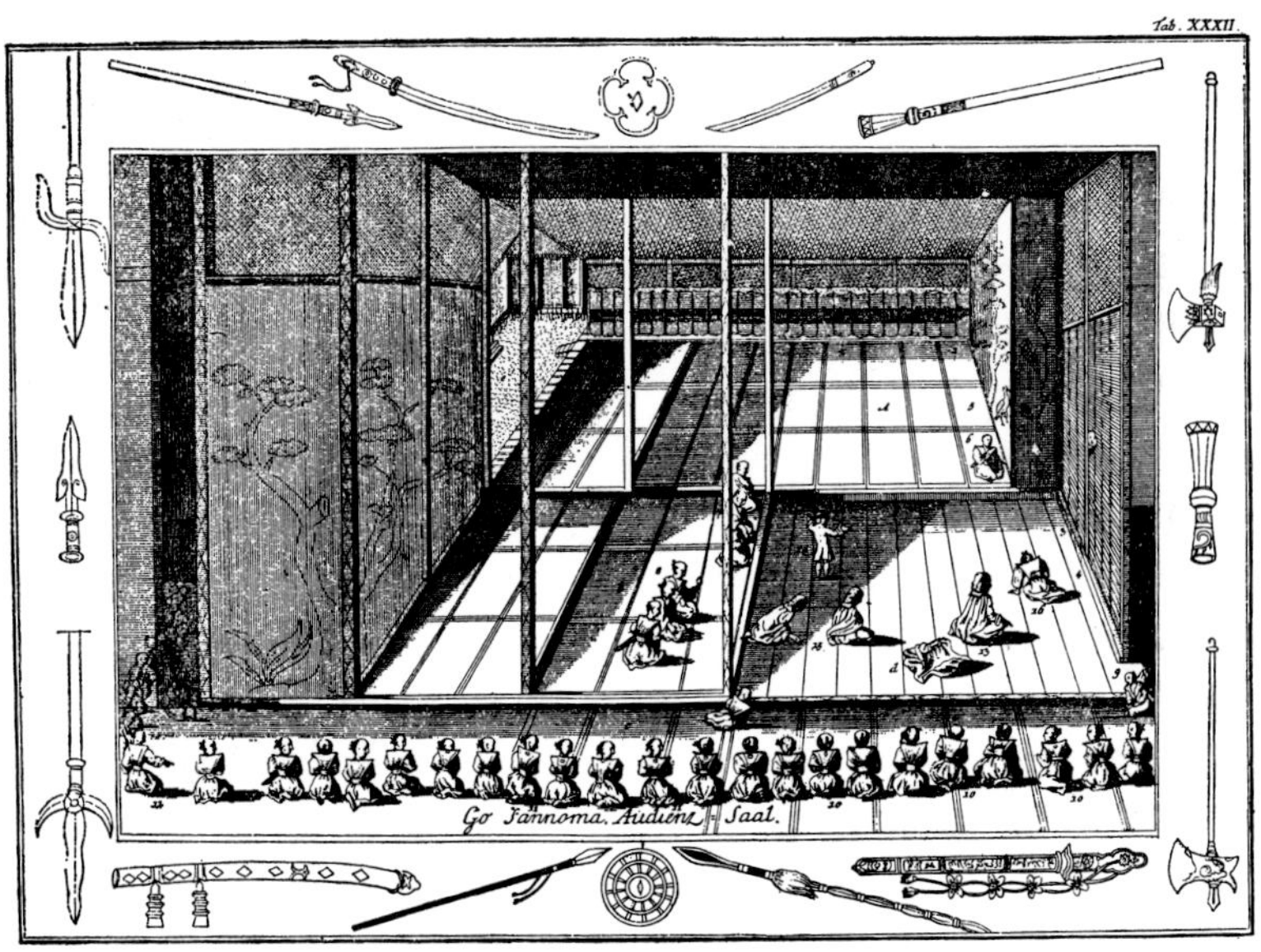

挿図11　謁見の広間の内部　ケンペル『江戸参府旅行日記』東洋文庫

> われわれはある時は立ちあがってあちこちと歩かねばならなかったし、ある時は互いに挨拶し、それから踊ったり、跳ねたり、酔払いの真似をしたり、つかえつかえ日本語を話したり、絵を描き、オランダ語やドイツ語を読んだり、歌をうたったり、外套を着たり脱いだり等々で、私はその時ドイツの恋の歌をうたった。(51)

使節の威信を傷付けてはならないと気づいた高官は、商館長をこの中からはずした。そのため僅かな誇りを保ったケンペルらは、二時間も見物されたのである。その後どの屋敷へ行っても、彼らの通される部屋の簾や障子の後方には、女性の見物客がいっぱいであった。ケンペルはこのような不当な要求をする日本人について、悪意があるわけではなく、好奇心が強いからであろうと考えた。側用人牧野成貞の屋敷ではダンスを見せ、柳沢吉保邸では一人一人が歌をきかせた。表敬訪問の諸家では、彼らの服装と動作に非常な興味を示した。

翌五年（一六九二）、商館長コルネリス・ファン・アウトホールン Cornelis van Outhoorn（一六九一年十一月九日〜一六九二年十月二十九日在勤）の参府に、再び随行したケンペルは、江戸城での謁見では、前年よりもうちとけて、将軍から多くの質問を受けた。

> さて、われわれは帽子を脱ぎ、鬘をとったり、また言葉を交わしながら、一五分ばかりあちこち歩き回らねばならなかった。私が美しい将軍の御台所の方を何回も見た時に、将軍は日本語で、其方どもは御台の方をじっと見ておるが、その座所を承知しているに相違あるまい、と言われ、それからすぐに、われわれの向いに集まっていた他の婦人たちの方へ席を移された。それで私は御簾の所からもう少し近くに行かされ、鬘をもう一度とり、飛んだり跳ねたり、一緒にダンスしたり、歩き回ったりした。またカピタンと私に、備後の年は幾つか当ててみよ、と言われ、カピタンは五〇歳、私は四五歳とお答えしたら、みながどっと笑った（備後守牧野成貞は実際には五七歳であった）。さらに、われわれは夫が妻に対してどういう風にするのかを、わかりやすくやってみせねばならなかったが、その際不意に接吻してみせたので、婦人たちの所で少なからず笑いが起った。それから、われわれはまたしても飛び回ったり、最後には身分の低い人が高い人に対する、また王に対するヨーロッパ人の敬意の表し方をやって見せねばならなかった。私は歌をうたうことを求められ、いろいろの歌のうちから二つを歌い終ると、みなからそれ相応の喝采を受けた。それからわれわれは外套を脱ぎ、次々と将軍に近づいて、ヨーロッパの王の前でするように、てきぱきと別れの挨拶をした。そうすると、みなの顔に楽しげな満足な様子が浮んだので、われわれはそれを見届けてから、退出の許可を得た。(52)

使節謁見は笑いと喝采の親しい雰囲気に、三時間半も費したのである。前年の通り高官たちの屋敷をまわった時にも、彼らの帽子・衣服・服飾品が盛んに見物された。また、ダンスや歌を所望されたケンペルは、前年と異なる親しい気持で、その要求に応じた。さらに、帰国の挨拶の時、再び綱吉に謁見されるという異例な待遇を受けた。江戸城をはじめ諸邸で日本食を饗応され、贈られた時服は一二三枚に達した。人びとの好奇心は充分に満たされた。

商館長江戸参府を利用してオランダ人と会談し、海外情勢を入手したのは新井白石であった。正徳二年（一七一二）二月二十七日、同年三月五日、四年（一七一四）三月三日、享保元年（一七一六）二月二十七日の四回にわたる会談は、幕閣の中枢にいる白石にとって可能であった。第一・第二会談のメモは、現在伝わっている『外国之事調書』である。彼は潜入宣教師ジョヴァンニ・バッティスタ・シドッチを取り調べた際に得た知識、オランダ人との会談、オランダ商館から毎年幕府に提出される『阿蘭陀風説書』等によって、『西洋紀聞』『采覧異言』を著わした。[53]両書にはヨーロッパ諸国の風俗を記し、服装にふれるところもあり、ローマの衣服及び法衣はかなり正確詳細に記されている。白石の志向する世界情勢には、諸国の服装も含まれていた。

白石の補佐した将軍家継が死去し、八代将軍となった吉宗は、享保二年（一七一七）二月二十八日に参府の商館長ヨアン・アウエル Joan Aouwer（一七一六年十一月三日〜一七一七年十月二十四日在勤）謁見の際、簾を取り除いて引見した。さらに三月二日の特別登城を命じ、音楽やダンスなどをさせて、幕臣たちと見物した。吉宗の時代から、幕府の医師・諸役人らは、オランダ人への質問を行うことができるようになった。[54]吉宗の洋書の禁緩和、西洋文物の輸入などが蘭学の発達を促し、紅毛熱を高めた。田沼時代には、オランダ使節の定宿長崎屋に、幕府や諸藩の医師・諸役人が質問につめかけるだけでなく、民間の学者も訪れるのであった。江戸参府はその後、明和六年（一七六九）から隔年になり、寛政二年（一七九〇）以後は五年に一回となった。しかし、蘭学の発展に伴って長崎遊学がさかんに行われ、紅毛人との交際がふえて、紅毛服への理解も進んだ。

紅毛服と呼ばれたオランダ人の服装は、ヨーロッパの十八世紀様式であった。長上着ワルムバース（仏語 **justaucorps**)、胴着フェスト（仏語 veste）、半ズボン、コルテブルーク（仏語 culotte）のスタイルは、十七世紀末のルイ十四世宮廷に確立した。十八世紀には、この基本スタイルの各部に優美な新ファッションが加えられて、ロココ様式を形成した。その上着はウエストでぴったり身体につき、下部は切り替えられている。背中心と両脇の開きに襞をたたむ。前明きはウエストまで一列のボタンがこまかく並び、そのうちの幾つかのボタンを留める。衿には、細い立衿をつけるものと衿なしとがある。袖口にはボタン留めの折り返しカフスを付け、カフス巾は前代より狭い。カフスの先と衿もとには、シャツのレース飾りを見せる。上着の下には、レース・リボン・刺繡等で飾った胴着を着る。胴着の前明きには上着と同じくウエストまでボタンが並び、下方の切替は上着より短い。胴着の下には、衿と袖口にレースをつけた白いシャツを着る。シャツの首まわりには芯入りの麻または木綿製のカラーを巻き、ダス（仏語 cravate）を結ぶ。膝丈の半ズボンをはき、刺繡飾りのある靴下をはく。靴下は前代のようにズボンにかぶせず、ズボンの下にバックルで留めた。頭には後方の髪を弁髪に結ぶ袋かつらを付け、縁を上部に折り曲げた毛皮製の帽子をかぶった。

平賀源内の門人、蘭学者の森島中良は天明四年（一七八四）に、『紅毛雑話』を出版した。その付録「紅毛服飾之図」図62は「右紅毛服飾の図式は、或人の需に応じて、家蔵の蛮服を描写し、伯氏の説を記して、巻の後に附する事しかり」と記されている。所蔵の実物を模写し、伯氏（中良の兄桂川国瑞《あきら》、将軍侍医）がオランダ人から聞いた説明を付け、きわめて正確な紅毛服図である。

2　十九世紀の紅毛服

文政六年（一八二三）七月六日、オランダ商館医員として長崎に来航したシーボルトは、

此地の同胞諸君は相互に又高貴なる日本人に対して、厳なる敬礼を尽し、古き様式《サマ》の衣服を纏ひて我等を迎へ、縁縫《ヘリヌヒ》

したる天鵞絨《ビロード》の衣服外套を着け、鳥毛《トリゲ》の帽を被ふり、鋼鉄《ハガネ》の剣を佩き、黄金《キノ》の大握《ニギリ》つけたる西班牙産の籐杖を携えたるは我等にあながち快き感想を与へざりしが、商館なる日本の役人、和蘭の代表者などと交会して数日の後には、はや出島なる流儀を覚えて、前々世紀の礼式に習ひつつ、光彩陸離なる入国式に心安くも加はることとなれり。(55)

と、商館員服装のオールド・スタイルに驚く。ナポレオン敗退後、オランダが失地回復してからまだ五年後であり、東インド会社解散後、オランダ商事会社の組織を定めたばかりの商館にとって、モード衣裳を着用するゆとりはなかった。シーボルト自身は、外科軍医少佐としての軍服を着用していた。図63(56) しかし、ウエストを細くしめた燕尾・フロック型の上着に、細い長ズボンをはく十九世紀初頭ロマン主義のダンディな世界から来たので、流行遅れの紅毛服に驚いたのである。まもなく、彼はこの古いスタイルの紅毛服が日本人に敬愛されているのを知り、不慣れな衣裳を、江戸参府に着用した。(57)

シーボルトは新館長ステュルレルの参府に随行し、九年（一八二六）一月九日に長崎を出立した。各地で蘭学者と語り、「蘭癖」といわれる熱烈な傾倒者たちに出合った。下関の大年寄（市長の役）伊藤杢之允盛永は、オランダ名ファン・デン・ベルヒ Van den Berg という名刺を呈した。正月十八日の夕食に使節一行を招いた彼は、紅毛服を着て出迎えた。金モール付きの赤いビロードの上着に、金糸刺繍を施したチョッキをつけ、半ズボンに靴下をはき、帽子をかぶり、金メッキの大きな握《にぎり》のあるステッキを携えた。この歴史的衣裳にシーボルトは驚いたが、杢之允の説明によると、彼の友人であった商館長ドゥーフから贈られた参府の大礼服である。紅毛服の彼はオランダ家具を置く部屋で、オランダ流に接待した。美しい妻と娘たちも、外人客をもてなした。使節らは余興にオランダ喜劇を演じ、杢之允は代父の役を上手につとめた。また、彼は素朴な船唄を歌い、女たちが現れて、琴を弾き舞をまい、手品を見せた。この間、彼は本当に幸福を感じていると、シーボルトは観察した。杢之允は多くのオランダ品を蒐集し、シーボルトの見た骨董陳列室には、衣類・家具・茶器食器・時計・書籍・絵画・武器類があり、垂鬘《たれかずら》まであったという。(58) シーボルトは彼に、和蘭人形とその衣服を贈った。図64〜66

使節一行が江戸に到着した三月五日の夜、中津侯奥平昌高フレデリック・ヘンドリック Frederik Hendrik が訪れた。彼はオランダ人と会うため、藩主を退いたほどの蘭癖である。謹厳な侯も当夜は、好奇心に満ちて打ち解けた。同席のお気に入り菓子商伊勢屋七左衛門フレデリック・ファン・ギュルペン Frederik van Gulpen は緊張して、片言《かたこと》の蘭語を操《あやつ》り、近侍神谷源内ピーテル・ファン・デル・ストルプ Pieter van der Stölp は、巧みに蘭語を駆使した。シーボルトは、「百年前の流行から採ったようなまのぬけた服装(59)」の使節たちと蘭癖との歓談を、「今まで見たこともない独創的な喜劇」と興じた(60)。

　将軍家斉の使節謁見が行われたのは、九年（一八二六）三月二十五日であった。随員は控の間に残り、謁見室に進むのは、使節と長崎奉行の二人であった。使節が上段の間の前に坐って低頭すると、「オランダ・カピタン」という伝奏の声が響き、奉行が後から使節の上着を引いて、謁見の終了を告げた。将軍の影も見えぬ数秒の謁見について、シーボルトは一三五年前のケンペルの場合と比較し、「透《す》き通《とお》って見える竹の簾《すだれ》の後ろにかくれた将軍の前で、踊ったり歌ったりするオランダ人の個人的な演技が、時の移る間に廃止されたことは、やはりわれわれの幸福というべきだった」と、感慨を日記に記した。回礼の諸家で引き留められ、障子に穴をあけてのぞき見する女性たちに装身具を見せたのは、以前の通りであった。しかし、彼女らは珍しい品を観察した後、「帽子は昔のものと違い、むしろロシア使節団に似ている」「使節たちの髪型がみな異っている」などの所見を添えて返してきた。墨と紙が運ばれ、オランダの格言を書くことも頼まれた。定宿の長崎屋には、例の通り多くの人びとが訪れた。彼らの妻や娘も来て、紅毛服を入れた行李を開き、仕立方や着方を知ろうとする(61)。紅毛服への好奇心は、智的な関心へ上昇していた。

　帰途四月三十日、京都で御所侍医小森肥後守桃塢《とうう》の家族と共に過ごしたシーボルトは、若い女性たちがヨーロッパ風に楽しく歓談するのに感心した。男性と同席することも許されない体制社会では、きわめて特殊である。シーボルトはその原因として、彼女らの高い教養を指摘した。小森家は、紅毛服を敬愛する蘭癖であった。五月六日、大坂の住友有閑はオランダの食器を用い、全くヨーロッパ風に接待した、蘭方製銅を見に行ったシーボルトは、製銅過程の各種見本と製銅の小冊子を有閑から贈られた(62)。

寛永の商館長エルセラックの隔離的参府旅行、好奇心にとり巻かれた元禄のケンペル参府に比して、シーボルトの参府旅行には、オランダ文化が醸成されていた。さらに、人びとのあこがれた紅毛服のオールド・スタイルは、ヨーロッパ科学における蘭学の地位を象徴するものであろう。シーボルトの伝えた万有学は、必ずしも当時の先端的科学ではなく、オールドタイマーの実用的な蘭学であった。

3　紅毛婦人服

長崎のキリスト教禁圧のため、寛永元年（一六二四）に創建された諏訪神社は、十一年（一六三四）から、秋祭の神輿渡御と奉納芸能を華々しく行って、神事を盛大にした。「諏訪神社祭礼図屏風」の右隻には舞踊、左隻には相撲の奉納芸能が描かれている。奉納踊を見る桟敷にオランダ人が並び、裃姿の役人の席を隔てて、唐人の席もある。彼らの見る踊は、元禄四年（一六九一）まで行われた傾城たちの神事先踊である。小舞の大夫二人は、その創始者と言われる高尾と音羽であろう。(63)

傾城の奉納踊以後、各町輪番の踊町が奉仕した。唐人町の蛇踊が奉納され、紅毛服扮装の神事踊も行われるようになった。「阿蘭陀戯文とて長崎人は紅毛の装束して舞踏る」（『長崎行役日記』）と記したのは、明和年間（一七六四〜一七七一）長崎来遊の長久保赤水である。弘化二年（一八四五）の江戸町奉納踊に着用したという、オランダ商館誂《あつらえ》の子供用紅毛服が長崎市立博物館にある。翌三年には男女の紅毛服扮装を乗せる「紅毛花車」を出し、この衣裳も商館へ注文した。「江戸町踊町に付蘭国に誂品目録蘭文」（『長崎市史　風俗編』所収）によると、男子服は「rok 上着、broek ももひき、hoed 帽子、epaulette えぽうれっと、degen 劔、draagbanden 劔帯、schoenen くつ、spooren あぶみに附いておる針の様なる物（ドゥーフ氏蘭和辞書稿本）」である。婦人服は「Japon 上着、kraag 白き襟覆、schaaltze 赤き襟覆、lint 帯、schoenen 靴、ander-Japon 下着、houssen きやはん（くつ足袋）、handschoenen てぬき（手袋）、gesp しめがね」（カッコ内は著者古賀十二郎注記）であった。この頃版行された各種の「和蘭陀人順見之図」中に、紅毛男女の花車が描かれているが、婦人服装は正確でない。

紅毛服が長崎の祭礼に着用されたのは、オランダ商館が出島に開かれてから百十数年後であり、婦人服扮装は二〇〇年後であった。南蛮人と市中雑居であった京都の祭礼南蛮扮装は、南蛮人入洛十数年後には着用された。長期にわたって隔離された紅毛服は、蘭学・蘭癖の紅毛文化憧憬が醸成された頃になると、鎖国にもかかわらず長崎の祭礼にようやく登場した。南蛮服と紅毛服の祭礼扮装導入は、外来文化受容の類型を形成したと言えよう。しかし、南蛮服は婦人服装をもたらさなかった。祭礼扮装に紅毛婦人服を現出させたのは、ブロムホフ夫人、フィレネーフェ夫人の来航であった。上陸を許されない夫人たちへの同情は、紅毛文化に対する民衆意識を拡大させた。しかし、紅毛扮装の花車を幕府が弾圧した形跡はなく、民衆の新しい意識は見過されている。商館へ誂えたドレスは、当時のロマン・スタイルであろう。紅毛婦人服は幕末に、長崎おくんちの祭りを彩った。

長崎版画成立当初から、紅毛婦人の姿は画題となった。明和・安永頃の豊嶋屋版「IVFEROV VAN HOLLAND 阿蘭陀女人」「阿蘭陀女人之図」[図67]の服装は、十八世紀のロココ様式である。同様の図柄が数種あるが、西洋銅版画をもとにして描かれ、輪骨でふくらますスカートを二枚重ねるスタイルは不正確である。実見したことのない、複雑なロココ・スタイルの描写は困難であった。前述のように文化・文政期のブロムホフ夫人とフィレネーフェ夫人の図には、リアルな服装が描かれた。その後、長崎版画最盛期の文錦堂・大和屋から、多数の版画が刊行され、オランダ婦人像も多い。文政七年（一八二四）の「出島持出入之品御印帳」に、「申正月　出島乙名年番通詞覚　一　絵三拾四枚　但鳥并女絵」[64]と記され、商館から婦人図が借り出されている。オランダ婦人を見る機会に恵まれた絵師たちには、正確な描写が可能になった。文政・嘉永頃の「鸚鵡と阿蘭陀女人」「hollandsche vrouw 阿蘭陀女人図」[図68]「阿蘭陀女人と子供」等にはロマン・ドレスが描かれた。これらの版画は長崎土産として持ち帰られ、紅毛婦人服装の情報は各地に伝播した。

長崎画壇の洋風画には、紅毛人男女の絵が多く描かれた。若杉八十八（宝暦九〈一七五九〉〜文化二年〈一八〇五〉）筆ともいわれる「洋人行楽図」、一時唐絵目利職をついだ荒木如元（明和二〈一七六五〉〜文政七年〈一八二四〉）筆「瀕海都城図」「オランダ海港図」、唐絵目利石崎融思（明和三〈一七六六〉〜弘化三年〈一八四六〉）筆「ブロムホフ家族図」、榊有隣（文化ごろ）筆「紅毛人物風景図巻」、川原慶賀（天明六〈一七八六〉〜？）筆「ブロムホフ家族図」等、写生あるいは模写の紅毛婦人像が描かれた。

長崎の画家が紅毛人を描いたのに対して、江戸の洋風画は、西洋人にモチーフを求め、西洋婦人像を描いた。フェートン号事件・ロシア使節来朝などの海外関係が起り、幕府は文政八年（一八二五）二月に、異国船打払令の強硬方針を実施した。極東の国際情勢が鎖国日本に脅威を感じさせる時勢に対して、江戸画壇の思潮は鋭敏に反応した。長崎に再度遊学して、ヨーロッパ文化を江戸に伝えた平賀源内（享保十三〈一七二八〉〜安永八年〈一七七九〉）は、油絵を描いたと伝えられ、彼の落款のある「西洋婦人図」図69がある。江戸画壇の司馬江漢（延享四〈一七四七〉〜文政元年〈一八一八〉）は、秋田蘭画の佐竹曙山（寛延元〈一七四八〉〜天明五年〈一七八五〉）と合作の「西洋男女図」及び「異国風景人物図」図70「サーペンタイン池図」を描いた。亜欧堂田善（寛延元〈一七四八〉〜文政五年〈一八二二〉）筆「西洋公園図」「ゼルマニア廓中之図」（銅版）、石川大浪（明和二〈一七六五〉〜文化十四年〈一八一七〉）筆「西洋婦人図」（墨絵）、石川孟高（大浪の弟、年月不明）筆「少女愛猫図」（墨絵）等がある。彼らの西洋婦人像はすべて模作であったが、十七世紀バロック、十八世紀ロココの婦人服装が描かれた。西洋婦人像へ志向する画家の国際感覚と美意識は、長崎から江戸へ、紅毛からヨーロッパへ開かれていった。

註

（1）オスカー・ナホッド『十七世紀日蘭交渉史』、Die Beziehungen der Niederländischen Ostindischen Kompagnie zu Japan im siebzehnten Jahrhundert van Oskar Nachod. Leipzig, 1897. 富永牧太訳、養徳社、昭和三十一年

（2）一六一三年一月十三日付、バタビヤ総督ピーテル・ボット宛、上席商務員ヘンドリック・ブルーワーの書翰。前掲書附録一二

（3）「マクシミリヤン・ルメールの日記」一六四一年七月二十三日の

条。村上直次郎訳『長崎オランダ商館の日記』第一輯、岩波書店、昭和五十五年

(4) 磯野文斎『長崎土産』弘化二年

(5)『長崎市史』8、風俗編、長崎市役所、大正十四年

(6) 本山桂川『長崎丸山噺』大正十五年

(7) 渡辺庫輔蒐集史料、長崎県立図書館蔵

(8)『長崎市史』8、風俗編、大正十四年

(9) シーボルト『江戸参府紀行』斎藤信訳、東洋文庫、平凡社、昭和四十二年

(10) 司馬江漢『西遊日記』文化十二年(東京国立博物館稿本)。細野正信『司馬江漢――江戸洋風画の悲劇的先駆者――』読売選書、昭和四十九年

(11) 大田蜀山人『瓊浦雑綴』巻之中、『新百家説林』所収

(12)「マクシミリヤン・ルメールの日記」一六四一年八月十九日の条

(13)「ヤン・ファン・エルセラックの日記」一六四一年十二月四日の条。前掲書

(14) 大田蜀山人「長崎湊の風俗」『瓊浦通』上

(15) 松平楽翁公手沢本「阿蘭陀名目語」

(16) 寛永十三年五月十九日、閣老の長崎奉行への下知状のうち、南蛮人子孫追放について、次の二条がある。

一 南蛮人子孫不残置、詳ニ堅可申付事、若令違背、残置族有之ニおゐてハ、其者ハ死罪、一類之者ハ科之軽重ニより可申付事

一 南蛮人長崎ニ而持候子并右之子供之内養子に仕族之父母等、悉雖為死罪、身命を助ケ南蛮人江被遣候間、自然彼者共之内、重而日本江来歟、又者文通有之おゐてハ、本人者勿論死罪、親類以下迄随科之軽重可申付事(『徳川禁令考』)

(17)「ニコラス・クーケバッケルの日記」一六三七年八月十四日の条。永積洋子訳『平戸オランダ商館の日記』第三輯、岩波書店、昭和四十四年

(18)「フランソワ・カロンの日記」一六三九年五月九日の条。前掲書第四輯

(19)「フランソワ・カロンの日記」一六三九年六月十六日の条。前掲書

(20)『長崎市史』所収、ハーグ文書による。蘭船はブレタ号であった。

(21) 西川如見『長崎夜話草』「紅毛人子孫遠流之事　附ジャガタラ文」はその文体上、江戸時代から偽作または書直しとして疑われていた。平戸に伝来のジャガタラ文数通は、明治末年に佐藤独嘯によって発見され、「ジャガタラ文の新発見」(『歴史地理』十六巻一・二・五号、明治四十三年七・八・十一月)に紹介された。ついで、村上直次郎『貿易史上の平戸』附録、永山時英『対外史料宝鑑』吉利支丹編』、渡辺庫輔「正文じゃがたら文」(『なかさき』三～七号)、岩生成一「鎖国後ジャカルタ残留日本人の故郷との音信」(『南島史学』第五号、昭和四十九年)等の研究に掲載された。本稿の翻刻は平戸観光史料館蔵の本文により、先学と異なる箇所もある。織物名は松平楽翁公手沢本「阿蘭陀名目語」によった。以上の音信のほか、平戸観光資料館には、一六枚の小布を縫い合せた二〇センチ四方のジャワ更紗に記した「こしよろの文」がある。望郷の思いを述べたこの文については不明。

(22) 一〇〇テールは、日本の丁銀一貫目にあたる。
(23) 「ニコラス・クーケバッケルの日記」一六三七年十月七日の条。「一六三二年一月十七日付、平戸のピーテル・ファン・サンテより、東インド総督宛の書簡」『平戸オランダ商館の日記』第三輯附録
(24) コルネリヤの出国については、「一六三六年九月二十四日に長崎から出帆、同年十二月十日バタビヤ着」(岩生成一註(21)論文)、「一六三七年十一月二十日に平戸を出帆したハリアス号でバタヴィアへ送られたらしい」(永積洋子「ジャガタラ文」『歴史公論』五、昭和五十一年四月)
(25) 永積洋子「ジャガタラ文」前掲書
(26) 岩生成一、註(21)前掲論文
(27) 前掲論文
(28) 前掲論文
(29) 前掲論文
(30) 一六一三年二月十三日付、バタビヤ総督ピーテル・ポット宛、上席商務員ヘンドリック・ブルワーの書翰(オスカー・ナホッド『十七世紀日蘭交渉史』附録一二)
(31) 新井白石『西洋紀聞』東洋文庫、平凡社、昭和四十三年
(32) 「ヤン・ファン・エルセラックの日記」一六四三年十二月三日の条、前掲
(33) 「マクシミリヤン・ルメールの日記」前掲
(34) 前掲書。平戸の日本人妻は寛永十六年(一六三九)に追放されたので、ハルチンク同伴の夫人は西洋婦人である。上使らが見に来たのも、西洋婦人であったからである。岩生成一氏の御教示によれば、ハルチンクは彼女死亡後、かつて平戸蘭館員であったDavid Solemmeの娘と再婚した。この西洋婦人は、最初の夫人であった。
(35) 『バタヴィア城日誌』3、一六六一年六月二十四日、十二月二日。村上直次郎訳注、中村孝志校注、東洋文庫、平凡社、昭和五十年
(36) 『バタヴィア城日誌』3、一六六一年十二月二日。前掲書
(37) 「文化十四丑年風説書」日蘭学会・法政蘭学研究会編『和蘭風説書集成』下巻、吉川弘文館、昭和五十二年
(38) 『ヅーフ日本回想録』斎藤阿具訳註、奥川書房、昭和十六年
(39) 吉野作造旧蔵、渡辺庫輔蒐集史料。前掲
(40) 渡辺庫輔蒐集史料。前掲
(41) 樋口弘『長崎浮世絵』味燈書屋、昭和四十六年
(42) 故渡辺庫輔氏の御教示による、この一対の雛人形が長崎丸山の「花月」に蔵されていたが、博多方面に売られ、戦時中空襲によって焼失したという。
(43) シーボルト『江戸参府紀行』(斎藤信訳)東洋文庫、平凡社、昭和四十二年
(44) 入津年月日は、「文政八酉年風説書」による。『和蘭風説書集成』下巻
(45) 庄司三男氏の御教示による。「商館日誌」の訳は、同氏の未定稿による。
(46) 樋口弘『長崎浮世絵』前掲
(47) 渡辺庫輔蒐集史料。前掲
(48) 「ヤン・ファン・エルセラックの日記」一六四三年十二月十一日の条。前掲書

(49) 「マクシミリヤン・ルメールの日記」一六四一年八月二十一日の条
(50) ケンペル『江戸参府旅行日記』(斎藤信訳)東洋文庫、平凡社、昭和五十四年
(51) 前掲書
(52) 前掲書
(53) 白石自筆本。新井白石『西洋紀聞』所収。『和蘭記事』『阿蘭陀考』の二著は伝わらない。
(54) 『徳川実紀』第八篇、国史大系45、吉川弘文館、昭和四十年
(55) シーボルト「当時在留蘭人の容儀」、呉秀三『シーボルト先生——その生涯及び功業』1所収、東洋文庫、平凡社、昭和四十二年
(56) 肖像画「長崎初度渡来当時のシーボルト先生」(長崎楠本周篤蔵)。呉秀三『シーボルト先生——その生涯及び功業』1所収
(57) シーボルト『江戸参府紀行』一八二六年五月一日(文政九年三月二十五日)の条
(58) 呉秀三は下関の伊藤家を訪れ、杢之允の遺品について、次のように記している。

伊藤の家に今も種々のものを伝へたるが、蘭医フイエルケの富士の画にドゥーフの賛したる一幅・中津侯奥平昌高の蘭詩一枚。ブロムホフの蘭詩一枚・文化十一年頃に萩屋弥七郎教貞の写し画きたる蘭画数十枚あり、殊にシーボルト先生の贈りしと云ふ小き和蘭人形あり。先生の贈られたる、それよりも大きなる人形もありたるが、維新の際に破壊して今は其衣服を留むるのみ。そは大人も着べき程大いなるものにして上着・下着・靴までも揃ひてあり。(『シーボルト先生——その生涯及び功業』1、東洋文庫)

呉秀三の訪問年月は明らかでないが、本書初版の明治三十九年以前で、伊藤家当主は杢之允から三代目の醇であったが、杢之允子息、九三の夫人柳の生存中であったから、遺品の説明は正確であろう。

現在、東京杉並区善福寺の伊藤家には、ブロムホフ署名の富士山遠景図一幅・蘭画数枚、「伊藤杢之允肖像、健堂生写」(顔の写生図、年代不明)の写真がある。その他は、下関空襲の際に焼失した。しかし、『下関市史』編集用に撮影した和蘭人形・大礼服上着・和蘭服上着・チョッキ・スリッパの写真が、下関図書館に残されている。一九七六年、武藤琦一郎・小川鼎三・緒方富雄氏が伊藤家蔵蘭学関係文書と画稿類を見られ、全部の写真複写が行なわれた。緒方富雄編『伊藤杢之允関係文書図録』(財団法人緒方医学化学研究所、一九七七年)に収録されている。
(59) 肖像画「江戸参府頃のシーボルト先生」、当時の本草学者岩崎常正画(白井光太郎君蔵)。「シーボルト先生散策の図」川原慶賀筆。呉秀三『シーボルト先生——その生涯及び功業』所載
(60) シーボルト『江戸参府紀行』一八二六年四月十二日(文政九年三月五日)の条
(61) 前掲書、註(57)
(62) 前掲書、一八二六年六月十一日(文政九年五月六日)の条
(63) 饒田喩義『長崎名勝図会』
(64) 渡辺庫輔蒐集史料。前掲

第二部

第一章　近代洋服の黎明

一　西洋服装への接触

1　欧米修好

文化四年（一八〇七）四月二十七日、長崎港外にアメリカ船が漂着した。去る一年十二月七日に、ボストンを出帆した船であった。翌年十二月二十四日に広東へ着き、舶載の皮類と広東の砂糖・反物類・茶・米とを取引して、当年二月二十六日に出帆したが、逆風に遭遇して長崎沖に漂泊した。食料と飲料水の補給を受ければ、順風次第出帆する旨を、調べに出向いた長崎奉行所役人に申出た。乗組員総数二六名はみなアメリカ人で、そのうち一人は女性であった。船長のヨウセッフォ・カエンは歳四十一、女性の名はカリヤボウ、歳二十、ということである。奉行は商船の願い出た水六〇艘・干魚一〇〇斤・豚四匹・野菜類を与え、帰帆を命じた。そして、二十八日の順風に船は去って行った。この事件については、松浦静山が「長崎奉行所より渡る書付二通」を『甲子夜話』巻之二十七に書き留めている。港外停泊のまま処理されたので、本件は関係者が知るだけであった。オランダ商館に上陸を望んだ夫人たちのような評判にはならなかったが、アメリカ婦人の来航は、対外関係の変化を示唆するものであった。

このアメリカ船の目的とした広東貿易は、一七八四年（天明四）のエムプレス・オブ・チャイナ Empress of China 号によって始められ、以後発展していった。特にフランス革命後のナポレオン戦争動乱期に乗じて、アメリカは中国貿易を伸長させた。オランダ東印度会社は本国の戦乱に備えて、大船を軍艦に転用しなければならなくなり、日本貿易には広東来航の米船を傭入れた。一七九七年（寛政九）のエリザ Eliza 号以来、一八〇七年（文化四）のモント・ヴァーノン Mount Vernon 号まで、九回の傭入米船を長崎に入港させている。(1) 大西洋から喜望峰を回って広東に至るアメリカの中国航路は、日本にまで延長された。また、南太平洋で行われていたアメリカの捕鯨業は、乱獲のため獲物が減少したので、十八世紀末に太平洋へ進出した。日本近海も漁場となって、捕鯨船の薪水食料の補給、遭難保護を日本に求める必要が生じた。太平洋で遭難することの多い日本漁民がアメリカ捕鯨船に救助されることも起り、一八〇七年にモント・ヴァーノン号は三名の日本漁民を連れ帰った。彼らは前年に北米で遭難し、アメリカ船に救助された日本漁船の乗組員であった。帰国の途中、八名のうち三名はジャワで病死、三名は当船中で病死して、三名だけが生還した。(2) 遭難者保護及び送還は、その後もしばしば起って、日米両国の接近が急速に進んだ。さらに、カリフォルニアを併合したアメリカは、蒸気船による太平洋横断航路開設をはかり、日本への寄港地を求めるのであった。日本開国はアメリカの産業開発の重要課題となり、開国を迫る遣日特使の派遣が企てられた。弘化三年（一八四六）閏五月二十七日、軍艦二隻をひきいた東インド艦隊司令長官ジェームス・ビッドル James Biddle が浦賀に来航して、幕府に退けられたが、七年後にはペリー艦隊が派遣された。

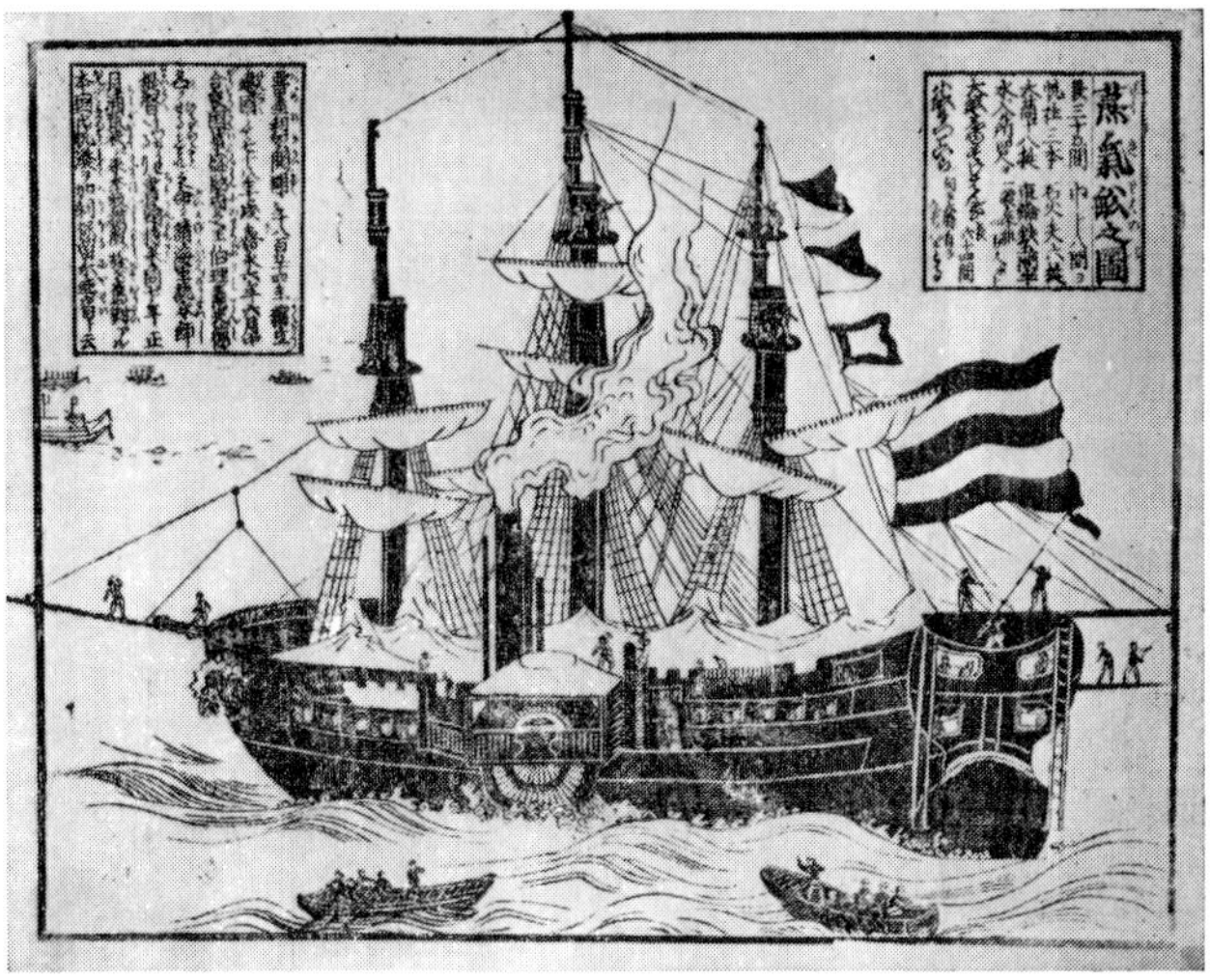

挿図12　蒸　気　船　横浜開港資料館

ペリー Matthew Calbraith Perry は嘉永六年（一八五三）六月三日に、蒸気軍艦四隻をひきい、日本の開国を要求する大統領国書を携え、浦賀に来航した。幕府を威圧して久里浜で国書を受領させたペリーは、翌安政元年に再来し、三月三日に横浜で日米和親条約が調印された。日本は、下田・箱館二港を開港したのである。

四隻のペリー艦隊出現は全国に衝撃を与え、上陸したアメリカ人の姿は、絵画、錦絵、大津絵、瓦版に数多く描かれた。それは、従来見なれていた紅毛服と異なるアメリカ軍人の服装である。将官・隊長・先防戦士らの像、軍装・帽子・肩章等が詳細に描写されて、世間に伝えられた。ペリー像は図71十数種に及び、その正装は次のように観察されている。

被理、年頃五拾才余にして、身の丈六尺余り、肉肥面色桜色、鼻筋通リて高く、眼中尖く瞭を流スことくにて、金の光をふくみ朱を吐如くの口ひるに歯ならひ白く、短髪なれとも潤を生し、髭ハなし。惣身烏羽玉羅沙の装服を着し、肩ニ牡丹の房精金ニして作り下ケ、袖と股引ニ金の筋入、真紅の伊達網を以竜頭の剣を佩き、右之腰ニ短筒の鉄炮を着し、金の帯鈎朝日に輝き、胸元より腰の所迄、南京の牡丹の貫留二行ニ而廿粒一ッ〳〵ニ鷲の紋を彫付、阿蘭陀流の伽昆丹笠を冠り、船より上りし威猛の姿、実ニ大国の使節とも称するなり。（『亜美理駕船渡来中日記』嘉永七年）

ホウヅ、袖、花イロラシヤ、ボタントジ、ボウシ黒カハベニトリテ、ウデニ金のクワン三ツ入ル、太刀金コシラヱ其外金モノフサ（『亜墨利伽人物集 百番之内』）

また、当時大流行した「アメリカ大津絵節」の「雨の夜」と呼ばれる唄には、

黒船乗込む八百人、大筒小筒を打ならべ、羅紗猩々緋の筒っぽ繻絆、羅背板の股引で

と、将兵の軍服が詠みこまれている。開国させられた日本が最初に接した新世界の服装、アメリカの軍服に対して、人びとは強い関心を示した。

条約締結の際、アメリカの贈物の中に、婦人洋服と帽子の一組があった。これは、一八五四年（安政元）六月十三日付、ニューヨーク・デイリー・タイムズ New York Daily Times 紙に報じられた。同紙は条約締結に成功したペリー提督の日本

訪問について「日本開国す」「ペリー提督の訪問、満足すべき結果」「対米貿易に三港《ママ》開かる」「米船に対する石炭供給に意見一致」「面白い会話」「ペリー提督再訪の詳報」の記事をトップで扱った。「ペリー提督再訪の詳報」中に、贈物についての記載がある。皇帝には蒸気機関車、電信機等、皇后には遠メガネ、洋服等が贈られたことを記している。皇帝は将軍家定、皇后は将軍夫人（御台所）敬子である。ペリーの『日本遠征記』は贈物のすべてを記載せず、日本側の「米国使節献上品及び贈品目録」(3)「献上品絵巻」(4)にも、皇后への洋服は記されていない。しかし、神奈川警備の明石藩山本一政の記録「神奈川日記」(5)の「献上貢物」の項に、「一、御台所装束冠」とある。他の献上品については、「右はアメリカ語之まゝ差出候に付猶追而取調可申上候」と、カナ書きで列記し、本品だけが和訳されている。これは米紙の報じた贈物の洋装に該当し、「装束冠」と訳しているので、帽子が組合わされていたことがわかる。公式記録にないのは不審であるが、皇后献上品として記されている「猫金玻璃粧飾箱一個　香鹼香水膕脂牙粉等料　繡花閃緞一疋」の三品中の「猫金玻璃粧飾箱」に納められていたのであろうか。将軍家定夫人敬子に洋服と帽子が贈られたことは、日米両国の記録に見ることができる。

また、同紙は、アメリカの贈物に対する日本の反応を種々挙げている。汽車については、初めは恐れていたが、すぐに先を争って乗ったと指摘し、さらに恐怖を与えた電信機に対しても、理解の早い日本人は既に電線を敷いて盛んに使っているかもしれないという。しかし、婦人洋服と帽子には言及するところがない。婦人洋装の贈物に日本人がどう反応したかは、わからなかったのであろう。汽車・電信機の模型は横浜で公開実験が行われ、人びとを大いに驚かせた。これは贈物中最も評判になったが、江戸城中に入った婦人洋服は世に知られず、錦絵や瓦版に描かれることもなかった。

日本を開国させたアメリカより早く、ロシアは北方から日本へ接触していた。寛政四年（一七九二）に、陸軍中尉アダム・ラクスマン **Adam Kyrilovich Laksman** はエカテリナ二世の勅命によって、シベリア総督の通商を求める書翰を携え、漂流日本人大黒屋光太夫、磯吉、小市を伴って根室に来た。光太夫らはペテルブルグの生活に、ロシアの服装であった。次いで、文化元年（一八〇四）には、カムチャッカ半島開発を行う露米会社の代表者ニコライ・レザノフ **Nikolai Petrovitch**

Rezánovが、アレクサンドル一世の親書を授けられ、仙台漂流民四名の送還と通商条約締結のため、長崎に来航した。両度の使節の目的は達せられなかったが、日露交渉が開始された。その後、レザノフ部下の千島・樺太襲撃事件があり、文化八年（一八一一）には、ディアナ号艦長ゴロブニン Wasilii Mikhailovitch Golovnin が千島列島測量中に捕えられた。彼は護送途中、多数の群集に見物された。また、二年半にわたる箱館及び松前の抑留生活に、諸役人・通詞・医師と接し、足立左内、馬場佐十郎らの蘭学者や間宮林蔵とも会った。[6]

ゴロヴニン事件から半世紀を経て、ロシア艦隊四隻をひきいる司令長官プチャーチン Evfimii V. Putyatin が長崎に入港した。ペリー来航一ヵ月半後、嘉永六年七月十八日（一八五三年八月十日）であった。一八五三年十月、クリミア戦争がおこり、トルコと結ぶ英仏の艦隊を避けて、ロシア艦隊は幾度か長崎港に出入した。安政元年（一八五四）十二月二十一日に、下田で日露和親条約が締結された。

プチャーチンの旗艦ディアナが下田に碇泊中の十一月四日、東海大地震が起った。下田は大津浪に襲われ、ディアナは大破坐礁した。修理のため、西海岸北部の戸田《へた》村に曳航する途中、再び高波を受けて沈没してしまった。艦員五八六名は戸田村に到着し、帰国用帆船を新造することとなった。そのため、戸数五〇〇、人口三〇〇〇名の僻村に、多数のロシア人が約半年間、村民の中に生活したのである。乗組員は軍人・船員・通訳・牧師・医師・料理人・大工ら、年齢も六十二歳から十四歳まで、種々な顔ぶれであった。ロシアの氏名はわかりにくいので、村の名簿には各人の特徴が記されている。職名、顔型などのうち、最も多いのは衣服による識別であった。色白筋ナシ冠＝ゴシュケピチ・ボウシケン、衣織短衣＝グンニング、赤衣＝ロウゾウ、赤フチ冠＝アラゼオノフ士官、小紋モモ引人＝ヤウキン・ヲーシトンノイチ、ビロウド冠＝アンデライ、赤面モモ引＝カロウシン、柿色織物衣＝クジメン等である。[7] 新造船進水を描いた朝暾《トン》斎という画家は自筆の絵巻物[8]にロシア人の名と服装の特徴を記した。ワセレイ（ワシーリイ・マホフ司祭長）の衣服は、「冬衣裳　頭巾鼠羅紗、黒羅紗上着、中着服ハ日本小柳様ノ黄縞」であった。

幕府諸役人、船匠、人夫ら三〇〇名がロシア人の造船を助け、安政二年（一八五五）三月上旬に帆船は竣工し、戸田号と名付けられた。この小型帆船に乗りきれない艦員は外国傭船で帰し、プチャーチン提督以下四七名を乗せた戸田号は、三月十八日に出帆した。乗組員五八六名中、戸田村で中毒死した二名のほか全員帰国したのである。戸田号造船はわが国最初の西洋帆船の建造であって、後の造船界に優秀な人材を輩出した。(9)その前提となったのは開国直後、僻村でのロシア人たちの生活であった。村民の異国服に対する観察と親しみの中に、開国文化が展開した。

プチャーチン提督の秘書となって、日本に同行して来たロシアの作家ゴンチャロフ Iwan Alexandrovich Goncharov は、ロシア艦隊の長崎滞在中、多数の日本人と交流した。日露会談の詳細な状況、長崎での生活、日本の風俗習慣等について、作家の鋭い観察がその旅行記『フレガート艦「パルラダ」号』の「日本滞在中のロシア人」に書かれている。彼は働いてくれた日本人に種々な物を与えたが、特に羅紗地と羅紗服を贈った。麻の着物を何枚も重ねて、寒くてふるえている小者たちに、羅紗の効用を知らせたかったという。また鏡・寒暖計・磁石等の好奇心を起させる物を与え、その中に「婦人用品」というのがある。品名は記されていないが、次の場面とあわせて、作家としての思考がうかがわれる。それは、式部官中村為弥が取りついだ文書によって、提督と日本全権との間に面倒な問題の起きている時であった。両者の交渉を待つ間、ゴンチャロフは中村を慰めるため、ファッションブックを見せた。前年版ではあったが、西洋婦人の姿と服装は甚だ効果的に作用した。多数の贈物を取り扱って珍品にも驚かない式部官は、未知の婦人服装に驚喜したという。雑誌にとじこまれているその絵をめくり取って与えると、中村は大喜びで当面の苦しい事件も忘れ去ったようであった。翌日、中村はその謝礼として、上等の莨一函、煙管と煙草入二組ずつをゴンチャロフに贈ったのである。(10)

2 遣米使節と留学生

日米和親条約締結の翌年、安政二年（一八五五）一月二十七日、下田に入港したカロラインイフートというアメリカ漁船に、三名の婦人が乗っていた。同船は前年十一月二十三日にサンフランシスコを出帆し、鯨漁を行って来た捕鯨船である。長さ一六間余の小船の乗組員は二三名で、三名は女性、二名は児童であった。女性は船主ウォイスの妻（三十五歳）、按針役の妻（二十一歳）、商人ダバテールの妻（二十二歳）である。児童二人は船主の子で、男児は九歳、女児は五歳であった。日本の絵師は、この婦人と子供たちを描いた。図72 子供の服装は既に知られている男子服と同形であるから、正確に描かれている。婦人服装はスカートの描写が的確でなく、実見しながらも理解が充分でないことがわかる。婦人たちのかぶるショールはこの五年後、万延元年遣米使節一行がアメリカでしばしば見る服飾である。ショールはレースまたは薄地で作り、外出の時、他人に見られるのを避けるためと、砂塵を防ぐために用いられた。(11)

本図の賛に、商人ダバテール夫人の美しさを「容顔笑艶、丹花唇白雪膚、衆人驚眼飛魂」と称えている。絵師の観賞は、不明な服装よりも「白雪のような膚」に集中したが、アメリカ婦人服装のスタイルをともかく描くことができたのは、実見の結果であろう。その頃、アメリカ人の生活を描写した『洋書茗語』に掲載された「アメリカ婦人像」には、きわめて珍奇な服装が描かれている。これは、未見の婦人服装に対する一般的理解度であった。

この頃、欧米婦人に接して風姿をよく知ることができたのは、海外派遣使節団と留学生であった。

日米和親条約に続いて、イギリス・ロシア・オランダとの和親条約が結ばれ、長崎も開港された。次いで、安政三年七月二十一日（一八五六年八月二十一日）、下田に上陸した米駐日総領事タウンセンド・ハリス Townsend Harris の強硬な要求により、五年六月十九日（一八五八年七月二十九日）に、日米修好通商条約・貿易商程が調印された。同年中に、オランダ・

ロシア・イギリス・フランスと調印が行われ、万延元年（一八六〇）にポルトガルと、文久元年（一八六一）にはプロシアとも締結された。

欧米諸国との通商条約は結ばれたが、勅許を得ない仮条約であり、開国後も日本人の海外渡航は禁止されていた。しかし、幕府は条約批准のため、海外使節を派遣しなければならなかった。その最初は、万延元年遣米使節であった。日米修好通商条約本書批准交換に派遣されたのは、正使新見《しんみ》豊前守正興《まさおき》、副使村垣《むらがき》淡路守範正《のりまさ》、監察小栗《おぐり》豊後守忠順《ただまさ》である。図73 随員七四名を加え、総人数八一名であった。一行はアメリカ軍艦ポウハタン Powhatan に乗り、万延元年正月十三日（一八六〇年二月四日）に、品川沖から出発した。ハワイ、サンフランシスコを経てカリフォルニア沿岸を南下し、パナマ地峡を汽車で横断して、再び米艦に搭乗し、ワシントンに到着したのは一八六〇年五月十四日（万延元年閏三月二十四日）であった。ワシントンでの重任を果たし、ニューヨークから米軍艦ナイアガラ Niagara に乗船するまで、アメリカ滞在は約一ヵ月半である。帰途は大西洋を横断してアフリカの喜望峰をまわり、ジャワから香港を経て、九月二十七日（一八六〇年十一月九日）に、品川へ帰着した。この九ヵ月間世界一周大旅行の見聞については、一行中の二十数名が日記を書いているので、彼らの印象を知ることができる。服装についての記述もある。初見の欧米服装に、彼らはどのような反応を示したであろうか。

使節の最初の上陸地は、オアフ島（通称ハワイ島）のハワイ国首都ホノルルであった。独立国ハワイの国王はカメハメハ四世 Alexander Kamehameha Ⅳ 王妃はエンマ Emma である。王城で謁見した王・王妃の服装を、副使村垣淡路守範正は『航海日記』に次のように記した。

正面に王正面して、いさゝかの台の上に立たり。黒羅紗の筒袖にて米の風俗にかはらねど、金のたすきめきたるものを肩にかけたり。

王妃については、

名はエンマ、年頃二十四五、容顔色は黒しといへど、品格おのづからあり。両肩をあらはし、薄ものを纏ひ、乳のほとりをかくし、腰の方より末は美敷錦の袴よふのものをまとひ、首には連たる玉の飾ありて、生けるあみだ仏かとうたがふばかりなり。

妃には上将軍、侍女にも各士官が一人ずつ手をとって出入する。海外の様子は漂流人の記録で知るだけの村垣にとって、この西洋風は「夢路をたどるばかり」で、

わた津海の　竜の宮とも　いとはまし　うつし絵に見し　浦島がさま

と詠じた。王の「金のたすきめきたるもの」は大礼服の懸章、王妃の「生けるあみだ仏」かとうたがうばかりの姿はローブ・デコルテの礼装である。村垣は旅の憂さも忘れて、

御亭主は　たすき掛なり　おくさんは　大はだぬぎて　珍客に逢ふ

というざれ歌をつくり、大いに楽しんだ。[12] 王妃の服装は一同に強い印象を与え、勘定組頭森田岡太郎清行も『亜行日記』に「両肩を顕ワシ美麗ノ服を着シ錦袴様ノモノヲハキ」と記した。小栗豊後守忠順の随員、熊本藩士木村鉄太敬直[図74]は『航米記』[13]に王妃を描いた[図75]。王妃はマントをはおり、顔をベールで覆う姿である。日本の武士が「大はだぬぎ」のデコルテを描くことは、不可能であった。

ワシントンまで使節に同行したポウハタン士官ジョンストン Johnston 中尉は『日録』[14]に、米婦人の服装が如何に日本人の興味の対象になったかについて記している。それによると、使節団の下級官吏、僮僕らは見物や買物に、毎日町を徘徊し、知識欲が旺盛であった。ある時、彼ら三名が一婦人の留守の部屋に入りこみ、装いの神秘を熱心に探った。

一人は美しき絹の着物をつけ、もう一人は華奢な絹のボンネットを何に使ふのか知らんと一心に考へ込むで居り、尚他の一人の最も当惑顔をしたのは箍《たが》を入れたる裳を纏ふた男で、其用途に関し様々の憶測をなし、多分西洋婦人が逃げ出さぬ為の鳥籠だろうとか、いや只何かの危険を防ぐ道具だろうとか、あれこれと想像をして居た。但し之は任意

的に着用する物で、しかも装飾品であるとは、此無教育の無邪気な人々にはトテモ思ひつくべくもなかつた。

その時、婦人が帰宅して化粧室での騒ぎを見て驚いたが、

こは女の用ふる飾り道具である事を知らせる為に、身振手真似で親切に説明し始めた。此興味ある問題に関し簡単な無言の説明をせし後、この講演者は丁寧に其聴衆を送り出してお辞儀をした。そうすると彼等は明かに其説明に満足して去つた。

この婦人は「健気にも落付た態度を毫も崩さず、顔にはやさしき微笑を浮べ」という人物であったから、ジョンストン中尉の驚愕した事件も無事に終った。また、彼らのうちのある者が路上で美人に会い、

手真似で止つて下さいと頼み、写生帳に帽子から着物の裾に至る迄スッカリと其美しき姿を書き始めた。処が其婦人はかゝる異様な画風で自分の姿が後世不朽に伝へらるゝを好まなかつたから、一寸立止つたのみで静かに歩み去つたので、後に残された画家は呆然自失の態であつた。

ということもあり、服装に対する強い興味は、彼らの行動に表われている。

身分のある森田岡太郎清行や木村鉄太敬直は、町を徘徊する仲間ではなかったが、木村はピアノを弾くクリノリン服の少女像（図76）を描き（『航米記』）、森田は婦人服装について、『亜行日記』に詳しい観察を記した。

欧羅巴ノ婦人他行ノ節、人ノ見ルヲ除ケ砂塵ヲ防グ為、顔ニガウント云薄物ノ遮蔽ヲ用ヒ、腰ヨリ下エハウヱールト云桃燈ノガハノ如キモノ江美事ノ裂地ヲ張袴トシ、双脚トモ脚半様ノモノヲハキ、イカニモ堅固の姿也。婦人人ニ逢、又ハ宴会ノセツ両肩ヲ露出イタシ居ハ礼式ト見ユ。

彼のいうガウンは安政二年下田来航の「アメリカ婦人の図」にも見られ、木村鉄太が「エンマ王妃の図」に描いた。「ウヱールト云桃燈ノガハノ如キモノ」は、ガス燈の桃形カバーに似ている輪骨（鯨のひげ whale bone 製）を言い、拡大スカートを支えるクリノリンであった。「双脚トモ脚半様ノモノヲハキ」は靴下である。この記述はホノルルからサンフラン

シスコへ向う船中、三月七日の日記であった。クリノリンの輪骨や靴下にまで言及するほど、ホノルル滞在中の見聞は成果を挙げた。和服と異なるアメリカの婦人服装への知識が深まり、デコルテの礼装も理解するに至った。

閏三月二十四日、[15] ワシントンに到着した使節たちは、騎馬隊・銃隊に護られ、四頭だての馬車を連ね、音楽隊の奏楽を先導に、宿舎ウィラード・ホテル Willard Hotel へ行進した。新聞記者が取材に駆けまわり、彼方の二階から写真を撮る。道には見物人があふれ、両側の家の窓から見物の婦人たちは、花束を使節の馬車に投げ入れた。このように大勢の見物が集まったのは、ワシントン開市以来初めてと聞いた村垣は、

　何れの国より使節来りても、風俗もかはらず、殊にひとりふたりの事。我は鎖国なりしが、初めて海外へ出、風俗制度も独異れり、人員も八十人に及しは、いと珍しくおもふもことわりなり。

と、泰然とした態度であった。

大統領の謁見は、二十八日（五月十八日）に行われた。図77 正使新見正興、副使村垣範正、監察小栗忠順は狩衣、勘定組頭森田清之、外国奉行支配組頭成瀬正典は布衣《ほい》（無文の狩衣）、調役、徒目付は素襖、通詞は麻裃と、位階相当の礼服を着用した。前日と同様に男女群集して見物する中を、使節たちはホワイト・ハウスに至った。森田は謁見前の打合せに、礼服用烏帽子について、アメリカの脱帽習慣と異なることの了解を求めていた。[16] しかし、村垣は、

　をのれは狩衣を着せしまゝ、海外には見も馴れぬ服なれば、彼はいとあやしみて見るさまなれど、かゝる胡国に行て、皇国の光をかゞやかせし心地し、おろかなる身の程も忘れて、誇り貌に行もおかし。

という自信を示した。大統領ジェームス・ブカナン James Buchanan（第十五代、一八五五―六一年在任）の服装については、

　大統領は七十有余の老翁、白髪穏和にして威権もあり。されど商人と同じく、黒羅紗の筒袖股引、何の飾もなく、太刀もなし。高官の人々とても、文官は皆おなし。武官はイポレット（金にて造りたる総の如きもの、両肩につけて、官の高下に寄りて長短有なり）を付、袖に金筋（最も三筋を第一とし、二筋・一筋と有り。合衆国は此餝ばかり。西洋各国はゑりに飾りも

あり）有。太刀も佩たり。かゝる席に婦人あまた装ひ出るも奇なり。

と、誇り高い封建武士の観察であった。「上下の別もなく、礼儀は絶てなき事なれば、狩衣着せしも無益の事と思はれける」の矜持に、次の歌二首を詠んだ。

ゑみしらも　あふぎてぞ見よ　東なる　我日本の　国の光を

おろかなる　身をも忘て　けふのかく　ほこりがほなる　日本の臣

使節の馬車に同乗したジョンストン中尉は多数の婦人に馬車を止められて、服装から判断できない使節は男子か女子かと質問ぜめにあった。彼の『日録』によれば、「有ゆる階級の人々は、月世界より使者が来るとも、是程のことはあるまじと思われるばかりの熱心を示した」が、使節たちは、「彼等の周囲に罵り騒ぐ混雑をば、少しも意に介せざるものゝ如く泰然自若と構へていた」という。しかし、謁見式では、「政界の名士が綺羅星の如く居並ぶ方へ進み、丁寧に幾度か叩頭の礼をなし、四囲の其光景の壮厳なるに眩目せしものゝ如く、絶えず眼をば伏せ、足下をのみ見つめて居た」と、村垣の優越感も圧倒された光景を伝えている。

謁見翌日の国務長官招待夜会に、村垣の見た舞踏服は、

男はイポレット付け太刀を佩、女は両肩を顕し、多くは白き薄ものを纏ひ、腰には例の袴のひろがりたるものをまとひ、男女組合て足をそばだて、調子につれてめぐること、こま鼠の廻るが如く、何の風情手品もなく幾組もまはり、女のすそには風をふくみ、いよ〳〵ひろがりてめぐるさま、いとおかし。[17]

と、クリノリン・スカートが翻る。

次の日の大統領招宴野外大夜会（図78）の舞踏は、小栗忠順の随員、福島恵三郎義言が『花旗航海日誌』[18]に記す。

男女各美服ヲ著シ、並居者凡百人許、男ハ黒羅紗ノ筒袖ニ白ノ股引ヲ著シ、女ハ薄（絹）ヱ金糸ヲ以唐草ヲ縫出ス服ナリ、其色赤キアリ、白キアリ、青キアリ、黄アルヲ粧ヒ、頭ニ生花ヲ項（頂）キ、左右ニ並フ、其花麗眼モ眩スル計ナリ（四月

四日の条）

と、舞踊服の美しさに感嘆した。男女の組む舞踏について、村垣は不礼といい、福島はただ騒がしくておもしろくないと言いながらも、美麗なドレスは大いに賞賛した。

ワシントンでの謁見式、舞踏夜会など、大統領ブカナンの傍には、姪のハリエット・レイン Harriet Lane の姿があった。独身のブカナンのため、大統領夫人の役目を担った彼女は、叔父の保護によって最高の品性と社交感覚を磨かれ、最新ファッションのリーダーとなった。彼女はレセプションのホステスとなり、ホワイトハウスはきらびやかなファッションの源泉であった。夜会に、晩餐会に、使節たちはレインにもてなされた。大統領大夜会の群衆の中で、使節の一人一人に双眼鏡を貸して大統領の姿を見分けさせたのも、彼女の心遣いであった。村垣は彼女を「年齢廿七八位にて容顔美麗、特に秀才の人なり」（『航海日記』四月朔日の条）と称えた。四月六日（五月二十二日）、大統領招待の晩餐会[図79]のホステスもレインがつとめ、正使の新見と副使の村垣は彼女の左右の席であった。その接待ぶりを村垣は、「レエンは亭主にひとしく、何れとはからひもてとりなし、権も有さま女王の如く、大統領は宰相のよふにみへける」（前掲書）と評した。レインは日本の風俗、日本女性のことなどを聞いたが、風習の相違に使節は充分答えられなかったようである。日本とアメリカの婦人を比べる質問を受けた村垣が、「米利堅の方色白くしてよしと答ければ、よろこびあへり。愚直の性質なるべし」と記して、彼女に対する称讃が一変しているのも、その結果であろう。酒肴八九品もの御馳走を、婦人たちに真似ながら食べるので、フィンガーボールの水を呑んでしまった森田のような失敗もあった。使節はレインら三人の姪に、日本の羽二重、漆器入り小切《ぎれ》、細工モノを贈って悦ばれた。[19]

森田は大統領からレインの写真（縦一尺・横八寸三分）を贈られた。[図80][20] 彼はこの写真に、次のような賛を記した。

亜国佳人名冷艶　臂纏美玉耳穿珠

紅顔不必施脂粉　露出双肩白雪膚

亜国大統領薄可南《ブカナン》第一姪女写真図

森田行印

写真に写るレインのドレスは衿をデコルテし、二段襞飾付スカートは大きくふくらみ、クリノリン型夜会服である。スミソニアン国立博物館、ラルソン女史服飾コレクションに、一八六〇年着用のレインのドレスが所蔵されている。図Ⅶ ラベンダー色、絹タフタのドレスに、スカラップ・カットのレース製ショールがある。白い花を刺繡した紫とローズ色のガーゼ製ヘヤピース、真珠とアメジストのネックレス、銀ビーズのジェット・メッシュのハンドバッグが揃っている。(21)レインをはじめ、使節たちと交際したアメリカ婦人の服飾を詳しく記録したのは、副使村垣範正の従者野々村市之進である。彼の『航海日録』巻二(22)に、

女ハ髪ヲ左右ヱ後ニナデ付結ビ、是モ我朝ノ如ク色々ノ形有。笠ハ管(菅)ノ小キ者ノ如キヲ以テ組タルニ薄帛ヲ以テ飾リ、或ハ管(菅)ノ組タルヲ以テ頭ヨリ両臉《ホホ》ヲ包タル者アリ、顔ハ多ク黒キ紗ニ似テ、中ニ花状ヲ織出シタルモノヲ上ヨリ覆ヒ、手モ又皮ノ手袋、或紗ニテ指ノ貫タル有リ、或ハ小キ蝙蝠羽ノ如キ形ニ帛ヲ張リ、廻リニ糸ニテ房ノ飾有傘ヲ持チ、服ハ下ニ筒袖ヲ着シ、上僧雨衣《ボズガツパ》ノ短ナルニ似タルモノヲ、二段三段ニ上ヨリ下ニ長クシ、カタニ掛ケテ前ニテ合セ、縁ニ白黒等ノ房ヲ飾リ、裳ハ肌ニ股引ヲ着シ、其上ニ僧ノ裳ノ如ク腰ニ多クノヒダヲ取リ、裾ノ回リニ桃燈ノジャハラノ如ク鯨ノヒレヲ入タルヲ着シ、其上ニ次第ニ短キ裳佩ベリ。(閏三月三十日の条)

と、髪型、帽子、ガウン、手袋、傘、上着・ケープ、スカートについて、充分な知識であった。また、木村鉄太は『航米記』に、男子と女子の服装図を正確に描いた。図81 使節一行の服装に対する知見は、九ヵ月の滞在中に充実した。そして、彼らは舞踏会にも晩餐会にも羽織袴を着用して、西洋服を着ることはなかった。

アメリカ軍艦乗船の遣米使節護衛のため、幕府は軍艦咸臨丸を派遣した。同艦は安政四年(一八五七)にオランダから購入したもので、同年八月に、海軍士官カッティンディケ Willem Johan Kattendyke が長崎海軍伝習所教官団長として同

乗してきた。これより先、二年（一八五五）にオランダ国王から観光丸が寄贈され、第一次長崎海軍伝習所を開校、四年（一八五七）四月に伝習所一期生が教師となって、築地に海軍操練所が設けられていた。カッテインディケの来日によって、第二次伝習所の教育が行われたのである。この五年間の伝習に航海術も進歩したので、使節護衛の名目により、遠洋航海の練習をはかったのが咸臨丸派遣であった。艦長の軍艦奉行木村摂津守喜毅、指揮官勝麟太郎以下九六名が乗組み、通弁官に中浜万次郎、奉行の従者として福沢諭吉が加わっていた。

幕府海軍の服装は、軍艦操練所に許された伊賀袴（細い袴）に割羽織である。水夫は伝習所以来の筒袖半纏《はんてん》に股引をつけ、草鞋《わらじ》をはいた。しかし、サンフランシスコに着くと、水夫には艦長から羅紗服と長靴が分配された。石炭の積込み、釜たき、大砲の扱い等の遠洋航路の労働に適する制服であった。筒袖半纏股引に草鞋ばきで渡米した水夫たちは、ラシャの制服に長靴のアメリカ服で帰国した。身分制にしばられる士官の服装を変えることはできなかったが、機能的な水夫の制服を採用したことは、訪米の一成果であった。使節と同様な大歓迎を受けて、見聞をひろめた海軍士官は、西洋服装に対して、武士服を誇る使節と異なる反応を示した。福沢諭吉はサンフランシスコの写真館で、アメリカの少女と並んで写真を撮った。図82(23) このエピソードも使節一行にとっては、思いも及ばない奇談であった。

遣米使節派遣の翌文久元年（一八六一）には、開港開市延期交渉の使節がヨーロッパに派遣された。正使竹内下野守保《やす》徳《のり》、副使松平石見守康直《やすなお》、目付京極能登守高朗《たかあき》以下一行三八名である。十二月二十三日にイギリス軍艦オーデン Oden に乗って品川沖を出発し、フランス・イギリス・オランダ・プロシャ・ロシア・ポルトガルの六ヵ国訪問に約一年を費し、二年十月十日、品川に帰着した大旅行であった。通弁福地源一郎は彼らの服装について、次のように述べている。

三使及び一行も、西洋諸国巡廻中、少しもわが国の風俗を紊さず、羽織・袴・大小・草履にて陣笠を冠り、パリ、ロンドンの市中を遊歩するに、さらに恥る色も無く、傲然として大小を横たえ、われこそ日本の武士なれといふ風体にて、大手を振りて歩行たりき。(24)

遣米使節と同様に、封建武士の精神的ガードは固い。次いで三年（一八六三）、横浜鎖港交渉遣欧使節池田筑後守長発《ながのぶ》一行三九名、慶応元年（一八六五）、横須賀製鉄所設立準備にフランス・イギリスを訪れた外国奉行柴田日向守貞太郎ら六名、同二年、樺太境界談判のためロシアに派遣された小出大和守秀実の一行一五名の和服着用にも同様であった。

幕府にとって最後の使節は、慶応三年正月十一日（一八六七年二月十五日）に横浜を出港して、パリ万国博覧会に派遣された徳川民部大輔《たゆう》昭武である。随員は十五歳の民部公子のための傅（もり役）目付山高石見守信離《のぶつら》のほか、フランス駐劄公使向山隼人正（外国奉行）、公使館書記官田辺太一（外国奉行支配組頭）、渋沢篤太夫（御勘定格、陸軍附調役）、箕作貞一郎（外国奉行翻訳御用頭取）、高松凌雲（奥詰医師）ら二五名が加わった[図83][25]。三月七日（四月十一日）に、パリへ到着した。同二十四日（四月二十八日）、チュイルリー宮で行われたフランス皇帝ナポレオン三世謁見式の服装は、渋沢篤太夫（栄一）の『航西日記』に、次のように記されている。

我公子には衣冠、全権並傅役は狩衣、歩兵頭並第一等書記は布衣、第一等訳方、砲兵指揮、第二等書記等は素袍なり。
（三月廿四日の条）

身分の高い昭武は束帯略服の衣冠（長く引く裾《きよ》を略す）を着用し、各人位階による礼装であった。その後の博覧会儀式及び各国元首巡訪にも、狩衣以下の礼服が用いられた[26]。しかし前五度の使節と異なって、昭武は洋服を着用する。パリ到着の二日後には早くも洋服を注文し、在留衣生活の準備が行われた（前掲書三月九日の条）。『巴里御在館日記』[27]には、洋服という名称を用い、昭武の洋服着用進行状況が見られる。元首訪問巡国後、パリに戻って留学生活に入った昭武は、十一月二十四日（十二月十九日）に髪を刈り、傅役石見守の役目であった結髪は御用ずみとなった。翌二十五日には、勉強中は洋服着用と定められ、昭武は初めて洋服を着用した。二十七日午後、洋服で隼人正旅宿に行き、二十九日の遊歩も洋服、以後連日の洋服着用生活であった。十二月八日（一八六八年一月二日）には、洋服姿の写真を撮った。新調の洋服を着用して正月の記念撮影が行われたのであろう。十二月十一日（一月五日）に「仕立師ブーシ江御勘定相渡候事」とあり、翌四年三月八日（三月三十一日）には再び仕立屋ブーシに「御上着壱ツ御注文相成」、十三日にでき上って納められた。第一回使節から第六回まで七年間、約三〇〇名が海外に派遣された。最後の使節昭武に至って、初めて洋服が着用されたのである。

このように、使節が洋服を着用する状況となったが、昭武の随員渋沢栄一の変貌も甚だしい。彼は文久三年（一八六三）に横浜襲撃を企てた攘夷の志士であった。その僅か四年後には、民部公子一行中にいた。渋沢は横浜で入手した燕尾服を隠し持って乗船し、香港寄港の際に着用したという。洋服を着て得意な渋沢は、ホテルのボーイに冷遇された。彼の燕尾服は縞ズボンを組合わせたウェイター服であったから、給仕と間違えられたのである。このことは、後に第一国立銀行を設立した子爵渋沢栄一の逸話として、巷間に流布した[28]。彼らの乗船は軍艦でなく、約二ヵ月の仏国郵船の生活であった。帰国する長崎駐在フランス領事ヘラルド・ジュリー **Herald Dury** とイギリス公使館通弁アレキサンダー・フォン・シーボルト **Alexander von Siebold** が同行したので、船中生活から西洋の風習になじむことができた。渋沢はパリで洋服を買って着用し、写真を撮って自宅へ送ったという[29]。このような状況に、随員の大御番格砲兵差図役頭取勤方木村宗三は、日本服に対して劣等感を抱くようになった。

パリスの風俗如何にも花麗を好み、実に日本アカの附候衣服にては外出も恥入、犬抔ほへて市中徘徊恥ヶ敷事に御座候。（二月晦日付書簡[30]）

しかし、御附七人の洋服代一三六〇フランが支払われ（「諸費計算一件」）、洋服を着せられた小姓頭取伊坂保太郎は、「増鏡心をてらせ姿こそ変れど同じ大和魂[31]」と詠じ、水戸藩士の夷狄観はまだ強烈であった。

民部公子使節はナポレオン三世の夜会、ウージェニー皇后の舞踏会に招かれ、諸国巡訪の際にも各国后妃と会った。ナポレオン三世は、みずから皇太子と公子を左右の手にたずさえて、来会の各国帝王、皇族などに紹介した。イギリスのヴィクトリア女王も、「きわめて尊崇の意をこめた礼遇をされ、パリにいた時、太子が交際されたことなどを言いだされ、特に公子が年少であったところから、たいへん親愛の情を示された」と伝えるのは、随員田辺太一である[32]。西欧各国宮廷との親交は、昭武及び随員たちの洋服着用に、貴族的自信を与えるものであった。

慶応三年三月二十九日（一八六七年四月三日）、仏帝招待観劇の舞姫の衣裳は、随員渋沢篤太夫の筆によって、

二八の娥眉名妓五六十人裾短き彩衣襦裳を着し、粉妝媚を呈し、治態笑を含み、皆細軟軽窕を極め、手舞足舞踏転跳躍一様に規則ありて、百花の風に繚乱する如し(33)

と、その流麗な美が描写されている。四月一日（五月四日）の各国后妃招待仏帝舞踏会も、「賓客男女ともに皆礼服を盛んに飾り」、「其設の花麗を尽し趣向の高大なる実に目を驚せり」のような華やかさであった。そして木村宗三はまた、「婦人服抔の立派なる事天女の如くにて、日本服にては側えも寄られ不申候」と、コンプレックスを深めるのである。彼らの婦人服装賞讃は、万延元年遣米使節の「生けるあみだ仏とうたがふばかりなり」に同じく、さらに五〇年前、長崎来航オランダ婦人に対する「着服抔も見事成事難尽筆紙」と同様であった。その印象は初見から変っていない。しかし、彼らはパリに居住し、ナポレオン三世・ウージェニー皇后宮廷の華やかな観劇会、舞踏会に招待される生活であった。彼らには万延遣米使節団のような驚きも探究心も既に見られず、異文化接触の初期段階を超えていた。国際社会に生活して西欧文明を賞讃するばかりでなく、ネガティブなコンプレックスを抱く者もいる。異文化受容の一パターンである。

将軍実弟の徳川昭武は幕府の禁にかかわらず、パリ留学生活に洋服を着用した。彼及び随員にためらいは見られない。しかし、留学生たちの衣生活は、どのように対応したであろうか。幕府最初の留学生は文久二年（一八六二）にオランダへ派遣された。海軍側から御軍艦組内田恒次郎（正雄）、榎本釜次郎（武揚）、御軍艦組出役沢太郎左衛門（貞説）、赤松大三郎（則良）、田口俊平、藩書調所《ばんしよしらべしよ》から教授手伝並の西周助（周）、津田真一郎（真道）、長崎養生所から伊東玄伯（方成）、林研海の九名に、水夫、船大工、鋳物工、鍛冶工、測量師六名の計一五名であった。彼らは江戸出発前、軍艦奉行井上信濃守から、衣服等をオランダ風にしてはならないと注意された。そのため、結髪も武士風野郎頭にして、元結・鬢付油などを多量に持参した。しかし、ハーグに家を借りて勉強を始めると、和服に野郎髷の彼らに見物人が来集し、街頭では巡査

の保護を受けねばならなかった。この苦労に堪えかねた彼らは、海軍卿カッティンディケ（元長崎海軍伝習所教官団長）の勧めを受け入れて、洋服着用にふみきった。内田だけはなお筒袖のきものを着て、兜のような冠りもので髷を隠したが、見物人がかえって多くなり、遂に洋服を着なければならなくなったという。(34)

文久三年（一八六三）五月十二日夜、長州藩の井上聞多、野村弥吉、山尾庸三、遠藤謹助、伊藤春輔の五名は、ひそかに横浜英一番館ジャーディン・マセソン会社 Jardine Matheson & Co. の船に乗って、ロンドンに出発した。彼らは乗船前に横浜で、水夫の着るような古洋服と靴を買って着用し、英一番館の庭の隅にひそみ、斬髪して船を待った。幕府禁制に背いて連れて行くことはできないと船長が断った時、彼らは洋服断髪の姿で帰るわけにはいかないから切腹すると言って、その決心を示した。切腹に驚いた船長は、遂に彼らを乗船させた。(35)命がけの脱出には、洋服着用の決心が伴っていた。

慶応二年（一八六六）四月九日、幕府は海外渡航禁止を解禁し、勉学・商用のための渡航を許可制とした。(36)幕府及び薩摩・佐賀・加賀・阿波等の諸藩から留学生が派遣された。彼らは欧米各地で洋服を着用し、各自専門の勉学に励んだ。彼らの洋服着用は躊躇なく行われ、最初の留学生が当面したような、着用への抵抗や命がけの決心などは見られない。和服で横浜を出航した留学生は洋服姿で帰国し、明治日本の近代化に、彼らの役割を果したのである。

3　パリのジャポニスム

一八六七年（慶応三）のパリ万国博覧会に、将軍の名代として派遣された徳川昭武は、各国元首歴訪後パリに帰館し、その後は留学生活を送った。慶応三年十二月に幕府が瓦解したが、なお二ヵ年の留学が予定された。しかし、水戸藩主徳川慶篤《よしあつ》が死去し、昭武は相続のため、明治元年（一八六八）十二月三日に帰国した。(37)昭武の留学は一年間であったが、語学・馬術・銃砲術・画学等を学んだ。画学教師はチソウ（またはチソーと記された）であった。『巴里御在館日記』には、画学教師チソウについて、次のように記されている。

慶応四年二月十四日（一八六八年三月七日）

画学御稽古御初ニ付、コロ子ル画学教師同道罷出る。明十五より御初之積御取究。壱ヶ月拾弐度但十二時半より二時位。壱度御稽古代三拾フランク宛之積御取究相成。

二月十五日（三月八日）

画学教師罷出る。一時間御稽古有之。

二月十八日（三月十一日）

夕、画学教師罷出る。

二月廿二日（三月十五日）

朝、画学教師罷出る。

二月廿九日（三月廿二日）

朝、画学教師罷出る。画学御稽古有之。

三月四日（三月廿七日）

夕、画学教師罷出。

三月六日（三月廿九日）

朝、画学教師罷出る。

四月廿四日（五月十六日）

コロネル、フロリヘラルト、クレー、カション、ボワシェール、チソウ生徒コンマンダン、御旅館コンマンタント等弐拾六人ニ大夜餐有之。

閏四月廿九日（六月十九日）
夜餐後御遊歩。コロ子ル、画学教師、篤大夫、端蔵、涌之助等御供いたす。
五月二日（六月廿一日）
午餐後、画師チソー宿所御越。
六月三日（七月廿日）
此日より画学教師御旅行いたすニ付、不罷越。
七月廿一日（九月七日）
午後、語学・画学御稽古之儀は御断之積、コロ子ル江申談す。
八月五日（九月廿日）
午後、画師罷出御写真有之。
八月十五日（九月卅日）
語学教師ボワシェール、画学教師チソウ、小銃手前教師スピルモン等、御暇被下有之。
八月十六日（十月一日）
午後、画師チソウ宅御越。端蔵、コロネル御供。

右のチソウを、近代フランス版画家として、最近の欧米画壇に再評価されているジェームズ・ジャック・ジョセフ・ティソ James Jacques Joseph Tissot（一八三六〜一九〇二）に比定したのは、池上忠治氏である。(38) さらに、水戸の彰考館からティソの署名のある「昭武画像」図84（紙本着色、水彩画）が池上氏によって発見された。(39) 画面右下に書かれた献辞に、「パリ、九月二十七日、一八六八年、フランス、民部大輔に、愛情こもる記念の品として、J.J. Tissot」とあり、昭武の画学教師チソウは、ジェームズ・ティソであることが確認された。

ティソは十九世紀後半に、ヨーロッパ芸術活動の新しい動向となったジャポニスムを推進した画家である。ジャポニスムはエッチング作家フェリックス・ブラックモン Félix Bracquemond（一八三三～一九一四）が、一八五六年（安政三）に「北斎漫画」を入手したことに始まるといわれる。これより以前シーボルトが帰国後、三〇年（天保元）に公開した蒐集品中の浮世絵が注目されていた。ブラックモンの「北斎漫画」礼讃は、パリに日本趣味を巻き起こした。浮世絵の色彩・構図・描法等は、印象派及び後期印象派に大きな影響を与えた。さらに、日本趣味の対象にキモノがあった。六四年（元治元）に、ホイッスラー James Abbott McNeill Whistler（一八三四～一九〇三）は「磁器の国の姫君」（油彩、画布。ワシントン、フリア美術館）、「紫と金の奇想曲第二―金屏風」図85（油彩、パネル。フリア美術館）のキモノ姿を描いた。ティソも同じ頃に「入浴する日本娘」（油彩、画布。フランス、ディジョン美術館）、「日本衣裳を着た婦人」（油彩、画布。ニューヨーク、某画廊）を描いている。西洋婦人のキモノ姿は、ジャポニスムの最も華麗なモチーフであった。ジャポニスム派に重きをなすティソは、昭武の教育係ヴィレット中佐 Colonel Villette から画学教師に推薦された。これは彼のジャポニスムを、さらに高揚させるものであった。

挿図13　パリ万国博覧会日本館茶屋の柳橋芸者
『イラストレイテッド・ロンドン・ニュース』1867年11月16日号付録

ティソをはじめパリのジャポニサンに最も刺激を与えたのは、博覧会に設けられた日本館である。幕府及び佐賀藩・薩摩藩出品の美術工芸品は大いに賞讃された。また、日本から大工を派遣して檜造の茶店が建てられ、江戸柳橋、松葉屋の芸者、かね・すみ・さとの三名が茶を煎じ、古味淋酒などを接待した（挿図13）。彼女たちは時には「こま遊び」を演じ、煙管で煙草を吸って見せた。博覧会の状況を記録した渋沢栄一によ

ると、

妙年の三女子閑雅に着座して容観を示す。其衣服首飾の異るのみならず、東洋婦人の西洋に渡海せしは未曾有のことなれば、西洋人の之を仔細に看んとせるもの縁先に立塞り、目鏡もて熟視す。其座敷は畳床なれば、之に上ることを許さず。故に其体に近づき逼るは得ざりしが、間断なく蟻附蝟集して、後者は容易に見るを得ざるもの少からず。(40)

という状況であった。多数の見物人の興味を最も集めたのは、日本のキモノである。母に伴われて来たある少女はキモノを借り着して喜び、遂には売ってもらいたいと頼みこんだという。

『カルメン』の作者プロスペル・メリメ Prosper Mérimée は博覧会を見物し、日本芸者を見た。その印象を記した女友達への書簡が、富田仁『メルメ・カション――幕末フランス怪僧伝』(昭和五十五年)に紹介されている。

先日は博覧会へ参りまして、そこで日本の女を見ましたが、たいへん気に入りました。彼女たちは、牛乳いりのコーヒーのような肌の色をしていまして、それが見た目になかなかいいのです。彼女たちの着ている服の線から判断するに、彼女たちは椅子の棒のような細い脚をしているらしく、それが痛ましく思われました。彼女たちをとりまいている物見高い連中といっしょになって眺めながら、わたしはヨーロッパの女が日本の群衆の前へ出たとしたら、こうまで落ちつきはらってはいられないと思いました。いつか、あなたが江戸でこんなふうにみせものにされ、薩摩公の町人風情が、「あの女の着物の後にある瘤は、たしかにほんものの瘤かどうか知りたいものだ」などと言っているところを想像してごらんなさい。瘤については、そんなものなんか全然ありゃしないのです。これは、瘤なんかなかった何よりの証拠で、いったい女というものは、その時に応じて流行に従っているものですからね。(江口清訳)

当時のクリノリン・ドレス拡大スカートに比べて、日本のキモノは非常に細い。メリメは日本婦人に、椅子の棒のような脚を想像するのであった。また、大きく結ぶ後帯に、背中に瘤があるという世評があったらしい。江戸の人びとが靴をはくオランダ人を見て、彼らを「踵《かかと》なし」と想像したように、(41)背に結ぶ帯は西欧人の理解しがたいスタイルであった。

日本庭園の休憩場所には牀机を置き、その傍に等身大の風俗人形を並べ、貧しい人びとから富貴の者まで、各階層のキモノを観ることができた。茶屋のうしろには日用雑品の売り物が並べられた。また、江戸浮世絵師歌川貞秀ら一一名の肉筆画、「江戸名所五十図」「美人画五十図」計一〇〇図が展示され、[42] 高い評価を受けた。日本の曲芸師も渡来し、こま廻しや手品の松井源水一座、足芸の浜錠定吉一座が開演して、人気を集めていた。パリの新聞は「一時間にして些の苦労もなく遠く日本に旅するものといふも可なり」[43] と書き、ジャポニサンにとってまことに好機であった。博覧会の日本文化展示は、ジャポニスムをますます高めた。

ティソが民部公子昭武に贈った記念の画像は、陣羽織装束である。公子が六七年十月六日（慶応三年九月九日）にベルギーを訪れ、調練場に招かれて、「陸軍三兵の火入調兵」を閲兵した時の陣羽織姿は、「其華靡壮麗ニテ馬上御旅行の雄々しきさま、兵隊は更なり群集の見物人とも感勝の声を発せり」（『御巡国日録』）の賞讃を受けた。武家服中最も華麗な陣羽織装束にティソも傾倒して、記念作品としたのであろう。

昭武がパリを去った後の六八年十一月（明治元年十二月）に、ティソはシャンゼリゼの自宅に「アトリエ・ジャポネ」を開き、上流社会の男女たちが日本のキモノを着て集まった。ホイッスラーやボードレールもその常連であったという。日本品を多数蒐め、キモノを好んで着たニーナ・ド・ヴィラール Nina de Villard（エルトール・ド・カリアス夫人）も、「アトリエ・ジャポネ」に、キモノ姿で来たことであろう。彼女のサロンもこの頃パリに開かれていて、画家・文学者たちを集めて賑わっていた。パリのジャポニサンはキモノを何処で入手したか。パリには骨董商「シナの門」があり、ジャポニサンの多くはこの店で日本品を購入した。[44] 江戸の商人、竹口喜左衛門が万延二年（一八六一）に横浜で茶貿易を始めた時、「北斎画本」も売っている。横浜商人は外商の欲する日本品を、茶・絹等の貿易ルートに乗せた。パリ骨董商のキモノ入手の一ルートであろう。

パリ万国博覧会の開かれた六七年（慶応三）に、ホイッスラーは「バルコニー」[図86]（油彩、画布。ワシントン、フリア美術館）を描いた。本図は清長筆「美南見《みなみ》十二候・汐干がり」「柳橋料亭」と構図の共通性が指摘されているが、三味線を弾く芸者たちは、博覧会の柳橋芸者との関連も考えられる。同年のマネEdouard Manet（一八三二〜一八八三）の作品「エミール・ゾラの肖像」（油彩、画布。パリ、印象派美術館）には、二代歌川国明筆「大鳴門灘右衛門」（相撲図）を背景に描きこんでいる。同じく、ステヴァンスAlfred Stevens（一八二三〜一九〇六）も「田舎で」（油彩、画布。フィラデルフィア、ペンシルヴァニア美術館アカデミー）の西洋婦人像に、蛇の目傘を描いた。これらの絵のモチーフは、博覧会によるジャポニスムの高まりである。その後、ステヴァンスは「日本の着物」（一八七二年、油彩、画布。ベルギー、ボヴリー公園美術館）を描き、モネClaude Monet（一八四〇〜一九二六）には、夫人に打掛を着せて描いた「日本娘」図87（一八七六年、油彩、画布。ボストン美術館）の名作がある。ティソは最愛のニュートン夫人Mme. Newtonが蛇の目傘をさす版画を数点作り、「放蕩息子—異国にて」（一八八二年、エッチング。ニューヨーク、メトロポリタン美術館）に、踊る芸者たちを描いた。初期ジャポニスムはさらに世紀末に引き継がれ、新芸術運動アール・ヌーボーArt Nouveauへ展開し、キモノ礼賛は二十世紀にも衰えなかった。日本のキモノは、ジャポニスム世界の華やかな存在であった。

美術界の新しい動向は、常に服飾へ導入される。世界ファッションの中心地、パリ服飾界のジャポニスムは、「キモノスリーブ」と呼ぶ新しい袖のスタイルを造型した。キモノ着装姿に見られる肩から袖へのなだらかな線は、肩縫と袖付のある洋服には構成できない。それは、袖付を行わないという劃期的技法によって生みだされる。ティソをはじめジャポニスム画家の描いたキモノ姿の豊艶な曲線に、キモノスリーブのデザイン契機がうかがわれる。キモノスリーブの流行は、世紀末に顕著になるが、その源流は初期ジャポニスムに確かめられる。

二　近代洋服

1　在留西洋人の服装

安政五年（一八五八）に、アメリカ・オランダ・ロシア・イギリス・フランスとの修好通商条約貿易章程が締結され、翌六年から五ヵ国との貿易は、神奈川・長崎・箱館で開かれることとなった。長崎は以前から、箱館は和親条約で元年（一八五四）以来開港されているが、神奈川には新しく港の施設を設けなければならない。しかし幕府は、東海道に面している神奈川に外国人が居留して紛争の起るのを防ぐため、その南の横浜村に開港場を造りはじめた。アメリカ公使ハリスをはじめ諸国の領事は強く反対したが、外国商人たちは横浜に商館を開いた。横浜は土地が広く、海も深く、港として神奈川よりすぐれていたからである。幕府は日本商人を当地に集めるため、六月開港に先立って一月十三日に、横浜への出稼・移住・自由売買を許可した。地元商人のほか各地の商人が移って来て、新しい町づくりが始まり、安政六年六月二日（一八五九年七月一日）に開港された。半漁半農一〇一戸の寒村横浜は、慶応年間には八五八〇戸、二万八八〇人となり、開港場に変貌していく。

横浜村中央の運上所から海上に突き出して、外国人貨物用東波止場と日本人貨物用西波止場が築造され、運上所西方が日本人住居地、東方が外国人居留地に定められた。幕府の調査によると、外国人居留者は万延元年（一八六〇）に四四名であったが、慶応年中には一一三〇名に増加した(45)。

幕末期の横浜在留外国人の状況を知ることのできる資料に、横浜浮世絵をはじめ種々な見聞記・記録類があり、各種のディレクトリ Directory（名簿）からも、情報を得ることができる。ディレクトリはまだ綜合的研究が行われず、史料としての活用も進んでいない。幕末期のディレクトリは未検出が多かったが、国立公文書館、東洋文庫、諸大学・図書館、大英図書館等に散在するのを蒐めて、年次を通すことができた（重久篤太郎京都市立芸術大学名誉教授と共同研究）。但し、ディレクトリの通年は各種異本によるものである。同一ディレクトリによる通年が可能になれば、年次研究はさらに緻密になるであろう。毎年出版されたこのディレクトリは、十九世紀後半以降のアジア各地居留外国人名簿である。ジャパン・ディレクトリには、香港刊行ディレクトリ掲載のものと、横浜及び神戸刊行の単行本がある。

香港刊行は、"The China Directory," "The Chronicle and Directory," "Morris's Directory" があり、横浜刊行には "The Japan Herald Directory," "The Japan Gazette Directory," "Meiklezohn's Directory," "The Directory of Japan" がある。これらは、情報網を持つ当地の新聞社、あるいはその出身者が、ディレクトリの出版社を設立して発行した。当時の出版社は現在すべて廃絶している。ジャパン・ディレクトリの研究は、各地に散在するディレクトリの探索から始めなければならない。現在の調査で所在を確認することのできた上限は、一八六〇年（万延元）版の "The China Directory" 下限は一九四一年（昭和十六）版の "The Chronicle and Directory" である。

横浜刊行ディレクトリには、在留中国人も採録された。また、日本政府の名簿もあり、明治中期以降は詳細な官員録となった。後期には、居留西洋人の生活に必要な日本商工業者も加えられた。そのほか各種の広告が掲載され、名簿の内容を補強することができる。

〔1〕 ザ・チャイナ・ディレクトリ　The China Directory

香港の英字夕刊紙『チャイナ・メール』China Mail を発行するショートレッド社 A. Shortred & Co. が編集出版した名鑑である。香港大学に、六〇～六三、六七、七二～七四年版がある。六〇（万延元）年版は、現在見ることのできる各種ディレクトリの上限である。東洋文庫[46]収蔵のモリソン文庫には、一八六一（文久元）、六二（文久二）、六七（慶応三）、七三

（明治六）、七四（明治七）年版があり、大英図書館に、六一年版がある。六七年版以降には、香港の中国店舗も掲載されている。七一年（明治四）に、チャイナ・メール社のレポーター、G・バイン Geo Murray Bain の発行する新版となり、七六年（明治九）には、『ザ・クロニクル・アンド・ディレクトリ』に吸収された。

〔2〕ザ・クロニクル・アンド・ディレクトリ The Chronicle and Directory

香港の日刊英字紙、『デイリー・プレス』Daily Press を発行するデイリー・プレス社が出版した。初版は、一八六三年（文久三）と推測されている。(47) “Japan Directory for 1863”（タイプ・コピー、重久篤太郎蔵）があるが、原本は不明である。本書の日本の部を写したものであろう。

東洋文庫には、六四（元治元）、六五（慶応元）、六八（明治元）、七〇（明治三）、七三（明治六）、七六（明治九）、八〇（明治十三）、八一（明治十四）、八七（明治二十）、八九（明治二十二）、九四（明治二十七）、九八（明治三十一）～一九一九（大正八）、二一～二三（大正十～十二）、三四（昭和九）、三九（昭和十四）年版がある。六四（元治元）年版 “The Chronicle and Directory for China, Japan & the Philiippines (sic) for 1864. in two Parts. Part I.” は、Part I. だけの所蔵である。当書には “List of Foreign Residents in China, Japan and the Philippines, for 1864” と “The Hongkong Directory” が収録されている。日本在住外国人名は検出できるが、各地商館録は Part Ⅱ. の掲載であろう。六五年版の Japan には、江戸・横浜・長崎・箱館・出島の名簿があり、その後には、新潟・神戸・大坂などが加えられていく。

大英図書館には、六六（慶応二）、六八～七一（明治元～四）、七八（明治十一）、八五（明治十八）年版がある。

香港大学蔵 “The directory and Chronicle for China, Japan, Corea, the Philippines etc.” は、一九一四（大正三）、二五～四一（大正十四～昭和十六）年までである。本書の最終版であろう。

このほか、各地の大学・図書館等に、種々な版が点在している。即ち、ディレクリトリは一八六〇年（万延元）から一九四一年（昭和十六）まで、八一年間の各種本により通年を完成した。以上を綜合して作成したのが、「ディレクトリ所在調査表」（折込表1）である。なお、香港刊行の「モーリスのディレクトリ」と、横浜・神戸刊行ディレクトリは、明治期に詳述する（第二章四）。

在留外国人が香港刊行ディレクトリに掲載された文久頃、横浜見物のための案内書に、外国人氏名が記されている。これには、外国人住宅絵図と、横浜見聞記・案内記中に掲載された商館及び居留外国人の名簿がある。

〔1〕『御開港横浜大絵図二編外国人住宅図』（挿図14）

文久二年（一八六二）頃。玉蘭斎橋本老父筆。多数の横浜浮世絵を描き、『横浜開港見聞誌』を著わした貞秀の作である。貞秀は万延元年（一八六〇）頃、『御開港横浜之全図』を出版した。この二編として、さらに微細な居留地住宅図（縦四八㌢×横一七四㌢）を描いたのが本図である。海岸に面して、運上所から掘割までの居留地に建つ五七館を、国籍・住居番号・氏名・商館と住家の名称を付して描いた。建物の形、門、植込まで書きこまれ、各館は赤色、緑色に彩色して、硝子《ギヤマン》障子も描出されている。このように、景観を微細に表現しているので、居住者名も正確と思われる。「オランダ三番バタケイ住家《ホイス》」には、洋服を輸入した蘭商バタケイ Batteke の存在を、文久二年に確かめることができる。

〔2〕『神奈川横浜太平余楽』

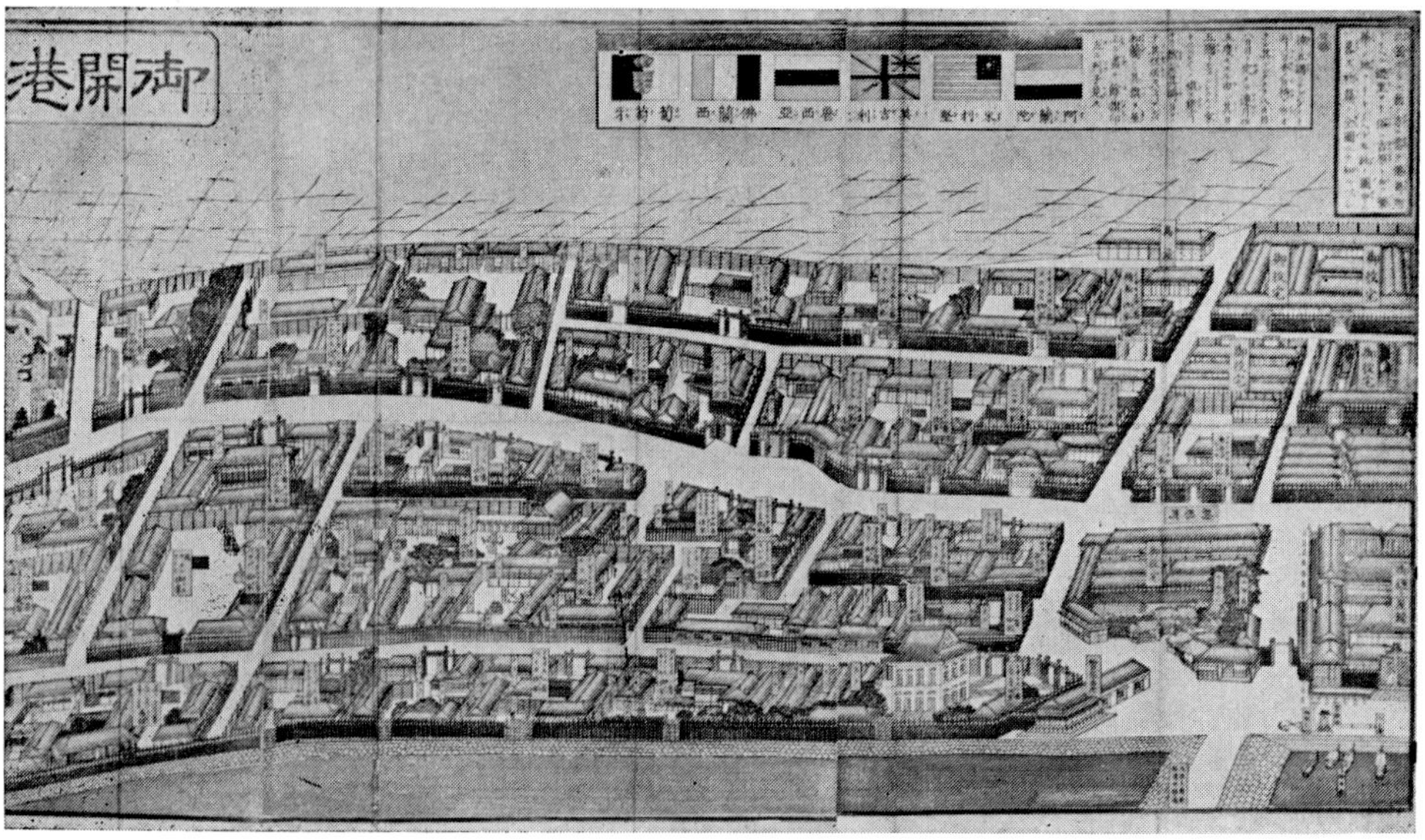

外国人住宅図』　神奈川県立博物館

文久元年。東海道神奈川宿石崎源六蔵版。本書に掲載する「異国商館表」には、イギリス二〇、アメリカ二〇、オランダ九、フランス八、計五七館、六三名を記す。本書は横浜市史編集係旧蔵品が戦災で焼失し、その写真が現横浜開港資料館にある。

〔3〕『珍事五ヶ国横浜はなし』（金沢文庫）

文久二年。横浜元町四丁目杵屋米八蔵版。俳人南草庵松伯の句入り文、横浜案内記である。関係者各種の名簿が文中に挿入されている。「異国重役人之部」には、亜米利加、和蘭陀、英吉利、仏蘭西、ポルトガルの公使、総領事五名、「外国士官商人館番附幷名前」に、イギリス三八、アメリカ一五、オランダ一一、フランス八、無記入三、計七五館、七八名を記す。当名簿には、日本人の小使、別当、ラシャメン（あるいは娘と書く）の氏名が記載されている。

〔4〕『港益代古浜弁覧』（金沢文庫）

文久二年。「外国商館」の表が掲載されている。イギリス二〇、アメリカ二〇、オランダ九、フランス八、計五七館、五七名を記す。

〔5〕『美那登能波那横浜奇談』（横浜開港資料館）

文久二年頃。菊花老人著。錦港堂蔵版。「外国人商館番附幷人名」に、イギリス三三、アメリカ一七、オランダ九、フランス八、無記入一、計六八館、七一名を記す。

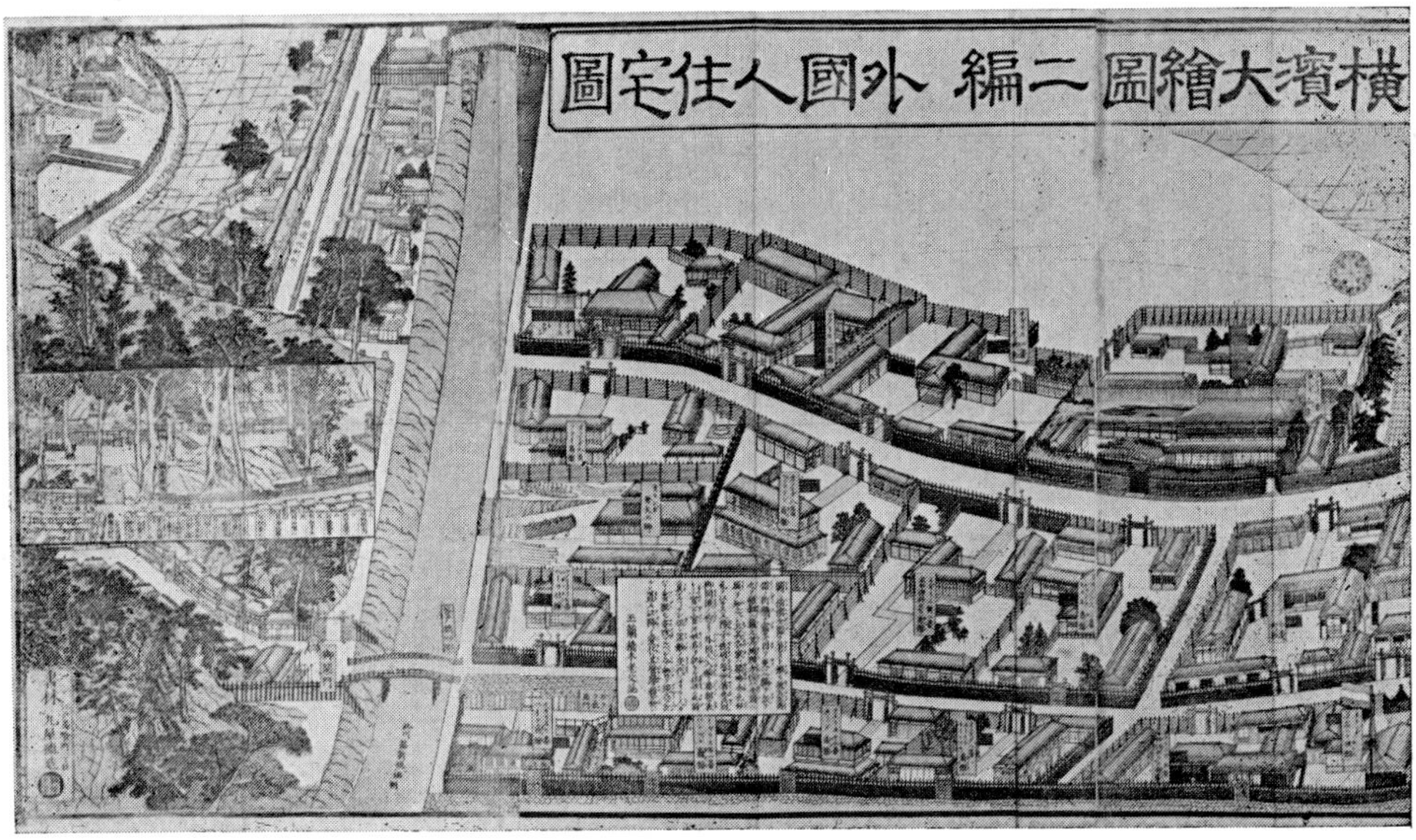

挿図14 『御開港横浜大絵図二編

〔6〕『横浜みやげ』（横浜開港資料館）

文久頃。「異人館番附幷人名簿」に、イギリス三六、アメリカ一五、オランダ一〇、フランス八、無記入三、計七二館、一一一名を記す。

以上は管見の横浜案内記・見聞記中の外国人名簿である。これらに採録された館数は五七から一〇七館、人数は六三から一一一名までを示している。香港刊行の“China Directory for 1862”の採録は館数一二五、人数一二五名である。日本の外国人名簿は西洋人への好奇心から作成され、香港刊行ディレクトリの実用性に及ばない。またカナ書の氏名は不正確である。しかし、ディレクトリと併用すれば、補助し合うことができる。

“China Directory for 1862”の横浜在留者は、イギリス五〇、アメリカ四三、オランダ二〇、フランス一二、計一二五名。(48)長崎はイギリス二九、オランダ二九、アメリカ二八、フランス二、ポルトガル二、計九〇名。神奈川は八名、箱館は一名、総計二二四名である。イギリスの優位と、それに次ぐアメリカの勢力を見ることができる。この状況は日本の名簿にも同様である。その五年後、慶応三年（一八六七）の在留人数は、“China Directory for 1867”によると、横浜三〇〇、長崎二〇八、箱館四四、神奈川七、計五五九名に倍増した。神奈川を除く各地の居留者は増加し、横浜が最も多い。幕末期横浜の繁栄は、在留外人数によって知ることができる。江戸初期からの日蘭貿易港であった長崎にはオランダ人が多いが、在留外人総数は横浜に及ばず、その盛況を奪われていく。開国文化は、横浜のイギリス人、アメリカ人を中心に興隆した。彼らは近代スタイルの洋服着用者であった。

近代洋服生活の展開は、最も優勢な開港場横浜で鮮かに見られる。開国後さらに激しくなった攘夷の騒擾が続く国内の一郭に、外国商館が連なり、西洋人の生活が現出した。

横浜渡来の異人商館町、左右ともに向いあいて門あり。青色または緑青、黒色は多く見ゆるなり。みなその色々にてぬり立て、あるいはまた石蔵をもって門の左右にかまえ、門の柱に表札あり。英国士官洋行なぞ書付あり。また亜墨

利加三十三番ウェンリイト、このごとく番付たるもあり。(49)

石造り塗柱の異人館住人は、修好通商条約を結んで貿易を開始したアメリカ・オランダ・イギリス・フランス・ポルトガルの五ヵ国人であった。彼らの多くは妻子を同伴し、使用人のアフリカ・インドの男女もいる。かつて、日本に居住した南蛮・紅毛人には見ることのなかった家庭生活がある。入港する外国船、波止場の荷物水揚の賑わいから、異人館、商館の内部、商品、商売、衣服、食物、遊楽、兵隊調練等、珍しい異国風俗に日本人の興味が集まった。それは横浜見物という行動を起させた。横浜近傍の地から集まるばかりでなく、江戸に近い横浜は大山詣りよりも簡便な道程であった。江戸町奉行石谷因幡守が幕令によって、横浜開港場の状況を安政六年八月十三日に差出した「神奈川宿并横浜開港場所に罷在候異国人其外之義に付風聞取調申上候書付」に、

一、此節横浜見物之者夥敷《おびただしく》有之候処、中に者《は》異人之相対いたし、酒に三升位遣候得者《ば》、異人之身拵ひに致し、船江連参委敷《くはしく》見物為致候趣、相聞申候。(50)

とあり、開港直後から見物人が多く、酒三升を贈って、異人風俗を詳細に観察する機会を作る者もあった。

万延から文久年間（一八六〇〜六三）には見物人が増加した。これに対応して、横浜案内記、見聞記、絵図、細見、双六が多く発行され、横浜浮世絵の爆発的な大量出版が起った。万延元年には桜田門外の変、ヒュースケン襲撃、文久元年はオールコック襲撃事件、二年には坂下門外の変、生麦事件、三年には薩英戦争の攘夷事件が続発した。文久政変の政局混乱期に、民衆の横浜ブーム到来であった。横浜見物のみやげ用出版物は、横浜に出かけられない全国の人びとからも需められた。横浜浮世絵は北斎・広重後衰運の浮世絵にとって、起死回生の機運をもたらすものであった。

各種のガイドブックのうち、外国人風俗を最も詳細に記すのは、玉蘭斎編集、五雲亭貞秀画『横浜開港見聞誌』（『横浜文庫』とも名付く）の絵入冊子である。玉蘭斎貞秀は、万延元年に『横浜土産』五冊を著わした。次いで文久二年（一八六二）の本書前編三冊が人気を博し、慶応元年（一八六五）に後編三冊を出版した。貞秀は歌川国貞（三代豊国）の門人で、天保初

期から錦絵作家として知られていたが、横浜浮世絵を最初に描いた絵師である。万延元年二月の横浜風景図三枚から、明治五、六年頃まで一〇六枚（絵図・双六類を含む）の作品がある。そのうち、本書前編を出版した文久二年までは八九枚、後編出版の慶応元年までは九一枚を占める。[51] 文久二年、貞秀は五十七歳であった。[52]

『横浜開港見聞誌』は、横浜の景観、西洋人の生活を多岐にわたり、「序文」と「本文」に説明して挿絵を掲げた。衣服についての説明もあり、種々な服装を描いた。

異商は黒羅紗にて後ろにたたみ、金具にて留めたる羽織あれば、又海老色《えびいろ》ゴロフクリンにて、惣体一同の事に作るあり。上衣黒色にて下にまた半分の肌着あり、その色薄あい鼠色なるに、五色の糸にて横立縞を織出したるあり。紺色羅紗にて金具なし同装束つけたるなど、大いに風流なる心もちと見ゆるあれば、面体は五ヶ国ともに髯あるものはよく、美事にすり付く作り毛の人あり。また少しもなくて黒毛頭に有るとも、冠物の真下になるべき所は三分ほどにはさみ取りたるなり。

その衣服、夏の日も春も冬にても、さのみ替らぬようなり。（二編、本文）

これは男子服装の説明である。「金具にて留めたる羽織」は、後身に金ボタンのあるフロック型、「金具なし同装束」は背広型を指す。この両種のスタイルは「運上所より東異人商館町を見込みたる之図」図88中に描く。フロック型が多く、背広型が少ないのも、当時の実情であって、浮世絵にもフロック型が多く描かれている。衣服が夏も春も冬もあまり変らないというのは、スタイルの説明にすぎない。俳人南草庵松伯は『珍事五ヶ国横浜はなし』に「着類は冬は毛織にて、大寒にはツッポウ二枚も三枚も重て着るなり。夏はいつれも白衣麻織なり」と述べ、異人の夏・冬衣料についての知識があった。オランダ語のゴロフクリン（gorofgrein, 梳毛織物）は知っているが、近代洋服の名称は未だ知らない。ボタンを「金具」、チョッキを「半分の肌着」といい、洋服・帽子には羽織・冠の和装名を用いた。しかし、衣服及び髯、髪の観察は細かく、このような理解のもとに、彼の絵は描かれている。

婦人服装にはさらに繊細な観察が行われ、新鮮な興趣を示した。

商館二階下丸にびいどろ障子をたてめぐらす。その内に女異人美色の衣紋、これびいどろにうつりて美事なり。

と、エキゾチックな美に絵師の心はゆらぐ。

女性を見るに、頭上には色々の巾をもつてうすき笠の上を包みたるごとくして、後下り冠るなり。美事なる巾の細きをもちて笠の裏に付け、頬かむりのごとくにしてあごの下にてむすび、長くさげたるなり。かたに着す広き巾は色糸にて花鳥の類を織り出したるあり。また黒色青色にて打ちまじえたる組糸にてさまざまの模様を組みたる網のごときを用ゆ。これは夏の衣なり。

腰もとより足首をかくすばかりの衣、これは下広がること図に出したるごとくなり。もっともこしもとはくくり付けて、その細きこと見にくきようなるに、またはら巻の物あり。下の方腰にくくり付け、乳の下、胸さきに大いに開きたり。これまた美事なる物なり。（二編、本文）

ここには、ボンネット（bonnet 英語）、マントレ（mantelet 仏語）、クリノリン（crinoline 英語）の流行スタイルを説明して、挿絵「亜墨利加婦人夏の衣姿」図89「同婦人之姿冬之衣之図」図90に描いた。「頭上には色々の巾をもってうすき笠の上を包みたるごとくして」というのは、ボンネットである。布または麦藁で作り、ブリム（つば）の狭い軽快な帽子は、造花やリボンで装飾し、あごの下でリボンを結ぶ。十九世紀に流行し、一八七〇年頃まで、クリノリン・ドレスに併用された。クリノリンの拡大スカートには、軽やかなボンネット型の帽子がよく似合う。ブリムは後方で細くなり、後頭部に無いため、前額部があらわれる。この特色あるかぶりかたを、貞秀は「後下り冠るなり」と言い、細かな所までよく理解している。挿絵「商館二階坐敷にて酒茶遊楽の図」、版画「横浜異人商館座敷之図」（文久元年九月）では、ボンネットを室内でかぶっている。しかし、「四編、本文」に「この笠は外へ行くときその道すがら用ゆることにて、館内にあるときはこれを用ゆることなし、ただ布の美たるを用ゆ。ほおかむりのごとくするなり」と述べ、室内図にはかぶせないようになった。知見が拡がるのに随って、訂正する写実的態度である。

マントレは短いケープ形外衣で、ボンネットと同じく、クリノリン・ドレスに用いられた。マントレの文様・色彩・生地等についても、彼の説明は詳しい。

下広がりの衣というのは、クリノリン・スカートを指す。クリノリンは馬の毛（crin 仏語）と麻（lin 仏語）の混紡織物である。この織物で作った固い布地のペチコートを何枚も重ねて、スカートをドーム型にふくらませる。フランス第二帝政時代、ナポレオン三世・ウージェニー皇后の宮廷モードは、ヨーロッパを風靡し、一八五〇年（嘉永三）から、七〇年（明治三）にかけてクリノリン・スタイルが流行した。五六年（安政三）には、人工的クリノリン、輪骨が発明された。輪骨は鯨の骨、針金、ぜんまいの輪などから作り、スカートを一層拡大すると共に、幾重にもペチコートをはく苦痛から女性を解放した。拡大スカートは輪骨によって優雅に揺れて、ふくらみと動きに美しさを増した。スカートにはレース、トリミング、襞飾りを付けて装飾した。「はら巻」というのはコルセットのことである。図91 スカートを拡大させるため、ウエストはコルセットによって細くしめつける。特殊なクリップできっちり留めるか、あるいは貞秀のいうように紐締めにした。ウエストが細いのを醜いというのは、日本のきものにもとづく発想であるが、レース飾りのコルセットを「美事なる物なり」と言い、下着の知識もあった。

「二編、本文」のクリノリン・スカートでは、輪骨の説明がないが「四編、本文」に、

> 女性はこし巻のごときに鯨骨の串を通して下は大いにひろく、ことには美しき巾をもってこれを製し、頭には巾笠を冠り、こしの下に付けるものをぬれほそという。

と述べて、クリノリン輪骨を知っていた。「ぬれほそ」については、何を指すか不明である。「ぬれほそ」は、「六編、本文」にも記され、掲載図「横浜海岸通り蘭人ミニストルの売場内部」図92 の説明文中にある。売場の奥に二つの部屋の入口があって、次のように説明されている。

その左右の口内には若き男女ありて、何やらん手仕事をいとなみいるに、いすに腰かけ上着をぬぎて、下着は白金巾の筒袖に腰にまといしぬれほそも白巾也。頭は冠物をぬぎ、茶くろなる毛をむすび付けて針仕事らしきてい「そのとなりは男にて」とあるので、これは婦人服装を指す。女は裁縫、男は金工の仕事をしている。男の姿は入口から見えるが、室内の婦人の姿は画中に無い。「四編」の図「小児に文字を読ませる」妻と、「五編」の図「豆ひき」の女性が腰に付けている細型の前掛様のものも明瞭でない。「ぬれほそ」は「濡細」であろうか。わが国にも欧米にも、見当らない服飾品である。

『よこはま四季の開風』(筆者不詳、安政六年から一年間の横浜風物誌(53))に、

異国の婦人店に買ものの躰と見へ、年頃二十前後にして、面ざし白く頭にヨウラクの如きものを戴き、衣躰腰より上は牡丹かけ或は小はねかけ、腰より下は出家の御衣の如し。内より鯨にて下程左右へ張広げ、路行歩行に障らず、其粧ひいにしへの楊貴妃にひとしく

　罪程は重て見たし筑摩鍋

　用心のやふに見へても無用心

　上は〆ても下が広がる

尤異国の風儀として、面躰の外聊も肌を見せず、其衣服の下に肌着を重ねしとあれば両便のたより甚悪なり

　身のうちを包み隠すはよけれども

　つまつたときは何と小べん

狂歌入りの洒脱な文の筆者は、横浜の町づくりに移住して来た商人であろうか。開港直後、すでに重ねスカートのクリノリン・スタイルを知り、クリノリン・スカートを論評した。彼のクリノリンに対する見解は、日本のきものに比べる発想であるが、現代イギリスの服装史研究家、ジェームズ・レーヴァー James Laver の次のような論説に通ずるところがあ

る。

古めかしいポットカバーのようなスカートをはいたこの時代の女性は、版画などで見ると、堅固不動の存在であるかのようである。だが実際は、クリノリンは左右に揺れ動いて男を誘う。左に寄ったかと思えば右に傾き前後に動き、形こそエスキモー人の雪小屋に似て重そうであるが、風のままにゆれる風船のように軽い。どちらかでも一寸押せば、すぐ片側が動いてスカートが持ち上がる。ヴィクトリヤ時代中期の男性は、スカートが持ち上がるたびに見える女の足に、複雑な感情を抱いたであろう。その結果、ブーツが新しく流行するようになった(54)。

横浜在勤の講武所詰某が『横浜日記(55)』に描いた西洋婦人も、(図93)クリノリン・ドレス着用姿である。彼は元村名主徳右衛門地所の家を借りて住み、調方出役として講武所を見廻り、時には運上所に出かけた。その間に見る異人風俗を、スケッチを交えながら筆記した。彼のスケッチによれば、三十ばかりのオランダ人女房は、黒ビロードの上着にクリノリン・スカートを着用している。傍の老婦人について、「きつねの毛にてこしらへたる袖口也、手をはさみおがむ、あたたかそうなり」と記すのは、マフ muff（手ぬくめ）である。また、「アメリカ人夫婦揺歩之図」(図94)には、「女は面に紗の黒なるをかけ」とあるが、紗の描出が困難なためかベールは描かれていない。彼女もクリノリン・スタイルである。色彩の説明があって、鼠色のクリノリン・スカートをはき、紅色のケープをかけていることがわかる。ケープ Cape は外出時に用いられ、横浜浮世絵にも多く描かれている。

横浜居留西洋婦人服の組合せを知るために、最も作画数の多い貞秀筆『横浜開港見聞誌』（以下『見聞誌』と略す）に掲載された婦人服装を集録する(56)と、次の通りである。

ボンネット
マントレ
クリノリン・ドレス
　異人三井店にて仕入買之図（初編）
　異人本町にて塗物を買入之図（初編）
　本町五丁目石川生糸店之図（初編）

異人遠馬走り乗帰宅之図（初編）
本町弐丁目入口ヨリ五丁目迄ヲ見渡シ之図（初編）
南京神奈川船ヨリ上りたる図（初編）
本町一丁目大通り異国船頭酒に酔たる図（初編）
本町南横通り異人港崎飯り（初編）
横浜本町北横丁ヨリ海岸西の波戸場を見渡す之図（初編）
船中トモの方坐敷上官人集りて飯盤向ひ酒茶遊楽之図（初編）
どんたく遊行・調練の図（二編）
運上所より東夷人商館を見込たる之図（二編）
異人町南側阿蘭陀寺（二編）
異人盆踊の図（二編）
海岸通異人館阿蘭陀コンシール門作りを見る之図（二編）
横浜異人商館内に南京人足にて羽子をつく図（二編）
亜墨利加婦人夏の衣姿（二編）
同婦人の姿、冬の衣之図（二編）
車馬にて走る之図（四編）
自りん車の図（五編）
商館二階坐敷にて酒茶遊楽の図（二編）
写真鏡（三編）

{ボンネット
{クリノリン・ドレス

糸車之図（三編）
横浜女異人の図（四編）
亜墨利加国婦人けはい二面鏡の図（五編）
商館二階坐敷にて酒茶遊楽の図（二編）
横浜にて西洋諸国の婦人集まり豆ひきを以て是をこなすの図（五編）
商館二階坐敷にて酒茶遊楽の図（二編）
異人商館台所の図（二編）
異人館内寝屋に小児を起さんと菓子を与る図（三編）
人力ぬい物、仕かけぬい物の図（三編）
異人商館の妻子児を集めて文字を読す之図（四編）
横浜海岸通り蘭人ミニストル売場（六編）
同、内部（六編）

クリノリン・ドレス
｛ケープ
｛クリノリン・ドレス

貞秀は、ボンネットとマントレまたはケープがクリノリン・ドレスと揃う外出姿を最も多く描き、総計三三図のうち一九図を占めている。外出着は日本人にとって、見る機会が最も多い。ボンネットをかぶり、マントレを着ない姿は五図、ケープをかける姿は二図ある。外出には必ずボンネットをかぶるが、マントレは着ない場合もある。ケープは室内でもつけている。ドレスだけの姿は室内の種々な背景の中に描かれて、七図ある。とくに注目される服装は、「亜墨利加国の婦人けはいするすがたを作るに二面鏡をもって合せ見る躰なり」図95（五編）に描くデコルテの夜会服である。本図のほか「画稿」に二点、版画に二点の夜会服姿が描かれている。婦人服中最も美しい夜会服を描いた絵師は少なく、芳富の「イギリス」図96（万延元年十二月）、「オロシヤ」（万延元年十二月）、芳虎の「横浜往返双六」（袋の絵）の婦人像に目立つに過ぎない。万延元年遣米使節が感嘆した夜会服は、横浜商人層の衣生活には見出されない。それは領事館の中にある服装であり、あるいは西洋絵画に見るドレスであった。デコルテの夜会服を描いた貞秀の服装見聞は、かなり広いと言える。

また、貞秀は西洋人の横浜生活点景に、婦人の乗馬スタイルを描いた。図97『見聞誌』に三図あり、版画にも描いた。上流社会のスポーツであった乗馬は、一般女性の流行となった。ズボンを着用しない婦人の乗馬スタイルは、クリノリン・スカートの横乗りであった。このエキゾチックな女性風俗は横浜絵に多く描かれたが、正常な左乗りを右乗りに描く図がある。本書の三図中にも、二図は右乗りに描かれている。

横浜居留地の最初の外国人は、イギリス、アメリカ、オランダ、フランス人であったが、やがて条約国となったロシア、プロシヤ、ポルトガル人が加わった。彼らは近代洋服を着用し、婦人は流行のクリノリン・スタイルであった。しかし、オランダ婦人を描いた貞秀の版画「生写異国人物阿蘭陀婦人挙觴愛児童《さかずきをあげてこどもをあいす》之図」図98（万延元年十一月）の服装は、十九世紀初頭のエンパイア・ドレスである。本図は長崎版画ブロムホフ夫人像によることは明らかで、彼は長崎に行き、長崎版画の影響を多大に受けた絵師であった。「生写異国人物」に、貞秀は何故過去の服装を描いたのであろうか。本図が国別シリーズであるところに、彼の苦心がうかがわれる。異人の面体がよく似ていて、何国人か定め難いことを『見聞誌』にしばしば述べている。クリノリン・スタイル婦人の国別は、一層困難であった。同誌に掲載した婦人像は、「横浜にて見る女異人ハ西洋諸国と亜墨利加人同様なる有さまなれば」（四編）と、国別を書かなかった。しかし、国別を目的とするシリーズには、オランダを象徴するブロムホフ夫人を利用した。これは浮世絵師の常套手段である。しかし、『見聞誌』に記す彼の作画方針は写実であった。「巻中あまねく書入あるといえども、これは横浜にて見たること、または老人の噺に聞きたるをそのまま書物にして功満我満の作為を用いず」（五編、序文）と宣言した。彼は異人町を見るため、本町大通りを左に廻り、小橋を渡って西北に進んで、波止場へ行った（三編、本文）。「新来の異人あれば、次第にその産物も品替りあるべし。これまた写し取って画面に出して、微細にあらわし」と、商館の商品の移動にも注意した。『見聞誌』では、外国の絵画によって描いた場合は、本文または画中に明記した。横浜浮世絵に描く欧米人の姿は横浜在住の外人でなく、舶載資料によって描かれたという見解もあるが、貞秀の描いた服装が実写であることを疑うことはできない。彼の絵に右乗り乗馬スタイルがあり、ブロムホフ夫人像を生写とすることがあっても、この基本的評価を崩すものではない。多くの絵師が描いた横浜浮世絵の洋服は、ヨーロッパの服装に比定するだけでなく、貞秀の絵と比較研究する必要がある。

幕末の横浜を描いた初期横浜浮世絵は(57)、芳虎の一三一点を筆頭に、芳員一一四点、貞秀九四点、芳幾五一点以下、総計六二二点(58)に達した。絵師数は、一二点の作者不詳を除いて、三四名である。版木一回の刷数は約二〇〇枚であるから、版画の流布は当時のベストセラーであった。横浜居留地西洋人の服装は、多数の横浜浮世絵を媒体として、全国に広く知られた。この西洋服装は、洋服と呼ばれた。九州へ渡来したポルトガル、スペイン人の南蛮服、長崎のオランダ人紅毛服を経て、欧米人の近代洋服生活は、幕末開港場の居留地に行われた。

2　洋服の着用

幕府は安政六年五月二十八日（一八五九年六月二十八日）に、六月以降神奈川・長崎・箱館三港において、露・仏・英・蘭・米五ヵ国との自由貿易を許可するという布告を出した。地元商人のほか各地からの横浜への出稼・移住を認め、彼らの服装に関して、次のように布告した。

百姓町人共衣服冠物之儀は風俗に拘り候間、異風之身形致間敷旨、前々より相触候趣も有ㇾ之候得共、向後異形之衣服冠物等相用ひ候儀弥以御禁制ニ候。万一心得違之者有ㇾ之候はゞ、見掛次第召捕、吟味之上急度《きっと》可㆓申付㆒候(59)

三港の自由貿易に参加する町人や農民の異国服着用を禁じた布告は、開港に対する幕府の意向を明らかに示している。外圧に屈して止むなく開港した幕府は、西洋風俗の流入を警戒して、それを阻止する方策をめぐらした。そのため、最も影響を受け易い服装が取締りの対象となったのである。見かけ次第捕えるという強い態度の布告であった。しかし、文久元年（一八六一）四月一日の大目付への達しに、

異風之筒袖異様の冠物着用不㆓相成㆒趣兼而相触置候処、近来密々着用致し候族も有ㇾ之哉之由、如何之事に候。以後心得違無ㇾ之様可ㇾ致候。

とあり、洋服着用者が早くもあらわれた。その対策として、

尤御軍艦方其外大船乗組之もの、且武芸修業上筒袖に無ㇾ之而差支候はは、船中又は稽古場を限、外国人之服に紛敷無ㇾ之様仕立相用候儀者不苦候。且又皮履之儀も御軍艦方等船中を限り相用候儀者不ㇾ苦。

と、海軍および武芸修業の武士に筒袖と皮靴を許可した。続いて、

百姓町人共も職業筋商売躰により筒袖着用、雪中皮履相用候儀は、是又在来の品は不ㇾ苦候共、外国製に紛敷相仕立候儀は不㆓相成㆒候条、心得違無ㇾ之様、筋々より堅可㆓申付㆒候。

と述べるのは、武士に許可した筒袖が庶民の衣服であったためである。幕府は当布告で、西洋服装を「異風の筒袖」と表現し、以後「筒袖」という名称を用いた。日本在来の筒袖と、西洋服装を指す「筒袖」が布告中に混在するので、解釈を誤ることもある。武士に許可した筒袖式和服と百姓・町人にとっては在来の筒袖とを、西洋服装にまぎらわしく真似ることを禁じたのである。安政六年布告で西洋服装を禁じたが、長袖の和服では西欧文明に対応できぬことを認め、和服の筒袖を再認識するものであった。

文久三年の政変以来、急進尊攘派勢力は後退したが、攘夷思想は根強く、「天誅」というテロ行動や外国人殺傷事件が続く世である。元治元年（一八六四）に、摂海砲台建設係となって入洛した佐久間象山は、洋服を着用し、洋鞍の馬に乗って市中を歩き、攘夷党に暗殺された。しかし、開港場横浜には、既に洋化の状況が進行していた。

西洋学を修むる青年輩の間には何事も西洋人に真似ること流行し、予の友人仲間も平常の野袴よりは幅の狭き義経袴

と称ふるを猶狭く仕立て、其形如何にも西洋服のズボンの如く見ゆるを穿き、西洋靴を用ひ、衣服も袖を短く仕立て、羽織は腰迄位の長さに詰め、陣笠を小さくしたる位の塗笠を頭に戴き、西洋鞍を置きて馬に乗りたり。(60)

というように、横浜に開かれたヘボン英学塾（文久三年）や語学伝習所（元治二年）で学ぶ青年に、西洋風が流行した。

横浜浮世絵の、一光斎芳盛筆「穏禰」図99（万延元年四月、大阪錦絵）は唯一の日本女性洋装図である。この洋装女性像が唐人お吉であることは、「穏禰」の題名と、横に掲げる蜀山人の歌「唐人もここまでござれ天の原三国一の富士が見たくば」によってわかる。本図は長崎版画「阿蘭陀婦人の図」によく似ている。デコルテの衿・結髪・さし櫛、イヤリング、ギヤマンのグラスは、川原慶賀の描いたブロムホフ夫人像を真似ている。芳盛は越長版に、長崎版画独特の合羽摺技法を用いた。本図は図柄も摺技法も、長崎版画によるものである。芳盛はまた、この三ヵ月後、越長版「おらんだ人の図」を出版したが、これにもブロムホフ夫人像を借用し、衿型・髪飾りは「穏禰」図と同じである。当代のお吉に紅毛服を着用させた本図は、実像でないことが明らかである。他図を真似ることは浮世絵師の常套手段で、貞秀にも見られる。しかし、「穏禰」の西洋服装は芳盛にとって、斬新なモチーフであったろう。

外妾の実像は、『横浜日記』（前掲）に描かれている。図100 横浜在勤の講武所詰某の描いた外妾は、和服姿であった。次のような説明がある。

娘と云るは、めかけ也。夷人のめかけといふは俗にらしやめんといふ。よき女はすくなし。多くは売女の娘子にて、江戸にていへば場はづれの地ごく女体也。そとをあゆむにづきんに顔を包み、眼ばかり出す者多し。人に面をみられるをはばかるか。いるいは多くはちりめん或は八丈絵、羽織はらしやごうし、御召ちりめん等にてあるく也。給金は月に拾五両廿両位とる。うち港崎町江戸の吉原なる女郎屋へ運上をとらるゝ事、拾五両のうち拾両は女郎屋へひけ、手取月々弐三両にて、着物はねだり次第と云ゆへに、りつぱなり。

外妾は港崎町遊女との契約であって、自由な同棲生活は認められなかった。そのため、彼女らの姓名は把握されていた。

本図上部に、外妾名が列記されている。しかし、「外別に志るすゆえに略す」とあり、名簿の一部分であった。その全文は、『珍事五ヶ国横浜はなし』掲載の「外国人士官商人館番附幷名前」である。「一番　英国　ガハール　娘　つる」「五番　亜ホルトガルクラ　娘たつ」のように、欧米人七六名中、三〇名に「娘」の同居が見られる。

『珍事五ヶ国横浜はなし』の筆者、俳人南草庵松伯が、

入海のつきあたりは港崎の廓にして、夜は家毎にあかりをともし、あたかも昼中にことならず。中にも高らかに見ゆるは岩亀楼にして、異人和人の二楼あり。何れも広大なり。

と描写した港崎《みよざき》遊廓は、同書によると六三軒あり、殷賑の盛況であった。港崎遊廓を建設した品川岩槻楼主、佐藤佐吉の娼楼、岩亀楼は最も広壮で、横浜浮世絵にも多く描かれている。二代広重は岩亀楼図に、ケープカラーをつけた花魁を描いた。前帯打掛のお職衣裳に、ケープカラーをつけた花魁姿は、万延元年（一八六〇）出版の「横浜岩亀見込之図」に一名、「横浜岩亀楼上」図Ⅷ に三名、「横浜港崎町楼上之図（岩亀楼繁昌之図）」に三名、「万国入船《ばんこくいりふね》寿《す》語録《ごろく》」の上り、「横浜岩亀楼之図」に三名描かれている。彼の傑作とされる「横浜岩亀楼上」の中心画像は、襞のあるケープカラーをつけ、透し模様のトレーン train（引き裾）を引き、豪華なシャンデリヤに輝く花魁である。その傍にはケープカラーの花魁が立ち、後景の部屋に見える宴で琵琶を弾く花魁も、ケープカラーをつけている。衿飾りと引き裾に異国情緒を凝集させて、異人遊廓岩亀楼の華麗な情景が描出された。

十九世紀のケープカラーは、クリノリン・ドレスとボンネットに組合される衿飾りであった。横浜の西洋婦人服に目立つケープカラーは、横浜浮世絵に多く描かれた。二代広重も、「英吉利国波止場風景」図101（万延元年二月）、「横浜道中双六」（袋の絵）（万延元年九月）、「亜墨利加」（万延元年十二月）等に、ケープカラーの西洋婦人像を描いた。しかし、トレーンはクリノリン・ドレスの拡大スカートにはつけられない。夜会服用引裾は、ケープカラーのように一般的な服飾ではなかった。絵師たちにも注目されず、西洋婦人図に描かれていない。花魁衣裳にトレーンを付けた姿を描いたのは、二代広重だけで

ある。婦人乗馬服が多く描かれたように、絵師たちの筆は珍しい風俗に集中するが、花魁のトレーンは何故見逃されたのであろうか。攘夷家に対する恐れか、あるいは二代広重の創作アイディアにすぎないのか。彼だけが描くトレーンの実像は、明らかでないが、江戸時代のモードは遊里で創造されてきた。岩亀楼花魁衣裳のケープカラーとトレーンは、洋風新モードである。しかし、遊里の華麗な洋風衣裳は二代広重が描くばかりで、現実に洋化が進行したのは、男子の着用する軍服と洋服であった。

開港後の複雑な外交関係と国内の激しい政争に対応して、幕府は軍備の強化をはかった。文久二年（一八六二）五月には、陸海軍備向幷御軍制取調が行われた。池田甲斐守以下二二名の取調役には、咸臨丸でアメリカへ渡航した木村喜毅・勝麟太郎も加わり、意見が上申され、親衛常備軍制が組織された。この軍装は筒袖・羽織・陣股引の和服型であったが、羅紗を使用する改革を行った。上申書の中に、

一御旗本之向へ俄に羅紗胴服一統着用被㆓仰渡㆒候ては、人心如何と心配仕候。胴服之品は羅紗用ひ候方、雨露霜雪をも凌き便利之品柄故、相用候義勝手次第之趣被㆓仰渡㆒候方可㆑然哉に存候。[61]

とあるように、外国製羅紗地の使用さえも、一大難事であった。そのほか布衣以上の小袴には菊綴《きくとじ》を付けさせる階級性も強く、「物具之義は是迄之通り所持罷在候様仕度事に候」という守旧ぶりであった。元治元年（一八六四）には、筒袖・陣股引を筒袖・だんぶくろと称した。図102

和装の機能的軍装を定めた幕府は、この基準以上の洋風化を警戒する。慶応二年（一八六六）五月十日、老中井上周防守は洋化の進む西洋銃隊の調練服について、大目付へ次のように指示した。

西洋銃隊調練の儀は外国の利器を採、御国之武備一際御厳整に可㆑被㆑遊御趣意を以て、先年中より厚御世話も有㆑之事に付、右御趣意相心得、勉励可㆑致は勿論に候得共、近来習練の道実理を失ひ虚飾に流れ、兎角新奇を好み、自己の工夫等取交、遊戯同様の挙動致し、又は従来の御制度も不㆑顧外国人に斉き服を着用候向も有㆑之哉に相聞え、漸々

士風を破り且一躰の御趣意にも相触れ、以外の事に候。以来形容に不レ拘実と致二修行一、筒袖陣股引の類異様の仕立并に華美之品一切相止、都て陣服類稽古の外、平常猥に着用候義は不二相成一候。若心得違之者有レ之候はゝ、急度御沙汰可有レ之候条、其旨可二心得一候。[62]

と、洋風仕立と平常の着用を禁じた。さらに、同月十八日には、同様の趣旨に次の箇条を加えて厳しく申渡した。

一レキションと相唱候筒袖之羽織不レ苦候事

一ダンブクロは袴腰有レ之分は不レ苦候事

一胴服之義ボタン一つ掛けは不レ苦候事

一頭巾之義は是迄之通り仕立にて不レ苦候

　右何れも地合本綿羅紗呉絽之内勝手次第、尤色は黒計りに限候事

一英国仕立羽織一切不二相成一候事

一沓之義は場所之外着用致間敷候事

一士并に太鼓打は羽織一切着用不二相成一候事

一小袴之義は不レ苦、黒紺にて印付外は一切不二相成一候事[63]

幕府のこのような混乱した保守思想に対して、神奈川奉行所定番役林百郎の行動は鮮かであった。元治元年（一八六四）彼は定番から二〇名、足軽級の下番から四〇名を選んで、イギリス式軍服着用の銃隊を結成したのである。生麦事件後、文久三年（一八六三）から居留民保護のため、横浜に英仏両国の兵が駐留していた。緋ラシャ上着のイギリス兵は、赤隊《あかたい》と呼ばれた。前田橋屯所近くの原で、彼らの調練を見ることができた。[64] 幕府麾下の奉行所本陣の兵は、平常の着物の上に浅黄木綿の羽織をまとい、緋色呉絽の紐を結ぶ粗末な服装で、菜葉《なっぱ》隊と呼ばれた。[65] この菜葉隊から林の編成したイギリス式銃隊は、古い写真（太田臨一郎氏蔵）によると、七つボタンの軍服であった。士官は山形の金筋、兵士は山形の色一筋の

袖章を付け、白毛飾りの軍帽をかぶり、イギリス赤隊服の模倣であった。慶応元年（一八六五）に、この銃隊が江戸城西の丸の警護に当った時には、全員緋羅紗の軍服を着用していたという。(66) 幕府の守旧的布告と、開港場横浜のイギリス式緋羅紗軍服の対照は鮮明である。

文久三年（一八六三）に、竹川彦三郎政胖《まさやす》竹斎の書いた『野人胡服論』は、一商人の軍服採用論である。竹斎（文化六―明治十五年）は伊勢国飯野郡射和《いさわ》村の人で、万延二年（一八六一）に横浜で貿易を行った竹口喜左衛門信義の実兄であった。弟の貿易に協力する竹斎は、伊勢地方に輸出茶の生産を興した。松坂商人としての事業的才腕に富み、竹川家の大坂及び江戸両替店を繁栄させたばかりでなく、射和に溜池工事を行って天保飢饉を救い、名産万古焼製造を奨励するなど、郷土のために尽力する名士としても知られていた。また、『老翁勇話』（万延元年）、『賤廼雑話』（文久元年）、『君々論』（文久二年）を著わして開港互市を論じ、幕府から出府を促されたが、病気のため固辞した。書・和歌をよくし、書籍を好む竹斎は、喜永元年（一八四八）六月に、蒐集の書籍一万巻を書画と共に納めた射和文庫を開設した。『野人胡服論』は、同文庫所蔵の自筆本である。

本書は「甲曰」「乙曰」の対話形式で、甲は胡服（西洋服）反対論者、乙は賛成論者である。甲が、甲冑を誇るわが国の胡服着用を反対すると、乙は、金革製でない布帛の留袖太股引の胡服を着て戦うは勇なりと言う。神都に胡服を着て入るを禁ずるは、勅命というのは偽である。今は西洋と和親をはかって来寇はないが、もし戦争となれば衆民塗炭の苦となり、神都も甲冑武士には護り得ず、留袖太股引の士を集めなければならない。それでは間に合わぬから、神都守護には胡服を着用させるべきである。外夷の合羽、出島砂糖、洋米を用い、神前にも三韓、蝦夷の献貢品を供えているではないかと、攘夷観を斥ける。また甲は、肉を喰い血をすする胡人の服は神都に入るを禁ずと言うに、乙は、日本上代服の筒袖・細袴・右衽（右前）の風も漢三韓から来たものであると論破し、大久保氏当春の歌「世の中なへて筒袖を着ることになりたるを見てとありて、あける世の姿は見へつ真心もむかしにかへせはるの神かせ」を示した。洋式調練に反対する攘夷家に対しては、神都防衛論によって、軍服採用を力説した。大坂・江戸店を経営する竹斎は地方の一商人ながら、日本の当面する事態への識見を有し、『野人胡服論』を著わして洋服採用を説いた。

　幕府が洋式軍備を断行したのは、第十五代将軍となった慶喜の軍制改革であった。幕府と密接な関係を結ぼうとするフランス公使レオン・ロッシュ Léon Roches の斡旋によって、参謀大尉シャノアーヌ Charles Sulpice Jules Chanoine 以下一八名の教官は、慶応三年（一八六七）一月十三日、横浜へ到着した。太田村の陣屋に設けた伝習所で、歩兵・騎兵・砲兵の教育を開始した時、ナポレオン三世から寄贈されたフランス士官と兵士の軍服が着用された。フランス軍服は体の小さい日本兵に合わず、恰好が悪かった。草履をはきなれた彼らの足には靴が重く、膝を突き出して足をひきずりながら歩いたという(67)。フランス皇帝は将軍慶喜にも、金モール付の将官正服と馬具を贈った。慶喜はこの軍服を着て洋鞍に跨り、洋癖家という評判がひろまった(68)。軍制改革を決行する幕府は、フランス軍事教官団到着後、一月十五日に次の布達を行った。

　皇国戎衣之儀甲冑を用ひ来候処、時勢移、身体軽便に無レ之而は運動周旋難ニ行届一依レ之左之通被ニ仰出一候。

一、銃服　筒袖　タンフ　レキション

　　右色黒紺にて毛織之類

右之服相用可レ申、且平服に相用候而も不レ苦候事

　但御合印はレキション之襟え火事羽織之通付可レ申候事

一　黒羅紗にて頭巾用意可レ然候。尤制度之儀は追而被ニ仰出一候

右之通被ニ仰出一候間、銘々早々改衣可レ致候。就レ右此度限御目録金一両被ニ成下一候。尤美麗戎は無益之失費相省き実専要可ニ相心得一候(69)

　布達に示す筒袖は洋服上着、タンフはダンブクロ（ズボン）、レキションは背割り長羽織である。慶応二年五月十日の布達に「一　ダンブクロは袴腰有レ之分は不苦候事」として、袴腰のある和服細袴を認めたのに対して、本令のタンフ＝ダン

ブクロは洋服のズボンをいう。フランス調練伝習のために、幕府は軍服を採用したのである。夏服は戎衣筒袖、タンフ白色、レキション黒色に定められ、将官は羅紗、下士官は大羅紗、兵卒は小倉木綿を用いた。袖章・肩章・兵士服の襟の色・袖口の色も定めた(70)。しかし、洋式軍服採用の大変革は、同年十月十四日の大政奉還までの僅かな期間にすぎなかった。図103

海軍は咸臨丸渡米の貴重な経験を、幕閣の施政に生かすことができなかった。将官は陸軍と同じく、ラシャの筒袖、細い袴(ダンブクロ)を着用した。咸臨丸で採用した水夫の羅紗服も、羅紗地の許可に後退し、船中の皮靴を許しただけであった(71)。海軍の伝習は長崎海軍伝習所時代のオランダ式からフランス式へ、さらにイギリス式へと移った。フランス式は慶応二年(一八六六)一月四日から四月まで、仏艦ゲリウェール号乗組士官、バリー・ボースマン B. Bootsman ら四名を招聘して行われた。

イギリス式の教官は、英公使パークス Harry Smith Parkes が、フランスの陸軍教官来日に対抗して斡旋したトレッシイ少佐 Commander L. E. Tracy ら一二名である。慶応三年九月に来日、四年一月一日から伝習を始めた。トレッシイ少佐は服制を考案したが、戊辰戦争が起ったため、二月十二日に伝習は中止された。

軍艦操練所から幕府最初のオランダ留学生となった内田恒次郎、榎本釜次郎、沢太郎左衛門、田口俊平らは、オランダの造船所で建造された開陽丸に乗って、慶応三年五月二十日に帰国した。その後、内田は幕府軍艦頭となって活躍し、榎本は軍艦乗組頭取から海軍奉行になり、幕府海軍の重鎮となった。沢も開陽丸副艦長から艦長に進んだ。四年夏、榎本は軍艦乗組員に羅紗製軍服を着用させるため、横浜商館からミシンと大羅紗七六反を購入した(72)。攘夷期に帰航した咸臨丸と異なり、開陽丸の帰国は軍装改革を実現させた。

幕府瓦解後、明治元年(一八六八)八月十五日に、榎本は軍艦八隻をひきい、江戸湾を脱出して北海道に渡った。五稜郭要塞を占領した榎本海軍の中に、旧幕府のフランス軍事教官団将校ブリュネとカズヌーフが加わっていた。十一月十四日、榎本の搭乗する旗艦、開陽丸は松前藩砲撃のため江差へ出動したが、十五日夜半の暴風雪に座礁し、十数日後に沈没した。海底に沈む開陽丸の遺物引揚げは、その後幾度も行われたが、昭和四十二年（一九六七）の開道百年記念事業として、本格的な発掘調査が始められ、五十年（一九七五）の第一次から、五十三年（一九七八）の第三次に至る水中発掘が行われた。多数の遺品が引き揚げられた中に、布地・綿・糸・へら・ボタン及び「ケレート・マークル亀吉」と墨書した木札を納める柳行李があった。「ケレート・マークル」は、オランダ語の古語「仕立職」であることが調査団によって解明された。彼の経歴については不明であるが、木札の裏面に「開陽」の焼き印があり、開陽丸専属の洋服仕立職であったことがわかる。(73)投票によって蝦夷島共和国総裁に選ばれた榎本の軍服は、靖国神社宝物館に所蔵されている。軍帽・軍服は将軍慶喜がナポレオン三世から贈られたもので、榎本が慶喜から拝領したものという。この軍服を着用した榎本の写真も、同館に遺っている。図104 また、榎本が幕僚五名と共に撮した写真があり、二列ボタンのフロック型榎本海軍服を見ることができる。幕府最後の海軍は、完全な洋式軍服であった。

慶応三年三月二十八日、慶喜が英・仏・蘭代表と大坂城で会見した時、イギリス公使パークスの、「近来貴国の人にして西洋服を着する者あるは、公許ありしにや」という問に対して、慶喜は「そは公許せるなり」と答えた。(74)当年一月から定められたフランス式軍服のほか、一般民間人を含めての質問であった。慶喜の答は、百姓・町人に対する安政六年および文久元年の洋服禁止令を解禁したことになる。洋服公許の布告はなかったが、自由に着用している当世の状況が公許ということであろう。「御城はさんさい羽織だん袋、横浜辺は胴服ズボン真の夷人に御座候」（小玉玉晁『丁卯雑拾録』）と、開港場横浜の洋服着用が目立った。長崎の斉美館教授方、柴田大介（号、方庵）も、初めて洋服を注文した。

洋服仕立方出来、但中着上着股引、外中着肌着二枚残る。右は両三日中出来之由、仕立代之内金壱両弐分相渡置(75)

（『方庵日記』慶応三年四月十日の条）

新調の洋服は上着・チョッキ・ズボンのほかに、肌着も作らねばならない。注文服内金の壱両二分は、同年一月十五日の幕府軍服制定に、軍服代として支給された一両と比べて高価である。"China Directory for 1867" によれば、当年の長崎には二〇一名の西洋人が在留していた。同書は商人の職種を記さず、柴田の洋服を仕立てたテーラー名はわからない。当時の洋服仕立は、西洋人テーラーの技術であった。彼の日記によって、この頃の長崎には、注文服を仕立てるテーラーのいたことが知られる。彼は水戸藩の蘭方医で、長崎に在留していた。軍用食のパン・ビスケットの製法伝授を藩から依嘱されたこともあり、西洋文明接触の先端にいた。彼は新調の西洋服を紅毛服と言わず、「洋服」という新しい名称を使った。同年のパリ万国博覧会派遣使節徳川昭武に随行した渋沢栄一も、『御在館日記』に「洋服」と言う。しかし、同年に出版された片山淳之助著『西洋衣食住』には「西洋服」とある。「洋服」はまだ、一般に定着しない最新の名称であった。

『西洋衣食住』図105（慶応三年丁卯季冬）は、福沢諭吉の著である。幕府翻訳方をつとめる身分の遠慮から、弟子の片山淳之助を用いた。題言に、

近来世上に西洋服を用ゆる者甚た多し。武用其外立働に最も便利なること挙ていふへからす。しかるに世人或は彼国衣服の製を心得すして、譬へは暑中に棉《わた》入を着、襦はんの代りに羽織を用ゆる等の間違も少からす。今この小冊子に彼国衣裳の一ト通りと亦兼て食事の諸道具寝処の模様をも、あらまし其図を記し、其用法を解き、聊不案内の人々に示すのみ。

と刊行の趣旨を述べた。「衣之部」に、西洋服及び附属品を図解して、英語及び和訳の名称を記入し、正しい用法を説く。名称は次の通りである（カッコ内は筆者記入の現名称）。

第一　肌襦袢《ハダジユ》　＝オンドルショルツ（シャツ）
第二　下股引　＝ヅローワルス（ズボン下）
第三　上襦バン＝ショルツ（ワイシャツ）
第四　毛織上襦バン＝フランネルショルツ
第五　足袋　＝ストッキング（靴下）

ズボンツリ＝「ブレーシス」又「ソスペンドル」

第六　チョッキ＝ウエストコート

第七　首巻　＝コラル（カラー）

襟締　＝ネッキタイ（ネクタイ）

第八　沓　＝シウーズ（靴）

長沓　＝ブーツ（長靴）

上沓　＝スリップルス（スリッパ）

沓篦《ヘラ》　＝シウーイン、ホルン

第九　丸羽織　＝ビジネスコート（背広）

割羽織　＝ゼンツルマンコート（フロックコート）

第十　上着　＝オワコート（オーバー）

第十一　合羽、トンビ＝マグフエロン（マント）

高帽子　＝ハット

平帽子　＝ケップ

丸帽子　＝ハット

傘　＝ソムブレラ

着用の順は番号に従う。そのほか、生地・素材・着用法・着用場所・国別の特色等が説明され、ズボンの着用法は特に詳述されている。婦人洋服については、記されていない。幕末日本に必要なのは、男子洋服の知識であった。福沢は通訳として、万延元年（一八六〇）の咸臨丸派遣（一月十九日〜五月五日）、文久元年（一八六一）の遣欧使節（十二月二十三日〜二年十二月十一日)、慶応三年(一八六七)の軍艦購入遣米委員(一月二十三日~六月二十七日)に随行して、欧米諸国を廻った。海外出張三回は、当時の最高記録であった。『西洋衣食住』は海外生活の経験豊かな福沢諭吉によって著わされ、洋服にとって初めての啓蒙書であった。

開国後の日本服装には、洋式軍備に必要な軍服化と、開港場横浜・長崎の洋服ファッションが進行した。福沢諭吉が『西洋衣食住』に、「武用其外立働に最も便利なること挙ていふへからず」と述べているように、洋服の機能性が着用契機であることはいうまでもない。さらに、服装の文明的象徴性が近代洋服受容の根底にあった。軍服化・洋服化は西洋文明に直面する服装変化であって、家庭内女性の生活圏外に行われた。外来服装に対応するのは男子服装だけで、婦人服装にかかわりのない世界の現象である。西洋婦人の華麗なドレスを賞讃するのは男性であり、西洋婦人洋装の周辺にも、日本女性の姿は見られない。二代広重の描いた遊里女性の洋風衣裳が実像であるとしても、それは西洋文明の芳香の漂う幻想的な別世界にすぎない。

三　ミシン初伝と洋服業の成立

1　ミシン初伝の系譜　第一ルート

十八世紀後半、織機の機械化から始まったイギリスの産業革命に、織物の生産量が増大するにつれて、裁縫の機械化が志向されるようになった。一七五五年(宝暦五)から裁縫機械の発明が現れるが、ミシンの形を成したのは、一七九〇年(寛政二)に、イギリスの指物師トマス・セイント Thomas Saint の製作した皮革縫製用ミシンである(挿図15a)。しかし、特許を得ただけで、実用化されなかった。彼に続く数人の発明も、実用化には至らなかった。製造された最初のミシンは、フランスの仕立屋パルテルミー・ティモニエ Parthélemy Thimonnier が発明した鎖状縫目の環縫ミシンである（挿図15 b）。一八三〇年（天保元）に特許をとった。彼は翌年までに八〇台のミシンを造り、縫製工場をパリに建設して軍服を縫った。しかし、仕事を失うことを恐れる裁縫師たちが工場を襲撃して、そのミシンは破壊された。ティモニエは木製から金属製へとミシンの改良をはかり、アメリカの特許を取ったが再起できず、貧困のうちに死去した。

ヨーロッパで発明されたミシンはその後、アメリカで発達する。ニューヨークの機械工オルター・ハント Walter Hunt は一八三四年（天保五）に、鎖状の縫目でなく、二本の糸で堅くしまる縫目のミシンを造った。これは本縫といい、現在のミシンの縫目が初めてでき上ったのである。しかし、直線縫だけで、布送りもできなかった。送り装置に成功したのはエリアス・ホウ Elias Howe である。彼は各地の紡織工場で働きながら研究し、四六年（弘化三）に、このミシンを完成して特許を取った（挿図15 c）。人びとは彼のミシンが手縫より優れていることを認めたが、裁縫師たちの反対運動のため、工業化することは困難であった。ホウはイギリスに渡り、知り合った工場主に、彼のミシンを使ってコルセットを縫わせた。しかし成功せず、失意のうちにアメリカに戻ったのは、四九年（嘉永二）である。帰国したホウは、ミシンの社会的欲求が高まり、彼の特許を侵害してミシン製造が始まっていることを知った。ホウのミシンは、現代ミシンの基本的部分を具備しているが、速度は遅く騒音が激しかった。しかし、ミシン時代の来ることを確信するホウは告訴して、自分の権利を守り、製造会社から特許使用料を獲得した。

ミシガン州の指物師アレン・ウィルソン Allen B. Wilson は四九年（嘉永二）に、自動送り装置を付けた本縫ミシンを完成した。また、従来のミシンと異なるメカニズムの回転鉤を発明した。これによって、現代ミシンのカマの基礎が確立された。五一年（嘉永四）八月十二日に特許を取った。彼は事業家ナザニエル・ウィラー Nathaniel Wheeler の協力を得て、ウィラー・アンド・ウィルソン会社 Wheeler, Wilson & Co. を設立した。足踏式の優秀なウィラー・アンド・ウィルソン・

b

a

d

c

e

挿図15　初期のミシン

a　トマス・セイントのミシン
b　バルテルミー・ティモニエのミシン
c　エリアス・ホウのミシン
d　ウィラー・アンド・ウィルソンのミシン
e　アイザック・メリット・シンガーのミシン

英国科学博物館

ミシン（挿図15ｄ）は、まず縫製工業に、次いで家庭裁縫用に進出した。また、ボストンの機械工アイザック・メリット・シンガー Isaac Merrit Singer の本縫ミシンが完成して特許を取ったのは、偶然にも、ウィルソンと同じ五一年八月十二日であった（挿図15ｅ）。シンガーのミシンは布地を前に送って傷めず、縫いながら方向転換することができ、画期的な押えがねは、厚地にも自動的に適応するものであった。ウィルソン及びシンガーによって、技術的発展を遂げたアメリカのミシンは、西部開発に必要な既製服産業を興隆させ、五五年（安政二）以降、ミシンの生産量は激増した。(76)日本にペリーが来航して日米和親条約が調印され（一八五四年）、開国しなければならなくなった頃である。

わが国へのミシン初伝は、ウィラー・アンド・ウィルソン会社から、将軍家定への贈物である。これは一八六二年四月五日（文久二年三月七日）の『ニューヨーク新聞』第三三〇号に掲載され、わが国の『官板海外新聞別集』に、次のように翻訳されている。

「日本より贈物の事」

日本の当方延大君よりホエーレル及びウキルソンの組合より前大君に進上したる美事なる縫道具の返礼として、亜国ミニストル、トオセントハルリスに頼て、右の組合に甚た珍しく且つ貴むべき数多の品物を贈れり。是は種々に彩色して何れも長サ五ヤールドの天鵞絨五巻と、金銀の綾模様ありて種々の鳥或は花を画きたる何《いづれ》も立方一ヤードの貴き絹五巻なり、但し其鳥の中には其色黒して異形なる鳥数十羽、並に奇麗なる牝鶏の周囲に牡鶏雛の集れる有様を画きたり。今此織物はクラホードの作なるデンシングセンニーの華麗なる肖像と共に、ホエーレル及びウキルソン組合の展観場の飾物としてあれり。外国珍器を見るを好む輩は、日本製造の器械も常に探索すべし。予等ハルリスの知らせにて聞きたるに、亜国夫人の如く、前大君の寡婦は右進上したる縫道具を玩《もてあそべ》りと。(77)

アメリカ駐日総領事タウンセンド・ハリス Townsend Harris が安政四年（一八五七）十二月十日に、江戸城で将軍家定に謁見した際の贈物、望遠鏡・晴雨計等一三品の中にミシンはない。(78)ウィラー・アンド・ウィルソン会社の贈ったミシンは、ハリスの公式な贈物には当然含まれないものである。あるいは、ハリス来航後の別の船便で贈られたものであろうか。このミシンはハリス自身の持参であったかどうか不明であるが、(79)将軍の返礼を持ち帰ったのは、ハリスであった。家定は翌五年（一八五八）七月六日に没したので、次の将軍家茂が文久二年（一八六二）に、ハリスの帰国に託して、返礼の品を贈ったのである。贈物のミシンは家定の未亡人天璋院が愛用していることを、ハリスが会社に伝えている。

将軍家定に献上されたウィラー・アンド・ウィルソン会社のミシンは、わが国ミシン初伝の第一ルートである。しかし、贈物として江戸城に入ったミシンの経路は、幕府の崩壊によって消滅した。

2　ミシン初伝第二ルートと婦人洋服業

ミシン初伝第二ルートは、横浜絵に描かれた西洋人家庭のミシンである。このようなミシンは、竹口喜左衛門信義の日記『横浜の記』に登場する。また、初代婦人洋服裁縫師沢野辰五郎の語った「女洋服裁縫の始め」によって、このミシンのあるダッチ・リフォームド教会宣教師S・R・ブラウン Samuel Robbins Brown 家を中心に、婦人洋服業の成立が明らかになる。

『横浜の記』（挿図16）は江戸店持、伊勢中万《ちゆうま》の商人、竹口喜左衛門信義の日記である。信義は万延二年（一八六一）正月十四日に、江戸から神奈川に舟行し、成仏寺在住のアメリカ長老教会宣教医ヘボン James Curtis Hepburn の斡旋によって、外国商人と貿易の打合せを行い、二十日に帰府した。その間の日記に、文久三年（一八六三）六月十八日までの外商との取引メモが付されている。『横浜の記』は一商人の幕末横浜貿易について貴重な記録であるが、ミシン裁縫の場面が登場し、民間史料に乏しいミシン史研究にも、注目されるものである。

竹口家は伊勢国乳熊郷（現、三重県松阪市中万町）に油商を営み、慶長（一五九六―一六一四）頃の右衛門太郎義政を初代とする。三代作兵衛義道が慶安年間（一六四八—五一）に江戸へ出て、日本橋で塗物店を開業した。四代作兵衛勝義は元禄初年（一六八八）に、深川永代橋際で味噌醸造を始め、乳熊屋作兵衛商店の初代となった。彼は宝井其角に師事し、赤穂浪士大高源吾の俳諧の友であった。泉岳寺へ引き揚げる赤穂浪士一行が永代橋にさしかかった時、勝義は甘酒粥をふるまってその労をねぎらった。大高源吾は当日上棟の乳熊屋のために、棟木に由来を記し、看板も書き残した。これが江戸の評判となり、乳熊屋は江戸名所の一つになったという。乳熊屋二代喜左衛門松方は、延享二年（一七四五）四月二十五日に、南茅場町にも米穀店伊勢喜を開いた。乳熊屋と伊勢喜の江戸店持として、五代喜左衛門信義に至ったのである。(80) 幕末・明治初年の江戸の情景を記した鹿島万兵衛の『江戸の夕栄』永代橋の項に「突当りに有名な乳熊屋といふ酒店と蒲鉾屋ありし」と記されている。この頃の当主、喜左衛門信義（文化九年〜明治二年十月二十二日）が、『横浜の記』の筆者であった。

喜左衛門信義は文化九年（一八一二）に、伊勢国飯野郡射和《いさわ》村の竹川家に生れた。幼名を礼蔵という。幕末・明治期に、射和の名士として知られた竹川政胖《まさやす》竹斎の弟である。文政十一年（一八二八）、十六歳の時、隣村中万の竹口家養嗣子となった。竹川家の江戸店両替店が竹口家江戸店と同じ町内にあり、昵懇の間柄でこの縁が結ばれた。礼蔵は天保十一年（一八四〇）に家督をつぎ、喜左衛門信義と称した。先代喜左衛門直兄《なおえ》は佐藤信淵と親交があり、信淵の指導を受けて上総国君津郡久保田の荒蕪地に農場を開いた。また、『夢物語』を書いて幕吏に追われる高野長英を数十日間南茅場町の自宅に匿うなど、(81) 進歩的な知識人であった。この養父の許に成人した信義も勝海舟と親しく、松前の海産物問屋渋田利右衛門、灘の酒造家喜納治右衛門と共に、海舟の後援者となった。勝の父小吉が乳熊屋近くの油堀に住んでいたところから彼らの交際が始まり、信義

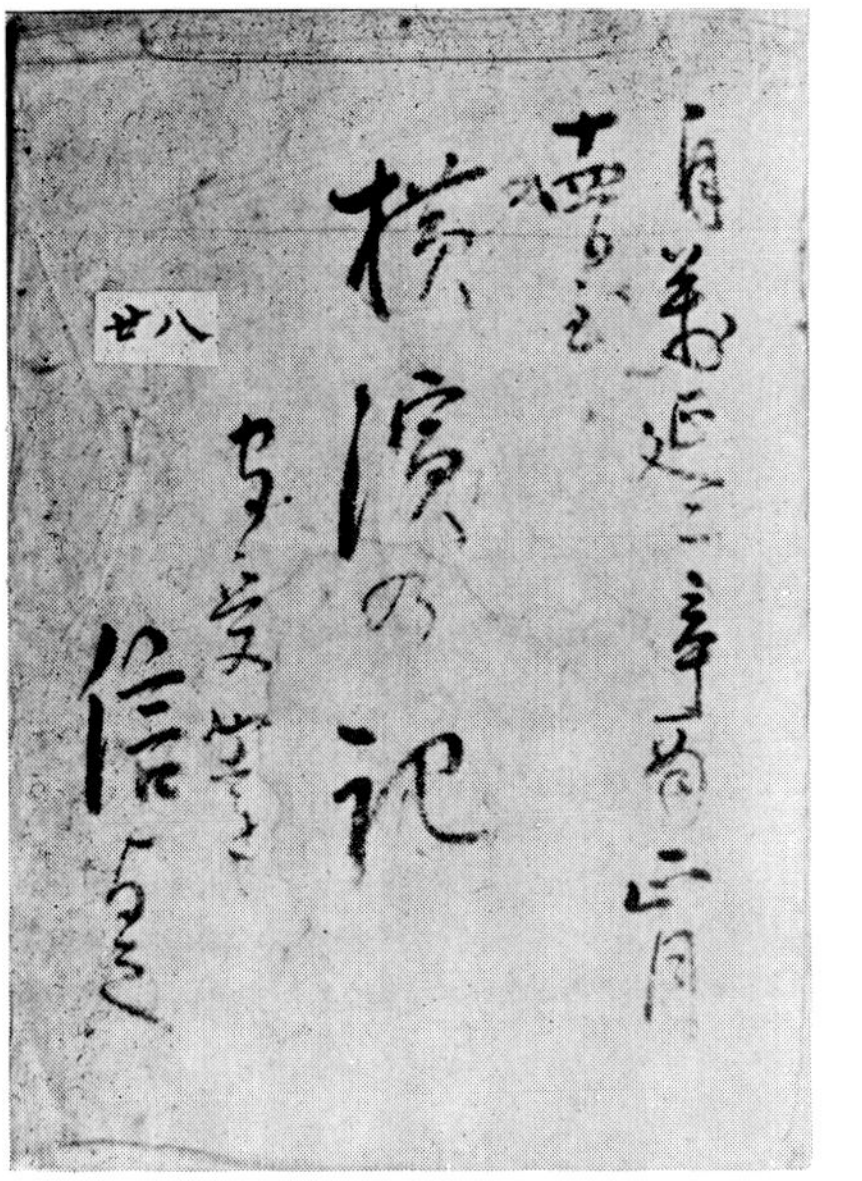

挿図16　『横浜の記』
竹口作兵衛氏蔵

は勝の思想に深い理解を示すパトロンであった。勝はしばしば乳熊屋を訪れる際、種々な書籍を持参した。それは借入金の本代引当、あるいは抵当であり、時には贈物であった。信義が勝から入手した書物は、『暦象新書』『亜墨利加源流記』『佐久間上書』『江川氏存寄書』『砲術全書』等のほかに翻訳本もあり、信義の思想形成に、勝の影響の大きかったことが推察される。また西郷隆盛とも親しく、西郷は乳熊屋の寮で休養することが多かったという(82)。開明的な養父直兄の家庭環境にはぐくまれた信義は、勝や西郷との交友からも、時勢に対する洞察を深め、開港後の横浜貿易進出へ、積極的な行動を起すのである。

　信義は横浜開港の新しい時勢に、挑戦する機会をねらっていた。万延元年（一八六〇）閏三月十九日、幕府は五品江戸廻令を公布し、雑穀・水油・蠟・呉服・生糸は地方から江戸へ廻送し、江戸問屋から横浜へ出荷することを命じ、在方商人の横浜進出を規制した。これに便乗しようとする江戸茶問屋が、山方荷主の横浜直売を禁止して、江戸茶問屋による横浜表売捌を幕府に嘆願した。しかし、自由貿易違反の非難を恐れる町奉行に却下された。産地から横浜に直送する打越荷として、江戸廻令の統制を受けないことが確認された茶貿易に、信義は着目した。郷里の南伊勢は茶の生産地であり、射和には有力な実兄竹川政胖竹斎がいる。竹斎を在方荷主とする茶売込は、横浜貿易に有利であると判断した信義は同年末に、妻のぶを神奈川の知人勝見利《すぐるけんり》という老人の許に遣わした。勝老人は、西洋医学を志す越前の医師本多貞次郎を自分の子として、ドクトル・ヘボンの小使に差し出して修業させていた。勝老人を介してヘボンに会い、その紹介による製茶貿易を行う計画を進めた。

　信義は万延二年（一八六一）一月十四日に、妻のぶ、小児泰、息子帍太郎、手代茂吉、母お糸、供八助を伴って、江戸を出帆した。『横浜の記』冒頭の第一日である。朝五ツ半時（九時）に出帆、八ツ半時（十五時）に金川（神奈川）入口土橋に着岸。ゆっくり下船の支度をしようとすると、船の付添人に見廻りが来るといわれた。横浜の望遠鏡が見張っていて、見付けられたら船も人も動けなくなると言うので、驚きあわてて船を出た。銭入れを船中に忘れたが、幸いにも荷物は全部持つことができた。惣門を入って、新丁の勝見利を訪い、はたごや「なごや」に移る。本多貞次郎が来て、談話は深更に及んだ。

神奈川着二日目の一月十五日に、信義は神奈川の成仏寺に住むヘボンを訪問した（挿図17）。

十五日　晴　夫婦住居　アメリカドクトルヘボン子を訪ふ。土産、紙硯　壱　ヘボン氏へ、赤絵急須　壱　家内へ、自是前四ツ（午前十一時）半時妻子を連れ、貞次郎先に被レ来。老人と伜と我等と自後《あとより》行く。見るに妻子と手代はは（母）等を妻（ヘボン夫人）の部屋にて、種々珍しき品々取出し慰め被レ居たる也。我等倶《とも》に見て煩《わずら》わす。其外構訳（講釈）を聞く。ヘボンの部やへ皆入る。五歳より十歳迄の子供四人出、琴（ピアノ）をしらべ唄をうとふ。夫《それ》より同時奥に宿るアメリカ教主ゴーブルの妻の許に至る。惣領娘廿一歳。前四人の子の内二人は此人の子也。二人は朋友の子にして、妻好に付預る所也。廿一歳の娘仕かけにて縫ものして見せる。婦人は皆々咄乍《はなしながら》、縫ものを止る事なし。暫《しばらく》種々の事を見聞して、ゴーブル妻の部やを出る。我等其前、貞次郎案内にてゴーブルの許に至る。紙、硯を見せて難レ有ふといふて、摺る真似をして出来るといふ。答てよろしゐといふ。ゴーブルたのみ懸《かか》る。爰《ここ》にヘボン子も居て、座右の読物を見聞す。夫より勝手に至る。ヘボン子も倶《とも》に来、色々調度の訳《わけ》を聞く。暫して又ヘボン子妻の部やに入る。妻子はアメリカ教

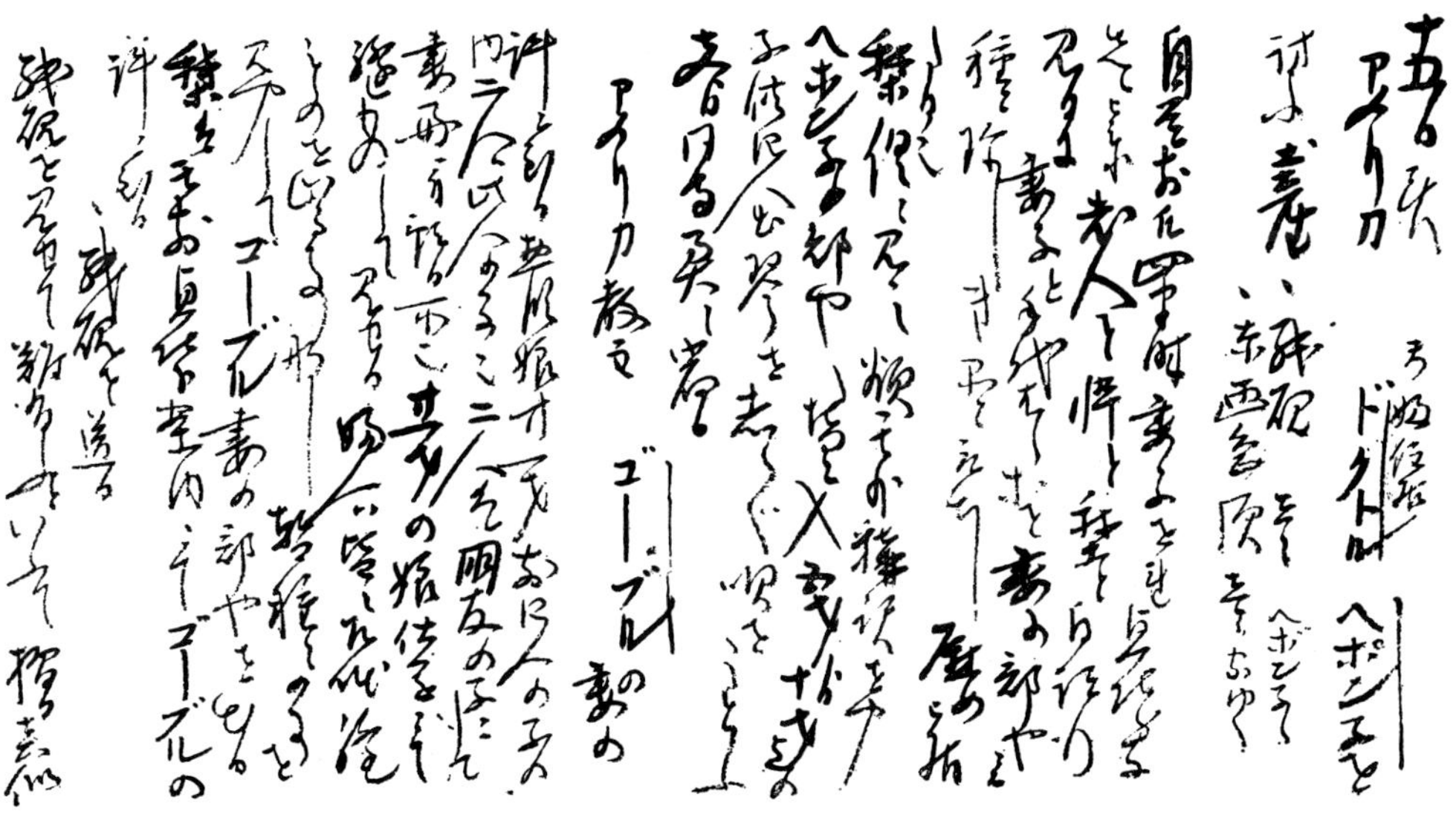

挿図17　『横浜の記』万延2年1月15日

主ブラン子の許へ至る。我等老人へボン子の部屋にて媛々《ゆるゆる》遊ひ退出。へボン子送り来る。夫よりブラン子の許に入る。菓子と本を与ふ。女子三ッ半日本の五ッのごとし。子以上五人江駒下駄を送る。各悦ひ直ぐ夫をはきて悦ひ扱ふ。ブランの妻、娘へ問ふ。足袋をさし何。四人曰くタビ。下駄をさし問ふ。ケタ。実に可レ愛。我是を抱んとす。逃かけたるに母一言云。速に止る。其教甚厳し。妻菓子を出し我党に与ふ。皆々喰す。我歯あしく難レ喰。妻走り入、和き《やわらか》を与ふ。喰すを見て妻曰くデケマスカ。答デケマス。此妻女天下の美人愛敬さながら鈴《（玲と同じ）》なりといわん。同行の人皆誉《ほめ》る。夫より帰る。尤《もつとも》本は耶蘇の名ある故に、倚《かたわら》のいすの上に置残す。

成仏寺には、ヘボン、ブラウン、ゴーブル（バプテスト派宣教師 Jonathan Goble）三家が住んでいた。信義たちはヘボンの部屋で子供たちのピアノを聞き、ゴーブル夫人エリザ・ウィークス Eliza Weeks の部屋でミシン縫を見た。二十一歳の惣領娘（長女）が、「仕かけ」で縫ものを見せてくれた。ミシンを「仕かけ」という。仕掛とは機械のことで、後の明治頃まで使われている言葉である。ゴーブル家の子供は、ヘボンの部屋でピアノを弾いて唄を歌った四人のうちの二人で、まだ幼い。ゴーブル夫人は当年三十三歳であるから、[83] 二十一歳の長女はいない。ミシン縫を見せた長女に該当するのは、ブラウンの長女ジュリア Julia Maria Brown である。[84] 信義の訪問日、万延二年一月十五日は一八六一年二月二十三日に当たり、一八四〇年二月十八日生れの彼女は二十一歳であった。婦人たちと話しながら、ミシン縫は進んでいく。信義は驚嘆するが、さらに興味深く見ていたのは妻のぶであった。それは、後の彼女の行動にあらわれ、十九日の日記に記される。

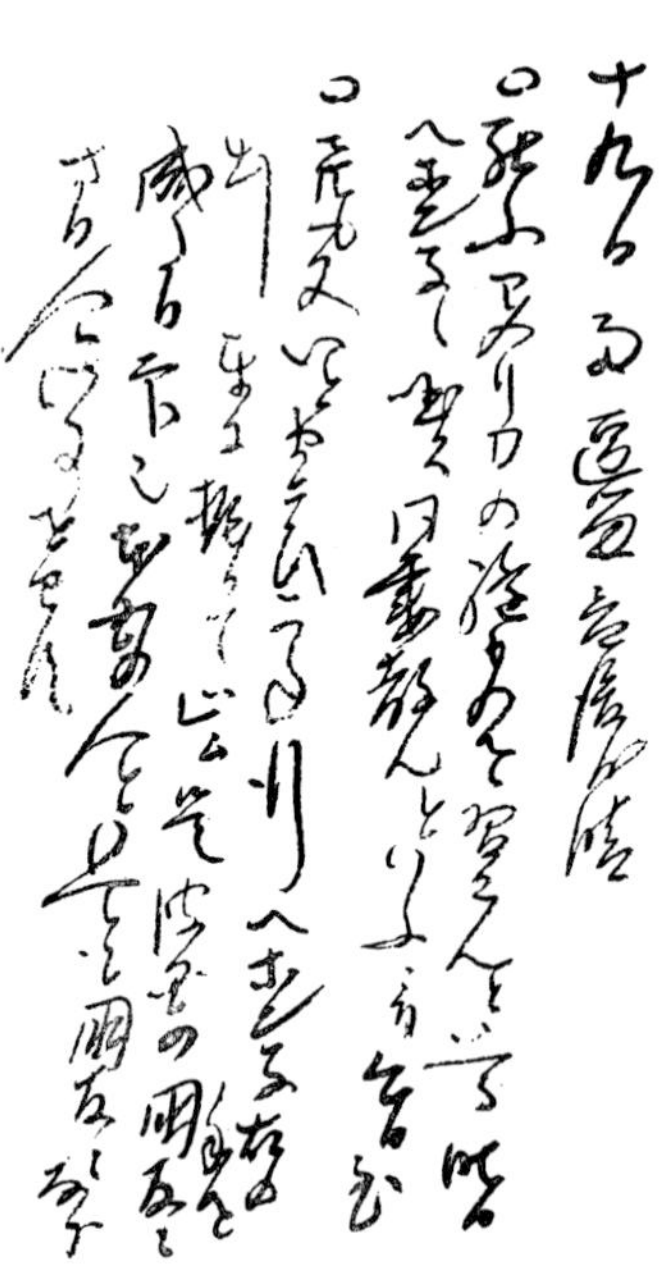
挿図18 『横浜の記』
万延2年1月19日

信義は一月十五日のヘボン訪問後、紹介された外商たちに会い、製茶売込・アメリカ陶器発注等の商談をまとめるため、多忙な日を送った。横浜滞在最終日の十九日に、再びミシンについての記述がある（挿図18）。

十九日　雨逗留昼後より晴

○のぶアメリカの縫ものを習わんといへる。昨日ヘボン子へ咄す。同妻教へんといふに付、今日至る。

○喜も又いとまこいかね行く。ヘボン子右の手を出し互に振りて止む。是彼国の朋友に成たる印也。本国の人といへとも朋友にあらざる人は此事をせず。

ミシン裁縫は、「アメリカの縫物」と呼ばれている。喜左衛門信義の妻のぶは、十五日にゴーブル家で見たミシン縫を習いたいと言うのである。信義は商談を完了した十八日に、妻の希望をヘボンに伝え、夫人クララ Clara Leete Hepburn の承認を得たので、本日の訪問となった。夫人は来日前、一八五四年（安政元）にニューヨークで、女性信者を集めて裁縫会を開いていた。会員相互の家で集会を持ち、貧しい子どもたちや外国伝道協会を援助するために、衣服を縫う仕事をした。その裁縫会では、早くもミシンを使用している。[85] 横浜の自宅でのぶにミシン縫を教えたヘボン夫人は、[図106] アメリカ以来のミシンを持っていた。

信義が成仏寺で会った人びとのうち、最も強い印象を受けたのは、ブラウン夫人エリザベス・ゴッドウィン[図107] Elizabeth Goodwin Brown であった。夫人は幼女に躾がきびしく、訪問客にはやさしくお菓子を御馳走した。歯の悪い信義のために台所へ走り、やわらかいものにとりかえて、食べられますかと親切に問いかける美しい女性であった。信義は「天下の美人愛敬さながら鈴（玲）なり」と称えたが、彼だけの感嘆ではなく、「同行の人皆誉る」と記した。

信義をこのように傾倒させたブラウン夫人は、わが国最初のドレスメーカー、沢野辰五郎を育成した女性である。このことは後年の辰五郎の話によって、明らかにされている。『横浜貿易新報』が明治四十年（一九〇七）十一月二十四日から四十二年十二月七日まで連載した『横浜開港側面史』[86]に、「女洋服裁縫の始め」（浅間町、沢野辰五郎翁話）がある。この辰五郎談話によると、神奈川本陣鈴木の会所から、宿内の仕立屋足袋屋仲間に対して、職人一名を成仏寺に差出せとの達しがあった。きびしい催促にも応募する者はなく、人身御供かというような騒ぎになった。足袋職辰五郎は年も若く、何か変ったことをとの野心もあって引き受けた。夫人に会って示された仕事は、寝台用布団のミシン縫であった。このように細かく縫うのには時間がかかると言う辰五郎に、夫人はそれはかまわないと言って、辰五郎の要求する賃銭を承知した。午前八時から午後六時まで七〇〇文の取りきめである。人足が一日一五〇文、大工が三〇〇文の相場であるから、言い出した辰五郎自身、法外な高値だと思っていたので驚いた。翌日から成仏寺に通う。夫人は親切にすべてを教えてくれるが、針一本でミシン同様の仕事をするのではかどらない。こんなことでは七〇〇文はもったいないと度々申し出るが、夫人はいつも同情的な優しい顔付で、「なに、慣れさえすれば段々早くなる」と言い、辰五郎は漸く布団を縫いあげた。夫人は目が悪く、ミシンが使えないので、引続き勤めてほしいと頼む。辰五郎はその後も通っているうちに、婦人洋服裁縫について親切な伝授を受け、足袋職人から婦人洋服職に転じた。明治初年まで、日本人では唯一の婦人洋服職であった。

辰五郎がブラウン家へ通い始めたのは、「月日はシカと記憶致しませんが、安政六年の夏の初めの事でした」と語っている。しかし、ブラウン夫人の来日は同年十二月であって、記憶違いは明らかである。また彼は「内心ビク〳〵もので翌日成仏寺へ乗込みますと、夫人がそれは〳〵御親切で一から十迄手を取らぬ許りに教へて下さる許りか、ブラウン氏でもバラ氏でも、又ヘボン先生でも、誠に鬼と思って仏さまです」と述べている。ダッチ・リフォームド教会宣教師ジェームス・バラ James Hamilton Ballagh 夫妻が神奈川に来て、成仏寺のヘボン家に同居したのは、文久元年（一八六一）十一月十一日であった。バラが成仏寺に居住していたならば、辰五郎との出会いはこれ以後となる。しかし、彼の記憶に後のことが混同することもあろう。あるいは、信義たちにミシン縫を見せた長女ジュリアが結婚して家を出た文久二年（一八六二）以後であろうか。このように、半世紀後の辰五郎の記憶は確かでない。辰五郎のブラウン家入りは、万延・文久頃で、信義の成仏寺来訪とは、あまり距っていない頃であろう。成仏寺の状況が詳細な『横浜の記』に、辰五郎のことは記されていない。信義訪問は、彼に先んじていたのであろうか。

足袋職辰五郎をドレスメーカーに育てたブラウン夫人は、来日前の一八五二年（嘉永五）に、オワスコ・レイク Owasco Lake の教会で、婦人裁縫協会 Ladies Sewing Society を組織した。木造の教会を煉瓦建築に改築するブラウンの事業を、資金面から援助するためである。会堂内部の装飾と休憩室は、裁縫協会の仕事から得た資金で造られた(87)。アメリカのミシンが生産段階に入ったのは五三年（嘉永六）からであるから、協会の裁縫はミシン裁縫以前であった。その後、横浜で夫人と生活を共にしたミス・キダー Miss Mary Kidder が「ブラウン夫人はミシンのことはあまり御存知なく、熟練していないからミシンに触れることも滅多にないのです」（一八七〇年十一月十八日〈明治三年十月二十五日〉横浜発書簡(88)）と述べている。夫人の裁縫は手縫であった。しかし、来日後の生活にはミシンを所持していた。婦人洋服は既にミシン縫製になり、ミシンを使えない（辰五郎には目が悪いためという）夫人は、辰五郎を雇ったのである。

信義の『横浜の記』及び辰五郎の「女洋服裁縫の始め」によって、成仏寺居住のヘボン、ブラウン、ゴーブルの三家庭に、ミシンのある生活を見ることができる。さらに、この三家庭に限らず、宣教師・駐日外交官・外商たちの生活様式であった。彼らの家庭ミシンは、在留外人の最も多い横浜の洋風生活の表象として、わが国の人びとの興味の対象となった。一川芳員《よしかず》筆「外国人衣服仕立之図」図Ⅸ（万延元年版）の横浜浮世絵、橋本玉蘭斎（五雲亭貞秀）著『横浜開港見聞誌』（文久二年刊）の挿図、図108「異人双六」図109（新版、万延・文久頃）などに、ミシン裁縫の西洋婦人が描かれた。その機種はみな同型で、機械部の描画は正確でないが、ウィラー・アンド・ウィルソン会社の横引ミシンであることがわかる。

わが国の洋装業成立については、二つの発生譚が業界古老に伝承されている。

その一は、ブラウン夫人が足袋職辰五郎を雇い、横浜本町通りに開業したという(89)。このニュース・ソースは、前述の『横浜開港側面史』沢野辰五郎談「女洋服裁縫の始め」である。しかし、辰五郎は夫人の開業については言及していない。「こんな物縫ふので、お客あります」という夫人の言葉は、知人の家庭の裁縫も、辰五郎のため紹介するということである。また、辰五郎が「ブラオン《ママ》氏やその他のお得意」と述べているように、開業したのは辰五郎であった。ブラウン家は文久三年（一八六三）に成仏寺を出て、海岸の運上所わきに住居を構えた。しかし、慶応三年（一八六七）四月の火事で焼失し、夫妻は五月に帰米した。明治二年八月二十七日（一八六九年十月十二日）に再び来日、新潟英語学校教師に赴任したが、翌年には修文館教師として横浜に帰り、山手二一一番に居住し、十二年（一八七九）まで滞在した。夫妻の再来日に同行して来たミス・キダーの書簡には、夫人はミシンに熟練せず、ほとんどミシンを使わなかったこと、当時は結核のため療養生活を続けていたことが記され、(90)夫人は開業していない。また、オワスコ・レイクの教会に遺るブラウン夫人追悼文"Elizabeth Goodwin Brown, the Missionary's wife, Auburn Printed by Request. 1890"に記された彼女の一生にも、横浜ドレスメーカー時代を見出すことはできない。オワスコ・レイクの裁縫協会のような活動は横浜では行われず、宣教師夫人が開業することはなかった。また、夫人滞在時の、横浜商館名簿 Japan Directory に「ミセス・ブラウン」というドレスメーカーは、記載されていない。横浜のディレクトリによって、夫人が開業していないことが決定づけられる。ブラウン夫人と辰五郎の雇傭関係が敷衍されて、夫人をわが国最初のドレスメーカーとする伝承がつくられたのであろう。

その二は、文久三年（一八六三）、横浜衛生組合長デビソン（あるいはデビットソン）夫人は、衣裳好きであったが縫うことができないので、裁縫師を募集した。前年には生麦事件があり、夷人屋敷に出入することは命がけであったが、長物師（和服仕立職）の片山喜三郎・伊藤金作・柳原伊四郎らが応募した。彼らはデビソン家の仕事によって技術を習得し、明治初年に女洋服屋を開業したという。このことを伝えるのは、片山喜三郎四代の弟子にあたる西島芳太郎（明治二十年～昭和五十六年）である。(91)しかし、実在のデビソン夫妻については、まだ確認できない。

ブラウン家に雇われ、ミシン裁縫に習熟して洋服職人となった辰五郎は、「少し考があって、店も張らねば弟子も取らず」(92)と語る一人親方《ひとりおやかた》であった。デビソン家に裁縫に雇われた人びとは、明治初期に独立開業し、弟子を養成して、業界に系譜を形成した。彼ら以後の初代業者には西洋人家庭に働いて技術を習得した者が多い。彼らはこれを「入仕事」と言った。入仕事とは入手間《いりでま》（手間賃）をとる職人の仕事のことであるが、家で仕事をする居職の長物師であった彼らは、出職のように他家に入って仕事をするのを、入仕事と称した。収入を意味する「入《いり》」は、行動の「入《いり》」に転用され、新技術導入の契機となった。彼らは見本のドレスとミシンがあれば、雇主西洋婦人の指導によって技術を習得し、工夫をこらして技術を磨き、賃金を得ながら新職種を開発することができた。未知の技術習得には最も好都合な方法であった。ミシンのある西洋人家庭の入仕事に、わが国最初の婦人洋服職人が育成された。

横浜に洋装店を最初に開いたのは、ミセス・ピアソン Mrs. Pearson（英）であった。彼女は慶応元年（一八六五）に、衣料商「サムエル・クリフトン」Samuell Clifton を横浜居留地一〇八番に開いた。[93] S・クリフトンは上海居留地に住む競売人、夫人はミリナー milliner（婦人帽子屋）[94]であるから、ピアソン夫人はクリフトン夫人ミリナーの出身であろう。当時の香港・上海には家族同伴のイギリス人が多く、夫人たちのミリナー経営が見られる。ピアソン夫人の夫 J. Pearson は、当時、P & O 汽船会社の砲手であった。サムエル・クリフトンは慶応三年（一八六七）には、ピアソンの店となり、『万国新聞』第三集（慶応三年五月下浣）に、「ピールソン」の名で広告を掲載した。

外国の衣服書物筆紙墨の類其外色々品物何ニ寄らず商売仕候間、何卒御光来被下度奉願候[95]

同店は専業ドレスメーカーではなく、衣服及び諸品を扱う初期的な経営形態であったから、日本の裁縫師を雇う必要はなかった。富裕な在留西洋婦人はこの唯一の商店に依存せず、自家裁縫のために日本人職人を雇ったので、入仕事が成立したのである。これらの状況から、ミシン初伝第二ルートは、婦人洋服業成立の契機となった。

3　ミシン初伝第三ルートと男子服業

ミシン初伝の第三ルートとして設定されるのは、中浜万次郎のミシンである。これは次のような経緯をたどった。ハリスによって締結された日米修好通商条約批准書交換のため、幕府は万延元年（一八六〇）に、使節新見正興一行七七名と護衛艦咸臨丸をアメリカに派遣した。咸臨丸の通弁主査となったのは、中浜万次郎である。彼は土佐国中ノ浜の漁民であった。天保十二年(一八四一)正月、十四歳の時、出漁中暴風雨にあって無人島に漂着し、アメリカの捕鯨船に救助された。船長は万次郎をアメリカに伴い、学校教育を授けた。成人後、捕鯨船員となって出航していた万次郎は、嘉永四年(一八五一)に、アメリカ船に便乗して帰国した。彼は土佐藩主山内容堂に召し抱えられた後、直参となって幕府に出仕した。西洋型帆船の建造、軍艦教授所教授、捕鯨術伝授、英会話書編纂などに彼の新知識が活用され、咸臨丸派遣に当って、通訳を命ぜられた。万次郎はアメリカからミシンを持ち帰り、日本最初のミシンとして、有名になった(96)。

ミシンの量産が開始されてから五年を経たアメリカでは、ミシンは市民生活にも誇らしい機械であった。咸臨丸軍艦奉行木村喜毅は、サンフランシスコで造船局士官の家に招かれて、娘のミシン縫を見せられた。ミシンは当家の自慢であり、はじめて見る日本人には、「其器極めて簡便にして、足にて踏めば機関自然に転旋し、緩急意のごとく、其奇巧なるに堪へり(97)」という驚異であった。また、使節一行はワシントンの宿舎ウイラード・ホテル Willard Hotel でミシン縫を見物した(98)図110。アメリカの新聞に掲載された写生図には、日本使節団の四名がミシン縫の婦人をかこんで熱心に眺め、アメリカの誇りと日本人の驚きの対比が描かれている。随行員の勘定組頭森田岡太郎の記録によれば、ミシン見物の場所はホテルの縫物所であった。彼は、ミシンを「車仕懸ケ之品」と記した(99)。このミシンがウィラー、ウィルソンミシンであることは、同図の下方に説明されている。ウィラー、ウィルソンミシンは日本では既に江戸城内にあり、横浜西洋人家庭でも使われていたが、使節団の人びとは初めて見る文明の利器であった。中浜万次郎はサンフランシスコでミシンを購入して、日本へ持ち帰った。また、使節団の人びとも贈物のミシンを持って帰国したことは、使節の乗船ポーハタンの乗組士官ジョンストン中尉の日記に記されている。使節団には遊戯のカルタから裁縫ミシンに至るまで多種多様の贈物があり、「彼等は其後此裁縫機械を巧みに使用するようになつたと云ふ事である」という。しかし、万次郎のミシンは使節の贈物ミシンと異なって、自ら購入したものである。彼はミシンと共に写真機も購入した。かつてのアメリカ生活には、まだ無かった新機械への執心であった。そのほか、測量機・オルゴール・拳銃等を輸入した新文明の先駆者としての栄光が、万次郎のミシンをとりわけ輝かせ、わが国ミシンの嚆矢とされたのであろう。しかし、ミシンは既に日本に渡っているので、万次郎のミシンは日本人による初伝と言うべきであり、年代的にも第三ルートに設定される。

中浜万次郎の持ち帰ったミシン三台のうち一台を、後の東京愛宕下の軍服仕立業植村久五郎は、一二〇両の高価で買い受けたという。これは『東京洋服商工同業組合沿革史』[100]の伝えるところである。同組合第二次副組長（大正四〜七年）、第三次副組長（大正七〜九年）、第七次組長（昭和十一年七月〜十二年二月七日）をつとめた植村久五郎は、中浜万次郎からミシンを購入した植村久五郎の子息である。初代久五郎は大正三年（一九一四）まで生存し、子息が業界の重鎮であったため、植村の最初のミシンについては業界によく知られていた。このミシンは、横浜から漁船に積んで江戸へ輸送中、風雨のために六郷川に逃げこみ、止むなく川から陸揚げして、芝の自宅まで駕籠で運んだ。当時の人びとはミシン縫を切支丹の幻術だと騒いだので、植村はミシンを二階に隠し、人目にふれぬように使用した。遣米副使であった村垣範正からその剛気をみこまれ、海軍服裁縫に推挙されたという。植村洋服店はその後、海軍服製造に発展した[101]。

わが国のミシン初伝がアメリカミシンであったことは、アメリカミシン工業の世界的優位による。また、機種がウィラー、ウィルソンミシンであったのは、初期ミシン時代の同社盛況の波及である。日本への移入に際しては、年代順に個人形態の三ルートが認められ、洋服業用の職業ミシン、商社輸入の産業ミシンの受容ではなかった。ヘボン博士は、万延元年閏三月二十四日（一八六〇年五月十四日）、ニューヨークのラウリー博士に、「毛織の上衣がほしいのですが、この地では得られませんので、数日前に上衣とズボンをマッキーン氏とランキン氏に注文を出したのです。それらを発送していたらよいのですが、もしまだ送ってなかったら是非お送り願います[102]」と書き送り、発送の確認を依頼した。この時点の横浜では、テーラーはまだ開業していない。ミシン初伝の個人的受容が洋服業のルートにつながるのは、西洋人テーラーの開業後である。

テーラーの開業を促進したのは、開港後増加する在留欧米人の衣服需要と、幕府諸藩の洋式軍備のため、大量需要が見込まれる軍服であった。

横浜商館に衣服輸入商が開かれたのは、文久二年（一八六二）開業の四一番「バタケイ」P. J. Batteke（蘭）、七七番「マークス商会」Marks & Co.（米）である。[103] 衣服だけの輸入ではなく、バタケイは一般商品、マークスは武器及び外国人衣服の輸入商であった。[104] ついで、慶応三年（一八六七）開業の七〇番「ジロウィッツ商会」Jelovitz & Co. と八一番「ウィリアム・ホプリン商会」William Hoplin & Co. は武器・弾薬と共に衣服を輸入し、八二番「マケックニー」Mackecny の羅紗商も衣服商品を輸入した。[105] しかし、同年開業の五三番「ラダーゲ、エールケ商会」Ladage, Oelke & Co.（独）と五二番「ロートムンド、ウィルマン商会」Rothmund, Willman & Co.（独）は、テーラーであった。ラダーゲ、エールケ商会は、ハンブルグのテーラーである。経営者のラダーゲ W. Ladage とエールケ D. Oelke は、ハンブルグ店にいる。同商会は一八六四年（元治元）に香港及び上海に出店し、その三年後に、横浜へ進出した。香港・上海・横浜店には、支配人を置いた。[106]

横浜店の商品は、

一、黒羅紗上着　十四ドルより二十四ドル
一、同　袖無シ《チヨツキ》　四ドル
一、同　股引　七ドルより八ドル迄
一、白短かき上着　二ドルより二ドル半
一、白麻股引　三ドル
一、白袖無シ　金縁の義は御好次第

右の品々沢山ニ御座候。且諸品恰好ニ仕立仕候間、御注文奉願上候。

横浜本町通五十三番　ラダージ（ママ）[107]

冬服一揃（上着、チョッキ、ズボン）が、二五〜三六ドルである。夏服ズボンは麻を用い、チョッキには金モール縁を付ける。商品はハンブルグ本店から輸入し、注文仕立も行った。また、生地も販売した。

ラダーゲ、エールケ商会上海店のロートムンド E. Rothmund は横浜へ来て、ウィルマン W. Willman と共同経営の洋服及び服飾品の店「ロートムンド、ウィルマン商会」Tailors and Outfitters & Co. を開いた。その商品は、

> 夏物又者黒羅紗衣服類一組相揃へ、白襯衣フランネル襯衣下股引襟鼻拭手袋足袋沓長沓雨衣杖鞭馬具之類到着仕候間、御求之程偏ニ奉レ願候。尚又御注文被成候ハヽ、急船ニテ取寄差上可レ申候。且衣服仕立仕候間、御用被二仰付一被レ下候。
>
> 横浜本町通五十二番　ロスモンド（ママ）　ウイルマン(108)

と広告し、当商会も輸入服の販売と注文仕立を行った。

これら西洋人テーラーの商館に入って、日本人は初めて洋服裁縫技術を習得した。最初の洋服裁縫師といわれる横浜の増田文吉は「バタケイ」、関清吉は「ラダーゲ、エールケ商会」出身、(109) 東京の小沢惣太郎は「ロートムンド商会」裁縫師P・ブラント P. Brandt の弟子である。(110) 彼らは明治初年に独立開業した。婦人洋服業の入仕事に対して、男子洋服業は横浜商館の本格的テーラーの技術伝習によって成立した。初めてミシンを購入した長物師出身植村久五郎の技術習得についても、横浜での伝習と伝えられるのは、当時の正常な修業システムである。婦人服業の入仕事出身、男子服業のテーラー商館出身という技術習得過程の相違によって、西洋婦人家庭のミシンのルートは婦人服業界に、中浜万次郎のミシンのルートは男子洋服業界に連繋した。万治郎のミシンと同じく、アメリカから持ち帰られた遣米使節のミシンは、第三ルートの中で何の発展も示さない。贈物ミシンは個人生活内に止まり、社会化しなかった。万次郎のミシン購入の意図は時勢の進展に乗るものであって、第三ルートの発展をもたらした。

慶応二年（一八六六）、幕府がフランスに注文した武器・武具のうち、軍服九櫃、木綿襦袢三〇〇〇、(111) 下股引一五〇〇の既製服はすぐ着用できるが、紺羅紗一一二〇枚、羅紗四櫃、兵卒着用羅紗一三二四枚、股引羅紗九櫃の大量な毛織地は、ミ

シンでなければ早急に仕立てることができない。日本にも、ミシンによる軍服産業成立の条件が生じた。そのため慶応以後、ミシンは横浜商館によって輸入されるようになった。慶応三年（一八六七）に、幕府の開成所は教授を横浜へ派遣してミシン縫を習わせ、翌四年二月にその伝習を開始した。それは『中外新聞』第一号（慶応四年二月二十四日出板）紙上に布告され、ミシン伝習を一般に公開した。

西洋新式縫物

右器械はシウインマシネと名くる精巧簡便の品にて、近年舶来ありと雖も用法未だ弘らず。依て去年官命を蒙り横浜に於て外国人より教授を受け、尚ほ又海内利益の為に伝習相始め候間、望の御方は開成所へ御尋ねなさるべき候。はては伝習の序何にても注文次第廉価にて仕立物致すべく候。依て此段布告に及ぶものなり。

慶応四年二月

開成所にて　　遠藤辰三郎(112)

これは、開成所の物産学の仕事であろう。名門の青年を集める洋学研究機関の開成所は、新聞を利用して伝習と仕立物を公募する異例な措置であった。時はあたかも、戊辰戦争の最中であった。幕府の瓦壊する動乱期にもかかわらず、輸入新技術のミシン裁縫に、このような積極的熱意を示した。開成所ミシンの機種は不明であるが、当時わが国に売込をはかったミシンに、アメリカのフロレンス・ミシン Florence sewing machine がある。

此「フロレンス」という縫道具は縫道具中最も驚べき者にして、此を用ゆるときは一人にして凡数人の仕事にひとしく、たいてい半時の間に二十間余をぬふべし。そのうへ直段もいとやすく、此をつかふにさまで手ぎわもいらずして、笹縁《ささへり》衣服《いふく》鞋鞍《くら》等《とふ》の縫物にきわめて妙なるにより、横浜村にて往々この道具を用ゆるものあり。「アメリカ」においては此道具を用ゆる者甚多く、其数千をもつてかそふるなり。但しこれをおもに商用するところは「サンフランシスコ」の「モントゴメリー」通百十番「ヒール」といふみせなり。

と、『万国新聞』（第十二集〈慶応四年五月下旬〉～第十七集〈明治二年四月下旬〉）に宣伝した。広告の図に示す型は、ウィラー・アンド・ウィルソンの横引ミシンである。ヒール商会は横浜店をもたないので、二番「ウォルシュ、ホール商会」Walsh, Hall & Co. のように、船蒸気器械・軍用諸器・日用器物など、多くの外国商品を取扱う商社の注文品として輸入された。ミシンはまだ特定商館の専属商品となるほどの勢力がなかった。

業界編集の『日本洋服沿革史』は、慶応四年（一八六八）夏に、ドイツ人アーブルヒがドイツ製横引環縫ミシンを輸入し、初めて横浜のインデアスト商会に陳列販売したが、一台八〇両（換算六五ドル）の高価なミシンは、あまり売れなかったと伝えている。また、同じく『東京洋服商工同業組合沿革史』には、明治初年に浅草雷門で、ミシンは見料三銭のみせものになっていたとある。商品として輸入されはじめたミシンも、両書の伝えるような珍品であって、新機械を必要とする産業機構はまだ築かれていない。

欧米のミシン発明期に起きたミシン騒動（sewing machine riot）は、手縫の機械化によって、職を失う旧裁縫師たちの激しい抵抗であった。幕末の日本に初めて伝えられたミシンは、新産業に不可欠な機械であり、洋服裁縫業はミシンを伴って成立した。西洋人からの技術習得には、攘夷家に生命をねらわれる危険もあって、男子服業も婦人服業も男性によって行われた。洋裁師を求めたデビソン夫人は女性を希望したという[113]。欧米のドレスメーカーは、女性の職業であった。わが国でも衣服裁縫は家庭婦人の主要な仕事であり、封建社会の数少ない女性の職業であった。しかし、デビソン夫人の希望が達せられなかったように、ミシン裁縫は男性に掌握された。婦人服業者もテーラーと呼ばれているのは、みな男性だったからである。アメリカの縫物を習いたいと、ヘボン夫人から教えを受けた竹口喜左衛門信義の妻のぶには、商家婦人の積極性があった。しかし、封建社会の女性にとって、その後の進展は不可能である。ミシン裁縫の職業ルートが女性に開かれるのは、わが国に婦人洋装が普及する歴史的過程をたどらねばならない。

註

（1）「和蘭風説書」寛政九年（一七九七）。日蘭学会・法政蘭学研究会編『和蘭風説書集成』下巻、吉川弘文館、昭和五十四年

（2）前掲書、文化四年（一八〇七）

（3）『大日本古文書』幕末関係文書、巻之四「墨夷応接録」

（4）東京大学史料編纂所蔵

（5）『大日本古文書』幕末関係文書、巻之四

（6）ゴロヴニン『日本幽囚記』一八一六年、岩波文庫

（7）戸田村教育委員会『プチャーチン来航 戸田村に於ける露艦建造』昭和五十年

（8）国立国会図書館東洋文庫蔵

（9）川路聖謨『下田日記』東洋文庫、平凡社、昭和四十三年。大南勝彦『ペテルブルグからの黒船』角川書店、昭和四十八年

（10）ゴンチャロフ『日本渡航記』（「フレガート『パルラダ』号」より）一八五七年、岩波文庫

（11）森田岡太郎清行『亜行日記』万延元年三月七日の条。『万延元年遣米使節史料集成』第一巻、風間書房、昭和三十六年

（12）村垣範正『航海日記』万延元年正月十八日の条。時事新書『日米両国関係史』所収、時事通信社

（13）『肥後国史料叢書』第二巻、青潮社、昭和四十九年

（14）Lieut. James D. Johnston, U.S.N., executive officer of the Powhatan. China and Japan being a narrative of the cruise of the U.S. Steam Frigate Powhatan, in the year 1857, '58, '59, and '60. including an account of the Japanese Embassy to the United States: Philadelphia 1861. 和訳『万延元年遣米使節図録』大正九年

（15）通詞名村元度以外は日付変更線の知識がなかったので、アメリカ到着以降の日付は、一日早くなっている。正しい日付は各記録の日付より一日遅い。『万延元年遣米使節史料集成』

（16）森田清行『亜行日記』万延元年閏三月廿七日の条、前掲

（17）村垣範正『航海日記』前掲

（18）『万延元年遣米使節史料集成』第三巻

（19）村垣範正『航海日記』万延元年閏三月晦日の条。森田清行『亜行日記』前掲

（20）愛知県愛知郡呼続町柏木好三郎氏旧蔵。大正七年の史料編纂所複写がある。

（21）『ホワイトハウス大統領夫人服飾衣裳展』カタログ、昭和五十一年八月

（22）『万延元年遣米使節史料集成』第三巻

（23）『福翁自伝』慶応義塾創立百年記念、昭和三十三年

（24）福地源一郎『懐往事談』民友社、明治三十年

（25）『御巡国日録』。渋沢篤太夫の筆に成り、巻首に石見守の自署のある公記である。日本史籍協会編『渋沢栄一滞仏日記』所収、日本史籍協会叢書、東京大学出版会

（26）『航西日記』、『渋沢栄一滞仏日記』所収

（27）巻首に石見守自署のある公記、渋沢篤太夫筆。『渋沢栄一滞仏日記』所収

（28）大阪洋服商同業組合編纂『日本洋服沿革史』昭和五年

(29) 前掲書
(30) 日本史籍協会編『徳川昭武滞欧記録』日本史籍協会叢書、東京大学出版会、昭和四十八年
(31) 前掲書
(32) 田辺太一『幕末外交談』2、東洋文庫、平凡社、昭和四十一年
(33) 渋沢栄一『航西日記』前掲
(34) 沢太郎左衛門演述「幕府軍艦開陽丸の終始」『同方会報告』第参集
(35) 『明治十二傑』博文館、明治三十二年
(36) 「幕府目付方書付留」
(37) 『青淵回顧録』青淵回顧録刊行会、昭和二年
(38) 池上忠治「ジェームズ・ティソの日本趣味」『浮世絵聚花』付録、小学館、昭和五十四年。同「徳川昭武の画学教師ティソ」『浮世絵と印象派の画家たち展』昭和五十四・五十五年
(39) 「歴史研究の醍醐味に感慨、ジェームズ・ティソの徳川昭武像」昭和五十五年六月五日付朝日新聞夕刊
(40) 渋沢栄一『航西日記』慶応三年五月十八日（六月廿日）の条
(41) 大槻玄沢『蘭説弁惑』巻之上天明八年。『生活の古典双書』八坂書房
(42) 『嘉慶日録』『此花』十八号、明治四十四年
(43) 渋沢栄一『航西日記』慶応三年八月四日の条。「此の日新聞を得たり」一八六七年八月二日雑報
(44) シャンフリ「ジャポニエズリーの流行」、一八六八年十一月二十八日付『ラ・ヴィ・パリジェンヌ』。池上忠治「徳川昭武の画学教師ティソ」

(45) 横浜商業会議所『横浜開港五十年史』下巻、明治四十二年
(46) 中華民国総統府顧問ジョージ・アーネスト・モリソン George Eernest Morrison の蔵書を、一九一七年（大正六）に岩崎久弥が購入、東洋文庫を設立した。同文庫は現在、国立国会図書館支部となっている。
(47) Catalogue of Asiatic Library of Dr. G. E. Morrison
(48) 館主だけが記録され、家族数はわからない。そのため、実在人員はこの何倍にもなる。
(49) 橋本玉蘭斎貞秀『横浜開港見聞誌』二編、文久二年
(50) 彦根市井伊家蔵。『未刊横浜開港史料』所収、神奈川県図書館協会郷土資料集成編纂委員会、昭和三十五年
(51) 神奈川県立博物館編『横浜浮世絵集成』「総作品目録」（昭和五十四年）による。
(52) 橋本玉蘭斎貞秀筆「横浜弌《いち》覧之真景」（明治四年）に「六十五翁」とある。前掲書
(53) 横浜開港史料館蔵
(54) **James Laver: A Concise History of Costume, 1969.** 中山晃訳『西洋服装史』洋販出版、一九七三年
(55) 横浜開港資料館蔵。刊記なし。文久三年におかれた英仏駐兵の調練を見ているので、その以後の執筆である。また『珍事五ヶ国横浜はなし』掲載の異人名簿の一部を記しているので、同年よりあまり下らないと思われる。
(56) 本書中には海外から横浜へ渡来した絵画も掲げてあるので、それを除く。

(57) 横浜浮世絵の幕末期を初期とし、明治期を後期とする。
(58) 『横浜浮世絵集成』「総作品目録」前掲
(59) 『昭徳院殿御実紀』安政六年五月
(60) 林董『今は昔の記』
(61) 勝安芳『陸軍歴史』
(62) 前掲書
(63) 前掲書
(64) 『横浜日記』前掲
(65) 『横浜開港側面史』横浜貿易新報社、明治四十二年
(66) 太田臨一郎『日本近代軍服史』雄山閣出版、昭和四十七年
(67) The Japan Times, Nov. 28, 1867. 前掲書
(68) 渋沢栄一『徳川慶喜公伝』4、東洋文庫、平凡社
(69) 勝安芳『陸軍歴史』
(70) 田島応親演述「幕府以降軍制革遷の事実」『史談会速記録』第一七二輯以下
(71) 沢太郎左衛門演述「幕府海軍創立概略」『史談会速記録』第六三輯
(72) 戸川安宅『幕末小史』、太田臨一郎『日本近代軍服史』所収
(73) 北海道江差町教育委員会・開陽丸発掘調査委員会『開陽丸展カタログ』昭和五十三年八月
(74) 渋沢栄一『徳川慶喜公伝』4、東洋文庫、平凡社
(75) 『方庵日記』石井研堂『明治事物起源』所収。
(76) ミシンの発明年月は、各種文献によって部分的に異なる。本稿は Encyclopedia Americana, First published in 1829 による。
(77) 『官板海外新聞別集』上巻、『幕末明治新聞全集』三、明治文化研究会、昭和三十六年
(78) 「ハリスの日記」一八五七年十二月十日の条。ハリス『日本滞在記』下、坂田精一訳、岩波文庫
(79) このミシンをペリーの贈物とする説がある。吉田元「日本裁縫ミシン史雑感」『日本ミシン産業』一〇〇号、昭和四十一年。『蛇の目ミシン五十年史』昭和四十六年。しかし、ペリーへの返礼品が八年後のハリスに託されたとするのは妥当でない。
(80) 十六代竹口作兵衛記『ちくま小史』昭和四十二年
(81) 『伊勢店持竹口直兄と信義』山崎宇治彦未定稿、竹口家蔵
(82) 明治末期乳熊屋隠居番頭越山老人談話。『ちくま小史』前掲
(83) Eliza Weeks Goble (1828–1882).『麻太福音書附帯記録』
(84) Julia Maria Brown (1840. 2. 28–1919. 8. 18). William Elliot Griffis: A maker of the new orient Samuel Robbins Brown, 1902
(85) 一八五四年二月二十三日付、ヘボンから実弟スレーター・C・ヘップバーンへの書簡。高谷道男編訳『ヘボンの手紙』有隣堂、昭和五十一年
(86) 横浜貿易新報社は、この連載を単行本に編集して、明治四十二年に出版した。
(87) In Memoriam. Elizabeth Goodwin Brown, The Missionary's wife, 1890.
(88) フェリス女学院資料整備委員会『キダー書簡集』昭和五十年
(89) 故三橋喜之助氏（明治十五年生）、昭和三十一年聞書

(90)『キダー書簡集』前掲

(91) 昭和三十一年談話。西島芳太郎『洋裁師不問物語』昭和四十九年

(92) 浅間町沢野辰五郎翁談「女洋服裁縫の始め」『横浜開港側面史』

(93) The Chronicle and Directory for China, Japan & the Philippines for 1865

(94) 前掲書 1864. Shanghae.

(95)『万国新聞』第四集(慶応三年五月下浣)〜第十四集(慶応四年十月下旬)。『幕末明治新聞全集』二、明治文化研究会、昭和三十六年

(96) 中浜東一郎『中浜万次郎伝』昭和十年。シミリイ・ワリーナ、田中至訳『新ジョン万次郎伝』一九六六年。中浜明『中浜万次郎の生涯』冨山房、昭和四十五年

(97) 木村喜毅『奉使米利堅紀行』。『万延元年遣米使節史料集成』第五巻所収

(98) 田中貞『万延元年遣米使節図録』所収。旧ウィラード・ホテル蔵

(99) 森田清行『亜行日記』万延元年四日朔日、陽暦五月二十日。『万延元年遣米使節史料集成』第五巻

(100) 東京洋服商工同業組合神田区部編纂、昭和十七年

(101)『東京洋服商工同業組合沿革史』は、このミシンを「伊太利製二重台ミシン」としているが、伝聞の誤りであろう。また村垣範正は「御船手役」とあるが、村垣の家は代々幕府庭番を勤め、範正は蝦夷地を巡見して、安政三年から文久二年までは箱館奉行であった。

(102) 高谷道男『ヘボン書簡集』所収、昭和三十四年

(103) The China Directory for 1862

(104)『万国新聞』初集〜第六集、慶応三年三月、前掲

(105) The China Directory for 1867.『万国新聞』第四集、慶応三年、掲載広告

(106) The Chronicle and Directory for China, Japan & the Philipines for 1864. (同) 1865. (同) 1866. The China Directory for 1867.

(107)『万国新聞』第四集、慶応三年五月下浣、掲載広告

(108)『万国新聞』第六集、慶応三年八月中旬、前掲

(109) 森田忠吉『横浜成功名誉鑑』横浜商況新報社、明治四十三年

(110) 東京洋服商工同業組合神田区部編纂『東京洋服商工同業組合沿革史』

(111) 横浜商業会議所『横浜開港五十年史』下巻

(112)『幕末明治新聞全集』三 所収

(113) 西島芳太郎『洋裁師不問物語』昭和四十九年

第二章　明治洋装

一　明治初期

1　服制改革

西欧文明を採り入れて、近代国家をめざす明治新政府にとって、政府機構の整備に相応する服装問題が重要となった。明治元年（一八六八）閏四月二十一日に、新体制の政体書が公布されると、六月十日には衣服の制についての意見を六官及び在京諸侯貢士に求めた。

明治元年六月十日　（仰）　六官及在京諸侯貢士へ

衣服ノ制度寒暄称身、体裁適宜上下ノ分ヲ明ニシ、内外ノ別ヲ殊ニスル所以ナリ。然ルニ近世其制一ナラス。人各其服ヲ異ニシ、上下混淆国体何ヲ以テ立ツコトヲ得ン。故ニ古今ノ沿革ヲ考ヘ、時宜ヲ権リ、公議ヲ採リ、一定ノ御制度被為立度思召ニ付、各見込之儀書取ヲ以テ、来ル廿五日限上言有之様御沙汰候事。（『法令全書』明治元年第四百六十三）

政体書によって定められた立法・行政・司法の三機関を統合する太政官に、行政官の行政・神祇・会計・軍務・外国の五官を加えた六官と、各藩主から選ばれて輿論公議を代表する貢士（政体書では議定官の下局を構成したが、五月二十八日に下局は貢士対策所と改称された）の意見を求めたのは、服装についての広範な民意を知ろうとする政府の意図であった。輿論公議の制を形式的に扱ってきた政府が、天皇御下問の方策で人びとの意見を集めるほど、服制改定は重要視された。

江戸幕府の服制は三位以上直垂長袴、四位狩衣、五位大紋長袴、六位以下素襖長袴であった。公家正服には昇殿を許される五位以上の束帯と衣冠（束帯の略装）、六位以下地下《じげ》の狩衣がある。公家と武家の服制を引き継ぐ明治政府服制は、混淆の状態を免れない。さらに、新制度建設の枢機に参加する留学帰朝者と御雇外人は洋服着用であるから、伝統衣服と新文明服との対比も著しい。文久の遣欧使節に随行し、明治元年には外国人居留地国産物改役と燈台係の職にあった斉藤大之進は、大学・女学校・養育院の建設、伝信機・蒸気の採用等と共に、「衣冠服章を定められたい」ことを朝廷に建議した。西欧の科学・技術の導入には、新服装が伴わねばならなくなったのである。しかし、一方にはまだ強い夷狄観があり、秋田藩の代表として出京した公議人(1)初岡敬治の建言書は、

初は則ち曰、彼が長を取り我が短を補うと。遂には以て心酔して冠帯衣服尽く夷狄に化し、坐作周旋頗る夷狄に擬す。四体是国に産すると雖も、知らず和魂猶能く存するや否や。（『初岡敬治先生伝』）

という悲憤慷慨論である。次いで、翌二年（一八六九）二月十五日に開設された公議所の五月の会議に、「禁洋服ノ議」が是洞比古太郎(2)から提出された。幕末から衣服の制が混乱していることを指摘し、

願クハ方今復古大新ノ際、断然ト衣服ノ制度ヲ改立シ、上下ノ名分ヲ明ニシ、就中唯兵隊及ヒ軍事ニ関係スル者ノ外、一ニ皆洋服ヲ厳禁シ、無益ノ費用ヲ省キ、外貌驕奢ノ弊習ヲ絶チ、皆以テ其分ヲ守リ其位ヲ出サルヤウ仕度奉存候。（「議案録」第六のうち第五十）

という議案であった。各藩から選出した公議人二百数十人を集めて、公議輿論を聞く公議所の審議は、保守的傾向が強い。しかし、採否は政府の任命する議長にあるので、本件は採用されなかった。さらに、六月二十九日の朝議には、当今の急務七件が右大臣岩倉具視から提出され、服制はその一件であった。「宜ク速ニ其処置ニ着手セントヲ」（『岩倉公実記』上

巻）と要請された。次いで、公議所を改組した集議院の十一月二日の会議に、服制についての御下問書が示された（『集議院日誌』）。再度の天皇諮問に、新政府の守旧を望まぬ動向がうかがわれる。

服装について新政府の困惑は、公家服制と武家服制の存在であった。礼服の指定は、この間に動揺する。元年九月、天皇東幸奉迎の服装は、

九月二十五日（鎮将府弁事）

御東幸御着輦之節、諸侯列之輩、立烏帽子、裏付狩衣、直垂紫指貫、虎皮、勝手次第可レ致二着用一旨御沙汰候事。

（『法令全書』明治元年第七百九十一）

と、かなり自由な着方を認める狩衣及び直垂の武家服に定めたが、東京着輦三日前に、次のように訂正した。

十月十日（鎮将府弁事）

着御之節奉迎拝礼幷翌日登城候共狩衣直垂勝手ニ可二相用一旨相達置候処、衣冠着用致候而モ不苦候間、猶相達候事。

（前掲書、第八百三十一）

武家服に統一した服装に、公家服の衣冠着用も認める変更が行われたのである。

年始歳暮登城の衣服についても、

十二月十七日（行政官）

一、年始歳暮トモ登城之節、狩衣、直垂着用可レ為二勝手一事。

附　従者之向着服勝手次第之事

（前掲書、第千九十一）

狩衣と直垂の自由な着用を認めたが、翌日には、

十二月十八日（弁事）

来ル元旦、五等官以上公卿諸侯ハ狩衣、徴士直垂、六等官以下麻上下着用登城年賀可二申上一様被二仰出一候間、依テ

申入候也。（前掲書、第千九十九）

と、正月登城の服装を職階制の規定に改めた。しかし、二日後にまた、次のように変更した。

十二月二十日（弁事）

来ル元旦、年賀登城之節、六等官以下麻上下着用之儀先達テ申入置候処、直垂所持之向ハ直垂着用可レ有レ之段更ニ御治定候間、此旨申入候。（前掲書、第千百十二）

としたのは、旧幕時代の直垂着用者が新職階の麻裃着用を承服しなかったのであろう。新しい布告は混乱するばかりである。女御入内参賀の服装は、最初に公家服衣冠が指示された。

十二月二十四日（沙）（行政官）

一、自今中宮へ参入之輩衣冠之事（前掲書、第千百三十二）

しかし、同日に再び、

十二月二十四日（布）（行政官）

衣体之儀ハ三等官以上徴士衣冠、直垂可レ為二勝手一。四等五等官之徴士直垂用意無レ之輩ハ麻上下不レ苦候事。

（前掲書、第千百三十五）

と、諸藩から出て中央政府官員に任じられた徴士には、武家服の着用も認めるのであった。公家服と武家服を調整し、旧幕時代と明治新政府の身分統合を行って、新服制を制定しなければならなくなった。その後の布告には、

衣服御制定相立候マテハ（前掲書、明治二年十二月二十日第千百十一）

追テ服制被二仰出一候共（前掲書、明治三年正月第七十二）

追テ一定之御規則布告相成候得共（前掲書、明治三年三月二十九日第二百四十七）

と、新服制の制定必至を示している。

二年七月、イギリスのエジンバラ王子Prince of Edinburghが来朝した。王子及び儀仗隊の華やかな服装とわが国の衣冠・直垂を比較して、最も強い反応を示したのは、欧化志向の新政府であった。これを契機に、天皇の洋服着用の推進がはかられた。翌三年（一八七〇）春、宮内省は横浜の商人、山城屋本郷和助に天皇洋服の製作を命じた。(3) 山城屋和助は、長州奇兵隊出身の野村三千三である。同じく長州の木戸孝允、奇兵隊長であった山県有朋と親しく、新政府の重鎮となった彼らの後援によって陸軍の軍需物資を一手に納めていた。最初の天皇洋服製作は、山城屋が獲得した。彼は横浜商館五二番のテーラー、「ロートムンド、ウィルマン商会」Rothmund, Willmann & Co.（独）の裁縫師P・ブラントP. Brandt(4)（独）を引き抜き、高橋安吉・三浦鶴吉・三宅半三郎・小沢惣太郎・鈴木篤右衛門らの職人と共に縫製に当らせた。彼らによって、半マンテル型三つ揃（モーニングコート）と、長マンテル型（フロックコート）各一着が調製された。(5) 天皇の洋服を調進した政府は続いて、衣冠に代る洋服制定に着手し、同年十一月十五日、太政官布告による制服[図III]を定めた。

今般制服雛形図面之通御定被二仰出一候条、非常并ニ旅行等可二相用一、且旅行中礼儀ニ関シ候節ハ、衣冠ノ代リニ可二相用一事。

但シ、冠ハ脱セザルヲ以テ礼トナシ候得ドモ、帽ハ脱スルヲ以テ礼ト定ムベシ。尤従来相用候陣笠モ同様ニ可二相心得一事。（「太政官日誌」明治庚午第五十二号）

太政官の示す「制服雛形」によれば、勅任・奏任・判任官、正二位・正三位・正四位・正五位・正六位・正七位・正八位・正九位・従九位官、以下一等・二等に分れる。生地はいずれもラシャを用い、紫色の肩総を付ける。袖口の縁の材質・色・本数・太さ・間隔が階級によって異なる。ボタンは桜花模様で、従六位以上は金、以下は銀とする。このほか、非役制服が、華族、有位士族、無位士族に分けて定められた。また、このような細かい階層的規定にかかわらず、「製色地合勝手」の略制を定め、帽を無印とし、袖・裾のハミダシ縁《ふち》を白色とすれば、華族・士族・兵卒らのすべてが着用することを認めた。白色ハミダン縁をつけない略服は平民の着用を許して、一般官員の着用もはかった。その用例に、工部省官員服がある。制服布告直後、工部省官員には、「諸工製作場等へ出張ノ節、簡便ノ服ニ無レ之テハ差支候ニ付」の理由を以て、「制服、略服、平常着」の着用が認められた（『法令全書』明治三年第千二十三）。このように、初めて定められた制服・略服は、政府の洋服化政策を決定づけるものであった。

衣冠代用として、機能的な洋服の制服が定められたが、最も機能性を要求される軍服を制定しなければならない。戊辰戦争に用いられた陣服をマンテル・ズボンと称して軍服を統一することは、三年三月二十九日に行われた（前掲書、兵部省、第二百四十七）。しかしさらに、ヨーロッパ先進国にならう軍服の採用がはかられ、十二月二十二日に、陸軍徽章（服制）及び海軍服制を定めた（太政官布告　第九百五十七号）。陸軍はフランス式、海軍はイギリス式であった。

四年（一八七一）一月二十四日に郵便が開始され、集配人の制服を定め、新制度の現業には洋服を着用させた。八月九日には、官吏及び華士族に対し、「散髪制服略服脱刀共可レ為二勝手一事」（太政官、第三百九十九）が公布された。旧幕時代に規制されていた服装を自由化して、制服・略服の着用を認めたのは、洋服を公許したことになる。次いで九月二日に、兵部省官員服制を定めた。これは前年の陸海軍服制定に続くもので、文官にも洋服を着用させた。十月二十三日、東京府に設けられた最初の警察官、邏卒《らそつ》（ポリスともいう）にも、洋式制服が定められた。

現業官服を洋服化しながら、政府は新服制の準備を進めた。最初の布石は、人心の統一をはかる勅諭であった。四年九月四日、近臣に服制を改める勅諭が示された。

朕惟フニ風俗ナル者移換以テ時ノ宜シキニ随ヒ、国体ナル者不抜以テ其勢ヲ制ス。今衣冠ノ制、中古唐制ニ模倣セシヨリ流レテ軟弱ノ風ヲナス。朕太タ慨レ之。夫レ神州ノ武威ヲ以テ治ムルヤ固ヨリ久シ。天子自ラ之カ元帥トナリ、衆庶以テ其風ヲ仰ク。神武創業神功征韓ノ如キ決シテ今日ノ風姿ニアラス。豈一日モ軟弱以テ天下ニ示スヘケンヤ。朕今断然其服制ヲ更メ、其風俗ヲ一新シ、祖宗以来尚武ノ国体ヲ立テント欲ス。汝近臣其レ朕カ意ヲ体セヨ。

（『岩倉公実記』下巻）

勅諭には、国体論に脱亜欧入思想が表明された。慶応三年一月九日の即位式には、先帝孝明天皇まで行われてきた律令制礼服《らいふく》を廃して束帯を用い、(6)脱亜は当初から実行されていた。衣《きぬ》・褌《はかま》の古代ズボン服装も大陸伝来であるが、神武創業尚武への復古として指向された。尚武は軍国強兵、復古は天皇制国家である。明治服制の天皇制確立に果たす役割が示されている。天皇は五年（一八七二）の西巡に際して、初めて新制の軍服を着用し、九月には陸軍大元帥の服制を定めた。(7)

日本近代化の大動脈となる鉄道建設は、新橋―横浜間（明治五年九月十二日開業）、大阪―神戸間（明治七年五月十一日開業）、京都―大阪間（明治十年二月五日開業）が、イギリスのエドモンド・モレル Edmund Morel らによって行われた。鉄道運営に必要な制服は、五年三月に制定された。(8)同年九月十二日の新橋―横浜間鉄道開業式には、駅長・車長・守線副長・改札方・ポイントメン・シグナルメンらは所定のイギリス式制服を着用し、英人「機関方」が蒸気車を運転した。参列者の奏任官以上は直垂着用、陸軍海軍両省官員は制服着用が指示された（太政官布告　第二百四十七号）。宮城から新橋停車場まで整列した軍隊は青い上着、灰色のズボン、黄色い脚絆をつけ、赤い軍帽のフランス式制服である。天皇・廷臣・政府高官の行列馬車の御者たちは、洋服に中折帽をかぶっていた。鉄道館式場では中央に束帯立纓冠《りゅうえいのかんむり》の天皇、直垂の奏任官以上、正装の外国代表が立ち、周辺には羽織袴の判任官が並んだ。図112(9)近代文明を誇る蒸気車開業式に、新旧服装の対比が目立った。

政府は服制改正をいそぎ、九月二十二日に行われた日比谷原練兵の天皇衣冠、供奉長官及び次官の直垂着用が、旧服制の最後であった。新服制は、明治五年十一月十二日に発布された。(10)

今般勅奏任官及非役有位大礼服並上下一般通常ノ礼服、別冊服章図式ノ通被二相定一、従前ノ衣冠ヲ以テ祭服ト為シ、直垂狩衣上下等ハ総テ廃止被二仰出一候事。（太政官布告　第三百三十九号）

宮中祭服に公家正装を残すほか、平安朝以来一〇〇〇年の公家服と武家政権六〇〇年来の武家服は廃止された。新服制は洋装の文官大礼服図113及び通常礼服である。服制に示すのは礼服であるが、礼服の洋服化は通常服も規制する大方針であって、明治政府の公服はすべて洋服化することになった。

新服制の大礼服は勅任官・奏任官・判任官の三階級を、装飾によって示した。帽子では飾毛・右側章・鈕釦に、上衣では飾章繡色・紋章・縁側章・大鈕釦に、下衣では小鈕釦に、ズボンでは両側章に階級別意匠が施された。また、袖口に階級標条を付け、勅任官は一〜三等、奏任官は四〜七等、判任官は八〜十五等までの標識とし、さらに、等外として一〜四等があった。非役有位四位以上の服制は勅任に准じ、五位以下は奏任に准じる。但し、飾章・帽飾毛・ズボン両側章の差異によって、非役を明示した。封建社会の衣服も及ばぬほど、細かい階級差を表示した服制であった。通常礼服は黒ラシャの燕尾服（イブニング・ドレス・コート）である。大礼服着用は、「新年朝拝、元始祭、新年会、伊勢両宮例祭、神武天皇即位日、神武天皇例祭、孝明天皇例祭、天長節、外国公使参朝ノ節」、通常礼服着用は、「参賀、礼服御用召並任叙御礼」（太政官布告　第三百七十三号）と定められた。大礼服の装飾には日本古来の桐花葉と日蔭蔓《ひかげのかつら》文様を用いたが、様式及び用法はすべてイギリス宮廷にならった。服制改正は最初の諮問から五ヵ年の歳月を要したが、一〇〇〇年の伝統服を廃して洋服化したことは大改革であった。後年、福地源一郎の懐旧談[11]に、

　衣冠は斯う云うようにしなければならぬと云って改めた。日本人の着物を変えた。恐れながら主上の御衣を始めとして西洋服となった。突飛な改革をやった。それは使節の留守中のことである。是は突飛家が勝を占めたところの有様。

（明治三十五年三月二日、華族会館で開かれた岩倉大使同行記念会における談話の記録）

と述べている。福地は「岩倉使節派遣の際、日本国家の文明開化のため、駿才を選んで随行させられ」と言い、自称の「駿才即ち乱暴者」であった。「日本社会の組織風俗何も彼も根抵から打壊して全く新たにこしらえねばならぬという日本改造論者」の福地が「突飛家の勝利」と驚嘆するほどの大改革であった。

　政府の断行した服制改革に官界は従わざるを得なかったが、最も頑強に抵抗したのは、維新の功臣として従三位参議に任ぜられた島津久光である。久光は新政府の近代化政策に反対し、五年六月二十八日、天皇の鹿児島行幸を好機として行在所に建言書を提出した。「一至尊御学問ノ事　一国本を立て紀綱を張る事　一服制を定め容貌を厳にする事　一学術を正

す事　一慎んで人を択ぶ事　一外国との交際を謹み審かに彼我の分を弁ず可き事　一兵気を振興し軍律を正す事　一貴賤之分を明らかにする事　一利欲を遠にし節義を重んじ詐術を退け誠実を貴ぶ事　一厳に淫乱を禁じ男女の別を明らかにする事　一言路を開く事　一讞獄を慎み賞罰を正しくする事　一租を軽くし斂を薄くする事　一詳かに出納を量る事」(12)（原漢文）

の一四件を挙げ、

方今の御政体にては、御国運日々を追て御衰弱、万古不易の皇統も共和政治の悪弊に被レ為レ陥、終には洋夷之属国と可レ被レ為レ成形勢、鏡に掛けて拝する如く、歎息流涕之外無御座候。(13)

と、政府の欧化政策に強硬な反対を表明したのである。木戸孝允が部下に作らせた政府の御用新聞『新聞雑誌』（第五十七号、明治五年八月）(14)は、この建言書を次のように論評した。

従三位ハ方今ノ英才、天下ノ耳目人々ノ畏敬スル所ナリ。豈ニ如レ此迂腐《ウフ》ノ議論ヲ発スルモノナランヤ。必ス一書生ノ戯レニ作ルモノナラン。本文ニ掲示《ケイシ》セル件々ノ如キ、誰モヨク知ル所ナレトモ。唯之ヲ行フノ難キヲ以テ、今日九百ノ官員日夜焦思苦《ショフシク》慮《リヨ》セラル、ナリ。果シテ従三位ノ建言ナラハ、彼ノ件々ニ就《ツイ》テ直《タ、チ》ニ行ハル、ノ方法ヲ設ケ、尤モ親切適宜《シンセツテキギ》ニ弁明セラルベキ事ナランカ。

建言書を「一書生ノ戯レ」とし、もし左大臣の建言ならば、全官員も苦慮する一四件について具体的な方法を示すべきであるというのは、政府の久光に対する挑戦であった。久光の抗議にかかわらず、十一月十二日に新服制を公布したのである。翌六年（一八七三）、天皇から久光に、建言書についての下問が行われた。抗議を続ける久光に、具体策を聞くという政府の要望であった。久光は建言書の一四件を、逐条に註解して上申した。「服制を定め容貌を厳にする事」については、

服制容貌は内外の弁にし貴賤の等を分つ所以にして、王政の要典治国の大経最も忽《おろそか》にすべからず。今や悉く旧典を破り、貴賤等なく、内外分なきのみならず、上下一班西洋の冠履を用て耻とせず。礼制淆乱して先王の大経大法蕩然磨滅するに至る。慨嘆に堪へけんや。是を以更に旧法に依り、適宜の服制を究め、貴賤の容貌を正し、厳に洋服を禁じ、

上朝廷より下閭巷に至るまで皇国たる本色を明にすべきなり。(15)

と、服制の洋服を和服に戻すことを要求した。

七年（一八七四）四月二十七日に、久光は左大臣に任ぜられた。これは欧化政策に反対する久光への懐柔策であり、西郷隆盛周辺の不穏な動きに対する布石でもあったが、欧化を排する守旧派から歓迎された。久光が洋風を嫌って日本風を固守することは一般によく知られ、左大臣に就任した久光に期待する農民の喜悦の言も、マスコミに登場した（「里人左大臣島津公ノ事ヲ話ス」『開化評林』明治七年）。久光はまだ容れられない自分の意見に、再び積極的な行動を起した。彼は五月二十三日に、太政大臣三条実美を招いて詰問した。早急に対策を要するものとして、「礼服復旧」以下六ヵ条を挙げた久光は、

右の件に大久保異議ある時は免職、若御採用なければ僕奉職も無益に付、辞職願奉る(16)

という強硬態度で、自藩出身の内務卿大久保利通に対して、旧藩主家の立場から威嚇した。三条は「国家の安危は此時に迫り候」と、右大臣岩倉具視としばしば書簡を往復して対策を協議した。「久光卿不平にて辞表に相成候ても頓着無之積り」と言い、「暗殺とか政府に迫るとか必ず禍端を開き候事にも可至と相察し申候」の覚悟をきめ、「小生唯死生尊兄と共にする決心也」と、岩倉に書き送った（五月二十三日付書簡）。去る一月十四日に岩倉が刺客に襲われ、二月の佐賀の乱を鎮定したばかりであるから、危機感が強い。岩倉も「貴卿とは従来死生共に致候」と返事を書き、久光に遠慮して事を誤らぬよう、断然方向をきめて進退しなければならないと覚悟を示した（五月二十五日付書簡）。久光から免職と言われた大久保は辞表を提出したが、政府の実力者をやめさせることはできない。両大臣と久光は六月に三条邸で会談した。久光は「一、先王の法服を洋服に改らるゝ事」以下疑惑二十ヵ条を示して、回答を求めた。八月二十四日には、中山忠能ら有力華族一三名が久光に同情して、三条・岩倉両大臣に久光擁護の建白書を提出し、混乱が深まった。

八年（一八七五）三月十八日に、久光はまた、三条・岩倉に二〇ヵ条の確答を五日間の期限付で迫った。「深思熟慮スルニ非サレハ取捨ヲ明答スルコト能ハサルモノ有リ」と、延引をはかる両大臣も止むなくなって、答書を久光に示した。久

光の要求する二〇ヵ条逐条の返答として、洋式制度の現況を述べ、細部についてはなお久光の意見を求めたが、服制・兵制・暦制の三ヵ条は施行ずみであるからと復旧を拒否した。さらに返書の最後に、「御同然熟議ヲ尽シ宸断ヲ仰クノ外無之候」と、久光が了承しない場合には天皇の解決にゆだねる意向を明示した。久光はこの答書を受け入れず、両大臣は上奏して宸断を仰いだ。同月五日、天皇は久光を召見して、服制・兵制・暦制の三ヵ条を除き、近く設立される元老院の会議に付すことが示された。服制については、

一、服制之儀は時勢を斟酌し之を制定する所にして、且前日我使節欧米各国に於て既に之を用ひ、各国人も亦我礼服たるを知れり。今俄に変転せん事朕甚不可とす。然れとも其品多くは輸入に係る。将来の国計を憂ふるに至ては、尤注意をさる可らす。依て其制を全国一般に及ほすに至ては、必しも追促を厚くせす、且らく其便宜に依らしめて可ならん。陸海軍服の如きは到底毛織を用ひされは、其便否利害亦言を待たす。故に内務大蔵工部等に旨を下し、不毛の地を開き、牧羊の業を創め、随て毛織製造の器械を置き、以て其用に充てんとす。(17)

という宸断であった。久光は主眼とする服制復旧の不採用を了承せず、その後は病気と称して参内しなかった。五月六日、岩倉の案により、侍従柳原前光が久光邸に派遣され、元老院議長を左大臣兼任とする勅命を伝えたが、久光はなお、旧服制不採用の聖旨を拒んだ。この問題が天皇に達してから、侍従柳原前光と久光の家令内田政風が示談に奔走し、内田は久光説得のため、薩摩の海江田信義と奈良原繁に援助を依頼した。(18)この頃、久光の要求は服制にしぼられ、天皇から示された輸入品を使用しないという条件を拒否して、直垂式旧制に戻すことを固執した。岩倉も久光を数度訪問して面談したが、遂に意見は合わず、十月七日、岩倉は内田と海江田に決裂を告げた。(19)これにより、久光は十九日に天皇へ二通の上言書を上奏した。一書には左大臣の職を賭して彼の意見の採用を願い、一書には太政大臣三条実美を弾劾して免職を求めたのである。二十二日、天皇は久光を召して、功臣実美を退けることはできないと、彼の封事を返付した。久光は憤然と退出し、二十七日に左大臣を辞した。この直後、奈良原繁は三条太政大臣の責任を追求して、辞職を迫る建言書を岩倉右大臣へ送

り、天皇への上奏を依頼した。また、内田政風と海江田信義も、十月三十日付連名の建言書を元老院議員に送り、太政大臣が責任を天皇に転化した非を訴えた[20]。

三条と岩倉は心労のため病臥してしまったが、大久保利通は両大臣の勅旨による解決を激励し、「仮令《たとえ》如何様《いかよう》困難を生候ても、小生におひては一歩をも動揺不レ仕《つかまつらず》、死して勅意を遵奉、国家を保護仕候決心に御座候」と、後難を恐れぬ覚悟を岩倉に伝えた（十月三十日付書簡）[21]。奈良原たちの太政大臣弾劾建言書は黙殺され、久光は鹿児島へ去った。鹿児島県は征韓論に破れた西郷隆盛を中心に士族政権を組織し、洋服を着用せず、太陽暦を採用しない旧制の小天地であった。しかし、十年（一八七七）の西南戦争が起ると、旧藩主忠義と久光は士民鎮撫の勅命に従った。久光は服装・結髪を一生改めず、嗣子忠義にも洋風を許さなかったのが[22]、彼の最後の抵抗であった。

異文化受容に対する新旧思想の衝突を緩和するため、政府は守旧派に人気のある島津久光を左大臣に登用したが、彼の政治的地位によって、抵抗が増幅する結果となった。服制の制定に天皇を前面に立てた政府は、抵抗の排除も天皇の権威に頼った。これは政府の常套手段であるが、左大臣も上言して、天皇をめぐって争われた。旧主家の久光に対して大久保は表面に出なかったが、実力者大久保の決意が両大臣を支えた。岩倉と大久保には、ヨーロッパ視察体験から得た確信があった。東京外国語学校教師、亡命ロシア人のレフ・イリイッチ・メーチニコフ Lev Il'ich Metchnikov は久光の行動を「反動的ユーモア」と言い、岩倉の極右中央集権的傾向に敵対する政治的路線にならなかったと指摘した[23]。反動の中心人物久光が去った後、政府主導の洋服化は伸展した。

金モールの大礼服は、「金ピカ服」と呼ばれた。モールの標条が何本か、金か銀かで身分を区別され、明治官吏の階層組織の頂点に輝く身分の表徴であった。

紳士ノ着スル美麗且ツ立派ナル大礼服モ、元トハ人民ノ膏血ヲ以テ染メ、人民ノ汗労ヲ以テ裁シタル者ナランカト思ヘハ、悲嘆セサルヲ得サルナリ。

(善言堂黙斎「大礼服ハ紳士ノ外貌ヲ飾ルニ足ルノ説」『東京新誌』第三十三号、明治十年一月四日)

というのは庶民の痛烈な非難であるが、大礼服着用者にとっても経済的負担が大きい。ドイツの新聞は日本の服制を評して、

其貧困ナル役人ハ十乃至二十ドルラルノ世帯ナレバ、出来スベカラザルを歎息セリ

(「外紙衣服評」〈『独逸新聞』雑誌抄訳〉『新聞雑誌』第二百三十二号、明治七年四月)

と指摘した。当年の一ドルは〇・九八円(日本銀行調べ)に当り、『独逸新聞』のいう下級官員一ヵ月俸給は九・八円〜一九・六円となる。一〇〇円以上の金ピカ服は、(24) いかに高額な負担であったかがわかる。六年二月十三日、政府は大礼服調製期限として、勅奏任官には六年十月を指示した(太政官布告 第四十八号)。新服制制定後一年間の余裕を与えたのは、高価な大礼服への経済的配慮であった。判任官には、「大礼服調製致候迄通常礼服ヲ以テ換用不レ苦候事」(前掲布告)と許し、二月二十日には、この特典を非職有位の者にも認めた(太政官布告 第八十二号)。しかし、低収入の彼らはほとんど着用しなかった。

新服制による礼服の洋化以降、行政機関の制服も拡充されていく。特に現業関係の洋服化は急速に進み、既に施行ずみの警察・郵便・鉄道員制服が整備され、税関吏(六年)・消防官・刑務官(十二年)へと行われていった。

2 文明開化

明治新政府の欧化政策によって、西洋文明を積極的に採り入れた明治初期は、「文明開化」という流行語に集約される。「文明開化」は福沢諭吉がその著『西洋事情』外編(慶応三年刊)に、英語 civilization の訳語として用いた言葉である。『西洋事情』はベストセラーとなり、「文明開化」は流行語となった。民衆レベルの流行語「文明開化」は、生活様式の西洋化を指す。衣・食・住の西洋的新風俗は、

文明かいかのはやるものは、せいようすかたに馬車に人力、れんくは造りの牛肉みせ、のきにちらつく日の丸ばた、
ぼくしつけい諸がく校、
(大一座開化都々一[25])

と歌われて、洋服は文明開化の先端的流行であった。しかし、異文明に対する拒否現象も激しかった。政府内部には島津久光の抵抗があり、民間にも新旧思想が対立した。福沢諭吉は『かたわ娘』(五年九月)を著わして、おはぐろ・そり眉の風習を批判し、西村雪台は『かたわむすこ』(六年)に、月代を剃って前髪のない男の旧風を非難して、便利な洋服生活を礼賛した。彼らの開化説に対し、服部孝三郎は『当世利口女』(六年三月)を著わし、国風にもとる西洋心酔を反論した。また、加藤祐一が『文明開化』(初編二冊、六年九月、二編二冊、七年九月)に旧弊打破をすすめ、「衣服は働きよき仕立にすべき道理」「帽子はかならず着《き》べき道理」「沓《くつ》はかならずはくべき道理」等を論ずれば、佐田介石は『世益新聞』(八年十二月創刊)によって、外国品を極端に排斥した。「その毒の取分重き品のみを挙ぐれば、衣類と石油と洋菜と洋銀と砂糖の類なり。この中に先づ衣服の大害たること」と、洋服を舶来品中最大の害とし、全国各地に舶来品防止の結社を設立した。

政府は欧化をはばむ旧思想に対して、マス・メディアによる開化思想の上意下達をはかった。四年九月四日の近臣への勅諭は宮廷内に止めず、御用新聞の『新聞雑誌』をはじめ、各種の出版物に掲載した。洋服化は天皇の意志として、民間に広く流布された。勅諭に示された復古論は洋化の理論的根拠になり、『文明開化』(加藤祐一、六年)、『開化の入口』(横河秋濤、六〜七年)、『開化問答』(小川為治、七年)等の開化の論陣に用いられ、民衆を啓発した。洋服は「開化服」として流行し、和服は「因循服」と排斥される情況が、急速に形成されていった。

開化派にとって、開化の具体相は洋服着用である。歌舞伎に散切物《ざんぎりもの》を創設した人気俳優尾上菊五郎は、四年に洋服を着用して、

賤嬉《ヤクシャ》スラカカル行状ナルヲ世間ノ壮士安閑トシテ過ン事耻ベキノ甚シキニアラズヤ
(『日要新聞』第一号、明治四年十二月)

と一層の人気を集め、その洋服姿は錦絵にも描かれた。五年九月に、大阪堂島米会所では揃って断髪・洋服となり、

各地開化の魁となる豈愉快ならずや

（『名古屋新聞』明治五年九月二十三日）

と、開化派に歓迎された。

新服制公布以後、洋服着用者が増加した。フロック型マンテルと背広型のスタイル二種は、写真・錦絵・挿絵等に多く見ることができる。横河秋濤の『開化の入口』図114(26)（明治六〜七年）には、次の情景が設定されている。

東風軽弄《クシ》レ袂《タモトヲ》、山靄淡《アワク》遮《サエギル》レ蹊《ミチ》と渓間《タニマ》がくれの僻田舎、数軒の茅屋彼方此方に打むれて、鶏鳴狗吠遙に聞へ、戸口に当る北嶺の雪

このような山村へ帰省する二人の壮夫《わかもの》は、

何れも目立つ開化の行装《いでたち》　霜降羅紗のズボン、マンテル、断髪頭《ざんぎり》にシャップを載き　靴蹈ならし

文明開化ファッションを山村に運んで来たのは、当地の旧家湯川愚太郎の悴《せがれ》文明と、横浜の町人西英吉である。開化服に驚く母、因循家の父、区長、神官、僧侶らに、二人は文明開化を説いた。開化服着用には、開明思想と洋服を購入できる経済力とが揃わねばならない。湯川家は「茅葺の門長屋、広庭の植ごみ、こなし部屋から牛部屋、なんとなく古色を帯て」の豪農である。文明と英吉が当家で、洋服、断髪、肉食、四民平等、税金、徴兵令、女子教育、小学校等を説得するところに、横川シナリオの時代性が構成されている。三枚の挿画には、各場面の舞台装置に新旧の男子服が描かれた。田舎にもポリス、郵便集配人、鉄道員らの現業制服があり、『開化の入口』に説くような地方名士の洋服も増えてきた。洋服は当初の居留地から都市へ、さらに地方へと広まっていく。

このように、開化のシンボルとなった洋服は男子服であって、婦人洋服については一顧もされなかった。女性のおはぐろ・そり眉を『かたわ娘』に批判した福沢諭吉も、彼女らの衣服には関心を示していない。彼は五年に慶応義塾出版局内へ衣服仕立局を設け、高価な洋服を安く製作して、「中等以下世間ノ日用ニ適シテ、事実ニ便利ナルモノ」を広め、洋服

仕立を都会の有閑女性の職業として、自立の精神を与えようとした（「衣服仕立局報状」『新聞雑誌』第六十二号、明治五年十月）。男子洋服の普及をはかり、婦人職業について深く洞察した当代随一の文化人も、女性の開化服を思考することはなかった。開化服は、男だけの文明にすぎなかった。

しかし、激しい開化の風潮に女性も巻き込まれ、最初に勢いよく反応したのは遊里の女性であった。

京都では、四年十一月に、

西京二条新地芸妓七人、此節散髪に相成、洋服或は褄高袴にて遊歩し、又座敷へも出る故、追日来客多し。

（『横浜毎日新聞』）

東京では、五年一月に、

希有ノ物ズキヲ為スモノモ有モノニテ、坂本町の植木店ナル絃妓《ゲイシャ》小ミサナル者ノ妹にセイラント名ノル少女アリ。歳十四許ナルガ支那《ナンキンヤウ》風ニ剃髪シテ、洋服《セイヨウキモノ》ヲ着用《キカサリ》シ、月琴ヲ携ヘテ客に招カレ、酒席《サシキ》ニテモハヤサルヨシナリ。或人ノ句、人マネニ芸者モサルノ歳始。

（『日要新聞』第三号）

長崎では、六年一月に、

長崎丸山寄合町松月楼の遊女六名、旧習を一洗して黒天鵞絨の袴に緋純子《ドンス》の上着、その外をもひ思ひに西洋製の女服をよそほひ、黄純子には緋の洋袴、青紋《モエキ》ちりめんに紫の純子の袴等をして、人目を駭かす行装《ヨソホヒ》にて、髪は勿論靴までも純然たる洋製を模し、名弘の為とて、同所中島なる写真所撮影局へ行とて、中ドン豆ドン皆洋服にて市中を徘徊す。看人《ミルヒト》群集して大に文明を称讃せり。或遊客その楼に登りしに閨門中のこと悉く洋礼なりしと云。

（『日要新聞』第五十五号）

文明開化の遊里の洋装は、新聞に報道されるニュースであった。江戸以来、遊里は流行の発祥地である。近世のきもの、帯結び、髪型の新しいファッションは、遊里と歌舞伎から起った。その後、明治初期の社会でもファッション・リーダーの地位を保っていた。服装は彼女たちにとって、重要な宣伝衣裳であった。京都と東京の遊里は、江戸以来のモード中心地であり、長崎は海外ファッション流入地であった。彼女たちの洋装は「希有ノ物ズキ」とも、「大いに文明を称讃せり」とも言われ、「追日来客多く」「看人群集して」宣伝効果を挙げた。

『日要新聞』に報道された長崎丸山寄合町松月楼遊女の洋装写真[27]は、現在、長崎市立博物館に所蔵されている図115〜118。撮影したのは、上野彦馬である。彼女らのドレスは「赤緞子上着に黒ビロードのスカート」「黄緞子上着に赤いスカート」「薄緑縮緬の上着に紫緞子のスカート」の三種が新聞に記され、写真のドレスにもこのスタイルが認められる。これらはいずれも、終期クリノリン・ドレスである。クリノリン・スカートは、一八六五年代に最も拡大した。拡大限度に達した七〇年には、前身を平らにして後身をふくらませた。このスタイルの構造は、従来のクリノリン輪骨では作れず、後腰専用の枠組のバッスル（bastle 英語）を用い、バッスル・スタイルへ移った。しかし、丸山洋装のスカート後腰は、バッスルのふくらみではない。六年（一八七三）の丸山ドレスには、ヨーロッパのニュー・ファッション情報がまだ届かず、終期クリノリン・ドレスであった。写真に見るオーバースカートは、ヨーロッパの流行スタイルであって、これがバッスル・スカートに移行するのである。欧米婦人の家庭着に用いられるブラウスを着用し、上衣とスカートの生地が異なるのも、欧米の流行であった。その原色的な色彩は、一八六六年（慶応二）にアニリン染料が発明されてからの鮮明な色である。帽子はクリノリン時代に流行したボンネットがすたれ、小さなハットを前方に傾けてかぶった。新聞に「西洋製女服」と記されている丸山ドレスは輸入品であろうか。あるいは同年の長崎に開業していた「ミセス・シュティボルフ」Mrs. Stibolt（独）（"Japan Daily Herald Directory and Hong List" 1873）の製品であろうか。当店はミリナー（milliner 婦人帽子製造業）であるが、初期ミリナーはドレスメーカーを兼ねていた。なお、長崎にはこのほかにも遊女の洋装写真が残されている図119（永見徳太郎『珍しい写真』渡辺庫輔蒐集資料）。彼女らの洋装も、終期クリノリン・ドレスである。

東京遊里女性の洋装は、「よし町小君」図120「仲ノ町小国」図121「島原玉吉」図122の写真（若林勅滋氏蔵）に見られる。三名の着るドレスは同じスタイルであるから、一枚のドレスを代り合って着用したのであろうか。それは丸山ドレスと同じく終期クリノリン・スタイルを示し、文明開化の洋装である。帽子は各人各様であるが、クリノリン終期の小さなハットを、前に傾けてかぶっている。五年一月の『日要新聞』が報道した芸者セイランの洋服も、彼女らと同じスタイルであろう。当時の東京にはドレスメーカーは無く、横浜に行かねば購入できなかった。五年の横浜には、「ミセス・ロッキャー」Mrs. Lokyer「ミセス・シアール」Mrs. Seale「ミセス・デーヴィス」Mrs. Davis「ミセス・ヴィンセント」Mrs. Vincent の四店があり、六年には、「ミセス・デーヴィス」と「ミセス・ヴィンセント」の二店が続いていた（前掲書、当年版）。しかし、これらの店で作られたドレスであるかどうかはわからない。在京の西洋人から貰い受けた一枚のドレスという情況を、想定することもできるであろう。

四年十月八日に、横浜港からアメリカに出発したわが国最初の女子留学生五名は、振袖の和服であった図123。右大臣岩倉具視特命全権大使の遣外使節団に同行した五九名の留学生中、上田悌子（十六歳）、吉益亮子（十六歳）、山川捨松（十二歳）、永井繁子（十歳）、津田梅子（九歳）である。前年にアメリカを視察した開拓使次官黒田清隆がアメリカ婦人の社会的活動に感動して、開拓使から派遣した女子留学生であった。岩倉大使の服装は羽織・袴に洋靴をはき、副使の大久保利通・木戸孝允・伊藤博文・山口尚芳は洋服着用であった[28]。十一歳の少年留学生、牧野伸顕は碁盤縞の赤地フランネルのシャツを着て、当世風の洋服姿である[29]。一行中には和装もあり、女子留学生の和服は当然の服装であった。アメリカ上陸後、振袖は好奇の目にさらされ、彼女たちは洋服着用を希望した。しかし、同行の世話役、アメリカ公使デ・ロング Charles E. De. Long の夫人は美しい振袖を賞賛して、洋服に着替えさせなかった。和服を嫌う彼女らは、アメリカの服を買ってほしいと頼み、聞き入れない夫人を憎んだという。翌五年一月十八日にシカゴへ着き、大勢の見物人にかこまれた彼女らは、岩倉大使に強談判して、遂に洋服を買って貰い、着替えることができたという図124（吉田利一『津田梅子』[30]）。出立時の振袖とシカゴ洋装の記念撮影には、女子留学生の和服から洋服へ転換の姿が写されている。

一月二十五日の大統領謁見式に、岩倉大使は衣冠、書記官は直垂を着用したが、二月六日にワシントンの官吏と商豪を招いた日本側レセプションには、一同新調の燕尾服を着用した。

大使ヲ始メ、一行ノ官吏、理事官、尽ク「ドレスコート」（食饌ニ用フル粧飾ノ衣服ナリ、又「ヂンネルコート」と云、我通常礼服ト呼フモノナリ）ヲ服シ羅立シテ来賓ヲマツ。（久米邦武編『特命全権大使欧米回覧実記』）

珍しい和服に見物人が群集するのは、日本の開国主義の障害になると考え、使節一同は洋服を着用したのである。しかし、儀式服の衣冠・直垂を洋服に改めるには、日本に大礼服の制を定めねばならない。使節のアメリカ滞在中に大礼服を制定するよう、本国へ指令した。アメリカでは間に合わなかったが、ヨーロッパでは十一月五日（以上旧暦）のヴィクトリア女王謁見式を初めとして、大礼服を着用した(31)。使節団書記官林董がイギリスへ先行し、ロンドンのテーラーに製作させた新服制大礼服であった。

五年にイギリスへ留学した蜂須賀茂韶《もちあき》は、夫人同伴であった。二年六月十七日に行われた版籍奉還と同時に、公卿と大名を華族と改称し、四年十月に、華族の本分を説く勅語が下された。天皇は実地の学を修める華族の外国留学をすすめ、外国の女教と育児の法を知るために、妻あるいは姉妹の同行を奨励した。蜂須賀茂韶の留学はこれに従い、初めて夫人を同伴した。しかし、五年一月の『雑誌』は、

蜂須賀茂韶近日洋行する由にて、この頃夫婦ともに洋服を着し、馬車にてしきりに市街を往来せり。夫婦ともども一つ車内とは国風まことに落ちたりというべし。仲よき夫婦かは知らねども匹付合まことに赤面の至りなり。夫婦別ある教にもとづき和漢礼義尊重の神国日本にては為し難き筈のことなり。

と、馬車に同乗する洋装夫妻を攻撃した。特に同乗の夫人が洋装であったので、激しい批難になった。根強い儒教思想は、文明開化の女性洋装を受け入れなかった。ロンドンで撮影した夫妻の写真図125(32)（森甚一郎氏蔵）によると、夫人のドレスはスカートの後腰をふくらませる枠組を用い、クリノリンから移行した新ファッションのバッスル・スタイルである。同夫妻は、

翌六年十二月に帰国した。『東京日日新聞』(明治六年十二月十五日)は、「蜂須賀侯夫人洋装で帰朝」の記事を掲載し、

昨十四日華族蜂須賀氏夫婦幷に同行の人々と共にアメリカより帰朝せり。其婦人の衣裳尤も美にして且その着用のよく似合たること、真の西洋に異ならず。

と、新服制後の開明的新聞は夫人の洋装を称賛した。

同紙によると、七年三月に浅草御蔵前片町伊勢屋孫兵衛裏へ、洋装の花嫁が嫁いだという。また八年二月六日、アメリカ仕込の契約結婚を披露した森有礼の新婦常の洋装を、「薄鼠色の西洋女服の上に白紗を以て顔より覆ひ」と伝え、「嗚呼盛なり男女同権の論かな、美なり開化の御婚礼かな」と報道した。京都では、九年一月三日同志社英学校の新島襄が新婦八重に、宣教師夫人から借用した結婚衣裳を着せて、キリスト教結婚式をあげた(石井研堂『明治事物起源』明治四十年)。新思想を結婚式に表明する夫に従ったのが、開化のウェディング・ドレスであった。

外国へ渡航する女性は、男子と同様に洋服を着用したが、彼女たちは国費留学生や貴族であって、出稼移民の衣生活は依然として和服である。元年者と呼ばれる最初の移民は、明治元年に和服でハワイへ渡った。柳行李一つの所持品のうち、衣類は着替用のきもの二、三枚、寝衣の浴衣《ゆかた》、日本手拭、木綿の縞または絣二、三反であった。婦人たちは持参の木綿地で、日本式仕事着を仕立てた。開拓の困窮生活には、手持のきものとこの仕事着だけで働かねばならなかった。開拓が軌道に乗って、経済的余裕ができるまで、洋服を着ることは無かった(33)。

開化服は新調することのできる特定の人びとに着用されたが、断髪は費用がかからないため、庶民開化の目標となった。

半髪頭ヲタ、イテミレバ因循姑息ノ音ガスル。総髪頭ヲタ、イテミレバ王政復古の音ガスル。ジャンギリ頭ヲタ、イテミレバ文明開化の音ガスル。(『新聞雑誌』明治四十年五月)

「半髪」とは、額と頭頂を剃って月代《さかやき》を作り、頂の中央に髷を結う。旧幕時代からの男子髪型であった。これは旧風の代表として、「因循姑息」と排撃された。「総髪」は月代を剃らず髪をのばす。全髪を後方に垂らす型と、髷を結う型があ

り、長髪や髷に未練を残している。維新の頃に流行した未練型は「王政復古ノ音ガスル」と嘲笑された。「ジャンギリ」は「ザンギリ」とも言い、完全な断髪である。髪を短かく刈る「いがぐり型」と、長めに刈る「なでつけ型」がある。

四年に、「散髪制服脱刀共勝手タルベキ事」を布告した政府は、結髪の旧風一新をはかった。断髪政策は官意発表紙の『新聞雑誌』に俗謡を宣伝して奨励するに止まらず、諸県の断髪告諭あるいは断髪令によって、行政的に強行された。大阪府令（五年冬）、長崎県告論（六年一月）の身体保護論、愛知県の強制令（五年十月）、若松県の課税令（六年一月）等、種々な方法が施行された。断髪しなければ課税されたり、捕えられて切られたり、強権的な地方ほど効果をあげている。

文明開化の流行に、断髪の女性も現れた。四年十月には、「上野山内清水堂傍の茶店の女、新内節上るり語りの女が散髪してトンビを着た」（『武江年表』）という。五年冬には、東京府下の異風変態として「婦人ジャンギリ髪鳶《とんび》服にて蝙蝠傘を持つ」（『新聞雑誌』第七十号）が挙げられている。しかし、女性の洋装を許容しない社会が断髪を奨励することはなく、女子の断髪は強い反対を受けた。五年二月の『日要新聞』は、

頃日切《みだ》りに婦女子が散髪せるあり。尤多くは煎茶屋の給仕女にて啻に奇を好むのみならず、書生兵員の寵恋を計るか、或は自負の強き不従教輩《おてんば》の所為なれば、実に笑止の甚しきなり。速く異風を改め、人々相応の容を為て一婦もかゝる至愚なきやうありたし。

と非難した。続いて三月には、『新聞雑誌』（第三十五号）も、

近頃府下にて往々女子の断髪する者あり。固より古俗にも非ず。又西洋文化の諸国にも、未だ曽て見ざることにて、其醜態陋風見るに忍びず。女子は柔順温和を以て主とするものなれば、髪を長くし飾りを用ゆるこそ万国の道俗なるを、如何なる主意にや、あたら黒髪を切捨て開化の姿とか、色気を離るゝとか思ひてすまし顔なるは実に片腹痛き業なり

という反対論を掲載した。この『新聞雑誌』の社説に呼応するように、四月五日、東京府は断髪禁止の告諭を公布した。次いで十一月八日に、「違式詿違《かいい》条令」五十三条を制定した東京府は、「詿違罪目」第三十九条に、断髪禁止を指定した。

小警視が即決して、七五銭以上一円五〇銭以内の罰金もしくは笞一〇ないし二〇とする違式（法律違反）より軽い詿違（過失）は、小警部が即決し、五銭以上七〇銭以下の罰金または一日以上七日以内の拘留に処せられた。女性の断髪は軽犯罪として、警察の取締りを受けたのである。男子の断髪は奨励し、遂には強制したのに対して、女性の断髪は法によって禁止した。当令施行後、断髪を処罰してもすぐには髪が伸びないので、処罰ずみの者が何度でも捕えられることとなった。そのため、「違反処罰之証」を発行する制度を考案し、六年二月十三日から施行された。証書は次の形式であった。

証書

第何大区何小区何町村何某妻又は娘　誰

右無ㇾ謂断髪せし罪に依て本日贖金（或は拘留）申付候。以後結髪相成候迄日数何日の間散髪を用捨候者也

年号月日

第何大区何小区

警　部　印

（『東京日日新聞』明治六年二月二十日）

証書中に記す日数は、毛髪の長短によって大体を計り、一〇〇日から一五〇日の期限とした。もし、期限内に結髪できるまでに伸びない時は願い出によって、期限を延期した証書が再交付される。処罰された断髪女性は髪が伸びるまで、この証書を持参していなければならなかった。(34)

女性の断髪禁止に反論したのは、六年に結成された「明六社」である。森有礼の発起によって、福沢諭吉・西周・津田真道・加藤弘之・中村正直・西村茂樹らの洋学者が組織した民衆啓蒙運動の機関誌『明六雑誌』第二十一号（明治七年十一月）に、阪谷素「女飾ノ疑」が掲載された。阪谷は断髪厳禁の令を怪しみ、人に聞いてみると、飾りを主とする女が断髪によって飾れなくなるからという返事を得て、その理由に反駁した一文である。男女同権の立場から、飾りも同女同権にあるべきで、女だけのものでないこと、むしろ今の女は飾りすぎているとし、イギリス貴婦人の用いる贅沢なレース、

東京の大商店に並ぶ千金の髪飾りを指摘して、「皆淫粧治容風俗ヲ乱ルノ具而已。多少ノ人力財用ヲ無用有害ニ費ス。実ニ嘆スベシ」という。断髪については、「近年男頭飾一変ノ際、女頭モ亦頗ル変化、無用ノ冶飾ヲ去リ、斬ヲ後ニ垂レ大ニ古態ニ復セントス」の論は、『新聞雑誌』の政府代弁論、「固より古俗にあらず」「髪を長くして飾りを用ゆるこそ万国の道俗」に対する反論であった。「余以為ラク。善ク之ヲ導キ一風ヲ為ス。女気是ヨリ張リ徳亦進ムベシ」と、女性の断髪に賛成する彼は、法による女子断髪禁止を最も問題とした。

大抵事人民ノ自主自由ニ任シ、其胆力ヲ養フ。女頭モ亦宜ク其自主自由ニ任スヘシ。自主ニ正アリ不正アリ。自由ニ公アリ不公アリ。不正不公ナル者固リ禁シテ保護スベシ。女ノ斬髪果シテ不公不正カ。不正不公ナラズシテ、男ニ勧メ女ニ禁ズ。可レ怪ノ大ナル者ナラズヤ。

と、洋学の泰斗は国民の自由、男女平等を論じて、女子断髪に対する官憲の介入を批判した。彼はさらに、女の頭を飾らせたいならば、髷に笄釵を飾った朕曼《カツラ》を作って外出に用い、平居は脱いで健康美を保たせることを提案するのである。しかし、近代精神を啓蒙する明六社は生活面の近代化に関心が薄く、阪谷の論文一編に終った。水茶屋の女性に多い断髪は、醜態異風として容易に弾圧された。文明開化に男子断髪は普及し、女子断髪の流行は消滅した。

文明開化の開化服として注目されるものに、女学生服装がある。女学校の最初は、三年（一八七〇）に、外人宣教師の設立したフェリス女学校、築地A六番女学校である。次いで、四年十二月に文部省が竹橋女学校を開設し、五年に京都英語女学校、六年に築地B六番女学校、七年、横浜共立英和女学校、八年、神戸女学院・跡見女学校、九年、桜井女学校が設立され、以後各地の女学校が開かれた。漢学系の跡見を除き、女学校の教科は英学が中心であった。外人教師に英学を学ぶ女学生の服装は、長袖・広帯の和装が一般的であったが、きものに襠高袴《まちだかばかま》をはき、あるいはフランネルの格子縞シャツをきものの下に着る女学生スタイルが現われた。錦絵の大蘇芳年筆「見《み》立《たて》多《た》以《い》尽《づくし》、洋行がしたい」図126（明治十一年）の女学生は和服の下に格子縞のシャツを着て、机の上に「スペリング」を開いている。豊原国周《くにちか》筆「当世開化別品競《べっぴんきそい》」女子師範

図127
学校」（明治二十年）の女学生は襠高袴をはき、楊州周延筆「現世佳人集」（同上）の女学生は和服の下にチェックのシャツを着て、襠高袴をはき、同「真美人」（明治三十年）もチェックのシャツをつけている。襠高袴は襠を付けて股の分れる男子袴である。チェックのシャツはフランネル製のアメリカ少年用で、日本の少年洋服にも着用されていた。フェリス・セミナーの少女のシャツ姿はミス・キダーによって、次のように描写されている。

喉の所できつくボタン留めになった、長い袖のついた黒と紫のチェックのフランネルのシャツを着ています（ちょうどアメリカの男の子のように）。その次には赤いウーステッドの綿入れの着物が袖と首の所にみえます。次はビロードの衿のついた綿入れの着物で、その上に縮緬と絹の二重合わせの大きな帯をくるくる巻いているのです。

（フェリス女学院編訳『キダー書簡集』一八七六年（明治九）一月十日）

この少女は六歳の年少のため髪型はお芥子《けし》であるが、十二、三歳からは一般的な唐人髷《まげ》か銀杏《いちょう》返しに結う。襠高袴の女学生は、靴または男物高下駄をはいた。髪型ときものは女装、襠高袴と高下駄は男装、シャツと靴は洋式の異風スタイルである。男装と洋装のスタイルは勉学に便利な機能性を加え、精神的には、男装に男子と同じく学問することへの意気ごみを示し、洋装は西洋へのあこがれであった。

男だけの文明開化に、婦人洋装は受け入れられない。女学生はクリノリンやバッスルのドレスを着ることはなかったが、洋学への向学精神と勉学の行動に適合した和装を創造した。しかし、女性が男袴をはいて男子服装の世界へ侵入したことは、男性とっては許し難いものであった。

洋学女学生ト見エ、大帯ノ上ニ男子ノ用ユル袴ヲ着シ、足駄ヲハキ、腕マクリナドシテ、洋書ヲ提ケ往来スルアリ。如何ニ女学生トテ、猥ニ男子ノ服ヲ着シテ活気ガマシキ風俗ヲナス事、既ニ学問ノ他道ヲ馳セテ女学ノ本意ヲ失ヒタル一端ナリ。是等ハ孰レモ文明開化ノ弊ニシテ、当人ハ論ナク、父兄タル者教ヘサルノ罪ト謂フヘキナリ。

（『開化評林』巻之一、明治五年）

これは岡部啓五郎編『開化評林』に採録された「女子洋装ノ説」の一節である。筆者（氏名不詳）は断髪と女学生服装を「文明開化の弊」と批難したが、特に女学生服装については、「男子ノ用ユル袴ヲ着シ……」「猥ニ男ノ服ヲ着シテ活気ガマシキ」と、男袴の着用を問題にした。欧米に於ても、ズボンは男性権力のシンボルであり、女性の着用は許されない。男袴着用も男性の権力を侵す危険な服装である。女学生にはまだ理解し難い問題であったが、男性側の批難には危機感がうかがわれる。この服装は地方にも拡がり、『高知新聞』は、「女生徒の袴　真っ平御免」（明治十三年七月十二日）と、高知女子師範学校の袴着用に反対し、『東京日日新聞』は、「生意気千万!!!女生徒が靴袴　それで意気揚々生かじりの同権論」の一文を掲げて、山形県下の女教師・女生徒の「半男半女」の姿を攻撃し（明治十四年十月三日）、「地方により女教員女生徒等のいかめし気にも、袴をつけ、靴を穿き、女だてらにギッ〳〵と肩をふり、懐手で歩くもの」を「弊風」「浮華の流風」と非難し、「女子風俗矯正」の必要を論じた（明治十六年五月二十二日）。また、『朝日新聞』は「靴や袴をつけて　女子師範や高女生は女の屑」（明治十六年五月二十七日）と言い、女学生服装へ恣意的な非難が続いた。

洋学女学生の教育には、英学と共に洋裁教育が行われた。アメリカ、リフォームド教会に所属する学校教師、メアリ・エディ・キダー Mary Eddy Kidder[図128]が三年（一八七〇）に、横浜ヘボン施療所で始めた英語教育は、五年から野毛山に移ると、女子教育に方針を変更した。その教育は英語だけを教えるのではなく、授業内容は歴史・地理・算数・裁縫等多岐にわたった。裁縫では縫い物・編み物・刺繡等を学ばせ、ウーステッドの織物を作らせた。織成の毛織地できものを縫い、綿入れの表着の下に着せた。毛織と綿入れの二枚重ねは、軽くて暖い。縫い物では、西洋の下着の縫いかたを教えた。西洋式木綿の下着は前明きとして、かぶらずに着るように作った。各自製作の下着を生徒に着用させ、毎週洗濯する習慣をつけさせた（『キダー書簡集』一八七六年一月十日）。

五年四月十五日に土手町旧岩倉邸に開校した京都府立新英学校及女紅場《にょこうば》は、華士族子女のため、英語並びに高等の和洋裁縫、手芸技術を授けることを目的とした。英国の教師、エヴァンス（イーバンス）夫妻 Hornby Evans, Mrs. Emily Evans

を雇い（五年四月九日〜六年四月八日、『太政類典』）、エヴァンスは男子に英語を教え、夫人は女子に英語と洋裁を教授した。女生徒は七、八歳から十三、四歳の一五九名が集まり、華士族から商工階層にわたっていた。洋裁の教授課目はミシン・袋物・挿絵であった。(35)

同年五月、福沢諭吉はこの英学女紅場を参観し、小冊子『京都学校の記』を著わした。エヴァンス夫人から「縫針の芸」を習う娘たちについて、「各貧富に従つて紅彩を装ひ衣裳を着け、其装潔くして華美ならで、粗にして汚れず、言語嬌艶、容貌温和」と言い、東京の「断髪素顔まちたか袴」の女学生と比べて京風を称えた。学校の記録によると、女学生の服装は黒衿付のきものであった。その後、教授内容を充実し、九年（一八七六）には英学を脱して女学校女紅場と改称し、十二年（一八七九）に、和裁を中心とする教則を定めたが、「第一級第三年第二期」に「西洋編物」、「第二級第三学年第一期」に「西洋服」の課業が組まれていた（『文部省日誌』第十号、明治十二年）。

五年十月、東京築地入船町に、独逸国女教師サイゼンの開いた教場は、「各国衣服の裁縫」「絹糸細工指導」「メリヤスの作り方」「縫箔の仕方」を教授した（『東京日日新聞』掲載広告）。当教場出身の広瀬宮子は築地小田原町に女学校を設立し、二十五年（一八九二）に、前記の京都府立新英学校の後身、京都府立第一高等女学校嘱託教授となり、洋裁教授に従事した。(36)六年七月、京都から東京へ戻ったエヴァンス夫人は、浅草光月町三番地の時習社で、ミシン裁縫を教授した。月謝は五円という高額であった。(37)

十二年（一八七九）二月三日、長崎出島新橋口に設立された英和学校は、普通日本小学科と普通英学及縫裁洋服の二科を設け、男女共学であった。入学問合せを受付ける大浦東山手のモンドレルとグードルは、設立者の教師であろう（『西海新聞』明治十二年二月一日）。

このように、洋裁教育機関には、西洋人の開設したものと、御雇外人教師によるものとがある。ミス・キダーの下着洋裁のような工夫を除き、一般的には英学とセットされた教養的洋裁教育であった。英学と洋裁は閉鎖的な女性社会にとって、女学生が受容することのできた文明開化である。

二　明治中期

1　婦人服制

明治五年制定の新服制は男子を対象とし、女子は除外された。新服制の平安朝服否定は、「神州の武威」「尚武ノ国体」(明治四年九月四日勅諭)によって行われたので、婦人服装には関係がない。服制改革後も、男子洋服姿に並ぶ女性服装は、古来の袿《うちき》・緋袴の和装であった(図129)。七年(一八七四)、勅任官及麝香之間詰(官界及び宮廷の最高位者)の妻に対して、新年拝賀あるいは外国行その他の場合に、本人の願い出によって、参朝を許すことが定められた。ヨーロッパ風に、夫人同伴を認めた最初である。参朝服には、和装が次のように指定された。

宮内省達　明治七年一月十三日

一髻　トキサゲ　但ツト有無勝手

一服　白

一袴　赤　但長袴切袴勝手

一袿　綾地唐オリ　但色目白赤紫勝手

十四年(一八八一)の新年拝賀式から、勅任官は婦人同伴の定めとなった。七年の内謁見が制度上の規定に昇格したのである。そのため、服装の指示も細かく行われた。

宮内省達　明治十三年十二月七日
勅任官並麝香間祇候ノ妻服飾
一袿　地織物　色黒ノ外何ニテモ不苦、地紋勝手、十六歳未満者ハ長袖
一切袴　地精好　塩瀬或ハ生絹　色緋　十六歳未満者ハ長袖
一小袖　地綾羽二重　色白　十六歳未満ハ長袖
一髻　トキサゲ　白紙ヲ以テ中程ヲ結フ　十六歳未満者ハ紅ノ薄様ヲ用フ
一扇　中啓
一履物　品勝手

外務省にだけの「追テ別紙服飾所持無之輩ハ外交官ニ限リ洋語（コート、ドレッス）著用不苦候」という追書があり、外交官夫人の洋装を認めた。

十四年以後、婦人同伴の朝拝が三回行われて定着した頃、十七年（一八八四）九月十七日に、勅任官以上の夫人に対する服制が定められた。

宮内省達　明治十七年九月十七日　勅任官以上へ
婦人服制
礼服
一袿　冬地唐織　色目地紋勝手
夏地紗二重織　色目地紋勝手
一袴　地精好　色緋
一服　冬地練絹

夏地昞布
一髪　垂髻《サゲガミ》　仕様勝手
一檜扇
一履物　袴ト同色ノ絹ヲ用ユ
通常礼服
一褂　冬地繻珍　純子　其他織物　色目地紋勝手
夏地紗二重織　色目地紋勝手
一袴　地勝手　色緋
一服　冬地羽二重
夏地晒布
一髪　垂髻《サゲガミ》　仕様勝手
一扇　勝手
一履　勝手
通常服
一褂　冬地純子　綾紗　綾羽二重　平絹等　色目勝手
夏地生絹　紗　絽等　色目勝手
一袴地　色目勝手
一服地　色目勝手
一髪　勝手

一扇　勝手
一履　勝手
一袿地紋並色目ノ内左記ノモノハ用ユヘカラス
　地紋
（共緯《トモヌキ》）（雲鶴）（小葵）
（雲立涌ニ向鸚鵡）雲立涌ニ外ノ模様ハ差支ナシ
（鳳凰模様ノ内目ノ長キ方）
　色目
（黒色）（鈍《ニブ》色）（柑子《カウジ》色）（萱草《カンザウ》色）（橡《ツルバミ》色）
西洋服装ノ儀ハ其時々達スヘシ
　着用心得
婦人服制ハ家族中ノ婦女一般相用ヒ苦シカラス
通常礼服ハ禁苑参入夜会及ヒ尋問等其他適宜之ヲ用ユ尤モ公私礼服着用ノ場合ニ通用ス
通常服ハ平常適宜之ヲ用ユヘシ

この十七年服制も和装であるが、「西洋服装ノ儀ハ其時々達スヘシ」と公示された(38)。十三年の外交官夫人洋装の特例を別として、宮廷婦人服装洋装化の第一歩であった。この方針は十五年に、式部長三宮義胤によって確立された。政府は開明派三宮を式部長に据え、内廷の欧化をはかったのである。以後、歳末等に皇后から婦人たちに下賜される品は、洋服地一反と定められた。ドイツ皇后の下賜品が時間励行主義から、時計にきめられているのと好一対の佳話といわれ(39)、宮廷婦人洋装への準備が進められた。その二年後、十七年服制に洋装を公示したのである。しかし、それは洋装に言及しただけ

で服種も示されず、準備期間はなお続いた。翌月には次のような内達が行われた。(40)

十一月一日

今般婦人服制内達候処、礼服ニ限リ夏冬共袿ノ下タヘ左記ノ単着用スヘシ、此段更及二内達一候也。

一単　地固地綾織　色目勝手　地文千剣菱

これは、生地と文様の変更通知である。服地は固い綾織に、文様も強固な感覚の千剣菱に変えたのは、西洋服ブロケード地の豪華さに対応するためであろう。

同年十一月十五日には、奏任官の夫人同伴が許され、それに伴なう奏任官婦人服制が示された。但し、奏任官は新年拝賀式の大礼に参列できないので、婦人服制は通常礼服以下の定めであった。

宮内省内達　明治十七年十一月十五日(41)

奏任官へ

婦人服制左記之通被相定候条此段及二内達一候也

通常礼服

一袿　冬地繻珍　純子　其他織物　色目地紋勝手

夏地紗　色目地紋勝手

一袴　地勝手　色緋

一服　冬地羽二重

夏地晒布

一髪　垂髻　仕様勝手

一扇　勝手

一履　勝手

通常服

一袿　冬地純子　綾紗　綾羽二重　平絹等　色目勝手

夏地生絹　紗　絽　色目勝手

一袴地　色目勝手

一服地　色目勝手

一髪　勝手

一扇　勝手

一履　勝手

一袿地紋並色目ノ内左記ノモノハ用ユヘカラス

地紋

（共緯）（雲鶴）（小葵）

（雲立涌ニ向ヒ鸚鵡）雲立涌ニ外ノ模様ハ差支ナシ

（鳳凰模様ノ内目ノ長キ方）

色目

（黒色）（鈍《ニブ》色）（柑子《カウジ》色）（萱草《カンザウ》色）（橡《ツルバミ》色）

一場合ニヨリ西洋服装相用ユルモ妨ケナシ

着用心得

一婦人服制ハ家族中ノ婦女一般相用ヒ苦シカラス

一着用区別

通常礼服

禁苑参入並夜会及ヒ尋問等其他適宜之ヲ用ユ尤公私礼服着用ノ場合ニ通用ス

通常服

平素適宜之ヲ用ユ

奏任官夫人には礼服がなく、通常礼服では、勅任官以上夫人の袿は「夏地紗二重織」、奏任官夫人は「夏地紗」とするほか、同じである。夫人自身の公的地位が無いため、男子服のような身分標幟は重視されない。洋装も公示されたが、「場合ニヨリ西洋服装相用ユルモ妨ケナシ」とするだけであった。しかし、十八年三月に、「肩掛を網にて掛けることを目下取調べ中」(『女学新誌』十八)というように、洋服着装への準備が進められていた。

服種を定めて宮廷洋装を実現したのは、欧化政策の強行された鹿鳴館時代である。十九年(一八八六)六月二十三日、伊藤博文首相兼宮内大臣から皇族・大臣・勅任官・有爵者・麝香間祇候らへ、夫人の洋礼装が内達された。(42)

婦人服制之儀先般及二内達一置候処、自今　皇后宮ニ於テモ場合ニヨリ西洋服装御用并(い)可相成ニ付皇族大臣以下各夫人朝儀ヲ始メ礼式相当之西洋服装随意可二相用一事

「礼式相当之西洋服装」として定められたのは、次のドレスである。

大礼服　Manteau《マントー》 de《ド》 cour《クール》　新年式ニ用ユ図130

中礼服　Robe《ローブ》 décolletée《デコルテ》　夜会晩餐等ニ用ユ図131

小礼服　Robe《ローブ》 me-《ミー》décolletée《デコルテ》　同上

通常礼服　Robe《ローブ》 montante《モンタント》　裾長キ仕立ニテ宮中昼ノ御陪食等ニ用ユ図132

マントー・ド・クールはフランスのルイ王朝から行われているヨーロッパ諸国の宮廷服である。トレーン train (引き裾)

を引き、その長さは身分によって異なる。ローブ・デコルテは衿明きを広くあけ、胸や背をあらわし、袖はつかない。正式な夜会服であるが、ヨーロッパ宮廷服には中礼服として用いられていた。ローブ・モンタントは高い衿が付き、肩や背をあらわさない昼間の礼服である。ヨーロッパ宮廷礼装を採り入れた日本は、特にドイツ宮廷にならった(『女学新誌』十七、明治十八年二月二十九日)。ウィルヘルム Wilhelm 一世とビスマルク Bismarck 宰相によって国運隆昌のドイツは、日本近代化の指標であった。

男子新服制には、守旧の左大臣島津久光が頑強に反対したが、婦人服制の反対派は在留西洋人であった。ドイツから日本政府に招聘され、東京帝国大学医学部御雇教師及び皇太子侍医を勤めるエルヴィン・フォン・ベルツ Erwin von Bälz は、後年の日記にその意見を記している。

かつて伊藤侯が、宮中で洋式の服装が採用になる旨、自分に告げた時、見合わせるよう切に勧めていった——何しろ洋服は、日本人の体格を考えて作られたものではないし、衛生上からも婦人には有害である。すなわちコルセットの問題があり、また文化的・美学的見地からは全くお話にならないと。伊藤侯は笑っていわく「ベルツさん、あんたは高等政治の要求するところを、何もご存じないのだ。もちろん、あんたのいったことは、すべて正しいかも知れない。だが、わが国の婦人連が日本服で姿を見せると、『人間扱い』にはされないで、まるでおもちゃか飾り人形のように見られるんでね」と。伊藤侯が自分の忠告ないしは願望を斥けたのは、これがたった一度きりだった。しかし今日では、侯も恐らく考え直すことだろう。西洋諸国と対等になることは、外面的形式の方面ではなく、内面的資格の方面においてこそ、その目的を達せねばならないのであって、殊にその外面的形式が欠点ですらある場合には、なお更のことだ。今日、黒のビロード服に白い羽毛の襟飾りをつけた侍女《パージェ》を見た時、再びこの事を考えざるを得なかった。あの太短い姿では全く論外である。衣裳が服装ではなく仮装になっている。固有の古代日本式衣裳を著ければ、自然で良く似合うものを。

(『ベルツの日記』明治三十七年一月一日の条、岩波文庫)

ベルツは西洋婦人服の細腰長裾スタイルに対して、医学上反対していた。また、日本婦人の仮装のような洋装スタイルをきびしく非難して、政府の外面的欧化政策を批判した。日本の伝統衣裳を礼賛するジャポネズリー（日本趣味）の在留西洋人も、ベルツと同様な理由を挙げて、こぞって洋装化に反対した。東京帝国大学日本語学教師バジル・ホール・チェンバレン Basil Hall Chamberlain（英）は、その情況を次のように述べた。

日本におけるヨーロッパ系の新聞が一斉にこの野蛮なやり方を非難したが、無駄であった。趣味豊かな外国人は、いずれも日本の友人たちに個人的に説いて、奥さん方に滑稽な服装をさせないように努力したが、徒労に終った。きつく紐で身体を締めることや、ヨーロッパ風のものは一般的にその服装をする者の健康を害ねるものであると、クリーヴランド夫人やアメリカの貴婦人方が公開状を書いてその危険なことを指摘したが、それも無駄に終った。一八八六年（明治十九年）十一月一日、皇后と御付の貴婦人方が新調したドイツ製の衣裳《ドレス》をつけて正式の招待会に現われたとき、賽《さい》は投げられたのである。

（『日本事物誌』「衣裳」一八九〇年、東洋文庫）

在留西洋人の非難を受けながら、伊藤のいう「高等政治」によって新服制は実施され、宮廷婦人の袿袴はドイツ製ドレスに変った。翌二十年（一八八七）四月に、宮内省はドイツからオットマール・フォン・モール Ottomor von More 夫妻を招聘して、伝統的な宮廷制度と礼儀作法をドイツ式に再編成することを托した。彼はそれまでプロシャ宮廷の侍従を勤め、夫人は女官であった。夫妻が来朝した時、天皇は軍服、侍従はビロード衿の燕尾服、皇后はヨーロッパ君主夫人と同様な絹のドレスを着用し（Mohl, Ottmar von, Am japanischen Hofe, 1846）、近代天皇制の服制は定着していた。

二十年一月十七日、婦人服制について、皇后の思召書が下された。

婦女服制のことについての思召書

女子の服は、そのかみ、既に衣服の制あり、孝徳天皇の朝には、大化の新令発してより、持統天皇の朝には朝服の制あり、元正天皇の朝には左衽の禁あり。聖武天皇の朝に至りては、殊に天下の婦女に令して、新様の服を着せしめらる。当時、固より衣と裳となりしかば裳を重ぬる輩もありて重裳の禁を発しき。されば女子は中世まで都鄙一般に紅袴を穿きたりしに、南北朝よりこのかた、干戈の世になりては、衣を得れば便ち著てまた裳なきを顧ること能はず、因襲の久しき、終に禍乱治まりても裳を用いず、纔に上衣を長うして両足を蔽はせたりしが、近く延宝よりこなた中結びの帯、漸く其幅を広めて、全く今日の服飾をば馴致せり。衣ありて裳なきは不具なり。固より旧制に依らざるべからざるして文運の進める昔日の類にあらねば、特に坐礼のみ用ふることを能はずして、難波の朝の立礼は、勢ひ必ず興さざるを得ざるなり。さるに、今西洋の衣服を見るに、衣と裳を具ふること本朝の旧制の如くにして、偏へに立礼に適するのみならず、身体の動作、行歩の運転にも便利なれば、其裁縫を倣はんこと、当然の理なるべし。然れども其改良に就て殊に注意すべきは、勉めて我国産を用ひん事なり。若し能く国産を用ひ得ば、傍ら製造の改良をも誘ひ、美術の進歩をも導き、兼て商工にも益を与ふることは多かるべく、此挙却って種々の媒介となりて、時に衣服の上に止まらざるべし。凡そ物旧を改め、新に移るに、無益の費を避けんとするは、最も至難の業なりと雖も、人々互に其分に応じ、質素を守りて、奢侈に流れざるやう、能く注意せば、遂に其目的を達すべし。茲に、女服の改良をいふに当りて、聊か所思を述べて、前途の望を告ぐ。

（『東京日日新聞』明治二十年一月十八日）

四年の服制改正勅諭が唐制の衣冠を否定し、神武創業、神功征韓の尚武復古を示したのに対して、皇后思召書は孝徳朝の立礼復古を説いた。二部式スタイルの洋装は、難波朝の立礼、奈良朝の衣と裳、中世の紅袴とスタイルを同じくし、活動に便利である。故に洋服採用は、わが国の旧制に復すことになるという。尚武を示すことのできない婦人洋装には、立礼様式の活動性が指摘された。勅諭と思召書の指向する時代は異なるが、復古の指標はともに古代天皇制であった。この復古理念は男子服では天皇から、婦人服では皇后から示された。四年の天皇勅諭には風俗一新の決断精神を表明し、二十年の皇后思召書は国産を用いて無益の費を避けることを説き、西洋文明受容の初期から安定期への移行が見られる。率先して洋装した皇后の指導的な思召書によって、従来の宮廷には見ることのできない皇后像を確立した。明治政府は近代天皇制に、新しいタイプの近代的皇后の地位を築いたのである。図133 服制の洋装化は、皇后の衣生活全般にわたる洋装化であった。皇后は服制外のヴィジティング・ドレス（visiting dress 英、訪問服）を着用して、赤十字総会・学校・慈善病院・観菊会等に行啓した。日常着にも洋服を用い、寝衣のほか和服を着用することはなかったという。(43) 時は恰も、鹿鳴館洋装流行期である。洋装奨励の思召書は、鹿鳴館洋装の流行を大いに助長した。

また、皇后の説いた女服地国産も、急速に実行された。仙台絹織の「宮城鹿の子」「日の出織」「鷹の羽博多」「替り八橋」「替り一楽」(44)、京都西陣の「綾緞子」「子紋形ちらし」(45)、京都府立織殿の「紋綾織」(46)等の洋服地が織り出された。天皇制思想は既に確立され、皇后洋装の影響は大きい。

〔明治宮廷洋装遺品〕

a　マントー・ド・クール(47)

皇后着用……紅緋ビロード地刺繡菊花模様大礼服（文化学園服飾博物館(48)）

皇后着用……萠黄色ビロード地刺繡菊花模様大礼服図X（原のぶ子(49)）

デコルテ　白サテン地オーガンジー張り

上衣　萠黄色ビロード地刺繡菊花模様

スカート　白ブロケード地薔薇模様

トレーン　萠黄色ビロード地刺繡菊花模様

ケープ　萠黄色ビロード地アプリケ蘭花模様

下着　白ローン肌着。白サテンアンダースカート。白ローンペチコート。白ローンドロワーズ。

その他　白革長手袋。刺繡レース張り扇。（明治四十五年製作）

朝香宮妃允子《のぶ》内親王着用……ピンクサテン地ビーズ刺繡花模様大礼服（文化学園服飾博物館）

北白川宮妃着用……白サテン地銀ビーズ刺繡花模様大礼服。白ブロケード地菊花模様ラメ入リコート図134（北白川家）

梨本宮妃着用……ローズ色ビーズ付チュール地刺繡飾薔薇模様大礼服（原のぶ子）

伯爵上杉茂憲夫人兼子着用……真珠色紋朱子地刺繡薔薇模様大礼服。白メリヤスシャツ。クリーム色フランネルペチコート。キャラコペチコート。コルセット。クリーム色フランネルコルセットカバー。白羽二重ヒップパッド。フランネルドロワーズ。キャラコドロワーズ。真珠色毛皮ケープ。真珠色サテンハイヒール（上杉家）（明治三十五年一月一日新年朝拝に着用）(50)

朝香宮妃允子内親王着用……水色ブロケード地刺繡花模様トレーン（文化学園服飾博物館）

侯爵鍋島直大《なおひろ》夫人栄子《なが》着用……金茶色ブロケード地刺繡飾トレーン（鍋島家）

b　ローブ・デコルテ(51)

皇后着用……ピンクブロケード地羽根模様オーストリッチ裾飾中礼服（文化学園服飾博物館）

久邇宮俱子《とも》妃着用……クリーム色デシン地刺繡レース飾中礼服（京都、長福寺）

伯爵大谷光瑞夫人籌子《かず》(52)着用……白サテン地に赤シフォンクレープ重ねビーズブレード飾中礼服。図135 ビーズ飾ハイヒール四（京都女子大学）（明治四十三年ロンドン製）(53)

子爵六角玄通《なるみち》夫人為子《ためこ》着用……薄茶色ブロケード地菊花模様ビーズコード飾中礼服（青木英夫）(54)

c　ローブ・モンタント(55)

皇后着用……紅梅色カットベルベット地花菱模様刺繡レースアプリケ飾通常礼服（明治神宮）（明治二十年頃着用）(56)

皇后着用……白綸子地桜花模様ベージュ色模様チュール重ねコード飾通常礼服図136（明治神宮）(57)

皇后着用……ベージュ色サテン地刺繡花模様飾通常礼服（善光寺大本願）（明治二十七年三月九日、大婚二十五年祝典に着用）(58)

皇后着用……赤紫ビロード地刺繡レース飾通常礼服。同生地製楓繫刺繡飾ケープ（善光寺大本願）[59]

皇后着用……金茶色カットベルベット地花模様刺繡レース・杢ビーズ飾通常礼服。洋傘四（善光寺大本願）[60]

皇后着用……白デシン地白糸刺繡菊花模様通常礼服（文化学園服飾博物館）

女官着用……白サテン地通常礼服（京都、長福寺）

女官着用……水色ブロケード地水玉模様ブレード飾通常礼服（樹下家）[61]

侯爵佐々木高行夫人貞子着用……葡萄色デシン地刺繡レース飾通常礼服（小山光衛）[62]

伯爵大谷光瑞夫人籌子着用……水色タフタ地白チュール二重袖・カラー飾通常礼服〔大河内婦人洋服店製作〕（京都女子大学）

子爵六角玄通夫人為子着用……クリーム色サテン地ジレット付ベージュ色タフタ地菊花模様通常礼服上衣（青木英夫）[63]

陸軍少将乃木希典夫人静子着用……紫色ブロケード地花模様白サテンカラー通常礼服。ペチコート。ドロワーズ。コルセット。花飾ボンネット型帽子（京都、乃木神社）（明治二十七年三月九日、大婚二十五年祝典参列服）

d　ビジティング・ドレス

皇后着用……紫色メリノ地テーラード型バッスル・ドレス[図137]（千葉、誕生寺）[64]

梨本宮妃着用……紺綾織地コード刺繡飾外出着（文化学園服飾博物館）

梨本宮妃着用……茶色フラノ地コード刺繡飾外出服（文化学園服飾博物館）

伯爵大谷光瑞夫人籌子着用……薄緑畝織地テーラード型スーツ。キャプリン型帽子八[図138]（京都女子大学）[65]

2　鹿鳴館洋装

安政四年（一八五七）の日米条約（日米約定）は、元年の日米和親条約の内容を拡充して締結された。その第四条に、日本人亜米利加人に対し法を犯す時は、日本の法度を以て日本司人罰し、亜米利加人日本人へ対し法を犯す時は、亜米利加の法度を以てコンシュル、セネラール或はコンシュル共に官名罰すへし

(『幕末維新外交史料集成』第三巻)

と定められた。翌五年六月十九日に調印した日米修好通商条約第六条にも、同様の規定があり、日本居留アメリカ人は領事裁判権を獲得した。幕府は、日本人がアメリカ人に対して犯した罪を日本の奉行が罰し、アメリカ人が日本人に対して犯した罪をアメリカ官憲が罰するのは当然と考えた。国の主権を侵される治外法権の重大性を認識していなかったのである。その後の条約締結国も、アメリカにならってこの権利を獲得した。通商条約に付随して締結された貿易章程についても、知識のない幕府役人は、貿易諸規則・手続・検査・手数料・過料・税則等すべて、交渉相手のアメリカ総領事タウンセンド・ハリスに、教えてもらう状態であった。関税はハリス原案の税率に対して、幾度も交渉を行ったが、最恵国条款(両国間の最も有利な条約を他の条約国もとり入れることができる国際法上のきまり)を放棄して、幕府の提示よりも低い税率が決定された。このような協定税率により、日本は関税自主権を得られなかった。領事裁判権を奪われ、関税自主権と最恵国条款を失った従属的地位を幕府から受け継いだ明治新政府は、不平等条約改正の責務を負わされていた(前掲書)。

明治四年(一八七一)の岩倉具視全権大使一行の米欧派遣は、欧米文化視察のほかに、条約改正準備の目的があった。安政の日米通商条約は一八七二年七月四日(明治五年五月二十九日)に改正することができる。そのためには一年前から交渉するということが、第十三条に定められていたのである。大使一行は五年一月二十一日にワシントンに着き、二十五日の大統領謁見を終了すると早速、条約改正準備交渉に入った。使節には岩倉大使をはじめ、木戸孝允・大久保利通らの重臣が揃っているので、アメリカ駐在公使森有礼と使節団副使伊藤博文は、この際改正条約を定め、調印することを主張した。彼らの意見は入れられ、準備交渉は調印交渉に変更された。二月五日の返礼レセプションに、一同新調の燕尾服を着用したのは、日本の開化をアメリカに示して、交渉を円滑に進めるためであった。しかし、岩倉が条約改正全権大使として、国書を携行していないことを、アメリカから指摘された。そのため、大久保・伊藤両副使が急遽帰国して、全権委任状を

持参することになり、二月十二日にワシントンを発った。

交渉は続けられたが、アメリカは日本の領事裁判権撤廃、関税権回復の要求に応じないばかりか、居留地拡張・輸出税廃止等を新たに提案してきた。木戸はこのアメリカの態度に、「今日の事已に一着を失す。彼の欲するものは尽く与へ、我欲するものは未だ一も得る能はず。此間の苦心且其遺憾なる只管《ひたすら》呑レ涙而已《のみ》」（『木戸孝允日記』明治五年二月十八日の条）(66)と苦悩し、森らの意見を入れた不明を後悔するようになった。日本留守政府は使節の対米単独交渉を認めず、列国代表合同会議方式を主張した。五月二十一日、日本帰任のドイツ公使フォン・ブラント Max August Scipio von Brandt がワシントンに立ち寄り、使節に対米交渉の不利を忠告した。六月十一日には、イギリスから留学生河北義二郎・戸田三郎が来て反対意見を述べた。外国通の彼らの意見に岩倉大使も動揺し、遂にアメリカとの交渉を断念した。六月十七日、大久保・伊藤が全権委任状を持って帰任したが、同日午後、大使は国務省に交渉中止を通告した。(67)木戸の日記には、次のような痛恨が記されている。

余等百余日苦心せしことも、二氏態々《わざわざ》帰朝、種々尽二議論一、五千里の海上三千里の山陸を往々せしことも皆水泡に属せり。故に為レ国に事を処する、其始謹慎沈黙思慮を尽さずんばあるへからず。余等此地に到着し匆卒《こつそつ》の際此事に至りし元（原）因実に遺憾に不レ湛ものあり。（前掲書、明治五年六月十七日の条）

明治政府最高首脳の行った条約改正は、完全に失敗した。

六年（一八七三）十月二十八日に外務卿に就任した寺島宗則にとっても、岩倉大使らの失敗した条約改正は、一大懸案であった。十一年（一八七八）七月二十五日、アメリカとの間に、税権回復の新条約調印を行うことができた。しかし、他国と同様な条約改正を実施条件としたため、イギリスの反対によって施行できなかった。国内にも税権だけの改正に反対が起り、福沢諭吉・馬場辰猪らの法権回復を伴う条約改正論が高まった。自由民権運動にも改正論が強く主張され、寺島は十二年（一八七九）九月十日に、外務卿を辞任した。

寺島に代って外務卿となったのは、井上馨である。井上の外務卿としての最も重要な任務も、条約改正であった。井上外務卿はその前提として、欧化政策を強化した。「我帝国を化して欧州的帝国とせよ。我国民を化して欧州的人民とせよ」（『世外井上公伝』第三巻）という彼の思想は、徹底的な欧化政策の基盤であった。生活様式を欧化して「欧州的人民」に化し、文明国としての待遇を獲得することによって、条約改正をはかるのである。井上は国際社交場を日比谷の一角、麹町区内山下町一番地に建設して、欧化の拠点とした。工部大学校及び太政官の造家学教師ジョサイア・コンドル Josiah Conder（英、明治十年来日）の設計による二階建、延べ四一〇坪（約一三三〇平方メートル）の建物は、明治十四年（一八八一）一月に着工し、三年の歳月と一四万円の巨費を投じて、十六年七月に完成した。ルネッサンス様式の優美な建物は鹿鳴館と名付けられた（挿図19）。十一月二十八日、開館式の井上外務卿演説に、

挿図19　鹿　鳴　館

此の館に命ずる処の名に依りて以て我意を表するに足るべしと信ず。我輩が詩経の句に仮りて此の館に命くるに鹿鳴の名を以てしたるは各国人の調和の交際を表章する意にして、此館に於ても亦同じく調和の交際を得むことは我輩の期して且つ望む所なり。

（『風俗画報』第五百九十一号）

と、設立の趣旨が述べられている。井上は九年から十一年まで、夫人武子、娘末子を同伴して、ロンドンに滞在した。三年にわたるヨーロッパ生活の体験から、外務卿の欧化政策は、鹿鳴館様式の演出に行われた。

鹿鳴館では夜会を催し、ヨーロッパ宮廷風の華やかな舞踏会が開かれた。

鹿鳴館開館の夜会は、井上外務卿夫妻主催で行われた。招待者は夫人同伴の皇族・華族・政府高官・政界、財界の有力者・外国使臣・御雇外国人ら

であった。特に宮廷貴族の皇族と華族は、常に招待客の主位を占めた。夜会の服装は男子通常礼服の燕尾服、女子中礼服のローブ・デコルテ（イブニング・ドレス）であるが、女性の洋服着用は少なく、最初の女子留学生として海外生活の長かった大山巌夫人（山川捨松）、瓜生外吉夫人（永井繁子）、津田梅子及び外交官夫人の洋装が見られるだけであった。和装は白襟紋付、宮中関係は袿袴を着用した。舞踏のできる人も少数にすぎない。(68) 夜会を盛大にするには、洋装と舞踏が必要であることが、最初の鹿鳴館夜会で明らかになった。そのため、政府高官と有力華族は燕尾服を着用し、イブニング・ドレスの夫人を伴って、夜会の宴に舞踏会の華やかなムードの盛り上がりをはかった。舞踏は十七年（一八八四）十月二十七日から、鹿鳴館で練習会を開いた。駒場農学校獣医学教師ヨハネス・ルートウィヒ・ヤンソン Johannes Ludwig Janson（独）の教授を受け、宮内省雅楽寮、陸・海軍の軍楽隊が伴奏した。(69)

婦人洋装が多くなり、舞踏も上達して、鹿鳴館、首相官邸、外相官邸等に、しばしば盛大な夜会が開かれた。内田魯庵は、その光景を次のように追憶している。

当時の欧化勢の中心地は永田町で、此のあたりは右も左も洋風の家屋や庭園を連続し、瀟洒な洋装をした貴婦人の二人や三人に必ず邂逅ったもんだ。ダアクの操り人形然として妙な内鰐の足どりで、シャナリシャナリと蓮歩を運ぶものもあったが、中には今よりもハイカラな風をして、其頃流行った横乗りで夫婦轡を駢べて行くものもあった。此のエキゾチックな貴族臭い雰囲気に浸りながら霞ヶ関を下りると、其頃練兵場であった日比谷の原を隔てゝ鹿鳴館の白い壁からオーケストラの美しい施律が行人を誘って文明の微醺を与えた。

（『思い出す人々・四十年間の文明の一瞥』大正十四年）

十九年（一八八六）十一月三日、井上外務大臣夫妻主催天長節祝賀舞踏会に鹿鳴館へ招かれたフランス海軍将校、ピエール・ロチ Pierre Loti の観察した当日の衣裳は、彼の記した「江戸の舞踏会」から抜萃して列記すると、次のようである。人物は実名をはばかって、匿名で記されている（カッコ内は筆者注記）。

ソーデスカ伯爵夫人（井上馨伯爵夫人武子）図139

森に咲く小さな花々の模様を飾った、えもいえぬ似つかわしい色合の、たいそう淡くたいそう地味なフジ色のしゅすの長い裳裾とりどりの真珠をちりばめた硬い繍取りでおおわれている、ほっそりとした鞘《さや》形の胴着。要するにパリに出しても通用するような服装

日本のもっともりっぱな一工兵将校の令嬢

裳裾を引きたてるツバキの模様のある、ほのかなバラ色にくるまれた、小がらな、かわいらしい麗人

アリマセン侯爵夫人（鍋島直大《なおひろ》侯爵夫人栄《なが》子）図140

今年の冬の流行に従って、道化役者ふうの髷にたかだかとゆい上げた漆黒の髪。小さな愛らしい子ネコのような、美しいビロード色の目。象牙色のしゅすをまとったルイ十五世式の装い。日本とフランス十八世紀とのこの合金は、トリアノン宮におけるようなJupe《ジュープ》 à《ア》 Paniers《パニエ》（わがねで張りひろげた十八世紀のスカート）や細長くしまった胴着をつけたこの極東の優しい佳人に、思いがけない効果を与えている。

腰掛の上にひっついている若い娘たち

壁に沿って掛布のように整列した母親たち

彼女たちにはなにかしっくりしないところがあるのだろうか？　捜しても、それはうまく定義できない。スカートをひろげるためのわがねがたぶんよけいだったり、あるいは不充分だったり、付けかたが高すぎたり、低すぎたり、曲線をつけるべきコルセットが知られていなかったりするせいだろう。だが、顔だちはまんざらでもなく、やぼったくもなく、手は非常に小さいし、パリからまっすぐ伝わってきた身づくろいをしている。

アリマスカ嬢、クーニチワ嬢、日本のもっとも勇敢な一砲兵将校のご令嬢、カラカモコ嬢たち

白、うす紅、水色などの絹の服を着ている。……彼女たちの小さな手は、長い透いた手袋の下でほれぼれするほど

美しい。……彼女たちの足は、これはどうも出来がいいとは申されない。日本の昔からの優雅な方式どおり、それはひとりでに内側に曲がっていて、しかも、高い木製の履物をひきずる世襲的な習慣のため、なにかしら不恰好である。

工兵将校令嬢

はでな花模様のある淡いバラ色の服……ほんとうに彼女は、わがフランスの（といっても実際は多少田舎の、カルパントラスとかランデルノー地方の）嫁入り前の若い娘のように、まったく上手に洋服を着こなしている。また彼女はぴったりと手袋をはめたその指の先で、匙《さじ》を使って巧みにアイスクリームを食べることもできる。

皇族の妃殿下がた、侍女たち

神秘な風情のひと群れ（袿袴姿が詳細に観察されている）

和服姿の小さなニッポンヌ

振り袖のついた開放的な着物、大きく花結びにゆった髪、藁の草履、足指の分かれた足袋。この公のどえらい笑劇全体のなかに美しい異国的なおどけを投げこむ彼女たちは、まったくかわいらしい。

日本の紳士、大臣、提督、官公吏たち

ちと金ピカでありすぎる、ちとあくどく飾りすぎている。燕尾服というものは、すでにわれわれにとってもあんなに醜悪であるのに、なんと彼らは奇妙な恰好にそれを着ていることだろう！　もちろん、彼らはこの種のものに適した背中をもってはいないのである。どうしてそうなのかはいえないけれど、わたしには彼らがみな、いつも、なんだかサルによく似ているように思われる。

（『秋の日本』一八八九年、村上菊一郎訳）

ロチの最も賞讃した洋装は、井上馨夫人武子と鍋島直大夫人栄子であった。武子は明治九年から十一年の三ヵ年を、馨とともにロンドンで生活した。栄子は、十三年から十五年までイタリアに特命全権公使として駐剳した直大の許に嫁した。

井上馨は、御雇教師ベルツに、「ヨーロッパ文化や生活様式を完全無欠に同化した日本人である」（『ベルツの日記』明治十四年五月十九日の条）と評価されている。鍋島直大は四年にイギリスへ留学して、前後八年間滞在した。帰朝後は外交関係の重職に任ぜられ、その後イタリアに赴任したヨーロッパ通である。ベルツは彼について、「洋服姿いがいの侯を見たことがないほどで、その身ごなしたるや、大多数の日本人とは異り、全く板についていて、何のあぶな気もない」（『ベルツの日記』明治十二年七月九日の条）と評した。ベルツ評の井上、鍋島の洋服姿と同様に両夫人の洋装にも、ヨーロッパ生活の体験が裏付けられていた。

この頃、西洋婦人服の流行スタイルはバッスル・ドレスであった。バッスル（bustle 英語、トゥールニュール tournure 仏語）は、スカートの後腰をふくらませる腰当や枠組を指し、クリノリンに代る流行であった。一八六五年（慶応元）のクリノリン・ドレスは、山のようにふくらんで身動きができなくなり、後方へ広がった。その後、七〇年（明治三）頃に、バッスル・スカートに変わり、クリノリン・スタイルは消滅した。バッスルは七五年（明治八）まで流行したが、八〇年（明治十三）には完全に姿を消し、スカートは裾のフリルで広げられた。次いで、この細いスカートの上に、別布の装飾用スカートを巻き付けるようになり、再びスカートの支えが必要となった。そのため、数年間でバッスルは復活し、九〇年（明治二十三）までの全盛期が続いた。バッスル（腰当）には綿を入れた丸い蒲団状のもの、馬の毛入りの硬い布に襞を数段よせたもの鯨骨または鋼製の枠等各種あり、紐あるいはベルトで胴に結び付けた。ウエストを細くするため、胸から腰をコルセットで締めつけることは、クリノリン服と同様である。二枚の布を重ねるスカートの上スカートは、腰当の上にたくし上げ、種々な形に造る。カールした髪を高く結い、造花・羽毛で飾るプリムの狭い帽子を前頭部にかぶり、スカートの後部デコレーションと調和させた。政府の奨励する鹿鳴館洋装は、この装飾的なバッスル・ドレスであった図141〜143。

十九年出版の「新双六淑女」（作者間野秀俊、文学博士春迺家朧閲）は、春迺家朧《はるのやおぼろ》こと坪内逍遙が間野秀俊の需めにより、当時の世態を女性に諷して書いた。和洋装の女性を配し、洋装の方が多い。賢・勉強・玉ノ輿・卒業・宣教師・四方周遊・

良配・不良夫婦は洋装、劣情・慈善会には和装と洋装、愚・怠惰・正妻・権妻は和装に描いた。和装の多くは悪い項目に入れられ、上りの「当世の淑女」はバッスル・ドレスの洋装である。その詞書に「夫ニ対シテハ半身ノ名ニ背カズ、国ニ対シテハ国民ノ本分ニ堪フ。夫ニ忠アリ国ニ功アリ。美ナルカナ当世ノ淑女」と言う。鹿鳴館洋装婦人には国家的倫理の資質を与え、明治女性の最高イメージに適合させて、淑女の地位を与えていた。

錦絵に描かれた鹿鳴館洋装も、十七年の「鹿鳴館貴婦人慈善会図」（楊州周延）、二十年の「皇国泰平鑑」「貴女裁縫之図図144」（松斎吟光）、「女官洋服裁縫之図」（楊州周延）、「梅園唱歌図」（同上）、「開化貴婦人競」（同上）等の貴女洋装であった。

貴夫人令嬢の正客は今日を曠《はれ》ぞと粉黛を凝し弥が上にも化粧して靚を競い綺を闘はし粛然として楼上に居流れたる其様一様ならずして、或は里昂《リオン》絹の娟華なる洋服を纒ひ白鷺のボンネットを戴きたるあり、一個《ひとり》の淑女妙齢二八可《ばかり》ならんか、伊太利織の華美を極めて最も綺々たる洋服して薔薇の花を飾りたる伯林《ベルリン》製の帽子を戴き、

（後藤南翠『雨窓漫筆緑蓑談』明治二十年三月十六日）

と、夜会に招かれる貴女の贅沢な洋装であった。さらに、皇后思召書が洋装を奨励すると、高価な洋服を新調することのできる富裕層に、流行が拡大した。「少し有福の家の（然し旧印は度外なり）婦女子は是非とも嗜みに洋服を所持せねば成らぬ姿」（『東京日日新聞』明治二十年三月十三日）、「女子の洋服は、昨今日の出の勢ひにて」（同上、三月十六日）という状況になった。二十一年の錦絵には、「東京名所之内　西丸二重橋図145」（楊斎延一）、「東京名所之内　靖国神社真景図146」（同上）、「風俗参十二相　遊歩がしたそう　明治年間妻君之風俗図147」（芳年）等、街にも家庭にも洋装婦人が描かれた。二十三年の「教育誉之手術図148」（勝月）には、上流家庭の茶道・華道・和裁教育へ進出した洋裁を見ることができる。鹿鳴館舞踏会の洋装は、貴族から富裕層を含む上流社会の流行となった。江戸以来流行をリードしてきた遊里も洋装を宣伝衣裳に用い、吉原栄華楼雲井の洋装は、「新吉原　全盛別品競図XI」（明治二十一年）に描かれたが、貴女に追随するファッションであった。

鹿鳴館洋装は二十年以降、上流社会からの流行がひろまった。「官員の婦女子か中等以上の町家の婦女子等は洋服一具

づつは嗜みに備へ置くなれど、一般といふ訳には往かず」（『東京日日新聞』明治二十年三月十三日）と報道されている。会計検査院判任官平塚定次郎夫人光沢《つや》は、二十一・二年頃初めて洋装した。光沢は平塚らいてうの母である。その洋装写真図149と、二十年二月に撮影した和装写真図150が、らいてうの手許に残されていた。判任官夫人の和装から洋装への変貌を、この二枚の写真に見ることができる。らいてうは母の洋装について、次のように語った。

その当時の母は、前髪を縮らせた髪型で洋装していましたが、細おもての、色白で、きゃしゃな体つきの母には、生まれてはじめての西洋の服装が、小柄ながらなかなかよく似合っていました。

その頃の婦人の洋装は、両肩を高く立て、コルセットで胴を細くしめ、お尻は綿の入った枕のようなもので、高くふくらませていました。襞やギャザーの多い、いまから思うとじつに装飾的なもので、裾も長く、靴下など見せていません。帽子はかならずかぶり、多くはボンネットですが、造花をつけたツバの小さな帽子のときもありました。こうした洋装の流行も、上、中流の家庭だけのことで、広くは行なわれず、また長くもつづかなかったのですが。

（『平塚らいてう自伝』昭和四十六年）

平塚定次郎は二十年から三年間、会計検査院長渡辺昇の先進国会計検査法調査欧米巡遊に随行した。妻、光沢はその間、桜井女塾に通って英語を学び、洋服を着用した。官員夫人として欧化政策を体現した洋装は、らいてうの語るように、巧みに着こなされている。

政府の政策が官吏の洋装化に実現される状況は、大沢由己の「芥舟録」（昭和七年筆録）に記された京都府尋常師範学校長兼京都府学務課長八代規の行動に見ることができる。十九年四月に師範学校長となった八代は、師範学校女子部及び女学校に、ドイツ婦人エスデールを傭い、英語・洋裁・編物・料理等を教授させ、生徒、女教師に欧風心酔を起させた。さらに、府庁高等官の夫人を集めて婦人会を作り、エスデールから洋裁を学ばせた。三菱汽船英人船長の夫に死別したエスデールは、神戸居留地の洋裁で生計を立てていたが、子供が多く生活に窮したのを八代が傭い入れたという。彼女は官員夫人に上着から下着、ズロースまで手を取って熱心に教えた。夫人たちは各自作製の洋服を着て、洋装熱が高まったのでである。初めて着る洋服は着方がむずかしい。最初はエスデールに着せてもらうが、二度目には、何をどこに付けるのかわからない。その時、夫人たちは八代の家書生大沢由己に尋ねるのであった。大沢もわからないので、エスデールに英語で質問する。これをくり返すうち、大沢は洋服着用法をすべて理解するようになった。近くに住む日比野判事夫人がこのことを知って、大沢に着付を依頼した。彼は一旦断ったが、八代の口添によってやむなく、夫人の洋服着付を引受けた。エスデールは夫人たちに編物や料理も教えたが、編物の説明は特に複雑であるため、大沢が最切に伝習して図解を筆記し、夫人たちの備忘に供した。彼のノートは好評を博し、諸家から借覧を求められたという。このように、官吏夫人たちの洋装にかかわった大沢は、彼女らの洋装姿を次のように見ている。

此時分の女の洋装は、今から考えると随分滑稽な恰好であったのである。今日の洋装は、日本人の体に合うよう相当洗練改良され、調和がとれて来て居るから、余り無恰好では無いが、最初は洋人着用其儘のものを直訳的に使用したのであるから、木に竹を継いだようになるのは当然である。然るに八代の奥さんは背高で外曲《わ》の、男のような体格であったから、当時としては先ず上出来のスタイルであったから、エスデールも大いに賞讃して居たが、日比野の妻君は横太りで内曲の旧式婦人であったから、如何に着付方が名手でも全く以て見られた恰好ではなかった。而して此不恰好な洋装婦人の代表的なものは、当時女学校の主席教諭であった小川昌子刀自で、其滑稽なる、誠に噴飯に堪えないものがあったが、当人一向平気で盛んに洋装の利を吹き回わされたのには、如何な欧風呼吸者である八代先生も少々当てられ気味であった。

（大沢由也『青雲の時代史――芥舟録・一明治人の私記――』昭和五十三年）

和服で坐る生活には、内曲が多かった。熱心な八代の推奨と西洋婦人の直接指導に、内曲の女性たちも大胆に洋装した。八代の欧化計画は成功したのである。

鹿児島県出身の八代規は重野安繹門下の孔孟派であるが、中央官庁へ出張する度に、洋服・洋食党に変貌した。彼が京都府庁中最も熱心な洋風礼賛に変ったのは、第一次伊藤内閣の文部大臣となった欧化主義の森有礼から、同県人として知遇を得たからである。八代は森の縁故によって中央各省の大官に接触し、欧化思想を京都府庁へ伝えて、知事から下級吏員まで巻きこんだ。八代の家書生を兼ねて府庁吏員となった大沢由己も、月賦の洋服を新調して得意であった。十九年四月、森文部大臣は大規模な学制改革を行い、師範学校令を公布した。本令によって師範学校長は文部省直属となり、高等官に昇格した。八代は学務課長兼任の師範学校長に、森文部大臣から任命された。高等官に出世した八代は孔孟派の和服を脱ぎ、洋服を着て欧化に奔走したのである。彼は師範学校女子部生徒に、紀州ネル地の官給洋服を着用させた。また、小学生徒の和服着流しを洋服に改めるため、型式・地質・価格等を学務課員に調査させ、そのサンプルを作成した。京都府下村立小学校男子教員には、二十年六月以降の洋服着用を指示し、女教員、小学生にも漸次改良させるよう内達して、洋服化をはかった。

男子官立学校制服は、十五年十月、文部省令によって定められていた。唯一の女子官立校、女子高等師範学校制服に洋装を採用したのは、十九年十一月一日である。図151(70) 舶来縞フランネル地のバッスル・ドレスを着用させたのは、森文部大臣の欧化政策にほかならない。平島裁縫女学校で仕立てるドレスの代価は六円五〇銭であった。(71) 洋服費自弁のため、官費学資金は前年から七円五〇銭に増額されていた。(72) 次いで、各府県師範学校女子部の洋装化がはかられ、文部大臣直属となった師範学校長が推進した。

秋田県女子師範学校では既に十八年から、女教員一同が洋服を着用した。(73) 女教員らがバッスル・ドレスを洋服店に注文したことは、七月二十八日の『明治日報』掲載のニュースになった。『女学新誌』(二十五、明治十八年八月十日)はこのニュースについて、「下等といへども女洋服の値ひ貴きこと日本女服上等の遙か上にあれば、女教員が一月の給料にては購ひ去らるるや否や。斯ることは能く経済の点より考へたき事にこそ」と論評し、経済上からの再考を促した。

同年九月には、宇都宮女子師範学校女教員一同も洋服を着用した。(74) 秋田・宇都宮女子師範学校女教員の洋装について、

『女学雑誌』（四、明治十八年九月十日）は、東京の女子高等師範学校にならうものという見解を示している。女教員の洋装した両校の制服化は最も早く、十九年に行われた。同年八月七日、師範学校令改正後、新制の秋田県師範学校女子部に進学した富樫ツル子は、洋服を支給された。彼女の回想によると、

地は京小倉とか申すもので、仏蘭西型とでも申しませうか、現今のよりはずつと長く而して、腰の下には内側に三ヶ所も鯨髯を入れて繋ぎますので、腰が細くお尻が太くて蟻の如く、又あひるの如く、揃つて外出すれば家鴨の行列が来たと冷やかすものもあり、又日本人の耶蘇が来たとて、子供等がぞろ〳〵ついて来たものでした。

（「昔をしのぶ」、秋田県師範学校『創立六十年』明治二十三年卒業 仙北、神宮寺町 富樫ツル子、昭和八年）

という洋服は、バッスル・スタイルであった（本年の記念撮影がある。『明治大正図誌』六、筑摩書房所収）。二十一年の同校女生徒の洋装について、『女学雑誌』（九十二、明治二十一年一月十四日）は、

秋田県尋常師範学校女生徒の洋服は先般東京より着荷せりとのことなりしが、此の元旦に始めて洋装をなして拝賀に出でたりとて途上二八の西洋美人（服装のみ）に逢ふこと多かりき。

と記し、東京仕立の洋装スタイルは悪くなかったようである。二十一年十月二十三日、森文部大臣は同校を視察した。校長庵地保は東京府学務課から森に選抜され、新制師範に送りこまれていた。全校男女生徒は洋服を着て英語で話をして、大臣を喜ばせた。庵地校長は森の期待にこたえたのである。同校男子寄宿には寝台を用い、女子舎の夜具布団生活より洋風であった（前掲書「感想録」和田喜八郎）。

宮城県師範学校女子部の服装については、二十一年の通常県議会で、「教場に出る際一切洋服を着用すべき」ことが議決された（『女学雑誌』百八十二、明治二十二年十一月二日）。宮城県は、政府の政策実施に熱心であった。栗原郡築館駅の遠藤郡長は、皇后の思召書による女服改良を戸長及び教員に勧諭した。山間僻地の村民たちは感動して、子女の洋服化をはかり、築館小学校女生徒の「十中七過」は洋服に改められたという（『女学雑誌』七十、明治二十年八月六日）。古川町出身の吉

野作造は、小学生時代が同県洋服化期にあたり、洋服を着せられた一人である。

明治二十年頃と記憶するが、一時私の郷里の田舎に変な洋装がはやつたことがある。今考へてみると西洋の寝衣《ねまき》に違いない。はつきりと記憶せぬが、新に着任した二人の女教師が都から之を着てはやらしたものと思はれる。随分沢山の生徒がその型に倣つて寝衣みたやうなものを着たものである。勿論夏だけのことであつた。女児はそれ程でもなかつたが、男児には之を着るものも沢山あつたやうだ。私もそれをハイカラな洋服だと思つて得意で着ていた記憶がある。地は勿論普通の浴衣地であつた。

（「小学校時代の思ひ出」『新旧時代』第一年度十一冊、大正十五年二月）

西洋ねまきのような浴衣地の洋服を着た小学生、吉野作造の得意な姿に、宮城県下の洋服熱がうかがわれる。

新潟県尋常師範学校女子部は、二十一年に、洋服を採用した。裁縫女教員が上京して洋服裁縫の講習を受けた後、生徒各自に製作させた。当時の新潟は直江津まで舟または人力車で行き、直江津から汽車に乗って東京に出た。このように辺鄙な学校も洋装化をはかった。同校三回生（明治二十五年三月卒業）の伊藤ウメらは、転任教員記念撮影に、手縫の木綿地バッスル・ドレスの姿をとどめている図152（佐々木ウメ蔵、旧姓伊藤）。女生徒の洋装は土地の人びとから国賊と罵られたという。

森文部大臣の欧化政策は師範学校を通じて、保守的な地方にまでも及んだ。

文部省の師範学校女生徒洋服化によって、教育界に洋装が流行した。楊州周延筆「現世佳人集」図153（明治二十年）、水野年方筆「今様柳語誌」図154（明治二十一年）の洋装女性は、バッスル・ドレス着用の女教師像である。

東洋英和女学校では十九年に、西洋風俗を教える特別の一科を設け、「生徒は常に洋服を着し、一日一回づゝ西洋教師と共に洋食し、寄宿舎内には寝台を用い」、すべて西洋婦人と同様な生活をさせた。彼女らの洋装は、豪華なドレスであろう。学費は一ヵ月一三円五〇銭であった(75)。同年の秋田県女子師範生に支給された学費二円五〇銭の約五倍にあたる。師範学校女生徒の洋服は文部省の規制によって、質素なネルまたは木綿地であったが、富裕家庭の女学生洋装は、貴族の夜会服のように贅沢に装われた。次のように記されている。

……子は富豪の娘なれば其出で立ち最も麗はしく其顔貌の豊艶にして色白きは玉子の如く、手には金銀珠玉を鏤めたる腕環を穿ち、白茶の綸子にて仕立上がりたるばかりのスプリングドレッスを著し、其の装飾の立派なること、一見して素封家の生れなるを証するに足る。

（女学校機関誌『国の基』明治二十年）

華族女学校も和洋両種の服装が贅沢化し、貧富の差が問題になった。(76) 特にそれは洋服に甚だしく、学校当局は「生徒洋服制限」三条を定めて、贅沢な洋服を次のように規制した。

第一　衣服の地合はセルヂ、フランネル、麻、木綿の類に限るべきこと。

第二　衣服仕立の形は当校に備置ける雛形四種の中にて、其年令に適応せる者を選み、之に準拠すべき事。

第三　レース、金玉等高価の飾物を用べからざる事。

（『女学雑誌』六十四、明治二十年五月十四日）

しかし、指定洋服地中最も高価なセルに注文が殺到し、一ヤール七、八〇銭のセルは一円二、三〇銭に値上りして、品物が払底した。(77)

このような貴族的女学生洋装に対し、学校生活に適する制服化をはかったのは、地方の女学校である。宮城県一ノ関中小路の私立知新女学校の洋装は、同県教育界洋服化の一環であり、洋裁教育も意欲的に行った。(78) 徳島県徳島女学校は十八年に、生徒一同の髪型を束髪に変え、翌十九年には高学年に洋服を着用させ、漸次全生徒の洋服化をはかった。(79)

鹿鳴館洋装は夜会衣裳の流行がクローズアップされ、貴族上流社会以外の実態には注目されていない。しかし、政府の欧化政策に追随する官界と、森文部大臣の推進する教育界の洋服化に、流行の実情を明らかにすることができる。中央集権を確立した政府は、貴族上流社会・官界・教育界に洋服化を進め、上意下達型の流行が形成された。着用する女性側に、近代的自意識は見られない。新聞記者坂崎斌が婦人社員だけで組織し、全社員に洋服を着用させ、女性の能力を示す『女新聞』(80) を発行したのも、男性主唱の稀少現象にすぎなかった。このように、限られた階層の流行であるから、着用者も多くない。人類学者による当時の風俗測定は、次のような着用比率を示している。二十年四月、東京上野公園で、坪井正五郎が行った中等以上二十代の若者に対する洋服着用測定（制服は除く）は、男子五三％、女子三％である。翌二十一年四月、同条件による丘浅次郎の測定は、男子五二％、女子八％であった。このほか二十一年一月一日から五日まで、東京の芝・京橋・日本橋・神田・本郷の五区で、坪井正五郎の行った一般人民の洋服着用測定（制服は除く）は、男子二〇％、女子一％である。同年一月一日・三日の両日、大阪東区重要街及び中の島公園で、山崎直方の行った通行人に対する測定は、男三六％、女二％であった[81]。本測定は鹿鳴館洋装の主要を占める舞踏会衣裳を含まず、街頭の通行人調査であるから、流行の概要を知ることができる。全測定を通じて、男子洋服に対する婦人洋装の落差は大きい。男子洋服は文明開化以来の伸長を示したが、天下り流行の婦人洋服着用比率はきわめて低い。しかし、文明開化に排撃された婦人洋装が華やかに流行したことは、宮中洋装と共に、近代婦人洋装の開幕であった。十九世紀のバッスル・ドレスは欧米に多く遺存しているが、わが国の遺品は少ない。着用数が少なく、震災・戦災にも失われた。管見の遺品には、次のドレス及び付属品がある。

【鹿鳴館洋装遺品[82]】

侯爵鍋島直大夫人栄子着用……
白綸子紗綾形《さやがた》模様軍配に菊花文刺繡入り江戸小袖地絹糸巻杢ビーズ房飾バッスル・ドレス[83]
マゼンタ色サテン地上スカート付白サテン地機械刺繡薔薇アプリケ模様バッスル・ドレス[84]
ローズ色蘭花模様ブロケード地宝石装飾金モール刺繡アプリケバッスル・ドレス（ロンドン製）[85]（鍋島家）
侯爵鍋島直大着用……グリーンサテン地上着・キュロット・白サテン地ベスト組合せ金モール刺繡にシークイン飾仮装[86]舞踏会服。黒色絹シール地三つ折プリム帽子。編下げ鬘。（パリ製）[87]（鍋島家）
陸軍軍医総監石黒忠悳《ただのり》夫人[88]クカ着用……黒ファイユ地黒ビーズ飾上着図155[89]。コルセット三[90]。黒ファイユ地レース縁飾付トーク平型帽子。白色羽根飾扇。毛皮マフ[91]。黒サテン地レース縁飾傘。（石黒孝次郎）

浦賀船渠《ドック》創立者塚原周造夫人着用……黒ブロケード地茶ビロード地組合せバッスル・ドレス（図156）（文化学園服飾博物館）

洋装の流行に伴って、洋裁教育が求められた。明治初期の洋裁教育は西洋婦人によって行われたが、鹿鳴館洋装の教授者は日本人である。十九年に、一ノ関中小路の知新女学校の創立者、熊谷寿仙は同校に洋服裁縫科を新設した。従前の家事・経済・算術・和裁・礼式の五科に加えたのである。五〇余名の申込者があり、遠村から入校寄宿する者は一五、六名となった。(92)これは宮城県の洋装熱の反映であった。二十年には東京京橋区山城町四番地に、平島嘉平が婦人洋服裁縫女学校を開設した。校長平島嘉平、幹事近藤リン子、教員兼職長は多年フランス公使館の裁縫方を勤めた沢田虎松であった。語学はドイツ人ミス・ワルヅが担当した。(93)この頃、芝佐久間町に洋裁教室を開いた田中栄次郎は、東京三仕立屋の一つとして知られた婦人洋服店であった。貴族の子女一〇余名が馬車で通って来て、栄次郎と職人が教授した。職人は行儀が悪いと、生徒に叱られたという。(94)また同年頃、本郷弥生町の岩井二郎は洋服学校を設立し、婦人子供服裁縫教授は夫人が行った。岩井の洋服学校のほかは、上流子女の新しい教養としての洋裁教育であった。

洋服裁縫書の出版も、鹿鳴館洋装流行期に行われた。洋裁書最初の出版はこれより以前、明治六年発行の『改服裁縫初心伝』(大阪京町橋詰勝山力松著)であった。男子洋服スタイルと型紙及び簡単な縫方を記す木版本である。改服は男子洋服を指しているが、后編の子供服出版が予定されていた。婦人洋服裁縫書は二十年に初めて、男女洋服書として出版された。諸書は次のように二十年に集中している。これらにより、鹿鳴館洋装の裁断・裁縫・用具等を知ることができる。

挿図20『男女服装　西洋裁縫指南』

○『男女服装西洋裁縫指南』公立中和学校裁縫教師　正木安子　明治二十年七月　東京　正文堂（挿図20）

東京本所の公立中和学校裁縫教師、正木安子の著である。著者の経歴は明らかでない。匏庵栗本鋤雲が題字、篁園石崎政氿が序を載せている。栗本鋤雲は慶応三年に駐仏公使を勤め、帰朝後『暁窓追録』を著わして、フランスの国情を紹介した。その後、十八年まで『郵便報知』にあって、才筆を知られていた。彼の題字は、本書の評価を高めるものである。篁園石崎政氿はその序に、便利な洋服が縫い方のわからぬため少しの綻《ほころび》でも裁縫師に委せねばならず便利でない。正木女史の著を世の妻女が利用すれば、便利な洋服がいよいよ便利になる（原漢文）と述べ、「嗚呼女史は一叙裙耳而能《ノミニシテヨク》変二通如レ此。鬚眉男子《ノ》豈《アニ》可不二鑑《ラン》成一《ト》哉《ヤ》」と、称賛している。製図には、欧米で行われている経度尺《グラジユウザシ》を用い

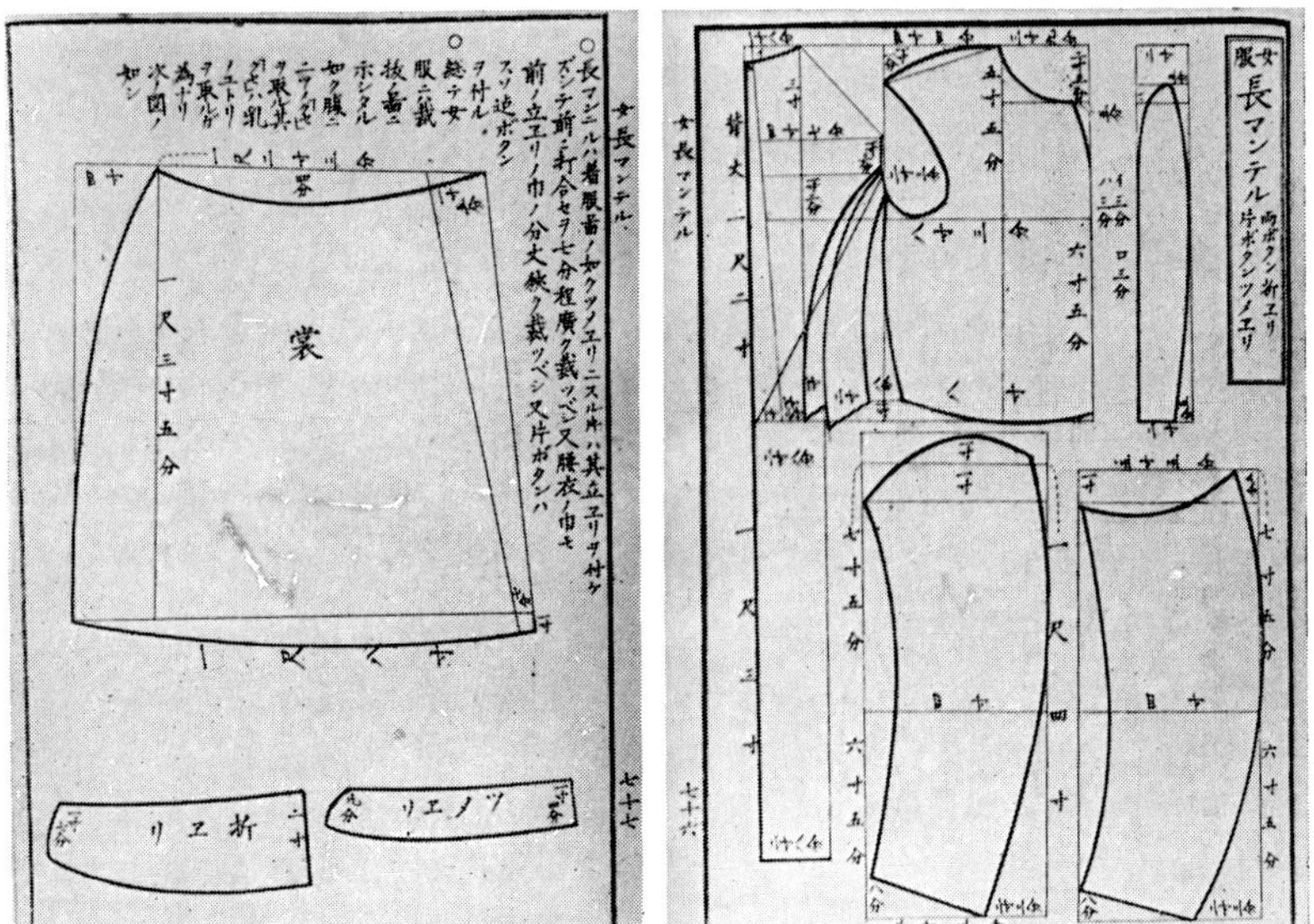

挿図21『男女洋服　裁縫独案内』

挿図22 『男女 西洋服裁縫独案内』

た。原田新次郎訳『西洋裁縫教授書』の経度尺は、標準尺を中心に一七種あるが、同書の用いたのは、小・中・大形の三種である。婦人服製図については、「絹裏を付スベキドレスコートノ裾衣ノ形ナリ」の三図を記す。鹿鳴館ドレスの平面裁断は困難なため、男子服教授を中心とした。

○『男女洋服裁縫独案内』森兼二郎　明治二十年　錦城書楼（挿図21）

本書の裁断法は、鯨尺を用いる型紙法である。経度尺は仕法困難のため、一般的にはこの「型紙専用」が行われていた。スタイル及び裁断図が多く記載され、鹿鳴館洋装の裁縫技術を知ることができる。

○『男女西洋服裁縫独案内』大家松之助編輯　裁縫師ニリフトー氏校正　明治二十年　駸々堂本店（挿図22）

本書出版の目的を説明する扉絵がある。画中には、大船と小船が描かれ、両船上の人物の問答によって、次のように洋裁の必要が説かれている。

ヘナニサ　日本の一人が題目の良書を買つて我等も妻に学ばセるカラ、開化風の蒸気ぐらいに恐れヤしないゾ、エヘン頭頂のまげも旧風を捨て便利的に着手しよふワイ

「妻に学ばせる」とあって、家庭裁縫のための独習書であることがわかる。裁断法は森兼二郎と同じく、鯨尺の型紙法である。婦人服については、「女服裁方、其一」「同其二」の二種を記す。

○『西洋裁縫教授書』原田新次郎訳　明治二十年　京橋　兎屋版

裁縫師川勝利八が英人裁縫教授法書を入手し、友人原田新次郎に訳させた。欧米の経度尺製図法を詳述するが、女洋服

の記載はない。また、本書の図版は、『西洋裁縫教授書附録』（明治二十年、東京　万里堂）として出版された。

このように、鹿鳴館洋装は宮廷貴族以外の女性にも広まったが、流行の起点となった鹿鳴館夜会には、早くから非難の声があがっていた。十七年十一月一日の『朝野新聞』は、「西洋踊、誠ニ以テ困リ切ツタ馬鹿踊ト申スベシ」「彼ノ夜会ノ踊リニ至テハ、文明ノ問屋ヨリ輸入セシト思フ時ハ、何分ニモ苦々シク存ゼザルヲ得ズ」と論じた。華やかな舞踏会の洋装をビゴー Georges Ferdinand Bigot は漫画「猿まね」図157 に諷刺し、福地源一郎も次のように辛辣である。

貴婦人がたは思ひ思ひに今日を晴れと出立ち、松茸の形したる麦藁帽子を頭に乗せては茸狩《たけがり》の意を表すものあり、黒い網を顔にぶら下げて、蚊屋を張っては面の皮が薄いといふ謎を示すもあり、仕立卸しの洋服の裾を家鴨の尻見たやうにプリプリと振り廻し、泥のつくのも構はぬという気象を見せるは誰家《たがいへ》の令嬢《おじやうさま》か。年は四十路《よそぢ》を超ゆれども、前髪の毛をくるくる巻き下げて、額《ひたひ》の皺《しは》を蔽《かく》し、白粉ペトペト、紅ピカピカ、同行の紳士に手を引かれ、遙に聞ゆる洋楽の音につれてをかしな足附をなす舞踏《ダンス》自慢《じまん》の年増《としま》ハ誰氏《たれし》の未亡人《びぼうじん》ぞ、

この皮肉な見解に次いで、

仏蘭西《フランス》の帽子、独逸《ドイツ》の靴、以太利《イタリー》のコルセット、墺地利《オーストリア》のケレノリン、英吉利《イギリス》のリボン、西班牙《イスパニア》のレース、欧州各国上下三十年間の流行を何でも構はず、手あたり以第に取用ひたるは、広く万国の長所を取るといふ趣旨なりといはれて見れば、めつたに評は下されず

（『もしや草紙』明治二十一年）

と、物真似の贅沢な洋装を批判し、「併し宝飾《ジユエール》の意外に疎末なるが多きは」と、軽蔑するのであった。

二十年四月二十日の首相官邸ファンシーボール（仮装舞踏会）は、仮装に珍奇な趣向をこらした。徹宵騒ぐ夜会に、大臣、華族たちの風紀上いかがわしい風評が伝わり、淑女の評価は低下して、世間の反感が高まった。国粋主義の講道会(95)・政教社(96)等の反動勢力が抬頭し、鹿鳴館欧化政策に非難が集中した。

欧化政策を強行して進められた条約改正にも、井上案に対する反対が起った。治外法権を撤廃し、関税自主権を得る代

りに、外人裁判官を任用し、外人の内地雑居を許して土地所有権と営業権を認める条件は、内閣法律顧問ボアソナード G.E. Boissonade de Fontarabie (仏) から危険性を指摘され、参議の佐々木高行、大木喬任、山田顕義もはげしく反対した。欧州視察から帰国した農商務大臣谷干城は、井上案を弾劾して辞職するなど、閣内が対立した。そのため、秘密の改正案が民間にもれて、自由民権家たちの反対運動が強まった。内外の激しい反対を受けた伊藤首相は、二十年九月十七日に井上外相を辞任させ、条約改正を断念しなければならなくなった。情勢はなお悪化し、全国から壮士が上京して、東京は騒擾化した。政府は十二月二十六日に保安条例を公布して、星亨・中島信行・尾崎行雄ら五百七十余名に東京退去を命じて、事態の拾収をはかった。しかし、第一次伊藤内閣は翌二十一年四月三十日に倒れた。

条約改正の挫折と伊藤内閣瓦解は、天下り流行鹿鳴館洋装の終りを意味する。舞踏会にも貴婦人たちの集りにも和服が多くなった。女子高等師範学校は二十六年四月に制服を和服に決定した(97)。宮城県師範学校女子部も二十二年の着服随意から、二十六年の洋服廃止となった(98)。鹿鳴館は二十七年に、代価一〇万円で華族会館に払い下げられ、時代の移ったことを思わせた(99)。これらの情況は鹿鳴館洋装の終焉を示したが、婦人洋装は明治後期に再び新しく展開する。

三　明治後期

1　ハイカラ

ハイカラは、明治後期の「洋風おしゃれ」である。最初はハイカラーといわれ、当時の男女洋服に流行した高い衿 high collar の仮名書きであったのが、つまってハイカラとなった。

語源については、佐藤竹蔵編集の『滑稽なる日本』(明治三十四年九月)に、「ハイカラーなる語は毎日新聞記者石川半山に依て発明せられた一種の人物に冠せられた綽名である」と記されている。半山は彼の書いた多数の人物評中に、洋行帰りの紳士を「ハイカラーの化物」「コスメチックの化身」などと嘲笑した。半山によるこの新造語の流行については、石井研堂の『明治事物起源』に詳しい。本書は明治四十年(一九〇七)に出版され、同時代の事実を記述し、ハイカラの語源を正確に伝えている。同書によると、明治三十一、二年頃石川半山は、金子堅太郎のような洋行帰りの人びとが流行の高衿をつけて、新帰朝をほのめかす気障なおしゃれをハイカラーと名付けて、毎日新聞に掲載した。その後、三十三年(一九〇〇)八月、築地メトロポール・ホテルで開かれた竹越与三郎洋行送別会に、小松緑がハイカラーについて、

世間多くはハイカラーを嘲笑の意味に用ゆれども決して左には非ず。ハイカラーは文明的にして其人物も清く高きを顕はすものなり。現に、平生はハイカラーを攻撃する石川氏の如きも、今夕は非常のハイカラーを着け居るに非ずや。

と演説し、満場を哄笑させた。この記事が各新聞紙に出てから、ハイカラーという語が流行したという。気障、生意気などの冷評に使われていたハイカラーは、小松緑の演説から洒落者、最新流行などの意味に拡大されて、新造の流行語となった。石井研堂は「特に可笑きは、小学の児童まで、何某はミットを持ちたればハイカラなり、外套着たればハイカラなりと言ふこと珍しからず。罪のなき語の広く行はれしものかな」と、その流行ぶりを記している。

日清戦争後から日露戦争に至る明治三十年代は、三国干渉に対する臥薪嘗胆的ナショナリズムに統一することはできなかった。「洋行」「欧山(雲)米水」といわれる海外渡航へ熱狂する一面があり、強い国際志向が見られる。西洋文明を導入して近代化が推進される時期に、海外の知識を得た帰国者は重要な地位を獲得することができるので、洋行は立身出世の近道であった。帰朝者には名誉と富貴が与えられるという印象に、洋行熱があおられていた。「今紀文」と呼ばれた東洋商会の春野栄吉は、この洋行熱に対して慈善洋行会をつくった。慈善洋行費を与えるため、一ヵ月の期限で約五〇〇〇枚の大論文を募集したところ、応募者は八万九〇〇〇人にも達した(100)。莫大な渡航費を調達できない庶民たちは、慈善洋行

費を渇望したが、自費渡航可能な富裕層にとっても、欧山米水は名士の資格を得るための大きな願望であった。三十三年（一九〇〇）三月三十一日に、世界漫遊の旅にのぼった博文館の大橋乙羽は、横浜出港の感慨を、「われ此の時の欣喜《よろこび》如何ばかりぞや」（大橋又太郎『欧山米水』明治三十三年十二月）と述べている。

政友会が結成された三十三年の議会に、洋行帰りの竹越与三郎、望月小太郎、松本君平らが流行のハイカラーをつけていたので、新聞は「高襟党」と書きたてた。なかでも松本君平は、ハイカラーの張本人をもって自他ともに許し、四吋（約一〇センチ）もあるカラーをつけて、そり返っていた。(101) 二十三年（一八九〇）の第一回議会から、議員たちの服装はほとんど洋服であったが、特にハイカラーと見られたのは、新帰朝の代議士たちである。彼らは、産業資本家や大地主層を基盤とする政友会議員であった。このように、ジャーナリズムの話題となった議員をはじめ、産業革命の進行に伴ってブルジョア富裕層の海外渡航者が多くなった。従来のように政府から派遣される官僚や留学生のほかに、自費洋行層が拡大した。政治家・財界人・技術者・学者・宗教家・文芸家・画家・演劇家など各方面の人びとが洋行して、近代日本に必要な学識を求めた。洋行したことが一つの資格となって、都市に集中するインテリ群中に、さらに特殊なハイカラ知識人タイプを形成した。

三十年代に洋行した人びとの海外生活は、明治初期のような未知の世界ではない。「通」といわれる人びともいる。かつて、コック服を着て夜会に出席した渋沢栄一も、この頃再度の洋行に、ひとかどのハイカラといわれている。しかし、初めての洋行者には、なお種々な失敗が多い。東京電話局長はサンフランシスコのホテルでエレベーターに乗せられ、それを客室と思って、「ここは暗いから他に移してくれ」と頼み、ボーイに「是は昇降機です。客室ではありません。今に明るい処にお連れします」と笑われた。彼はその誤りをすぐ悟ったが、電気関係の専門家であるために、非常に具合の悪い様子であった。また、数名の通訳付のブルジョア洋行者は、たまたま通訳と離れている時に失敗した。香川県選出代議士農商務省商工会議員某は、通訳の留守に経済記者の訪問を受けて話が通ぜず、「否《ノウ》・然《イエス》」とばかり言っていたので、「ノウ・イエス博士」という綽名を付けられた(102)。渡航者は男女いずれも洋服着用であるから、服装の珍談はなくなったが、生活上の失敗談は、ジャーナリズムの恰好の材料となった。しかし、帰国後には、新帰朝者の優越性が付加される。ハイカラは西洋仕込の学識と名誉と富貴のシンボルであり、(図158)庶民的感情に反撥される要素が多かった。外国風をてらうハイカラは、「気障なおしゃれ」(103)といわれ、「軽薄浮華」(104)と攻撃され、「灰殻」という宛字がつくられた。ハイカラに対する嘲笑は単純な保守的反動だけでなく、ブルジョアハイカラに対する屈折した庶民的感覚であった。

中江兆民は「灰殻即ち広襟連中」を外尊内卑主義の主唱者として、「隠然此主義を把持する者幾何人なるを知らず。蓋し憎む可く卑むべし」「男児にして其面に粉し、丈夫にして其髪に膏す。其れ公等の新奇とする所にして、余は世人と共に之を臭穢とす」(『一年有半』明治三十四年八月)と言う。外国崇拝の恐外病をなおすには、物質の差と理想の美との区別を明らかにする教化を行わねばならないとする兆民は、文明人であることを示そうとする灰殻流は外物的であり、理義に勝つことができないと論じた(前掲書)。明治四年から七年までフランスに留学し、帰国後は自由民権論に活動した兆民の灰殻批判は、日本の西洋心酔に反対する御雇教師ベルツの「西洋諸国と対等になることは、外面的形式の方面ではなく、内面的資格の方面においてこそ、その目的を達せねばならない」(『ベルツの日記』明治三十七年一月一日の条)という意見に通ずるものであった。

新時代の出版を標榜して『滑稽なる日本』を発行した南風館の佐藤竹蔵は、わが国の進歩のために洋行の必要を認めながらも、「三年間ブラブラ遊んで横浜の波止場に齎らし来ったものは実に欧米新流行の洋服やハイカラー以外何物でもない」ようなハイカラを、「学識を衒う気障の権化、厭味の化身」と排斥した。彼らと異なりフランスの精神を学んだ光妙寺三郎や、イギリスに留学して、日本最初の自由鼓吹者となった馬場辰猪こそ真のハイカラであるとして、今日生存していても、嘲笑されることはないであろうという。ハイカラーは「必ずしも高襟其者を指すのではなく、精神に於て既にハイカラー的なる日本人」と見る彼は、「内に何もない軽佻浮薄な舶来のハイカラーから気障の骨頂である和製のハイカラーまで」すべて滑稽的模倣であると批判した。

洋行帰りのハイカラーは嘲笑されたが、この新知識人タイプは、西洋化する日本の先端的流行となった。新聞・雑誌のマス伝播によってハイカラは流行し、洋服スタイルから洋風生活様式全般に拡大された。『当世ハイカラー修業』（大和灰殻著、明治三十六年十月）に、ハイカラの具体的条件を挙げている。これを列記すると、次の通りである。

衣……日に少くとも三度は衣服を改める。朝モーニング・コート（秋冬は黒、春夏は色変り）。午後ディンナー（昼飯服）。晩方イヴニング・コート。夜会オペラには燕尾服《ドレスコート》。

食……一日の娯楽の一つに数え、最も愉快に食べる。客には身分相応の御馳走をして充分楽しくねんごろにねぎらう。食事時に人を訪問してはならない。

住居……西洋館。絨氈を敷きつめる。応接間と書斎には充分装飾を要す。椅子にテーブルのほか肖像画、大理石半身像、背皮金文字入り洋書、カーネギーの『富の福音』を飾る。

態度……首を延ばして胸を張って歩く。眼下に人を見下して冷然と構える。巧みに相手の話に口を合わせ、おかしくないことでも作り笑いをしたり、また急にすまし切ってみたりする。微笑を以て人に答え、漫りに言葉を出さない。女にはやさしく、公衆の前でも自慢して靴ぐらいはかすようにせねばならない。

嗜好……音楽―オルガン、ピアノ、ヴァイオリン、コルネット、バンデリンの音色を知る。音楽会の新聞雑誌の批評のうけうり。洋画―古画ではコラン、ミレー、コロウ等。新式は仏のアール・ヌーボー。文学―詩はハイネ、ロゼッチ兄弟。小説は仏のゾラ、露のゴーリキ、劇はイヴセン、マアテルリンク。

帽子……旅行には縞物か白革の鳥打帽。訪問外出には黒中ヤマ。夏はパナマ。ドレスコートにはシルクハット。モーニング、ディンナー、イヴニング、フロックには中ヤマ。サックコートには中折。

杖《ステイック》笻《ステツキ》……ハイカラーの腰巾着。華奢な細づくり。首に犬・象・獅子などの彫刻のある粋仕立。右の小脇に抱えるか、左の腕にチョイと引っかける。

眼鏡……金の平打物または白金製の縁をつける。

時計……十七八形の銀側薄手。白金側が上々の品。金時計は野暮の骨頂。鎖も金でなくプラチナか赤銅。

靴……黒の短靴または編上を中途まで結んで結び切りにする。色変りは鰐皮か何かでなければ恥ずかしい。日に二三度磨いて、いつも鏡のようでなければならない。

指輪……宝石入りならばほんの一つか二つ入ったもの。左の第四指《くすりゆび》にはめる。

ハンカチーフ……夏は麻布。冬は絹の無地物。

手袋……夏冬とも革製。

襟飾……白に赤、桃色、緑の入った細手のもの。ダビーが目下流行中。

名刺……小形の無地紙へ六号の明朝で名前だけを刷る。肩書は先刻承知と知らを切る方が妙案。羅馬字ものは日本字ものと別につくっておく。

髪……鬢を短かく剃り上げ襟脚を円めにとるラウンドが第一。左から右へ分ける。右手の前をねじるのが若向き。中央を分けるアメリカ式は年上向き。旧式的脂物《あぶらもの》コスメチックを廃し、バンドリンが最良。

鬚髯……ウ井ルヘルム式

言語……英語（貿易語）、独逸語（学問語）、仏語（交際語）によって世界のゼンツルメン及びレディと相語るべく、真のハイカラーになる資格を得る。

騎馬……自転車はハイカラーの資格にならない。騎馬の方がハイカラーのハイカラー。

写真機と絵の具……往った所を写して話の種とする。手札形の写真とスケッチの写生とはハイカラーの持たねばならぬもの。

銃猟……ハイカラーの交際の一機関。しかし小鳥狩ぐらいにして、無益の殺生はせぬとすまし切っている。

衣食住から趣味、教養、マナーにまで及ぶハイカラの条件は、そのイメージを明瞭に映し出している。ハイカラの西欧的美的感覚は、同書が「華奢物に限る」「華偖《ママ》ということを忘れなんだら自らハイカラの態容《スタイル》を得ることが出来よう」と説くように、華やか、贅沢、上品な美しさであった。この華奢《きやしや》の美を構成するマテリアルは、すべて高級品であり、全般に特権意識が横溢する。ハイカラはエキゾチシズムとブルジョア性の結合した生活様式で、特権階級の紳士・淑女のおしゃれであった。ハイカラのファッションリーダーは貴族上流階級である。貴族とは皇族と爵位をもつ華族であって、皇室の藩屛として貴族院に列した。この貴族階級を中心に、国家権力の中枢にいる政治家、中央集権官僚制の高級官吏、資本主義体制の産業ブルジョアと大地主らが上流社会を構成した。特に日露戦争後、資本主義の成熟に伴い、ブルジョア層が拡大した。彼らは財力によって政治家や官僚になり、貴族院の多額納税議員ともなり、爵位を得て貴族に上昇することもできる。鹿鳴館洋装も後期のハイカラ洋装も、着用者は同じく上流階級婦人であったが、流行スタイル着用者の状況には、大きな変化が起った。

鹿鳴館洋装の流行が終った後、洋装回復のさきがけは憲法発布式であった。中央の顕官はもとより、地方官、裁判所長らもこの盛儀に招かれ、参列服の注文が洋服店に殺到したという。『東京日日新聞』は「鹿鳴館時代去って洋服時代去り、憲法発布で又々服屋が繁昌……扨も有為転変の世の中なる哉」(明治二十二年二月二日)と報道した。式典の婦人服装については一月三十日に、中礼服、ローブ・デコルテが指示された[(105)]。男子服装は大礼服である。二十二年(一八八九)二月十一日の皇室典範、大日本帝国憲法発布式に、近代天皇制のヨーロッパ宮廷風衣裳は内外に示された[図159]。十九年の洋式婦人服制から、三年後であった。四月二十七日の赤十字三周年祝賀会行啓の皇后洋装についてベルツは、「皇后はだんだん洋装に慣れてこられた。全く立派に見える」(前掲『ベルツの日記』)と称賛した。

三十二年(一八九九)から『風俗画報』増刊として出版した『新撰東京名所図会』に、洋装婦人が登場した。「麴町区之部、麴町永田町之図」（図160）（明治三十三年五月）には、横乗りスカートの乗馬婦人と自転車に乗る洋装婦人、「四谷区之部、御堀端の図」（図161）（明治三十六年十二月）には、洋服の子供を連れた洋装婦人が描かれた。東京名所の宮城付近にふさわしい景観として、洋装の女性が配されている。そのスタイルは前代と異なる特徴を示し、鹿鳴館洋装終焉後の新しいファッションが登場した。

洋装の流行について、明治後期の新聞は紙面を割くようになった。三十九年（一九〇六）六月の『女子時事新聞』（第五号）は、婦人洋服の流行スタイル・色・生地等を述べ、「夏季の婦人洋服」について、

> 近頃洋服を着して外出するもの中流以上の婦人令嬢の間に見かける事多し。是れ日本服の帯といふ暑くるしきものを締める煩ひあるに引換え、洋服の起居に便利に且つ経済的なるを賞づるが為なるべし。

と、中流以上の女性の外出着に、洋装が多い理由を記している。四十三年（一九一〇）一月七日の『時事新聞』は、次のような「飯島貴婦人専用洋服店主談」を掲載した。

> 今まで日本の婦人方の洋装は余り見好くない格好でありましたけれど、着馴れますのと見る眼にも馴れるのと、それから調製の時に充分心を用いますのと、此三拍子が揃って、近来は段々にコナシ方も好く見上げた形になりました。

後期洋装は鹿鳴館洋装のように騒がれなかったが、「着なれる」「見なれる」という情況に進み、着用者とその周囲、さらに製作者を含めて定着した。同紙はさらに、「服の色々」として、訪問・旅行・チーガン・レセプション用の種々を挙げている。洋装は礼服だけでなく、生活着に用いられるようになった。

シンガーミシン裁縫女学院長奏利舞子は、

> さて近頃婦人子供の洋服着用者が著しく増加して参りました。一面からは喜ばしい傾向ともみられますが、若しこれが一定の主義もなく只流行を逐ふだけのものならば、又非常に憂ふべき現象かとも存じます。
>
> （『ミシン裁縫独学ビ』明治四十一年十月）

と言う。大日本洋裁普及会の大見文太郎も、

一時頓に火の消へたる如き観ありしも、洋服使用の世界大勢には抗すべからず。果然日清役の前後に至りて、一般に活動上和装の洋装の便利なるに若かざるを知ると共に、一旦廃れたる洋服の再び以前の盛況に立ち帰り、其後十年日露の戦役後に至りては殆んど十七年頃の盛況以上の光景を呈するに至れり。（『洋裁宝典』四十一年十二月）

と、後期洋装の盛況を指摘した。これらの着用状況により、鹿鳴館以後の婦人洋装は衰微したという従来の説を肯定することはできない。鹿鳴館欧化主義凋落後のハイカラ思潮に、婦人洋服はどのように着用されたか、各方面から考察する必要がある。

後期洋装の展開をさらに明らかにするのは、婦人服業界の生産情況である。在留西洋婦人の需要により、明治初期に成立した横浜・長崎・神戸業界に次いで、東京業界は鹿鳴館洋装の日本婦人顧客によって形成されていた。さらに業界が興隆したのは、明治後期である。東京の三仕立屋と称せられて繁栄した「飯島民次郎」「大島万蔵」「田中栄次郎」の顧客は、日本婦人が多い。「飯島」は「飯島貴婦人専用洋服店」（『時事新聞』）といわれたように、華族・顕官・軍人・政治家・実業家の上流婦人を集めていた。「大島」の客は官界・財界の夫人が多く、「田中」の客は名流婦人であった。銀座「伊勢幸」の青木たけは、三井・鍋島両家の注文を受けて繁栄し、オランダ婦人「マダム・クリゲン」も日本婦人客によって繁昌した。麹町「八木屋」は婦人服及び服飾品店として知られ、連日上流婦人の客で賑わった。横浜商館も、フランス婦人の「マダム・ロネ」は宮中服御用として発展し、彼女の帰国後、宮中服を引き継いだ中国人蔡芳州《サイファンジョウ》の「雲記」は、わが国最大のドレスメーカーとなった（本章四「洋服業の形成」）。

『日本洋服沿革史』（大阪洋服商同業組合編纂、昭和五年六月）は、業界興隆の時点について、「三十六年三月の第五回内閣勧業博覧会式場の参列者に羽織袴の着用が禁じられたので、紳士はもとより、婦人服を調製する者が非常に多かった」と述べ、さらに、「日露戦争後、女子服、女学生服が多く用いられるようになった」という。当代ドレスメーカーの証言は、

後期洋装の発展を三十年代に指示している。

ドレスメーカーの最高の技術は、宮廷服の製作である。豪華な大礼服マントー・ド・クールは、トレーンを長く引く。ビロードまたはシホンベルベット製トレーンの背には銀の厚板を入れ、数個のフックで肩に留め、あるいはドレスの中で羽二重の紐を結んだ。宮内省御用「大島万吉」の一二畳の仕事部屋に、トレーンがあふれる壮観であった。その長さは公爵五ヤール（四・五七メートル）から、男爵三ヤール（二・七五メートル）まで階級によって定められた。お裾奉仕がトレーンを持って従い、その人数も公爵八名から男爵三名の定めであった。明治の階級性は男子大礼服と同様に、婦人服にも表示された。三十七年正月、東宮御所の引見式が初めて行われ、東宮の侍医を勤めるベルツは、

> 妃は白の洋装で、いつものようにお優しく美しい。お気の毒に、三メートルは優にある重い長すそで、歩くのにとてもお困りだろう。あの小柄なお体では全く綱渡りのあぶなっかしさだ！　侍女《パージェ》がそのすそを、妃の肩の高さに保持していたから、あの重い布地の目方が、きゃしゃな妃にはひどくこたえたに違いない。（『ベルツの日記』前掲）

と、東宮妃のマントー・ド・クール図162着用に同情した。

ドレスはすべてウエストとスカートの上下に分れるツーピース型であった。ウエストを体にぴったり作る（洋裁師はタイトフィッティング tight fitting という）ため、上下を別に仕立てる。着装すれば、ワンピース型である。上衣にはボーン（鯨の鬚）を前後九本入れて形を支え、ウエスト内側のインサイトベルトで固定する。衿・胸・裾・袖の各部は、刺繍・レース・ビーズ・宝石等で装飾し、シャーリング（花形によせる）などを華やかに飾った。

三十年代の流行スタイルは、ハイカラー、ゴアード・スカート gored skirt（英語）であった図163。五、六センチの高いカラーにはボーンを入れて形を保たせ、プリーツ、レース、刺繍で飾る。ゴアード・スカートは、三角形の布を何枚か縫いつなぎ、ベル型に作る。それは、「ファイブゴース」「セブンゴース」「ナインゴース」「エレブンゴース」「トゥエルブゴース」といわれ、五枚、七枚、九枚、一一枚、一二枚に切った。セブンゴースが最も多い。丈は「踵いっぱい」の長さで、「ジ

ャスト・タッチ」という。エレブンゴース以上になると裾を引く。裾まわり寸法は五メートルもあり、用布は一〇〜一五メートルを使用した。スカートにも芯を入れ、腰裏が付き、「毛べり」と呼ぶ泥よけを付けた。また内側に「フェデン」というギャザー様の絹地を三段つけてふくらましたので、歩くと絹鳴りがした。袖にはビショップ・スリーブ bishop sleeve（英語。袖口をギャザーでふくらませた司祭服型袖）、レッグ・オブ・マトン・スリーブ（英語。仏語ではジゴ袖。上部がふくらみ、下部は細い羊の脚型袖）などがあり、技巧的な袖型であった。

ヨーロッパの流行は一八九三〜九八年のベル型ゴアード・スカートから、胸を前方に、腰を後方に張り出すS型スタイルへ移った。図164 S型の曲線は、アール・ヌーヴォー art nouveau（仏）の装飾様式である。一八九五年（明治二十八）に、パリの美術商、サミュエル・ビング Samuel Bing が、ベルギーの革新的建築家、アンリ・ヴァン・デ・ヴェルデ Henri van de Velde の新しい様式で装飾した店、「アール・ヌーヴォー」（新しい芸術）を開いた。日本の浮世絵の線と色彩を採り入れた曲線様式は、パリの流行となった。一九〇〇年（明治三十三）のパリ万国博覧会は、アール・ヌーヴォーの日本調オブジェで飾られ、建築、家具、ポスター、婦人服、生地、装飾品等に新様式が流行した。一八六〇年代からのジャポニスムは世紀末のアール・ヌーヴォーとなり、日本のキモノ礼賛はなお続いて、ガウン式きものが愛好された。婦人洋服のデザインには、「キモノスタイル」「キモノスリーブ」図165 が用いられた。ヨーロッパ・ファッションに依存する日本洋装のアール・ヌーヴォー流行期は、明治末年である。ベル型のゴアード・スカートは細いスカートに変って、Sカーブ・スタイルの構成は技巧的であった。ヨーロッパの流行情報はスタイルブックに頼っているが、アール・ヌーヴォーへの対応意識は、着用者にも製作者にも希薄である。後期のファッションは、ゴアード・スカート型、アール・ヌーヴォー型を通じてのハイカラであった（後掲、挿図23・24）。

コルセットによってスタイルを作るハイカラな長裾ドレスの仕立は、人台使用の立体裁断であった。洋裁師はこれを「こしらえ裁ち」「ぶっつけ裁ち」と言い、熟練と勘による高度な技術であった。人台には種々の体型が用意され、神戸の

「山室婦人洋服店」には、常時四〇台の人台が備えられていた。宮廷服御用の横浜「雲記」では、各妃個人用の人台によって裁断が行われた。縫製は高度な技術により、絹の地の目が糸一本ずれることも許されない。「水のたれるようなスカート」と言われるには、非常な熟練を要した。プリーツ（襞）は一本ずつ紙を入れながらたたみ、絹の薄地には三枚の紙を入れて折るため、スカートの細かいプリーツには一週間を要した。ドレス一枚の仕立には一〇日以上かかり、仕立代は通常服でも七〜一〇円の高額であった。(106) 三十九年（一九〇六）一月の婦人洋服の値段は、

常服は四十円前後、飾り其の他の好みを云はば百五、六十円迄あり。

大礼服百五十円以上三百円内外、中礼服五十円以上百五十円位にて、之もお好み次第にては四百円にても調へ得べし。

（『風俗画報』第三百三十一号、明治三十九年一月）

と、高価である。四十三年（一九一〇）の一ヵ月一人当り生活費七円八〇銭(107)に比べると、庶民生活とかけ離れた金額である。また同年の首相年俸一万二〇〇〇円(108)に比較すると、上流階級にとっても、困難な支出であった。

婦人洋服の高価な原因については、使用生地の問題がある。洋服生地は、最高級の輸入品であった。ドレス用絹地には、華麗な紋繻子（ブロケード）が最も多く、そのほかにシホン、ニノン、シャルムーズ、ビロード、ジョーゼット、ローヤルクレープ、サテンクレープ、デシン、フェスクロス、マクイゼット、タフタなどがあり、すべてフランス製である。夏服はインディヤンローン、ギンガム、トプラルコのイギリス製品、冬服はフランス毛織及びベルベット、イギリス製のラシャ、ツリコーテン（サージ）、カシメル（カシミヤ）、ベロア等である。また、セルビヤ製ウール地が、ドイツ製品として輸入された。足利高等工業学校初代校長近藤徳太郎の「サンプル・コレクション」（次頁表）によっても、フランス絹の高級性が認められる。農商務次官金子堅太郎は『国民之友』（第二百四十一号、明治二十七年十二月）への特別寄書「絹織物輸出ニ就テ」に、欧米の絹織物消費状況を説き、欧米上流社会の婦人に、最も多く使用されるフランス絹「綺絹麗帛」の材料は、日本絹であることを指摘した。わが国の絹織物は品質優良であるが、加工技術が拙劣であった。増量加工及び欧米むきの

明治洋装生地見本　足利工業高等学校蔵近藤徳太郎校長コレクション

（期間　明治29,31～35年　　枚数　12,438枚　　略号　(多)＝多数，(少)＝少数）

繻子	黒地黒文(多)　黒地色文　色地同色文(多)　色地異色文　色地無文 (1)花文(多)　(2)幾何文(少)　(3)縞　(4)水玉入　(5)コード入　(6)緯糸クレープ　(7)経糸又は緯糸太糸遣い　(8)点描模様(SATIN POINTILLÉ)　(9)凹凸地文(PANNE BOSSELER)　(10)帯状に二重織を出す　(11)花文の花弁に畝ビロード
琥珀	(1)花文　①ジャカード文　②ジャカード文ほごし　③ジャカード文玉虫　④ジャカード文ほごし玉虫　⑤ジャカード文縞浮文　⑥ジャカード文繻子縞入　⑦ジャカード繻子織唐草文 (2)幾何文　①ジャカード幾何文　②ジャカード繻子織幾何文 (3)モアレ　① MOIRÉ RAYÉE　② MOIRÉ NACRÉE　③ M. ÉTINCELLE　④ M. CRÉPÉE　⑤ M. MAGNIFIQUE　⑥ M. LAPTOT　⑦ M. SOLEIL　⑧ M. RÉJANE　⑨ M. TAMATAVE　⑩ M. FRISSONNANTE　⑪ M. DIAMANTINE　⑫ M. OCÉAN　⑬ M. LAOS　⑭ M. CYCLETTE　⑮ M. FRANCOIS　⑯ M. PLATANE　⑰ M. IMPÉRIALE　⑱ M. IRISÉE　⑲ M. PASTILLÉE　⑳ TAFFETAS MOIRÉ MOUSSELINE ㉑木目模様　㉒雲形模様　㉓鶏頭模様　㉔花形模様　㉕モアレの縞　㉖繻子地，花模様は琥珀地モアレ (4)縞 (5)チェック (6)ファイユ (7)花飾り付ファイユ
タフタ	(1)ほごし (2)ほごしの経糸に白を用い，ビロード風に糸を切ったもの (3)ジャカード文ほごし (4)ドビー柄 (5)二重織　①花模様を石畳風に出す　②黒地波形地文ジャカード文のたらし (6)縞　①普通の縞　②太糸入横縞ほごし　③太糸入縦縞ほごし　④金糸縦縞ほごし　⑤浮文縞ほごし　⑥斜縞　⑦縞ぼかし　⑧繻子縞（a縦縞繻子，b縦縞繻子ほごし，c縦縞ほごし玉虫）　⑨水玉とばし縞 (7)チェック　①普通のチェック　②チェック縦繻子　③チェック縦繻子横斜子　④チェック縦繻子横綾　⑤チェック横畝織　⑥チェック金糸入 (8)水玉繻子目糸切り (9)刺子，金糸刺子，ほごし (10)玉虫 (11)ほごし縞，ドビー柄併用 (12)機械刺繡付 (13)レース，カットウォーク付
甲斐絹	(1)普通のもの　(2)横畝織
綾	(1)無文綾　(2)ジャカード文　(3)ヨロケ綾
斜子	(1)斜子地　(2)縞　(3)チェック
デシン	
縮緬	フサ付模様
紋パレス	
絽	(1)横絽にエンボイス加工　(2)縞　(3)モアレの縞　(4)糸のたらし
ボイル	(1)紋ボイル　(2)コード入ボイル　(3)刺繡ボイル　(4)レース貼ボイル　(5)オパ

	ール(糸切り)
オーガンディ	(1)無文　(2)金糸又は銀糸入　(3)銀糸トッド　(4)織花模様　(5)オパール　(6)経糸結び
紗	(1)無地もの　(2)文様の一部に紗を用う　(3)織花模様
チュール	(1)無文　(2)繻子及び平織で花文を出す　(3)地エンボイス加工，チュールの縞　(4)斜子縦縞入　(5)太糸チェック入
ビロード	(1)色ビロード　(2)縞　(3)チェック　(4)トッド　(5)モアレ　(6)玉虫　(7)のたらし花文　(8)他の生地の文様のある部分にビロードを用いたもの (9)　他の生地の上にビロードによって文様を出したもの ①チュールの上に　②ボイルの上に　③ほごしの上に　④斜子の上に　⑤デシンの上に　⑥ビロードの糸を長く切って房のようにして生地の上にのせて文様を出す (註)色ビロードにはエドワード七世戴冠式扈従服地 (cortège de coronnement Edward Ⅶ) あり，エンジ及び紫
ラメ	(1)金　(2)銀
シホン	製法不明のものあり
その他	ARMURE THAIS　A. CRÉPONNÉE　A. MOUTONNEUSE　A. ÉPINE　A. SOUPLE　A. DÉGRAFÉE　A. GRECQUE　A. FLORENTINE　A. VAPOREUSE　A. DÉESSE　A. CONGOLAISE　A. MARQUISE　A. TERSER　A. DIRECTOIRE　A. TRIOMPHANTE　A. BRILLANTÉ　A. DIVETTE　A. SUBLIME　A. HAITIENNE　A. ANDALOUSE　A. LOUSIANE　A. NAVALALE
	手巾　襟飾地(MOUCHOIRS)
ダマスク	(1)綾ジャカード文　(2)綾ジャカード文縁繡飾
繻子	
琥珀	
房付手巾	
	縁飾(BORDURES)
琥珀	(1)緯太糸畝織 (2)地緯太糸畝織　綾斜横縞　繻子縦縞 (3)地緯太糸畝織　繻子縦縞　浮文入

(調査　昭和32年8月1〜3日　飯島偉彦・中山千代)

染色加工とデザインができないため、白生地で輸出されていた。この日本製白絹地はフランスで加工され、世界最優秀のフランス絹となって、欧米上流婦人に着用された。わが国の婦人洋服地は、逆輸入の高価なフランス絹である。国産ラシャは未だ生産できず、二十五年頃からの紡績事業振興も、高級性を要求する婦人洋服地とは無縁であった。

豪華なドレスに組み合わされる下着や服飾品は、贅沢な品が使用された。レースを織りこんだように見えるハンドワークのズロースがあり、ハンカチリネンの生地にフランス刺繡のまき縫を施して、一枚の仕立代が一五円もかかる下着もあった。帽子・ハンドバッグ・アクセサリー・靴も華やかな高級品である。

このように後期洋装は、スタイル・製作技術・生地・付属品のすべてが高級・高価であって、貴族、上級官員、ブルジョア階級のハイカラな服装であった[図166〜169]。

上流社会へ拡大した後期洋装は、学校教育の洋裁教授に新しい動向をもたらした。三十二年に定められた高等女学校教授細目には、子供服、エプロン類が入っただけであるが、東京女子高等師範学校では、裁縫科教授神田順が洋裁を教授し、高等女学校裁縫教師となるには、洋裁の知識が必要になった。高等女学校教員資格を与える文部省検定の裁縫科試験にも、三十六年から洋裁が採り入れられた。試験問題は和服一問、洋服一問に定められ、男子服、子供服、婦人服が毎年交代に出題された。私立の裁縫専門女学校は高度な洋裁教育を行い、和洋裁教育をもって知られた。「教授細目」は下着からコートまで、婦人洋服全般にわたっている。また、婦人洋服裁縫の夏期講習会を開き、一般の洋裁教育にも積極的であった(109)。東京裁縫女学校長渡辺辰五郎も洋裁教育を採り入れ、同校出版の『裁縫雑誌』に、婦人洋服の裁断及び裁縫の研究を掲載した。

このように、裁縫の専門教育には洋裁が必須となったが、和裁の教員が洋裁を兼ねて教える未分化状態であった。この裁縫教育界に、洋裁専門教師として迎えられたのは、伊沢峯子[図170]である。東伏見宮家に仕えていた伊沢は、仏国万国博覧会に日本出品陳列監守として派遣され、博覧会終了後、パリに留まって洋裁を学んだ(110)。帰朝後、三十六年（一九〇三）から共立女子職業学校、実践女学校、女子美術学校の三校に招かれて、洋服裁縫を担当した(111)。四十年（一九〇七）四月、上野公園で開かれた東京勧業博覧会に、共立女子職業学校が「現時欧州最新形式に拠れる婦人洋服及帽子」と「婦人洋服仕立順序」を出品したのは、伊沢の専門的指導による成果であった(112)。

四十年九月にシンガーミシン会社は、「シンガーミシン裁縫女学院[図171]」の大校舎を東京麹町区有楽町に新築した。シンガーミシンは三十三年にわが国へ輸入され、家庭用ミシンの販路拡張のために、ミシン裁縫の普及をはかった。銀座のパリ洋装店に派遣して洋裁を学ばせた三名を最初の女教師とし、東京本社の二階に教室を開いていたが、学校組織に拡張したのである。なお、長崎と大阪にも「シンガー裁縫女学校」を開設した。四十一年には、秦利舞子を院長として、アメリカ式洋裁教育を行った。[113] また、大見文太郎は大日本洋裁普及会を京都に興した。

これらの洋裁教育が実生活にどれだけ活用されたかは疑問で、生徒の服装はすべて和服である。しかし、このような洋裁専門教育の発展に、洋裁に対する関心の高まりを見ることができる。この頃、鳩山春子、津田梅子、桜井近子が「飯島民次郎」に洋裁を学んでいるのも、[114] 女子教育開拓者の積極的実践であった。

婦人社会の洋裁に対する関心を高まらせたのは、貴婦人洋装であった。皇族・華族は貴婦人と称せられ、第一級の婦人として、交際、教育、慈善の女王となった。愛国婦人会・赤十字篤志看護婦会・大日本婦人教育会など有力な婦人団体の総裁・会長の座についたのは、貴婦人である。「内外貴婦人交際会」を結成して、国際社交の中心ともなった。また、婦人読書会・大日本女学会・婦人質問会などの教養団体から、東洋婦人会・婦人衛生会・婦人育児会の分野にまで、会長に就任した。[115] 名義だけの会長にすぎないのもあるが、貴婦人会長が要請されるところに、彼女らの社会的優位が示されている。貴婦人は宮中参内のため、あるいは外国人との交際上洋服を着用し、総裁・会長として君臨する場合も洋装である。図172 洋装は、貴婦人のステイタス・シンボルとなった。この貴婦人を中心とする政・財界の上流婦人層が、洋装着用者であった。彼女らはまた、流行の花形となり、流行の中心は従来の花柳界から、ハイカラな上流社会に移った。[116] 婦人雑誌には毎号貴婦人と上流婦人の写真が掲載されて、世間の関心を集めた。舞踏会衣裳の鹿鳴館洋装は、欧化政策に操られた流行現象にすぎなかったが、後期洋装は階級服装として風俗化した。

明治服装の近代化は西洋服の導入に始まり、西洋化をめざした。明治洋装発展の基盤は、近代天皇制と資本主義体制である。天皇制衣裳が中期に完成し、ブルジョア洋装が後期に発展したのは、体制の構造的進行であり、細腰長裾の十九世紀スタイルも、体制服装としての条件をみたすものであった。

明治後期洋装は上流社会に、ハイカラな社交服として定着した。しかし、欧米の生活着は、華麗なドレスばかりではない。世紀末のアメリカでは、コルセットと長裾ドレスを排して、機能的な服装を模索し始めていた。わが国の婦人社会に社交服以外の洋装の要求が起れば、それに対応するスタイルもある。女子職業を賤しむ封建的気風が減少して、働く女性の分野が僅かに開かれた時、職業服として成立したのは看護婦服図173であった。日清・日露戦争によって、看護婦は女性の職業となり、和服ではその任務が充分に果たせず、洋式看護婦服が採用された。洋裁師「大河内治郎」「新海縫造」「高木新太郎」は、看護婦服製造に着手して成功した[117]。また、西洋料亭・西洋音楽隊・西洋手品師・女優などの欧風新職業には、洋装が必要であった。銀座、煉瓦の西洋料理店「小吾妻」には、束髪西洋服の下女（ウェートレス）が、靴もはかずに足袋はだしで働いていた図174[118]。芸妓の組織した「美奈茂登音楽隊」「東音楽隊」は、揃いのドレスで西洋音楽を奏した図175[119]。西洋手品の初代天勝図176は、長崎の「坂田婦人服店」の得意客で、同店製の総ビーズドレスを着て、「箱抜け」などに人気を博した[120]。わが国最初の女優、川上貞奴と西洋料亭「花月」の女将は、「飯島婦人洋服店」の常顧客であった。京都の女優巽糸子図177と新劇女優上山浦路の洋装姿は、雑誌『新婦人』（明治四十四年一月・八月号）を飾るなど、新しい職業に必要な洋服が着用され始めた。

三十七、八年頃から西紺尾町の飯田高島屋は、「刺繍のブラウス一着分四円五拾銭」を売り出した。これはブラジル移民の婦人用に、麹町の八木屋が製造したもので、最初の既製婦人服である。移民婦人は和服を脱ぎ、ブラウスとスカートの洋服に着換えて出国した[121]。和服で渡航した初期移民と異なる洋装姿は、後期洋装の進展を示すものである。

十九世紀後半の欧米ではスポーツが盛んになり、女性にも自転車・乗馬・海水浴等を楽しむ生活が展開した。自転車は十九世紀初頭、フランス及びドイツで発明され、次々と改良された。一八六五年（慶応元）のパリ万国博覧会に出品され、ヨーロッパに広まった。また、七六年（明治九）のフィラデルフィア万国博覧会出品後、アメリカに大流行した。日本での流行は、明治二十七年（一八九四）頃からである[122]。自転車が欧米婦人服装改良の一端となったことは、当時の『国民之友』に紹介されている。

婦人は此に由って初めて健全にして快楽な運動法を得たり。彼等の衣服は此に由って改められ、両ながら共に軽便になれり。（『国民之友』第百七十八号、明治二十六年一月十二日、「海外思潮『革命者としての自転車』にバックスターの言を紹介」）

試乗用の婦人の服制如何にすべき乎。婦人の長裾は何等の点に於ても障害なり。翩々として切る風に飜る其下着を車輌に捉るるの危険あり。故に長裾を截り乗たるもあり。婦人用男装即「ブルマーズ」と称する腰より膝に到るものを着用するあり。是れ婦人自転車試乗の常服となり外観亦佳。

（『国民之友』第二百九十一号、明治二十九年四月四日、「海外思潮『婦人と自転車』にヘンリー・ガリグウス氏『フオラム』所載を紹介」）

わが国の男子は洋服で自転車に乗り、和服でも股引・裁着《たっつけ》類をはいて乗ることができる。しかし、和服の女性が自転車に乗ることはできない。西洋で危険視される長裾洋装婦人と袴の女学生は、試乗することができる。三十五年（一九〇二）に東京市内では、自転車に乗る男子は約一万人、女子は一〇〇人であった。(123)婦人が自転車に乗ることは非難されたが、日本体育会は「女子嗜輪会」を組織して、試乗を奨励した。文部省学校衛生主事兼東京高等師範学校教授三島通良は、

自転車に乗るには洋服が一番宜しい。ところで婦人の洋服と来たらエキスペンスが沢山かかるだろうと思うが、それは贅沢を言うなら限りはありませぬが、自転車乗りの洋服位廉いものはありませぬ。

（『をんな』第二巻第一号、明治三十五年一月十五日）

と言い、嗜輪会で着用する一〇円程度の洋服を推薦した。『国民之友』が欧米流行の自転車用ブルマーズを紹介しても、採り入れることはできなかったが、自転車試乗は洋服着用の契機となった。また、西洋の婦人乗馬は伝統的に馬乗りスカート着用の横乗りであるから、日本女性は乗馬によっても、洋服を着ることになった。療養目的から健康増進のスポーツに変った海水浴は、十八年八月、医師松本順が大磯海水浴場を開いて華々しく宣伝してから、各地で盛んに行われた。婦

人海水着は袖付きの洋服型であったが、末年には横縞の水着スタイルが流行した。[図178] しかし、これらは上流社会に行われ、大衆スポーツではなかった。スポーツによる洋服着用の機会も、上層社会にもたらされたのである。

女子教育界の体育服は、さらに重要な問題であった。三十二年に高等女学校令が公布され、各地に開校した。続いて津田英学塾、女子医学校、日本女子大学校が設立されて、高等教育の基礎が築かれた。明治後期は女子教育振興期である。学校教育に必須な体育は、和装で行うことはできない。女学生には束髪と女袴が用いられ、改良服が奨励された。アメリカでは十九世紀末、体育の女教師が女学生のコルセットを廃し、スカートを短くした。また、体操服として自転車用ブルマーを採用した。東京女子高等師範学校教授井口阿くりは、三十二年に体育研究のため、アメリカのボストン体操師範学校へ留学した。三十六年の帰国後、アメリカ式体操服を制定した。小倉木綿地のセーラー型上着にブルマーをはき、体操袴[図179]と呼ばれる既製服は、本郷の「大河内婦人洋服店」が製造した。[124] 三十四年（一九〇一）に、成瀬仁蔵が新教育を標榜して設立した日本女子大学校も、体育に簡易な洋服を採用した。東京名物の同校運動会には、洋服姿のデルサート[図180]（表情体操）が披露された。しかし、一般の女学校では、襷がけで和服の袖を押え、あるいは袴の裾を紐でしめてブルマー風にするなど、和服で体操ができるような工夫が行われていた。

明治後期、上流階級のハイカラな洋装は外出用の種々な社交服と各種のスポーツ服に着用範囲が拡大して、上流社会の新風俗が形成された。また、女性の欧米風職業服、女学生体操服が着用され始めたことは、婦人の社会的発展を示唆するものとして注目される。

後期洋装の遺品は、鹿鳴館洋装より多く保存されている。時代が近いばかりでなく、着用者が比較的多かったためと思われる。

〔明治後期洋装遺品[125]〕

侯爵鍋島直大夫人栄子着用……
濃茶色杢糸格子縞ファンシー・ポーラー地立衿上衣ギャザースカート組合せ型ワンピース
ダークワイン色ビロード地ローズ色モアレ・タフタリボン飾キャプリン型帽子
（日露戦争凱旋東郷平八郎大将へ花束贈呈に着用）
黒色シャンタン・タフタ地ステンカラー上着ギャザースカートツーピース（同型二枚。白ローン地替カラー・カフス）
黒色フランス綾ウール地拝絹縁飾シングル前テーラード・スーツ上着[126]
黒色フランス綾ウール地拝絹縁飾ダブル前テーラード・スーツ上着[127]
黒色フランス綾ウール地上衣スカート組合せワンピース型乗馬服
白キャラコ地ワンピース赤十字看護婦服、赤十字章付看護帽（以上、鍋島家）[128]

侯爵蜂須賀茂韶夫人隋子着用……
紺色紋繻子地菊花模様ブレード飾立衿ジゴ袖上衣五枚接ぎゴアードスカート組合せ型ワンピース[図181][129]
ベージュ色ブロケード地花模様ブレード飾立衿上衣五枚接ぎスカート組合せ型ワンピース
紗繻子織半袖デコルテ七枚接ぎゴアードスカート組合せ型ワンピース（以上、東京国立博物館）[130]

子爵稲垣長敬長女銑子着用（推定）……白クレープ・デシン地薔薇模様立衿上衣七枚接ぎゴアードスカート組合せ型ワンピース（日本風俗史学会）[131]

駐独日本大使館一等書記官諸井六郎夫人彩子[図182]着用……紫色サテン地コードパイピング飾キモノスリーブ上衣プリーツ入りスカート組合せ型ワンピース（明治四十五年、ベルリン製）。黒ビロード地駝鳥羽根飾キャプリン型帽子。絹長手袋。絹メリヤス靴下。パンプス型ビーズ飾ハイヒール（日本風俗史学会）[132]
ロイヤルピンク色クレープデシン地刺繡花模様立衿切替スカートSカーブ型ワンピース、ロンドン製。ピンク色木綿編

挿図23　子爵稲垣長敬長女銑子着用（推定）
白クレープ・デシン地薔薇模様立衿上衣七枚接ぎ
ゴアードスカート組合せ型ワンピース平面裁断図

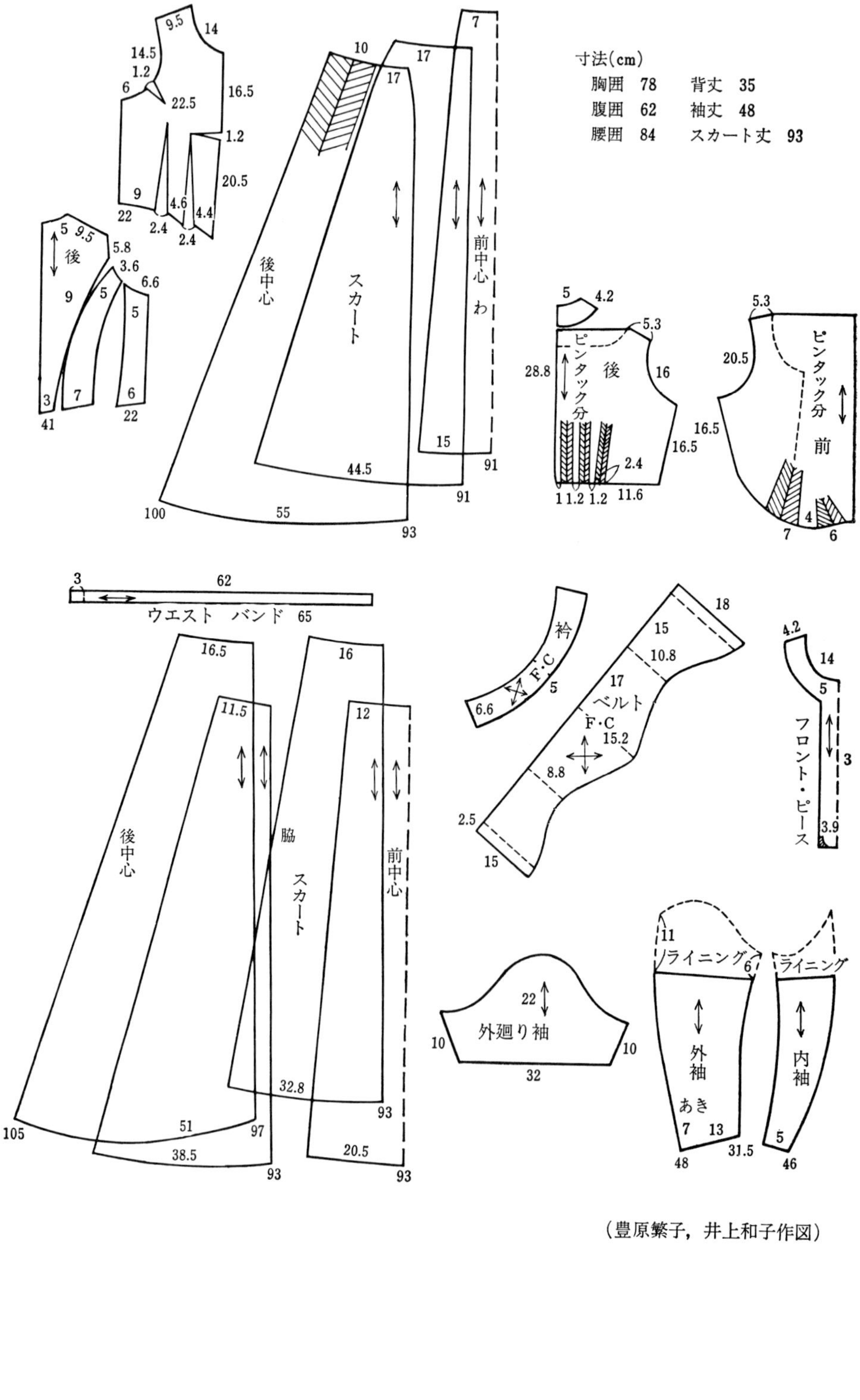

（豊原繁子，井上和子作図）

挿図24　駐独日本大使館一等書記官諸井六郎夫人彩子着用
紫色サテン地コードパイピング飾キモノスリーブ上衣
プリーツ入りスカート組合せ型ワンピース平面裁断図

〈キモノスリーブ〉

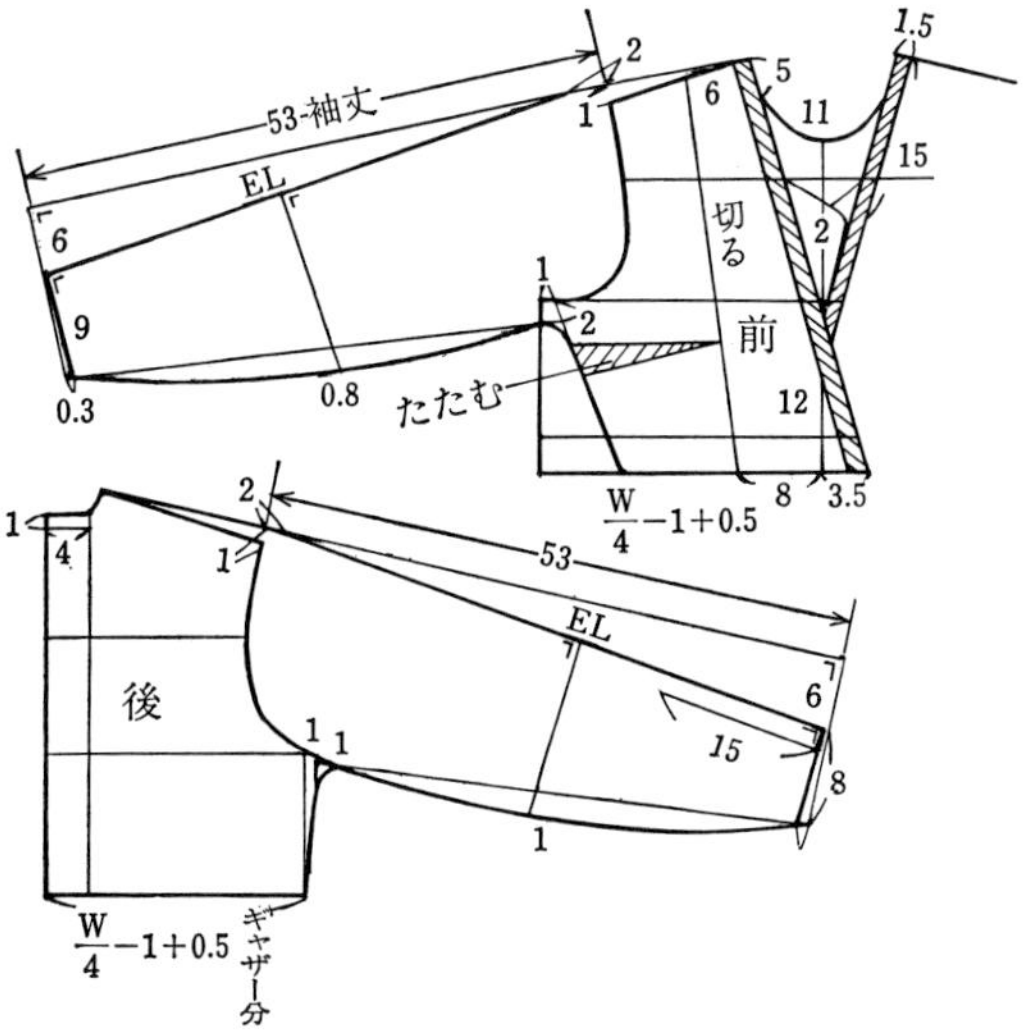

寸法(cm)

胸囲	86	袖丈	53
腹囲	66	スカート丈	前 97
背丈	34		後101

〈ボディス前　展開図〉

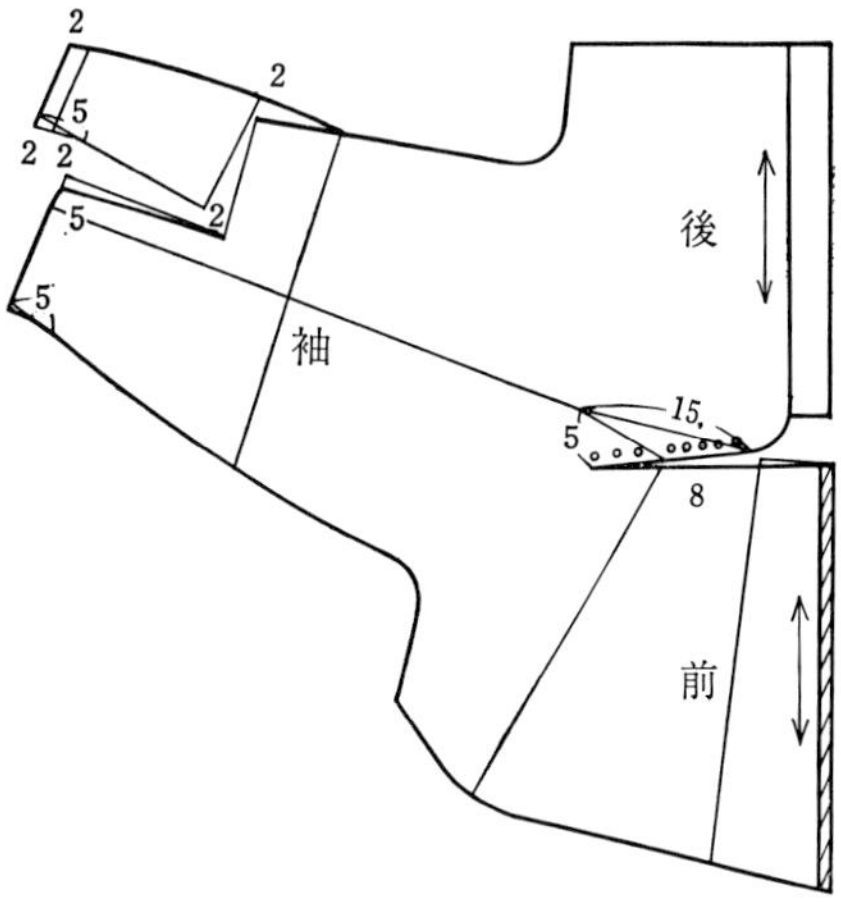

〈スカート〉

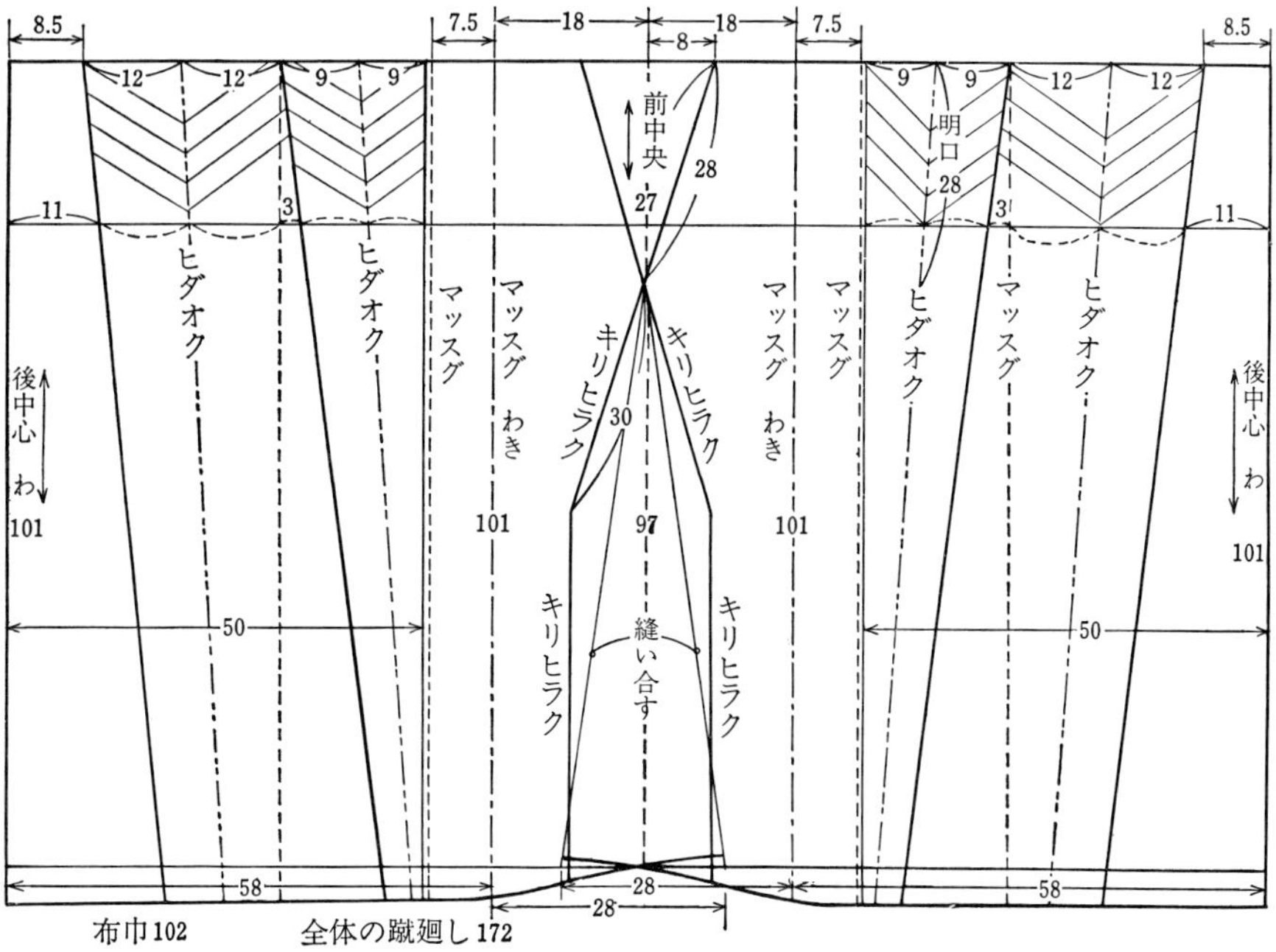

（豊原繁子，井上和子作図）

模様入り靴下。洋傘二。農商務省評価額一三三円（東京芸術大学）(133)
黒色紋繻子地花模様ブレード飾刺繡レース飾立衿上衣六枚接ぎゴアードスカート組合せ型ワンピース。黒色カット繻子花模様ビーズ飾裾房飾ケープ（中山千代）
東京女子高等師範学校体操服。グレー小倉木綿地セーラー型上着・ブルマー（お茶の水女子大学女性文化資料館）

2　女服改良

明治初期文明開化に、男子断髪へ便乗した婦人断髪は、男性側の猛反対にあって消滅した。政府の奨励した鹿鳴館洋装の髪型は洋髪であるが、和服着用時には日本髪を結い、旧習から解放されたわけではない。油でかためて形を作り、重い髷を付ける日本髪は、女性を家庭内に閉じこめて男性に従属させていた。しかし、鹿鳴館洋装流行に刺激されて、日本髪の桎梏から女性を解放する運動を起したのは、開明的な男性である。

明治十八年（一八八五）七月、ドクトル渡辺鼎と『東京経済雑誌』記者石川映作の両名が発起して、「婦人束髪会」を起した。彼らの運動は、「婦人束髪会を起す主旨」に宣言された。

此会を設立したるは我日本の婦人をして衛生と経済と便益との三を以て発起《おこ》せしものにして、既に従前の慣習たる島田髷、丸髷等の如きは種々況々《いろいろさまざま》の雑品を毛の中へ挾むが故に往々逆上の患を免るゝ能はずして、大いに衛生上に害を醸すこと僅かならず。因て現に此束髪会を設け従前の弊害を脱せんとするの工夫なり。誠に見よ。束髪結を好適するの婦人は第一に世上へ新風俗を顕すのみならず、経済衛生便益の三を兼ね、而して血腋の循環を善するが故に、頭痛或は眩転等の患を除くに至ること疑なし。以レ是考ふる時は従前の結方を廃し、殊更に束髪結をなす婦人は、鴻益手段と改良を得るの一助となること又喋々を俟ざるべけん。此に於てか已に同会を設立ありてより漸々旧習の結方に不便あることを知り、現今紳士の細君を始め豪商の令嬢其の他新柳葭町辺の芸妓或ひは吉原廓内の娼婦迄も追々此風を用ふるあり。是乃ち文明進歩人智発達の期にかなふが故に、其便利と経済と衛生上等を思ふが為なり。然りと雖も未だ旧習を踏むの徒は此束髪会に変ぜし婦人を見て、お転婆或は刎上《はねあが》りなどと風潮すれど、そは訣《けつし》て信とするに至ず。是一時風俗の遷するを羨みて云者なれば、是等の人に欺かれて止り給ふこと勿れ。

束髪の衛生・経済・便益を、女性のあらゆる階級に知らせ、守旧派の反対を警戒する用意も怠らない趣意書である。この束髪運動は忽ち拡がり、旬日のうちに「市中の鼈甲商は上等ものの製造に躊躇する」（『朝野新聞』明治十八年七月二十九日）ような状況になった。九月には、東京女子高等師範学校教員生徒が束髪を採用した。洋服採用の一年前である。束髪運動に賛同する村野徳三郎は、十月に『洋式婦人束髪法』を著わした。彼の運動は、次の方法によった。

有志の貴婦人方に便せんとす。希くは該会へ入ると否やを問わず、益此方を賛成し採用せらるゝ貴婦人の多くして、婦人の改良の先鞭者となり、真正に婦人の品位を高くし、益《ますます》国の文明を上進せられる事を望む。

このように、村野は鹿鳴館洋装の貴婦人に呼びかけたが、洋服に関係のない一般婦人に歓迎されて、入会する者が多くなった。十二月には大阪にも流行し、角藤《すどう》定憲の壮士芝居では、俳優の出に束髪新歌を歌って、観客に喜ばれた。新風俗の束髪ニュースを伝える錦絵は「大日本婦人束髪図解」図183（松斎吟光筆、明治十八年九月）、「婦人束髪図解」（画工、小池源次郎、同上）、「髪《け》位《い》気《き》直志《なおし》」（石斎画、同上）、「改良束髪之図」（舫斎国梅筆、同上）等の啓蒙画が十八年九月に集中した。さらに、二十年九月には、「束髪美人競」（楊州周延筆）が出版され、束髪の普及は早かった。

前章の「鹿鳴館洋装」に記した人類学者の風俗測定には、束髪の調査も行われている。坪井正五郎が二十年四月、上野公園で行った測定は、束髪二九％であった(134)。洋装三％に比して、束髪の普及が目立つ。この測定について『女学雑誌』（六十一、明治二十年四月二十三日）は、「同氏も、自から之を怪まるゝほど多数なりと云ふ。実に束髪の如き有益無害の新風俗は可成多く流行させたきものなり。然し斯るものは之を流行させんとせずとも蓋し自らに行はるべきこと必然なり」と、束髪の流行に希望を持った。翌二十一年四月、丘浅次郎の前年と同条件の測定結果は、三八%に増大した。洋装も八%に増加したが、束髪に及ばない。測定範囲を拡げた坪井の同年一月一日から五日まで、東京芝・京橋・日本橋・神田・本郷五区での結果は、束髪一四%（洋装一%）である。山崎直方が一月一日、三日、大阪東区重要街及び中の島公園で行った測定は、束髪一九%（洋装二%）であった[135]。大阪婦人の束髪多数について坪井は、「今日此多数ヲ得タルハ余自ラ訝ル処ナリ。只此数ヨリ少キモ多キ事無シト見レバ過ナカルベシ」（『東京人類学会雑誌』第二十八号「風俗測定成績及び新案」明治二十一年六月）と、測定者がいぶかるほどの普及であった。束髪の比率は、洋装増加に伴いながら大幅に引き離し、和装婦人に拡まった。『国民之友』も「之に拠って観れば、国粋保存の先生方も、また容易に御安心できざるなり」（第二十六号、明治二十一年七月二十日）と、束髪の普及ぶりに関心を寄せた。

束髪は、何故このように普及したか。『東京日日新聞』（明治二十年三月十三日）は束髪普及を分析し、「いよいよ盛に行はれ、束髪は手細工にも出来安く、且つ銭のいらぬが第一の結構なり」という。しかし、この経済性ばかりでないことを、京都の実況によって強調する。上京は士族や官員が多く、改良に勧奨が行き届き、娘たちの「十中八九」は束髪になったが、下京一般がまだ日本髪であると報じ、京阪の人情風俗が俳優や遊里からの推移であることに、原因を見出している。手軽さや費用のかからぬことだけが改革の条件にはならず、新文明の光が充分にそそがれることが必要であると言い、受容の精神面を指摘した。また、早くから束髪運動を推進する村野徳太郎の意見は、

先年男子が丁髷を散髪に改める時……大騒動をなせし人もありしが、慣るゝに随て、軽便と爽快との利益を感ずるのみならず、自然に其の恰好の能くして今日に至りては、却て丁髷こそ馬鹿面の厭やらしさと見る様になりたれば、此束髪法も漸次見るに慣れて之と同様の感を成すに至るべきは勿論のことなり。況んや早晩婦女子の服装をも改正せざるべからざるをや。（『洋式束髪法』明治十八年十月）

と、慣れることを要件としたのは、髷を切った最近の経験によるものであった。そして、束髪の次は和服の改良であると、

村野は期待した。しかし、鹿鳴館洋装は束髪のように手軽でなく、新文明の光は大衆にそそがれず、流行は早く終って、慣れるまでには至らなかった。その後、後期洋装の進展する洋風化社会に、「女服改良」といわれる問題は持ち越されたのである。

欧化主義反動期に鹿鳴館洋装へ批難が集中すると、和服と洋服を比較する服装論が行われた。二十年二月、『国民之友』を創刊した徳富蘇峯は、婦人服装論に彼の平民的欧化主義を展開した。

嶋田の振袖長しと雖も何の快楽かある。錦綉の帯広しと雖も何の利益かある。実に我が姉妹の不活潑にして俳優的なるは、吾人が見る毎に、心苦しとする所なり。宜べなる哉、皇后宮の断然西洋服を用ゆ可しとの思召書を仰せ出されたるや。曰く、今西洋の女服を見るに、衣と裳を具ふること本朝の旧制の如くにして、偏に立礼に適するのみならず、身体の動作行歩の運転にも便利なれば、其の裁縫に倣はんこと当然の理なる可しと。実に難有思召とこそ申す可れ。

と和服の欠点を指摘して、洋服採用に賛成した。しかし、さらに続いて、

されど吾人は此書を捧読する人達に向て一言すべきことあり。泰西の服制を適用するは、挙動活潑にして実用に適するが故に非ずや。然るに徒に驕奢浮誇なる巴里の佳人を学び、軽羅の裳は長く垂れて煙の如く、細腰愈々約して柳に髪鬆し、頸を囲こむの宝玉は星を欺き、腕を貫くの金環は月に類する如き貴族の需要たらしむるに止らば、復た是れ嶋田の振袖たるに過ぎざるなり。改良の目的何くにある。

(「婦人の衣服」『国民之友』第一号、雑録欄、明治二十年二月十五日)

と、貴族的な鹿鳴館洋装は島田の振袖と変らないことを説いた。次いで、同誌第三号(明治二十年四月)から第五号(同年六月)にわたる「日本婦人論」に、

それ島田丸髷を去りて、束髪に移るは何の改良ぞ。白襟紋付の小袖を脱して、蜂腰の洋服を着するは何の改良ぞ。

(第三号(第一)「火を以て火を払ひ水を以て水を除く」)

泰西の文明なるものは最も精巧を極めたる楽器なることを知らざる可らず。大絃嘈々、小絃切々、物質的の文明、精神的の文明、想ひ想に其の釣合と調子とを以て、美妙なる音を発するものなり。今や我が愛する姉妹は、既に物質的の文明に酔ふて、転に満足し、直ちに此の皮相の文明を以て、婦人の面目を全ふしたりと誇れるものの如し。

(第四号(第二)「精神の修養」)

と述べ、日本婦人の欧化は皮相的な物質文明に酔い、真の改良でないという。第五号(第三)の「婦人の世界は心配の世界なり」は、その結論であった。また第三十一号(明治二十一年十月)の、「日本国民の気風に関して」に同様の趣旨を述べ、日本人は泰西文明の価値あるものを輸入せず、葡萄酒、シャンパン、マニラ製煙草、紳士の高帽子、貴婦人のレースのようなものを輸入する驕奢の気風を警告した。蘇峯は西洋婦人服の非活動的な貴族スタイル、皮相な物質文明の摂取、輸入品の贅沢を指摘すると同時に、和服の欠点も明示した。しかし、彼の服装論には、改良の方法が示されていない。

女権拡張を主要な目的とする大日本風俗改良会は、『大日本風俗改良会々誌』に、「衣服改良に付ての意見」を掲載した。「無形的ノ改良ヲ望ム」(二十年十二月号)、「虚飾を除き実利を図れ」(二十一年二月号)、「衣服の改良」(二十二年四月号)等は蘇峯と同様な論旨である。

元来日本在来の服は健康上より云ふも、便利上より云ふも、何れの点より評するも西洋服に比すれば遙かに劣りて、不便且有害なるは今更喋々の贅弁を要せず。

と和服の欠点を強調するが、改良に対しては、輸入品を使わず、自国の物品で改良せよという方針を示すだけであった。

国粋主義者の服装論は、三宅雪嶺らの政教社機関誌『日本人』(第十号、明治二十一年八月~第十二号、同年九月)に掲載された吉岡哲太郎の「女服論」が代表する。「日本婦人の服装は必ず改良せざるべからず。只如何に改良すべきかは、熟考を要すべき問題なり」と、女服の改良論を展開した。和服の欠点には「服用するに体裁宜しからず」「動もすれば四肢胸部を露すのは不体裁なり」「歩行に因難なり」「美麗の観に乏し」「立ち働きに不都合なり」「胸を開き股を露すの醜体」「裁縫粗にして持久せず」を挙げた。洋服の弊害は、「衛生上の多害」「長裾は歩行に不便」「寒中に手を入れる処がない不便」「費用多し」「外人に賞められず」「流行を追う」を指摘した。両者を比較検討した結論は、「即ち小子は和服の方を採らんとするものなり」である。そして、彼の挙げた和服の欠点を改良するには、

既に古来より高貴の夫人には着袴の風あり。先年一時学校女生徒の間には袴を穿きたるものありたる位なれば、之を用ゆる六ヶ敷事も非ざるべし、一度袴を用ひんか、動作に便に、歩行に楽に、其勢も優美なり。真に目出度服と云ふべし。

と、袴の着用を推奨した。この袴は文明開化期に、英学女生徒が着用した男性用襠高袴である。「開化の弊」と排撃された袴は、平安朝着袴の風と結び付けられ、国粋派女服改良の拠点となった。改良の方策を示し得ない服装論に対して、国粋派が襠高袴を推奨したのは、平安女装復古の自信である。紅袴は「皇后宮思召書」の洋服奨励の論拠であった。襠高袴も紅袴も、股付の袴である。吉岡は股袴の機能性を女服改良に提示したが、具体的なスタイルは示されていない。

三十三年（一九〇〇）、神田佐一郎は「衣服の改良」（『六合雑誌』第二百四十号）に、「男女とも袴の着用は現下刻下の最大急務又改良の要旨」と言う。この袴は「通常男子の用ふる股引の類」と言い、吉岡と同様な男袴である。彼はさらに、上衣の筒袖を提案した。女服改良論はようやく、具体化してきた。

三十四年、堺枯川（俊彦）は「健全なる中等社会を目安にして」「家庭に関する現時の最も進歩したる意見」を述べた叢書『家庭の新風味』の第二冊『家庭の事務』に、「女服改良の説」を掲載した。「世間に多く唱へられて居る」問題への意見である。彼は女服改良の要点を、袖・帯・裾の三点とした。

袖については、

袖の長短は女権の伸縮と反比例をなす者で、袖の長い間は女権は縮んで居る。袖が短くならねば女権は伸びぬ。

として、袖を切り、江戸初期の薙刀袖《なぎなたそで》にする。帯については、

日本婦人の健康の十分でなく、発育の十分でないのは、全く此の帯の為であるかも知れぬ。それに丸帯一筋を買ふに何程の金を要するかは、婦人の常に忘れずして苦慮する所。

として、帯を廃す。裾については、

婦人が内に計り坐って居る者でないとすれば、勿論裾の処分は何とかせねばならぬ。

として、裾を縮めて袴をはく。

洋服については、

袖は先づ善いが、帯の代りにコルセットなどゝ云ふ者があつて胸を堅める事が甚しい。裾は袴のやうな者であるけれど随分皺《しは》の夥《おびただ》しい、仰山《ぎょうさん》な、重い者である。洋服其儘は決して有がたくない。

と述べ、「洋服と日本服を比べて、大体は勿論日本服で、それに洋服の趣きも少しは加えて、色々工夫をせねばなるまい」とした。改良説による雛形はできていないというが、以上の各論を組み立てれば、神田と同様な筒袖・袴となる。襠高袴も紅袴も、股付の袴である。彼はまた、この提案への反対論に対して、次のような説得を用意した。

折角釣合よく美しく出来てゐる今の服装を打ちこわすのが惜しいと云ふ事と、今の服装を打ちこわしても其代りになるやうな善い者がないではないか。

という論に対して、堺はきものの美しさを認めたうえで、

此美しい善い者は誰が拵へたか、日本人であろう。此美しい善い者を拵へた日本人は、今後も是と同様、或は是以上の美しい善い者を拵へ得る筈である。

と説いた。男と共に働く二十世紀婦人のため、女服改良が必ず行われると信じ、その前兆として女学生の袴を指示した。堺のいう女学生の袴は、先の女服改良論に提示された襠高袴と異なり、股のない行燈袴である。行燈袴は元来僧侶の袴であったが、明治後期には平常用に一般化し、従来の襠高袴は儀式用となった。(136)行燈袴は当時の女学生にも着用されていた

ので、堺は女服改良の前提として利用したが、究極の様式を示すことはできなかった。

女学生袴は跡見女学校が神田にある頃（明治二十年八月以前）、生徒に紫色の袴を着用させたのを始まりとし、海老茶色の袴は、華族女学校長下田歌子（明治十八年十一月〜三十九年四月在職）の創案という。[137] ハイカラな袴・束髪・編上げ靴の女学生スタイルは、学校生活にとって必要な女服改良であった。三十二年の高等女学校令、三十六年の専門学校令発布後、女子教育が盛んになり、女学生の一群は華やかな存在であった。流行の自転車に乗って颯爽と袂を飜す袴姿に、ハイカラな感覚が溢れた。女学生ヒロインの恋愛小説、小杉天外の『魔風恋風』(図184)（明治三十六年）と小栗風葉の『青春』（明治三十八年）に、梶田半古がハイカラ女学生の挿絵を描いて人気を集めた。四十二年（一九一〇）に流行した神名睦月作詞の「ハイカラ節」に、女学生の風姿が歌われている。

〽ゴールド眼鏡のハイカラは　都の西の目白台　女子大学の女学生　片手にバイロン　ゲーテの詩　口には唱える自然主義　早稲田の稲穂がサーラサラ　魔風恋風そよそよと

〽青葉がくれの上野山　音楽学校の女学生　片手にさげたるバイオリン　わが日本にかくれなき　学習院のスクールガール　指にはダイヤ照りそいて　都はなれし渋谷村　青山女学院のスチューデント　歌う讃美歌声高く

女学生の中には、地方から上京して苦学する女性もいたが、高等教育を子女に受けさせるのは、開明思想のブルジョア階級であった。このような女学生は本質的には、ブルジョア知識人のハイカラであるから、洋装でなければならない。ハイカラ女学生服装が和服の改良型(図185)にすぎなかったところに、女性社会の後進性が示されている。

女服改良の実現には思想的改良論だけでなく、具体的に改良のスタイルを構成する活動が必要である。実際に改良服を作成して普及をはかる運動は、十九年十月に結成された衣服改良会によって始められた。女子職業学校裁縫教員渡辺辰五郎、麹町小学校長田所廉行、清水直寿、田口元らが発起人となった同会の目的は、『郵便報知』に掲載された。

西洋風の服装に倣ひ、我国の習俗に照して衣服の改良を計る為、会員に適当の教師を選んで、改良衣服の裁縫を教授し、追て改良衣服を廉価に販売する。

（『郵便報知』明治十九年十月三十日）

裁縫教師と小学校教員の連携した改良服運動は、実際的な学童改良服の普及であった。さらに、渡辺辰五郎は婦人改良服について元田直、巖本善治、山田美妙と討議し、改良論者弘田医学博士の依頼により、実物数種を仕立てた。三十一年には『婦人改良服指南』を著わし、筒袖上着と襞付女袴の「実用に便なる改良服」図186を発表した。これは、翌三十二年一月に創設した東京裁縫女学校の教員・生徒に、着用させた。(138) 同年五月、実践女学校及び女子工芸学校を創立した下田歌子は、授業衣または校衣と呼ぶ上っ張り式制服図187を定めた。袖は筒袖または短い元禄袖、衿は直衣《のうし》風につまっていたが、学生達が次第に道行衿に変えたという。衿飾に紫の細い打紐を結び付け、腰には共布の紐を結ぶ。生地は細かい黒矢絣を布の両面から、型染した未晒三河木綿である。毎年、新入生のために、在校生が縫って贈る習慣になった。(139) 女学生袴より活動的な改良服型制服は、新設女学校の校風形成に寄与した。

三十三年（一九〇〇）七月、流行社は『流行』第八号によって、日本婦人衣服改良案を懸賞募集した。一九名が応募し、今泉雄作・梶田半古・下田歌子による審査の結果は、翌三十四年一月の同誌第十四号に発表された。最良案は無く、芝区三田豊岡町三番地、杉原忠吉の作品が二等に当選した。襲衿《かさねえり》、襲袖口の筒袖長着の衿もとに組紐を結び、脇にも襞のある女袴をはく装飾的スタイルである。図188 次いで、第十九号（同年六月）に掲載された梶田半古の新案改良服図189は、読売新聞に発表して、評判になった新スタイルであるが、ベールをかぶる礼装であった。警察医長山根正次はこのように装飾化する改良服に反対して、運動しやすく、身体を束縛せず、誰にでも容易に縫われ、お金のかからぬという四つの条件を挙げた。三十五年（一九〇二）刊行の『改良服図説』に提示した山根の改良服は、被布型上っ張りである。ドクトル加藤時次郎の筒袖型、子爵加納久宣のエプロン服・上っ張り服等も新聞・雑誌に発表された。改良服運動を通じて種々なスタイルが考案されたが、基本スタイルは筒袖・袴型と上っ張り型の両種を出なかった。

このような改良服スタイルの固定化から脱して、洋装化に主張を転じたのは内田謙之助である。内田は二十年頃からの改良服運動家で、新案男女改良服を新聞紙上に発表したこともあるが、三十六年（一九〇三）に『洋服奨励談』を著わし、漸進改良主義を棄て、絶対的洋服主義を唱えた。山根正次、梶田半古らの改良服を批判し、衛生的で便利な洋服を「断然採用し」「守旧卑屈な婦人が凛乎たる気象を惹起《ひきおこ》す」ことを望んだ。同年、健全な平民生活発展のために『家庭之友』を創刊した羽仁もと子も、同誌に「婦人と子供に洋服を！」を掲げた。健康的で軽快な洋装生活によって、主婦を衣類整理の負担から解放し、読書や家庭外の見聞を広める余裕を与え、家庭婦人の向上をはかろうとした。そのため、現在の洋装はこの目的に適さないとする羽仁は、原貞子考案の「新案婦人服図190」を提示した。和服の衿と帯をデザインに採り入れ、活動的で親しみやすいスタイルは、古い単衣を三、四時間で作り直したもので、経済的なドレスであった。しかし、和服改良の洋装化には反響が少なく、内田の運動も進まず、家庭之友社は婦人洋服より見込のある子供服の普及に、力を注いでいった。

女服改良は思想家、教育家、裁縫家、医師、画家ら各界の人びとに論議され、出版界も加わって世論を起したが、改良に熱心な人びとに着用されただけで、一般化しなかった。洋傘・ショール・毛皮襟巻等が和装にも流行する洋風化時代に、最も多く採り入れられたのは改良服ではなく、「吾妻コート図191」と呼ばれる毛織地和服コートであった。十九年に白木屋から売り出した「東コート」が二十年後半から三十年代に流行し、「老いも若きも婦人の上着として無くてはならぬものとなり」（『都の花』明治三十年一月）、和装に定着した。外出の機会が多くなった婦人の生活に、ハイカラなヘチマ衿の洋風コートが歓迎された。手軽に買える既製品であることも、普及の一因であった。男子のトンビと共に吾妻コートを扱う外套屋が成立し、緑河岸（岩本町）、大門通（堀留）、日蔭町（芝）に問屋街が形成された。

封建的要素の多く残存している婦人生活には、洋風化が侵入しても女服改良は困難であった。女学生に改良制服を着用させた下田歌子は、「女子は男子の如く新しきに移るに速かならぬ天成を有して、爾も其天分は能く守成に適せり」（「本邦女子服装の沿革」『をんな』第一巻第一号、明治三十四年一月）と言い、渡米中の鳩山春子は若い女性の長裾スカート廃止を見聞して、その研究を志したが、「日本の婦人は左《さ》ばかりは行かず、先づ一歩一歩進み行くべきこそ」（前掲書第一巻第十一号、明治三十四年十一月）と言う。婦人指導者たちは、自ら女性の保守性と改良の限界を認めていた。巌本善治が、「大改良案は家屋の結構と女子の仕事の大いに変ずる迄は到底行われ得べからず」（『女学雑誌』五百十二、明治三十四年一月二十五日）と、その本質を見抜いたように、女性の生活が変らなければ、服装の変化は望めない。ハイカラな洋装は上流社会の近代化にとどまり、一般女性の享受するところではなかった。

四　洋服業の形成

1　業界系譜

洋服装業成立については、ミシン初伝との関係によって既に述べたように、足袋職沢野辰五郎を嚆矢とする。しかし、文久二年（一八六二）正月に、町会勤務篠原忠右衛門が開港当初の横浜商人を筆録した『横浜町壱丁目（一五）拝借地坪願済渡世名前』[140]に、洋服の「仕裁洗濯」を扱う店が二店記されている。安政六年（一八五九）三月五日願《ねがい》済《ずみ》の本町壱丁目、青木屋忠七と、文久二年（一八六二）十月二日願済の州干町、蜂屋十助である。青木屋忠七は「諸荷物運送小揚　外国人衣類仕裁洗張」を行い、蜂屋十助は「植木、異人衣類仕裁洗濯、異人食料（青物、鳥獣）」を扱っている。男女いずれの洋服でも、外人雇傭はまだ行われず、縫製技法も習得していない時期に、どのような「仕裁」ができたのであろうか。青木屋忠七願済後の九月二十三日（一八五九年十月十八日）に、神奈川に来航した米国長老教会宣教医ヘボンは、同年十月十八日付書簡に、「衣服はまったく本国から送ってもらうほかありません。日本では毛織物がないし、洋服屋も見ません」（一八五九年十一月二十二日付、W・ラウリー博士宛）[141]と記し、万延元年閏三月二十四日（一八六〇年五月十四日）の書簡にも、毛織の上衣を本国から送ることを依頼している。[142] 青木屋忠七は願済にかかわらず、洋服仕立を行っていないようである。衣服の仕裁洗濯という呼称は、和服に用いられていて、解いて洗濯しなければならない和服では、仕立も同時に請負う。当名簿大通南側、甲州屋忠右衛門の「衣類仕裁洗濯」は、その例証である。青木屋と蜂屋の「異人衣類仕裁洗張（洗濯）」は、このような慣例的な表現であって、西洋洗濯を示す名称であろう。洋服仕立業は技術伝習の前提がなければ、開業することができない。西洋洗濯は石鹸の用法を西洋人に習い、ボーイやコックが始めたと伝えられ、[143] 青木屋、蜂屋の開業は可能であった。また、江戸店の竹口喜左衛門が万延二年に横浜で貿易を始めた際、「公辺聞済に成候へはうり込勝手之よし、壱人にて五十品も願居候よし有之よし」（竹口喜左衛門信義『横浜の記』[144]）という状況から見るならば、名称を連ねただけのものとも考えられる。即ちこの両店は、業界発生形態と見ることはできず、業界系譜も伝えていない。

婦人洋服業界の成立は、S・R・ブラウン夫人とデビソン夫人の例に示されるように、西洋人家庭への入仕事であった。ブラウン家出身の沢野辰五郎は明治維新頃独立開業して、わが国最初のドレスメーカーとなり、デビソン家出身の片山喜三郎、伊藤金作、柳原伊四郎らが、明治初年に独立したのは、前述の通りである。足袋職から婦人服仕立職に変った沢野辰五郎はその動機について、「何ぞ変った事をとの野心」と言い、長物師（和服仕立職）であった片山喜三郎は、「何となく世の中が変るように思ったから」と語っている。彼らが最初に、未知の新しい仕事へ飛込んだのは、開港以来の激しい変転を目前に見ている横浜住民だったからであろう。

男子洋服は戎服（軍服）を足袋職や長物師が修理したのに始まり、文久頃、英人ローマン及びドイツ人ブランが彼らを集めて横浜居留地に洋服店を開いたことを、『日本洋服沿革史』（大阪洋服商同業組合編纂、昭和五年）が伝えている。英人ローマンはドイツ人 H. Lohman　ブランは P. Brandt のことである。二代目業者の時代に編集された同書には誤りもあるが、開業時の状況が種々伝えられている。同書に記すように、男子服業には居留西洋人服のほかに、国内戎服の需注があった。しかし、婦人服業は西洋婦人の需要だけで始められた。

幕末期の西洋人テーラー及びドレスメーカーの開業年次は、香港刊行ディレクトリによって知ることができるが（第一章 二）、明治期には次に記す横浜刊行ディレクトリがある。地元誌の情報は、香港のディレクトリより精密である。

〔1〕『モーリスのディレクトリ』(Morris's Directory)

香港のモーリス社から出版された。一八七〇年（明治三）版が遺っている。Morris's Directory for China, Japan and the Phillipines (sic) etc, 1870（西川孝治郎氏蔵）である。序文に、「前年の発行が成功したので本年度は増刷し、継続出版しなければならない」とあり、六九年が初版のようである。序文に「一月十九日」の日付が記入されているので、七〇年版に六九年の状況を知ることができる。日本の項には横浜・大坂・神戸―兵庫・長崎・箱館が採録され、香港刊行ディレクトリ中、最も詳細である。当版以外は、まだ見出されていない。

〔2〕『ザ・ジャパン・ヘラルド・ディレクトリ』(The Japan Herald Directory)

横浜の英字新聞 Japan Herald を発行するジャパン・ヘラルド社から出版された。当社の創立者、ハンサード A. W. Hansard（英）は、一八六七年（慶応三）に帰省中、イギリスで死去したので、ディレクトリの刊行は、事業を継いだ女婿、M・E・ハンサードによって行われた。Japan Herald Directory and Hong List for Yokohama, 1870（金沢文庫蔵）が初版であろう。その後は七二（明治五）、七七（明治十）、七九（明治十二）、八〇（明治十三）年版が現存する（国立公文書館蔵）。七二年版以降は横浜のほか、江戸・神戸・大阪・函館・新潟・長崎が掲載された。七七年版から The Japan Herald Anual Directory と改称した。八〇年以降は見出されない。ヘラルド新聞は一九一四年（大正三）まで刊行されているが、ディレクトリは早く廃刊したのであろうか。

〔3〕『ザ・ジャパン・ガゼット・ディレクトリ』(The Japan Gazette Directory)

横浜の英字新聞 Japan Gazette を発行するジャパン・ガゼット社が出版した。ジャパン・ヘラルド社の主筆であったJ・R・ブラック John Reddie Black（英）は、創立者ハンサード死去後、六七年（慶応三）に同社を退き、ジャパン・ガゼット社を新設した。ブラックはジャパン・ガゼット新聞の基礎を確立した数年後、新聞社の主要事業であるディレクトリを発刊した。The Japan Gazette Hong List and Directory for 1872（モリソン文庫蔵）は、現存する最も古い版である。しかし、本書の「序文」によって、七一年（明治四）版が刊行されたことが知られる。居留外人名の採録地は、横浜・江戸・兵庫・大坂・長崎・箱館・新潟から、京都・名古屋・下関・門司・札幌・小樽・台湾・朝鮮へと拡がっていく。七九年（明治十二）から、The Japan Directory と改名した。ガゼット紙は一九二三年（大正十二）に廃刊となり、ディレクトリも当年版が最後となった。

〔4〕『マイクルジョンのジャパン・ディレクトリ』（Meiklejohn's Japan Directory）

横浜駿河町、マイクルジョン社刊行の Meiklejohn's Japan Directory 1896（西川孝治郎氏蔵）がある。この一八九六年（明治二十九）版には、ウラジオストックの外人商館が掲載されている。日清戦争後発展したウラジオストック貿易に、利用価値があった。なお、横浜開港資料館に収蔵された P.C. Blum Collection に、一八八八（明治二十一）、九六（明治二十九）年版があり、Don. Brown Collection に、九三年（明治二十六）版がある。

〔5〕『ザ・ディレクトリ・オブ・ジャパン』（The Directory of Japan）

ジャパン・ガゼット社元編輯主任、辻子順三郎編集、ザ・ジャパン・ディレクトリ出版社 The Japan Directory Publishers（横浜福富町）発行、丸善株式会社（東京市日本橋区）が販売した。ガゼット社のディレクトリは、関東大震災後復刊しなかったが、横浜復興の気運に乗って、本書が創刊された。一九二五（大正十四）、二六（昭和元）、二七（昭和二）年版がある（横浜市図書館蔵）。

〔6〕神戸のディレクトリに、Kobe Herald の一八九八年（明治三十一）版（関西大学蔵）、The Kobe Directory の一九一一（明治四十四）、一二（大正元）、一三（大正二）年版、The Kansai Directory（Kobe Directory の改称）の一九一八（大正七）、一九（大正八）年版がある（神戸中央図書館蔵）。但し、業種の記載がない。

以上の外人出版社ディレクトリにならって、日本の出版社が商人録を刊行した。
〔1〕『東京商人録』
大日本商人録社（東京駿河台北甲賀町十九番地）が、明治十三年（一八八〇）に刊行した。横山錦柵編輯兼出版により、東京府の商人を職業別に掲載している。外国商人は採録されていない。
〔2〕『横浜商人録』
『東京商人録』に続いて、翌十四年（一八八一）に、大日本商人録社が刊行した。同じく、横山錦柵が編輯兼出版人である。本書には外国商人名も日欧両文で掲載する。なお、「近日之内に大坂西京神戸箱館其他諸県の商人録を出板致候に付御注文を乞ふ」と記しているが、これらは未見である。
〔3〕『日本絵入商人録』
明治十九年（一八八六）六月、横浜尾上町の石版銅版彫刻印刷所、佐々木茂市の編集・出版である。横浜及び神戸の外人商館日欧両文名簿と、建物・商標・商品の銅版画を掲載した。絵図は掲載申込を受けて、見取図または写真によって版下を作成し、応募主に供覧して幾度か更正し、約二年を要したという。取扱商品あるいは、周囲の景観を描いた図もある。
〔4〕『横浜貿易捷径』
明治二十六年（一八九三）十一月に、日野清芳が横浜貿易新聞社から発行した。「外国商館之部」がある。国籍・館主名（仮名書き）・商業名・取扱品名を記す。取扱品名は、輸入売品と輸出買品に分けて記されている。

前述のように、国内及び外国に所在する各種ディレクトリ併用の通年ではあるが、一八六〇年（万延元）から一九四一年（昭和十六）までのディレクトリを揃えることができる。以上によって作成した「ディレクトリ所在表」は、ディレクトリ活用のため基本的な調査であった（折込、表1「ディレクトリ所在調査表」）。

以上のディレクトリから洋服業名を抽出して、洋服業者表を作成した。ディレクトリは、欧米人のほかに中国人を採録するものがあるので、業者表には両国人別の二表が作成される。ディレクトリは住所・氏名・職業を羅列する名簿にすぎないけれど、開業・移転・廃業・事業内容・人間関係など、多様な歴史過程を探索することができる。洋服業を形成する西洋人と中国人は、別に挙げた資料を除き、すべてディレクトリを用いて構成された。ディレクトリによって、次のような洋服業形成史を明らかにすることができる。

〔西洋人業者〕（折込、表2「西洋人洋服業者表」）

ディレクトリから欧米人洋服業者を抽出して、業者初出の一八六二年（文久二）から一九二六年（昭和元）まで、紙面の都合上、六四年間の「欧米人業者表」を作成した。業者はテーラーとドレスメーカーに分け、それぞれを横浜・長崎・神戸の三地域に分類した。幕末には The China Directory, The Chronicle and Directory, Morris's Directory を用い、六七年（慶応三）は、『万国新聞紙』掲載広告で補った。明治期は The Chronicle and Directory, The Japan Herald Directory, The Japan Gazette Directory で補充し合った。しかし、一八七五年（明治八）から一九二三年（大正十二）までは、主として The Japan Gazette Directory を用いた。その他のディレクトリは、当期についての参考にした。業者の国籍は判明したものを本稿中に記し、「表」には記入しない。

既述のように、洋服業の始めは、横浜の衣服輸入商である。文久二年（一八六二）の、「バタケイ」Batteke（蘭）、「マークス商会」Marks & Co.（米）は、玉蘭斎貞秀筆の「御開港横浜大絵図二編外国人住宅図」（文久二年頃）に、当時の住居番号による「オランダ三番　バタケイ住家」「アメリカ十番　マアグス住家」が描かれている。慶応三年（一八六七）には、七〇番「ジロウィッ商会」Jelovitz & Co.　八一番「ウイリアム・ホプリン商会」William Hoplin & Co.　八二番「マケックニー」Mackecny があった。これらの商館は他の軍需品と共に、日本人の軍服と在留外人の衣服を輸入した。

技術をもつ本格的テーラーの、五三番「ラダーゲ、エールケ商会」Ladage, Oelke & Co. は、ハンブルグのテーラーが香港店を経て上海の支店から進出し、明治九年(一八七六)まで営業した。同商会からは、有力な横浜テーラーが出た。上海店のテーラー、ロートムンドRothmundは、慶応三年に横浜へ来て独立し、ウィルマンと共同経営の五二番「ロートムンド、ウィルマン商会」Rothmund, Willman & Co.を開き、明治二年(一八六九)にウィルマンが退き、「ロートムンド商会」となり、五年(一八七二)まで続いた。同商会のテーラー、P・ブラントP. Brandt(独)は、横浜南中通三丁目十二番地、山城屋本郷和助に天皇服調製のため引き抜かれた。外務省記録によると、四年十一月から六年十月末日まで、給料一ヵ月洋銀二〇〇枚であった。その後、七年十二月一日から八年十一月末まで、東京銀座二丁目三番地、曲木平蔵の工房で給料一ヵ月二〇〇円、九年三月二十九日から同年九月まで、東京銀座四丁目十六番地、森村市左衛門の工房で、給料一ヵ月五五円の洋服裁縫師であった。[145] 彼は日本人テーラーの技術を指導したので、『洋服沿革史』に、「ブラン」の名で伝えられた。

次いで、明治元年(一八六八)には、六一番「ドリスコール商会」Driscolle & Co.(英)と、「ジェームス・エスデール」[146] James Esdale(英)が開業した。ドリスコールは香港の洋服商「セイル商会」Sayle & Co.(英)の副支配人であったが、同社のフリッシュリングC.J. FrishlingとポウイスE. Pouysを伴い、横浜に九年(一八七六)まで開業した。エスデールは七年(一八七四)に開業したが、その後、東京銀座の森村市左衛門(明治九年十月十日から十年九月まで、給料一ヵ月九二円五〇銭)、東京尾張町二丁目二十五番地、山岸民次郎(明治十一年四月一日から六月三十日まで、給料一ヵ月四〇円)の裁縫師となった(外務省記録「私雇入表」)。

横浜テーラーは五年(一八七二)に、仕立注文も受ける生地商を含めて七商会となり、九年(一八七六)の九商会が、全期を通じて最高であった。その後は、十一年(一八七八)から四十二年(一九〇九)まで、五九番「レン、クロフォード商会」Lan, Crawford & Co.(英)と、五三番「ローマン商会」Lohmann & Co.(独)の二大商会時代となる。五年(一八七二)開業の「レン、クロフォード商会」(挿図25)は、船具商から伸長した香港の貿易商社である。ロンドン、エジンバラ、インド各地の諸会社代理店をつとめ、広東・上海から横浜へ発展した。横浜店は各種商品の輸入業務を中心に、洋服仕立とパン製造を行った。輸入品は、生地・シャツ・装身具・帽子・靴・小麦粉・洋酒・タバコ・家具・金庫・車・船具・銃砲・ペンキ・化粧品等にわたり、輸出品は日本の雑貨である。テーラー部は、ボース G. Boath の指導する横浜屈指の洋服店であった。また、イギリス海軍請負業者となって軍服を輸入した。明治後期には、ロンドンの「バーバリー社」Burberrys Ltd. のコート販売特約店となり、婦人服部も新設した。

挿図25　レン，クロフォード商会　『横浜開港五十年史』明治42年

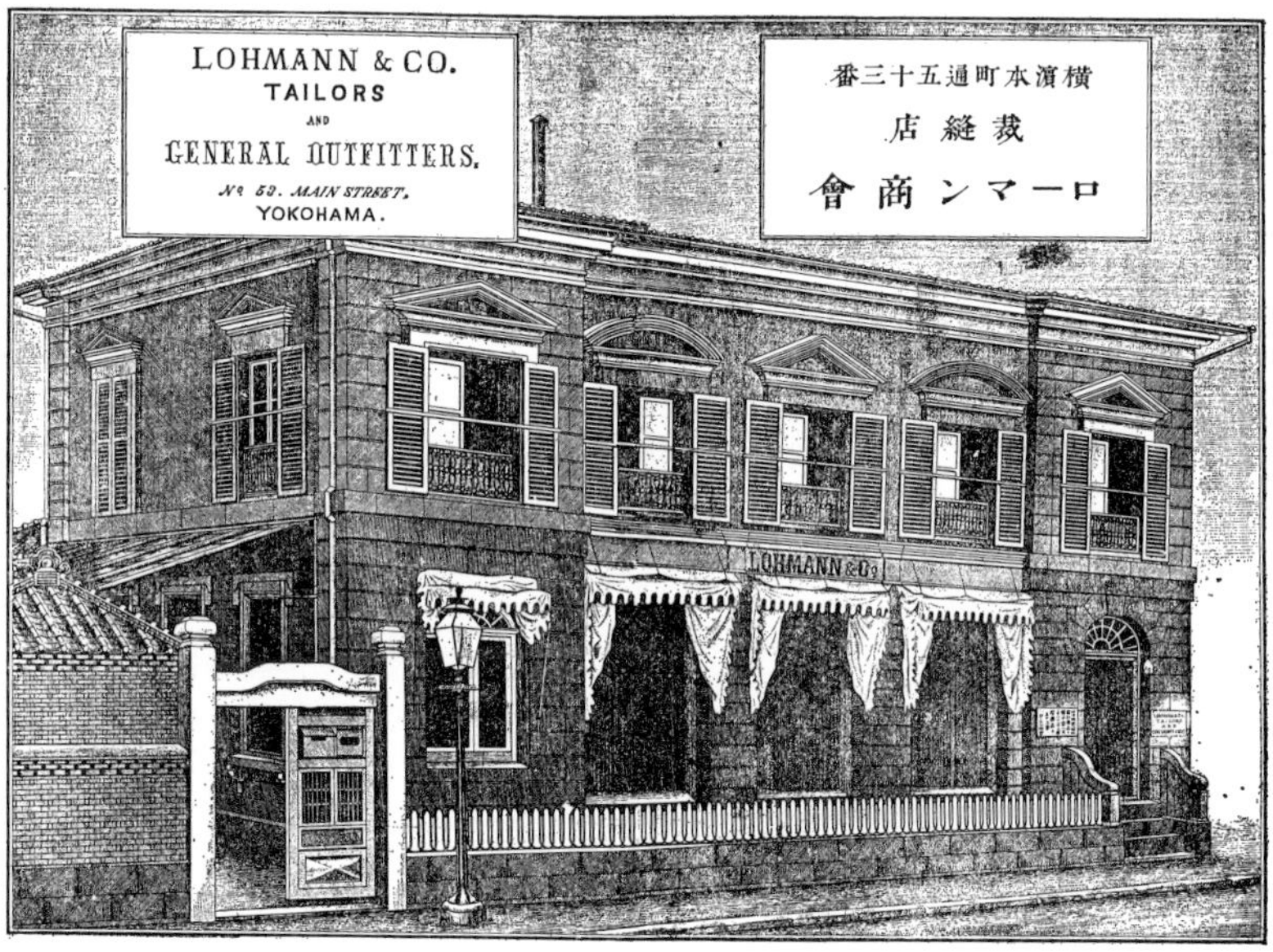

挿図26　ローマン商会　『日本絵入商人録』明治19年

「ローマン商会」(挿図26)の設立者、H・ローマンは、「ラダーゲ、エールケ商会」上海店支配人であった。五年(一八七二)、神戸に来て「ローマン商会」を開き、翌年には東京に出て、「西村勝蔵」の裁縫師となった。七年(一八七四)に、「ラダーゲ、エールケ商会」横浜店副支配人のキュッハマイスターA. Küchmeisterと共同経営の七〇番「ローマン、キュッハマイスター商会」を創設した。五三番「ローマン商会」となったのは、十一年(一八七八)である。

明治中期以降、欧米人が増加し、日本人の洋服着用も拡まって、洋服業の伸長する時に、当初からのテーラーは帰国して、「レン、クロフォード商会」と「ローマン商会」が残るばかりであった。当時、汽船で二ヵ月も要する東洋の遥かな国は、彼らの永住の地ではない。綜合商社「レン、クロフォード商会」では、日本駐在員が交代した。「ローマン商会」は経営者が三代交代し、それを限度に去った。また、洋服業の興隆は、必ずしも西洋人テーラーの繁栄とはならない。日本及び中国のテーラーが続出するため、帰国者が相次ぎ、新たに来日する者もいない。明治初期から大正末まで永続したのは、近代的綜合商社「レン、クロフォード商会」だけであった。

明治後期の横浜西洋人洋服業界を担ったのは、初年からの「レン、クロフォード商会」と、既に来日している欧米人の開業である。四十三年(一九一〇)に、神戸の「P・S・カベルド商会」P.S. Cabeldu & Co.(英)が支店(初年八三番、翌年五七番へ移る)を開設した。次いで、四十四年(一九一一)開業の三八番「アーサー・アンド・ボンド」Arthur & Bond(米)、四十五年(一九一二)開業の三七番「クーン・アンド・コモル」Kuhn & Komor(墺)は、横浜骨董・宝石商の進出であった。日露戦争後、西洋人居住者が激増したばかりでなく、日本への観光客が多くなった。これらの客層をつかんだ骨董・宝石店が、洋服業に転進したのである。

初期の西洋人テーラーは、イギリス人とドイツ人が占めた。彼らは香港から進出した者が多く、上海・横浜へ発展した。香港を領有するイギリスは、中国・日本への進出が容易である。ドイツはハンブルグの「ラダーゲ、エールケ商会」が香港に最初の洋服店を開き、上海・横浜支店へ進展した。横浜テーラーには、当社の系統が多い。アジア地域では、英商と独商がしのぎを削った。しかし、明治後期に開拓勢力は崩壊し、新横浜テーラーが形成されたのである。

横浜と同時に貿易を開始した長崎の洋服業も、西洋人テーラーが開拓した。明治二年（一八六九）の「マルトレア・ビクター」Maltlair Victer と、「R・ステューブ商会」R. Stube & Co. が最初のテーラーである。しかし、前者は当年のみ、後者は九年（一八七六）で終った。同年開業の「G・シラー」G. Schiller（独）も、十一年（一八七八）までの短期にすぎない。長崎は西洋人居留者が少なく、日本人の洋服着用者も多くなかった。居留外人はその後も漸減したので、G・シラー以後、西洋人テーラーはいない。

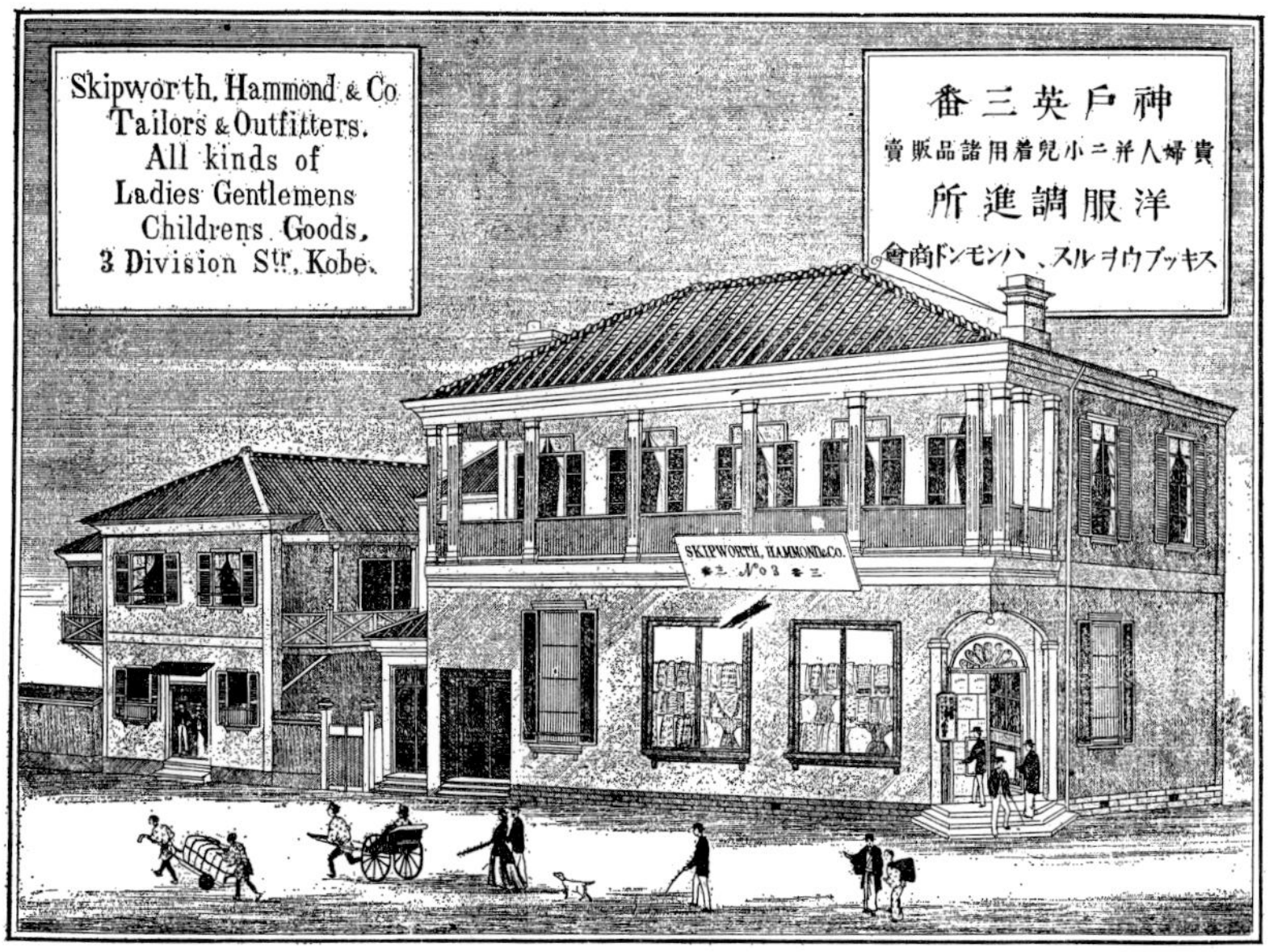

挿図27　スキップワース・ハモンド商会　『日本絵入商人録』明治19年

神戸は慶応三年（一八六七）に開港され、明治二年の横浜「ラダーゲ、エールケ商会」支店開設が最初であった。しかし、これは当年に廃止され、五年に開業したH・ローマンも東京へ去った。神戸テーラーは、五年（一八七二）開業「P・S・カベルド商会」P.S. Cabeldu & Co. (London House)（英）と、七年（一八七四）開業「スキップワース・ハモンド商会」Skipworth Hammond & Co.（英、挿図27）である。彼は香港の「セイル商会」Sayle & Co. のテーラーであった。両商会が永続したのは、規模が大きく、テーラー二店は神戸の洋服人口に適合していた。大正八年（一九一九）には、横浜の「レン、クロフォード商会」が支店を開設した。

安政開港の箱館に、西洋人テーラーの開業は見られない。北方辺地には、居留民が少なかった。

また、最も成立条件に恵まれると思われる首都東京にも、開業するものはない。横浜テーラーは東京に出張し、あるいは東京の顧客を横浜に迎えた。東京は横浜テーラーの商圏であった。五年に服制が定められると、銀座・京橋・日本橋の首都中心街に、日本人の大洋服店が開かれた。これらの店に横浜テーラーのP・ブラントとエステール及び神戸のH・ローマンが招聘されたのであるが、外務省にはなお数名の届出がある。「ユリヘルムゴルセー（ドイツ人）、三十三歳、縫工、雇主西村勝蔵、給料一ヶ月二百ドル、期限明治六年四月より同七年二月まで」「ゼームス・アスナヒル・ボードメン（イギリス人）、裁縫教師、雇主大倉喜八郎、給料初年千百七十五円、二年目千二百九十五円、三年目千四百十円、期限明治六年十月末より同九年十月まで」「オヲンヘイ・イバンス、同人妻エメレイホンヘイ・イバンス（イギリス人）、裁縫教師、雇主日野春艸、給料一ヶ月八十円、期限明治六年十二月十五日より同七年三月十五日まで」（外務省記録「私雇入表」）等が記録されている。

西洋人ドレスメーカーの最初は、一〇八番「ミセス・ピアソン」Mrs. Pearson（英）である。先ず慶応元年（一八六五）に、「サムエル・クリフトン」Samuel Clifton を開いた。この店は衣服・書物・筆紙・墨そのほか種々の雑貨を売る衣料商であった。上海居留地に住む競売人S・クリフトンの横浜店は、慶応三年（一八六七）には、ピアソンの名称となった。以後、ミリナー（婦人帽子製造販売業）を称しているので、彼女は上海のクリフトン夫人ミリナーの出身と思われる。一八六八年（明治元）のディレクトリには Milliner 六九年版は Millinery establishment あるいは Millinery and drapery establishment 七〇年版は Milliner and haberdasher と記す。衣服・帽子・生地・小間物等未分化な初期的形態であった。P&O汽船会社砲手であった夫の J. Pearson は明治三年（一八七〇）に、労働監督・商館調査官となり、一〇八番の店に同居した。しかし、同店は五年以降無くなった。帰国したのであろう。

ミセス・ピアソンに次ぐ開業は、明治元年の五九番「ミセス・ロッキャー」Mrs. Lockyer（英）である。同店も、ミリナー中心の店であった。彼女はイギリス領事館警官 James Lockyer の妻である。「ミセス・ロッキャー」は八年（一八七五）

に閉業し、十一年(一八七八)に一〇八番で再開して、十三年(一八八〇)まで営業した。中途閉業の間は、東京に居住していた。夫のJ・ロッキャーが大蔵省御雇になった記録が日本政府にあるので、(147)この間のことであろう。二年(一八六九)開業の八二番「ミス・シアール」Miss Searleも、帽子・生地・小間物等の未分化営業で、七年(一八七四)まで続いた。

三年(一八七〇)には、ドレスメーカーの一二九番「ミス・キッド」Miss Kidd 一六番「ミセス・デーヴィス」(英)が開業して、計五店となった。新しい両店は、専業的なドレスメーカーを称した。クリフトン夫人ミリナー出身の「ミス・キッド」は、一年間で終った。ミセス・デーヴィスは、二年(一八六九)に来日したイギリス領事館騎兵トマス・デーヴィスThomas Davisの妻である。夫は三年に、神奈川県御雇の外国人居留地道路下水修造方と(148)なった。夫人の店は十年(一八七七)に六六番へ移り、十四年(一八八一)にはミス・レスリイMiss Leslieが入店した。店の発展を思わせるが、十八年(一八八五)に閉業した。その後、娘のエミリイMiss Emily Davisと二十年まで、六六番に居住していた。彼女には業界発生譚のデヴィソン夫人に近い条件が一、二あるが、開業期が違いすぎる。

五年(一八七二)開業の一〇八番「ミセス・ヴィンセント」Mrs. Vincent(英、挿図28)は四十四年(一九一一)まで続き、最も開業期間の長いドレスメーカーである。夫のH・ヴィンセントは、三年(一八七〇)に来日したイギリス領事館刑務所看守であった。三十七年(一九〇四)に退職して、妻の店の共同経営者となった。同店はパリの「マダム・ドゥモレスト」Mme. Demorestの日本むけデザインの特約店となり、マンチェスターの「ユニバーサル・ファアッション商会」Universal Fashion & Co.の代理店となって、新モードを輸入した。長期間、最も著名な洋装店であった。

七年(一八七四)開業の五二番「ミセス・コック」Mrs. Cookは、ミリナー中心の店である。開業の前年に来日、夫のH・L・コックは新聞販売店を経営した。十一年(一八七八)には七二番に移り、十七年(一八八四)まで一〇年間、夫の新聞販売店と共有の店で営業した。八年(一八七五)から十一年(一八七八)までの七七番「ミセス・スミス」Mrs. Smithは絹商「ダヴィソン商会」Davison & Co.の社員、トマス・スミスThomas Smithの妻である。十年(一八七七)から二十年

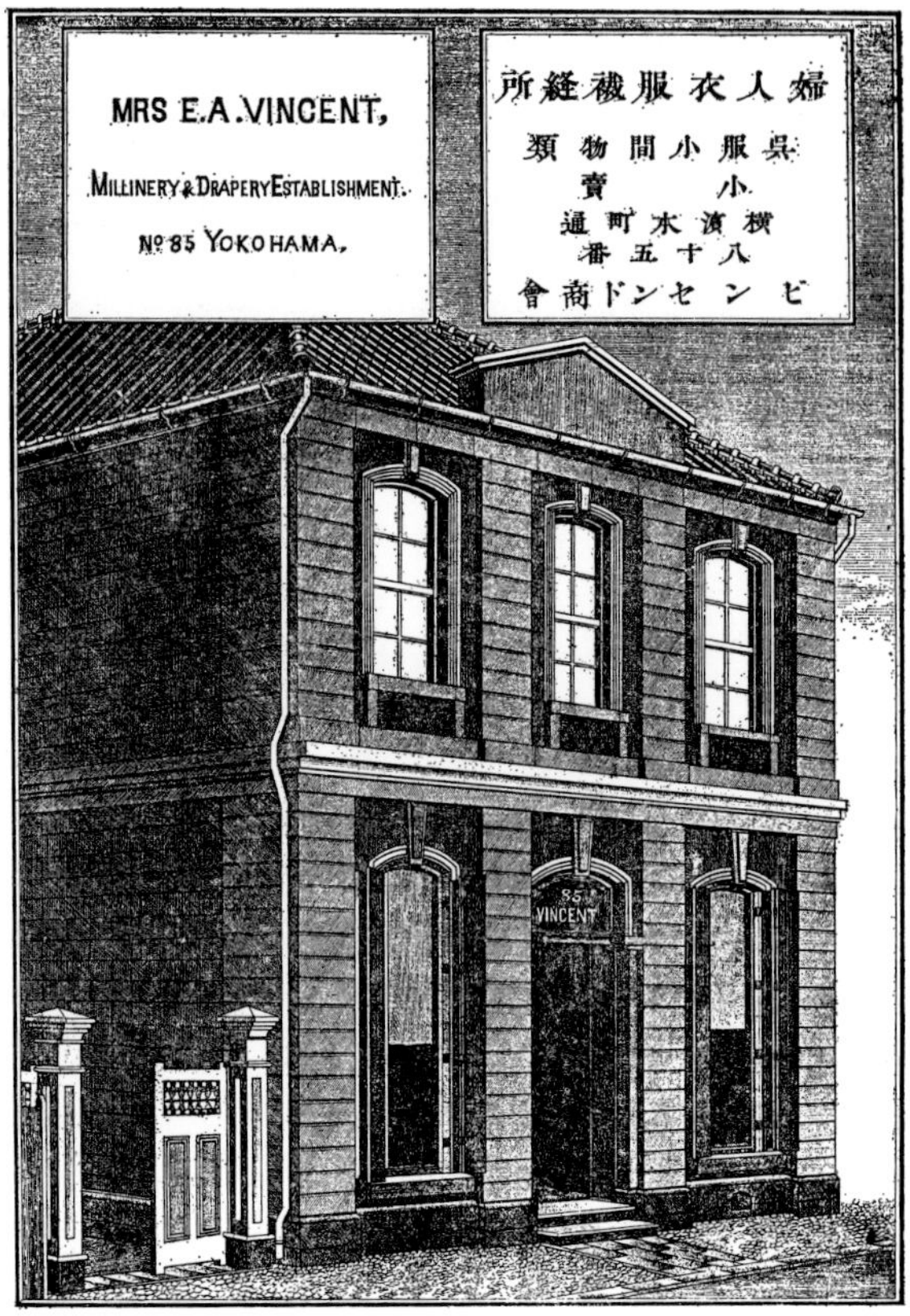

挿図28　ミセス・ヴィンセント　『日本絵入商人録』明治19年

（一八八七）までの八三番「ミセス・ホッジス」Mrs. Hodges（英）は、二年（一八六九）に上陸したイギリス領事館騎兵G・ホッジスの妻で、夫より三年後の五年に来日した。夫と同じ騎兵隊であったT・デーヴィスの夫人が、「ミセス・デーヴィス」を開業しており、看守夫人ビンセントの店も盛んであった。ホッジス夫人も彼女たちにならい、ドレスメーカーを開いた。

女性来航者の少ない初期の横浜ドレスメーカーはほとんどイギリスの夫人で、特に領事館下級館員の妻が多い。夫人の店の開業年数は、夫の職務期間に左右される。香港から進出する本格的テーラーに対して、夫人たちのドレスメーカーは、内職的な小さな店であった。しかし、「ミセス・ヴィンセント」は一流ドレスメーカーに発展して、この後のパリ派ドレスメーカーに伍して、営業を続けた。

十七年（一八八四）には、八六番「メダム・レスリイ・アンド・カーチス」Mdms. Leslie and Curtis（仏）が開業した。「ミセス・デーヴィス」の裁縫師であったミス・レスリイと、「ミセス・ヴィンセント」の裁縫師、カーチス夫人の共同経営である。カーチス夫人の夫、J・H・カーチスは、三菱会社の社員で、後に日本郵船会社に移った。開業した二婦人はイギリス人と思われるが、仏系人であろうか、フランス風の店名を称した。本格的パリ派の台頭は、二十五年（一八九二）開業の一〇八番「マダム・ロネ」Madame Launay（仏）である。パリから来たドレスメーカーはわが国の貴族階級に歓迎され、宮廷婦人服調製を受けて繁栄した。夫のP・ロネは「J・ウィットコウスキ商会」J. Witkowski & Co. の社員であったが、退職して当店支配人となった。パリから裁縫師マドモアゼル・ペシュレ Mlle. C. Pecheret を招聘して、名声を高めた。また、日本の優秀な職人を多数抱えたのも、同店が最初である。二十六年（一八九三）に七九番へ、三十三年（一九〇〇）には八〇番へ移った。店の建築は、三階建の立派なビルディングである。一階は生地及びレース売場、二階は帽子売場と仮縫室、三階がワークルームであった。宮中服の調整は、東京「大島万吉」によって行われていたが、洋服を着たことのない職人の仕事は、「マダム・ロネ」に移された。皇后のドレスは、外国へ注文する大礼服以外を同店で仕立てた。皇后に対しては採寸も仮縫もできないため、同店のヘルパー（通称、お手伝）、マーガレット・ヘイ Margaret Hay の身体に合わせて作成された。彼女の身体の寸法は、皇后とほぼ同寸であったという。宮家・女官たちの洋服は、マダム・ロネが採寸・仮縫を行った。三十七年（一九〇四）に、P・ロネは万国博覧会に出品されたアコーディオン・プリーツ、コークスコテ等の新式用具を購入するためパリに行き、帰途神戸でコレラのため客死した。主人を失った店は経営状態が悪化し、夫人は三十九年（一九〇六）に店を弟子のミス・イネス Miss Innes（英系）に譲り、香港の兄弟の許へ帰った。

わが国の鹿鳴館洋装流行期に、横浜ドレスメーカーの店数は増加していない。女性の来日は夫の職務に伴うので、急激な流行によって開業の増加することはなかった。むしろその偶然性から、十八年（一八八五）以降、二十年代には減少している。しかし、三十年代後半から店数が増加した。明治後期の居留西洋婦人の増加と日本婦人の洋服着用の拡大は、在留婦人が開業する機運をもたらした。

三十五年（一九〇二）開業の八七番「ミセス・ホールヤーク・ボックス」Mrs. Holyoake Box は、「ワーネル」W. B. Warner のコルセット特約店となり、大正十二年（一九二三）まで続いた。三十六年（一九〇三）から三十八年（一九〇五）まで開業の六一番「ミセス・アベイ」Mrs. E. H. Abbey は、大会社「ホーン」F. W. Horne の上級社員、E・H・アベイの妻である。三十六年から大正十二年（一九二三）まで開業の八七番「ミス・E・ウィンスタンレイ」Miss E. Winstanley（英）は横浜新聞社員、J・ウインスタンレイの娘で、「ミセス・ヴィンセント」出身のミリナーである。三十七年（一九〇四）から三十九年（一九〇六）までの九八番「ア・ラ・パリジェーヌ」A. La Parisienne のミス・クレアー・ペシュレ Miss Claire Pecheret は「マダム・ロネ」招聘のデザイナーであった。また、「マダム・ロネ」をついだミス・イネスは、一〇八番「オー・シック・パリジャン」Au Chie Parisien を開いたが、四十年（一九〇七）から四十四年（一九一一）までの短期に終った。この頃には、初代ドレスメーカーからの出身者もあり、「ミセス・ボックス」「ミス・ウィンスタンレイ」のように、大正末まで続く店もあって、本格的なドレスメーカーが多くなった。また、「マダム・ロネ」閉業後、「ミス・イネス」に移ったマーガレット・ヘイは、後に日本の洋裁師と結婚して、「ミス・ヘイ」Miss Hay を開業した。同店は昭和四十八年（一九七三）まで永続し、「マダム・ロネ」の伝統を受け継ぎ、明治、大正、昭和にわたる三代の皇后・皇太子妃のドレスを調製した。明治西洋人ドレスメーカー系の最後の店であった。(149)

四十一年（一九〇八）に五九番「レン、クロフォード商会」が婦人服部を新設し、四十三年（一九一〇）に神戸から進出した八三番「P・S・カベルド商会」横浜支店も婦人服部を併設した。骨董・宝石商から転じた三八番「アーサー・アンド・ボンド」、三七番「クーン・アンド・コモル商会」も、婦人服が中心となり、ドレスメーカーに営業形態の変化が起った。欧米には見られない男女服合併企業である。横浜中国人洋服業者の営業法にならったものと思われるが、明治末期の西洋婦人増加、日本人着用者の増大に対応する業界の変化であった。四十五年（一九一二）に新開業の八六番「A・ヒル商会」A. Hill & Co.（米）は、カナダの「サム・ライフ・アスランス商会」Sum Life Assurance & Co. の横浜支店である。大正三年（一九一四）の八一番「C・ウィルソン商会」C. Wilson & Co. も男性ドレスメーカーであった。洋装着用者の増加は、このような男性企業の婦人服業進出を可能にした。在日テーラーが最も早い対応を見せたが、アメリカ企業の進出が注目される。

初期ドレスメーカーのイギリス婦人、後期のフランス人ドレスメーカーのほとんどは、来日西洋人の妻であった。永続性に欠けるこの特殊な営業形態に、末期の新しい業者進出は複雑な要素を加えた。着用者増加による洋装業興隆は、生産形態に変化を来たしたのであった。

長崎のドレスメーカーは、明治二年（一八六九）、リオン夫人 Mrs. Lyon の開業した Lyon's Millinery Room に始まった。香港からの来日を推測されるが、ディレクトリには当年の記録が残るだけである。次いで、五年（一八七二）開業の「ミセス・シュティボルフ」Mrs. Stibolt（独）は、船会社経営の夫、N・シュティボルフに随って横浜に転居したので、二年間にすぎない。九年（一八七六）の「ミス・ドーバー」Miss Dover「ミセス・フラートン」Mrs. Fullerton も短期間である。長崎ドレスメーカーは早く開かれたが、いずれも短期に終り、九年以後、西洋人ドレスメーカーはいない。

神戸のドレスメーカーの最初は、明治八年（一八七五）開業の「ミセス・ベルゴー」Mrs. Bergau（仏）である。夫は「キニフラー商会」L. Kniffler & Co. の倉庫係であった。十九年（一八八六）の帰国に際し、店をマダム・アンデルサン Madame Andersen（仏）に譲った。しかし、彼女も二年後に閉業した。夫の日本郵船会社社員C・A・アンデルサンの転勤で、大阪に移った。大阪では開業していない。以後、明治の神戸には、欧米人ドレスメーカーは出なかった。

大正期になると、神戸ドレスメーカーは再興した。大正八年（一九一九）に、横浜の「A・ヒル商会」は「パリ館」Paris House を出店し、十二年（一九二三）に「マダム・アデール・アベイ」Mme. Adele Abbey が開かれた。関東大震災後は、横浜から移って来た「クーン・アンド・コモル」、新開業の「ミス・テレガン」Miss A. Telegan が加わった。

東京の婦人服は男子服と同様に、横浜ドレスメーカーの勢力圏であった。三十九年（一九〇六）開業の「マダム・クリゲン」Madame Kligen（蘭）と、当店をついだ昭和の「ミス・ゲールツ」Miss E. Geerts のほかに、横浜の「クーン・コモル」の支店があるだけであった。

〔中国人業者〕（折込、表3「横浜中国人洋服業者表」表4「年度別横浜商館数」）

中国商館を採録するディレクトリは、横浜刊行の The Japan Herald Directory と、The Japan Gazette Directory である。外国商館の 'Hong List' に、商館番号順またはABC順に、西洋商館と混在して掲載されている。香港刊行の Directory では、中国・日本・フィリッピンの西洋商館を採録し、中国商館はない。広域にわたるディレクトリであるから、中国商館に及ぶ情報蒐集は困難であろう。しかし、一八六七年（慶応三）版の The China Directory に、'List The Principal China Hongs and Shops in Hongkong' を設けて、主要中国商館の名簿を載せた。これを先例にその後、香港刊行ディレクトリには 'Native Hong List' の中国商館ディレクトリが掲載されるようになった。しかしこれは、情報蒐集の可能な地元の香港に限られ、その他の地域には無い。また、一八六八年（明治元）版の The Chronicle & Directory for China, Japan & The Philippines の横浜ディレクトリ末尾に、'Chinese and Native Shopkeepers' を掲げ、その中に二名のテーラーが記されている。但し、この項は同年版だけである。

以上のような二、三の特例を除いて、中国商館の採録は、横浜刊行のディレクトリに行われている。しかし、このディレクトリにおいても、主眼は西洋商館である。そのため中国商館ディレクトリには、明らかな採集ミスがあったり、該当番号地の商館名を記さず、一括して 'Chinese' とするなどの不備がある。使用に便利な 'Alphabetical List of Residents' も西洋人だけの集録であって、中国人には索引の便がない。また、横浜刊行ディレクトリの中国商館名は横浜に限られ、長崎・兵庫（神戸）・箱館及びその他の都市には無い。しかし、神戸の中国商館については、明治後期の Kobe Herald『日本紳士録』（交詢社、初版は明治二十二年五月）の「本邦在住外国人」に採録されている。

The Japan Herald Directory, The Japan Gazette Directory を中心に、その他のディレクトリ及び日本側の史料等によって、「横浜中国人洋服業者表」を作成した。表2の「欧米人洋服業者表」は、横浜・長崎・神戸の三都市別表であるが、中国人業者史料制約のため、本表は横浜に限らざるを得ない。また前表の業種は Tailor と Dressmaker に分けたが、本表は、Tailor, Tailor and Dressmaker の三種に分けられる。これは、原史料 Directory の業種分類に従ったものである。横浜の中国商館数は多く、そのうえ開業と閉業の流動が激しい。前表の欧米人業者表のように、閉業商館欄を残して表示すると、開業・閉業頻度の多い中国商館欄は膨大になる。本表を誌面におさめるため、閉業商館欄を残さず、その年度の商館だけとした。閉業の商館は次年度に消え、続く商館は開業順に次年度へ繰り越される。継続商館を見るためにも、西洋・中国両商館対比にも不便であるが止むを得ない。また、ディレクトリの通年商館名の欠けているところは、前後の年度に同一番号の商館があれば連続させ、前後の商館番号が異なる場合は、その年の商館番号を不明とした。表示年代は、中国商館が初めてディレクトリにあらわれる一八六八年（明治元）から、一九二六年（大正十五、昭和元）までとした。下限は表2「欧米人業者表」と同一である。

中国商館と西洋商館の比較研究のため、表4「年度別横浜商館数」を作成した。西洋人をTailor, Dressmakerに、中国人をTailor, Dressmaker, Tailor and Dressmakerに分類したのは、表3「横浜中国人洋服業者表」と同じである。一九一〇年（明治四十三）以降、ジャパン・ガゼット社のThe Japan Directoryは‘Japanese Firms, Merchants, etc.’を設けて、各都市の日本人業者を掲載した。この中に‘Tailors & Outfitters’があって、日本人の洋服・服飾品業者が採録されている。しかし、これは少数の主要業者にすぎないので、本表に併載することは避けた。

ジャパン・ディレクトリの採録する最初の横浜中国人テーラーは、一八六八年（明治元）の居留地八一番「ワーシン」[150] Wa Singと、一六五番「クアンチョン」Quang Chongである（The Chronicle & Directory for China, Japan, & The Philippines, the year 1868）。前者は一八八一年（明治十四）まで、後者は八五年（明治十八）まで営業した。ドレスメーカーの最初は、七七年（明治十）の一〇六番「チンリイ」Chingly 一〇六番「スンムン」Sun Mun 一六四番「アーウィン」Ah Wingの三店である（The Japan Herald Annual Directory, Yokohama, Tokyo, Kobe, Osaka, Hakodate, Nagasaki, & Niigata, for the year 1877）。三店とも、七九年（明治十二）で終った。

中国人の開業が西洋人よりおくれたのは、西洋商館の開業を知った後に、来日したからである。それはテーラーであった。ドレスメーカーはその一〇年後に、初めて開業した。七七年（明治十）の横浜在留西洋婦人数は、一九八名(151)であって、開港時から漸く増加してきた。初期ドレスメーカーの顧客は、西洋婦人だけであるから、その増加が開業の条件である。この頃、西洋人ドレスメーカーは五店に増加している。わが国の婦人洋服業者は、まだ一、二名にすぎなかった。

中国のテーラーは、香港の開業が早い。一八六七年（慶応三）に、「開利《ホイリー》」Hoi Lee「同昌《トンチャン》」Tung Cheung の二店がある(The China Directory for 1867, Hongkong)。アヘン戦争の結果、香港がイギリスに割譲された一八四二年（天保十三）から二五年後であった。七〇年（明治三）には、「開利」Hoi Lee、「洪昌《ホンチャン》」Hoong Cheong「均安《クァンアン》」Kwan On「南昌《ナンチャン》」Nan Cheong「南盛《ナンシン》」Nan Sing「盛昌《シンチャン》」Sing Cheong「徳記《トウキイ》」Tukki「和昌《フウチャン》」Wo Cheong の八店がある（前掲書、一八七〇年）。香港での伸長がうかがえるが、香港の西洋人テーラーのように、横浜へ進出することはなかった。初期ディレクトリは香港以外の中国人テーラーを採録していないが、広東（広州）・上海・寧波・福州・厦門の居留地に、西洋人のための中国人テーラーが成立した。海上交通要衝の広東は一七五七年（宝暦七）以来、清朝唯一のヨーロッパ貿易港であった。その他は一八四二年の南京条約で開港された。横浜渡来の中国人テーラーは、これら五港のうちの広東・寧波・上海出身者であった。但し、上海からの来日は、ほとんど寧波の人である。

中国のドレスメーカーは、上海に始まったと伝えられる。開港場上海の英・米・仏租界は、西欧風都市に開発されて、西洋婦人の居留が多く、婦人服業の中心となった。西門《シーメン》に「曹慶蘭《ソウチンラン》」、宝寿山《パオショウサン》に「裕興《ヨウシン》」があった。曹慶蘭は天主教信者となり、教会の西洋婦人から洋服裁縫を学び、上海最大の店に発展したという(152)。裕興の店も繁栄したが、後に衣料雑貨部を拡張して失敗したという。年代は明らかでない。この両店の出身者が来日し、横浜に開業して系譜を伝えている。

中国人テーラーは、七七年（明治十）に急増して一一店となり、七九年（明治十二）には一三店を数え、当初の六倍を超えた。ドレスメーカーは、テーラーより少なく、同年には五店であった。これに対して、西洋人テーラー五、ドレスメーカー四である。中国人テーラーは西洋人より八多く、ドレスメーカーは一多い。西洋人を凌駕する進展である。しかし、その後減少して、九二年（明治二十五）までは停滞した。テーラーは半減し、ドレスメーカー及びテーラー・アンド・ドレスメーカーはゼロを示すことに注目される。この間は鹿鳴館洋装流行期にあたり、日本人業者の進展期であった。日本のドレスメーカーは、明治十年代後半から二十年代に急増した。鹿鳴館洋装着用者を掌握したのは、日本人業者である。彼らの隆盛が、中国人ドレスメーカーを停滞させた。貴族・上流階級を動員した政策的な天下り流行は、中国人洋服業界を伸長させるチャンスにはなり得ない。むしろ、マイナスの要素が多かった。

九三年（明治二十六）以降、中国人業者は再び発展した。表3・4に明らかなように、毎年の開業が続き、西洋人業者を引き離していく。明治最終年一九一二年（明治四十五、大正元）の横浜では、西洋人テーラー三、ドレスメーカー七、計一〇に対して、中国人テーラー二五、ドレスメーカー一、テーラー・アンド・ドレスメーカー九、計三五の多数である。日清戦争の際、一〇三番「アーチン」Ah Ching は一時帰国し、一六番「アーシン」Ah Shing は、日本の「Uemura」に店をまかせた事例もあるが、増大する大勢は変らなかった。横浜中国商館が最高店数に達した一九一八年（大正七）には、西洋人テーラー四、ドレスメーカー六、計一〇に対して、中国人テーラー二一、ドレスメーカー二、テーラー・アンド・ドレスメーカー一六、計三九で、西洋人業者の約四倍である。この驚異的な優勢は、明治後期の洋服着用増加によって、洋服業が興隆したことを示している。

鹿鳴館洋装流行が、ナショナリズムの攻撃と条約改正の失敗によって挫折した後、再び洋服着用が盛況を呈したのは資本主義成熟期の明治後期である。特に日露戦争後、生活様式のブルジョアモードに、上流社会の洋服化が進み、男子洋服はサラリーマンの職業服に普及した。在留西洋人の増加、観光客の洋服購入なども、洋服需要を増大したが、日本人着用者の拡大によって、業界興隆を来たしたのである。日本人業者は伸長し、西洋商館も繁栄する興隆期に、中国商館は再び発展した。大規模な西洋商館に対して、中国商館の発展は店数増加であった。

中国人業者は、内乱の続発する清朝末期の本国から、生きる場所を求めて出国してきた民衆である。アメリカにも多数渡航している。洋服産業中心地サンフランシスコの夥しい裁縫所の職工は、中国人に占められていた。各裁縫所二五〇～三〇〇人の職工はすべて中国人で、西洋人の姿は一人も見られない。アメリカ合衆国議会は、この膨大な渡米中国人対策のため、一八八八年（明治二十一）九月十七日に、「支那人米制議案」を可決した。(153)アメリカで規制を受けた中国人洋服裁縫師は、転じて日本へ流入する。中国商館の開業と閉業が激しいのは、本国及びアメリカの政情による流動であった。海外に生活の場を築かねばならない彼らは、横浜洋服業界に特異な発展を遂げた。

　中国人は同族意識が強く、海外へ進出した者が、兄弟・従兄弟・同郷人・兄弟弟子《でし》らの縁故者を呼び寄せる。上海浦東《プトン》出身の「栄記《ヨンキイ》」は同郷人蔡 芳州《サイファンジョウ》を横浜に誘った。「雲記《ウンキー》」を開いた蔡芳州は、同店を浦東人でかためた。また上海「曹慶蘭」出身の彼は、弟弟子張 鶴 亭《チャンフォアティン》を横浜に呼び、横浜で「福昌《フウチャン》」を開業した張鶴亭は、従兄弟の張金生《チャンジンション》を呼び寄せた。神戸に開業した「阿銀《アイン》」と「老卿《ラオチン》」は、上海宝寿山「裕興」の兄弟弟子である。この二人を頼って、弟弟子の周瑞卿《チョウルイチン》が来神した。このように、呼び寄せた縁故者は団結し、勤勉で経営の才に富み、隆盛な業界を築いた。

　中国人の洋服裁縫技術は、きわめて優秀であった。元来器用な資質が、裁縫・料理・理髪などの職業分野に顕著である。立体的技法の多い中国服の裁縫技術も、洋服裁縫に有効である。彼らの裁縫技術に対する評判が高まり、技術的信用を獲得した。特に広東人の男子服、上海人の婦人服は評価が高かった。彼らの店は出身地を記入した看板を掲げるだけで、信用を得ることができる。その技術はわが国と同じく、徒弟制による伝習が行われ、職人社会で練磨された。ツッス（親方）、オサイ（小僧）、ツース（職人）の序列である。徒弟の組織はほとんど日本と同じであるが、日本には無いギルド的な満期宴が行われていた。彼らはピンチャ（辮髪）、パオ（袍）、チャンチャン（胴着）の清朝風を変えず、長い間洋服を着用しなかった。図192 徒弟制のマニファクチュアはわが国と同様に、男性の職域である。西洋人のような、女性のドレスメーカーはいない。

　中国商館のうち、テーラーが最も多く、ドレスメーカーは少なく、テーラー・アンド・ドレスメーカーが多い。男女洋服兼業は、明治末に西洋人テーラーの商社が婦人服部を併設するまで、中国人独自の形態であった。日本人業者には、見られない。中国人にとっては、本国の唐衣《タンイー》（中国服）仕立業と同形態である。両業を兼ねる多角的経営は利潤を高め、着実な実績をあげることができる。特に婦人服業では、清朝風俗の男子ドレスメーカーのハンディを、テーラーとの組合せによって補うことに成功した。

明治後期、洋服業興隆の横浜に、大洋服商館の一八九番「雲記」Ung-Kiが登場した。上海「曹慶蘭」出身の蔡芳州が二十八年（一八九五）に開いた。彼はドレスメーカー出身であるが、テーラーを併設して、横浜最大の洋服店に発展させた。フランスモードに名声の高いマダム・ロネが帰国のため、八〇番「オー・ヌーボー・プランタン」Au Nouveau Printempsを三十九年（一九〇六）に閉店した後、同店に代って宮廷服・上流婦人服を作製し、最も盛大になった。最盛期の四十三年（一九一〇）頃には、徒弟三十余名、職人七十余名の前例にない大規模商館となった。中国と日本の職人たちは、競って「雲記」に集まり、名人と言われる優秀な職人がきら星の如く並ぶ工房であった。

「雲記」の繁栄に伴って、中国人業者は横浜洋服業の中心勢力となり、「雲記」の賃銭は婦人洋服職人の標準になった。しかし、経済伸長を遂げる業界には、労資の対立関係が生じた。中国人と日本人の職人が団結して、三十一年（一八九八）十月二十五日に、「横浜日清同盟女洋服製造職工組合」を結成した。(154) 注文洋服仕立職人が職工の名称を用いているところに、職人たちの意識の変化が見られる。職人の組合に対抗して、「雲記」「竜茂」等の経営者に日本人業者が加わって、同年十二月六日、「西洋女服裁縫業日清同盟組合」を組織した。大商館に成長した彼らには、職人に対する親方の俤が失われた。両組合の最初の対立は、三十三年（一九〇〇）の待遇改善問題である。しかし両者は和解して、中国・日本人の親方と職人の同盟する「第一回日清同盟組合」を成立させた。次いで、四十年（一九〇七）に起った就業時間問題は、七月二十六日から八月六日までの同盟罷工（ストライキ）となった。各商館の職人たちはピケラインをはり、組合歌を歌って就業を妨害した。中国職人数十名は「雲記」に煉瓦を投げ、「雲記」側も煮湯を用意する過激な争議となり、煉瓦を投げた職人が逮捕された。この暴力事件のため職人側は敗れ、三月から八月まで半年間の就業時間は三〇分延長となった。しかし、九月から翌年二月までの時間延長は、阻止することができた。同時に、「第二回日清同盟組合」を結成して、親方対職人の融和をはかった。同組合は第五回まで改組されたので、[155] その度に労資対立があったのであろう。

横浜以外の都市の中国住民は、明治後期の神戸がディレクトリに採録されているだけである。しかし、各地とも日本人業界の成立は遅く、中国人業者の先行が見られる。長崎では、明治初年から中国人の開業が行われて、「トム」「長与号」の名が伝わっている。長崎最初の日本人婦人服業、坂田清吉の回想によると、三十三年（一九〇〇）の開業当初、彼の開業に反対する中国人業者三十余名に、路上で囲まれたという。[156] 長崎は上海に最も近く、中国人は鎖国時代にも唐人町に多数居住し、本国との往来が盛んであった。わが国より先に開かれた上海の洋服業は、長崎に早くから伝えられていた。

神戸中国人テーラーの最初は、七年（一八七四）頃開業の、居留地一番館、広東人「其昌号《チイチャンハオ》」と、栄町通りの寧波人「応《イン》紹有《シャオヨウ》」であった。[157]「其昌号」は明治後期まで永続し、ディレクトリに見る Kee Cheong である。ドレスメーカーについては、二十年（一八八七）頃神戸に来た上海「裕興」出身の阿銀と老卿以降の系譜がわかる。二十八年（一八九五）に、同店の周瑞卿は兄弟子を頼って来神し、「瑞記《ルイキイ》」を開いた。末年にはこのほか、「和泰《フウタイ》」「和隆《フウロン》」「友康《ヨウカン》」「同義豊《トンイーフン》」「銭宮《チェンゴン》」「生《シャン》記号《ジイハオ》」「益泰昌《イータイチャン》」等があった。[158] 四十年（一九〇七）に、周瑞卿没後の「瑞記」を譲り受けたのが「順記《シュンキイ》」である。彼は三十年（一八九七）に、上海から兄弟子「阿九《アジュウオ》」を頼って横浜に渡来し、神戸に開業した。「瑞記」を合併してから繁栄し、徒弟・職人四十余名の店は、「神戸の雲記」と言われた。多数の「順記」出身者が開業し、同店で修業した周瑞郷子息周耀《チョウヤオ》楣《メイ》も「瑞記」を再興した。[159] 業界形成の遅い京都でも、神戸の影響を受けて中国人テーラーが先行したという。[160]

このように、各地の中国人業者は日本人より早く開業しているが、東京には見られない。三十年（一八九七）頃からのテーラー「永興昌《ヨンシンチャン》」と横浜「雲記」の婦人服部出張所があっただけである。

〔日本人業者〕（「婦人洋服業界系譜」三四五頁）

洋服の最初の需要は、軍服であった。開国後の国防と幕末の国内動乱に、洋式軍備の編成が急がれ、大量な軍服が必要になった。慶応二年(一八六六)、幕府は「軍服九櫃、木綿繻絆三千、下股引千五百」をフランスから輸入した。[161] 幕府及び諸藩の軍服は、外商による既製軍服の輸入であった。足袋職の軍服縫製苦心談[162]が伝えられているけれど、それは一つのエピソードにすぎない。

明治新政府の中央集権制軍備には、なお膨大な軍服が必要である。外商にとっても重要な貿易であった。この市場を獲得した日本の業者は、明治二年開業の横浜南中通三丁目十二番地山城屋和助である。しかし、彼は一介の洋服商ではない。長州藩奇兵隊出身、本名野村三千三は、新政府の木戸孝允と山県有朋の権力を背景に、兵部省御用商人となって、軍需物資調達を掌握した。洋服商山城屋は、その片鱗にすぎない。横浜の「ラダーゲ、エールケ商会」のテーラー、P・ブラントを、月給洋銀二〇〇枚の高額で引き抜き、明治四年十一月から五年十月まで雇入れたのも、山県の力が背景にあった。しかし、陸軍官金不正事件を起して、五年十一月二十九日に、陸軍省内で割腹自殺した。いわゆる「山城屋事件」は、政府内の長州藩系と薩藩系の政争であった。成立期の洋服業に山城屋のような政商が介入したのは、洋服業が軍服から始まったからである。

横浜の山城屋に対して、東京には「森村組」「大蔵組」「丸善商社」「伊勢勝」等、商業資本家の洋服店経営がある。鉄道・郵便・警察・学校等の大量な官員服・制服を請け負い、五年の服制改革以後は、大礼服・高級官員服の高額商品が加わった。近代産業の夜明けを迎えた初期企業にとって、新興の洋服産業は広大な市場である。各企業の技術開発は、西洋人テーラーを御雇教師として行われた。彼らは最初の技術伝授の役割を果たしたが、マニファクチュア・テーラーの限界がある。彼らの指導した企業の洋服業は、近代的衣服産業を構築することなく、洋服化をはかる明治政府の御用商人にとどまった。明治の資本主義化に、大企業への成長を目指す各商社は、やがてこの第二次産業から離れていった。

軍服・制服以外の紳士服は、技術家テーラーの業域である。洋服を解いて研究したという独学型もあるが、西洋人または中国人の商館で技術を習得した者が多い。店主は商と工を兼ね、商では経営者、工では親方である。彼らの店は「舶来屋」と呼ばれ、西洋裁縫技術の導入者である。図193 深川長兵衛・山岸民次郎・大谷金次郎らは、渡欧して研鑽を積んだ。深川は薩摩藩から、山岸・大谷は莫大な渡欧費を自弁する成功者であった。銀座・芝・京橋・日本橋の都心部に、立派な店舗を構えた。西洋人テーラーに劣らぬ技術を有し、大礼服・官員服を製作して、大量生産の軍服にも進出した。陸軍服には太田屋音吉の「太田屋」、海軍服には植村久五郎の「植久」が専業となった。西洋人や高級官僚に接することの多い洋服業者は、西欧的感覚に富む近代商人である。民間人として珍しい洋行もその一端であって、早くから広告宣伝を採用して近代的な経営方式を行った。尾佐竹猛博士によって紹介された『服製年中請負仕様書』(『明治風俗文化全集』第八巻、風俗編)は、洋服仕立代の高価なことを示すので知られているが、そのクレジット契約方法に、業者の経営センスが示されている。

男子服業には、明治初期に既製服業が成立した。これは古着屋から形成された。明治十年の西南戦争後、軍人の払下げ古服を売る業者が出て、「分取屋」と呼ばれた。軍服・官服の古着を修理補修して売ることから、安価な新製品販売に移ったのが既製服の起りである。和服の古着市場日本橋緑川岸に、洋服古着と既製服の市場が集まって問屋街を形成した。既製服小売商は十四年頃、岩村市兵衛が神田柳町に、菅谷元次郎が芝日蔭町に開業したのが始まりといわれる。和服に古着が普及しているので、洋服の古着も抵抗なく広まりやすい。政府の洋服化政策が下級職員に進行すると、古着から既製服への分化も早い。既製服業は「数物屋」、注文服業は「一つ物屋」といわれた。しかし、この既製服は下請の家内工業製品であった。注文服と同じマニファクチュア段階を省略技法で能率化して多量に生産し、価格を下げるために安価な素材を使用しただけで、工場制工業製品の既製服ではなかった。

男子洋服業に次いで形成された婦人洋服業については、その状況を示す「婦人洋服業界系譜」を作成した。明治十年(一八七七)生れから大正十年(一九二一)生れまでの現存業者及び先代業者の家族五十余名の聞書、及び商人録関係文献によるものである。徒弟制社会の系譜は現在から遡ってたどることができる。史料の少ない民衆史にとって、口述資料はきわめて有用である。個人的事情や記憶違いは文献で補い、より細かなサンプル調査によって、全貌を把握することができる。

婦人洋服業は明治初年に、西洋人家庭の入仕事からの独立開業が始まった。横浜のR・S・ブラウン家の沢野辰五郎は明治元年頃、デビソン家の片山喜三郎は五年頃に開業したという。入仕事からの独立を可能にする条件は、居留西洋人の増加と、西洋人ドレスメーカーの開業であった。横浜及び東京の居留西洋婦人数は明治八年の二七一名（The Japan Gazette Hong List and Directory 1875. 'The Ladies' Directory'）から、十三年には四二二名（The Japan Directory for the year 1880. 'The Ladies' Directory'）に増加した。横浜のドレスメーカー数は、明治元年―二、八年―四、十三年―四である。西洋婦人の増加は衣服の需要を拡大し、ドレスメーカーの増加は入仕事を減少する。減少する入仕事から、需要の増加した婦人服業への移行が、独立開業であった。また横浜では、中国商館出身の飯田鉄五郎が開業した。入仕事出身者よりおくれて、十年頃であった。彼の開業も西洋婦人の増加による。十三年の在留西洋婦人総数四二二名のうち、横浜二五一名、東京九二名、兵庫三〇名、長崎一七名を占め、ドレスメーカー数は、横浜五、東京〇、兵庫一、長崎一である。西洋婦人数もドレスメーカー数も横浜が最も多く、独立開業は横浜に早く行われた。

明治初年の婦人洋服業者は横浜の数名にすぎなかったが、十年代後半から二十年代にかけて、業者が倍増した。横浜初代業者の片山喜三郎から大島万蔵、飯田鉄五郎から井上徳次郎・塩見辰三郎・関原若三郎の第二代が早くも成立した。新開業は、大谷清二郎・富田猿造・横田弥吉らであった[163]。大谷清二郎は「レン、クロフォード商会」のフィジョレー夫人 Mrs. Fidiolae に習い[164]、富田猿造・横田弥吉は西洋人家庭への入仕事で技術を習得した。

初年に設立された東京商社の男子洋服店「森村組」「大蔵組」は、婦人洋服部を新設した。大倉組はロンドンから仕立裁縫師ボールトマン（ゼームス・アスナヒル・ボードメン、外務省記録「私雇入表」）を招聘した。彼は六年六月十三日付『東京日日新聞』に、次のような広告を掲載している。

私儀年来英国倫頓京セント・セームス・ストリートにおひて、同国女王殿下の裁縫師社中に御座候処、今般大倉組に

被二相雇一、当御地へ罷赴、既に職業相始候に就ては、凡大小御礼服を始め、通常御服、御婦人服、其他付属の品々、
欧米各国流行に基き、如何様の品にても御好に応じ精良に調進仕候間、多少共御用向被レ命度奉レ願候也。

東京の婦人洋服業には、田中栄次郎・飯島民次郎・大島万蔵・伊藤金作・柳原伊四郎・大島万吉・高木新太郎・豊島弥太郎らが開業した。田中栄次郎は足袋職出身、外人家庭の入仕事を経て、芝区西久保神谷町に開業した。(165) 十三年（一八八〇）版の『大日本商人録東京之部』の「仕立物職之部」に掲載されている。飯島民次郎は外人からミシンを借りて、足袋・猿股・男子服等を縫っていた横浜船人夫親方の牧野惣次郎へ、三年（一八七〇）に弟子入りした。十四年（一八八一）に「レン、クロフォード商会」の男子洋服部に勤めたが、婦人洋服に移って、十六年（一八八三）に東京築地入船町で開業した。(166) 片山喜三郎二代目の大島万蔵は、横浜のイギリス人、タムソン家の入仕事をした後、十八年（一八八五）に築地栄町で開業した。(167) この最初の三店は「東京の三仕立屋」と称されて有名になった。伊藤金作・柳原伊四郎は片山喜三郎と同じく、横浜のデビソン家入仕事出身である。東京開業年は不明であるが、伊藤金作には弟子が続いた。柳原伊四郎はその名を業界に知られるのみで、弟子の系統は見られない。大島万吉は、西洋人からもらった洋服を解いて研究したと伝えられている。宮廷服を洋装化した十九年（一八八六）以降、宮内省御用の宮廷服専門職となった。麹町内幸町の店では、工房いっぱいに拡がるドレスを縫っていたという。高木新太郎は足袋職出身、入仕事を経て開業した。豊島弥太郎は八戸藩南部美濃守御出入長物師から男子洋服仕立へ変った父弥五郎の店を継ぎ、婦人服業に移って赤坂に開業した。(168)

初代業者は男子服と同様に、足袋職と長物師が多い。足袋職は曲線縫と立体仕立に洋服裁縫との共通性があり、長物師は衣服裁縫の継続であった。男子服業から婦人服へ変ったのは、十九世紀ドレスの華やかな美しさに魅せられた傾向がある。彼らの店は「女《め》唐服屋《とうふくや》」と呼ばれ、西洋人は男性の彼らを「テーラー」と呼んでいた。

このように、男性の構成する業界に、唯一人の女性業者である青木たけの「伊勢幸」(図194)は、十七年（一八八四）に銀座一丁目で開業した。夫の青木幸兵衛は西村勝三の「伊勢勝」（男子洋服店）出身のテーラーである。「伊勢幸」は彼の開業した

男子洋服店であった。夫が死去したので、妻たけは婦人洋服店に転じたのである。彼女は開業のため横浜のドレスメーカーに入って技術を習得した。十七年に店主は帰国するため、開業準備の彼女に、裁縫用具を譲ったという。[169]

同年の横浜ドレスメーカーは五商館あったが、閉業したのは六六番「ミセス・デーヴィス」と七二番「ミセス・コック」である。しかし、デーヴィス夫人はなお同館に娘と住み、帰国したのはコック夫妻であった（The Japan Gazette Directory, 1885)。コック夫人に学んだと思われる青木たけは、わが国最初の女性ドレスメーカーである。「伊勢幸」は職人を使わず、おいくさんをはじめ六人の女性が仕事場に坐り、襷がけでドレスを縫った。高価な宮廷服と鹿鳴館夜会服の仕事に、店は繁栄した。一丁目の最初の店から、二丁目の煉瓦二階建の立派な店に移った時には、その並びの三軒も彼女の持家であった。顧客の副島種臣から依頼され、佐賀の書家、中林梧竹を二階に寄寓させた。梧竹筆の「伊勢幸」の看板を掲げていた。彼女は梧竹を二〇年間世話するほど経済力に富み、草創期の明電舎にも資金援助を行った。入船町に明電舎を創立した重宗芳水夫妻は、電機事業建設の経済的危機を、芳水夫人たけ子の従姉妹にあたる青木たけの助力によって、切り抜けることができた。「伊勢幸」が関東大震災に焼失して再起できなかった後は、芳水夫人がたけの生活一切を世話して、その恩に報いたという。[170]

東京の洋服店は十三年の三五店（婦人洋服店判明数一）から二十年代には百三十余店（婦人洋服店判明数一四）に激増した。これは、日本人顧客の増加した鹿鳴館洋装流行期の現象であった。洋服業を開いた西洋商館が君臨する横浜に対して、首都東京の業界が形成されたのである。初期の飯島民次郎と大島万蔵は西洋婦人顧客を目標として、築地居留地近傍に開業したが、その後の業者にはこのような意識が無い。銀座・麴町・赤坂など東京の中心地であれば、日本婦人の顧客を得ることができるようになった。

初代業者の女唐服屋店主は、入仕事の出職から居職に変り、親方として商と工を兼ねていた。顧客との商によって店を経営し、工房では洋服裁縫の親方である。店主即ち親方は徒弟を養成して、技術を教えながら労働力を確保した。徒弟は親方の許で年季をつとめた後に職人となり、さらに、職人の中から第二代業者が出た。ミシン使用のマニファクチュア洋服裁縫業に、初代業者は親方―徒弟―職人制を組織した。旧職人出自の初代業者は、入仕事の技術伝習から出発したので、旧職と同じ職人制再編成は自然的経過であった。また十九世紀スタイルの明治洋装には手仕事が多く、徒弟制の技術修練が適していた。近代工業の発展に伴って、産業界の職人制は崩壊する。特に、明治中期の不況時代から、その傾向が強くなった。このような時期に、婦人洋服職人は再編成された。むしろ新産業の職人制によって、歿落する職人たちに新しい職域が開かれたのである。婦人洋服産業の市場は、外国人居留地及び貴族上流階級居住地の都市に限定され、大資本を投下するような近代産業ではなかった。軍服・官服等の広大な市場によって、企業化可能な男子服と異なり、婦人洋服業は従来の職方《しょくかた》組織にとどまるものであった。

明治後期には、「婦人洋服業界系譜」の示すように、第一期（幕末〜明治二十年代）初代業者から第四代まで、第二期（明治三十年代〜四十年代）初代業者から第三代までが成立した。数代にわたる親方―徒弟―職人組織が完成して、後期は業界最盛期であった。業界興隆は鹿鳴館洋装以後、後期に伸長した婦人洋装を基盤とし、鹿鳴館洋装が明治洋装の終末でないことを明示している。洋裁師の回想する当時のスタイル・生地・裁縫技術・価格・着用者及び生産者の生活などにも、明治洋装の進展が明らかである。

東京の三仕立屋、「田中米次郎」「飯島民次郎」「大島万蔵」の顧客は、後期には日本婦人が多くなり、華族・顕官・政治家・軍人・実業家らの貴族上流婦人であった。最も盛んな「飯島」は、前述のように「飯島貴婦人専用洋服店」と言われていた。「女唐服屋」という初期的名称はなくなり、「女洋服店」あるいは「婦人洋服店」と呼ばれるようになった。初代業者の弟子・孫弟子も独立開業して、婦人洋服店が増加した。

婦人洋服店には、住込弟子と職人の一〇名内外が働き、横浜に盛んな西洋人・中国人ドレスメーカーに比して、遙かに小規模である。店主の親方は工房の最高技術者で、最も重要な裁断と仮縫は親方の仕事である。また、親方は顧客の注文を取り、勘定を集めに廻って店を経営した。上流婦人の洋服仕立代は高価であった。巡査の月給が一二円の当時に、一二円のドレスを一ヵ月数十枚仕立てる親方たちは、一ヵ月契約一五円のお抱車夫の人力車で仮縫に廻った。(171)

横浜の山室婦人洋服店主山室千蔵は、四十年(一九〇七)に、グランド・ホテル滞在の西洋婦人から、イブニング・ドレスの注文を受けた。生地は、ドロンウォークの穴のあるタフタであった。山室は考案の結果、薄地のゴースをグリーン、オリーブ、クリームの三色に染め、三枚を重ねて裏地とした。三色重ねの裏地は玉虫のように色が変化して、表地の穴からそれぞれ違った色が美しく光った。表地を九ヤール(八・一メートル)使用し、一ヵ月半を費して仕立てた。このドレスを手にした客は、「各国をまわったが、このような見事なドレスは初めて」と感嘆して、仕立料はいくらでも払うと言う。山室は思い切って一五〇円の値をつけようと思ったが、その客を紹介した婦人が五五〇円と言い、客は六〇〇円を支払った。西洋婦人顧客はドレスの技術に対して、特に高額な仕立料を支払うのである。(172)

同じ頃、東京麻布桜田町の扇玉新太郎は「扇屋婦人洋服部」S. Ogiya Dress Maker と書いた扇形看板を掲げていた。表にガラス戸をはめ、室内に絨氈を敷き、左右に鏡をはった仮縫室には、裾丈を計る廻り台を設け、水洗トイレを設備し、工夫をこらした洋風である。和装の業者が多い頃に、彼は洋服姿であった。四十二年(一九〇九)に、洋装店にとって最初のピコミシンを九八〇円で購入した。シンガーミシン会社は高価なピコミシンを買うという扇玉を相手にしなかったが、一〇〇円札を一〇枚並べて見せると驚き、態度を変えて歓待し、ピコミシンを組み立てたという。最新の設備を持つ扇玉の技術は優れ、彼の仕立は「直《なお》し」のないことで信用された。ドレスの注文が多く、夜半まで働かねばならないことを嘆いたが収入は非常に多かった。(173)

名人と言われた横浜の塩見辰三郎は本牧に別荘を建て、自家用の船を造って釣を楽しむ豊かな生活であった。(174)業者に、小唄・踊などの芸事に巧みな通人が多いのは、経済的に恵まれていたからである。親方は、新興産業の成功者であった。

東京の婦人服業者、高木新太郎(芝愛宕町)、新海縫造、大河内治郎(本郷真砂町)は、日清・日露戦争に普及した看護婦服を製造して成功した。新海は「白衣屋」といわれる既製服専門業者となったが、高木と大河内は、注文服兼業を通した。大河内治郎は、松平伊豆守信綱の兄を家祖とする旗本、大河内久成の二男である。大河内家は明治維新に歿落したので、治郎は「大島万蔵」へ弟子入りして、婦人服業者となった。高級ドレスメーカーとしても知られ、彼の製作した大谷光瑞夫人籌子のドレスが京都女子大学に所蔵されている。三十六年には、東京女子高等師範学校教授井口阿くりに依頼されて、同校の体操服を製造し、四十三年七月に制定された赤十字看護婦服も請負った。この勢に乗じて、既製婦人洋服製造に着手したが失敗した。上流階級婦人に、既製服は歓迎されなかったのである。[175]

婦人既製洋服に成功したのは、観光船入港地の横浜・神戸・長崎の業界である。日露戦争後、大国ロシアに戦勝した日本は世界諸国から注目され、観光客の来航が多くなった。婦人観光客はすぐ購入できる既製服を求め、特にアメリカの婦人には、既製服に対する偏見がなかった。観光客の需要は、日本刺繡入りのブラウスとドレスに集中した。婦人洋服の日本刺繡師には、横浜の「池田祐三郎兄弟」「日比野理一」が優れた技術を知られ、池田祐三郎は宮中服の刺繡師として著名であった。観光船が入港すると、注文服業者が製造した既製服が大量に売れた。骨董商「アーサー・アンド・ボンド」（米）と「クーン・コモル」（澳）が洋服商に転じて既製服を売り出したのは、この商況に乗じたのである。両商館は欧米風に、工場内で大量生産する近代的既製服を製造したが、日本人業者の既製服は注文服の兼業であった。骨董商野村洋造の「待商会」の売り出した既製服は、「富永信三郎」「山室千蔵」の製品であった。明治後期の婦人洋服業界には、新しい生産形態の既製服が加って、好況を呈した。

男性の職業である婦人洋服業界に、「伊勢幸」は唯一の女性ドレスメーカーであったが、四十三年（一九一〇）には、鈴木濱子が東京の京橋区南伝馬町三丁目に、「鈴木婦人洋服店」を開いた。京都出身の鈴木は三十三年（一九〇〇）に渡欧し、仏・米・蘭の諸国をまわり、最後にベルギーの首都ブラッセルに滞在した。当地の公私洋服裁縫専門学校に四年間通学して、優等の成績を得たという。この間、夜は劇場内売店で半帕《はんけち》等を売って学資をかせいだ。四十二年に帰国し、翌年に開業したのである。彼女はヨーロッパのドレスメーカーが女性であることを紹介して、「婦人服仕立は女性に限る」と提唱した。鈴木婦人洋服店の開業は『時事新報』(明治四十三年三月七日)に掲載され、ヨーロッパで修業した女性ドレスメーカーとして注目された。その後、婦人雑誌『新婦人』に洋装に関する記事を書き、マスコミには知られていたが、業界の人びととの交流はなかった。彼女の店の客は華族と西洋婦人である。パリへ出張員を滞在させ、最新流行を採り入れる近代的経営は、上流婦人に好評であったが、ヨーロッパ滞在一〇年の鈴木は、「日本に於ける婦人服も却々《なかなか》前途遼遠の様に思います」と嘆いた。日本の道路は長裾のドレスで歩くことができず、坐らなければならない家屋も洋装には不便であると言い、洋装が日常着になり得ない状況を指適している。当店は上流社会の子供服を依頼されることが多く、営業は子供服中心となり、ベルギー仕込のドレスメーカーの理想は遠くなった(176)。

後に百貨店となった呉服反物の大商店が洋服部を開設したのは、鹿鳴館洋装流行期であって、業界の生産形態に大きな影響を与えた。「白木屋」が洋服部を新設したのは、十九年十月一日であった。イギリスからミス・カーチス Miss Cartis を招聘し(177)、婦人洋服業界からは「田中栄二郎」出身の会津倉吉を入れた。三越呉服店はフランスの裁縫女工とイギリスの裁縫師を招いて、二十年十一月一日に、洋服部を開設した(178)。横浜の絹商野沢屋も、第二代業者「永井重丸」出身の穐山《あきやま》伊之吉を入れて婦人洋服部を開いた。同店は多くの職人を抱え、あるいは業者を下請とした。商業資本による系列化が行われたが、業者も職人もその技術を認められたという誇りによって参加している。

西洋婦人によって開かれた神戸の婦人服業界にも、鹿鳴館洋装流行期に日本人業者が開業した。二十年開業と伝えられるのは、沢村米吉、巡信《めぐり》、塚田養三郎である。またこの頃、横浜から浅井太吉が移ったが、彼は入仕事に終始した。「田中久吉」は三十二年頃、横浜から来て開業した。彼は横浜「雲記」の職長をつとめ、横浜最高の職人と言われていた。夫人は、横浜第一の女職人として有名なお夏である。「石井和三郎」は東京、伊藤金作の弟子で、明治末年に移った。横浜「富田猿三」出身の山室千歳は、三十六年に横浜で独立開業し、四十五年(一九一二)には、神戸元町に移転した。山室の客は神戸港来航の観光客であったから、彼は既製婦人服を売り込んだ。ジョーゼット地各色一〇種類のブラウスに、日本刺繡を胸いっぱい飾り、原価一二円の品が二三円で飛ぶように売れ、数年間には五万枚に達したという。彼のブラウスは松本絹店からも売り出された。

長崎婦人服業界も西洋婦人と中国人が先行したが、日本人業者の最初は、東京の坂田清吉と横浜の高柳松太郎であった。両名は当時隆盛の本田絹店に招かれたのである。本田絹店を明治初年に創業した本田藤三郎は、茨城県結城郡の醸造家出身で、横浜の絹店に入り、その後長崎に開業した。初めの頃はドレス用絹織物を上海から輸入して販売したが、桐生・足利・横浜・京都の絹を売り出してから繁栄し、煉瓦建の豪壮な店舗を新築した。ドレス用絹地がよく売れるので婦人洋服仕立を計画し、同郷の坂田清吉と高柳松太郎を招いた。坂田清吉は茨城県から上京して、足袋屋に奉公した。その店が閉業したので、婦人洋服縫製をフランス婦人に習い、東京に開業していた。三十三年に、高柳と共に長崎に招かれ、本田絹店の婦人洋服仕立を引き受けた。長崎では西洋婦人の服を縫い、唯一の日本人客は初代天勝であった。高柳松太郎は横浜「雲記」出身である。夫人が坂田と同郷の関係から、彼に同行して長崎に開業した。その後、高柳を頼って「雲記」出身の桜井信吉と大竹鶴吉が来崎し、大浦居留地に開業した。この頃、今井虎之助・西川庄三郎の開業も伝えられているが、両名については明らかでない。日露戦争後、彼らの製造した既製服が、骨董商「大名商会」「富士山」から婦人観光客によく売れたのは、神戸・横浜と同様であった(179)。

2 徒弟・職人の生活

徒弟は弟子または小僧といわれ、関西ではボンさんと呼ばれた。小学校義務教育を修了した後、十三、四歳(数え年)から親方の家へ住みこむ。初期業者時代には、小学校四年制の十歳前後であった。弟子入りの際、年季証文を入れて、雇傭契約を結ぶ。

今般私事貴殿方御店へ弟子入り仕候事実正也。然ル上ハ私事廿一歳ト相成候迄ハ熱心正直に忠勤ヲ怠ラズ業務相励ミ申候ハ、元ヨリ尊命決シテ相背申間敷候事、神明ニ誓ヒ相違不仕候。後日依而一札如件

年　月　日　　　何　何某

これは男子服業徒弟の年季証文であるが、[180]婦人服業でも同様であった。明治初期には行われたこのような証文も、中期の二、三代業者の頃には見られなくなった。普通には、世話人立合の口約束できめられた。封建的な親方制裁も無く、明治徒弟制には、僅かな近代化が見られる。年季は五年から七年が多く、兵隊検査が目標である。年明けの後に、一年間のお礼奉公をする。弟子は技術を教わるため給料は無く、風呂代・散髪代等の小遣を貰うだけである。三十年頃の職人の給料、一日五〇銭から一円に対して、弟子の小遣は一ヵ月二〇銭にすぎない。しかし、住込の弟子には、食・住が保証され、衣服も木綿の着物（冬は縞、夏は絣）と角帯・足袋のお仕着《しきせ》が支給され、生活費は親方の負担であった。図196

徒弟の仕事は朝八時から始まる。夜は夜業の職人と共に働き、仕事場を片付けて就寝するのは、十一時から十二時となった。寝る場所は裁断台を移動させて仕事場に作り、弟子たちの部屋は無い。職人の夜業には特別給があるが、弟子には蕎麦代二銭が出るだけであった。しかし、一銭五厘のお蕎麦を食べて五厘残るのが、弟子たちにとっては何よりの楽しみであった。そのほかに、客からのチップは本人の収入になった。

毎朝の仕事は、ランプ掃除とアイロン吹きから始まる。六、七個のランプを掃除すると、油で手がきしきしするが、芯の切りかたが悪いと叱られた。アイロン吹きとは、アイロンの炭火をおこすことで、姿勢を正してアイロンを吹き、火がよくおこれば、弟子も一人前とされた。次に、使い走りがある。親方や職人に言い付けられた用事で、家の内外の種々な使いに走る。生地・付属品を受け取りに行くのも、弟子の仕事であった。かなりの遠路にも、電車に乗ることはなかった。そのほか、掃除・食事の支度などの家事労働に使われ、子守などもさせられた。弟子の生活はその店主夫妻の処遇によっ

てかなりの相違があるが、一般的に江戸の徒弟制と変らなかった。

裁縫技術は針の持ちかたから始まり、針に習熟するために半年もかけてから、縫いかたに進む。しかし、親方が手をとって教えるのではなく、「見よう見まね」と「かん」で覚えなければならない。親方は弟子の質問に「並でよい」という返事を与えるだけで、気にいらなければ解いてしまう。気の荒い工房では、「かんが悪い」と物差で打たれ、鋏を投げつけられた。しかし、技術を習得しなければならない弟子は、仕事に熱心であった。夜間、親方の寝た後にドレスを解いてしらべ、また元通りに縫い合せて置くという苦心をした。最も理解困難な袖付の線は、親方の裁ち落した布を拾って研究するのである。辛い徒弟生活に、「親方コレラで死ねばよい」と言いながらも、「やかましい師匠ほどよい腕になる」と意欲を燃やした。その気持は「命がけ」と言葉で表現されている。婦人洋服とは全く無縁であった少年たちは、自分の意志でこの職場に入ったのではない。たまたま、彼の家の知り合いであった婦人洋服業関係者が、親にすすめて紹介したにすぎない。農山村から繁華な都市に連れて来られた少年は、初めて見る西洋婦人に驚き、その人体を型どった「スタン」の前に立ちすくんだ。徒弟生活に順応するまでには、幾度も物陰で涙を流した。やがて、自分の環境に強い決心をかため、徒弟の仕事に走りながら、ぎこちない手に針を持って、技術上達に努力するのである。長年月をかけた徒弟修業に、裁縫技術は習熟するが、カッティングはまだできない。裁断技術は、次の職人段階に持ち越された。しかし、徒弟生活を完了した者は、「何某の弟子」「何某出」という評価を得ることができた。徒弟生活に耐えられず、中途で親方の家を出た者がいる。また、技量不足のため、出身者と称されるのを嫌う親方から、年明け直前に解雇された者もある。彼らは「半端《はんぱ》職人」という烙印を押されて、一生涯好遇されなかった。徒弟出身という資格は、職人への出発に必要な系譜的技術証明であり、正統派技能者としての一生に有効なレッテルであった。

年季が明けて一年間のお礼奉公をすませた徒弟は、親方の家を出て職人となった。最初の職場は親方から推薦され、通いの「出職人」生活が始まる。職人になってから、さらに技術修練の意欲が強い。彼らは優秀な技術を獲得するために、転々と各地の親方の家をまわって働いた。

石塚亀太郎（明治十五年生）　横浜「雲記」弟子（一五〜一八歳）―横浜「片山喜三郎」―神戸「田中久吉」（一九歳）―長崎「高柳松太郎」（二〇歳）―横浜「雲記」―東京「黒崎金太郎」（二五歳）―東京「ミス・ゲールツ」

西島芳太郎（明治二十年生）　東京「大河内治郎」弟子（一五〜一九歳）―東京「飯島民次郎」（一九歳）―東京「山本仁太郎」（二〇歳）―横浜「レン、クロフォード」―同「ケン鈴木」―同「古橋栄太郎」―同「井上徳二郎」―東京「鳥井市兵」―北海道、入仕事―東京「大河内治郎」（三三歳）

熊切康男（明治二十一年生）　横浜「横田弥吉」弟子（一五〜二〇歳）―神戸「田中久吉」（二〇歳）―横浜「ミス・イネス」（二一〜二二歳）―東京「飯島惣太郎」―横浜、独立開業（三七歳）

所精司（明治二十五年生）　横浜「富永信三郎」弟子（一六〜二三歳）―横浜「雲記」（二三〜二六歳）―東京「飯島民次郎」（二七〜二九歳）―横浜「アーサー・アンド・ボンド」（三〇〜三二歳）―東京「飯島民次郎」（三三歳）―東京「松屋百貨店」婦人洋服部

これは職人社会に行われる「草鞋ぬぎ」であって、旅に出て「渡職人《わたり》」「他所者職人《よそもの》」として、技術を磨いた。技術を公開しない秘密的閉鎖社会では、唯一の修練法であった。この頃、他職ではあまり見られなくなっている「草鞋ぬぎ」を、彼らは意欲的に行った。

職人の仕事は午前八時から午後五時までを一人《いちにん》とする。始業前の午前七時から八時までの仕事は、「朝よなべ」と称して一人の四分の一、終業後の午後五時から十時までの「夜なべ」には、一人と同じ給料が支払われた。日給は、技術の程度によって定められた。年明け直後は一日三〇銭、技術の進歩に随って五〇銭―六〇銭―一円（明治三十年頃）となった。

経済雑誌社の明治二十九年（一八九六）職人賃金調査に、

大工	(上) 六〇銭	(下) 五〇銭
石工	(上) 七五	(下) 七〇
和服仕立職	(上) 五五	(下) 五〇
洋服仕立職	月給十円乃至廿五円	
鍛冶職	(上) 六五	(下) 四〇
建具職	七〇	
畳職	七〇	
活版職	(上) 五〇	(下) 二〇
左官	(上) 六〇	(下) 五五
日雇	三五	

以上労働賃金は其組合所に於て標準とせる所を探る。而して労働の種類に依り実際に於ては賃金の払方に差別あり。洋服仕立職の如きは、月給を以て標準となせども、多くは其仕上げの高に応じて賃金を給し、月給三十円乃至三十五円を得るもの少なからず。

(『経済雑誌』明治二十九年)

とあり、洋服仕立職賃金が最高であることを報じている。同社調査の洋服仕立職月給制は、西洋人商館の制度であって、中国人及び日本人業者は日給支払であった。右の調査表の他職日給と彼らの日給高とを比較すると、一円まで上昇する洋服仕立職の日給は高額である。横浜最大の店「雲記」の職長は、最も優秀な職人として、一円三〇銭であった。職人たちはさらに、夜なべ、朝よなべと働いた。またその間に、他店のドレスを一枚五円から二円五〇銭で仕立てるアルバイトもできるため、一ヵ月の収入は五〇円以上となる。当時のサラリーマンの月収二〇〜三〇円より遙かに多い。職人の一般的生活費は、家族三人の場合、一ヵ月一〇円の家計費(米代二円五〇銭、副食費三円、炭一俵一円三〇銭等)に家賃五円、計一五円であったから、生活は豊かである。しかし、「宵越しの金を持たぬ」という職人気質で濫費し、晦日払いの日給を前借する者が多かったという。

職人の技術は日給で評価され、「何銭の職人」という技術の序列ができて、五銭上の職人には、絶対服従しなければならない。彼らはよい腕を持ち賃金の高い職人を目標に、技術を磨いた。収入の面からも、職人の誇りからも、技術中心の生活であった。「生意気いうなら盤板《ばいた》で来い」というのは、職人のすごんだ時のせりふである。盤板は仕事台のことで、技術ではひけをとらないという職人の自尊心であった。技術優秀な名人志向が強く、名人の名は業界に知れわたっていた。横浜最高の技術者は田中久吉と陳孝中《チエンシヤオジヨン》、ドレスでは吉原高治、テーラーでは石塚亀太郎が有名となり、東京では、山形八十八、中島常吉、中島広吉が「三名人」として知られていた。優秀な職人には親方間の争奪が行われ、日給を一〇銭増してスカウトする例も見られる。

職人は吋尺で採寸し、鯨尺で仕立てる。どんな細かい吋寸法でも、即座に鯨尺寸法に換算した。型紙は目分量で切り、一厘（〇・七ミリ）の違いもわからなくてはならない。布に「じか裁《だち》」する職人は、生地を見ただけでスカートの蹴まわし寸法（裾まわり総寸法）がわかり、物差一本で裁断線を生地にチョーク描きする。最高の技術である立体裁断の「スタン裁」では、人台にかけた布地を伸ばしたりいせたりして、ダーツを一本もとらずに体型にぴったり合わせる。長裾の絹のドレスは、糸一本もずれることを許されず、「水のたれるようなスカート」ができ上がった。裾まわり巾、三〜五メートルの馬乗りスカートの仮縫は、木製馬型に乗って行われる。乗馬の時のドレープと歩く時のドレープに微妙な違いが出るのは、名人芸の美しさであった。

初期婦人洋服仕立職人の服装は、他職と同じ腹掛股引であった。景気のよい職人は、琥珀総裏の腹掛に百円札（通常生活に不必要な高額紙幣）を入れていたという。明治中期以降は、角袖の着物に角帯をしめた。洋服着用は大正末期、関東大震災以降である。図197 座業の仕立職に洋服が不必要であったばかりでなく、近代洋服着用の関心をおくらせたのは、閉鎖的な職人意識である。名人気質の技術志向、収入の濫費傾向などに、江戸職人の生活意識が受け継がれている。綽名の通用も、その伝統的な生活様式の一端であった。綽名は外見・性質・性癖・特技などによる愛称で、本名よりよく通用していた。「カンビ」（神雛のように上品）、「狸の松さん」（狸のように住所をよく変える）、「お神楽の蔵《くら》さん」（神楽ばやしが上手）などのほか、「おしゃ勝」（おしゃか品を作った）、「天狗の亀さん」（技術自慢の亀太郎）など技術に関したのもあり、「バイスのテップ」（テープをバイヤスで作って笑われた）は、洋服仕立職独特の綽名であった。

婦人洋服仕立業の中心地は横浜である。東京・神戸・長崎の業者にも、横浜出身者が多い。また、各地の職人は横浜に修業に来ているので、職人たちは綽名の通用する親密な関係にあった。ことに、横浜では山下町附近に業者が集中していたので、職人たちの親密感は一層深い。昼食休みには、前田橋に集まって雑談する楽しみがあり、互いに連絡がよくとれて、職人間の団結が生じた。彼らの親睦組合「互楽会」は、四十三年（一九一〇）に結成された。日給五銭の高下によって、対等の交際ができなかったので、先輩との親睦をはかるのが最初の目的であった。土岐綾雄・石川政二・川村慶次によって組織され、会員は四、五十人に達した。中国商館を中心に行われた四十年の大争議によって、彼らの団結心が誘発されたのである。明治後期の職人制には親方制裁や職人鑑札も無い。就業の自由が認められ、封建的な桎梏はなくなったが、親方からの保護紐帯も失われ、職人は賃労働者化する。技術練成から出発した草鞋ぬぎも、目的を達成した後には、雇傭主を転々とする賃労働者の姿に変っていった。

徒弟生活の技術伝習には、最も多くの封建性を包含していたが、職人は江戸職人の生活意識を継承しながら賃労働者化し、親方はマニファクチュア業者である。前近代的な封建性と、職人・親方の変質から生じる内部矛盾は、明治資本主義産業界で一般の職人制を崩壊させる要因であった。しかし、明治の新興婦人洋服業の職人制では、封建的システムが長裾ドレスの精緻な縫製技術伝習に役立っていた。また、問屋の介在しない対個人の注文服であるため、マニファクチュア形態が企業主親方の繁栄をもたらした。そして、明治後期に、職人制の最盛期を現出したのである。しかし、系譜表に見られる盛況は、明治の終了に伴って停滞を示している。洋服業に有利に機能した職人制の明治的特質は、資本主義が成熟して近代化の進行する末年に、他職と同様な内部矛盾に変質し始めた。旧職人の再編成から出発し、明治洋装によって発展した職人制の最盛期は長く続かなかった。

明治の女性ドレスメーカー青木たけと鈴木濱子は、業界出身でなかったが、職人社会の中で、女性はどのような役割を果たしたであろうか。裁縫は女性一般に必須な実技であり、和服仕立業には女性業者も女職人もいた。しかし、男性の婦人洋服仕立職社会では、女性は手伝《てつだい》職の存在であった。江戸時代の手伝職は道具を持たない下層職人であるが、婦人洋服職人の手伝は女性に限られた。彼女たちは職人に属し、まつり、ボタン付、飾り等の補助的な仕事を手伝った。家庭及び学校の和裁教育を受け、裁縫に習熟している手伝職は、職人の仕事を充分手伝うことができた。手伝三人を使う職人は一人前と言われたが、手伝を持たぬ職人が多いため、手伝の総数は職人より遙かに少なかった。賃金は職人の半額で、親方から支払われた。職人と同様に、通いである。親方の家へ住み込み、徒弟と同じ修業をした手伝は、女職人となることができる。しかし、女性がこの条件をこなすことは至難であり、職人に到達した者は少ない。生家が業者の場合は、好条件であった。明治後期の業界には、十余名の女性が日給七〇銭の女職人として、男性職人に劣らぬ技術を認められていた。同業者と結婚して家業を担った者もあり、後にドレスメーカーとなって開業した者もある。次の女性たちは、明治の女職人として知られている。

おいくさん　銀座の女性ドレスメーカー「伊勢幸」の女職人であった。店主青木たけの姪にあたる。店主の手伝をして技術を習得した後、当店技術の中心となった。

のぶさん（松本のぶ）　宮中服調製の東京「大島万吉」の女職人であった。皇后及び女官のドレスを仕立てた。

お夏さん　中国商館「アシン」の手伝出身。横浜で最も優秀な女職人と言われた。同じく横浜で最高の職人と称せられた「雲記」の職長、田中久吉の夫人となった。

おしんさん（石川しん）　横浜中国商館「アジイ」の手伝出身。腕の良い職人として知られ、イブニングとテーラードが得意であった。袂をたくしあげて、激しい仕事ぶりが有名である。

おだいさん（稲葉だい）　「雲記」出身の女職人として、優秀な男子職人に劣らぬ仕事が評判であった。

おもとさん　横浜中国商館「竜記《ロンキイ》」「シートム」「アロン」等の女職人として働いた。彼女の仕事は、スカート専門である。ロタボー（おばあさん）と呼ばれ、五十年配であった。

おまつさん（中尾まつ）　婦人洋服業中尾虎吉の娘。父について修業した女職人である。同業の野口仲太郎と結婚した。

吉田かえ　横浜「山田福太郎」の手伝出身。横浜の同業吉田常吉夫人となり、多数の弟子を育成した。

おとよさん（小川とよ）　横浜業者吉田常吉の妹、横浜の同業小川勇夫人となった。優秀な技術を知られていた。

ミス・イネス　父はイギリス人、母は日本人である。「マダム・ロネ」の手伝となった。閉店後の同店を継ぎ、「オーシック・パリジャン」を開いた。「マダム・ロネ」の宮中服を継承して、皇后のドレスを仕立てた。

ミス・ヘイ　父はイギリス人船長、母は日本人である。横浜カトリックの学校を卒業後、「マダム・ロネ」に手伝として入店した。同店閉業後、姉弟子の「ミス・イネス」に移った。新渡戸稲造夫妻に愛され、娘分として夫妻に同行して、ヨーロッパ各国を廻った。帰国後、同業の職人熊切康男夫人となり、大正初年に「ミス・ヘイ」を開業した。

佐藤キン　フェリス女学院卒業後、骨董貿易商「アーサー・アンド・ボンド」の店員になった。同店が婦人洋服部を設けた時、工場を手伝って本格的な婦人洋服の仕立を学んだ。唐物商店員佐藤金次郎と結婚した。大正初年、横浜元町二丁目に「キン・佐藤」を開業する。二十余名の職人を使い、横浜有数の婦人洋服店となった。

河辺とき　横浜、香蘭女学校卒業後、「雲記」出身の「竹村茂」の手伝職となって修業し、優秀な技術を知られていた。ガゼット新聞社員と結婚後、「アーサー・アンド・ボンド」の婦人洋服下請職となった。子供が六人いたが、高級婦人服を見事に仕立てたという[181]。

註

（1）慶応四年一月十三日の三職七科制に、各藩から差出して公議を代表する貢士が定められた。しかし、各藩では従来江戸に留守居役を置いていたので、別に貢士を置くことは負担であった。そのため、政府は八月二十日に、留守居役と貢士を兼ねた公議人の制を設けた。

（2）公議所では、各藩からの代表者、公議人が議員となった。しかし、公議人以外の者でも議員に提案を託することができた。本件の是洞比古太郎には、「江都賤民」の肩書がある。

（3）大阪洋服商同業組合編纂『日本洋服沿革史』昭和五年

（4）Morris's Directory for China, Japan and The Philippines, 1870. The Japan Herald Directory and Hong List for Yokohama, 1870.

ブラント（ドイツ人）四十二歳　洋服仕立職　雇主本郷和助　給料一ケ月洋銀二百枚　期限明治四年十一月より同六年十月末日まで（外務省記録「私雇入表」）

右のブラントは読み誤り。前掲

（5）『日本洋服沿革史』前掲

（6）『岩倉公実記』上巻、岩倉公旧蹟保存会、昭和二年

（7）前掲書、上巻

（8）原田笹一郎編『鉄道年表』昭和十四年

（9）イラストレイテッド・ロンドン・ニュース、一八七二年十二月七日号、チャールズ・ワーグマン通信。金井圓編訳『描かれた幕末明治』雄松堂出版、昭和四十八年

（10）東京洋服商組合は十一月十二日を洋服記念日としていた。『東京洋服商工同業組合沿革史』昭和十五年

（11）吉田利一『津田梅子』津田塾同窓会、昭和三十一年。牧野伸顕『回顧録』(上)、中央公論社、昭和五十二年

（12）『岩倉公実記』下巻、前掲

（13）前掲書

（14）『幕末明治新聞全集』六下、明治文化研究会、昭和四十一年

（15）大塚武松編輯『岩倉具視関係文書』第六、日本史籍協会、昭和六年

（16）前掲書

（17）前掲書

（18）前掲書「島津左大臣へ協議の始末概略」

（19）前掲書「内田示談書類」

（20）前掲書「奈良原繁建言書」「海江田信義　内田政風建言書」

（21）前掲書

（22）『都鄙日乗』明治十四年五月三十日

（23）JT・N・メーチニコフ、渡辺雅司訳『亡命ロシア人の見た明治維新』講談社、昭和五十七年

（24）日本橋呉服町鈴木洋服店広告書冊『服制年中請負仕様書』から算出した価格。

（25）明治文化研究会編『明治文化全集』第八巻、風俗編所収、日本評論社、昭和四十三年

（26）『明治文化全集』第二十四巻、文明開化編所収、昭和四十二年

（27）昭和三十一年、渡辺庫輔氏によって、長崎市立博物館倉庫から四

枚発見された。台紙裏面に、「明治六年正月　写上野彦馬、荻田鎮之助氏寄贈」と書かれている。

(28)「明治四年十月二十四日、十二字横浜に至る。□□店にて洋行の衣服を注文せり」、日本史籍協会編『木戸孝允日記』第二。使節団記念撮影がある（『万延元年遣米使節資料集成』）。

(29) 牧野伸顕『回顧録』(上)。前掲

(30) 著者は津田梅子在世中、同家に親しく出入していた。服装については、梅子七歳の時の作文によるという。

(31)「明治五年十一月五日、使節一同礼服、始て礼服を着せり」『木戸孝允日記』前掲

(32) 霞会館主催『海外における公家大名展』カタログ、昭和五十五年九月、神奈川県立博物館

(33) 永井松三編『日米文化交渉史　移住編』原書房、昭和五十六年

(34) 石井研堂『明治事物起源』橘南堂、明治四十年

(35)『創立六十周年記念　沿革略史』京都府立第一高等女学校、昭和七年十月

(36)『鴨沂会雑誌』第十八号、明治三十八年十二月

(37)『雑誌』十七号、明治六年七月

(38) 宮内省達。『法令全書』所収

(39)『女鑑』第十六年第四号、明治三十九年四月一日。『日本洋服沿革史』には、婦人洋服採用を明治十五年としている。

(40)『法令全書』

(41) 前掲書

(42) 前掲書

(43)『皇后宮御履歴一斑』貫名右近正祁筆、正祁嗣子夫人紫子談（共立女子職業学校校友会雑誌『さくらの友』大正三年六月二十八日）

(44)『女学雑誌』五十一、明治二十年二月十二日

(45) 前掲書、五十五、明治二十年三月十二日

(46) 前掲書、五十九、明治二十年四月九日

(47) マント型宮廷服（大礼服）は、トレーン（引裾）が付く。

(48) 林八重子「昭憲皇太后御着用　橙紅色天鵞絨菊花大礼服」、文化学園服飾博物館編『近代の洋装――日本・西洋――』昭和五十八年

(49) 林八重子「女子宮廷服の構成技法1　皇后の大礼服」、原のぶ子監修、久保房子・小沢昭子・林八重子共著『女子宮廷服構成技法　洋服編』衣生活研究会、昭和五十六年

(50) 徳永幾久・山水きぬ・石山和子「明治三十年代に着用された一大礼服の研究　上杉兼子夫人の大礼服について」「同上　構成及び縫製について」「同上　下着について」『米沢女子短期大学紀要』第三号、昭和四十三年

(51) バッスル・スタイルのローブ・デコルテ（夜会服）は、次項「二明治中期」の「鹿鳴館洋装遺品」に掲載した。

(52) 大谷籌子は九条道孝第一女子、皇太子妃貞子の長姉である。明治三十六年一月、西本願寺門跡を嗣いだ光瑞夫人として、仏教婦人会聯合本部総裁となる。四十二年、大谷夫妻は籌子の弟、九条良致、夫人武子と共に渡欧した。四十四年死去の際、京都に女学校設立の遺言を残した（『主婦之友』百五号、大正九年十月十日）。

(53) 小沢昭子「女子宮廷服の構成技法3　華族婦人の中礼服」『女子宮廷服構成技法　洋服編』前掲

(54) 諸井くみ子・桜井光美「六角子爵夫人着用の社交・儀礼服について——その資料復元の過程から」日本風俗史学会会誌『風俗』第十二巻第三号、昭和四十九年五月

(55) montant（仏語）は「あがる」の意で、立衿が付く。肩や背を露出しない昼間の礼服である。

(56) 小沢昭子「女子宮廷服の 構成技法4 皇后の 通常礼服」『女子宮廷服構成技法 洋服編』前掲

(57) 林八重子「女子宮廷服の構成技法8 皇后の通常礼服」前掲書

(58) 林八重子「女子宮廷服の構成技法5 皇后の通常礼服」前掲書

(59) 小沢昭子「女子宮廷服の構成技法6 皇后の通常礼服」前掲書

(60) 林八重子「女子宮廷服の構成技法7 皇后の通常礼服」前掲書

(61) 小沢昭子「女子宮廷服の構成技法11 女官の通常礼服」前掲書

(62) 石崎和子「日本婦人洋装史」、東京女子大学昭和三十六年度卒業論文

(63) 諸井くみ子・桜井光美「大角子爵夫人着用の社交・儀礼服について」。スカートは失われている。前掲書

(64) 小沢昭子「女子宮廷服の 構成技法9 皇后の 御運動服」『女子宮廷服構成技法 洋服編』前掲

(65) 小沢昭子「女子宮廷服の構成技法12 華族夫人のビジティングドレス」前掲

(66) 日本史籍協会本、以下同じ

(67) 『大日本古文書』幕末外国関係文書、十八・十九

(68) 『東京日日新聞』『朝野新聞』『郵便報知』等

(69) 『毎日新聞』明治十七年十二月十日

(70) 『女学雑誌』三十五、明治十九年九月十五日。同三十八、明治十九年十月十五日

(71) 前掲書、八十二、明治二十年十月二十九日

(72) 前掲書、三十五、明治十九年九月十五日

(73) 前掲書、四、明治十八年九月十日

(74) 前掲書

(75) 前掲書、三十七、明治十九年十月五日

(76) 前掲書、四十四、明治十九年十月十五日

(77) 『時事新聞』明治十九年十一月二日

(78) 『女学雑誌』四十五、明治十九年十二月二十五日

(79) 前掲書

(80) 『絵入朝野新聞』明治十九年十一月九日

(81) 『東京人類学会雑誌』第三巻第二十八号、明治二十一年六月

(82) 皇后着用バッスル・ドレスは、「一 明治初期」の「明治宮廷服遺品」に掲載した。

(83) ドレスに仕立てられた小袖は、江戸末に多い図柄であるが、本書第二部第一章、一「3 パリのジャポニスム」に記した画家ティソ（一八三六〜一九〇二）が、「入浴する日本娘」（油彩。一八六〇年半ばと推定されている。ディジョン美術館）に描いた文様とほとんど同じである。栄子夫人のヨーロッパ滞在は、直大の特命全権公使イタリア在勤時代、明治十三〜十五年（一八八〇〜八二）であった。かつて徳川昭武の画学教師をつとめ、この頃、「夏」（銅版画。一八七八年）に、蛇の目傘をさす夫人像を描き、「放蕩息子―異国にて」（銅版画。一八八二年。メトロポリタン美術館）の異国に、

日本を描いたジャポニザンのティソと何らかの交流があって、小袖生地のドレスが作られたのであろうか。北風倚子氏の記憶によると、本品はパリで作ったと祖母の栄子夫人が語ったという。鍋島家遺品については、註(128)参照。

(84) マゼンタ magenta は、一八五九年に作られたアニリン塗料の赤紫色。スカートにバッスルを形造る馬毛入りキャラコ製腰当が、付けられている。

(85) インサイドベルトの織ネームに、E. Joyce & Co. Court Dress Maker 16 Dover St. London とある。

(86) sequin. 洋服に縫付けて装飾する金属製小円板である。

(87) キュロットとベストの尾錠に PARIS　キュロットのボタンに PARIS FASION とある。

(88) 石黒忠悳は明治十三年に陸軍軍医監・軍医本部次長となり、二十三年から三十三年まで陸軍軍医総監・陸軍省医務局長であった。石黒家に残る夜会招待状一五通のうち、官名を付したものは、陸軍軍医監四（十五〜二十一年）、陸軍軍医総監五（二十四〜二十六年）、陸軍医務局長一（二十六年）である。夫人の夜会服上着の着用は鹿鳴館洋装期であるから、忠悳の官名は多少ずれるが陸軍軍医総監とした。なお、叙爵は二十八年に男爵、大正九年に子爵であるため、この場合、男爵あるいは子爵とするのは誤りである（石黒忠悳『懐旧九十年』岩波文庫、昭和五十八年）

(89) ウエストをしぼった上着だけで、バッスル・スカートは失われている。袖は半長で短いが、すきとおる長いレース飾の下は長手袋によって覆われたであろう。

(90) フランス製。MADE IN FRANCE の織ネームがある。

(91) 円筒形で前方は山形にカーブしている。両手を差しこみ、防寒・装飾に用いる。

(92) 『女学雑誌』四十五、明治十九年十二月二十五日

(93) 前掲書　四十六、明治二十年一月五日

(94) 弟子、扇玉新太郎談

(95) 会長、旧佐倉藩士西村茂樹、明治二十一年以降弘道会と称した。

(96) 三宅雪嶺・井上円了・杉浦重剛らの結社。機関誌『日本』に拠る。

(97) 『朝野新聞』明治二十六年四月七日

(98) 『女学雑誌』百八十二、明治二十二年十一月二日。同三百四十七、明治二十六年六月二十四日

(99) 『時事新聞』明治二十七年十一月二十九日「時代は移る　鹿鳴館華族会館に払下代価は、地所八万円、建物一万円、附属器具一万円合計十万円なり」

(100) 『東京日日新聞』明治三十一年一月五日

(101) 大和灰殻編『西洋土産ハイカラー珍談』文昌堂、明治三十六年十月

(102) 『ハイカラ日記』法律経済新報社、明治三十八年

(103) 『都の花』明治三十四年二月

(104) 佐藤竹蔵編『滑稽なる日本』南風館、明治三十四年九月

(105) 『風俗画報』明治二十二年三月十日

(106) 縫製技術・生地・価格などは、当時の仕事をした扇玉新太郎、三橋喜之助、山室千蔵、飯島祥邦、石塚亀太郎、ミス・ヘイ、熊切康男、石川政二、西島芳太郎談話による。

(107) 藤田まさ「明治四十三年の家計簿」『婦人之友五十年の歩み』婦

人之友社、昭和二十八年
(108) 総理府資料
(109) 『風俗画報』第百七十七号、明治三十一年十一月
(110) 姪の長女、岩田幸枝談
(111) 『共立女子職業学校第三十一年報』自大正五年四月至大正六年二月
(112) 『さくらの友』第三、明治四十年四月二十八日
(113) 女学院開設に関与したミシン商山本東作談話
(114) 子息、飯島祥邦談話
(115) 『をんな』第二巻第一号、明治三十五年一月十五日。第四巻第八号、明治三十七年八月十八日
(116) 「所感断片」前掲書第五巻第五号、明治三十八年二月十五日
(117) 大河内治郎弟子、西島芳太郎談
(118) ジョルジュ・ビゴー筆『トバエ』明治二十年
(119) 『風俗画報』第二百九十一号、明治二十九年四月四日
(120) 坂田婦人洋服店二代目、坂田直次談
(121) 八木屋出身、各務晃正談
(122) 『国民之友』第二百十六号、明治二十七年二月三日
(123) 『をんな』第二巻第一号、明治三十五年一月十五日
(124) 前掲書第二巻第五号、明治三十六年五月十五日。お茶の水女子大学女性文化資料館に、大正時代卒業生の寄贈したこの体操服が所蔵されている。
(125) 前掲「明治宮廷服遺品」のほとんどは、明治後期着用の洋服である。しかし、それらはここに再録しない。
(126)(127) スカートは失われている。
(128) 鍋島家所蔵の明治洋装「明治宮廷洋装遺品」「鹿鳴館洋装遺品」「明治後期洋装遺品」計一八点は、きわめて貴重な実物資料である。石井とめ子・松本光治・中山千代らは、昭和五十五年から五十九年にわたって、これらの研究を行った。実測及び裁断・縫製技法については、石井とめ子が調査した（未定稿）。
(129) 豊原繁子「明治洋装の技術史的考察」のドレスA、『東京家政学院大学紀要』第四号、昭和三十九年
(130) 前掲書、ドレスB、ドレスC
(131) 豊原繁子・井上和子「日本風俗史学会所蔵　明治時代の婦人服について」、中山千代「付記　着用者追跡調査記」『風俗』第二十巻第一号、昭和五十六年三月
(132) 豊原繁子・井上和子「明治末年諸井彩子夫人洋装の研究」『東京家政学院大学紀要』第七号、昭和四十二年
(133) 豊原繁子・井上和子「明治時代の婦人洋装の研究――東京芸術大学所蔵のアフタヌーン・ドレスについて――」『東京家政学院大学紀要』第十三号、昭和四十八年
(134) 『東京人類学会雑誌』第三巻第二十八号、明治二十一年六月
(135) 前掲書
(136) 石井研堂『明治事物起源』
(137) 前掲書
(138) 小林甚作編『渡辺辰五郎君追悼録』東京裁縫女学校出版部、明治四十一年
(139) 『実践女子学園八十年史』昭和五十六年

(140) 横浜開港資料館蔵
(141) 高谷道男編訳『ヘボン書簡集』岩波書店、昭和三十四年
(142) 前掲書
(143) 『横浜開港側面史』横浜貿易新報社、明治四十二年六月
(144) 竹口作兵衛蔵
(145) 外務省記録「私雇入表」。カナ書きは、「ブラント」「ペブラント」とある。
(146) カナ書きに「ゼー・イフ・テール」「ゼーム・スエステル」とある。
(147) 「大政類典」第三篇
(148) 「大政類典」第二篇。ディレクトリにはInspector of Roadsと記す。
(149) ミス・ヘイMiss Hay談話。昭和五十年秋の叙勲に勲六等宝冠章受章、五十一年一月逝去。
(150) 横浜ディレクトリの中国商館名は、ローマ字綴である。カナ書きは現代北京語による。
(151) The Japan Herald Annual Directory 1877 "Ladies' Directory.
(152) 「曹慶蘭」出身、張鶴亭の従兄弟、張金生談話
(153) 『国民之友』第二十六号、明治二十一年七月八日
(154) 『横浜市史統計書』「同業組合」第一回、明治三十六年十月三十日
(155) 前掲書　第二回〜第五回（明治四十一年三月三十一日）

* 中国商館調査　口述資料
（中国人）董乾陽　張金生　周耀楣　張金順　金銀貴　茂隆
（中国商館出身業者）石塚亀太郎　三橋喜之助　石川政二　野口浜吉　大野邦三郎　田畑年光　佐藤正

(156) 子息、坂田直次談話
(157) 『神戸洋服百年史』神戸洋服商工業協同組合、昭和五十四年
(158) 前掲書
(159) 周瑞卿子息、周耀楣。順記の弟子、金銀貴談話
(160) 京都業者、田中辰次談話
(161) 『横浜開港五十年史』下巻、横浜商工会議所、明治四十二年
(162) 大阪洋服商同業組合編纂『日本洋服沿革史』
(163) 内田吉幸・小川兼吉・山田福太郎も初期業者と伝えられているが、年代は明らかでない。
(164) 大谷清二郎弟子、吉田常吉夫人かえ談話
(165) 田中栄次郎弟子、扇玉新太郎談話
(166) 子息、飯島祥邦談話
(167) 子息、大島久兵衛談話
(168) 業界長老諸氏談話
(169) 親戚の牧野竹郎及び業界長老諸氏談話。佐々木盛行「中林梧竹の実証的研究」『墨美』第二百九十号、昭和五十四年
(170) 加藤千代三『電機工業の先駆者重宗芳水』昭和十八年
(171) 横浜業界出身、田畑年光談話
(172) 山室千歳談話
(173) 扇玉新太郎談話
(174) 子息、塩見正信談話
(175) 弟子、西島芳太郎談話
(176) 『新婦人』第二年一月の巻、明治四十四年一月
(177) 『東京日日新聞』明治十九年十一月七日。『白木屋三百年史』

(178)『朝野新聞』明治二十年十一月二十日。『三越のあゆみ』

(179) 業界長老諸氏談話

(180)『日本洋服沿革史』

(181) 本稿は島田平八・佐藤正・董乾陽及び業界長老諸氏談話による。

婦人洋服業界系譜

第一代 氏名	開業地	弟子入りの年	開業年	第二代 氏名	開業地	弟子入りの年	開業年	第三代 氏名	開業地	弟子入りの年	開業年	第四代 氏名	開業地	弟子入りの年	開業年	第五代 氏名	開業地	弟子入りの年	開業年
沢野辰五郎	横浜	文久2△																	
片山喜三郎	横浜	文久3△	明治5	片山梅吉	横浜														
				大島万蔵	東京		明治18	大河内治郎	東京			西島芳太郎	東京	明治34	明治35				
												鈴木亀太郎	東京						
												某 功	東京						
								近岡助三郎	東京										
								山形八十八	東京			鈴木喜三郎	東京	昭和8	昭和15				
								西坂源二郎	東京										
								小川光次郎	東京										
								大島久兵衛	東京	明治35		黒川金太郎	東京						

備考

△は不確定の印

系譜不明者

横浜

牛山義光

山田福太郎

富田啓三

植木新兵衛

原田勝太郎（レン、クロフォード職長）

北川一郎（雲記職人）

宮川新蔵（右に同じ）

川村慶次郎（右に同じ）

大野勇（右に同じ）

松本二郎

中尾由五郎

小山豊次郎

山崎辰之助

古田章太郎

小川鉄五郎

岡田泰助

小川庄吉

小川勇

関根某

三輪吉之助

氏名	出身	年
飯田鉄五郎	横浜	明治10△
井上徳二郎	横浜	
塩見辰三郎	横浜	明治11 明治20
塩見義一	横浜	明治41
牧野租作	横浜	
富永信三郎	横浜	明治20

氏名	出身	年	氏名	出身	年
近藤源之助	東京				
野村菊次郎	東京		中村喜久雄	京都	昭和2
井上福茂	東京				
富山利喜造					
相原徳次郎					
所精司	東京	明治40 昭和11	荒川庸	東京	大正15 昭和10
勝亦勝平					
某					
某					
某					
塩見正信	横浜	大正2 大正9			
佐久間一夫					
細田鎌吉	東京				

深田清
久保健三
今込鉄太郎
鈴木憲
古橋福太郎
古橋金太郎
岩田栄吉
酒井某
柳生栄吉
熊切金太郎
宮島喜三郎
藤村重忠
牧野馳作
鈴木小三郎
小野沢文次郎
矢田健次
上田暉三
尾崎寛一郎（マダム・ロネ職長）
河村新之助
中島常次郎
河井熊次郎
増田徳二郎（雲記職人）
野村房次郎
渡瀬亀吉
田中亀吉
井上亀吉
吉原隆二
久松峯吉
久松清一
辻甚之助
林富蔵
森長保
村松喜代次
鈴木卯吉
根本春吉

氏名	出身	年	弟子	出身	年	弟子	出身
			森岩謙一	東京			
			大石新一	東京			
石割音次郎	横浜		鈴木清一				
			大枝忠一	東京	大正7 昭和10		
金子新蔵							
久保寺竹次郎	東京						
鶴見重作							
川島松五郎	東京						
中村卯之吉							
鈴木幸之助	東京						
磯田福太郎							
酒井熊吉			小川定次郎	東京	明治44	田中辰夫	京都
その他数名氏名不詳							
関原若三郎	横浜	明治15 明治23					
浜地道之助							
藤森茂隆							

浅井竜三　小倉仙之助　長谷川峯吉　原佐太郎　篠崎甚吉　福地隆三郎　森田茂三郎　金子竜蔵　金子柳太郎　金子兼松　三谷真四郎　大月真四郎　矢向幸次　宮下親蔵　中島信之　飯田兼吉　受川善太郎　鈴木次郎　金子次郎　古川得次　新井政次　栗原啓三郎　久保堅太郎　植木武明（雲記職人）　小川久吉（右に同じ）　小沢文吉（右に同じ）　山本鉄五郎　篠崎甚造　杉山留吉　高橋泰治　田島寅蔵　竹村信太郎（雲記職人）　小倉平吉（右に同じ）

氏名	地	年
大谷清二郎	横浜	明治20△
永井重丸	横浜	明治26
西山某		
石田鉄		
森長芳		
真野竹吉		
古橋歳一郎		
塙経亮	東京	明治44　昭和2
ぼろくに（綽名）		
平井えい子（手伝）		
中尾虎吉	横浜	
加藤兼吉		
高橋豊洋		
吉田某		
穐山伊之吉	東京	明治37　明治43
野口仲太郎	東京	明治39
菊地浜治	東京	明治44　大正12
小山豊次郎		
秋山福次郎ほか十数名	東京	昭和3　昭和13
生田目好次ほか数名	東京	昭和22　昭和27

高橋千蔵（右に同じ）
野沢文太郎
加藤鶴吉
ラージ園
坂井奈五郎
竹内定吉
竹中定吉
神山定吉
雲田太平
大月与吉
田辺作蔵
竹村信太郎
小川久司
柳生柳吉
山田鶴太郎
諸橋仙蔵
鈴木耕彌
片倉某
箕輪某（問屋の職人）
鈴木喜久次郎
池田松吉
小野沢文次郎
西坂二郎（クーン・コモル職人）
小池文吉

			久保政敏	東京							
関屋沢吉	横浜	明治26△ 明治35△	中野清吉	横浜							
			金子兼松	横浜							
			井上福治	横浜							
			大沢一男	横浜							
			佐藤高次	横浜							
			井上耕平	横浜							
			大津喜久治	横浜	大正10	大津静江	横浜	昭和12			
			櫻井某	横浜		櫻井鶴一	横浜	昭和5	信濃正	東京	昭和5 昭和22
			竹内新三郎	横浜	大正7 大正13	飯島友一ほか数名		昭和7 昭和22			
			島田平八	横浜	大正7 昭和5	島田昌夫					
			小野茂	横浜							
熊切孝吉	東京	明治27 明治43	小杉吉次	神戸	大正12 昭和4						
吉田常吉	神戸	明治30 大正12	土井忠								
			古屋紫郎	東京	大正14 昭和9	吉田義之	東京	昭和10 昭和15			

横浜—東京
池田松五郎
川島松五郎
鶴見重作
宮田慶太郎
松井善蔵
菅井忠次郎
中野清吉
志村竹次郎
小野沢徳次郎
鵜飼精次
会津倉次郎
内藤某
吉岡福太郎
植村三千男
小川久次郎
富山利喜三
井上信吾
武田某

一代	二代	三代	四代	所在	年代
	金子竜造				明治30
	濁川順造			東京	
		某栄			
		柳与吉			
		佐藤正		東京	昭和4 昭和17
富田猿造				横浜	明治20△
	山室千蔵			横浜	明治27 明治36
		阿部精二		東京	大正12 昭和3
		金子次郎吉		東京	明治43 大正13
			金子初太郎ほか九名	東京	大正15 昭和7
	森田万三郎			横浜	
	林富成			横浜	
	宮田啓三			横浜	
	某留吉			横浜	
横田弥吉				横浜	明治 明治20△
	西川庄三郎			横浜	
	熊切康男			横浜	明治35 大正5
		三橋喜代一		東京	昭和7 昭和22
	小菅金次郎			横浜	
	見上勝次			横浜	

			新井政吉	横浜	大正7	橋本潔	東京	大正12 昭和8			
宮田亀次郎	横浜		久松清一郎	横浜							
			石川政二	横浜	明治35 大正2	山田良夫	東京	昭和4 昭和9	三橋喜久雄	藤沢	昭和37 昭和42
内野吉幸	横浜		諸橋忠次郎	横浜		菅井久造					
小川兼吉	横浜		横田弁造	横浜							
中国人某	横浜		小池和助	横浜							
福昌アシン	横浜		三橋喜之助	横浜	明治27						
雲記	横浜	明治28△	石塚亀太郎	横浜	明治29						
			高柳松太郎	長崎	明治33						
			田中久吉	横浜	明治30						
			唐黄良	横浜							
			陽文栄	横浜							
			櫻井信吉	長崎							
			竹村茂	横浜		河戸とき(手伝)	横浜				
			大谷松之助	横浜		片倉金太郎	横浜				

			野口浜吉	横浜	明治42	大竹鶴告	長崎		
シートム	横浜		田畑年光	横浜		西正一			
黄鶴良	横浜		某						
			土岐綾雄	横浜		久保庫吉			
						井上春			
						篠崎政雄			
						池田金蔵	横浜	大正12 昭和19	
栄記	横浜		大野邦三郎	横浜	明治32 明治37				
アーロン	横浜		小川久	横浜					
飯島民次郎	東京	明治3 明治16	中島常吉	東京	明治16 明治24	中島新太郎	東京	大正10	
			高橋秀雄	東京	明治18 明治25				
			塩野兵吉	富山	明治18 明治26				
			兎束彦三郎	東京	明治20 明治27				
			飯島惣太郎	東京	明治27 明治34	関原包造	東京	大正3 大正13	長沢留次 ほか数名
			山本仁三郎	東京	明治27 明治34				

東京

斎藤定吉
鈴木兼吉
大屋清之助
松本信一
本島増太郎
久保謙太郎
中村波二郎
鶴見幸治
宮内栄一
宇佐見新太郎
小久保国太郎
坂本隆弘
松本和三
栗原次郎
木島松太郎

			飯島栄次	東京	明治32	町田菊之助	東京
			並木伊三郎	東京	明治37		
			宮内徳次	東京			
			中村精一	東京			
伊藤金作	東京		水科才吉	東京	明治31		
			石井和三郎		明治35	根岸淑郎	
						石井与四郎	
						村上元彦	東京
						三好晟貴	東京
			平山信之助	東京			
			高橋豊吉	東京			
柳原伊四郎	東京						
田中栄次郎	東京	明治20△	後藤梅太郎	東京			
			田中貞吉	東京			
			金津倉吉	東京			

宮内浅次郎
川島兼次郎
原佐太郎
大和多鉱太郎
矢田健次
木村繁太郎
前川弥吉

			某重吉	東京							
			新井春吉	東京							
			扇玉新太郎	東京	明治24						
			細江忠吉	東京							
			その他数名								
大島万吉	東京	明治20△	神田桂太野	東京							
			松本のぶ								
高木新太郎	東京	明治20△	山村久吉	東京							
			木島幸次郎 東京／古橋栄太郎 東京			志村竹次郎	東京				
						横村道男	東京				
						木村幸男	東京	明治42–大正8	蛙田菊太郎ほか三十余名	東京	大正9
						桑村謙次	東京	明治43–大正8			
						大和清一	東京				
新海縫造	東京										
沢村米吉	神戸	明治20△									

京都

野崎金太郎

神戸

浅井太吉

金岡音松

大中栄太郎

大和田元太郎

佐藤金次郎

貝野

鹿島

富田

巡信	神戸	明治20△						
塚田養三郎	神戸	明治20△	井本友吉	神戸		大和田幸太郎	神戸	
坂田清吉	長崎	明治33	関秀雄	長崎		多数 出田孝	神戸	
マダム・ロネ	横浜	明治25△	ミス・イネス	横浜	明治39			
			ミス・ヘイ	横浜	明治37 大正3			
			中島いね	横浜	明治39			
アーサー・アンド・ボンド	横浜	明治44	佐藤キン	横浜	明治42 大正4	浅井某 矢島某		
クーン・アンド・コモル	横浜	明治45						
向井商店（シルク・ストアー）	横浜		三沢三蔵	横浜	明治39 明治45			
小倉洋服店	横浜		小川平吉	横浜				
			川瀬伊三郎	横浜				
関口洋品店	東京	明治42	町山勝	東京	大正8 昭和5	丸山豊 ほか四名	東京	昭和5 昭和12

長崎
高柳柳太郎
今井虎之助
西川庄三郎
大竹鶴吉

上記は西洋人商館及び絹店・洋服店・洋品店等の出身者である

第三章　大正洋装

一　大正前期

1　生活改善運動

ヨーロッパ十九世紀の婦人服装は、コルセットで体をしめつけて細腰をつくり、足を見せない長裾スカートをはき、輪骨・腰当によって流行スタイルを形成した。男性のズボンと女性のスカートは、ズボンを採り入れた四世紀から続いてきた性別服装であった。男性中心社会のズボンは男性権力の象徴となり、社会的地位の低い女性のスカートは、装飾性を増大して非活動的となった。フランス革命に民衆は長ズボンをはき、貴族の半ズボン、キュロット（culotto）に対して、サン・キュロット sans culotto と呼ばれ、この男装女性もあった。しかし、革命後の十九世紀初頭に、婦人服はナポレオン宮廷の新古典スタイル筒型シュミーズ・ドレスが流行した。次いで、一八二〇年頃からのロマン・スタイル（一八二〇～五〇）に移り、再びスカートは大きくふくらんだ。この頃、婦人服にズボンをはき、男女平等を服装に表明したのは、フランスのサン・シモン Claude Henri de R.C. de Saint-Simon（一七六〇～一八二五）の社会改造思想を継承したサン・シモン派である。一八二五年（文政八）に同志が集まり、バザール Saint-Amand Bazard（一七九一～一八三二）、アンファンタン Barthélemy Prosper Enfantin（一七九六〜一八六四）らが中心となって、未来社会を組織する運動を行った。未来社会は、男女一対の社会的個人によって構成されるという女性解放理論により、サン・シモン主義集団の婦人服装は、短いスカートの下に、ズボンを着用した。また女流作家ジョルジュ・サンドGeorge Sand（一八〇四〜七六）のように、既成の男性権威を否定し、活動的なズボンをはく女性があらわれた。一八四八年（嘉永元）のパリ二月革命には、ヴェスヴィオ火山のように激烈な名称、ヴェズヴィエンヌvezuvienneと名付けられた女性国民軍にも、ズボンが着用された。しかし、女性の権利を主張するフェミニスムのズボンは男性側の攻撃を受け、女性たちからは異端の服装として嘲笑された。

　四八年に初めて大会を開いたアメリカの女性解放運動家エリザベス・スタントンElizabeth Cady Stantonらは、サンシモニストと同様なズボンをはいた。禁酒と女性権利のための新聞『リリイ』The Lilyを発行するアメリア・ブルマーAmelia Jenks Bloomerが五〇〜五一年（嘉永四）の同紙に、彼女らの新服装を紹介し、賛否の世論が起った。これは「ブルマー服」と呼ばれ、イギリス・フランスにも伝わったが非難され、警察に弾圧された。図198 しかし、七〇年代から流行した自転車に乗るため着用され、女学生体操服にも定着した。わが国は明治末の体操服に導入し、その後は全学校の体育服に普及した。図199

　コルセットが健康を阻害することも医師たちから警告され、五三年にはカール・ボックCar Book（英）らによって種々な新型が提示されたが、旧習を脱することはできなかった。その後も、クリノリン（一八五〇〜七〇）、バッスル（一八七〇〜九〇）、ゴアード・スカート（一八九〇〜一九〇〇）、Sカーブ（一九〇〇〜一九一〇）のドレスが流行し、細腰長裾に女性を束縛する十九世紀スタイルが続いたのである。

　この非条理な伝統スタイルを打ち破ったのは、二十世紀初頭のファッション界を風靡したフランスのドレスメーカー、ポール・ポアレPaul Poiretである。ポアレはガードル（薄いゴムの下着）やブラジャーを発明してコルセットを追放し、自由な動きのできるドレスを創作した。図200 また、足首までの短いスカート、簡素な筒形ドレスを発表した。彼の革命的スタイルは大流行し、婦人服のスタイルは変貌した。図201 女権論者や服装改革運動家ができなかった変革を、ポアレはファッションによって遂行した。彼の成功はデザイナーとしての優れた才能にあるばかりでなく、前世紀後半からパリのオート・クチュール、高級モード裁縫店が繁栄して、デザイナーの影響力が強大になったためである。ファッションを変える可能性を握ったポアレは、一九一〇年（明治四十三）に、裾をつぼめたホッブル・スカート hobble skirt（よちよち歩きのスカート）を流行させた。これは男性側から、女性を束縛するものと非難されたほど、非合理なスタイルであった。その後は、東洋調のランプ笠形チュニック、パンタロン・ロープ等種々なスタイルを流行させたが、華々しく贅沢なモードにとどまり、第一次大戦時代となった。モードで女性を変えることに挑戦したポアレは、二十世紀の新風を起したが、戦後の変革を乗り切ることができず、没落していった。(1)

服装改革運動を実らせたのは、第一次世界大戦下の戦時生活であった。出征した男性に代って、女性は家を出て働かねばならない。都市にも空襲を受け、細腰長裾ドレスを着ることはできなくなった。きびしい戦時生活に、ヨーロッパ諸国の女性はコルセットを取り去り、短いスカートやズボンを着用したのである。

大戦は民主主義の戦を宣言した連合国側の勝利となり、戦後の世界には戦勝国と敗戦国の別なく、民主主義が盛んになった。女性にも民主的権利が与えられた。デンマークは大戦中の一九一五年（大正四）に、ソ連は革命によって一七年（大正六）に婦人参政権を認めた。一八年（大正七）にはイギリス、一九年（大正八）にドイツ・スウェーデン、二〇年（大正九）にアメリカ・カナダの諸国が続いた。参政権を獲得した女性の地位は向上し、職業に進出する者が多くなった。社会的に活動する女性の服装は戦時生活に続いて、ショート・スカート、チューブ・スタイル tube style が用いられ、機能的・合理的な二十世紀スタイル図202が成立した。男子服も、略服のラウンジ・スーツ lounge suit（背広服）が日常着となり、二十世紀の市民洋装を形成した。

大戦後の二十世紀スタイルは、わが国に導入された。男子の背広服はサラリーマンの勤務服に普及する。婦人服は、ショート・スカート、チューブ・スタイルの大正洋装である。明治からの貴族上流階級婦人がこのニュー・スタイルを着用しても、モードの変化にすぎない。二十世紀スタイルをわが国婦人の市民洋装形成の契機としたのは、大正初期の生活改善運動であった。

第一次世界大戦後の民主主義は、大正七年（一九一八）十二月に、吉野作造を中心として結成された黎明会の新思想運動に導入され、社会主義思想も高まる中に、婦人解放運動が盛んになった。大正デモクラシーの重要な課題となった婦人問題は、参政権獲得運動ばかりでなく、封建的因習を多く内蔵する家庭生活の問題をえぐるようになった。新聞・雑誌が婦人問題を多く採りあげ、「家庭悲劇号」「家族制度下の女性実話号」などを特集した『婦人公論』（大正五年創刊）と『主婦之友』（大正六年創刊）は、発行部数が増大した。因習が多く残されている家庭の生活様式に、近代化を指標する改善をマスコミが主唱した影響は大きい。

また、戦後の物価騰貴に対処しなければならないのは、家庭生活である。五年から八年にかけて、米価は三・五倍も上昇し、生活困難となった。内職が奨励されたり、嘉悦孝子のごま塩主義が唱えられたが、根本的な解決策として、生活改善が主張された。近代化をはかる生活改善に、経済問題が付加されたのである。山脇玄は『是からの生活』（大正八年）に、「最近一、二年の物価のあがり方はただ驚くの外はない。殊に米価の底知れぬ暴騰はとうとうあのような騒ぎとなった」と、米騒動を起した生活苦と、「明治維新以来百般の制度は着々と改められたのに家庭生活ばかりは旧習慣にとらわれて、少しも改善されていない」因習的生活を指摘して、現今の生活を改善しなければならないことを強調した。生活改善は家庭生活の近代的合理化と、合理化による経済化に集約された。

衣生活は明治の女服改良に続いて、生活改善の重要問題であった。六年（一九一七）の『婦女界』（明治四十三年創刊）三月号は、「特別懸賞我家に於ける生活改良の経験」を募集し、五月に「生活改良号」、六月に「一家経済号」、十二月に「年末経済号」を特集した。同誌の衣服改良は、子供服の洋服化と、和服の改良と節約法であった。

羽仁もと子の創設（明治三十六年）以来、家庭婦人の地位向上のために洋装化をはかって、成功しなかった婦人之友社は再び生活改善を目指し、八年（一九一九）に婦人仕事着を懸賞募集した。「和服に袴を元にした改良服」と「洋服を土台にした簡単服」の二種を指定し、当選作品を『婦人之友』第十三巻七号（大正八年七月）に発表した。その改良服と簡単服を検討した結果、動作の活動を妨げる帯と長袖を取り去って、平民的婦人の普段着を工夫すれば、「それが即ち洋服」と、改良服を否定して洋装化を提唱した。さらに、当選作品をもとに幾度か試作した洋服を、軽快服《ライトドレス》図203と名付けて売り出した。

　価は肌着つき共でメリンス帯の片側分、名の通り軽装で、半日着ていると、どうしてもこの着物を着なくてはと思うようになります。（『婦人之友』第十三巻八号、大正八年八月）

価は洋服三円二〇銭、肌着一円七〇銭、計四円九〇銭の安価である。申込を受けて郵送したので、購入も便利であった。購入した人びとは、

　こういう種類の着物を盛んに用いるようになりましたら衣服費の経済だけでもどれ程でしょうか。食事の不足分を衣服費から補うことが出来ます。（「軽快服《ライトドレス》を試みた方から」『婦人之友』第十三巻九号、大正八年九月）

と、切実な生活上の経済性を喜んだ。

次いで、同社は十号（大正八年十月）を「生活改善特集号」として、論陣を張った。森本厚吉は「生活改善の実現」を執筆して、被服に経済的合理主義を適用し、世界文明国に用いられている婦人洋服をわが国も用いる時期が、将来必ず到達すると論じた。三輪田元道も「直ぐに実行される生活改良案」に、活動的・経済的な洋服の着用をすすめた。また、同誌は「生活改善は何より着手すべきか」と題し、名士七三名の回答を掲げた。回答は家庭道徳・家族関係・交際等多岐にわたったが、八名が服装改善を挙げ、そのうち六名が洋装を指示した。九月、羽仁もと子は生活改善の理論を実行するため、洋裁師西島芳太郎を婦人之友社に招聘して、誌上洋裁を開始した。裁断には寸法入りの型紙を用い、仕立法を解説した。そのパターンは、本社洋服部から売り出した。「ブラウス及びスカート」の型紙は金五〇銭、送料二銭であった（同誌十号）。西島の洋裁教授は毎号に掲載され、十一号掲載の「半コート」型紙は三五銭、十二号の「女児用ケープ」型紙は三五銭で

販売した。パターン使用によって裁断の専門的技術から解放され、洋服製作が容易になった。婦人之友社の既製服通信販売・誌上洋裁・型紙販売等の洋装普及活動は、大正洋装の二十世紀スタイルによって可能になった。しかも、雑誌の大衆伝達手段で広めたところに、市民洋装形成のファクターは充分であった。貴族上流階級の専有品であった明治洋装は、市民の大正洋装として形成されていく。

文部省は七年十月から翌年一月まで、東京教育博物館を会場として、家事科学展覧会を開催した。家事改善上の衣服には、女学校製作品の運動服、洋服、改良服が展示された。次いで、八年十一月三十日から翌年一月三十一日まで、同じ会場で生活改善展覧会を開いた。衣服関係では、内外国人備付衣類の比較、和洋服の利害、衣服地の選択改良、代用被服材料、改良服、出来合服の利害、衣服の保存等が展示された。合理的な嫁入り支度、土屋博士夫人考案改良女児服、尾崎芳太郎考案経済服等がマスコミに注目された。(2) 生活改善のために率先して開かれた両展とも好評を博し、長期の展覧会に多数の参観人を集めた。

さらに、文部省は生活改善講習会を開催して、女教員間に運動を進めた。九年(一九二〇)一月、講習員の希望によって、運動に熱心な著名人を糾合し、文部省主導の財団法人生活改善同盟会が結成された。「社会民衆ヲ教育シ国民生活ノ改善向上ヲ期スル」(3) ことを目的とし、「本邦は従来生活上無意味な虚礼虚像が存し幾多の陋習弊風を存して、世界列強の班に伍したとは云ひながら顧みて遺憾であった」「国民は戦時好況の時代を夢み、滔々として奢侈遊惰の弊風を生じ、経済的恐慌に遭遇しても依然として思想も生活も緊張発奮しなかった」(4) ことに、生活改善の必要を強調した。官僚的な発言ではあるが、生活改善運動に共通な合理化と経済化が表明されている。

生活改善同盟会の事業には、「衣食住、社交儀礼ノ改善ニ関スル調査」「生活改善ノ実物宣伝及実行ノ促進」「講演会、講習会、展覧会等ノ開催」「会誌並ニ調査報告等ノ発刊」「其他生活改善上必要ナル事項」が定められた。(5) 会長を公爵伊藤博邦とし、社交儀礼・服装・食事・住宅・旅館其の他・一般生活振りの六分野に、各委員長・副委員長と十数名ないし数十名の委員をおいた。委員長にはどの分野にも東京帝国大学教授を据え、副委員長以下委員には、文部省及び内務省官僚、教育家、民間有識者を配した。(6) 改善に関する調査は発会早々着手され、三年間を費して十二年（一九二三）一月、『生活改善調査決定事項』を発表した。

服装改善調査には、委員長横手千代之助（帝大教授医学博士）、副委員長宮田修（成女高等女学校長）のもとに、委員は教育家一四名（男七、女七）、内務省社会局部長、文部省社会教育課長、同学校衛生官、東京博物館長、中央家庭職業研究会理事（女）、家庭経済学会会長、裁縫技術者和服及洋服各一名（男）、有識者四名（女二、男二）計二六名が定められた。総計二八名中、女性は一一名であった。九年七月十七日、丸の内保険協会で開かれた委員会において、男子・婦人・児童服の洋装化が宣言された。(7) 十二年に発表された決定事項は、次の通りである。

服装全般に関する事項では、一、衣服の構造及び様式は簡単にして製作に手数を要せず、運動の自由を妨げないものにしたい。二、裁ち方、縫い方、着方等は旧慣に拘泥せず自由にしたい。三、反物は大幅長尺の制に改めたい。四、和服地の無地型付及び縞物の奨励。五、和服地に木綿・毛織地奨励。六、備付衣服を少なくして衣服費を節約したい。七、綿入及び重ね物を廃し下着で調節したい。八、出来合服の利用を多からしむるよう奨励したい。九、成るべく靴を使用するようにしたい。

男子服に関する事項では、一、男子服は漸次洋式に改めてしまいたい。職人と農夫の労働服は活動的な衣袴式であるが、体裁上外出に用いられていないから、漸次洋服に改めたい。二、過渡期の和服は自宅用に止めたい。三、過渡期の男子礼装は和洋両様。四、事務服は軽便な洋服または改良服。上っ張り、袖カバー、オーバーシャツ等を用いる。五、労務服はオーバーシャツ、オーバーオール、半ズボン、袢纏、腹掛、股引を本体とすること。労務の種類に依っては上っ張り、エプロン等を用いること。

婦人服に関する事項では、一、婦人服も漸次洋服に改めたい。二、ことに職業婦人の事務服は洋服にしたい。三、婦人労務服は筒袖としてモンペ（東北で用いる袴の一種）、カルサン（中国で用いる袴の一種）の類を用いたい。四、家庭作業の際には婦人は成るべく上被を用いたい。五、過渡期に於ける婦人服は袂を短くし、帯幅を狭くし、襟下を閉じ、または成るべく袴（もしくはスカート）を用いて身丈を短くし、且つ洋式下着を用いたい。

児童服に関する事項では、「児童服は成るべく速に洋服式に改めたい」とし、男児・女児・嬰児洋服のスタイルを示し、同会推奨の男児服二、女児服三を図示して、製作法を解説した。

以上のように、服装改善には洋服化を決定した。各項にはそれぞれ解説と意見が付され、「在来我国に行われ来つた服装の如きも、長い年月を経て父祖伝来と云ふ歴史的意義を加へ、国民特有の服装となつて居りますから、今急に之を改めることは如何にも残り惜しい様な執着もありますが、現代という激しい生存競争の行われる世界の大勢を通じて見ますと、決して皮相の国粋保存や一時遁れの虚栄心や若しくは仕来りの執着心に駆られて何処までも固執すべきではありません」と、決断したのである。洋服採用の理由としては、風儀、衛生、便利、経済上の長所を挙げたが、これは二十世紀スタイルの特色であった。改良服については、「そこで工夫されたのは改良服ですが、さて愈々実行の段になると、誰も喜んで着て呉れません。明治大正の間幾度か幾種の改良服が考案されて世に発表された事でせう。然も其一種も一世を風靡したものはありません」と、女服改良をくり返さずに洋装化へ飛躍した。二十世紀スタイルには、改良服の橋渡しを必要としなかったからである。また、職業婦人洋装を実行の端緒としたところにも、そのスタイルと職業婦人生活の近代的適合性が見られる。しかもそれは、「外出服と事務服とに洋服の適して居ることは改めて申すまでもありません。果せるかな昨今、学生、学校の教師及び車掌等に洋服を着て居る方が日毎に増加して参つて居ます」という現実への対応にほかならない。当初の目的であった経済問題は消滅したわけではないが、近代化指向が運動の中心を占めるようになった。この状況は、服装に関係の深い「住宅の改善」にも、見ることができる。

十一年（一九二二）に、文部省普通学務局は『生活の改善研究』を発行し、学校教育における生活改善を示した。近代化指向の生活改善は、学校生活にも必要であった。文部省はしばしば、教師のための生活改善講習会を開催した。十一年に、全国高等女学校家事科主任女教師を集めた講習会では、青山学院教頭塚本はま子が衣服改善について、洋服着用を説いた。しかし、婦人服は内容の改善を先にすべきで、下穿着用を実行しなければならないと強調した。次に、東京高等工業学校教授斉藤俊吉は、洋服地についての講演を行った。[8]既に子供服は広まり、女学校制服も行われ始めていた。先行する児童・女生徒の洋服化に、女教員の洋服理解が要求される。生活改善運動は、女教員の再教育にも有効であった。

生活改善運動は有産特権階級だけのもので、中以下の階級の民衆には関係がないと批判したのは、新婦人協会の奥むめお、[9]無産婦人運動家山川菊栄である。[10]奥の批判は結婚儀礼改善事項であるが、服装改善に対する山川の意見は『大正十三年婦人宝鑑』[11]に掲載された。

衣も食も寒暑に応じ健康によつて調節されること、かつそれが相応に快適に調節されることはすべての人間のもつ当然の要求である。されば衣類の新調を見合わすとか贅沢品を身につけぬとか、虚礼を廃するとかいふ意味での生活改善は、有産階級にのみ適用さるべき生活の緊縮であつて、在来そうした弊害に陥つていなかつた――陥るだけの余裕のなかつた中以下の階級にとつては全然没交渉の問題である。大多数の富裕でない人々にとつては、生活改善とは、在来の生活程度を維持しつつ、もしくはそれをより高級のものに引上げる一方、生活様式をより簡易にしようとする要求を意味するものでなくてはならない。ところがこれらの家庭にあつては、被服なり炊事なり育児なりのよりよき方法が、社会的に組織的に講ぜられぬかぎり、現在よりも手数をはぶいて実質を改善することは困難なのである。

服装改善は山川の階級的批判に示すようなことではなく、むしろ山川の推奨する生活様式の簡易化であった。また、有産階級にのみ適用されるものでないことも明らかで、大正洋装は山川の重視した職業婦人と低所得層婦人を含めた市民服装である。なお、山川は「ただ洋服裁縫が発達しても、家庭においても簡単に軽便に、仕立所においても低廉に仕立てら

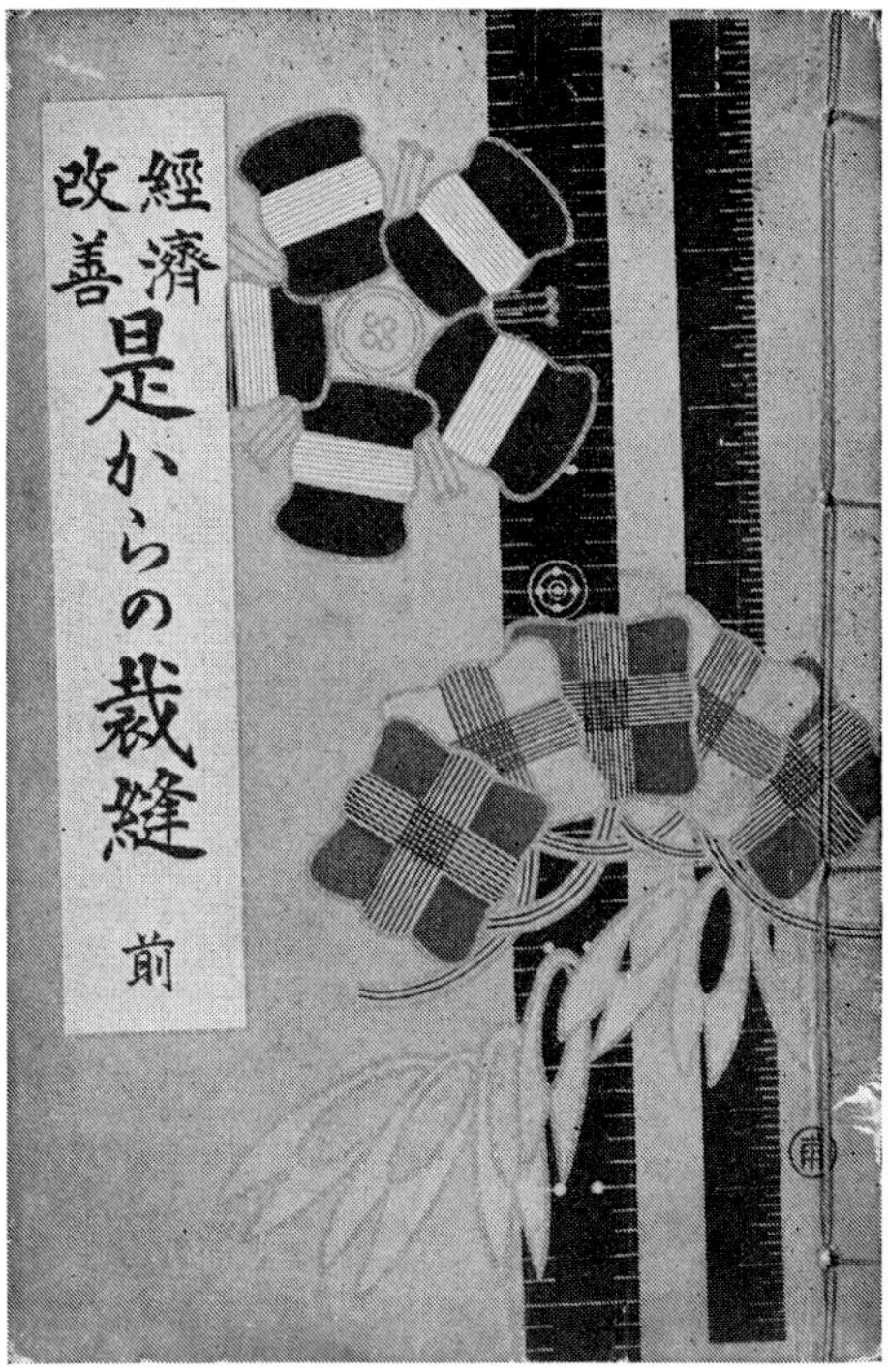

挿図29 『経済改善 是からの裁縫』

れるのでないかぎり、これが普及は困難である」と言う。生活改善同盟会は出来合服の利用を奨励し、既に婦人之友社は既製服を製作販売して、誌上洋裁教授を行っていた。また、家庭裁縫の普及には、日本服装改善会が努力を傾注したのである。

日本服装改善会は[図204]十年(一九二一)に、会長田尻稲次郎(法学博士)、副会長棚橋絢子(東京高等女学校長)、顧問嘉悦孝子(日本女子商業女学校長)、鳩山春子(女子職業学校副校長)、辻正道(東京洋服者工学校長)、藤井くら(東京女子高等師範学校教頭)、尾崎芳太郎(前東京市裁縫科調査嘱託)によって組織された。同会は全国各地で服装改善講習会を開催し、尾崎芳太郎は和服の経済服及び洋服裁縫を教授した。同会出版の尾崎芳太郎著『経済改善是からの裁縫』(前編大正十年十二月、後編大正十一年一月刊)は、大阪朝日新聞社の推薦を受け、六版を重ねて七万部発行された(挿図29)。このように、日本服装改善会が実技普及活動を行ったのは、改善運動にテクニシャン尾崎芳太郎を得たからである。

2 尾崎芳太郎の服装改善運動

尾崎芳太郎は明治十年(一八七七)に、愛知県幡豆郡横須賀町に生れた。小学校教育に一五年従事している間に、農村に適した女子教育機関のないことを痛感し、自分がその任に当たろうと決心して、勉学のため上京した。東京青山穏田、小出新次郎の女子裁縫高等学院に学び、四十四年(一九一一)に同校高等師範科を卒業した。同じく速成科を前年に卒業後、同校に勤務していた波切げんと結婚して帰郷した。故郷の横須賀町に、妻げんと共に横須賀裁縫女学校を創立し、宿望の農村女子裁縫教育に尽力した(12)。その間、彼は「用布も少く、裁縫時間も早く、形も世界的に改良したものを考へんかな」と研究する。裁方・用具・縫方等を考案したもの六十余種となり、大正七年四月に『経済裁縫術』を出版した。大戦後の布帛暴騰時に「用布従来の三分一乃至四分一で価格低廉、裁縫時間五分一乃至三分一で飛行式の裁縫」という経済裁縫術は好評を博した。尾崎は東京で洋裁を学んでいるが、本書は和服裁縫に重点がおかれている。洋服については、「服装の改良を決行するには小児の方却つて早ければ」と「子供物」の項を設けて詳述した。婦人洋服については、「女職員服」「経済学校服」の改良服と「経済サルマタ＝ドロワー」を記すだけである。なお、「女礼服」「現今の織物調査」を説明して、婦人洋服への関心は見られるが、「大人物《おとなもの》は第二歩」という態度であった。

翌八年、再び上京して東京市裁縫科調査嘱託となった。その後間もなく、同郷の田尻稲次郎・山崎延吉らの服装改善運動に参加した。東京市嘱託を退き、日本服装改善会のメンバーとして運動に専心した。妻げんは白木屋顧問となって和服改良に尽力し、芳太郎は日本服装改善会講師として、洋服裁縫技術講習に全国を廻った。十年（一九二一）に日本服装改善会から『是からの裁縫』前編、翌十一年に後編を出版した。服装改善運動に参加した後、彼の経済裁縫術は洋装に傾斜した。前著『経済裁縫術』が和服中心であったのに対して、本著は洋服にその半量を割いた。服装改善の漸進主義は捨てきれなかったが、生活改善同盟会の洋服決定に刺激されて、彼も洋装化に踏み切った。

前編序文に日本服装改善会顧問、嘉悦孝子は、次のように述べている。

私は日本服装改善の到達点は洋服か、洋服に近いものであろうと存じます。ところで子供服は兎に角、大人の洋服は従来家では出来ぬものと諦めをつけたと見え、洋服の家庭的素人仕立の公開されたものは未だ嘗て見た事がありません。而し家庭で仕立てられぬような服装では、改善改善と叫んで見たところが、我国今日の家政状態では之が一般の普及は覚束なかろうと存じます。従来洋服の専門的裁縫は個人単位で之を簡単に家庭で自由自在に応用し得るの原則が発見されなかつたようです。本書の著者尾崎芳太郎夫妻は、ここに着眼すること十数年、漸くにして一原則を発見されました。

後編序文には、藤井クラが、

我が国の衣服は、結局は洋服になるのではあるまいかと存じますが、之の時に当りまして従来の服装の研究をすると同時に、洋服の根本的研究をしまして、大いに国民の物質的経済と活動能率の増進とをはかりますことは、誠に急務中の急務でございます。

と、推奨した。

生活改善のため、経済的能率的な洋装化が唱えられても、製作法も着方も不明である。裁縫技術を習得し、洋装に対する知識を得なくてはならない。その役割を果たす尾崎の著書を、両序文は高く評価した。嘉悦孝子は洋服の家庭裁縫に、洋装普及の道を見出した。従来の和服は家庭で仕立てられ、衣服縫製のための支出は一般化されていなかった。専門家に依存しなければならない高価な明治洋装は、貴族上流婦人の専有物であった。そのため、二十世紀スタイルが導入されても、わが国の庶民生活にすぐ受け入れることはできず、藤井クラのいう「洋装の根本研究」が必要となってくる。洋装化実現のためには、洋裁技術と洋装知識が必要である。尾崎夫妻の活動は、時代の要求に対応して行われた。

『是からの裁縫』に提示した「これからの日本服」は、「働きよいことと、用布の無駄を省くこと」であり「1、袖を短く裾を工夫して働き易く、2、身幅を狭く、重なりを少くして無駄を省く、3、今少し裁縫が簡単に早く出来るように、4、あまり腰やお腹を締めないように、5、下腹を冷やさない様に工夫し、6、流行おくれにならないように、7、背丈を高くスラリとスタイルを高潔に」の七要素を含めたものであった。改善の順序は、内容から始めて次に外形へ進ませる。そのために、和服の裁方・縫方を改善した経済服によって内容を改め、次に内外共に改善した改良服、さらに洋服に進み、改善の到達点として日本人向きに改良された洋服を提唱した。

経済の点においては、日本国民六〇〇〇万人の半分三〇〇〇万人が、礼服を一組宛作るとする時、彼の提唱する経済服よりも、一人平均約三丈五尺の損になる。総計、一〇億五〇〇〇万尺の損となり、反(並布三丈八尺)に換算すると、約三八〇〇万反の大きな損失になる。一反約五円平均として、約二億円の損害である。改良服は普通服より一人平均七丈の得であるから、三億八五〇〇万円の利益となる。この国家的数字から、日本の衣服の到達点は洋服にしなければならないという。なお、家庭で洋服を仕立てれば、和服の三分の一から二分の一の価できると言い、家庭裁縫の洋服は、現在の生活苦難を救うものとして示された。

さらに、彼の洋装化運動に注目されるのは、日本人に適したスタイルの提唱である。「西洋婦人の仕立其ままを日本婦人に採用したならば、それはそれは五斗俵が洋服を着た様なものになつて、見れたものではありません。『日本婦人に洋装は調和せぬ。何だかおかしい』との声を聞くのは、私はまだまだ調和作用の研究が足りないかと存じます」と、日本婦人に適合するデザインの必要を説いた。彼の調和作用研究による洋装には、「スカートは西洋婦人の着用する襞無スカートでなく、襞があり、しかも襞の折り目がなくて襞のよせ方がはいたままで自由になるようにしたもの」をすすめ、「腹をあまり締めると不衛生になり、又スタイルも劣り背丈が低く見えます」「背丈の短い人は小さい釦を数多く」など、日本婦人の体型をデザイン上考慮しなければならないと言う。尾崎の著書には、東京本郷のドレスメーカー大河内治郎が、日本婦人に似合うデザインを提供した。機能的・経済的な大正洋装普及を推進する尾崎の合理思想は、洋装の日本化をはかろうとするのであった。

『是からの裁縫』の洋服製図は、半胸度を基にする割出し方式の平面プランである。半胸度割出し製図法は、明治中期にグラジュー尺として導入された。この製図法は男子服に用いられたが、婦人服ではスタイルの制約をうけて、ほとんど使用されなかった。十九世紀スタイルの明治洋装は、立体裁断が最高の技術であった。裁縫専門学校では、一斉教授のため平面製図を用いたが、細腰長裾スタイルの作図は複雑である。しかし、二十世紀スタイルの大正洋装には、半胸度割出し製図法が可能になった。尾崎の師、小出新次郎は最も簡易化した割出し製図法を下着作図に用いていた。尾崎は師より一歩を進めて、割出し製図法を婦人服製図として広めようとした。さらにまた、製図の面倒を省くため、日本服装改善会から型紙を売り出した。

日本的洋装を日本人の服装とすることが、尾崎芳太郎のビジョンであった。それは大正の生活改善運動を、服装改善に実現することであった。彼が日本服装改善会の講師として、全国的に行った実践活動は、洋服化実現のための技術教育である。洋装普及活動が裁縫技術講習によって始められたところに、大正洋装発展の方向をみることができる。

3 大正初期婦人洋服の着用と製作

生活改善運動の提唱する能率的・経済的な洋装は、着用への意欲を起させた。大正八年に成女高等女学校を卒業して、読売新聞社に勤務した望月ゆり子は、初めて洋服を着て、

私共の若い心は今改造へと勇ましく突進してゐます。それは実に私共の義務や責任ではなくて私共の生命であると思ひます。さういう心持の一端が私に日本服を脱がせて洋服を着せたのです。私はさうしてあの重い帯からのがれ、力一パイに鳩尾《みぞおち》を縛《しめ》る帯あげからのがれて、ホッとした気持ちになりました。ひとりでに足早になつたこと、電車の乗降りに軽快になつたこと。

(『婦人之友』第十三巻十一号、大正八年十一月)

と喜ぶ。生活改善のために、大正洋装を着用した若々しい感想であった。同じく大橋広子(同年、青山女学院専門部卒業、同社勤務)も、洋装は動作が自由で安全なこと、軽快な気分を与えること、姿勢を良くすることに感激した(前掲書)。

当時、洋装化を実行して著名な津田敏子図205(青楓画伯夫人、手芸家)は、「衣服の世話からおこる時間と労力の煩瑣をさける」洋服着用をすすめた。背が低いから似合わないと言う人には、「西洋にでも必ず姿のいゝ婦人ばかりある訳ではない

でせう」と言い、和服は体の格好によって工夫を施す余地が少ないが、洋服はもともと各自の体に合わせて作るものであるから、背の低い人、肥った人それぞれに、体形を整えることができると説いた（「服装の改良を実行して」前掲書、第十三巻七号、大正八年七月）。日本婦人の洋装着用に対する津田敏子の意見は、尾崎芳太郎の調和研究に通ずる大正的思考である。明治のドレスメーカー鈴木濱子が、「お身体《からだ》の格好の悪いにも関《かゝ》わらず召すと云ふと、よくお似合になりますと申し上げ兼ねる」（『新婦人』第二年一月の巻、明治四十四年一月）と述べたことに比べて、津田の対応は自主的である。

大正洋装の経済性について、実情はどうであろうか。望月ゆり子の洋装は、

お召の着物に長襦袢と羽織を揃えると大体二百二、三十円を要することになり、洋服は大抵その三分の一で匹敵する位の体裁のものが出来ます。（前掲書）

という。この価格は、尾崎芳太郎の計算と同じである。津田敏子の洋装は、

コートとスカートが五十九円、白縮緬のブルース（上着）が十八円、ペチコート（上下続きのもの）が白麻で七円、シミーが同じく半麻で四円、コルセットが六円五十銭で都合九十四円五十銭、そのほか細かいもので靴下二円五十銭、靴が十六円、帽子が十円、手袋が四円五十銭で合計百二十七円五十銭、一寸考えると百何円といえば贅沢のようでございますけれど、この外には細い紐一本要る訳ではなくそれが殆ど四季に渡つて使われると云えば本当に経済なものでございます。真夏のものでございましたらずつと安く求められます。ブルースが七円位で東洋パナマの帽子が三円五十銭位、縮のスカートとコートが二十円内外も出せば相当なものが得られます。（前掲書「附　洋服一切に要する費用」）

と、洋装の経済性を実証した。

明治洋装が当時の米価一升一二銭に対して、四〇円から百五、六十円（明治三十五年）であったのに比べて、大正洋装の米価一升四六銭に対する価格は、明治洋装の四分の一以下になった。値段からも、洋服は上流階級の独占物ではなくなった。また、和服の三分の一という価格は、服装改善の効果を挙げることができる。しかし、一般庶民生活にとっては、ま

だ高価である。その原因は、生地代と仕立代にあった。ラシャ一ヤール一円七銭〜一円三〇銭のように輸入毛織地は高く、仕立代も一五円から二〇円の高額であった。日本服装改善会が技術講習会を開いたのも、家庭裁縫によって仕立代の負担を除こうとしたのである。さらに安くするためには、婦人之友社の軽快服《ライトドレス》三円二〇銭のように、既製服化の方策がある。大正洋装の普及には、家庭裁縫と既製服化が進まねばならないことが、服装改善運動の過程で示された。

大正の新しい女、婦人解放運動家も初年の頃は和装であった。二年（一九一三）に開催された第一回青踏講演会の花形、岩野清子（泡鳴夫人）は、小紋縮緬の着物に繻珍の丸帯を締め、大きな丸髷姿で壇上に立った。参会者の洋髪はかなり多くなっていたが、洋装はまだ見られない。大戦後の服装改善を男女同権思想に標榜したのは、漫画家岡本一平である。『婦女界』（第二十一巻第六号、大正九年六月一日）に掲載した岡本一平作並画、映画歌劇（画面を一周するフィルム型のコマ内に漫画を描き、中央の空間にト書と歌詞を書く）、「俄仕込《にわかじこみ》」図206に描いた質屋伊勢屋の家付女房お瓢《ひょう》は、婦人覚醒会の宣言書を手にした。

　男も女も手足は四本　同じ筈《はず》をば女は奴隷　権利が無ければ義務も尽せぬ　春の曙《あけぼの》世界に陽《ひ》は出た　目覚めよ女
大地に踏立て　人てふ位《くらい》の大地に踏立て

彼女はこれを熱心に読み、男女同権に目覚めた時、質流れのズボンを着て古長靴をはいた。大正の新しい女の服装変化に、ズボンが登場する先端的漫画である。

七年に結成された新婦人協会が中心になって、治安警察法第五条の「婦人政治運動禁止」の改正を運動した時、和服の下駄ばきでは議会訪問に不便なため、平塚らいてうと市川房枝は洋服にしようと相談した。らいてうの姉、平塚孝子が家庭で洋裁を習っているので、その先生に作ってもらい、平塚は九年（一九二〇）七月一日から、市川は七月十五日から洋服を着たという。[13] 七月十八日夜、神田の明治会館で開かれた新婦人協会演説会に、八名が集まった時、平塚と市川は洋服を着て出席した。図207[14] 二人の珍しい洋装は評判になり、治警五条改正案の議会説明者田淵豊吉議員と打合せする姿が『東京朝日』（大正九年七月二十日号）に掲載された。図208 市川房枝は以後五十余年、洋服で通した。赤いメリンスの小幅帯をいつもきりっと締めていた伊藤野枝が洋服を着るのは、十年以降であった。[15] その頃から婦選獲得同盟の女性たちにも洋装が多くなった。十四年（一九二五）に東京市内で、婦人参政権要求のビラをまく女性九名のうち七名は、大正スタイルの洋服と帽子を着用した。[図209] 婦人運動家の洋装は、一平のお瓢よりプラグマティックであった。

生活改善同盟会・日本服装改善会の運動に、洋服を着た女性は日本服装改善会の尾崎芳太郎夫人げんであった。[図210] 彼女は十年の第一回講習会から洋服を着用し、芳太郎の提唱する調和研究による日本的スタイルである。生活改善の両会には多くの著名な女流教育家が名を列ね、服装改善を説きながら、尾崎以外洋服を着ている者はいない。尾崎げんの洋装は、運動家としての光彩を放っていた。

女学生の洋装化は、制服制定という方法で着手された。八年に、山脇高等女学校・女子医専・明華歯科女学校等が洋服の制服を定めた。白衿付紺セル地ワンピースに、つばの広いキャプリン型帽子をかぶる山脇高女の制服は、[図211] 全教員の検討によって創作され、十月一日から実施された。翌九年には、夏服も定められた。夏服にはガス糸綾織白地に藍色丸星模様のある欧米最新流行の生地を用いた。三越百貨店で調製された価格は、冬服二一〜二二円、夏服一〇円、帽子七〜八円、下着三〜四円であった（『婦人画報』大正八年十一月号、『読売新聞』大正九年五月九日）。校長山脇房子は学生の制服制定と同時に、女教員全員の洋装化を行った。女教員各自の洋服は、校長が費用の半額を負担して、横浜のドレスメーカーに製作させた。九年に行われた職員旅行の稲毛海岸記念撮影に、一同の洋服姿が見られる。[図212] 女学校制服は高価で、月給一〇〇円以下のサラリーマン家庭では、支出困難な金額である。女教員洋装も、校長の半額負担という熱意によって実現した。文部省の服装改善運動推進に対応できるのは、父兄の家庭が富裕な私立女学校であった。

早くから洋装化運動を行ってきた婦人之友社の羽仁吉一・もと子夫妻が十年に創設した自由学園は、生徒製作の洋服を着用させた。創立者の教育方針は制服を否定し、各自の製作服に個性を表現する洋服化を実施した（『婦人之友五十年の歩み』婦人之友社、昭和二十八年）。フェリス和英女学校は十一年一月に、女学生標準服[図213]を定めた。「是は制服ではありませんから、用不用は各自の自由です。但し日本服でも完全な『サルマタ』が必要です」（「大正十一年入学案内書（並に入学生心得）」『フェリス女学院百年史』所収、昭和四十五年）と、規制しない標準服を提示し、下穿着用は和服にも強制した。男子学生の洋服化がすべて制服によって行われたのに対し、初期の女学生服には、制服の画一化を避けようとするところがあった。制服化の大勢が決定的になるのは、関東大震災後である。

東京女子高等師範学校を九年に卒業して、山口県立高等女学校家事科教員に赴任した中山セツは、同僚の音楽教師坪田美栄と洋服着用を計画した。山口には洋装店がなく、二人は下関まで行った。当地唯一の婦人洋服店で中山セツが注文したのは、カシミヤのツーピース（共地ベルト付）と下着一揃であった。図214 当時の月収九五円（月給七〇円、その他諸手当）に比して、かなり高い値段であったが、一着を一年中着用するので経済的である。軽快な洋装は、通勤にも授業にも便利であった。学生時代は袴着用の和服で過したが、体操服を着た経験から、気軽に洋服を着ることができた。しかし、冬休みに東京へ帰省した時、この洋装姿は家族・友人らを驚かせたという[16]。東京女子高等師範学校教授成田順が、「和服では時代に適応した生活が出来にくい。私は生徒に教へるための実験として、震災少し前から洋装している」（生活改善同盟会編『今後の家庭生活』昭和六年）というように、生活改善運動傘下の女教員は、洋装化を推進する状況にあった。

長崎女教員会は十年に、女教員服を制定した。図215 文部省の生活改善講習会を受講した長崎の小学校女教員たちが服装研究会を組織し、洋装化を実行したのである。女教員服の製作は、船大工町の坂田婦人洋服店に注文した[17]。職業婦人中、女教員の俸給は高かったので、高価な注文服を着用することができる。意識面からも経済面からも、女教員洋装は実現の可能性が最も大きい。女子事務員・店員らは上っ張りを着用して、和服の非活動性を補っていた。

職業上不可欠な制服に、女子車掌服がある。八年に東京市街自動車、通称青バスが開通し、翌九年から女子車掌を採用して、白衿洋服の制服を着用させた。図216

乗客を乗せるとすーっとすべり出すウズレーの車体。軽く地面をけってひらりと乗車したバスガールの制服の色は紺、

白いカラーが風になびいて「発車オーライ」　（山花郁子「バスガール――母の青春」『母の友』昭和五十二年十二月）

現代のスチュワーデスのように、モダンな感覚のバスガールには、制服に対して白衿嬢の誇りがあった。十三年（一九二四）開通の東京市バス女子車掌は赤衿を付け、赤衿嬢と呼ばれた。同年の大阪市バスは、衿の青いカーキ色上着にズボンをはいた。各地の市電女子車掌は、襞スカートの制服である。彼女たちの制服は、年二回（夏・冬）支給されている。

電車・バス女子車掌の制服と同様に、職業服の最も必要な職種は女子工員である。二年に、女工員六〇〇〇人の東京モスリンへ前借金一〇円で、宮城県から連れて来られた山内みなは、会社から支給されたブラウスと車襞スカートの制服を着て工場に入った時、最高の感激であった。襞がたくさんあって、歩くとヒラヒラまわるスカートは、小学校時代、ほしくて夢にまで見た海老茶袴よりすばらしかった。寄宿舎に帰ってもぬがずに、寝るまで着ていた。しかし、このように彼女を喜ばせた洋服は前借であった。食費や前借金を差引かれると、一日八銭ぐらいしか残らない。二着目の制服は、費用を安くするために自分で縫った(18)。

八年の専売局煙草製造所女工員には、木綿絣の洋式制服が支給されていた。冬にスチームの通る最新設備の工場では、木綿服が快適である。官営工場の洋服化は、官給の好条件で実施された(19)。

九年の森永製菓会社女工員の制服は、白い業務服に白い帽子をかぶった図217。揃いの白衣が数百人並び、キャラメルの箱詰めをする壮観であった。月給は二〇〜三〇円であるが、制服は会社から支給された(20)。食品工業の作業服には、会社側も細心の注意を払わねばならなかった。九年に開催された第一回メーデーの街頭デモにも、数名の洋装女性の姿が見られる図218。

しかし、女子工員中最も多数を占める月収一〇円以下の彼女たちの作業衣は、和服にたすきまたはエプロンをかける図219。あるいは、筒袖上着にモンペの改良服である。細井和喜蔵は、「帽子、上着（冬は黒、夏は経緯縞）、正袴（黒）、エプロン、靴下、靴又は、足袋麻裏」の女工服図220を挙げて、「各工場では非文明的にも個性並に婦人美を無視して女工の服装を制定している」と批判し、「ああ京の織り子は、ついに破れた木綿を着て、誰が着るのか判りもしない綾織を、せっせと織っているよ」（『女工哀史』大正十二年起稿）と嘆いた。女工の生活に、深い理解と同情を寄せた細井にも、近代的工場服は意識されていない。生活改善同盟会はモンペやカルサンを提示し、尾崎芳太郎の工場服は男子服だけであった。女工員服が洋装化を達成するのは、昭和まで待たねばならない。男子工員服は小さな町工場にも、既に普及していた。女工員服の洋装化が遅れているところに、大正洋装の限界がうかがわれる。

市民生活に採り入れられた大正洋装はまだ着用者が少なく、世間になじまない特殊な服装であった。レディス洋裁学院長木崎都代子の回想によると、

一九一五（大正四）年だったか、久方振りに子供を連れて日本に帰ると、サァその騒ぎようと云ったら大変だった。私も子供も洋服を着ているということが人々の好奇をひき、それが更に悪口雑言に変るといった具合である。何しろ森律子が代議士の娘でありながら女優になったということでその可非論がやかましかったという時代である。私を女優よばわり、又ラシャーメンよばわり、子供は合の子じゃないかとつぶやき、銀座の通りでは注視のまとになり、百貨店に買物に入ると、囲に人だかりがするといった調子である。

（「あの頃」『ファッションタイムス』昭和三十一年二月二十三日）

という状況である。日本服装改善会の尾崎げんが白木屋顧問となり、洋服で通勤したのは大正十年であった。木崎都代子の洋服に人だかりがした時期から六年後であるが、げんも通勤途中しばしば投石された。(21) 明治五、六年頃、男子洋服着用者に「老若男女蝟集《いしゅう》して囂々《ごうごう》」（『日要新聞』第五号、明治五年十月）の対応と同じ初期的現象である。このように街の人びとが特殊視するだけでなく、着用者自身にも、洋服は未知の衣服であった。尾崎芳太郎の洋服裁縫講習会に出席した女学校裁縫教師たちは、洋服の理解がきわめて低かった。高等師範科主任教師が袖付の前後がわからず、尾崎の自宅まで尋ねに来て、ようやく袖を付けることができたという。(22) 貴族上流階級に独占されていた明治洋装の伝統では、市民層から多数の着用者を出すことはできない。大正初期の着用者は、市民洋装を形成する最初の役割を担わなければならなかった。

服装改善の目指す洋服の家庭裁縫にとって、ミシンは必須の用具である。しかしまだ、学校教育ではミシン設備に積極的ではなかった。第一次世界大戦中、日本市場から撤退したドイツミシンに代って、シンガーミシン会社は、販路拡張をはかった。S社はカマ機構を改良して、長舟型カマを蛇の目型カマに変えた。一九一三年（大正二）から、婦人服縫製に適する「十五種、蛇の目カマ」のミシンを売り出したのである。当機種を家庭用ミシンとして販売するため、世界的な宣伝を行った。しかし、日本では、家庭用ミシンの需要がなく、十五種ミシンは主として婦人洋服業者が購入した。

筒形スタイル時代の洋装業者は、明治洋装の技術を豪華な宮廷服に発揮するだけである。大河内治郎（大河内婦人洋服店主）の記した大正宮廷服の製作費は、

大礼服全部に要する費用を挙げてみますと、大礼服百五十円、外套百円、コオセット十円、下着十二円、ペチコオト十五円、帽子十八円、手袋七円、靴十円、シャツ上下七円、ヴェル一円三十銭、合計三百三十円三十銭で一通りできます。

普通の訪問服ならば、服代六十円、外套四十五円、下着十二円、コオセット四円、ペチコオト十三円、帽子十二円、手袋二円五十銭、靴十円、シャツ上下七円、ヴェル一円三十銭、合計百六十六円八十銭で一通り揃ひます。

（大河内治郎「婦人の洋装はどのくらゐ掛るか」『婦人世界』第十二巻第一号、大正六年一月）

と、高価なことは明治洋装以上である。流行については、「大礼服は以前のままですが、礼服、訪問服、旅行服は皆足の甲から鯨尺で四寸ほど上つてゐます」と言う。丈の短くなった筒形の流行スタイルであるが、豪華な生地と装飾に、精緻な技術と高額な価が保たれていた。一般市民の二十世紀スタイルは「パン粉袋に首と手を出して、紐をしめたドレス」[23]と業者が表現したように、簡素な洋装であった。このようなドレスの仕立には職人制に培養される名人的技能は必要でなくなった。高価な仕立料を得ることもできない。しかし、着用者が増加して一日の仕上枚数が多くなったので、従来と同様な収入を得ることができた。明治後期に興隆した業界は、大正洋装にも親方―徒弟―職人の系譜を引き継いでいった。

生活改善同盟会は『生活改善調査決定事項』（大正十二年二月）の「児童服に関する事項」に、「成るべく速やかに洋式に改めたい」とし、同会推奨の児童服を掲示して裁ち方を図解した。しかし、業界の動きはこれよりも早い。明治四十三年（一九一〇）、銀座の「関口洋品店」（輸入洋品商）関口源太郎は、舶来男女子供服を解いたものを見本として、大・中・小の子供服を作り、三越・白木屋百貨店に納入した。この子供服は好評を博して、よく売れた。関口は、「高木新太郎」出身の洋裁師山村久吉を入れて、この方法で子供服を作らせた。大正元年（一九一二）、山村は赤坂溜池に工場を建設して、既製男女子供服を盛んに製造した。山村と同じく「高木新太郎」出身「木島幸次郎」の弟子であった木村幸男は、山村の手引によって建設初年の当工場に入った。八年に木村は京橋八丁堀に独立し、子供既製服業を開いた。(24) この年には、婦人洋服業から子供既製服業へ転じた者が多く、業種分離に子供服需要の伸びを示している。大正の子供服は、既製服の新分野を開拓した。また、婦人服業者の兼業も行われ、「婦人子供洋服店」という新業種が起った。

近代市民洋装の起点は、大正洋装である。明治の貴族上流階級の婦人洋装から、市民洋装への転換が大正初期に行われたのであった。大正洋装は、明治洋装が普及したものではない。大正デモクラシーの生活改善運動を推進する教育家の改革運動であって、近代化の担い手が交代した。市民の洋装化には、機能的・経済的な服装の合理化が求められ、近代化の目標が掲げられていた。近代化の新しい担い手は、教育家グループの知識層であって、理論的・啓蒙的な役割を果たしていた。着用者の中心は、インテリゲンツィアの女教員であって、職業婦人の生活的要求よりも、生活改善の理論が濃厚である。洋装化の近代的理論と、新服装を新調できる経済力をもつ者が新しい着用者として、大正洋装への転換期に登場した。バス車掌・女工員の支給服を含めて、この着用者はあまり多くない。このように、限定的な服装改善が大正初期洋装であった。

服装改善運動の共通態度は、洋装化を目標とする漸進主義である。しかし、その漸進主義は明治の女服改良の延長ではない。和服改良を否定して積極的な洋装化を目標とするが、洋装化は現状にそって推進させるというのである。積極性と現状とが妥協する漸進主義で、欧米の服装改革に見るような激しさはなかった。これは、改善運動の中心が教育家であったことによるものであろう。

明治洋装は西欧スタイルに依存し、反対論者はその欠点を指摘するだけであった。大正洋装では、日本女性に適合するデザインが考慮され、製作者及び着用者の考案や工夫が加えられている。このような主体性は、大正洋装の市民服装的性格を、鮮明に示すものであった。

明治洋装から大正洋装への転換は、西欧の二十世紀スタイルによって行われたが、社会的な種々の条件に助長されたり、制約されたりして、大正洋装を形成した。これが次いで広範な市民層へ普及するには、さらに新しい波をかぶらねばならない。

二　大正末期

1　市民洋装の成立

大正十二年（一九二三）九月一日の関東大震災によって、全壊家屋一二万八二六六、半壊家屋一二万六二三三、焼失家屋四四万七一二八、流失家屋八六八、死者九万九三三一、負傷一〇万三七三三、行方不明四万三四七六、損害総額約六五億円という大きな被害を受けた。(25)この大炎害に遭遇して、和服の非活動性が問題になった。長袖をたくし上げ、裾をからげなければ、避難することも不可能である。看護婦・女教員のような洋服着用者は助かり、和装の婦人は火焔から逃げ切れなかった情況が処々に起った。災害時に生死を分けた服装の生々しい体験から、洋装化が唱えられたのである。文部次官沢野正太郎、代議士植原悦次郎らの、「焼跡の文化建設は洋服で」という「服装改造論」をはじめ、多くの論がまき起った。九月末に、早くも新装普及会を組織した福岡やす子は、震災時の和服が如何に悲惨な結果を生じたかの実例を挙げ、今後の生活をたてなおし、経済上の回復をはかるために、質素で実用的な洋服を推奨し、特に和服にまさる経済性を強調した。また、新都市計画が欧風によるならば、外観的調和美の上からも、近代都市東京には洋装化が必要と説いた（『読売新聞』大正十二年十月二日）。

福岡の唱えた「新装」のスタイルについては明らかでないが、十月にさっそく実物を提供する具体的な運動を開始したのは、婦人之友社である。初期生活改善運動以来、軽快服《ライトドレス》、その他各種の製品を販売して、洋装化を推進してきた同社は、「非常なことのある度に、すべての人々の服装が簡単になってきます。東京中も今度の地震と火事で、和服の不便を痛感し、洋服に改善するようにしたいと思います」（『婦人之友』第十七巻十号、大正十二年十月）と、「飯島婦人洋服店」に依頼し、安価な簡単服を製作して売り出した。前六枚、後六枚はぎスカート、ポプリンの白衿・白カフス付、ギンガム地ワンピースである。販売価格は、一円であった。「飯島婦人洋服店」は一枚七〇銭で自由学園に納め、友の会が一〇銭、婦人之友社が一〇銭、本部が一〇銭の手数料を加えて、一円の値が付いたのであるが、最も安い洋服であった。生地の無地または玉虫のギンガムは、二九吋巾、一ヤール七銭五厘〜八銭である。仕立代は一枚八銭〜一二銭であった。縫う人、売る人にとって単価は安いけれど、大量販売でこなせばかなりの利潤が得られるのは、既製品販売の妙味である。非常によく売れて、月一万ヤールも供給した(26)。

この安価な簡単服に既製服業界が着目し、男子既製服の中心地大阪が最も積極的であった。「外套屋」と呼ばれるコート製造既製服業者は、簡単服をアッパッパと称して売り出した。裾がパッと開くという大阪言葉の呼び名によって、着易さが宣伝された。大阪町屋の婦人は夏季に、襦袢型の甚兵衛（甚平）を着る風習があったので、アッパッパは歓迎された。関東被災地よりも大阪で多く着用され、やがて全国的な大流行となった。

大阪商人の売り出したアッパッパは、自由学園製よりも安く、一着八〇〜九〇銭であった。この値段は、浴衣地一反の半分である。使用する国産ギンガムは、伊勢松阪産の笹川ギンガム（双糸）が一ヤール約四〇銭、浜松ギンガム（単糸）は一ヤール約四五銭である。この笹川・浜松ギンガムの当年売れ残り品を半値で仕入れて、冬作業に「アッパッパ屋」が製造した。製品は夏になって売り出すので、生地より安く提供できた。冬に製造した簡単服は夏に全部売り切れるので、大阪商人にとっては一年計算の有利な商売であった。安いアッパッパは全国に売りさばかれた。洋服屋だけでなく、足袋屋の店先にも下げられた。「おうま」と呼ばれる竹製馬型にぶら下げ、振り分け荷にして肩にかつぎ、あるいは屋台車に陳列して、移動販売に路地の奥まで売りに行き、家庭婦人の購買欲を誘った。浴衣地一反の値で二枚も買える安価なアッパッパは、襦袢や甚兵衛のように、簡単に着られるワンピースであった[27]。洋服を着たことのない低所得層の主婦たちは、競って着用した。恰好の悪さを笑われても、夏には和服に勝る涼しい衣服である。

既製服アッパッパの大流行となったが、このような簡単なスタイルは、家庭でも仕立てることができる。婦人之友社は和服を仕立直した簡単服を『婦人之友』（第十七巻十号、大正十二年十月）誌上に紹介した図221。きもの再利用の手縫ドレスは、最も経済的である。この簡易なワンピースは主婦にも縫うことができるが、裁断はできない。婦人之友社や服装改善会の販売型紙は、利用者が限られていた。このような裁断の隘路を打開したのは、洋装生地店の始めた無料裁断である。生地を購入すればその場で裁断してくれるサービスは、家庭裁縫を盛んにし、生地もよく売れるようになった。アッパッパは既製品と家庭裁縫によって普及した。

アッパッパの普及に従って、既製品のコストは安くなった。昭和五年（一九三〇）、アッパッパの生産と価格は次のような状況である。

これを製造する家が、大阪だけでザッと二百五十戸、中には一軒で四、五万枚以上も造る。綿布は安く賃金も安いこのごろでは、アッパッパの普通物は、一ダース五円から六円、一着四十五銭。（『大阪毎日新聞』昭和五年七月五日）

卸値一着四五銭は、最初の頃の卸値一着七〇銭（飯島婦人洋服店製品）よりはるかに安い。物価上昇時代にこのような値下りは、おそらくアッパッパだけであろう。

昭和七年（一九三二）の夏は、三五年ぶりの暑さであった。大阪では「去年に比べて三万枚も余計に売れたといつてゐる。暑さが見得と外聞とに挑戦して美事に陥落させた形だ」と、『アサヒグラフ』（昭和七年八月二十四日号）はアッパッパの普及ぶりを報じた。同誌の「逐にアッパッパ軍大阪を占拠す」の写真報道には次の情景が展開する。

住宅地の「奥さん」図222……

さゝやかな冠木門、たまには夜おそくなる御主人の為めに、呼鈴―典型的な―郊外の住宅地の「奥さん」連も「ホームドレス」と名付けられるツマリは「アッパッパ」党である。エナメルのバンドやウエストラインにわづかにインテリのはかない自尊心を見せては居るが所詮、伊藤深水画伯をして「美を放擲してかゝつてゐる……」と嘆かしめたアッパッパであることにかわりはない。

げいこはんも図223……

やかたでは例外なくアッパッパである。そも〳〵これがかくも澎湃たる勢で市中を席捲したといふものは、あるげいこはんがシュミズをそのまゝ寝巻き代りとしたるが濫觴なりとかや、手軽と経済な点で何よりも実用的な大阪婦人のおめがねに叶ひ……と読者は云つてゐる。だとすればアッパッパは「粋」といはれる柳暗花明の巷に発祥した、いみぢくもなでやかな歴史をもつとサ、何とねえ。

玉やのゲーム取りも……

女給さんも……

船頭のおかみさんも……

産婆さんの仕事着にも……

シネマ見ませうか図224……

紅毛人はオペラ見物に、イヴニング・ドレスを召すといふに、わが大和撫子の君はこの姿で「二等二枚……」。テケツの中も、見るまでもなくアッパッパであること、神も照覧あれ。

デパートへも図225……

およそ百貨店ほどあらゆる種類の人間の集まるところはない。その中大阪の女性は勇敢にもアッパッパで堂々と乗り込んで行く。それは決して彼女等ばかりが勇敢なのではなくて大阪のあらゆる階級が、このアッパッパに対して無言の裡に事実上の承認を与へてゐるからなのだ。若しアッパッパの一枚毎に冷い白眼が向けられるとしたら、どんなに大阪婦人が厚顔でもそれは堪へられるものではないだろう。

マネキン人形が泣く図226……

パリジャンヌに似せて作られた人形が、アッパッパを着せられて号泣してゐる。

海へも図227……

かの国のビーチ・ピジャマをうつしうゐん、大阪附近の海岸では婦人のアッパッパは一つの常識とさへなりかかつてゐる。これを外出に用ふることは相当論議されてゐるけれども、「必要」はあらゆる非難を振り捨てゝ、夏は一意アッパッパ時代の建設にいそしんでゐるかにさへ見える。

公設市場へも……

お風呂へ行くにも……

このような庶民のエネルギーに、アッパッパが流行した。家庭着・外出着・労働着にも、安価なアッパッパは快適であった。夏のアッパッパには洋服用下着をつけず、靴もはかなかった。腰巻の見えるアッパッパ、下駄ばきのアッパッパは、非難され嘲笑されても、最も日本的な夏季洋装であった。

女流作家長谷川時雨は、「大震災の時、わたしたちは何を経験したか」と、「袖の振りから腕を出し、腋の下まであからさまに見せ、肩の上に袂を結びあげ、裾は股まで高くはしより、胸の下まで持つていつて、帯は細くキリリと結ぶ」罹災者の姿に、和服の非活動性を認めねばならず、

働くものの着物の改革は、とうに到来してゐるのだが、日本服の良さと、平時の調法さと、家屋との調和からたゆたつてゐるので、アッパッパといつた、今でいふ簡単服が、どんなに一般のおかみさんにとりいれられたか——背の丸くなつた老女が、肩から灸のあとを出しているの、若い女が下から赤い腰巻を見せるの、丸髷がをかしいの、素足の下駄ばきがどうだのと、服装儀礼の正しい、女は働かなくつてよいといふ階級の、男たちの嘲笑と顰縮にあつたが、必要は笑はれたぐらゐで止められるものではない。これは、忙しい生活が求めてゐる衣服のかたちを、暗示してゐたのだ。

（「震災後から今日まで」『随筆・きもの』昭和十四年）

と、働く女の着物としてアッパッパを評価し、アッパッパに対する嘲笑は、働く女を蔑視する階級の男たちからであると指摘した。

アッパッパに賛成する男性は、医師・医学者であった。医学博士吉田房雄は、

世界に例を見ない高温高湿の日本の夏を凌ぎよくするために、男性の世界ではノータイ・シャツとか開襟シャツとか、いろいろなものが工夫されてゐるが、女性たちのアッパッパには到底及ばない。アッパッパは襟のあきといひ、袖の短さといひ、ゆつたりとして風通しのよさといひ、衛生的にみて申分がない。

（『大日本ミシン新報』第三十三号、昭和十年七月十日）

と、衛生上からの賛成論を述べた。また、京都大学医学部助教授北村直躬は、生物学者としての見解から、

日本の女子の骨格、皮下脂肪の点から考へて、肉体の曲線そのまゝでは西洋の婦人よりも曲線美に乏しいから、日本の女子の洋装は仕立のゆつたりした方がよい。その点アッパッパのやうにゆつたりしたものは、仕立やうによつては

日本婦人の肉体の欠点を補ふことができてよい。（前掲書）

といって、恰好が悪いといわれるスタイルを推奨した。非難されているアッパッパの下駄ばきについても、

アッパッパを着たら必ず靴をはけとよくいはれるが、夏は下駄でよい。下駄は日本のやうに湿気の多いところでは、誂へ向きの夏のはきものである。西洋の女でも田舎へゆけば、素足に木の靴を引きずつてゐる。たゞ下駄は公式の場合はどうかと思われるだけで、市場への買物なんか下駄で結構だと思ふ。（前掲書）

と、バックアップした。

これらは十年（一九三五）七月、大日本ミシン新報社の「アッパッパ是非」に答えたもので、吉田房雄は「よくぞ女に生れける――と日本の女が鼻高々にいひうるのは、日本婦人独特のアッパッパである」とし、北村直躬も「関西の男のジンベーとパッチとともに、女のアッパッパは夏の服装として非常によい」と、夏の服装に推奨する賛成論であった。但し、吉田は「昼と夜、雨天と晴天などの外気温の変動に対する調節の点でいくらか欠くるところがあるやうだから、この点が改良されゝばなほ一層よくなるだらう」「優美といふ点で、まだ十分改良の余地があると思ふ。あの涼しさ、軽快さを失はないで、どこへ出しても恥しくないだけの優美さがほしい」の二点を挙げた。北村は「風俗上、アッパッパは下着に注意してほしい」と警告した。彼らの指摘するデザインと下着の問題は、震災を契機として形成された低所得層のアッパッパにとって、必然的なファクターであった。しかし、北村は「日本の着物にしてもジンベーにしても、歴史的には室内着が街頭着になつてきたのであつて、このアッパッパもまた同じ道を辿つてゐるのだ。時代の反映だ。大いに礼讃したい」と、アッパッパ時代に庶民の洋装化を展望した。著名な学者の見解は既製服工業関係のミシン情報紙に掲載され、生産者側の自信を喚起するものであった。

十年夏のアッパッパのデザインについては、三谷洋裁学院長三谷十糸子が種々な助言を行っている。色彩は「若い人の影響で明るくスマートになつた」が、「大きな蝶型の襟飾りは、裏屋の中年マダムに派手すぎる。仕事着らしい、清楚な

デザインを考へてほしい」「長い靴下は絶対禁物」「だぶついた腰の形をよくし、お腹の冷えるのを防ぐため、お腹をしめたりお乳を圧えたりする下着の工夫が是非ほしい」(前掲)と呼びかけた。アッパッパの品質がようやく向上し、ホームドレスと呼ばれるようになるのは、昭和中期である。アッパッパからホームドレスへと、夏季の洋装は市民の家庭に定着していった。

関東大震災後の服装変化は、ミシン業界にも大きな影響を与えた。それは、ミシン需要の急増である。震災直後は焼失ミシンの補給に需要が起り、業者は手持の新品を売り尽した。その後もさらに続く大需要には、アッパッパメーカーと家庭裁縫用ミシンが含まれた。新品輸入は強力なシンガーミシン会社に競争できず、業者は中古品輸入をはかった。この対策は成功し、ミシン中古品輸入商を成立させた。また、このような事態は国産ミシン製造へと関係者を奮起させ、国産化実現への契機となった。

2 モダニズム

関東大震災後、焼土の中から復興した東京は、整備された道路に耐震耐火のアメリカ式鉄筋コンクリート建築が立ち並び、公園や各種の社会施設を具備して、「新東京」といわれる現代都市の誕生であった。被害の少なかった丸の内オフィス街を中心に、渋谷・新宿から郊外へ膨張した。東京に続いて大阪も、「大大阪」へと市域拡張が行われた。「東京の丸ビル、大阪の堂ビル」といわれ、丸の内ビルディング・堂島ビルディングが象徴する新しい都市の景観は、欧米の二十世紀モダニズムであった。一九一九年(大正八)、ドイツの建築家ワルター・グロピウス Walter Gropius の指導によって創設されたバウハウスは、機能主義デザイン運動の基盤を築いた。三二年(昭和七)にナチス台頭のため閉鎖されたが、アメリカで再興され、世界各地に現代的造型を浸透させた。機械産業時代のモダニズムは、合理的機能主義の建築・家具・服装等に新スタイルをもたらしたのである。ヨーロッパの女性が大戦中に断髪し、長裾ドレスからショート・スカートの筒型ドレスに変ったのは、戦時の生活的要求であったが、戦後はモダニズム・ファッションとなった。新流行の伝播者は、アメリカの若い女性たちであった。モダン・ガールは衛生に悪いコルセットを用いず、長すぎて活動的でないスカートを短くし、気分を晴やかにするため煙草を吸う。自由を要求して個性を発揮し、旧い伝統に挑戦して因循姑息を美徳とせず、開放的で勇敢な行動は、近代主義の表現であるという。(28) 新スタイルはスタイルブックによって伝播するばかりでなく、「モダン・ガール、モダン・ウーマン」を分析する「ニューヨーク・タイムス」The New York Times などの新聞情報によっても、日本へ伝わった。

わが国の洋装も欧米の新流行を採り入れ、二十世紀スタイルのモダン・ファッションが大正洋装を形成したが、震災後変貌した現代都市に、断髪・洋装のモダン女性があらわれた。

大正十四年（一九二五）四月、『婦人公論』の主幹島中雄作は、「有るがまゝの現実を批判し解剖して、吾等が前途を予知せしめんとする。それは吾等が任務である」（同誌「提言」）と、「丸ビル中心の文化」（同誌十巻四号、春季特別号）を特集した。島中に「当世娘気質《かたぎ》」の執筆を求められた新居格（作家）は、「モダン・ガールの輪廓」を書いた。「現代の欧羅巴にはモダン・ガールとも云《い》ふべきものがあるさうだ」「日向葵《ひまわり》が太陽について廻るやうな新しい時代の新しい感覚を胚《は》らみながら行動して行《ゆ》く」「さうした風気《ふうき》を胚《はら》んだ若い女性がこの国にも生まれ来つゝある」と言い、わが国のモダン・ガールについて、次のように描写した。

欧風の情緒的とり入れがある。僕等の時代の欧化は形式的であり表面的であつた。今は生活的になり、情感のうちに這入《はいい》つてゐる。

明るく快活になり、表情も表現も鮮明になつて来た。

室内より戸外を好み、人をさけるよりも近づくを好む。

自由に遠慮なく意志表示する。

情感をエロティックに表現する。これは自分を印象づけようとする自己肯定の意欲であるかも分らぬ。

二重の意味の言葉をつかつたり、暗示的な複雑な色調を以《も》つた物の言《い》い方《かた》をする。

貞操観念は、科学的改定が加えられた。

などを挙げ、ブルジョア的で、個人主義的で、無政府主義で、何よりも自由を尊重し、情感豊かで意志の強い叡智なモダン・ガールという、従来見ることのなかった全く新しいタイプの女性像を示した。プロレタリア作家新居は、ブルジョア的雰囲気のモダン・ガールがブルジョアの享楽や悪趣味に走ることを懸念しながらも、革命的なモダン・ガールに期待し、

当今の娘気質《むすめかたぎ》にも我々から見ていゝもの、わるいもの、本当のもの、偽りのもの、それが混然、雑然として流れてゐる。そのうち何が自然で本当であるかを知るもののみ若かい女性の友でありうるやうな気がする。そんな心持をもちながら、勇ましくも爽やかな曙さして進んでゆく若かい女のドンキホーテを、丘の上から眺めたいやうな気がする。

というのであった。

新居格がブルジョア的モダン・ガールにこだわったのに対して、薄井長梧（作家）は『丸ビル』の女の顔・服装・表現」に、事務員・タイピスト・ショップガール・ウェートレス・婦人記者・美容師など、丸ビルで働く職業婦人によって、モダン・ガールを論じた。近代的オフィス・ビルディングの丸ビルは、この頃誕生した各種の職業婦人のほとんど全部を網羅し、その数は一〇〇〇名に近かった。彼女らに共通する近代的な一種の新しい表現について薄井は、「昼間は外で働いて、夜はハンガリアン・ラプソデーに耳を傾けようとするモダン・ガールには、洋装が似合《にあ》ふのである」という。また、流行を追う余裕のない質素な銘仙の着物の職業婦人でも、ヨーロッピアン・スタイルに化粧し、輝かしい眼、自由に動く顔の筋肉、生き生きとした表情に近代的表現が見出され、「モダン・ガールの美しさは、彼女が如何《いか》に表現的であるか何《ど》うかに依《よ》つて定まる」とした。

しかし、丸ビルの会社・事務所・商店は、このような女性をさがし出して雇ったのではない。アメリカ式モダーン・アコモデーション建築の丸ビルで、近代思想の経営者や海外事情に精通する事業主に傭われ、異性のサラリーマンと共に近代文明の仕事をする職業婦人「丸ビルの女」は、その生活環境にはぐくまれて、「丸ビルタイプ」を創造したと薄井はいう。このような新タイプについて彼は、「伝統主義から自由主義へ、精神主義から物質主義へ、禁慾主義から享楽主義へ、古い貞操観から新しい自由恋愛へ」を示し、彼女らはこの近代的傾向から、近代的な髪型や服装を要求することを指摘した。「丸ビルの女」は、「新しく生まれ出た或る階級を代表する、近代的な、そして表現的な女性のグループ」であり、「新時代の職業婦人を代表する彼女ら一〇〇〇人の若い女性は、モダン・ガールの先頭に立って、新しい時代をリードし、彼等が次第にその数を増し、その傾向を鮮かにするに従つて、異彩ある彼等の一時代を画する事」を予言した。

長谷川如是閑は、「隷属的女性文化より創造的女性文化へ」という標題が示すように、「家鴨《あひる》が文庫を背負つた様な若い婦人の服装が一朝にして脛をあらはした裾短かの洋服姿に変つた」ことを、職業へ進出した女性の生活様式として支持した。「生産者たる婦人は文明の装飾ではなく、文明創造として男性と共にあることを得る。資本主義の生産組織の中に一個の人格として、しかも集団的に参加し、重要な一要素たる地位を得た」女性たちは、日本の資本主義の急激な進歩に伴って、全国的に波及することが、文明評論家の確信に示された。

しかし、保守的世論を担って、新風俗を拒絶する論評は、大泉黒石（作家）の「我が『丸の内』の紳士淑女よ！」である。大泉のいう紳士淑女は、丸の内へ買物に来るブルジョアと、顧客のブルジョア的趣味性好にかぶれて模倣するサラリーマンとサラリーウーマンであった。この紳士淑女は、「小富豪階級を小さく模倣したモーラル・アナーキストが、人間相互の対他的意志、もしくはゲマインシャフトの不確実を証明するやうな、好き勝手な自己肯定を前提として、放埓《はうらつ》な性的感覚を逞《たくま》しうしてゐる光景」「一通り心得てゐるだけでも荷物になる最近社会思想の輪廓とを携へて、自由自在に滑走する小富豪型」であった。「丸の内に文化という代物《しろもの》があれば、それは多分、健全な道徳性の破壊と、社会風俗の攪乱」というのが、大泉の拒絶反応である。特に、対談形式による友人の言として、淑女の「醜事」に罵詈雑言を尽くした。この問題については新居も、「いやな、鼻持ちにならぬ、いゝ加減のものもある事はある」とふれながら、「非難する立場に立つならば、神の国の事件にだつていやな事があるにちがいないから」と鷹揚であった。保守の攻撃がこの点に集中したのは、女性の社会的地位に関連する。同じ職業婦人でも、女教員の洋装化は前述の通り推奨されていた。

プロレタリア派文芸評論家平林初之輔は、保守派の批難に対して、「新興職業婦人の注意と警戒を望む」を書いた。職業婦人の社会的・経済的地位から起る問題として、家族制度・男女の賃銀・母性・風紀の四問題を挙げ、風紀については、社会的変革は同時に、道徳の変革であると説いた。しかし、丸ビルを中心とした不良少女団体が検挙され、その中にタイピストらの混っていることを指摘し、「はじめて家庭から解放された若い女性が、誘惑の魔手に乗ぜられることはありがちです。私は此等の少数の例外のために、職業婦人全体を攻撃する保守主義者の浅見をあはれむものですが、それと同時に、職業婦人諸氏は、その社会的使命の重いことを自覚して、十分の注意と警戒を怠らざらんことを望む」と警告した。

また、この問題について広津和郎（作家）は、「新時代の婦人に与ふ」によって、次のように述べた。

> 動くものは動いて行かねばならないし、停滞すれば枯死するものとすれば、停滞ほど下らないものはない。物を見る明のない保守主義者の慨嘆などに遠慮してゐる必要はない。これ等の恐ろしき難問にみづからぶつかり、みづから解決を与へて行くのは、つまり新しい青年男女たちだからだ。本気で暗中模索してゐれば、その中に何等かの光が見えて来るだろう。そして道徳や習慣は破壊された事をぶつぶつ云《い》ひながらも、生活力の後を追つて来るだろう。生活力の動いて行つた後の道路を、道徳や習慣がコンクリートで固めてくれる。だから、心配することは何もない。

このように、確信的な広津の言葉は、保守派に対する完全な解答であった。広津をはじめ大正作家の成熟した思考は、新風俗の本質を浮彫にして見せた。特集を組んだ島中の提言は成功したといえる。

同誌はまた、「断髪婦人の感想」を集録した。実行者自身が語った断髪の動機と心情はかなり長文であるが、抜粋要約

髪由来記）

するとと次のようである。

吉屋信子図228（作家）　「何故断髪にしたかつて――したいからしたのよと言つてしまへば、たゞそれだけの話に過ぎないんです」「頭が軽くなつてふけが出ず、執筆能力が増進し、気持がよくて手数がかゝらず、至極妙でございます」（信子断髪由来記）

翠川秋子（洋裁家）　「母や子供を引きうけて責任の多い身には、結局かうした簡単な髪と、少しの時間をも利用する洋裁によつて、経済を保つていくことが出来ます」「どうせ批難の多い事は覚悟してゐますけれど、自分の境遇上、経済のため、断髪と洋装を実行しつゞけていきます」（母の許《ゆるし》を乞うて）

坂本真琴（婦人運動家）　「あの大震災に、当時十一歳の病中の長女を背に、猛火に追はれて、辛《から》くものがれ得てから、断髪の考へが熟して来ました。震災の記念の一《ひとつ》が形の上での断髪です」「私の頭髪は薄く、いとはしい雲脂《フケ》も多く、そんな頭髪でも、流石《さすが》に断《た》つとなりますと、その前日、日本髪に結うて写真を撮《と》る位《くらゐ》の、淡い愛着は私にも御座《ござ》いました。然《しか》し家人に反対する者のない心易さから、去年三月十日、参政問題の講演旅行に出発する前、落ちついた心持で切りました」「頭が大変に軽く、洗髪が便利で、雲脂が少しも浮かなくなりました」「断髪は、自分の頭や、姿や、境遇等から任意に撰択すべきもので、決して一律にその可否を論じたり、流行に左右されたりするものではないと信じます」（フケ退治）

八木静枝（ブルジョア夫人）　「人並以上に髪たくさんで、人一倍気短かの私は、五、六年前、ヤンキーガールたちの軽快な断髪流行に、あゝこれだつたと叫んで、断行してしまつたのです」「日常の仕事や運動が機敏にできる利益と幸福を、ありがたく思つています」「断髪人の資格は、洋食が正式に食へて、横文字が読めてしやべれて、ダンスが出来て洋装が似合《にあ》ふ若い婦人に限ると皮肉られますが、着る事と住むことを西洋式にする利益を実行なさる方《かた》には、年齢を問はずおすゝめしたいのです」「日本式の生活をなさる方の中にも、派手《はで》な模様のキモノを着た若い娘さんなどには、断髪が非常に可愛く似合ふと思ひます」（断髪の快味）

岡田嘉子（女優）　「猫毛のためもつれて、いつも泣かされていた髪を切つた時の気持のよさ。或一種の寂しさも感じますけれど、何よりも私の様な不精者には、軽くて面倒でないのが嬉しう御座いました。シャボンでゞも何でも手軽に洗へますし、もつれることもなく、何だかサッパリした様な気持になつてゐました」（快さと寂しさ）

友谷静栄（主婦）　「私は生来のものぐさで、髪を結ふのを面倒くさく思つておりました。その上たいへんな頭痛もちでありまして、女に生れた因果で、長の年月、緑の黒髪になやまされたわけでございます。断髪の方が日本にも十人位《ぐらゐ》はあらうと思はれる頃、それがフランス流かアメリカ流か知らうともせずに、ひとりでヂャキヂャキとはさみできつてしまひました」「断髪には洋服と、こだはる必要も認めませんので、まことに何の憂ひもありませんでした」（怠け者の断髪）

大橋房子図229（ブルジョア婦人）　「断髪洋装から外遊に至る数年間、日本の生活様式よりは欧米の生活様式に、自然になじんでしまつたのです」「再び母国の土を踏んで感じたことは、自分はやはり昔ながらの日本が一番好きだといふことでありました」「心から愛してゐるものと此髪故に何処かで相容れない——片恋をするものの物足りなさとは、こんなものでもありますかしら？……」（旧きを懐しむ）

平塚らいてう（婦人運動家）　「私の髪は特別に波立つていて、くせなおしに、母が苦労していました」「自分で髪を結ふようになつてから、自由に波打つ髪がすきでしたので、肩のあたりまでの長さに切つて、下げておこうと思ひましたが、母は「気狂《きちがい》のようだ」と笑ひますから、三組《みつぐみ》にして巻きつけて置きました」「この三、四年、激しい頭痛に悩まされ、今度こそと切つてしまひました。もう笑ふものも叱るものもそばにゐませんから、自分の勝手でした。これで、又一層楽になりました」「やつとたどりついた断髪が私には、一番無理のない、自然な気持のいいものです」（断髪になるまで）

関鑑子（声楽家）　「頸にできたこぶを断髪でかくし、音楽会のステージに立つことができました。断髪様々《さまざま》でございます」（「こぶ」の為に）

断髪の動機について、ブルジョア婦人には欧米ファッション志向が強いが、共通するのは軽快と便利である。日本髪はもちろん、その桎梏を脱した明治の束髪、さらに簡略化した大正の耳かくしにも得られない機能的な断髪のモダニズムであった。また、断髪する日常性への反逆は、新居や薄井の指摘したように、彼女らの自由な精神からプラグマティックな断髪が行われている。そして、断髪の女性は掲載写真によると、友谷静枝以外みな洋装であった。

モダン・ガールの表徴は、断髪・洋装・洋風化粧であった。女教員を中心とする生活改善服と低所得層のアッパッパは、断髪と洋風化粧には関係なく、文部省推奨の生活改善服は特殊なジャンルの中にあり、アッパッパは不恰好を嘲笑されて、一般的なファッションにはなり得ない。震災後のモダン・ガールこそ、ニュー・ファッションであった。新しい流行は若いブルジョア婦人と職業婦人に行われ、断髪―和装、断髪―洋装、断髪―洋装―洋風化粧と完成されていく。大正末に生れたモダン・ガールは、昭和初年にますます流行した。男子洋服にも新スタイルが導入され、モダン・ガールに対してモダン・ボーイと呼ばれ、モボ、モガという略語が流行する。復興後新装の銀座には、ダンスホールやカフェーが並び、デパートが進出してニュー・ファッションを宣伝した。大阪の心斎橋筋をはじめ各地にも歓楽街が形成され、モボ、モガが現れた。

画家岸田劉生は自画自文「新古細工銀座通《しんこざいくぎんざのみちすじ》」（『東京日日新聞』夕刊連載「東京新繁昌記」(64)〜(70)、昭和二年五月二十七日〜六月四日）の「毛断嬢」に、挿絵「銀座街頭毛断嬢之図」図230（「毛断嬢」(二)、昭和二年五月二十八日）を描いた。長いショールをかけ、洋傘を脇に抱え、裾をひるがえして歩く断髪――和装のモダン・ガールである。カフェーの前ですれちがうモダン・ボーイも描かれている。劉生は、銀座通りのモダン・ガールに洋服より和服が多いと言う。彼女らの洋風は翻訳的なものでなく、一時代前の欧化のように、無理に似せたものでもなく、きわめて自然な一種の美しさとなっていることを認め、今後の日本の物質文明は、古きものを離れて欧化を進めることを指摘した。しかし、「モダンの美は静かでない。それは世相の反映である。目を撃《う》つ美で、観賞すべき美ではない」とし、「断髪や耳かくしの味は、人をして見さしめる美であって味はしめない」「頬べにを赤くし、眼のふちを色どり、くちびるを赤くした顔は、男子を引つける美しさはあるが、良く味はふ事は出来ない」という。古い日本の美を知って味わい得る最後の人間と自称する劉生は、「自分をこのモダンの中へ投入れることはまつ平である」と、現代に同調するのを拒んだ。さらに、彼の審美的考察によると、「モダンは女性の美的に平均した」と見て、ある程度の美が一般的に普及され、昔のように不平等ではなく、平均・平等の文明であると、美の世界にモダニズムの大衆性を示した。

岡本一平は漫画に、洋装のモダン・ボーイとモダン・ガールを描いた（『太陽』昭和二年六月号）。図231 空には、大正十四年七月二十五日に初めて飛んだ朝日新聞社訪欧飛行機の初風と東風が描かれ、遠景に巴里のエッフェル塔が聳えている。「大正末年に近く空には訪欧飛行成功　地にはモダンボーイ　モダンガール蔓延し出す」とあり、モボ、モガは飛行機に比する先端風俗であった。モボは、おかま帽子をかぶり、赤いネクタイを結び、裾ひろがりのラッパズボンをはき、もみあげは長く、鼻の下にチョビひげをはやし、ステッキを持つ。モガは、断髪で、膝丈の短い洋服にハイヒールをはき、眉を引き、頬紅と濃い口紅をつけるスタイルが類型化した。

昭和二年四月十五日の『東京日日新聞』夕刊に、「モダンガール征伐」の記事が掲載された。モダン・ガールの横行濶歩、ダンスホール、カフェー、料理店、民間会社、良家の令嬢を風靡し、地味であるべき官庁の中まで侵入し、女子従業員一〇〇〇名の東京鉄道局は、濃い口紅・断髪の事務員十数名を馘首したという。担当課長の談によると、出勤状況不良のほか、「オペラバック片手にしやなり〳〵と役所に出てくる」「役所の廊下を銀座通りと心得、勤務時間に、着物を見せるために散歩する」「化粧室の鏡の前に長く立つ」などが挙げられ、かつての平林初之助の警告が思われる状況であった。マスコミはさらに、「春のモボ、モガ退治、不良ダンスホール手入」（『朝日新聞』昭和二年四月二十一日夕刊）、「ゆうべ銀座街でモダンボーイ征伐、百五十名大検挙」（前掲、八月三日夕刊）、「カフェーに昨夜から禁札」（前掲、九月十五日朝刊）と報道し、モボ、モガに淫靡なイメージを濃くした。外交評論家として著名な清沢冽は、日本のモダン・ガールについて、頬紅・厚化粧は「柔順内助といふ規法からぬけ出て、近代社会の刺戟に訴える反抗力」、断髪は「自己のためでなく、同性のためでなく、軽薄なニヤケ男の愛を買はんがため」、洋服は「身軽になつて新しく戦線に立たんがためでなく、男の役を追はんがため」と、男の立場からのモダン・ガール観を述べながらも、「男は洋服を着ているのに、婦人の洋装だけを眼の敵《かたき》にするところに、男子の論理がある」と言った。[29] 次いで起ったこの権力的な「モダンガール退治、征伐」は、刑法第二二章第一七四条「公然わいせつ」の適用とはいえ、清沢のいう男の論理が厳然として、立ちはだかっていた。

しかし、ダンスホールのモガには、「ふくよかな肉　つやゝけき肌　真紅のルージの唇に不断の笑ひが生れ　青い隈とつた眼もとに悩しい媚が流れる　春は銀座に牡丹と咲き　秋はホテルのダンス場に孔雀と驕る　あゝわがモ・ガよ！　君にトロイの王妃ヘレンが多感を求むるなく　君にナイルの女王クレオパトラが情熱を望むべくもない　おごれモ・ガ！　おどれモ・ガ!!」（「カメラ幻想曲　モ・ガの夢」『アサヒグラフ』昭和三年六月十三日号）の魅力があり、ダンサー図232にとっては、女性事務員サラリーの二倍以上の収入を得ることのできる職業であった。「お客様方は踊る事が愉快で踊つていらつしやるのだが、私達は午後三時から夜十時まで（その中三時から六時までは稽古時間だが）まるで機械人形のようになつてしまう。然しその報酬は十五日毎に意外な金額となつて現われるから楽しみである」というダンサー柴田貞子は、「脂粉の香とジャズの音の中に異性相手の生活していても、やはり一人の婦人労働者に違いない私たち、いかがわしい行いをしている人もあろうけれど、ほんとに真面目に働いているダンサーたちまで、世間から疑惑と誤解の眼を向けて下さる事のないように」（「実生活の一頁　ジャズの中から」『女人芸術』昭和三年十一月号）と訴えた。

コーヒーや洋酒を供するカフェーは明治末から開かれたが、文学青年や画青年のたまり場であった。大衆化して各地の歓楽街に繁昌したのは、震災後である。カフェー女給のシンボルは、白いエプロンであった。欧米の女給仕人にまねたエプロンを、縞のお召《めし》のきものにかけて、蝶結びにする。しぼのある縮緬織物のお召は地厚で丈夫なため、はたらき着に適していた。銀座尾張町角のカフェー、ライオンの女給図233は、和服の上に筒袖長裾の洋式上っ張りを着て、エプロンをかけた。これは、経営主西洋料亭精養軒の考案であった。銀座のカフェー女給お蔦の化粧と服装について、永井荷風は次のように描写している。

撫肩で肉付がしまつてゐるので、荒い竪縞のお召でも着こなした後姿は案外形よくすらりとしてゐる。髪はいつも頭巾でも冠つたやうなオールバックに結つてゐるので、円顔の広い額が猶更広く見えるのを、当人は少しも気にせず、却てそれをよい事に活動写真で贔気にする西洋女優の顔に似せやうと黒目勝の眼の下目縁には墨をさし、両方の眉根を八の字形に削付け、白粉も玉子色のものを付け、頰には薄く紅をさしてゐる。されば着物の着こなしも帯は勿論胸高に、帯揚を乳の上あたりで堅く結び、袖は雛妓《おしやく》の振袖の如く、襟は思ふさま引合せた上に、半襟には堅いシンを入れて、頤の下で一文字になるやうにしてゐる。白いエプロンの紐を大きく前で蝶結びにした間に、柴山細工の根付をつけたビールの栓抜をはさみ、金鎖のついた高価な鉛筆をぶら下げてゐるのは、銀座辺のカッフエーでのみ見られる風俗であらう。

（「荷風随筆　カッフエー一夕話」『中央公論』昭和三年二月号）

荷風はお蔦の身上ばなしに耳を傾け、下町の女の薄幸な家庭生活を、可憐な小説でも聞くような心持であったという。このように、歓楽街のファッションの陰に、薄幸な女性の生活があることは従前と変らない。

長谷川時雨は大正十二年の雑誌『解放』に、「女性の胸に燃えつつある自由思想は、各階級を通じて（化粧）（服装）（装身）といふ方面の伝統を蹴り去り、外形的に（破壊）と（解放）とを宣言した。調はない複雑、出来そこなつた変化、メチャメチャな混乱——いかにも時代にふさわしい異色を示してゐる。時代精神の中枢は自由である。束縛は敵であり、跳躍は味方である。各自の気分によつて女性はおつくりをしだした。美の形式はあらゆる種類のものが認識される」と、女性の変化を早くも認めたが、モダン・ガール全盛の昭和二年になると、『太陽』（昭和二年六月号）での論評に、きびしい批判を打ち出した。

最近三、五年、モダンといふ言葉の流行はすさまじい勢ひで、美女の評価は覆へされた感があるが、今日のモダンガールぶりは、まだすこしも洗練を経てゐない。強烈な刺激は要するにまだ未熟で、芸術的であり得ないきらいがある。

つねに流行は、さうしたものだといへばそれまでだが、デパートメントの色彩で、彼女らはけばけばしい一種のデコレーションにすぎない。

と、ようやく洗練されてきた明治洋装の美を破る未熟な美であるとした。しかし、「時代思潮は、風が世界中を吹き廻るやうに、電波はいちはやく若き人々の敏感な胸線に触れる。余義ないもので、そこには進歩も根ざす」という理解は維持されていた（長谷川時雨『随筆・きもの』）。

山川菊栄の「モダンガール　モダンボーイ」（『経済往来』昭和二年九月号）論は、無産婦人運動家の批判であった。

とにかく感覚的な享楽と、頽廃的な趣味とに生きているらしいこういう人種の出現が、社会のある転換期を特徴づけることは事実であるらしい。私はそういうモダン人間の行動の中に、徳川末期の旗本や御家人の間に見られた頽廃的な風俗と、刹那的享楽主義を感ぜられるような気がする。

と言い、「夏の浜辺や海浜街を半裸体に極彩式の厚化粧で押し歩く私娼まがいのモダンガール」は、「遊芸と芝居見物にうき身をやつして芸娼妓の模倣に日も足らずとした旗本家人の娘たち」と同じく、「お釜形の帽子にラッパズボンで舞踏場や音楽所入りをする青年」は、「細身の大小を落し差しに、踊りや長唄の師匠の許に通つた幕末の若殿」と同じく、両者ともに「亡びゆく階級の運命を暗示している」という。

全盛期のモダン・ガールは、女性の作家長谷川時雨と無産婦人運動家山川菊栄に排斥された。山川の指摘した海水着姿は、この頃から色彩が派手になり、若い女性の服装が最も解放される海浜のトップモードが人気を呼んだ。図234 海水浴レジャーのモダンを排斥する長谷川や山川の言は、レジャー経験のない年輩層を代表する意見でもある。長谷川が「けばけばしい一種のデコレーション」というのも、水着を含めて示したものと思われる。しかし、長谷川がともかく進歩を裏づけたモダン・ガールは、山川にとっては亡びゆくものにすぎなかった。このような両極端の見解は、両者の思想的相違であるが、ブルジョア婦人から職業婦人にわたるモダン・ガールの多様性に根ざしている。さらに山川は、ゆきづまってきた資本主義文明の兇暴な反動精神を発揮する反動主義者は「階級意識あるブルジョアジー」、存在の意義を失った没理想のモダン・ボーイは「階級意識なきブルジョア青年」と規定した。モダン・ガールはモダン・ボーイと同類である。この頃、プロレタリア革命主義から大衆路線に転換した山川は、小ブルジョア婦人との共同戦線を望んでいた。[30] しかし、婦選運動の女性たちが既に洋装で奔走している時、洋服を着用しない書斎の理論家山川は、モボ・モガを構成するプチブル（小市民）に、目を向けるまでには至らなかった。

大正十四年（一九二五）三月下旬、東京朝日新聞社は「家庭婦人の洋装可否」について、女性の紙上討論を行った。その結果は可とする者一二五名、否とする者二一一名で、否は可の二倍近くを占めた。また、賛否各一二名を選び、可否の理由と本人の写真を『アサヒグラフ』に発表した。理由を見ると、可は活動性六、経済性五、時代の要求一、否は和服愛好五、環境的不調和五、経済性二である。写真によると、可は和装六、洋装四、否は和装一〇、洋装二で、可には着用を伴わない女性が多く、洋装女性の否は一般家庭婦人に対する意見である。これらを総括すると、可は理論的近代志向、否は情緒的日本志向であった。[31] 同月上旬に行われた女性の第一回紙上討論「婦人参政権の可否」では、可二八一名、否二八五名、中立三九名であった。[32] 参政権否が半数を占めるほど多いのは、洋服を否とする和服志向と同一傾向を示すものである。

同年五月七日・九日・十一日・十六日に、今和次郎が行った銀座街風俗調査によると、和服に対する洋服着用率は男子六七％、女子一％であった。翌昭和元年（一九二六）十月十日から十五日までの岩田浩太郎による大阪心斎橋通りの調査では、男子五四％、女子一％である。[33] 五月と十月に記録されたのはモダン洋装であって、アッパッパは入り得ない。夏季の調査が行われていたら、どのような率を示すであろうか。しかし、家庭婦人の洋装可否討論にも認められるように、低率の大勢は明らかである。次いで、三年（一九二八）十一月に、自由学園生徒が日本橋三越で行った調査では、男子六一％、女子一六％となり、[34] 女子洋服が激増した。生活改善運動に着用の始まった大正洋装は、関東大震災に触発されて、市民層へ拡大したのである。風俗調査の示す着用率の推移は、市民洋装成立のプロセスであった。

モダン・ガール全盛時代といわれる昭和五年（一九三〇）、吉田謙吉の銀座通り通行人調査によると（四月九日〔晴〕、午後五時から五時五十四分まで、京橋から新橋に向う銀座西側通りの通行人、男五九八人、女一四八人、子供二二人、総計七六八人）、男子洋服着用者五二六人（外人八人を除き、学生・軍人を含む）、八九％に対して、女子洋服着用者一九人、一三％であった。絶対数はまだ少ないが、前掲五年前の大正十四年、今和次郎調査の一％に比して、モダン・ガールの増大が明らかである。通行人は男が大部分を占め、女はその四分の一ほどであった。男の約半数は一人で歩き（二四九人）、男二人連れがこれに次ぐ（九四組）。女一人歩きは四四人で約四分の一、二人連（図235）は二三組で、女は連れだって歩く割合が多い。モボとモガが連れだって歩くという「銀ブラ」の男女二人連は、七組だけである。吉田は、「たつた七組！　数字の示す所は冷酷である。ラッシュアワーかけての時間なのでと一応は言訳《わけ》しておかねばなりますまい」という。(35) 世評の高い銀ブラも男女二人連れとなると、驚くほど少なかった。今和次郎の指導した考現学風俗調査によって、大正洋装の実態が明らかにされている。

この頃、銀座を唄った流行歌が盛んに行われた。「銀座小唄」（内山惣十郎作、昭和六年）には、モボとモガのスタイルが歌われている。

〽銀座銀座恋し銀座　ロイド眼鏡にセーラーパンツ　ステップ踏んで口笛吹いて　肩で風切るモダンボーイ

〽ボップヘヤアに長い眉　意気なドレッス足どり軽く　赤い唇モダンガール

歓楽街に登場したモダン・ボーイ、モダン・ガールは、大衆のファッションであった。明治の貴族モード、ハイカラに代って、モボ・モガの足音は、民衆時代の到来を告げていた。

註

（1）Poirret: Palmer White, Studio Vista, London 1973. 山田夏子訳
（2）『婦女界』第二十一巻第二号、大正九年二月一日
（3）生活改善同盟会編『生活改善の栞』大正十三年二月
（4）星野錫『生活改善の精神』大正九年一月
（5）生活改善同盟会編『生活改善の栞』
（6）生活改善同盟会編『生活改善調査決定事項』大正十二年三月
（7）『婦女界』第二十二巻第三号、大正九年九月一日

(8) 文部省普通学務局編『生活の改善研究』大正十一年十一月

(9) 「生活改善同盟会——結婚に関する改善事項」『女性同盟』第三号、大正九年十二月。奥むめおは結婚改善事項について、「一部の有産特権階級だけのこと」と批判した。しかし、これは当時の一般的結婚儀礼であって、同盟会の示した改善策は昭和に至っても、しばしば指摘されるところであった。なお、社交儀礼の項では奥のいうように、当時の庶民生活から遊離していることが多い。

(10) 奥むめおと山川菊栄の生活改善運動批判については、千野陽一『近代日本婦人教育史』（一九七九年）に紹介され、生活改善運動に対する現在の見解に影響を及ぼしている。しかし、奥と山川のいうように、「一部の有産階級」と「中以下の階級の民衆」にすべてを区別するのは、妥当でない。特に各事項については、服装改善運動に見られる通り、明治以来の変遷と、生活改善同盟会周辺の状況を考慮する必要がある。

(11) 山川菊栄「大試練を経た婦人の使命」（家庭生活の改善と児童保護）、大阪毎日新聞社編『大正十三年婦人宝鑑』大正十三年三月

(12) 尾崎芳太郎夫妻談、昭和三十二年

(13) 『市川房枝自伝』新宿書房、昭和四十九年

(14) 『婦女界』第二十二巻第三号、大正九年九月一日

(15) 『平塚らいてう自伝』昭和四十六年

(16) 中山セツ談、昭和五十四年

(17) 長崎、西美代子「母について」談話、昭和三十年

(18) 『山内みな自伝』新宿書房、昭和五十年

(19) 『婦女界』第二十巻第六号、大正八年十二月一日

(20) 前掲書、第二十一巻第六号、大正九年六月一日

(21) 尾崎げん談、昭和三十二年

(22) 尾崎芳太郎談、昭和三十二年

(23) 婦人服業扇玉新太郎談、昭和三十一年

(24) 婦人服業木村幸男談、昭和三十年

(25) 『関東大震畫報』東京日日新聞社、大正十二年十月十日

(26) 婦人服業飯島祥邦談、昭和三十五年

(27) 前掲

(28) 清沢洌『モダンガール』大正十五年。外交評論家清沢は、シカゴ大学生徒協会ルシー・ラモン、ニュー・ジャージー州スクーン・メーカー嬢、チャタヌガ少女協会セントナー夫人、ハーバード大学教授サーゼント博士の談話を伝えている。

(29) 前掲書

(30) 山川均・菊栄共著『無産運動と婦人の問題』昭和三年

(31) 『アサヒグラフ』大正十四年三月二十五日号

(32) 前掲書　大正十四年三月十一日号

(33) 今和次郎・吉田謙吉編著『モデルノロジオ（考現学）』昭和五年

(34) 前掲書

(35) 吉田謙吉「春の銀座＝通行人メロディ」『アサヒグラフ』昭和四年五月十四日号

第四章　昭和洋装

一　昭和初期

1　市民洋装の普及

昭和初期は二年（一九二七）の金融恐慌、四年（一九二九）の世界恐慌と、深刻な不況に襲われた。慢性化した不況のため、職業について働く女性が急増し、職業婦人と呼ばれる彼女らの労働組合が成長した。元年（一九二六）三月の産業労働調査所統計によると、婦人労働組合員数は一万四〇〇〇人であった。全労働組合員数二四万人に対してまだ僅かであるが、大正十二年（一九二三）の婦人労働組合員数七五〇〇人に比べると、倍増の勢いである。同年に、東京市社会局が市内の職業婦人八〇二名について調査した。就職の原因は、生計補助四七一名（五八％）、経済上の独立一六〇名（二〇％）、修学費一一六名（一四％）、嫁入支度一一一名（一四％）、寡婦の子女養育一七名であった。[1] 生計補助が最も多く、経済的独立がこれに次ぐ。職業婦人の組織はタイピスト協会、タイピスト相互組合、俸給生活者組合婦人部等があり、大阪に職業婦人連盟が結成された。四年には婦人労働者九六万九〇〇〇人となり、十二年（一九三七）に一二〇万九〇〇〇人[2]に激増した。婦選獲得同盟を中心に、無産婦人及び女権主義の八団体の参加した婦選獲得共同委員会の運動がひろがり、無産婦人同盟

（昭和四年）、社会大衆婦人同盟（昭和七年）、日本婦人団体連盟（昭和十二年）等が組織された。

時代は移つた。女子とても昔の如く家の内にのみ居て男子に従属すべき時ではない。衣服の整理にのみ沢山の時間を費すべき時ではない。女子も出でて男子と同じく社会事業に公共事業に携はるべき時となつたのである。此の時に当り従来そのまゝの服装で何で快く働けよう。

（成田順『裁縫の時代化』大正十五年四月）

と、社会的に活動する婦人たちは、洋服を着用するようになった。

四年九月、東京市小学校女教員修養会は、「小学校女教員の服装は洋服に限る」と決定した。大正七年七月二十日に同会が発会した時には、一人も着用していなかった洋服へ、初めての対応であった。洋装化実現の第一段階として、同会は女教員服標準型を中心に各種の職業婦人服を集め、九月十二日から九日間、上野松坂屋で陳列会を催した。展示された「現代職業婦人の標準服装」は次の通りである。(3)

オフィスガール 図236

スリークオーター・アンサンブル。茶、白ファンシー・ツウイード地（四九円）

帽子、薄茶（九円八〇銭）

オフィスガール 図237

コスチユーム、ダブルボタン。ファンシーマロケン地（四五円）

車掌 図238

ドライバースーツ。カーキ色アーミークロス（二九円）

教員 図239

スリーピースのスポーツドレス。紺ウールポプリン地ハーフコートとスカート、白富士絹ブラウス（二七円）

新興支那ショップ・ガール 図240（上海製）

女衫（ニイオサイ）。シルバーグレー、クレープデシン。裙子（ショオンズ）。ブラック（ブルーズ付一九円）

ショップ・ガール図241

ワンピース。細目紺サージ。カラー、カフスはクリーム色、バックは色レース（一八円）

キヤツシヤー図242（金銭出納係）

ワンピース。紺サージ（一八円）

レデイース・メイド図243（夫人、令嬢付の婦人）

ワンピース。黒クレープデシン地。カラーとカフスは白、エプロンは黒地（一七円）

ウエートレス図244

ワンピース。紺サージ。エプロン、カラー、カフスは白キヤリコ（一六円五〇銭）

劇場案内人図245

ワンピース。白レース衿。エメラルドグリーン色ウールポプリン地（一五円）

チエムバー・メイド図246

ワンピース。白絹ポプリン（八円五〇銭）

美容師図247

ブルーズ。ピンク色ゼツフアー地（三円五〇銭）

当時の小学校女教員初任給は四五円、一般職業婦人の平均給料は三〇円であったから、これらの洋服購入はかなりの支出となる。しかし、和服外出着の価格とは大差なく、職業婦人の給料で誂えることのできる衣服であった。明治洋装はもとより、大正八年の津田敏子の洋服（上着とスカート、五九円）より安い。オフィス・ガールの洋服が最も高いのは、職場の生活レベルが高く、一般的に俸給も良いためであろう。車掌・教員のスーツ型も高価であるが、車掌服は給与品であった。

ワンピース型はスーツより安く、職種の収入に適した価格である。チエムバー・メイドと美容師服が最も廉価なのは、スタイルが簡単なため仕立代が安く、毛織地を用いないので生地代も安くあがる。スタイル及び生地の選択によって、各職場の労働に適合できる洋装は、合理的な職業婦人服装であった。スカートは当時の流行によって、すべて短い。車掌服も一般的にはスカートを用いるが、大阪市バスの女子車掌服はズボン服であった。図248 赤いネクタイのカーキ色ズボンスーツの車掌は次のように語った。

或る人は軽快で実用に適してゐるとも云ひますし、或る人は女性への侮辱だなんても云ひました。働きいゝ事は事実ですけれど、はじめは恥かしかつたですわ。でも私のやうに足かけ五年も街の埃の洗礼を受けますとそんなことはいつかなくなつてしまひます。動揺しつづけて走り廻る車を通してしつかり大地に立つといふ自覚が出来ればそれで車掌としての一切は出来上つたことになるでしょう。

（『アサヒグラフ』昭和七年五月四日号）

彼女の職業意識は、誰もまだ着ていないズボン服にふさわしい。

東京市小学校女教員修養会の集めた職業婦人服に、女工員服が無いことに気付く。職業婦人に最も多数を占め、最も職場服を必要とする職種でありながら、洋装化は遅れていた。自由学園は六年（一九三一）に、「勤労婦人に目をそゝげ。働きよい健康的な服装をつくろう」と、勤労婦人のための服装研究を行った。卒業制作に女教員服、女工服、車掌服、農民服を試作した。それによると、女教員服はスポーツカラーのブラウスにフレヤースカート、車掌服は丈の長い上着に短いスカートである。農民服はベルト付上着に、ギャザーでふくらませた短ズボンをはき、在来の手甲、脚絆を用いた。女工服にはショールカラーのブラウスに、ゆったりした短いスカートをはかせ、作業帽子をかぶらせた。図249 松坂屋展示品よりも、機能的で安価であった。(4)

四年の婦人労働者九六万九〇〇〇人のうち紡績産業婦人労働者八一万五〇〇〇人、金属工業七〇〇〇人、機械器具工業一万二〇〇〇人で、繊維工業に働く女性が最も多い。十二年の婦人労働者一一二〇万九〇〇〇人中には、繊維工業婦人労働者は八三万人に増加した。(5) 婦人労働者増加の状勢に対して、八年（一九三三）の全国安全大会では、女工員服の洋装化を重要研究事項に指定した。そのため、九年（一九三四）二月、京都府工場衛生会は府下一二工場に呼びかけ、女工手服装研究座談会を開催した。各工場は次のような報告を行った。

東洋紡伏見工場

一切紐及びバンドを用いず災害を予防する。襟及び袖には始終洗濯し得るもの。胸には相当のユトリを見る。

大阪専売局京都工場

清潔に注意を払つて、洗濯に便利な様に考えてある。裏を小ひだにして災害を防止する。服、前掛共一年一着支給。一着分、現在二円三十二銭。洗濯代一着三銭、帽子、前掛一ヶ一銭。

鐘紡京都支店

従来ワンピース、昭和五年から上衣、下衣に分けた。夏冬共上着を白地にしたのは、工場内温度が常に同じ温度であるし、黒色の機械の間に於て白衣を着ていると一見わかりやすいからである。

新綾部製糸本部

日本服を洋服に変へた時、女工手の衛生状態に変化（特に冷込み）等を来す様に思はれるが、他の工場の状況を承りたい。

郡是製糸

全く同感、下着に就て充分研究する必要があると思う。

丸居商店第一製造所

女工手の冷込予防のため「コンビネーション」「ズロース」「ブルマース」を冬は二着着用せしめている。尚其外に「コールセット」を着用せしめて居る。生地は目下「ラスター」使用。

新綾部製糸本部

水のかかる事、サナギの臭気を防ぐため、洗濯を十分にする必要上、生地を「モスリン」にして居る。又袖(腕)をひろくしたのは、作業場では腕をまくり、外出の時は之をのばして冷えを防ぐようにしたのである。

丸居商店第一製造所

昭和五年六月以降研究をつづけた。生地は最初綿セルを使用したが、退色するので本セルに改めた。上着、三円九十銭、下着、一円三十銭。府立第一高等女学校制服の型をとつた。

京都織物紫野工場

体育講習会を催されてから、女工手の服装は洋装がよいと考え、昭和八年夏、今日の制服に改めた。上着一円五十銭、下着七十三銭以外に縫賃を要する。

郡是製糸

スカートの長さに就て種々研究の結果、大体裾は床から二十五糎位がよいと考えた。

座談会に参加した一二工場は、大阪地方専売局京都工場のほかは、すべて繊維工業であった。各工場の女工手服は、次頁の表の通りである。(6)

従来の各工場女工員服は、和服に袴またはエプロンがけであった。洋装化実施の理由は作業能率向上と危険防止のためであり、衛生的・経済的な洋服の長所も認められている。スタイルはブラウスとスカートのツーピースが採用され、ワンピースは大阪地方専売局京都工場だけであった。冬期にはブラウスに毛織地を使用し、または、ブラウスに背広型上着を着用する。スカートは、オールプリーツ型が多い。スタイルの決定に、着用者女工員の意見は求められていない。このことは、「着物に対する無益な競争(虚栄心)をさけ」(杉本精錬場)、「最も優秀なものを選ぶは工場責任者の義務であるばかりでなく人道上に極めて重大」(鐘紡京都支店)等の発言にうかがわれる。多くの工場が「冷込」を問題にしているのも、

京都府女工手服（昭和九年二月、京都府工場衛生会座談会）

工場名	服装一着の価格（銭）	夏	冬	地質および色合 夏	地質および色合 冬	服装制定の動機	制服の特徴
鐘淵紡績株式会社京都支店	帽子	五	五	金巾白	金巾白	作業の能率、危険予防、価格の点に於て最も優秀なるものを選ぶは工場責任者の義務であるばかりでなく、人道上に極めて重大なるものなればなり。	動作軽快、価格低廉、体裁優美、裁縫簡易、疲労軽減 オールプリーツ、ステンカラー
	上着	四五	六五	晒トプラルコ	晒四ツ綾白		
	下着		三五		メリヤス白		
	スカート	九〇	九〇	四ツ綾紺	四ツ綾紺		
	ズロース	三二	三二	メリヤス黒	メリヤス黒		
	靴	五五	五五	ズック	ズック黒		
	靴下	一八	一八	メリヤス白	メリヤス黒		
京都織物株式会社紫野工場	帽子					従来の服装にては作業上支障を感ぜざりしも、袴の紐を腰部に固く締め括る嫌あり。近年就業前体操を実施するに至り運動に不便を来し、着装の改善をなしたるなり。	手縫、衛生的、優美 オールプリーツ、ステンカラー
	上着	五二	一八〇	キャラコ	綿綾黒		
	下着		六〇		メリヤス白		
	スカート	八四	夏共用	綿綾黒	綿綾黒		
	ズロース	二三	三〇	キャラコ白	綿ネル白		
	靴	一五〇	夏共用	ゴム底黒	ゴム底黒		
	靴下	二五	二五	綿黒	綿黒		
	スカート釣	一二	一六	キャラコ白	綿ネル鴇《とき》		
杉本精錬場	帽子				英モス紺	服装を一定することは着物に対する無益な競争（虚栄心）を避け、従つて女工手の負担を軽減し、活発に作業が出来る為。能率良く、危険少なく、健康上にもよろしき為。	地質は実用及び特に汚をさける為、冬は毛織物を選び経済且は美観にも留意す。 オールプリーツ、ステンカラー、夏はギャザスカート
	上着	四四	三九〇	クレープ白	カシミヤ紺		
	下着				ネル白		
	スカート	二〇〇	二六〇	ギンガム縞	カシミヤ紺		
	ズロース						
	ゾーリ	三〇	三〇				
郡是製糸株式会社	上着		一二〇	ラスター黒	同上	作業の様式及び作業能率の進展に伴ふて動作の上に敏活を要する為、洋服を採用する事が最も必要な事であり、合理的であると認めた。	活動上、衛生上、優美上 オールプリーツ、丸衿
	下着	三〇	三〇	金巾又は白縮	金巾ネル白		
	スカート		一六五	ラスター黒	同上		
	ズロース	二七	四三	メリヤス白黒	同上		
	靴	六二	六二	ズック黒	同上		

	靴下 カバー	二一	二一 一四	メリヤス黒白	メリヤス黒		
東洋紡績株式会社 伏見工場							危険予防並に衛生的見地と能率増進等の点より判定す。最初はワンピースなりしも、数回の研究改正の結果現在のツーピースとす。 オールプリーツ、開襟
山本吉次分工場							従来の和服エプロン着用にては作業上夏季に於て特に暑気の為、作業能率悪く、且不体裁なるを痛感せしため、昨年度夏期より実施せり。 オールプリーツ、開襟
大阪地方専売局 京都工場	一着分	二円三一銭		(ワンピース)ギンガム水色 (エプロン)ギンガム白			ワンピース、エプロン
株式会社丸居商店 第一製造所	上衣 下衣	三円九〇銭 一円三〇銭		(ブラウス) キャラコ (スカート) ポプリン紺	同上 (上着) ポプリン紺		オールプリーツ、ステンカラー、上着は背広
株式会社 大内啓治商店工場	上着 (ブラウス) スカート			ポプリン サージ紺	フランネル (上着)サージ紺 同上		プリーツスカート、ステンカラーブラウス、背広上着
日本レーヨン株式会社　宇治工場	上着 スカート			瓦斯文化織水色 セル紺	モス海老茶色 白衿付 同上		オールプリーツ、夏ブラウスは開襟、冬ブラウスはステンカラー、周囲スカラップ
鐘淵紡績株式会社 下京工場	上着 スカート			晒ドラルコ 四ツ綾織紺			オールプリーツ、開襟
辻紡績株式会社	上着 スカート			キャラコ セル紺			オールプリーツ、開襟

スカートは寒いという男性的発想であった。下着を充分に整えたスカートは、立ち作業では和服より防寒的である。夏服は一円三五銭から二円四四銭、冬服は一円五五銭から三円八五銭であった。低賃銀の女工員服は、他の職業婦人服に比してはるかに安い。主催の京都府工場衛生会は、「流石に各工場共多年研究に研究を重ねた結果制定せられただけあつて、微に入り細に亘つて能く注意を払はれて居る処は、寔に敬服に価するものがあつた」と評価した。しかし、能率増進、危険防止の女工員服は、直接的に会社の利益に繋るものである。大正の服装改善運動に対応しなかった経営者もこれに気付いて、洋服を積極的に採り入れるようになった。

職業婦人の洋装化が行われ始めたが、ほとんどはまだ和装であった。電話交換手は女学生と同様な袴着用の和服に、特殊な職場の優越性を示していた。一般職場では、活動的でない和服に上っ張りを用いて欠点を補い、事務服と称した。三越百貨店が大正十年（一九二一）に、濃紫紺の木綿筒袖半長の上っ張りを事務服に制定し[7]、百貨店に普及した。事務服は働き易いだけでなく、女店員を客から識別するにも役立った。多数の女性が働く百貨店の事務服は、働く女性の代表的服装となり、他の職場にも普及した。図250 この事務服着用の職業婦人に重大な警告を与えたのは、日本橋の白木屋百貨店火災である。昭和七年（一九三二）十二月十六日午前九時半頃、四階玩具売場から出火した。客の死者はなく、男子店員五名、女子店員八名、問屋派遣員一名が殉職した。若い女店員八名は、ほとんど墜落死であった。山田忍三白木屋専務は『東京朝日新聞』（昭和七年十二月二十三日）に、火災の状況を記して「婦人への戒め」を発表した。

……上から降りて二、三階のところまでくると下は見物人が沢山いて、上を見て騒いでいる。若い女のこととて裾の乱れているのが気になつて、片手でロープにすがり乍ら、片手で裾を押えたりするため、手がゆるんで墜落して了つた。こうした事のないよう今後、女店員には全部強制的にズロースを用いさせるつもりですが、お客さまの方でも、万一の場合の用意に、外出なさる時にはこの位の事は心得ていただきたいものです。

和服の若い女性が墜落死した原因が明らかになり、関東大震災の時と同様に、近代都市の大災害に対応できない和装に関心が高まった。これを教訓として、ズロースの普及と洋装化が急速に進んだといわれている。しかし、三十一年（一九五六）に、東京消防庁部長鉾田昇はこの通説に反論した。

昭和七年十二月、日本橋の白木屋火事で女店員二十二《ママ》人が死亡したのは下ばきをはいていなかったので、救助袋で滑り降りなかったからだという有名な話は、実は紡績会社の宣伝だった事を明らかにしておきたい。あの火事の現場は私も一消防士として出場、ハシゴ車で五階に登って十数人を助け降して金廿円也特別賞与を貰ったのだが私の見た限りでは、彼女達は二階三階の手すりに反物を縛りつけて滑りおりようとして、手のひらの皮をむいて思はず手を放し、電車道にたゝきつけられたり、反物が裂けて落下した為に死亡したものだった。下ばき云々の話は当時「紡績の本場イギリスのランカシャーの女工もメェド・イン・ジャパンの下ばきをはいている」と豪語するほど異常な発展を遂げていた紡績会社の、売らんかなの宣伝がまさに図に当り、これ以来サラリーガールの和服がどんどん洋服に変っていった。

（回想録「白木屋火事で宣伝」『日本経済新聞』昭和三十一年十一月二十五日）

墜落死の原因については、白木屋側と消防士とに見解の相違がある。作家高倉てるも通説に反対し、大正中期から職場に進出した女性と女学生によって、ズロースが普及したことを指摘したので、語り継がれる白木屋神話は書きかえねばならないという論もある。(8) 下穿は当然、明治・大正の洋装に用いられた。大正の生活改善運動には、その必要性が強調されている。しかし、白木屋火災による警告のニュースは、社会的関心を集め、生活改善運動の及ばぬほどの世論を高め、下穿と洋装の普及を促進する状況が形成された。

婦人洋服が市民層に普及し始めると、大衆化をめざして発展する百貨店は、ファッション商品の婦人服を重要商品に構成した。関東大震災後、土足のまま出入りできる構造に改築して、大衆を迎え入れた再建百貨店にとって、洋服は近代ムードを盛り上げる商品であった。二年九月二十一日に、三越百貨店はファッション・ショーを開催した。フランスの婦人デザイナーを招き、水谷八重子らの女優をモデルに使った華やかなショーは、わが国最初のファッション・ショーである。(9)

四年五月、上野松坂屋も新装の講堂で、「フアッシヨンレヴユー」図251と「モダーン・バザー」を開催した。舞踊家エリアナ・パヴロバ振付のレビューによって、今夏流行の婦人・子供服を公開した。最新のパリ・モードは、豪華な舞台の舞踊によって紹介された。このような大衆的ファッション・ショーは、欧米に見られないアイデアである。

レヴューとバザーの洋服は次のように、ローウエスト、ショート・スカートの一九二〇年代流行スタイルである。

アフターヌーン・アンサンブル
フランス製縞ポプリン（三三円）
セミイブニング・ドレス
白ジョーゼット（二五円）
アフターヌーン・ドレス
コーラルピンク色タフタ（二四円）
スポーツ・アンサンブル図252
クレープデシン地。スリクオーターとスカートは共にオリンピヤブルー、ボデイーはシルバーグレー（五六円）
アフターヌーン・ドレス図253
紺ジョーゼット（五四円八〇銭）
アウテイング・スーツ
ボデイーは白スパンクレープ。プルオーバーはチエリー色スパンクレープ（五三円）
アフターヌーン・ドレス
黒縮緬ドレスレングス。袖は黒ジョーゼット（四八円）

（『アサヒグラフ』昭和四年六月五日号）

翌五年（一九三〇）には、ドロシー・エドガースの斡旋により、百貨店連合のファッション・ショーが開かれた。(10)その後、婦人服発表会と展示会は百貨店の年中行事となり、百貨店の集中する日本橋・銀座は、ファッションの中心地となった。ヨーロッパのファッションは、一九二〇年代のローウエスト、ショート・スカートの筒形スタイルから、三〇年代のロング・スカート（床上三〇センチ）に移り、ウエストも自然の位置に戻った。シルエットは直線的で細く、肩幅が広い。図254ヨーロッパの二〇年代ファッションは、大正の職業婦人服装に展開し、三〇年代の流行変化は、昭和洋装に採り入れられた。スカートは何故長くなったか、それはパリ・モードの問題である。現代イギリスの服装史研究家ジェームズ・レーヴァーJames Laver は三〇年代モードについて、世の中が再び権威主義に移り、経済面ではアメリカの不況、政治面ではヒットラー進出に符合すると解説した。(11)不景気の時にスカートが長くなると言われるように、日本の不況も深刻であった。間もなく、日本は日中戦争の泥沼に踏み込んで行く。また、同じくマッジ・ガーランド Madge Garland の「揺れ動く二十年代」「さまよえる三十年代」(12)という表現を借りれば、わが国の婦人洋装も二〇年代は「揺れ動く時代」であった。しかし、三〇年代の長スカート洋装は、「さまよう」ことなく、百貨店の宣伝によって市民層に普及した。図255

百貨店の宣伝するパリ・モードの洋服は、高価であった。上野松坂屋「ファツシヨンレヴユー」のドレスは、最高五八円、最低二四円である。月給一〇〇円以下のサラリーマン標準家庭では、購入できない価格であった。一般の家庭婦人が着る洋服は、震災後広まった簡単服、アッパッパである。昭和洋装のアッパッパは、ホームドレス、ハウスドレスと呼ばれ、品質も向上した。百貨店でも、夏季商品として売り出した。高温多湿の日本の夏に、きものから解放されるホームドレスが普及した。

一着一円以下のホームドレスは、生地より安い。しかし、既製品は各自の体型に合わない。安価で形のよいホームドレスを着るために、家庭裁縫が盛んになった。日本のきものは家庭で縫うものであったから、和服の家庭裁縫に洋裁が加えられた。婦人雑誌には洋裁欄が設けられ、ホームドレスの仕立方が掲載された。五年（一九三〇）の『主婦之友』七月号は、次の家庭服《ハウスドレス》三着の仕立方を掲載した（挿図30①〜③）。

浴衣地半反で仕立てた婦人家庭服《ハウスドレス》の簡単な仕立方（①）

軽くて働きよい夏のハウスドレスを誰方もお召し下さいませ

フランスヤ　足立喜久子

型紙なしに誰にでも縫へる新型婦人家庭服の仕立方（②）

浴衣地を一丈一尺一寸用《つか》って仕立てた簡単な家庭服

フランスヤ　足立喜久子

型紙いらずの新工夫の夏の流行型婦人洋服仕立方（③）

文化裁縫女学校長　並木伊三郎

六年（一九三一）の同誌八月号掲載の「大流行ハウス・ドレス」仕立には、「新案実物大の形紙各種」が付けられた。これはグレーディングできるパターンであり、裁断が簡単化された。十年（一九三五）の同誌八月号には、「被らずに着られる若向婦人用簡単服の仕立方、ファッションアート・デザイナー降矢ミキ子」「授乳に便利で恰好のよい婦人家庭着、菅谷洋裁女学院　菅谷喜代子」（挿図31）が掲載された。家庭婦人むきに工夫されたこれらのデザインは、かなり複雑である。「誰でも縫える家庭服」（前掲。昭和五年）に比べ、洋裁技術のレベルは向上した。大正アッパッパの無料裁断スタイルとは、格段の差がある。昭和の家庭洋裁は技術を高め、安くて形のよいハウスドレスが普及した。

昭和洋装の普及状況については、街頭風俗調査に、和服と洋服の着用比率が測

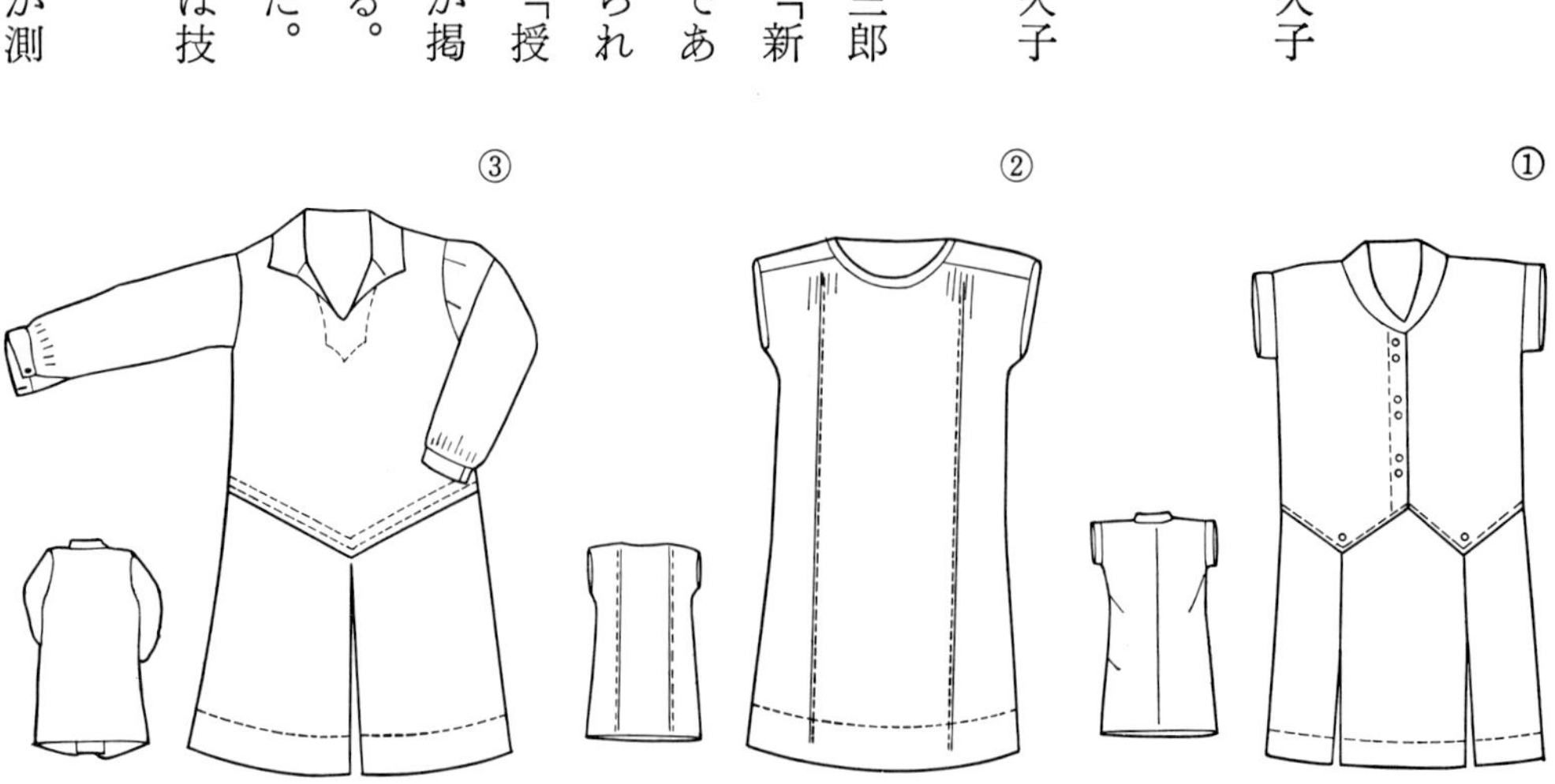

挿図30　家庭服《ハウスドレス》『主婦之友』昭和5年7月号

定されている。前掲の三年十一月、日本橋三越で自由学園生徒が行った調査は、婦人洋服着用率一六%、[13]八年二月二十五日、銀座での今和次郎による調査は一九%であった。[14]次いで、十二年五月一日午後三時から四時まで、全国一九都市繁華街で、今和次郎指導、各地婦人之友社友の会の会員による一勢調査が行われた。この報告は、婦人洋服着用率全国平均二六%であった。一九都市の内訳は、札幌二五・四、函館一八、盛岡三一・三、仙台二一・一、東京二五、静岡三三・四、名古屋一五、金沢一六、京都一三・九、大阪一八・五、神戸二一、高知一六、福岡二一・一、鹿児島二六・九、新京三二・二、大連二八、京城四〇・七、台北四六・六%であった。[15]全国平均は東京より高く、全国的な普及を示している。銀座街頭では大正十四年の一%に対して、昭和十二年には二五%になった。東京でも全国平均でも、婦人洋服は和服の三分の一に達したのである。大正十三年、成田順は「我国在来の服装は徳川時代に於ける所謂伝統の遺物で天下泰平時代の残物である。それを現代の如く世界的に生存競争の激烈な今日其のまゝの長袖広帯で不都合はないであらうか。それで充分な活動ができるであらうか」(『裁縫の時代化』)と問いかけた。その後一三年を経て、和服と洋服の比率は三対一となり洋装は日本婦人服装の四分の一に侵入した。しかも、以上の調査は総て夏期以外に行われた。業界紙のニュースは次のように、夏期洋装の盛行を伝えている。

婦人の夏期に於ける洋装は、湿度の多い我国にも、極めて適切であることが、ますますその着用者を増加した一の原因であらう。実際夏の婦人服は和服と比較して如何にも解放的であり、通風がよく、能率経済から云つても比較にならぬ。だから都鄙到るところ、その愛用者が殖え、やがては第二の和服となるべきものであることが想像される。(『大日本ミシン新報』第四十七号、昭和十一年九月十日)

挿図31 「授乳に便利で恰好のよい婦人家庭着」
『主婦之友』昭和10年8月号

ホームドレスを含む夏期服装調査は、十六年（一九四〇）に被服協会理事三徳四水によって行われた。その「現況統計」によると、女子の夏期平常着は和洋ほぼ同数である。仕事着・外出着も同様の傾向を示す。年齢別には二十代九〇％、四十代二〇％であった。夏期洋装の増大は若い女性に激しく、九〇％にも達した。なお、冬の和洋比率は洋装二五％であって、十二年の着用比率と変っていない。

男子洋服は銀座街頭で、大正十四年（一九二五）に六七％（五月、今和次郎調査）、昭和五年（一九三〇）に七〇％（五月十四日、吉田謙吉調査）であったが、十六年（一九四一）の三徳の調査では仕事着七〇％、外出着六五％、平常着五〇％、二十代九〇％である。三徳の調査は被服協会誌『被服』第十二巻第七号（昭和十六年十月一日）に掲載した「衣服現況統計の一班」に記されている。詳細は明らかでないが、夏期洋装の男女青年への伸長が示されている。

洋服着用者の増加した衣生活について、作家の茅野雅子は次のように分析した（「洋装の問題」『大日本ミシン新報』第四十五号、昭和十一年七月十日）。

最初流行の型などさして問題にならなかつた頃は兎《と》に角、近頃のやうにハリウドやパリの流行がすぐ銀座に反映するやうになつて常に流行におくれまいとすると相当お金がかかる上、日本服とちがつて古物の仕立直しも、少しの型の変更も人手をかりないではならないとなると日本服よりも遥かに費用が多くかゝる上、廃物利用する範囲が極めて狭く、其上畳に座る式の家屋に住んでゐては、別に和服の一揃いはなくてはならない場合が普通でせう。それ故衣服費が予想外に必要なことが一般に経験されてきたからでせう。

と、洋服生活が経済的でないことを指摘した。仕立代については大正以来の問題であるが、流行と和洋二重衣生活は、市民洋装の普及によって経済問題となった。しかしなお、

日常労働服として洋服が便利であり、また衛生的で健康にも適つていることはまた大概の人が認めているところで、学校行きの子女の洋装や夏季のホーム・ドレスの衰へない原因は、経済的の負担も少くてこれ等の便益を受けること

が出来るからでせう。

と洋服の長所を挙げ、便利で衛生的な洋服に経済性が加わったならば、さらに盛んになると言う。また、洋服を経済的にする方法として、自分で仕立が自由にできるようになること、欧米の流行を追わず、自分の体や仕事に合って相応に美観を満足させる工夫をすることの二点を示し、

日本流の気のきいたものを作ることこそ、真実に創造力のある進歩的女性のなすべき所ではないか。

というのが茅野の結論であった。大正の尾崎芳太郎は専門家として、日本人の体型に合ったスタイルを提示したが、昭和の茅野は着用者自身に、日本的洋服の創造を希望した。

市民洋装には、推進運動家にも着用者にも、常に自分で縫うことへの念願があった。誌上洋裁、講習会が大正から行われてきたが、昭和洋装に求められたのは、常設の洋裁教授所である。おけいこ事の和裁教授と同様な洋裁教育は、大正末から形成され、昭和初期から盛んになった。最初に洋裁教授の新タイプを作ったのは、職人出身の指導者であった。

「大河内婦人洋服店」出身の西島芳太郎は、大正九年に婦人之友社へ招聘され、洋裁実習部及び誌上洋裁を担当した。十一年（一九二二）に自由学園が創立されると、洋裁科主任講師に就任した。職人から転じて洋裁教育者となった西島は、十五年には蒲田の渡辺高等裁縫女学校洋裁科主任講師となり、職人技術に基く西島式製図法、パーセントカッティングを創案した。(16) 四谷に西島洋裁学院を創立したのは第二次世界大戦後であるが、彼の裁断法は全国に広まった。

「飯島婦人洋服店」二代、飯島栄次（祥邦）は大正十年（一九二一）、神田三崎町に飯島洋裁研究所を開いた。その目的は男性の独占する洋裁業を、ヨーロッパのように女性へ解放するためであった。職業婦人の狭小な職場を、洋裁によって開拓しようとしたのは、初代からの婦人服業者として、各層に広い交際のある彼の時代認識であった。自由学園・家政学院・大妻・和洋等の女学校にも招かれ、飯島の洋裁教育は高い評価を受けた。大正の飯島洋裁研究所は生徒数名であったが、昭和十一年には、生徒五十余名の飯島洋裁学院に発展した。(17)

「飯島」初代、民次郎の弟子、並木伊三郎は婦人子供服普及のために洋裁技術の公開をはかり、兼業の洋裁教授所を開いた。大正十一年には、シンガーミシン販売店の遠藤政次郎と協同して、牛込区袋町に文化裁縫女学院を創立した。翌年六月に、各種学校令による認可を受け、文化裁縫女学校と改称した。関東大震災に焼失したシンガー裁縫女学院は再建されなかったが、焼失を免れた文化裁縫女学校は、翌年に新宿三丁目へ移転して再開した。最初の洋裁教室生徒数二名、牛込時代十数名であったが、震災後は一二〇名に増加し、十四年には五〇〇名を超えた。昭和二年、代々木の新校舎に移転し、学生数は七年に六〇〇名、八年には一〇〇〇名へ伸長した。(18) 栄次の弟子、町田菊之助は十年に婦人子供服普及会を創設して、講習・講演・型紙発売等の教育事業を行った。後には、文化裁縫女学校講師となる。

大正十四年三月二十二日からラジオ放送が開始され、市民のための洋裁講座が行われることになった。最初のラジオ洋裁放送は昭和元年十一月二十四日、加藤兼吉の「婦人服の裁断と仕立方」である。加藤も職人出身であった。「永井重丸」出身の加藤は、明治四十一年(一九〇八)、横浜代官坂に独立開業した。大正十四年に大妻技芸学校へ招聘され、洋裁教育の道に転じた。加藤は放送の趣旨を、次のように述べている。

私が今日このお話をしようと思いましたのは、永年の経験上から、洋裁教授所にしろ、本職の洋服屋にしろ、婦人服の裁断法を決してよく教えて呉れない。それで婦人服の研究者はその裁断というものに苦心して、自分独特の裁断をするので、定まった裁断法というものがなく、十人十色で統一がない。是では実にだらしがないから、先づ統一されたものにするため、そして婦人研究者の便宜にもなればと思つて、私が永年研究の結果としている裁断法即ち仕立に就て申し上げ様と思うのである。……一体多くの子供さん方が洋服を着ているのに、婦人方の洋服を着る数は非常に少ない。その原因の一としては住居の不便もあろうが、一つには裁断法及び仕立方を知らず、洋服屋に縫はせれば非常に高いものにつくという様な所にも原因すると思う。婦人服というものは、色々の点からいつて便利であるのだから……一つ作つてみていいただきたい。

(『日刊ラジオ新聞』第五一三号、大正十五年十一月二十四日)

加藤兼吉以後には、高橋豊洋（良典）、木田翠明が、婦人洋裁講座を放送した。両名共に、職人出身の洋裁教育家であった。昭和洋装の普及に家庭裁縫が求められた時、縫製技術を提供できるのは、ドレスメーカーであった。業界二代目の彼らは、年齢的にも技術的にも円熟の時期である。彼らは社会的要求に対して、閉鎖的職人社会の技術を女性に公開した。

しかし、女性による洋裁学校開設は、欧米で学んだ技術によって行われた。岐阜大垣女学校裁縫教諭清水登美は、女性の経済的独立をミシン裁縫技術で得させるため、大正五年に大垣裁縫女塾を開いた。洋裁はシンガーミシン日本支社を通じて研究し、またパリに学んだ。八年に東京青山へ進出して、ミシン裁縫塾を開設した。震災で消失後、十三年に豊島区大塚に東京女子高等ミシン学校を創立し、十年には東京服装学園と改称して、洋裁教育を発展させた。(19)

共立女子職業学校教授伊藤錦子は日本裁縫教育会を設立し、あるいは『日本裁縫講習録』を著わして文検受験生を指導し、和服裁縫の大家として知られていた。服装改善運動の洋装化を決定的に受け止め、和裁の総てを捨て洋裁技術修得を志した。大正十年に渡米し、マクドウェール裁縫学校へ入学した。帰国したのは、十二年九月の震災直後であった。教員の経歴が長いので、日本人への教授法を種々考案して、腕が鳴っていたという。震災後の服装改善論の高まりの中で、自宅で開始した洋裁教授には七〇人の生徒が集まった。翌年四月の生徒募集には、一躍二百余名の志願者が押し寄せたので、神田小川町に文華洋装学院を創設した。(20)

次いで昭和初年には、女性による洋裁教育が盛んになった。アメリカから帰国した木崎都代子は元年に、レディス洋裁学院を東京、青山に創立した。図256 同年末には、早くも大正三年からアメリカで学んだ杉野芳子のドレスメーカー女学院が目黒に創設された。渋谷君子は叔母の猪瀬たつが創立したロスアンゼルス高等裁縫女学院に学び、三年に帰国すると、出身地の新潟県長岡市で洋裁講習会を開設した。図257 婦人服・男女児服・クレープペーパー造花等の講習に、多数の女性が参加した。(21) 高橋武千代はコロンビア大学及びマクドウェール裁縫学校卒業後、シャトルの裁縫学校長に就任していたが、十年に帰国して東京割烹女学校洋裁技芸部を創設した。(22) 交流の盛んなアメリカで洋裁を学んだ女性たちによって、平面裁断のアメリカ式洋裁教育が導入されたのである。洋裁学校からの卒業者も多くなり、東京には洋裁学校の開設が続き生徒数も増加した。文化裁縫女学校は十年には生徒数三五〇〇名、教職員数一一五名、校地二七〇〇坪、資産百数十万円に膨張し、[23]十一年に文化服装学院と改称した。ドレスメーカー女学院も十一年には、生徒数一二〇〇名、教職員二八名となり、[24]十五年の東京服装学園は、校地二〇〇〇坪、生徒数二〇〇〇名、教職員百余名となった。

地方にも洋裁教育が盛んになり、十年の各地は次のような状況である。

一月　鳥取市に洋裁専修女学校の創立が計画された。近江兄弟社のポーリス及び吉田悦蔵を招聘し、南窓館が経営することとなった。奈良県相楽郡川西小学校内に、女子青年団員のため洋裁実習部を設けた。

二月　岡山県立味野高等女学校は、ミシン部を開設した。

四月　宇和島市に文化洋裁学院が創立された。東京の文化裁縫女学校出身井上幸子を教師とし、上田商事会社の経営である。

六月　長崎三菱造船所では、船引瓊浦中学校長夫人を講師として、従業員家族のために、洋裁講習会を開催した。

九月　長崎県島原家政女学校は、洋裁専攻科を新設した。

十月　鳥取市に、鳥取洋裁専修学校が開校した。鳥取キリスト教会の事業で、学費補助の制があり、職業婦人養成を目的とした。[25]

翌十一年には、山口県が女学校教授種目を変更して洋裁科を新設した。[26]この頃から公立女学校も、洋裁教授を積極的に行うようになった。

最初の洋裁教育を求めて集まった女生徒たちの目的は、何であったのか。文化服装学院生徒の希望は、次のように表明されている。[27]

地方の女学校で裁縫の先生をしていたが、まあ私もこれからは和裁より洋裁だろうからと思つた。驚いたことには、震災後生徒数がグングン殖えてきたことです。震災のために和服が如何に不便であるかがわかり、それに女性の職業への進出が盛んになつた為であります。（大正十一年、原田茂）

子供達の服装を洋服に変えたいとのかねてからの念願で、自己流に作つて着せて居たが、是非本格的に覚えたいものと。（大正十一年、増永淑子）

大震災が私共に対する洋裁への志を急速に発展させてくれた。（大正十二年、荒海崇子）

将来には必ず洋装万能に変るに相違ないと云う洞察の下に、洋裁研究を志した。（昭和九年、上田八重子）

このように、洋裁学校入学は、和服から洋服への社会的変化に対応する行動であった。服装改善の実践だけではなく、服装変化への時代感覚である。特に、関東大震災はこの傾向を助長した。

洋裁学校へ入学した女性たちの服装は、和服であった。大正末の文化裁縫女学校、昭和初年のレディス洋裁学院、渋谷君子講習会では、女教師だけが洋装である。生徒は、女学生袴または帯結びの和服姿であった。洋髪の中に、丸髷もあった。文化服装学院学友会誌『すみれ』に掲載された記念写真によって、生徒服装の年代的推移をたどると、

大正時代講習会……女教員及び男子は洋服。生徒はすべて和服。

大正十四年　……女子五〇名中、洋服は三名（女教員であろう）。

昭和二年　……女子二二名中、洋服五名。

昭和三年　……授業風景、教師は洋服、生徒は洋服二名。卒業記念写真、三八名中、洋服六名。

昭和六年　……授業風景、教師は洋服、生徒はすべて和服。

昭和十年　……女子三〇名中、洋服二〇名。

昭和十二年　……女子三二名中、洋服二〇名。

和服で洋裁を学ぶ生徒たちは、洋服着用へ何時変身するであろうか。昭和三年（一九二八）の授業風景はすべて和服であっ

たが、卒業時にも三八名中六名の洋服着用にすぎない。六年の授業でも、生徒はみな和服である。十年にはようやく三分の二の生徒が洋装になった。この頃は社会的に、昭和洋装の普及期であった。

洋裁学校が盛んになった十年頃から、各地に洋裁講習会が開かれた。これは洋裁学校的な講習会ではなく、特殊な目的によるもので、地方自治体と民間団体による失業対策・貧困対策事業であった。市民洋装の普及によって、洋装業は女性の職業として成立する条件に恵まれた。洋裁学校設立者の意図にも勉学する生徒にも、職業的傾向が強い。しかし、社会事業に採り入れられたのは、新しい動向であった。各地の講習会には、次のような状況が見られる。

昭和十年

二月　宮城県陸軍被服縫工講習会が開かれた。第二師団が地元凶作地帯の家庭に、被服部分品の縫工仕事を与えて、賃銀を得させるために行った。白石町・小牟田町・仙台市の三ヵ所で指導した。白石町公会堂には、一五〇名の婦人が集まって講習を受けた。

六月　名古屋市社会事業課は、低額所得家庭の婦人内職のため、ミシン洋裁講習会を開いた。

九月　富山県工業会富山部会は、家庭婦女子の副業に、ミシン裁縫の普及を企画した。女子美術専門学校教授宮崎伊恵子を講師に招き、高等ミシン裁縫講習会を開催した。

十月　堺市社会事業協会は、無産婦人の副業として、堺授産場ミシン講習会を開いた。受講者六二名は、佐野末子の講習を受けた。講習料は無料で、託児所も設けられている。

昭和十一年

一月　大阪府社会課は、風水害のための失業救済の一環として、婦人五〇名を対象に洋裁ミシン講習会を開催した。ミシン使用法から始まり、洋裁一切を講習し、修了者全員に自宅内職の補助、就職斡旋を行った。

昭和十四年

十月　大阪、高槻愛国婦人会主催、愛国婦人会大阪支部後援の出征勇士遺家族ミシン講習会が開催された。受講者七五名の講習は三ヵ月間行われた。婦人会は託児所を特設して、受講者の子供を無料で預かった[28]。

これらの講習内容には、既製服工場の下請け内職が多く、低賃銀につながる恐れがあった。しかし、同年には出征遺家族にも行われ、家庭婦人の収入源として推進された。

洋服の仕立代が高価なことは、洋装普及を阻害する要因となったが、女性ドレスメーカーの開業には有利であった。東京婦人洋服組合の「昭和八年度婦人服子供服裁縫料金表」による注文婦人洋服仕立代は次の通りである。

ウェディングドレス	約三十五円
イブニングドレス	二十円
アフタヌーンドレス	十七円
木綿ボイルドレス	十四円
簡単木綿ドレス	九円
ローングコート	十七円
コスチューム	二十円
スカート（毛織物並絹）	七円
スカート（木綿物）	五円
絹ブラウス	七円
木綿ブラウス	四円
ケープ	十五円
イブニングラップ	二十円

七年に洋裁学校卒業生二人が、資金各一五〇〇円を醵出して、大阪市内のビルディングに開業した洋装店経営は、次のように行われた。価格二三円のドレスの注文を受けると、生地代一〇円、付属品二円、手取り一一円であった。この程度の注文が一日一枚平均として、一ヵ月の利益金は三三〇円である。支出は部屋代八〇円、電気代一五円、電話借賃及び通話料二〇円、助手四人分給料六〇円、交際費三〇円、スタイルブック一年間に四五円一冊、二〇円四冊を購入し、一月平均一〇円となる。一ヵ月の支出合計二一五円である。経営者二人のサラリーとして、月平均五〇円宛を取ると、総計三一五円の支出となり、残高一五円の黒字経営であった。(29) 彼女たちの給料五〇円は、当時の職業婦人として高給であった。また、十一年に洋裁学校を卒業して、銀座の洋裁店に勤めた女性は、午前九時から午後七時までの勤務に、月給四〇円を受け取った。早く自分の洋裁店を持ちたいと、そればかりを考えて技術を磨く洋裁師の卵は、この俸給に満足であった。(30) 一般女子事務員の月給三〇円より、彼女の収入は多かった。

洋装店開業の条件に恵まれない女性には、家庭内職の仕事があった。ホームドレス一枚の工賃平均二円、家事の暇に一ヵ月一〇枚仕立てれば、二〇円の収入となった。ボタン付、裾のまつり、縫代かがり等の部分仕事の内職は、他の内職の低賃金と変らないが、一枚のドレスを仕上げる技術をもつ女性の内職は、女子事務員月給の最低ラインと同じぐらいの収入になった。なお、裁断を含む高度な洋裁技術があれば下請けでなく、客の注文を取って洋装店より安く縫う。アウトサイダーの内職洋裁は、相当な収入を得ることができた。

昭和の婦人洋服業は、女性に有利な職業として伸長した。業界は徒弟・職人制以外の女性を包含することになった。女性ドレスメーカーは女性の縫子を傭い入れ、内弟子制を行った。図258 内弟子の多くは地方の小学校・高等小学校を卒業し、住込で食と住を与えられ、働きながら技術を修得した。この伝習様式は徒弟と似ているが、年季の定めはなく、お礼奉公から職人になる組織もなく、店主は先生と呼ばれた。徒弟制の苛酷な待遇は見られない。内弟子は地方出身者を傭うための住込制であった。給与は徒弟のような小遣い程度ではなく、一般的給与から食・住費を差引いた額が支払われた。昭和十年頃の内弟子給与は、一〇円内外であった。生活費のかからない内弟子は、この給与から結婚資金を貯蓄した。待遇についてはなお種々の問題を蔵していたが、洋裁学校に進学できない貧しい少女にとって、技術を身に付けることができて、将来性のある職場であった。彼女たちは適齢期に達すると、結婚して家庭に入った。さらにその後も、内職洋裁や下請けを続ける者、開業する者があり、女性洋裁師は男性に代って漸増した。内弟子の進出に対して、男性業者の徒弟は減少する。資本主義社会の近代化が進行し、徒弟生活の封建性は嫌われた。産業界の雇傭拡大に伴い、若年労働者は工場に吸収されていく。そのため、親方たちも内弟子制を採用するようになり、住込の縫子数は増加した。また、市民洋装の簡易なスタイルの仕立てには、職人の名人的技術は必要でなくなり、大衆の洋服には高価な仕立代を得られない。これらの種々な要因の下で、親方は小企業主となり、職人は賃労働者化して階級分化が起った。この職人制内部の自壊作用をさらに進行させたのは、女性ドレスメーカーと既製服発展の外圧である。昭和洋装の市民洋装に伸長した生産量増大は、職人制を支えるものではなく、むしろその危機をもたらすものであった。

関東大震災に壊滅した東京及び横浜がようやく復興した時、業者分布に大変化が生じた。横浜商館の「レン、クロフォード」「アーサー・アンド・ボンド」「A・ヒル」「クーン・アンド・コモル」「C・ウィルソン」等の外国商会はすべて帰国した。「雲記」も初代帰国後は、繁栄をとり戻せない。日本人業者は各地に散り、元町に再建したのは「大津洋装店」(関屋沢吉出身、大津喜久治)だけであった。明治洋装の中心地横浜は、震災前の盛況を失った。

東京は個々の店の浮沈はあったが、復興後、横浜に代って全国洋装界の中心地となった。特に、松坂屋・三越・松屋百貨店の並ぶ銀座は、高島屋・白木屋・三越本店の櫛比する日本橋通りにかけて、繁栄した。この頃から、婦人洋服店は洋装店と呼ばれた。銀座の「伊勢幸」は復興できず、「オーキ」「アザレ」「パリ」等の洋装店が栄えた。「オーキ洋装店」は松屋百貨店の隣に進出して、最も有名になった。大木柳三は横浜の絹商「万三」の出身で、横浜四丁目に「オーキ絹店」を開き、絹と婦人洋服を扱っていた。震災後、銀座に進出して「オーキ洋装店」が成功した。「パリ洋装店」の高橋良典は「伊東金作」の弟子で、洋装店と洋裁学院を経営した。これらの商及び工の旧勢力に並んで、伊藤錦子・木崎都代子・杉野芳子・池田淑子・松原ミネ・田中千代・平山貴三子・塩沢沙阿・足立喜久子・降矢ミキ子・菅谷喜代子・玉置村子・松崎栄子らが洋裁学校・洋装店に活躍し、女性群が洋装界に進出した。しかし、優秀な洋裁技術は、明治以来の熟練を積んだ職人たちの手中にあった。

業界の組合組織は、洋装普及によって発展した。大正七年（一九一八）に結成された横浜連合女洋服組合は、親方と職人の連合組織であった。翌八年には、二五歳以下の若手職人を会員とする友栄会が横浜に組織され、コンクール、陳列会等を開催して活動した。同会は十年（一九二一）に、範囲を京浜地区に拡大し、京浜友栄会と改称した。これは、震災後の横浜業界縮小への対策であった。東京では十二年（一九二三）に、東京婦人子供洋服商組合が結成された。子供服・婦人服・生地・ボタン業一一名が関係業者と連絡して組織したのである。この組合がもとになって、子供服・婦人服・既製品卸・同小売・ボタン業の組合が分れて発達した。婦人既製服業者は増加し、昭和三年（一九二八）に、東京婦人服商組合（組合長大河内治郎）が組織され、翌四年には、東京の既製婦人子供服問屋四〇店を糾合して、婦人子供服製造卸商組合（組合長岡村栄次郎）が結成された。注文婦人服業には七年（一九三二）に、東京婦人子供注文服商業組合（組合長木村幸男）が成立した。明治以来の東京婦人服業組合員百余名、京浜友栄会五十余名、新しい城南洋装組合員五十余名が合同して、商業組合法による正式な結成である。しかし、女性ドレスメーカーは参加せず、組合に無関心であった。十六年（一九四一）に、戦時下の生活必需物資統制令が公布され、生地の配給を受けるための実績が必要となって、六大都市協議会が組織された。東京・横浜・神戸・大阪・京都・名古屋の業者二五〇〇名が団結した。同協議会は一〇〇万円の実績をもって、実績一五〇〇万円の生地商に対抗し、全国配給の〇・九%を獲得した。組合組織に関心を示さなかった女性ドレスメーカーは、この時点になって初めて参加した。生地の配給を受けるため、全店が組合に加入した。[31]全店を初めて組織することのできた東京では、「東京婦人子供注文服商業組合名簿」（昭和十八年五月現在）を作成し、女性業者の実態が明らかになった。

「東京婦人子供注文服商業組合名簿」の組合員は、東京全地域にわたっている。組合員数は渋谷を首位とし、第六位までは豊島、杉並、京橋、芝、中野の順である。銀座を含む中心地の京橋、芝は四位と五位、日本橋は二三位であった。銀座・日本橋の繁華街には大商店が集中し、店数は多くない。インテリ層の多く住む山手に洋装店が多く、洋服着用者の傾向を示している。江東地域は全域下位を占め、洋装店が最も少ない。総数一二八二店のうち、男性業者五五・三%、女性業者四四・七%で、女性業者の激増が示されている。旧市内には男性業者が多く、彼らの古い地盤が優勢である。新市域には女性業者が多く、女性新職業の進出状況を見ることができる。

昭和18年　東京洋装店分布表

順位	区名	男	女	計
1	渋谷	50	41	91
2	豊島	50	40	90
3	杉並	30	35	65
4	京橋	43	17	60
5	芝	40	16	56
6	中野	28	27	55
7	目黒	15	38	53
8	本郷	37	15	52
9	麻布	35	12	47
10	小石川	20	25	45
11	四谷	28	16	44
12	荏原	21	19	40
13	大森	20	18	38
14	品川	19	18	37
15	牛込	30	7	37
16	下谷	19	17	36
17	麹町	19	17	36
18	浅草	25	10	35
19	淀橋	13	21	34
20	神田	21	13	34
21	赤坂	22	11	33
22	世田ケ谷	15	16	31
23	日本橋	17	11	28
24	本所	14	8	22
25	蒲田	10	12	22
26	板橋	10	12	22
27	調布	6	15	21
28	王子	13	7	20
29	足立	6	13	19
30	荒川	6	13	19
31	江戸川	8	10	18
32	向島	10	6	16
33	滝野川	4	3	7
34	城東	2	5	7
35	葛飾	1	6	7
36	深川	3	2	5
総計		710	572	1282

註　昭和18年5月現在「東京婦人子供注文服商業組合名簿」によって作成。

2　国産ミシンの製造

洋服縫製に必要なミシンは、シンガーミシン会社が販売網を独占した。二十世紀には世界にわたって、アメリカ資本S社の黄金時代が築かれていた。世界各国服装の女性をミシン宣伝画に登場させ、世界を制覇したシンガーミシンを誇った。図259

しかし、わが国では洋装の普及に伴って、ミシン界にも新たな動向が生じた。それは、国産ミシン製造への胎動である。

国産ミシンの先駆者は佐口鉄二郎といわれる。彼は浅草鳥越の鉄砲鍛治であった。明治四年（一八七一）に、ドイツの平台靴用ミシンが東京に一台輸入された時、誰も組立てることができなかった。佐口が引き受けて成功し、ミシン職に転向した。十余人の徒弟を使い、製作に努力した結果、手袋の飾縫に用いる綾縫ミシンという環縫ミシンを造ることができて、特許をとった。彼はこのミシンを十四年（一八八一）三月に、東京で開かれた第二回内国勧業博覧会に出品して、有功賞を授けられた。次いで、三十三年（一九〇〇）、東京市本郷区内田嘉一は木製の「和服裁縫ミシン」を製作した。四十四年（一九一一）には、東京市外千駄谷町、小出新次郎の「小出式裁縫ミシン」が製造された。これは、シンガーの二七種とほとんど同形の丸舟型ミシンである。大正元年（一九一二）に、東京市四谷区関根安治がシンガー一五—三〇型類似のミシンを造り、大正博覧会に出品して関係者を驚かした。翌二年（一九一三）、甘利忠俊の「ころもミシン」、九年（一九二〇）、明嵐豊次の「明嵐式和服用ミシン」が特許を取っている。(32) しかし、これらは先覚者の業績にとどまり、工業的に量産されることはなかった。

パーツ（部分品）製造を最初に行ったのは、萩野金次郎である。明治十八年（一八八五）頃、東京永住町で刀鍛治を業としていた萩野は、ミシン商の友人からミシン針製造を依頼された。萩野は地金をたがして細く角に伸ばし、溝をたてて針の形を作った。それを石灰の上に並べ、油で焼いてもどす。焼き具合は色で見分けた。狐色が最上で、紫色ではやわらかく曲がる。針穴は針金でこすってあけた。その針を炭火で焼き、米糠で一本ずつ研いだ。刀鍛治式製造のミシン針は、一日一本しかできなかった。この苦心の製品は注文主に喜ばれた。下町のミシン商が針の不足に困っているからと、ミシン針製造を勧められ、刀鍛治から転業した。しかし、下町のミシン商たちは、鍛治屋の造ったミシン針などは使いものにならないと、相手にしない。萩野はその針を半紙に包み、のしをかけて洋服屋に持参した。その後、具合はどうかと聞き歩いたところ評判がよく、二本、三本と注文がとれるようになったという。二五年（一八九二）頃、針は一本一〇匁の目方があり、一二銭五厘であった。針ができるならば、ミシンの摩滅もなおせるであろうと、パーツの修理を勧められた。すりへった所を蠟付けして鑢《やすり》で研ぎ、両箇所を合せて見る。あたる所は光るから、その部分を研ぎ直す。これを何回もくり返す原始的方法で、ミシン修理が始められた。三十年頃には、本格的なパーツ製造、ミシン修理業となった(33)。

この頃、大阪に島川永太郎がミシン修理を始め、四十一年（一九〇八）、名古屋に安井兄弟商会、四十二年（一九〇九）、東京の野口商店、大正四年（一九一五）、大阪の中島寅蔵、八年（一九一九）、東京の黒川侊洋がパーツ製造を開始した。ミシンの基礎的技術は、部品製造によって会得することができた。しかし、修理も部品製造もすべて外国ミシンのために行われ、最も盛大なシンガーミシン会社に多く供給された。

わが国におけるシンガーミシンの発展は、国内のミシン関係者を刺激し、国産ミシンの製造が念願されるようになった。ミシン製造には莫大な資本を要し、技術的にもまだ困難ではあったが、その動向は次第に強まった。

大正七年（一九一八）、アメリカのミシン会社に勤務していた関口亮と日高隆は帰国し、ピコ梯子ヘム及び全回転高速度ミシンの発明者、ケルソン R.S. Kelson をシカゴから招聘して、国産ミシン製造会社設立を計画した。しかし、半年にわたる努力も空しく、資金難で挫折した。

十年（一九二一）、黒川侊洋と秦敏之は国産ミシン製造を企画した。東京帝国大学教授高楠順次郎の斡旋により、岩崎小弥太から援助の内諾を得た。製造は京橋築地に鉄工場を経営するドイツ人に依頼し、営業はシンガーミシン社支配人森山鶴蔵と協議して準備に着手したが、翌年、秦敏之死去のため中止した。

九年（一九二〇）、黒川侊洋の友人佐藤某は、アメリカのニューホーム・ミシン会社日本総代理店と契約して、小型長舟ミシン Little Worker を売り始めた。黒川はシンガーミシン会社出身の飛松謹一を紹介して、販売に協力した。翌年この販売権が日瑞貿易株式会社へ譲渡されたので、黒川と飛松は亀松茂にはかり、亀松の滝野川工場で、三名提携による小型長舟ミシンの製作を開始した。技術的には未熟であったが、時間をかければ組立てることができた。加工技術も上達して量産可能になり、銀座に進出して売り出した。このミシンは飛松・亀松の松の字からパインミシンと名付けられ、国産第一号であった[34]。彼らの事業に出資したのは、シンガー争議に対する義憤から、ひそかに国産化を計画していた実業家小瀬与作である。昭和四年（一九二九）、小瀬はパインミシン株式会社（現、蛇の目ミシン工業）を設立し、国産化を推進した[35]。

昭和四年（一九二九）、佐口鉄蔵の弟子西川清保は袋縫ミシン、数本針襞取ミシン、テーラーミシンの改造を遂げて、国産品を製造した。

同年には、黒川侊洋・安田清孝・関口亮の三名が提携して、横浜の小工場で一五種ミシンの製造に着手した。一五種は度々の試作に失敗しているミシンであった。種々苦心の結果、翌五年（一九三〇）五月に完成した。これは、大型本縫ミシン国産品の最初であった。コントロールミシンと名付けられ、十二月から本格的に販売を開始した。

六年（一九三一）、西川清保は一五種ミシンを製作し、三菱電機株式会社へその権利を譲渡した。三菱はこれをもとに、三ヵ年を費して三菱ミシンを完成した。三菱資本がミシン製造に投下されたことは、国産ミシン製造を強化するものであった。三菱はさらに、十一年（一九三六）以降、四四種、ドイツ製八方ミシン、全回転式（TA型）三四、四五、一七六、一三一、一三三種等を製造した。これらは主として、陸・海軍に納入された。

六年に、パインミシンの亀松茂は長舟式大型の二八種を完成した。しかし、長舟式時代は既に終って、一般の需要は蛇の目型ミシンに移っていた。彼はさらに、一五種蛇の目型ミシンに着手し、翌七年（一九三二）春には市場に出した。同社の安藤嘉六はこれを大阪で宣伝したが、販売不振のため台湾への輸出をはかった。蛇の目ミシン（帝国ミシン株式会社）のブランドの輸出は成功し、インド・中国・アメリカ・南米等に販路を拡げた。

名古屋の修繕工場安井正義は、六年に二四—二六環縫ミシンを完成した。シンガー争議に敗れた争議委員長山本東作（東京、日本橋）は、国産ミシン製造の念願を抱き、安井に説いて一五種ミシンの共同研究を行い、八年（一九三三）十一月、ニッポンミシンを完成した。十一年に安井ミシン商会（現、ブラザーミシン工業）は、バック機能押金付ブラザーミシンを製造し、十二年に山本の考案した箱型治具が完成して、国産ミシンの品質を向上させた[36]。大阪の部品製造業中島寅蔵は、六

年（一九三二）頃から、一五種、四五—一一、二一、二二、二〇五、一五〇などの各種ミシンを製造した。(37)

九年（一九三四）から十一年（一九三六）には、東京、シスター、東亜、チェリー、サーダー、朝日、ノーブル、リード、福助、サクラ、ヤマト、スペシャル、エンパイヤ、ハタ、精研社等のメーカーが輩出して、国産ミシン工業が勃興した。(38)

工業用の特殊ミシンは、東京市本所区の野中喜十郎によって、シンガー四六K種類似の「箱蛇の目」が製造された。これは、メリヤスまたは毛皮の裁縫用ミシンである。蒲田区の河田貢は、オーバーロックミシンを製造した。これは縁飾縫に用いられ、シンガー八六種と同型である。小石川区の岸仁之助は、メリヤス用リンキングミシンを製作した。また、家庭用ミシンの会社も工業用ミシンに着手し始め、国産化が進行した。(39)工業用ミシンの国産化は、既製服産業の伸長に対応するものであった。

外国製品依存のミシンに国産化が実現するには、開拓者の苦闘があった。一五種本縫ミシンの国産品、コントロールミシンを製作した黒川侊洋は、「手記」（黒川家蔵）にその苦心談を記している。

愈々15種ミシン産出の急務を痛切に感じましたので、前後を考えず、万難を冒して同志と図り、横浜の一小工場を借り受けて研究試作に着手致しました。然れ共我国開闢以来創めての工業として、製作に経験を有する者は何処にもなく、又ミシンの製作機械や部分品の加工道具に至るまで、一つとして研究して案出を要しないものはなかつたのであります。何分ミシン胴（英語でアームベットと称へている）鋳物の部分を如何うして鋳くべきや、其方法すら判るものがなかつた程憐れな時代でありましたから、全く不眠不休の苦難を続け、種々様々の障碍に遭ひ、幾多の艱難が次から次へと限りなく起つてまいりましたのであります。仍て作る品物は殆んど幾回又は幾十回となく失敗を繰り返へすに至りまして、製作機械や加工道具や試作ミシンの失錯品は山のように積まれて、其の勿体なさ、面も向けられない情なさを感ずる程でありました。斯くて吾々の資財も遂に傾け尽されて、更に財政的惨苦に襲はれ、或時は家族に嘆かれ、或時は親戚知友に罵倒され、対内的にも又対外的にも御話しの出来難い涙ぐましい事が数々秘められてあります。

只今思い出すだに全身に冷水を浴びるような恐怖を覚えます。

部分品製作の技術経験に頼るだけで、ミシン胴の製作法もわからないような状態から出発して、技術と資力の両面からの苦闘であった。パインミシン会社が一五種を製作する時も、同じような苦心の連続で、幾多の輸入品を壊しては組立て、組立てては壊して、三年間に六〇〇台を試作したという。

このような苦心によって製作した国産ミシンに対して、世間の評価は冷たかった。

然れども其の製品が本当の国産であるかどうか真否を疑ふ方もありました。殊に気の小さな外国ミシン販売者の中には、シンガーの中古品を塗替せし物だと悪口を唱える者もあれば、又外国ミシンの意匠や特許に触れて居るとか、甚しきは今にシンガー会社の大鉄鎚に遭つてぶつ潰されて仕舞う等と種々様々に嚇かされ威迫されました。(前掲手記)

コントロール社は、国産品でないという疑を解くために、「多年大きな犠牲を払つた種々様々の失敗品や、苦辛惨胆して案出した製作方法」等を工場に陳列して公開した。また、商工大臣や宮中に献上したので、ようやくその不安が解消された。大阪の蛇の目ミシンも、当初は一台も売れず、窮余の策の台湾輸出が成功した。台湾では国産ミシンへの偏見がなかったからである。十一年(一九三六)に、東京本社は月産二〇〇台に過ぎなかったが、大阪蛇の目は月産一万台を突破する好況であった。(40)

国産ミシン開拓者には、シンガーミシン会社の出身者が多い。彼らは外国商社に対するナショナルな意識から、最も強く国産化の意図を抱いていた。この問題は、かなり早い時期に発生している。国産一五種大型ミシンの創始者黒川侊洋は、明治四十四年(一九一一)にS社に入社し、書記、特殊工業用ミシン係、横浜支部長を経て中部監督になったが、大正七年(一九一八)に退社した。退社の理由について、彼は次のように述べている。

立川分店を開いた時に古屋忠善という柔道四段の人が主任になったが二ヶ月間売れなかった。私が呼ばれて油をしぼられた。手がまわらないのだからもう少し長い目で見てやってくれと私が弁護したところ、クソミソに言う。そこであなたはわれわれ日本人を奴隷扱いするのかというと、奴隷じゃないかと答えた。私は思わず持っていた本をポンと机の上に置いた。それが馬鹿に大きな音がしてみんながびっくりした。私はここでやめようと決心して階段を下りると、シンガー本社は裏口にも階段があってその階段を先廻りして私を待っておった。黒川怒るなまあ上れという。私はまた階段を上り乍ら考えた。シンガー式はちと因業だわい。戸口まで行ったが部屋に入らないでまた階段を下りてしまった。神戸の三島さんが来て長い間の経験が惜しいと引止められたが奴隷という言葉には私はどうにも虫がおさまらなかった。

（「ミシン業界を回顧する」長老座談会、黒川侊洋談『ミシン情報』二〇一号、昭和二十九年五月十一日）

S社の能率主義に労資の対立が生じたが、外国商社の特殊性がさらに対立を激化させて、二回にわたる争議が起った。第一回争議は大正十四年（一九二五）に行われた。S社が販売手数料を削って自動車を購入し、自動車でミシンを運搬して、ブロック勧誘の成果をあげようとしたことが原因であった。このため、分店主任はキャッシュで二分引となる。大阪分店主任が反対に立ち上がり、東京に共同闘争を申し込んだ。集金部とも提携して、サボタージュ闘争が行われた。しかし、強大な会社に対する争議は成功しなかった。先に大阪が崩れ、最後までがんばった東京も軟化した。代議士植原悦二郎が仲介に立って、S社側が三〇〇〇円の新聞広告を出して、その金を争議員に三〇円ずつ支給して解決した。争議中杜絶していた収入と争議費用を要求する争議団にとっては、あまりにも少額であったが、ともかく一人の犠牲者も出さずに解決した。(41)

昭和七年（一九三二）十月十七日、再び争議が起った。第二回争議は大規模なものとなった。S社は当時、神戸・大阪・横浜・京城の四都市に中央店をおき（代表者米人）、その下に全国九〇〇分店を設け、日本人従業員八〇〇〇名を使用していた。しかし、週給五〇円以上の支配人、総監督、総務となる高給の日本人は僅か二〇名内外である。従業員待遇規定は創設当初と変らず、事務員、教授約三〇〇名を除き、全従業員は無給の歩合制度であった。いずれも、一〇〇円に対する一割二分である。デフレ政策のため業績は悪く、東京の従業員五百余名の販売台数は、一週間二〇台ほどにすぎなかった。

さらに、会社側は返還手数料制度を設けた。ミシン月賦購入者が中途でミシンを会社に返還した場合は、販売人に残余の金額を月賦で支払わせる。月賦金を回収できない場合も、販売人の全責任となった。会社側には損失の及ばない制度である。また、解職手当制度がないため、全従業員は常に解雇の脅威にさらされていた。全社員八〇〇〇名は、解雇手当等の待遇改善要求一一ヵ条を提出して、争議となったのである。「この待遇改善は十数年来従業員の悲痛な叫びとなつているものだ」と社員は言った（『朝日新聞』昭和七年十月二十五日）。

争議の経過は新聞に詳しく報道されて、世の注目を集めた。争議団は労働総同盟の応援を受けて結束したが、会社側も強硬な態度を示して社員に解雇通知を送った。十二月二十五日には事業整理をはかり、横浜中央店だけを残すことを決定した。持久戦となって度々の暴行事件を起し、争議団側の検束者が多くなった。八年（一九三三）一月十九日には、横浜中央店襲撃の流血事件が起った。このため、社会大衆党が積極的に動き出し、警視庁、横浜商工会議所も調停に乗り出した。二月八日、神奈川県警察部の斡旋調停が成功して、労資会見の結果、争議は解決した。争議発生以来、一三四日ぶりであった。解決条件は「一、販売集金歩合、訴訟費用、出張費用は六大都市ともに同一なり。二、販売並に集金は、雇傭契約の条項により督励すること。三、信用保険領収証は、昭和七年十一月十二日付、会社声明に明記したる通り発行。四、解雇通知を受けた者も、個々面接の上再び採用する。但し犯罪行為を有するものはこの限りにあらず」ということであった。総同盟会長松岡駒吉は、「この解決が争議団に不利なことは十分承知している。しかし現在の為替関係及び会社の決意、その他争議団の現状等客観的情勢を静かに考慮し、この上争議を続行することの有利ならざることを悟り」と、声明した。このように、従業員に有利な解決ではなかったが、労資歩み寄って、四ヵ月以上にわたる激しい争議は終った。(42)

争議中、S社管理職の日本人高級社員たちが争議団に合流するなど、外国商社に対する反撥が濃厚で、労資の対立は複雑化した。S社はわが国の労働事情を無視していると社会大衆党が非難し、グルー駐日アメリカ大使に決議文を手交して、日本人待遇改善を要求した。巨大な外人商社の近代的経営に日本人はまだなじまず、そのセールス制、月賦制も社会的に定着していなかったので、種々な問題を生じていた。当年は経済恐慌のため二一五九件の争議が全国に起ったが、[43]シンガーミシン争議は異色な争議として注目された。この争議の結果、日本人社員多数がS社を離れた。彼らの進んだ道は、この頃曙光を見せ始めた国産ミシンの製造であった。

S会社に社員並に分店主任として勤続十ヶ年、此間私は忠実に殆ど霊を打ち込んだ社員生活をしてきたのです。……今年の五月断然Sミシン会社と手を切つて、国産コントロールミシンへ転向した訳です。無論理由は多々ありますが、詳細に書けば長くなり、或は外国会社の名誉を傷つけることになりますから省略しまして、先づ最も重大な理由の一つとして時局の影響から愛国精神の祈念やみがたかつたのが夫れでした。又職業の意識も其重大なる理由の一つであつた訳です。

(三浦盛「国産に転向の理由」『コントロール日報』第十四号、昭和八年十二月一日)

何時までも〳〵外国機の御厄介でもあるまいと、殆んど寝た間も思はぬ時はなかつたのであります。……そのうち私もS会社と喧嘩分れとなり、多年の経験あるミシン以外の何物をもやるといふ訳にも参りません。とう〳〵国産ミシンに専念することになりました。

(東京TF生「私の念願は？」『大日本ミシン新報』第十六号、昭和九年二月十日)

大正五年五月シンガーミシン入社……第一回のシンガー争議に加わって退職し、昭和八年に神田和泉町にシスターミシン株式会社を設立した。当時はシンガー争議に大いに刺激されて、国産ミシンを産み出そうという気運が澎湃として起った。

(世界ミシン株式会社鈴木商店「回顧録」『ミシン情報』第一九二号、昭和二十九年二月一日)

というように、シンガー争議の結果、国産ミシン界へ、多数の人材が集まった。S社出身の彼らは、ナショナルな反撥精神と豊かな経験を発揮して活動した。国産ミシン生産実績は、昭和五年(一九三〇)一〇〇〇台、六年　三〇〇〇台、七年　三五〇〇台、八年　五〇〇〇台、九年　六二〇〇台、十年　一万二三〇〇台と逐年増加した。しかし、十年の輸入ミシンは七万五二〇〇台で、国産ミシンの六倍であった。[44]シンガーミシンは優越を示し、その品質と販売力に国産ミシンは圧倒されていた。

わが国の工業は日露戦争後、産業革命を達成したが、ミシン工業が軌道に乗り始めたのは、昭和十年以降であった。ミシン工業の遅れた原因について、黒川侊洋は「手記」に、次の三点を挙げた。

一、シンガーを初め欧米各国ミシンの特許に触れる懸念がある。

二、壱億弐千万円の大資本を擁し、競争の場合には如何なる大きな犠牲をも厭はざる大シンガー会社の弾圧手段。

三、販路の不案内と特殊な六ヶ敷い販売方法に依らなければならないことと、当時我が国御婦人の舶来品崇拝の因襲が牢固たるものありまして、容易に国産品が容れられざる不安等でありました。

外国製品特許に関しては幾度も裁判に訴えられ、あるいは多数の検挙者を出して、国産シンガー事件といわれる事態を招いた。三菱ミシンを除く国産ミシン会社は小企業であるから、S社の巨大資本には到底対抗できず、S社独自の分店方式、セールス制、月賦制等についても、日本人の対応は困難であった。舶来品崇拝はシンガーミシンに対して特に強く、ミシンはシンガーでなくてはという崇拝観念が行き渡っていた。特にシンガー教と呼ばれる女性たちの意識は、国産ミシンにとっての大きな障壁であった。巨大な外国商社に対抗することは不可能に近いが、国内の舶来崇拝を国産愛好に変えることは可能ではないかと、黒川らの国産ミシン製造者は国産愛用運動を開始した。

彼らの運動は先ず、現状の説明から始められた。一九三五年（昭和十）の世界主要国のミシン使用台数は一〇〇〇人に対して、アメリカ二一八台、フランス二〇三台、ドイツ二〇〇台、イギリス一九三台、イタリア一八五台であるのに、日本は一四台にすぎなかった。わが国のミシン使用台数を列強国まで高めるには、約一七〇〇万台、一九億円の莫大な金額を要する。毎年の人口増加に対する比率からも、三五万台、三二〇〇万円のミシンが必要である。これだけの巨費をミシン輸入にあてることは不可能であるから、輸入品に依存している限りミシンの普及は望めない。外国ミシンが初めてわが国へ輸入されて以来、約二七〇万台、概算三億円以上の巨額が流出した。昭和九年の輸入額は約一万台、一二二五万六四〇〇円、十年には約二万五〇〇〇台、一四二七万二五〇〇円であると、黒川は数字を示して主張した。彼らの国産愛用論

昭和12年の輸入ミシンと国産ミシンの価格比較

種類	シンガー	ハスクバナ	パイン	ブラザー	コントロール	シスター	東京ミシン
手廻ミシン	164円	184円	120円	116円	104円	112円	105円
足踏ミシン一ケ抽斗	200	179	135	120	120	120	120
足踏ミシン三ケ抽斗	216	197	145	128	128	128	128

註1　価格はそれぞれ現金一時払いの値段。
2　ミシン工業会事務局集録資料『ミシン工業』No. 11，1950年8月。

は浜口内閣以来の国産愛護政策に支持され、学校、官公署に納入の道が開かれた。

S社に対抗する第二の方途は、低価格であった。十二年の輸入ミシンと国産ミシンの価格比較は、上掲の表に示される。シンガーとハスクバナ（独）の外国ミシンに対して、国産ミシンはすべて格段に安価である。これが国産ミシンにとって最大の好条件であったが、品質の信用が伴わなければ、効果を挙げることはできない。S社の強力な販売法、月賦制も、パインミシンが初めて実施し、軍に納入する三菱以外の各社も、これにならうようになった。しかし、S社と同様な月賦本位制は、資金面から困難であった。区域を限る小規模な態勢にすぎなかった。

このように国産ミシンには種々な隘路があったが、関係者の努力によって、生産高は向上した。十一年、四万九二四台、十二年、五万三一三三台となり、輸入ミシンとの差を二分の一までに縮めた。同年七月に日中戦争が起り、八月に外国輸入品が制限された。シンガーミシンをはじめ、すべての外国ミシン、中古ミシンの輸入が減少し、ミシンの需要は国産ミシンに殺到した。十三年（一九三八）の生産高は一〇万四二〇四台に倍増し、十四年（一九三九）、一三万二九九七台、十五年（一九四〇）、一五万四四〇二台の盛況となった。これに対し、十五年の輸入ミシンは僅か一六八九台であった。また、日本ミシンは一万二〇一台輸出され、国産ミシン時代が到来した。

昭和初期のミシン国内消費は、国産・輸入ミシンを含めて、毎年増加した。八年に二万五六八〇台であったのが、十五年には一四万五八九〇台に伸長した。次頁の表、「ミシン生産及輸出入状況」（ミシン工業会『ミシン工業の概況』昭和八〜二十五年）に、その推移が明らかである。

ミシン生産及輸出入状況　　　　（単位　台）

年　度	生　産	輸　出	輸　入	国内消費（推定）
昭和 8	5,000	—	20,680	25,680
9	6,200	—	58,880	65,080
10	12,301	—	75,700	88,001
11	40,924	3,720	90,960	128,164
12	53,133	7,240	119,291	165,184
13	104,204	6,069	4,503	102,638
14	132,997	10,810	1,775	123,962
15	154,402	10,201	1,689	145,890
16	101,774	8,402	—	93,372
17	54,770	5,253	—	49,535
18	29,670	3,608	—	26,062
19	21,493	697	—	20,796
20	4,415	—	—	4,415
21	45,902	48	—	45,854
22	147,137	2,789	—	134,348
23	179,979	18,464	—	161,515
24	229,340	97,233	—	202,107
25	641,837	408,411	—	233,426

註1　生産実績は通産省調べによる。年度別。
2　輸出実績は税関統計による。暦年別。
3　輸入実績は本会の資料による。
4　国内消費は（生産輸入－輸出）にて算出したものである。
ミシン工業会『ミシン工業の概況』1951年。

十五年のミシン国内保有量は一七〇万台に増加し、一〇〇〇人当り一七台となった。ミシンの国内消費（上掲表）及び保有量の増加は、市民の洋装発展を基盤とするものであった。特に、一五種家庭用国産ミシンは、ドレスメーカー、学校、家庭婦人に販路を拡大した。ミシン業者は洋裁教室、洋裁学校を設けて、さらに販路拡張をはかった。洋裁学校の少ない地方では、業者の施設が洋裁普及の役割を果した。新潟市古町吉原ミシン商会、吉原正平の回顧には、

昭和七年当時、新潟の街を歩く廿五六の若夫婦でさえも洋服を着たものは全く稀で、女学生が「アッパッパ」を着ていると年寄り連中はすべて軽蔑の眼で見送り顔を歪めたものだった。外交に出てもミシンをムジン（無尽）と間違えられて、「ミシンの外交に参り……」と来意を告げると、話半分に聞いてソクサと奥から無尽の集金手帳を持出して来るのはまだしも、ニシン（魚）と勘違いされ「今日は魚は要らぬ」とてんで歯も立たぬ事もあった。私の競争相手には金沢の加藤氏、仙台の土屋氏があり、二人は切磋琢磨してその業績の向上に力めた。昭和七年十一月ミシン普及の前提として洋服の平常化を目指し洋裁学校を開き、「ミシンは次の時代の針箱」を金看板に宣伝した。この観点からすれば、我々ミシン業者が日本の服装改革に果した役割は大きく評価されてよかろう。

（『ミシン情報』一九五号、昭和二十九年五月一日）

と、初期業者の苦心を語り、「ミシンは次の時代の針箱」という宣伝には、洋裁普及への自負が示されている。

二　戦時衣生活

1　国民服

昭和六年（一九三一）九月十八日に起った満洲事変から、日中戦争、第二次世界大戦へ拡大して、一五年にわたる戦時生活が続いた。十二年（一九三七）七月、日中戦争が始まると、輸入品の羊毛・綿を軍需品と輸出品の原料に確保するため、十二月二十七日の商工省令により、国内消費品には、ステープル・ファイバーStaple fiber（スフ）を三割以上混用することが定められた。ステープル・ファイバーは、レーヨンの連続フィラメント（長繊維）を、羊毛・綿と同じ長さのステープル（短繊維）に切ったものである。第一次世界大戦時に、羊毛・綿の代用品としてドイツが開発したが、しわになり易く、耐久性に乏しく、品質が悪かった。翌十三年（一九三八）二月一日から本令は施行され、純毛・純綿は悪名高い代用品スフの混紡品に変った。第七三通常議会（十二年十二月）で成立した国家総動員法は十三年四月一日に公布され、物資・資本・労働の戦時統制が敷かれた。次いで、六月二十九日に、商工省は「内地向け綿製品の製造、加工、販売制限等規則」を公布し、綿製品はすべて姿を消し、オールスフ時代となった。

衣料欠乏の時局下に、国民精神高揚をはかる国民服の制定が、十二年末に内閣情報部から提案された。前年に制定された満洲国の協和服と同様に、国内の服装統制を目指すものであった。この事業は厚生省が行うことになり、十三年に国民精神総動員中央聯盟の服装委員会が厚生省を中心に組織された。厚生次官を委員長とし、内閣情報部、企画院、陸軍、海軍、商工、農林、文部、厚生、宮内、鉄道の各省関係者及び大学、研究所、新聞社、青年団、民間有識者から、八十余名が委員に任命された。翌十四年（一九三九）、同委員会によって国民服制定の基本方針は決定したが、国民精神総動員中央聯盟の改組により、国民服制定も中絶した。しかし、陸軍被服関係者の組織する被服協会が受け継ぐことになった。国民被服の指導改善、軍民被服の近接運動を盛んに行っていた同協会は、国民服制定に最も熱心であった。各省関係者、民間有識者一一名による国民被服刷新委員会を設置し、同年十月二十五日の第一回委員会で、国民服基準型式、一般懸賞募集要項、専門委員による試作等を決定した。

国民服の基本的要件には、㈠平時には民間の常服、応召には軍服として着用する。㈡民間常服として現状に近く、日本固有の特質を生かし、勤労用に適する。㈢一般儀礼用に兼用し、従来の複雑な服制の単純化をはかる。㈣保健的、経済的であること。㈤外観内容ともに世界衣服文化の水準を抜き、かつ指導的服装であること。㈥色相は茶褐色系国防色とすることが定められた。

国民公募は東京日日、大阪毎日両新聞社の協賛によって、十一月十四日から十二月十日まで行われた。応募総数二八二点のうち入選作品は無く、準入選二、特別佳作二、佳作三を選出した。これらの作品を協会試作品に加えて決定した国民服は、十五年（一九四〇）一月二十六日に発表された。第二次国民服制定は、陸軍関係の被服協会が制定母体となったので、三ヵ月の短期間で決定されたのである。同協会は四年（一九二九）設立以来の実績があり、陸軍の力関係によって直ちに決定したが、軍服的な型が制定された。国民服にはネクタイ、ワイシャツ、チョッキを廃し、ベルト付立折襟式開襟型（一号）、同日本襟型（二号）、ベルト無し日本襟型（三号）、同立折襟型（四号）の四型式と儀礼章を定めた。(45)

被服協会の発表した国民服には、デザイン上の欠点その他の非難があり、容易に普及しなかった。制定から五ヵ月を経て、国民服は消滅するのではないかと言われるようになった。そのため、六月の各省次官会議の際、石渡内閣書記官長をはじめ各省次官は、国民服着用を申し合わせ、書記官長が最初に着用した。各官庁は、本年度新任官吏の夏服新調に、国民服を奨励した。農林省経済厚生部、横浜市役所、千葉銀行等の大量注文が行われ、官公吏と企業による国策遂行として着用されるようになった。当時の背広人口は五〇〇万人と言われ、夏冬各一着新調すると一〇〇〇万着が必要である。純毛に近い背広は一着一〇〇円以上かかるので、五〇円程度の国民服を着用すれば、各自の経済的負担が軽くなるばかりでなく、国防上にも大きな寄与になると宣伝された。最初に国民服を着用した石渡書記官長は、「着心地はよく楽だ。ワイシャツを着たりネクタイを結ぶ手間がなくてよい。しわくちゃになるので手入れが大変だ」（『アサヒグラフ』昭和十五年六月二十六日号）と言い、農林省厚生部総務課野田事務官は、「事務をとるには楽でいゝです。胸のポケットが膨れると着心地が悪いし、ポケットに襞があるので万年筆などを差すのに不便ですな。色も紺色などですと、スマートなんですが、それでは国防色になりませんから無理でせうが、ちつと凄じい感じですよ」（前掲誌）と言う。背広より機能的であるが、品質や軍国調に抵抗感があった。

政府は国民服の法制化をはかり、十五年十一月一日、勅令第七百二十五号により、国民服令を公布した。被服協会制定四型式の一号上衣と二号中衣を組み合せて甲号とし、四号上衣と三号中衣を組み合せて乙号として、二種の型を制定した（挿図32）。即ち、甲号は立折襟式開襟（小開き）、ベルト付上衣、乙号は立折襟（開襟式にすることができる）、ベルト無し上衣である。ズボンは裾を細くしてボタンで開閉し、活動的にした。礼装用前庇付戦闘帽、開襟式立折襟（小開き）外套を新しく制定し、ラシャあるいは木綿の生地は茶褐色（軍服と同様なカーキ色、国防色という）に定めた。また、儀礼章制式により、古代紫色四打紐で作られた儀礼章を佩用して礼服とし、明治服制が改正されたことになる。中衣に日本襟を用い、袴（ズボン）、帯（ベルト）、烏帽子型帽（戦闘帽）、絨（ラシャ）等の名称によって、伝統精神の表現とした。経済性については、チョッキ、ワイシャツ、ネクタイを中衣で代用し、四季を通じて一着で足りることを示した。さらに最も主眼としたのは、軍服スタイルによる軍国主義の高揚である。また、軍服に転用できる国民服は、軍服を民間に貯蔵することであった。国民服着用推進のため、大日本国民服協会が設立され、講演会・講習会・展示会等が行われた。(46)

十六年（一九四一）十二月八日に太平洋戦争が始まり、戦局は深刻になった。翌十七年二月一日、衣料切符制を実施し、

挿図32　国　民　服

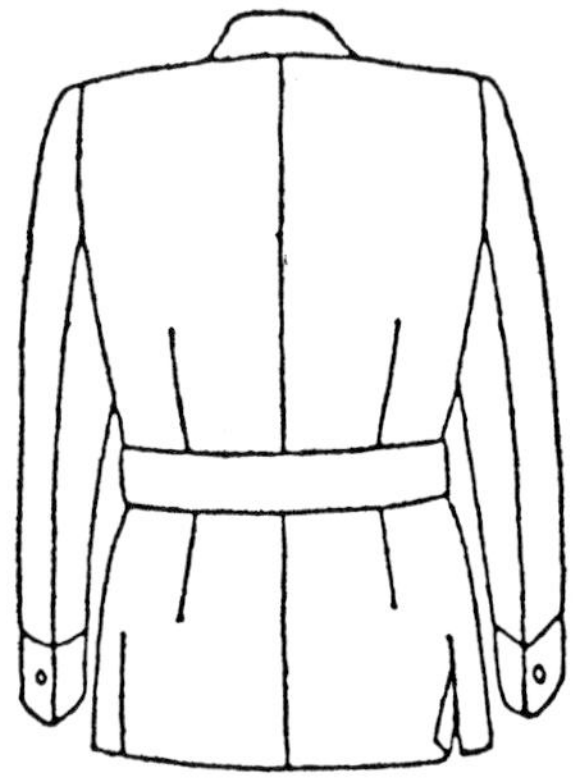

甲号上衣後面

同　右（立折襟）

甲号上衣前面（開襟）

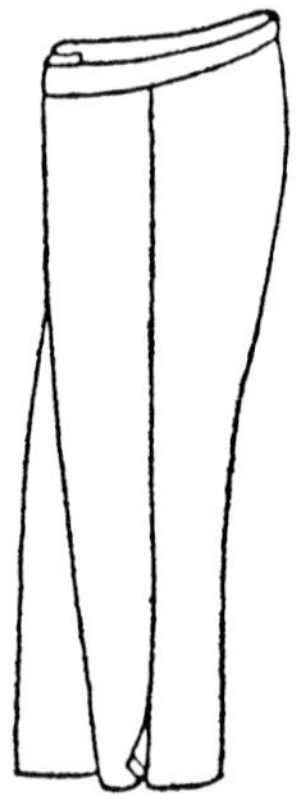

袴（裾をボタン
で開閉する）

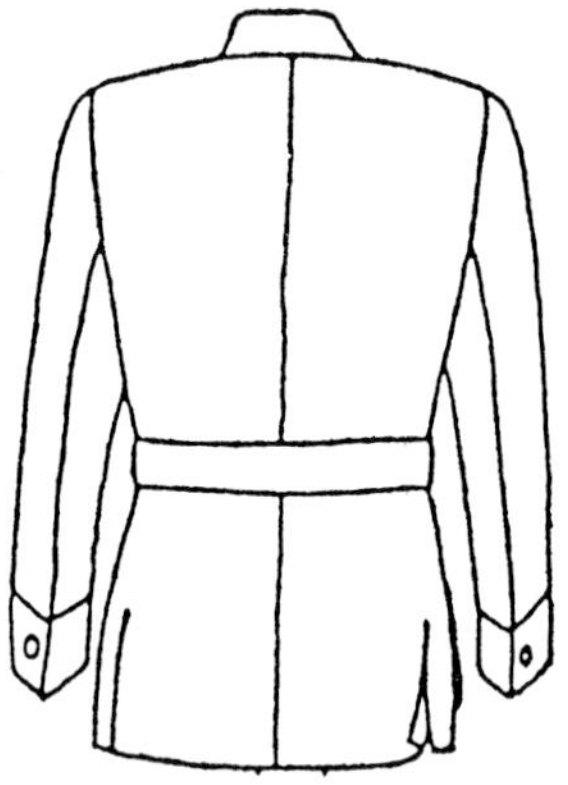

同右後面

甲号中衣前面
（付襟・付袖をした場合）

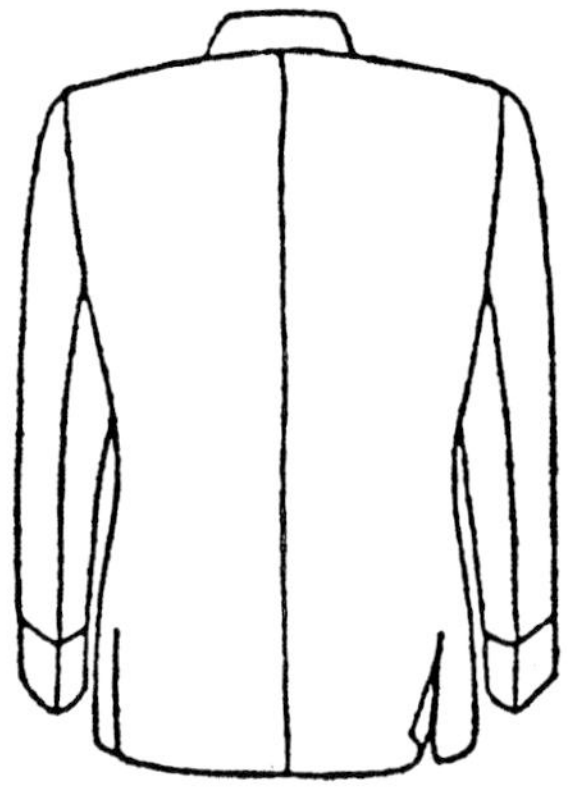

乙号上衣後面

同　右（立折襟）

乙号上衣前面（開襟）

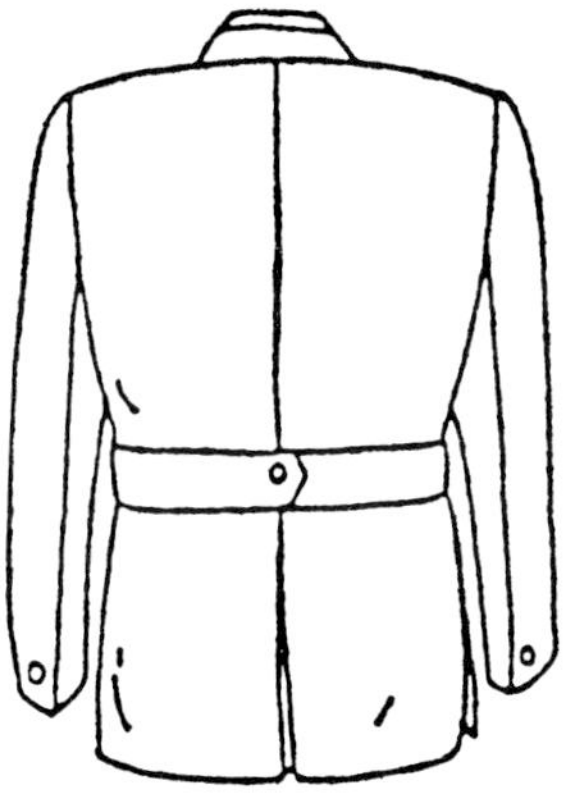

乙号中衣後面

乙号中衣前面

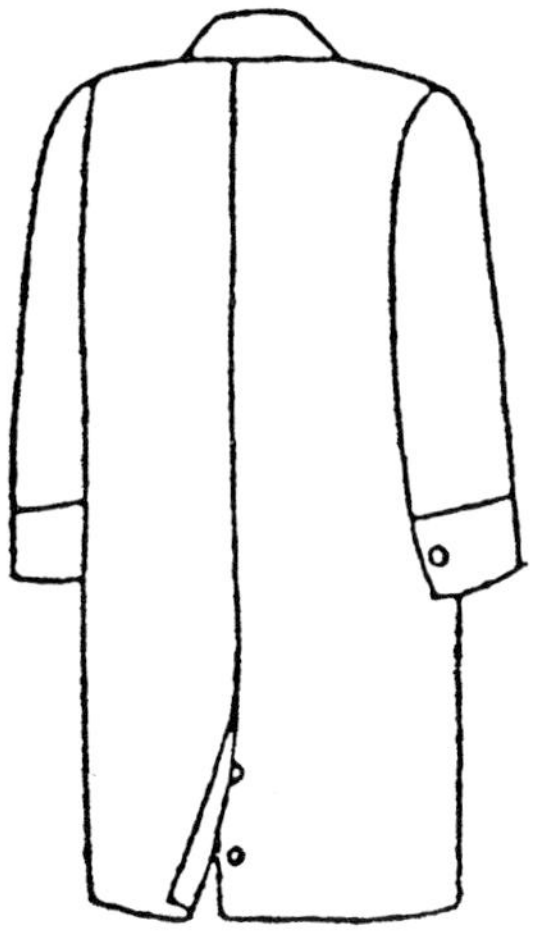

外套後面

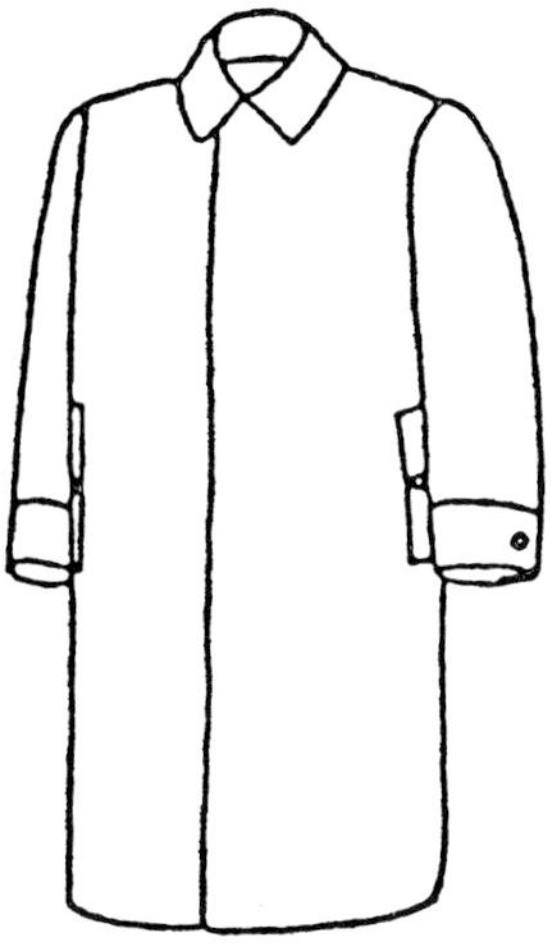

同　右（立折襟）

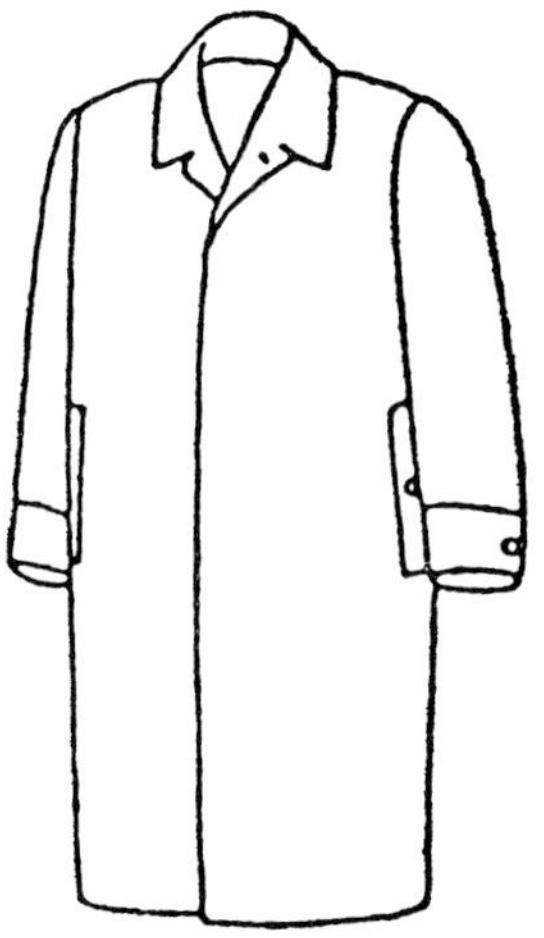

外套前面（開襟）

着用したもの

国民服儀礼章

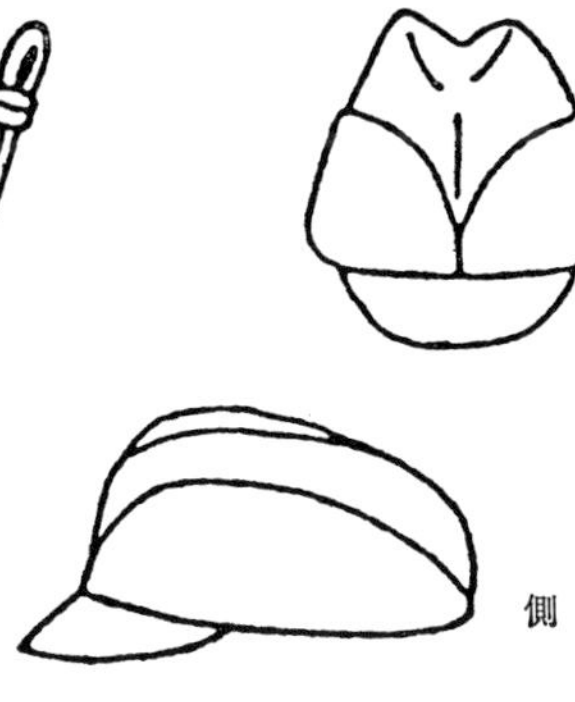

前　面

側　面

帽　　子

「国民服図」被服協会編『被服』第11巻第８号（昭和15年11月）所収

消費規制が強行された。物資欠乏はますます激しくなって、食糧も配給制になるほどであった。衣料切符は都市一〇〇点、農村八〇点、有効期間一ヵ年である。背広は五〇点、国民服は三二点であった。また、晒・ネル・手拭・タオル・靴下・足袋等の必需品は制限小切符によって、一定量しか購入できないようになった。十九年（一九四四）にはさらに逼迫し、衣料切符点数は三十歳以上四〇点、三十歳以下五〇点に半減した。なお、切符があっても品物がないという状態にまで至ったのである。

十七年（一九四二）に吉田謙吉の行った街頭調査によると、洋服八三％、国民服一二％、和服五％であった。国民服着用者のうち、甲号は四〇％で年配者が多く、乙号六〇％には若者が多い。国民服令による正式な着方は二〇％内外で、無帽、ネクタイ着用、制式外ズボン等が八〇％であった(47)。勅令によって定められ、政府が盛んに推進する国民服の着用は、意外に少なかった。国民精神が高揚されても、衣服統制がいかに困難なことかがうかがわれる。しかし、同年四月十八日に本土空襲が始まり、十九年からの空襲激化に、背広では生活できなくなった。国民服の礼服的要素も全く失われた。防空服として軍服型国民服は、一〇〇％着用の状況となった。

2　婦人標準服

昭和十二年十月十二日に、国民精神総動員中央聯盟が結成され、国民生活の洋風と贅沢が排撃された。十四年六月十四日の国民精神総動員小委員会がパーマネント禁止を決定したのは、電力消費の規制だけでなく、洋風排撃であった。十五年七月七日には、奢侈禁止令が施行され、絵羽模様和服地、縮緬、綴織帯地、ベルベット、ビロード、絹レース、指輪、ネックレス、ネクタイピン、貴金属製品、宝石等の製造販売が禁止された。「贅沢は敵だ」と言われ、高級生地の贅沢な和服は敵視されたが、和装は形態上からも非常時服として不適格であった。隣組の連絡、配給の行列、防空演習にと活動する婦人たちに、農山村のモンペが用いられるようになった。筒袖のきものにモンペをはくと、活動的な服装となる。手持の和服を仕立直して作れることも、好都合であった。

十五年十一月一日に国民服令を制定した政府は次の措置として、婦人標準服制定を進めた。厚生省社会局生活課は十六年三月から、関係各省、学校、団体、有識者による婦人服改善懇談会を開催した。同年七月の第二回懇談会には、試作品が三九点発表された。和服二二、洋服一二、中間型五が提示され、保守的傾向が強い。同時期に発表された陸軍防空科学研究所考案婦人服は、ズボンとスカートの洋服型であった。日本婦人の優美性と日本精神を強調する厚生省の服装改善は、至難な事業となった(48)。しかし、六月に厚生省は権威者三〇名を委員に依嘱し、社会局長を会長として、婦人標準服研究会を設置し、制定の第一歩を踏み出した。国民の総意を集めるため、国民服と同様な懸賞募集が行われた。十月に開始された募集には、国民服に経験の深い被服協会と大日本国民服協会が協力した。全国からの応募作品は和服型三三五点、洋服型三一三点、総数六四八点である。十月二十日、三十余名の審査員によって、甲賞五名、乙賞一〇名、佳作三〇名を決定し、婦人標準服研究会へ提出した。入選作品をもとに、同会が婦人標準服を作成した(49)。この原案は十七年二月三日に採択され、同月十九日の次官会議に提出して決定した(50)。

国民服は勅令をもって法制化されたが、婦人標準服は「婦人標準服の制定に関する件」の次官会議諒解事項に定められた。

我国民ノ服装ハ久シキニ亘リ、之ニ関スル指導方針ノ確立ヲ欠キ全ク各自ノ自由ニ放任セラレタルガ為、極メテ乱脈ニ流レ、国民ノ容儀、思想上、悪影響ヲ及ボセルノミナラズ、保健、活動能率、経済等ノ見地ヨリシテ遺憾ノ点尠カラズ。之ガ改善ノ方策ヲ講ズルコトハ刻下喫緊ノ要務ナリトス。仍テ政府ハ曩ニ国民服令ヲ制定シ、男子ノ服装ニ関シ規正ノ方途ヲ講ジタルガ、今般衣料ニ関スル消費統制制度ノ確立ヲ機トシ、婦人ノ服装ニ関シ、差当リ其ノ日常着ニ付テ概ネ左ノ方針ニ依リ標準服ヲ制定シ、之ガ普及ヲ図リ、以テ国民ノ衣生活ヲシテ、決戦体制下ノ国家的要請ニ

即応セシメントス

一　標準服ハ日本婦人ノ服装タルニ相応シク日本的性格ヲ表現スルヲ以テ其ノ根本理念トスルコト

二　標準服ハ質実簡素ヲ旨トシ容儀ヲ正シクシ真ノ女性美ヲ発揮セシムル如ク之ヲ考案スルコト

三　標準服ハ民族増強ノ要請ニ応ジ婦人ノ保健上最善ノモノタラシムル如ク之ヲ考案スルコト

四　標準服ハ婦人ノ活動分野増大ノ動向ニ鑑ミ其ノ活動能率増進上最善ノモノタラシムル如ク之ヲ考案スルコト

五　標準服ハ現下ノ繊維事情ニ鑑ミ退蔵衣類ノ更生活用、衣料ノ節約其ノ他経済上最適ノモノタラシムル如ク之ヲ考案スルコト

六　標準服ハ国民生活ノ実情ニ鑑ミ仕立上自家裁縫主義ヲ徹底セシムル如ク之ヲ考案スルコト

七　標準服ハ婦人服装ノ特殊性ニ稽ヘ之ヲ制服的ニ一定スルコトヲ避ケ、前各項ノ原則ニ準拠スル限リ其ノ部分的応用工夫ヲ為スコトヲ認ムルコト（以下略）

（『婦人標準服の基礎図説』財団法人大日本婦人服協会）

次官会議で決定された婦人標準服制定方針は、以上のように、日本的、保健、活動、経済が掲げられた。根本理念とする日本的性格とは、「質実簡素、容儀正シク真の女性美ノ発揮」（二）と表現されている。保健の「民族増強ノ要請」（三）、活動の「能率増進」（四）、経済の「更生、節約、自家裁縫」（五、六）には、戦時色が濃い。しかし、制服化を避けている（七）ところに、男子国民服との差異がある。なお、日常着であることを示し、国民服のように礼服化する意図はなかった。

婦人標準服の様式には、次の各種がある。

甲型（洋服型）　二部式＝一号（襞スカート）

二号（六枚接ぎスカート）

一部式＝一号

二号

乙型（和服型）　二部式＝一号（巻き合せ下衣）
　　　　　　　　　　　二号（筒型下衣）
　　　　　　　一部式　一号
　　　　　　　　　　　二号

活動衣　　　　二部式＝一号（スラックス）
　　　　　　　　　　　二号（モンペ）

下着と附属　　中着、中穿、下穿、頭巾

甲型（洋服型）にはツーピースとワンピースがあり、一号は衿がベルトの位置まで付き、襞スカートをはく。二号は衿がベルト位置上部まで付き、襞のない六つ接ぎスカートである。両号ともきもの衿を付け、ベルトを結ぶところが日本風である。一部式は二部式をつなぎ、デザインは一号、二号とも二部式と同じである。

乙型（和服型）は和服を上下に切って、下衣をスカート式とした。一号は巻き合せ下衣、二号は輪にした筒形下衣である。幅一七センチ以内、長さ二八〇センチ以内の帯を結ぶ。洋服式甲型のきもの衿とスカートは、活動的でない。太い袖に振り・身八ツ口があり、帯を結ぶ和服式乙型は、空襲時に危険なスタイルである。両型とも戦時には着用できず、ズボン、モンペの活動衣を用意しなければならなかった（挿図33）。

翌十八年（一九四三）は、日本軍のガダルカナル島撤退（二月一日）、アッツ島守備隊玉砕（五月二十九日）と戦局が悪化した。政府は戦力増強政策に、「戦時衣生活簡素化要綱」（六月四日閣議決定）を公布した。織物・染色・仕立・制服・礼服・身廻品等にわたる指示には、深刻な戦局が反映されている。要綱に示された男子服は国民服乙号、婦人服装は婦人標準服である。特に、婦人標準服については、

　皇国婦人に相応はしき質実簡素にして且つ女性美を失わざる婦人標準服等の普及を図ること

挿図33 婦人標準服

二部式二号型

二部式一号型

一部式二号型

一部式一号型

乙　型（和服型）

一部式

二部式

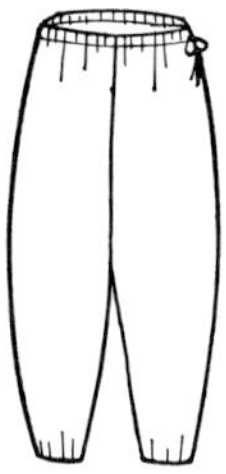

中　穿

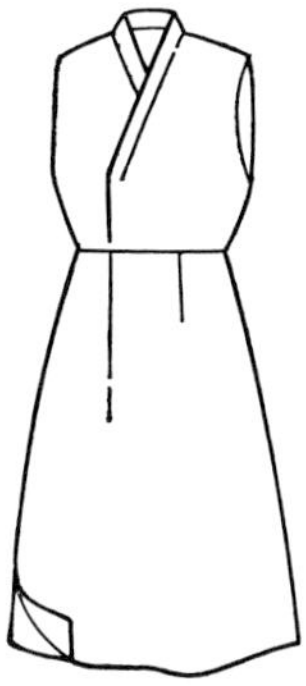

和服型中着

洋服型中着

活動衣

頭　巾

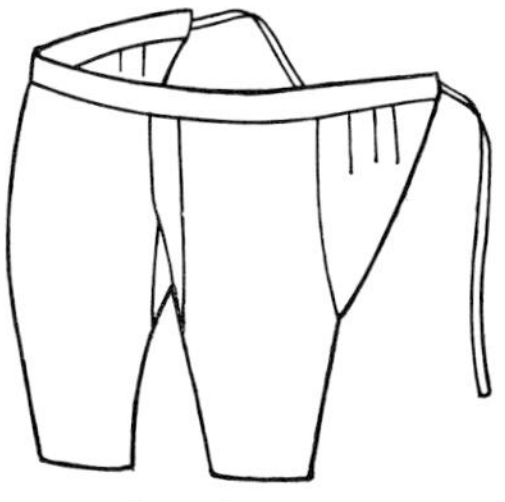

下　穿

被服協会編『被服』第13巻第２号（昭和17年２月），大日本婦人服協会『婦人標準服の基楚図説』所収

を勧奨し、

女子学生生徒の制服についてはその装飾的部分の除去につき考慮すると共に、専門学校以上の学生生徒の制服については可及的婦人標準服に依らしむること

を指示した。なお、必勝の綜合的戦力増強のため、婦人に次のような要綱実施への協力を求めた。

政府の意図は国民各位特に婦人の真摯なる熱意によって、初めてその目的を達成し得るものである。政府は各位の自発的協力を確信する次第である。

要綱公布後、婦人標準服実施機関として、大政翼賛会下部組織に、財団法人大日本婦人服協会が結成された。同協会は大日本婦人会をはじめ諸婦人団体、百貨店、服飾雑誌等の関係者を動員して、普及活動を展開した。パンフレットを作成し、仕立方講習会が各地に開催された。新聞・雑誌も婦人標準服裁縫記事を掲載して、着用をすすめた。

服装評論家の井沢真太郎は婦人標準服を次のように解説した。

構成から見ると標準服は、従来の和服の袖を小さく切り取り、前を閉ぢ帯を取り去つたものと云へる。そのどこが日本精神であるか一つ一つ調べる態度も感心されない。標準服全般が日本精神を基調としていると私は思ふ。もつと具体的に云へば保健、活動、美意識を考慮に入れた上、世界独自の服装を作り上げることで、日本精神の具現に一歩を進めたものと云へるのではないか。

（『新服装記』昭和十九年八月）

井沢はまた、婦人標準服を「精神の武装」とし、「一切の米英的感覚を離れて独自の思想を持つ」思想国防に、その着用意識を求めた。服装様式上からも、和服と洋服は決戦下の日本服装として適さないとし、決戦下のあらゆる状態を考えて、制定された婦人標準服の着用をすすめるのである。しかし、井沢の報告によれば、婦人標準服は嫌われた。

甲型は生れ故郷の西洋から異端視され、乙型は実家の和服から嫌はれ、二人はトボトボ歩き出した。

（前掲書）

しかし、婦人標準服に、日本女性衣生活の方向が暗示されているとする井沢は、

そのうちに大きな建設情熱が湧いて、二人は一つに溶けあつた。そして生れながらに新しい服装が生じる。（前掲書）

と、将来へ希望を託したが、「活動衣」に言及することはなかった。

筆者の戦時生活体験にも、婦人標準服は甲型も乙型も着用しなかった。周囲の女性たちも同様であって、標準服両型の着用は、ほとんど行われていない。政府の意図した婦人標準服による日本精神の具現は、成功しなかった。しかし、空襲が始まると、すべての女性はズボンまたはモンペを着用した。これらは婦人標準服の「活動衣」に指定されていたが、婦人標準服として着用されたのではなかった。決戦服と呼ばれたように、絶体絶命的に着用しなければならない服装であった。

日本式スタイルの洋服型婦人標準服（甲型）は普及しなかったが、戦時下の昭和洋装は後退せずに、活動着の役割を果した。洋風排撃派も、洋服の機能性を否定することはできない。戦時生活の現実的要求から、スーツとズボンが着用された。特にズボン着用は、女性服装のエポックである。男性権威の象徴であったズボンは、政府制定の婦人標準服の活動衣にも導入された。最も活動的なズボンをスラックスという名称で、洋風排撃の政府が採用したのは、現実を無視できなかったからである。ズボン着用は洋服を着なれた若い女性に行われ、軍需工場で働く挺身隊の活動衣であった。図260 また、わが国の農山村には古来のモンペがあったので、婦人標準服の活動衣に採り入れられた。モンペ着用の習俗は、女性のズボン着用と同様に機能した。第二次世界大戦中のヨーロッパ女性も、ズボンを着用するようになったが、工場労働に着用され、一般女性に普及するものではなかった。空襲待避の地下壕でも、スカート姿が多く見受けられる。

パット（肩台）を入れた「いかり肩」のスタイルに、ショート・スカートをはく洋装は、戦時ヨーロッパのファッションである。図261 空襲を受けた時に、必要な品を携帯するショールダーバッグも流行した。

流行に国境なしとの標語は謀略家の製造したものである。

スタイルブックを謀略的魔手から日本人の手に戻すべき時が来た。

洋裁の運命は日本の運命の反対側に立つ者の陥る運命である。（前掲書）

というような極論が一般に信じられたわけではないが、洋装、スタイルブック、洋裁等は、国民精神総動員によって排撃されたので、洋装という名称は使用し難い状況となった。

『服装文化』（発行者遠藤政次郎、すみれ会発行、文化服装学院スタイルブック）十五年三月号には、東亜の服装が提唱された。図262

> 光輝ある紀元二六〇〇年の春を迎へ新しい東亜の文化建設の一翼として服装の新しい建設も又重要な意義を持つものであります。茲に東亜の服装文化建設を目標とする本誌の責任も益々重きを加へ、みなさんの御援助と御指導を希ふの切なるものがあります。東亜の服装とは大体、キモノ、朝鮮服、満支服でありますがそれ等は、それぞれ欠点も長所も具へて居るのですが、その長所を綜合構成すれば即ち洋服式となり、新しい東亜の服装となるのであります。

「胸元のキモノ式朝鮮趣味のリボン」「東亜の特徴である重ね衿の調子」「亜西亜の立衿を着脱に便利にしたもの」「新東亜にふさわしき菊花飾り」など、町田菊之輔のデザインが発表された。

『クロニック』（発行者宮沢憲一、クロニック社発行スタイルブック）は、十七年四月から、『東亜服装』と改題した。

> 本号より上衣は全部右前式を採用致しました。幼い時から着馴れている和服の習慣に従ひ、なん等根拠の無い欧米風の左前式を払拭し去つた次第であります。服装には飽くまで日本式性格を活かして行き度いもので、美観も、着用の手数も、此方が勝るとも決して劣つて居らぬと信じます。

同誌は掲載スタイルのすべてを、日本的右前式として、東亜服装と称した。図263

『東亜の装ひ』（発行者増本得造、有本嘉兵衛商店出版部発行スタイルブック）十八年六月号は、「東亜随一の姿集誌《スタイルブック》」として、ズボン及びモンペの防空服を掲載し、戦局の逼迫を示している。図264

十九年（一九四四）に結成された東京の洋裁師団体も、「東亜婦人服装技術組合」と称したように、洋裁は大東亜思想に便乗して、東亜服装と改称した。男子洋服には国民服という名称が与えられ、服制上の存在が確立されたが、婦人洋服は標準服（甲型）として着用されることが少く、時局に呼応しなければならなかった。しかし、洋服着用の女性たちには、このような意識のかげりは見られない。男子出征後の職場を守り、軍需生産に動員される若い女性たちは、英米排撃思想にかかわりなく、機能的な洋服を着て働いた。井沢真太郎の「衣料切符消費量調査」（昭和十七年）によると、

調査人員五七一名、総切符点数五四九八〇点、使用点数二〇八九七点、平均一家一六六点、一人当三六点、
内訳　洋服類三八・二パーセント、和服類一八・九パーセント、制限小切符二〇・九パーセント、
その他二二パーセント　（前掲書）

調査人員の男・女・老・若別の割合は不明であるが、使用点数の最高は洋服類であった。若い女性の洋装は、この点数にかなり含まれているものと推察される。

十七年（一九四二）三月の「繊維製品配給消費統制規則」公布以後、繊維製品の生産・販売及び消費が統制され、衣生活は非常に窮屈になった。十八年九月、商工大臣岸信介は、「決戦衣生活」について、「繊維は戦力なり。着物を新調することは、前線からそれだけ兵器を取り上げることになります」（『主婦之友』昭和十八年九月号）と婦人たちに呼びかけ、退蔵衣料の活用を奨励した。衣料切符配給品を行列買する衣生活では、不足分を退蔵衣料の更生で補充しなければならない。モンペは和服から更生され、洋服にも更生型・更生服が行われた。男子背広を更生した婦人スーツ、きものから作ったワンピース、更生子供服など、種々な工夫が盛んになった。

婦人標準服
衣料切符点数（昭和18年）

型式			点数
甲	一部式	袷	38
		単衣	19
	二部式	袷	
		上衣	26
		下衣	18
		揃	44
		単衣	
		上衣	13
		下衣	9
		揃	22
乙		袷	
		上衣	20
		下衣	24
		中穿	20
		帯	5
		揃	69
		単衣	
		上衣	10
		下衣	12
		中穿	10
		帯	5
		揃	37
活動衣		袷	
		上衣	36
		下衣	24
		揃	60
		単衣	
		上衣	18
		下衣	12
		揃	30

註　点数は各1枚（揃は一揃い）につき。

挿図34　宮中の女子通常服

『官報』第5316号，昭和19年10月2日

窮屈になる衣生活に伴って、洋装業界も縮小した。最高時二千余名の組合員を擁した「東京婦人子供服注文服商業組合」は、十八年の統制組合に転じた時、九五〇名に減少した。男子洋服組合も一万五〇〇〇名から、三五〇〇名に減少し、企業整備の様相は深刻となった。出征・徴用による組合員減少が続き、終戦時の東京婦人洋装店組合員は僅か二〇〇名であった。彼らは修理組合を作り、衣服挺身隊となって、軍服や挺身隊員服の修理に従事した。(51) 洋裁学校も閉鎖され、あるいは軍需工場に転用された。

「決戦です！ すぐお袖をきつて下さい！」「心の長袖も切りませう」という大日本婦人会のカードを渡された和服着用(52)の人びとも、十九年（一九四四）以降、激しい本土空襲にさらされると、防空服装として、モンペ、あるいはズボンを着用しなければならなくなった。図265

勅令による国民服は明治以来の服制改正であったが、婦人標準服の服制上の措置は行われなかった。しかし、戦局が逼迫した十九年九月三十日、皇室令第八号によって、宮中の女子通常服にも、戦時服が追加された。筒袖型（但し袖口は広い）の上衣に襞のあるスカート状下衣をつけ、儀礼用には短衣型の装衣を着用する（挿図34。『官報』第五千三百十六号、昭和十九年十月二日）。都市空襲が激化し、すべての階層に戦時服が必要になったのである。

三　服装革命

1　戦後の洋服化

ポツダム宣言受諾が決定されて、昭和二十年（一九四五）八月十五日に第二次世界大戦は終った。空襲はなくなったが、国民生活の混乱は続いた。防空服装は戦後も活動衣として、大いに活用された。食糧の買い出しに行く婦人たちはモンペやズボンをはいて、リュックサックを背負った。戦災によって多くの女性はきものを失い、僅かに残ったきものも、農村で食糧と交換された。都市の食糧危機の切り抜けには、これらの状況が寄与している。

戦争によって、わが国繊維工業の設備は約七〇％を焼失し、終戦時の生産額はどん底の状態であった。二十年の配給計画は終戦のために中止された。国家総動員法が廃止され、代って臨時物資需給調整法が公布された。二十二年（一九四七）九月に、衣料品配給規則及び衣料切符規則が新しく制定された。経済安定本部が需給計画を定め、商工大臣によって、需給部門、都道府県別及び都道府県間の需給部門別割当制数量が決定された。二十二年の需給計画は、次のように定められた。

供給総量　一八〇、〇五三千封度《ポンド》

(1)一般消費用　三八、九〇〇千封度

指定品目国民一人につき縫糸十匁、補修布一碼《ヤール》、タオル又は手拭一本、靴下又は足袋一足、衣料切符点数十二点

(2)乳児用　四七、七〇〇千封度

特殊衣料切符、ネル、晒、外衣、幌蚊帳。オムツの要望に応ずること不可能なり。

(3)幼児用　八、六〇〇千封度

特殊衣料切符、幼児一人につき外衣一着、メリヤス及び布帛肌着各一点、帽子

(4)学童及び中等学校生徒　一三、五〇〇千封度

二人につき一着の外衣

(5)妊婦用　二、五〇〇千封度

一人につきネル及び晒一枚

(6)引揚者、困窮者、戦災者　三〇、二七六千封度

外衣一〇人につき一着、肌着一点、タオル又は手拭一本、足袋又は靴下一足、寝具四世帯につき一組、毛布二世帯につき一枚、蚊帳五世帯につき一帳、

(7)非常災害用　一、四一三千封度

年間五〇万人と推定し、罹災者一人につき肌着一点、タオル又は手拭一本、足袋又は靴下一足、毛布二人につき一枚

(8)労務者用　三七、一六四千封度

織物一人につき〇・八着、軍手〇・八双

（通産省繊維局衣料課『戦後衣料行政の推移』）

国民一人当りの織物生地は補修布一ヤールだけで、乳児のおむつも確保することのできない貧弱な需給計画は、実施さえも困難であった。労務者用作業衣の生産確保のため、足袋用綿の原反を、作業衣に振替ねばならなかった。一方、足袋の生産数量を確保するため、止むなく絹を代替した。数量的には公約通りであるが、絹足袋を配給された一般消費者から、悪評非難を浴びる結果となった。配給は一般消費者用一人当り平均〇・五五封度、供給総量では一人当り一・八二封度にすぎなかった。翌二十三年（一九四八）は、一般消費者用一人当り一・一封度、総量一人当り三封度に上昇した。二十四年（一九四九）には、統制品は同量であるが、非統制品が多くなり、それらを含めて、国民一人当り平均二・二封度となった。しかし、十二年（一九三七）の四分の一ないし五分の一の供給量であった。

このように衣料行政困難な時に、占領軍から余剰衣料品が放出された。引揚者・労務者用、計一三〇万七二三四点、余剰報奨物資（S.I.M. Surplus Incentive Material）、縫糸、蚊帳等、約一二〇〇万点で、わが国総配給量の約二％に当った。その他、民間のバイヤーがコマーシャル・アカウント commercial account（商業勘定）で輸入した中古衣料、宗教団体の宗

教学校設立基金として、現物で送付された中古衣料等があった。衣料不足に悩む国民は、放出衣料と中古衣料を着用し、毛布・軍人外套までも、オーバー、スーツ等に仕立直して使用した。しかし、ようやく繊維工業が再開され、二十四年頃から衣料事情は好転し始めた。配給は徐々に緩和されて、二十六年（一九五一）四月二十六日に、衣料配給規則及び衣料切符制は、通商産業省令第二七号によって廃止された[53]。

平和が到来して防空服装を脱いだ日本の衣生活は、洋服に変った。戦時生活の体験を経て、男性勤務服はすべて洋服化し、女性も和服中心の生活に戻らなかった。和服を焼失した女性たちは、活動的な防空服装からアメリカの中古衣料を中継として、洋服生活に移行した。戦時中は軍需産業に動員され、戦後には職業について働くことが一般化した若い女性の服装は、すべて洋服となった。家庭婦人も戦中・戦後をモンペで乗り切り、その後は洋服を着用する者が多くなった。機能的な洋服は、働く服装として普及した。また、参政権を与えられ、新憲法によって男女平等思想が確立し、社会的地位の高まった女性の意識は、男性と同様に活動的な洋服を着用することを躊躇しなかった。女性ズボンの着用が欧米より早く行われたのは、和装生活からの飛躍であった。

終戦直後の洋装文化は、アメリカから輸入された。二十一、二年に早くも出版され始めたスタイルブックは、アメリカの流行を紹介した。二十二年八月、『アメリカン・ファッション』（コズモ出版社）は創刊の辞に、

街を行く女性の洋装も段々と美しくなって来ました。けれども長い間続いた戦争の深刻な影響を受けて、まだまだみじめな姿のままで、当分は辛抱して行かねばならないのです。新しい布地や附属品の入手が、思う様に望めないために、今まで保有してあったありあわせのもので間にあわせて辛抱して行かねばならぬ日が、相当長く続く事を覚悟せねばならぬと思うのです。

と言う。このような状況の中で、スタイルブックを出版する意味は何か。

しかし材料がどんなものであっても、自分の体にピッタリとよくあった、スタイルのよい洋装をつくりたいものです。

そのためには、やはり新しいモードをアメリカからとり入れて、それを出来るだけ参考にして、自分達の洋装にとり入れて見ることが、必要なことの一つではないでしょうか。今回アメリカン・ファッションを創刊いたしましたのも、そうした希望をお持ちになる皆様の要求におこたへしたいと思いましたからです。

洋装には早くもファッションが宣伝されたが、占領下の日本ではアメリカのファッションが導入された。スタイルブックの内容は、

本誌に掲載したものは、全部アメリカから飛行郵便で送りとどけられたもので、ことしの夏から秋への流行の尖端を行くものばかりです。

飛行便という最新郵送法で迅速に伝えられるモード情報、アメリカン・スタイルは、ショルダー・パット（肩台）を入れた「怒《いか》り肩」とショート・スカートの戦勝国ミリタリズム・スタイルであった。同誌掲載の白いスーツ図266は「日本人には着こなせるかが問題である」胸を露出したサン・ドレスは「和服と観念の異りがある」と言う。シミーズドレスに長い上着を組み合せたドレスは「こんな思いきった着方は、仲々、日本人には出来ない様ですが、何と束縛のない、自由な着方でしょう。こんな所に洋服のよさがあるのです。とはいっても、腰廻りの上に、ブラウスを着る様なみじめさにならぬ様に」と説明され、和服から移行したばかりの日本の洋装とアメリカン・モードの距離がうかがわれる。東洋調ドレスは「私共の持っているキモノの中にこんな柄のものがありそうだ。新しい布地不足の折、箪笥にしまいこんであるものでも十分に活用してみてほしい」子供服は「お母様のきられなくなったドレスのスカート、羽二重の帯、裾廻しの古いもの等で充分出来ます」と、衣料窮乏の対策が挙げられた。「シークなタウンドレス」「軽快なふだん着」「スマートな仕事着図267」には、「仲々、日本人には出来ない束縛のない自由な着方」を紹介した。「何と素晴しいイヴニングでしょう」と言うナイロン製ドレスは、「こんな思いきったドレスで夜の宴会やダンスパーティに出られるようなことは今の日本では一寸考えられないが、空想してみるだけでも楽しそう」ということになる。本誌には明らかにされていないが、これは同年に大流

行となったディオールのロング・スカートであった。図268

一九四七年（昭和二十二）二月に、フランスのクリスチャン・ディオール Christian Dior はロング・スカートを発表して、世界的な大流行を起した。戦中・戦後のショート・スカートと怒り肩を一変し、長いフレヤー・スカートとなで肩になったスタイルは、熱狂的に歓迎された。アメリカでは、ニュー・ルックと呼ばれた。日本へはアメリカを経由して、二十三年（一九四八）に伝えられた。世界を席巻したディオール・モードのニュー・ルック図269は、ようやく、衣料統制の廃止された二十五年にかけて大流行となった。日本女性にとっても、ロング・スカートは戦争に荒廃した精神を癒し、夢をとり戻す服装であった。多量の生地を使うスカートであったが、銘仙のきものを仕立直した更生服の裾に、フリルを付けるとロング・スカートになった。不用になった落下傘の放出絹地を用いれば、充分に布を使うことができる。多くの人びとに愛読された長谷川町子の漫画「サザエさん」にも登場して、「短軀よく長裳を翻す」図270（『アサヒグラフ』昭和二十三年八月十一日号）の大流行であった。二十三年六月、昼の銀座で十二時から三〇分間、青木英夫（服飾研究家）の行った「スカート長短比率」の測定によると、ロング・スカートは三分の二を占めていた。(54)

二十五年（一九五〇）六月に始まった朝鮮戦争が日本に特需景気をもたらし、鉄鋼・金属と共に繊維も一時大好況に恵まれた。衣料切符が廃止され、服飾界は活況を呈し始めた。二十六年（一九五一）二月八日に、サンフランシスコ平和条約に調印して国際社会に復帰した日本は、アメリカン・モードから脱して、直接にパリ・モードを受け入れることができた。二十八年（一九五三）十一月には、ディオール一行が来日した。ディオールは当年春に発表したチューリップ・ライン図271と名付ける床上り一七インチ（四六センチ）のショート・スカートのファッション・ショーを開催し、わが国も国際モードへ参加する態勢が築かれた。なだらかな肩線から細いウエストラインへ流れる曲線と胸のふくらみは、チューリップの花の形を表わし、ウエストが高くスカートの短いチューリップ・ラインは、五年間続いて感銘の薄らいできたロング・スカートを一転させて、全世界の流行となった。ロング・スカート（一九四七年春）、チューリップ・ライン（一九五三年春）によって世界を風靡したディオールは、その後も世界のファッションを支配した。毎年パリのオート・クチュール Haute Couture（高級裁縫店）のコレクション Collection（創作発表会）に発表するディオールの作品は、世界の流行となった。Sライン[図272]（一九五四年春。鈴蘭形を表わす）、Hライン[図273]（一九五四年秋冬。一本の横線にHの形を表わす。ローウエストで長い胴を強調する）、Aライン[図274]（一九五五年春。スカートの裾を広げてA字形を作る。A字形の横線になるウエストラインは高低自由）、Yライン[図275]（一九五五年秋冬。肩と胸を大きく、腰は細くしてY字形を表わす。上半身は偏平で大きく、スカートは細い）、アロー・ライン[図276]（一九五六年春。宇宙開発時代を表現して、ラインは矢の様に上方へ向く。デザインの中心を上部におく）、マグネット・ライン[図277]（一九五六年秋冬。丸い肩と裾をつめたスカートによって、磁石形を表現する）、リバティ・ライン[図278]（一九五七年春。自由な形の中に、軽快で新鮮な感覚を表現し、さわやかな美を表わす）、スピンドル・ライン[図279]（一九五七年秋冬。ウエストからヒップにかけてふくらませ、紡錘車の形を表現する。樽形ともいわれた）と、流行はディオールによって作られた。毎年、春夏のモードを一月末から二月の初めに、秋冬のモードを七月末から八月初めに発表する。コレクションに集まる世界の顧客、バイヤー、モード記者は、五〇〇人に及んだ。(55) 顧客は発表されたデザインによって注文し、各国のバイヤーはデザインを買い、自国で製作販売する権利を与えられる。報道関係者は写真を自国へ送り、新聞・雑誌・テレビ等で宣伝する。シーズンの流行はディオール・コレクションから始まった。フランス・モードの年間輸出額一〇億フランの過半は、ディオールの店が占めた。(56)

新しいモードを何によって知るか。二十八年十一月、中央大学心理学研究室の調査では、スタイルブック三三%、服装雑誌二五・八%、新聞一四・六%、ファッション・ショー、展示会九・九%、街頭八・二%、その他八・五%の比率を示した。(57) ジャーナリズムのマスコミ機能が圧倒的に大きく、特に、スタイルブックと服装雑誌による流行への関心が高い。しかし、同年十一月の映画「君の名は」がテレビに放映されて真知子巻きが流行し、翌二十九年には映画「ローマの休日」からヘップバーン・スタイルが流行するなど、テレビ・映画のマス媒体が加わり、流行は広く且つ速く伝播するようになった。

婦人服のモードによって、販売網を獲得するのは生地である。デザイナーの作る流行と織物資本の結び付きについて、ディオールは次のように説明した。

一年も前から、リオンや、フランス北部や、スイスや、伊太利のミラノやスコットランドの奥地のうすぐらい仕事場で、繊維業者たちが、私たちに見せる見本市を探求したり、構成したり、準備したりするのに取りかかります。そしてまず第一にパリの洋裁界に見せるのです。なぜなら、パリの高等洋裁の決定によって他の国々もそれに追従するからです。パリの洋裁店が選択する商品は、業者にとって、客観的に少い量なのです。けれども、それにもかかわらず彼らにとってたいへん重要なのは、この選択が決定的なことです。その上格がつき、生産に方法を定め、世界の業者の傾向を決めるのです。（「私は流行を作る」セリア・ベルタン『パリモードの秘密』所収、一九五七年、山田夏子訳）

特に、戦後急速に発展した合成繊維が衣料に進出し、婦人服にはナイロンが流行した。わが国では二十五年にビニロン、二十六年にナイロンの生産が開始された。ナイロンの特許を持つアメリカのデュポン社の技術を導入した東洋レーヨンの生産が軌道に乗り、ナイロン靴下、ナイロンブラウス、エバグレースのドレス、パーマネント・プリーツのスカート等が流行した。

洋服化に伴って、洋装店は増加した。戦前に約一三〇〇店が最高であった東京の洋服店は、三十年に一万五〇〇〇店に達していた。(58) 当年のドレスメーカーはほとんど女性であって、男性業者は一割にも満たない。また、デザイナー、ファッション・モデルなどの新職業が華やかに行われ、服飾界は女性の活動分野となった。女性が進出して大部分を占めた業界では、明治以来の徒弟・職人制が崩壊した。

徒弟制に代わる技術教育は、戦後の手工業全般にわたる問題であった。二十二年に、労働者保護の労働基準法が制定され、第七章に「技能者の養成」が定められた。職場の指導員が技能を教えるほか、一定時間の学科集合教育を実施した。技能者養成制度は三十三年（一九五八）に、職業訓練法の制定によって、単独法として強化された。職業訓練法の目的は、「その職業に必要な技能とこれに関連する知識を系統的に教習し、産業に必要な近代的技能労働者を養成するために、職業訓練および技能検定を行なう」ことである。職業訓練はヨーロッパに始まった制度で、中世からのギルド崩壊後、徒弟制が近代的に再編成されたのである。一九〇〇年以降は、学校教育と並ぶ職業訓練校制度がヨーロッパ諸国で行われ、技能検定も実施されるようになった。さらに、この成果をもとに、一九五二年（昭和二十七）から技能オリンピックが開催された。わが国の職業訓練は義務制ではないが、業界の徒弟・職人社会の技術伝習は、近代的職業訓練制に代った。洋裁の訓練生となるのはほとんど女性であって、業界の構造変化が明らかである。ちなみに、技能検定は昭和四十年（一九六五）から実施されて、一級及び二級の洋裁技能士の免許が与えられ、四十七年からは技能オリンピックに参加した。図280

既製服産業も、戦後の荒廃から再編成された。最も早く形成されたのは、岐阜既製服であった。二十一年十一月、駅前の焼野原にリュックサック一つのハルピンからの引揚者がバラックを建て、雑多な店のブラックマーケット図281を開いて住みついた。二十五年四月、呉服町、西問屋に移転するまで一四九世帯の大マーケットに発展し、ハルピン街と呼ばれた。マーケット街の古着屋が最も繁昌し、県内外から買いに来る客が多くなったので、既製服を製造して販売するようになった。機業地を背後に持つ立地条件に恵まれ、農村の余剰労働力を利用して、既製服産業は時流に乗った。図282 283 三十二年（一九五七）には、七〇〇業者が六万台のミシンを動かし、年生産額二五〇億円に達した。婦人既製服を中心とする製造卸と現金問屋の既製服街が岐阜駅周辺に発展した(59)。東京・大阪・名古屋は戦前の既製服業を復興させ、新潟・金沢・京都にも盛んになった。配給品や中古衣料から出発した戦後の大衆洋装は既製服化が進み、三十一年（一九五六）の既製服は、作業服一〇割、子供服九割、紳士服七割、婦人服五割に伸長した(60)。

戦後、女性の生活にこのような洋服化が展開された。三十二年六月の銀座街頭では、一〇分間の人の流れに、和服着用者は無く、すべて洋装であった。その後の一〇分間には、三名の中年婦人の和装が見られた。さらに一〇分間は、洋装のみであった（筆者調査）。五六〇万人の職業婦人は洋服を着て働き、家庭婦人も大多数が洋服生活となった。洋風家屋の普及によって畳の生活に適応しないという危惧も消滅した。和服は中高年の婦人層に着用され、礼服としても残されていたが、和服か洋服かという戦前の論議は全く清算された。戦後の洋服化は「服装革命」（大宅壮一「日本人」『朝日新聞』昭和三十二年一月十三日）といわれた。

2 洋裁教育とミシンの発展

戦後の洋装化を基盤にブームを起したのは、洋裁教育と国産ミシンの発展である。既製服の発達した国、アメリカの占領政策は、女性を家庭裁縫から解放することをはかり、学校の和洋裁縫教育は軽減された。洋裁には簡易なアメリカ式型紙方式が導入された。しかし、わが国の女性は洋裁技術習得を熱望した。洋裁熱といわれた社会的要求は、各種学校の洋裁学校に殺到した。ミシンの需要は洋裁熱の二次的要求として起り、国産ミシンの復興をうながすことになる。洋裁ブームは、既製服国のアメリカと異なる日本的対応であった。

戦前からの洋裁学校、文化服装学院は二十一年（一九四六）に再開された。生徒募集を発表すると、数日後には定員を超えた。同年の生徒数三〇〇〇名は、翌二十二年に六〇〇〇名へと倍増した。六〇〇〇名の生徒は、一六〇〇余坪の校舎に収容し切れない。二十三年からは、定員を五〇〇〇名として、入学者を押えた。二十八年（一九五三）には、鉄筋コンクリート五階建校舎を新築して八〇〇〇名を入学させた。次いで三十年（一九五五）に、地下一階、地上九階、建坪二八二坪、延坪二五〇〇坪の円形校舎を建設した。三十三年（一九五七）には、敷地一万二〇〇〇坪、建物一万一〇〇〇坪、資産総額一〇億八〇〇〇万円、生徒数一万人に達した。(61)

ドレスメーカー女学院は、二十五年（一九五〇）から三十二年（一九五七）までの七年間に、建物は一八〇〇坪から六〇〇〇坪に、敷地は四六〇〇坪から八五〇〇坪に膨張し、純益一四〇〇万円は七二〇〇万円に上昇した。三十三年の資産総額八億九〇〇〇万円、生徒数約一万人となった。(62)

戦災で焼失した両校ともに、以上のような復興ぶりである。両校の連鎖校も激増して、三十三年には、文化服装学院は約三〇〇校、ドレスメーカー女学院は約七〇〇校となった。(63) 文化出版局発行『装苑』、ドレメ発行の『ドレスメーキング』は、全国に多数の読者を持つ二大スタイルブックであった。

文化服装学院とドレスメーカー女学院に象徴される洋裁ブームは、全国に出現した。三十二年の全国洋裁学校数は、七〇〇〇校ともいうが、(64) 東京都に約二〇〇校、各府県五〇校と推定される。(65) 北海道では、各種学校三百余校（全国第三位）のうち、八割を洋裁学校が占めていた。(66) 全国洋裁学校総収容力は五〇万名と見られ、全国中学校女子卒業生約一〇〇万名、高等学校女子卒業生約三二万名と比較すると、(67) 洋裁学校生徒がいかに多数であったかを、知ることができる。

三十二年一月に、朝日新聞社は洋裁学校入校目的調査を行った。(68)「洋裁学院学生達のエネルギーは、いいドレスを着たい、美しくなりたいという欲望だけでもなく、ネコもシャクシもという流行の心境だけでもない」と、次のように分析した。

○ふつうならせいぜい県庁の下っぱ役人に嫁ぐところ、東京の洋裁学校に一年留学すれば、主任か係長クラスのところにゆける。男子は下っぱから係長まで約十年かかるが、女は一年間で係長夫人というのだ。この現実性。

○都内各校の平均をとると、生徒の半分近くが上京組だそうだ。東京遊学にはどう切りつめても毎月一万三千円かかる。一年の授業の間に、洋服が八着できる。だから郷里の母は、結婚費用の月賦だと思って送金する。親も娘も必死である。こういう社会ですから、女だって腕さえあれば夫に死なれても困りませんもの。この独立心。

○勤労階級の平均月収二万五千円、その一割二千五百円が衣服代、その半分が仕立賃とすれば、毎月千二百五十円浮きます。この実利性。

○レディメイドじゃあ、あたし愛する人には自分でセビロつくってあげたいの。この女らしい愛情。

○あたし小さな洋裁店だしたいな。このいじらしい夢。

「現実性」「独立心」「実利性」「女らしい愛情」「いじらしい夢」が、洋裁学校入学の目的として分析された。「ドライだのウェットだので割り切れぬ。ニッポンムスメがふむミシンの音は、ダイナミックで複雑だ」と、調査した記者は感想を述べている。

戦前の洋裁学校は、職業人ドレスメーカーの養成を目的とした。当時の簡単なスタイルは、洋裁学校の短期修業でも、職業的養成が可能であった。また、一般の洋裁技術水準が低く、洋裁学校卒業生の技術も職業として通用した。しかし、戦後の生徒数はあまりにも膨大であった。また、一年間短期養成では、最新洋裁の技術レベルに達しない。戦後の洋裁学校は、職業人養成機関ではなくなり、花嫁修業的性格に変化した。洋裁は和裁に代って、家庭裁縫の地位を獲得した。従来の和裁は女性の教養として重要であり、結婚して家庭に入るに必要な技術であった。不幸の際には、生計を支えることもできた。洋裁学校入学目的に挙げられた「現実性」「独立心」「実利性」「女らしい愛情」は、家庭和裁に内在する要素であった。服装が和服から洋服へ変った時、家庭裁縫も和裁から洋裁に入れ替った。大正の服装改善運動家が提唱した洋服化のための日本的方法が実現し、大正市民洋装の理想に到達した。しかも、従来の「お針の稽古」は、学校という近代的スタイルに装飾された。モダンな洋裁学校に、若い女性は殺到した。戦争から解放された平和な新時代の女性たちにとって、新服装の裁縫技術習得は、最も身近な夢であった。

洋裁学校の発展と共に、戦後のミシン普及はめざましい。十五年末に、一七〇万台保有されていたミシンは、戦争中に一一〇万台を焼失し、終戦直後の二十年末には、六〇万台に激減していた。一〇〇〇人当り一七台が、僅かに七・五台に過ぎなくなったのである。(69) 戦後の洋装と洋裁には、焼失補充を上廻る大量なミシンが求められ、あわただしいミシンの復興態勢となった。当時、この渦中にあったミシン関係者の回想に、次のような情勢が語られている(「名古屋東奔西走談、座談会記録による」『ミシン情報』二四九号、昭和三十年十月一日)。

大正時代からずっとシンガーで働いて来て、一台の機械を売るにもどんなに汗とあぶらで一生懸命売ったかわからなかったので、それから考えると戦後の暫くは本当に夢のようでしたよ。「金をおいて行くからたのむ」というわけで、金ばかり置かれて困った。なるべくもらわんようにするのだが、向うは強引に置いて行く。後で品物を納めるときには、値が上っておるという有様でした。（KK仲谷ミシン商会社長、仲谷清一）

大阪の古ミシン屋の部分品を兵隊あがりの三人位にムチャクチャにリュックに放りこんで背負わせて名古屋の自宅に運んで来ると、ずっしり金を持った見知らぬ人が座敷に上りこんで、全部云い値で持って行ってしまう。やれやれゼニをもらった事はいいが、また明日行かにゃならんとうんざりしました。（中京ミシンKK社長、中村謙之）

終戦直後は、物さえ集めてくれれば羽根が生えて飛んで行ってしまうからもうかった。（太洋ミシンKK、平岡勇）

洋装生活の家庭必需品となったミシンの需要に応じたのは、古ミシンと焼けミシンであった。しかし、その量には限りがあるので、国産ミシン製造を復興しなければならない。ようやく戦前メーカーが生産開始をはかったが、生産高の最高実績を持つ蛇の目ミシンさえも、月産一〇〇〇台に過ぎず、需要を満たすことはできなかった。需給関係のアンバランスに活躍したのは、アセンブル（部品組み立て）業者であった。彼らはパーツ卸商を債権者として部品をかき集め、ミシンをつぎつぎと組み立てるが、直ちに売り切れる状況であった。小資本で大量の注文を引き受け、利潤が大きかったので、アセンブル形態が増加した。名古屋座談会の回想は、古ミシン・焼けミシンを集めたアセンブル時代の怱忙であった。膨大な需要に対して、ミシンを普及させたアセンブル業者の活動は、ミシン復興上に評価されている。

このような状況にあたって、戦時中の兵器工場が平和産業のミシンメーカーへ転換した。ジューキ、リズム、トヨタ、ピース、津上、光洋、日立、芝浦等のミシンである。

ジューキミシンは、戦時中の小銃工場であった。終戦後、米軍に接収されたが、二十一年に工場再建のため、設備機械を有利に転用できるミシン製造への転換を許された。同社はミシン完成までの窮乏に耐えるため、会社の所在地、武蔵野国領の雑木林からどんぐりの実を採集して、その粉を利用したパンを作り、「ジューキパン」と名付けて売り出した。パンの販売で生活資金を稼ぎながら、ミシン技術者を雇わず、自社の小銃技術者によって、ミシン製造研究を行った。一年間の努力が続き、二十二年にジューキミシンを完成した。さらに、二十九年には回転天秤《てんびん》ミシンを発明した。回転天秤のアイデアは三十年以前から注目され、シンガーミシン会社が試作したが成功しなかった。転換メーカーのジューキがこれを完成し、世界六ヵ国の特許、四ヵ国のパテントを取った。日本人の世界的発明として賞賛され、ラジオ・新聞が報道して、戦後の荒廃した社会に生気を与えた。三十三年には、家庭用・工業用ミシン合せて月産六〇〇〇台の大メーカーに発展した。(70) 同社社長山岡憲一は、この間の事情を次のように述べている。

私達は只管《ひたすら》技術の研鑽に日夜努力を重ね、技術水準を世界の水準以上に到達することを目標に精進して来た。これという資本的バックもなく、暖簾もなく頼りになるのは持っていた機械設備と不屈不撓の従業員の一途の熱意のみであって、流転の激しい波と闘い乍ら、或時は団栗のパンをかじり乍ら、或時はスクラップを売って生活の糧を稼ぎながら、今日の域に達したのである。殺人用の武器を作っていた人間であるが、この十年間は否将来も、平和のシンボルであるミシンを、然も女性に愛されるミシンの生産に生涯を捧げる身であることに喜びを感じ、又生甲斐を感ずるものである。

(『ミシン情報』二四九号、昭和三十年十月一日)

「軍需産業から女性に愛されるミシン平和産業へ」のジューキミシンは、転換メーカーの一事例である。他の転換メーカーにも、同様な経緯と感慨のあることと思われる。兵器製造からミシン工業への転換は、両者ともマスプロ方式であるため可能であった。優秀な機械設備と技術を有する機械工業がミシン製造に参加したことは、ミシンの品質向上に大きく寄与し、国産ミシンの声価を高め、発展の動因となった。このように、戦前メーカー、アセンブル業者、転換メーカーの三者が量産をはかり、大量需要に応じたので、ミシンは著しく普及した。その状況は、次頁の二表に示される。

さらに、生産台数は、二十四年上半期に戦前のレベルに恢復以来毎年激増し、二十九年に一五〇万台、三十一年には一七〇万台に達した。同年のミシン保有量は三五〇万台となり、四世帯一台に当る(日本ミシン協会調)。都市では、世帯数

戦後のミシン供給数　　　　　（単位　千台）

年　次	生産（A）	調査漏推定％（B）	輸出入差（C）	国内消費 $A\left(1+\frac{B}{100}\right)-C$
昭和21	46	50	——	69
22	147	40	3	203
23	180	30	18	216
24	299	30	97	292
25	642	30	406	429
26	1,270	25	849	749
27	1,349	20	873	747
*28	1,400	20	800	880

註　生産は通産省調，輸出入は大蔵省調，＊は推定。
大井義光「ミシンの普及状況と今後の需要に関する一考察」所収『ミシン工業』No. 54，1953年2月。

ミシン保有台数

年　次	千人当り保有台数	1台当り人数	1台当り世帯数	人口（千人）
	台	人	世帯	人
昭和19	19.0	53	11	73,064
20	8.3	120	24	71,998
23	16.7	60	12	80,217
29	38.1	26	5.2	70,000

註　19年の人口は朝鮮・台湾・樺太等を除く。
ミシン工業会資料（通産省調）1955年。

の七五％に普及した（経済企画庁編『第二回国民生活白書』昭和三十一年度）。メーカーは、日本ミシン協会所属六七社があった。

生産台数の増大したミシンは、次いで輸出への道を開いた。戦後の輸出は二十一年の政府貿易によって、上海へ四八台を船積したのに始まり、意外の好成績を挙げて引合が殺到した。翌年には民間貿易が許可され、毎年飛躍的に増加し、二十五年の船積実績は四〇万台を超え、部品・針等を加えて、年額一〇〇〇万ドル、邦貨三六億円に及んだ。二十九年には九〇万台、八〇億円に達して、世界第一位のミシン輸出国となった。三十一年の輸出は一二三万台に伸長し、機械工業第一位として、わが国産業の重要部門を占めた（ミシン工業会調）。このように輸出を増大させたのは、アセンブルメーカーであった。彼らの組み立てた製品は、他国製ミシンより安い。デリー市場のミシン小売価格（昭和二十六年二月現在）は、「パフ」四五〇〜五四〇ルピー、「ラダ」三二〇〜三五〇ルピーに対して、「日本ミシン」は二五〇ルピーである。リオデジャネイロ市場では（昭和二十六年四月現在）「パフ」は「日本ミシン」より三〇％高く、「ラナー」四三〇〇クロイゼに対して、「日本ミシン」は三九〇〇クロイゼであった。[71] 安価な日本ミシンは各国に歓迎され、ソ連ブロックを除く世界各地に輸出された。輸出の花形となったミシンに対して政府も力を入れ、二十四年に、輸出品取締法第二条製品として等級表示を行い、二十五年には、優秀品輸出を目標とする四条製品に指定した。二十六年（一九五一）に同法が改正されて、第七条に登録検査制度の規定が追加されると、ミシンが最初の指定品目となった。また、二十九年のミシン輸出規格制定によって、ボビンケース、ボビン押エ、押エ棒、針棒、大ガマ、中ガマが"JIS B 9011"の規格に標準化された[72]。互換性生産方式は、大量生産を促進するばかりでなく、使用者にとっても部品交換上非常に便利になった。輸出上の種々な措置は品質と機能を向上させ、内外に日本ミシンの信用を高めた。さらに、価格上十分な国際競争力を持っていたので、輸入を再開したシンガーミシンに対して、戦前のシンガー崇拝は復活しなかった。二十六年以降の年間生産高の国際比較は、アメリカを抜いて世界第一位である(『国勢図会』)。

浴衣の裁ち方は分らなくても、ニューモードワンピースならたちどころに縫上げてみせるのが、近頃の娘さん気質。だからミシンの普及はめざましい。(『朝日新聞』「目」欄、昭和二十九年八月二十一日)

というように、戦後、最初の洋装は家庭裁縫と国産ミシンを伴って、大衆社会に普及した。

3　現代の洋装

戦後の国際社会に復帰したわが国は、資本主義経済を再建して、復興をなしとげた。復興に働いた国民大衆は、服装革命以来の洋服着用であった。昭和三十一年(一九五六)度の『経済白書』は、「もはや戦後ではない。回復を通じての成長は終わった。今後の成長は近代化によってささえられる」と言い、近代化を促進するのは技術革新であると指摘した。服装革命諸現象のうち、技術革新によって近代化を著しく促進したのは、合成繊維と既製服産業である。しかも、両者は関連的に、発展過程を共有するものであった。

合成繊維は先発のビニロン、ナイロンに次いで、三十三年(一九五八)には、染色性に優れて各種の美しい色に染めることができ、保温性に富むウールタイプのアクリル繊維の生産が開始された。同年にはまた、丈夫でしわにならず、耐熱性があり、乾きの早いポリエステルが生産された。襞が消えずアイロン不要の特性は、現代生活に歓迎されて急成長した。

三十六年（一九六一）には、すべての繊維中最も軽く、「夢の繊維」と言われたポリプロピレンが工業化された。これらの合成繊維を混用して、互いの長所を生かし短所を補う複合繊維を作り、あるいは第三成分を添加する重合技術によって欠点を除き、風合を改良する技術が進んだ。また、紡糸口金の孔を変える異型加工により、絹の美しさを加えるシルキー合繊、麻の感触をもつラミー合繊も開発された。合繊の最初の技術は欧米諸国から導入されたが、基幹産業エネルギー源の石油移行を基盤に、高分子化学の技術革新が急速に進行した。三十八年（一九六三）には、技術提携したヨーロッパ先進諸国を追い越し、アメリカに次いで世界第二の合繊生産国となった。合繊国日本は衣料が豊富になったばかりでなく、天然繊維にない特質の合繊生地、合繊と天然繊維と混紡・交織した織物等、多様な衣料に恵まれた。

戦後の世界をリードしたアメリカは、既製服中心の衣生活であった。アメリカでは、一八五〇年代に量産化されたミシンによって、西部開発に必要な労働服の工場生産が始まり、南北戦争（一八六一〜六五）の軍服製造が工業化を促進した。また、既製服製造に必要な型紙は、一八五九年、エベネツァー・バタリック Ebenezer Butterick によって、開発された。百余年の歴史を経たアメリカ既製服産業は、型紙作成、製造工程、品質管理、機械設備等に、高度な技術を蓄積していた。戦後のファッション界に君臨したディオールが一九五七年（昭和三十二）に死去し、世界のモードがディオールから解放されると、アメリカ、イタリアのファッションが登場した。両国既製服のファッション性は、諸国の既製服化を前進させた。戦後、アメリカ文化を受容して洋服化した日本も、既製服には開発を待つ広大な市場があった。しかし、戦前からの既製服業界は、小企業が多く、強力な対応ができなかった。この市場に進出したのは、巨大な繊維産業である。

戦前の輸出高世界第一位を占め、朝鮮戦争特需にその地位を回復した綿布をはじめ人絹その他の織物は、五一年（昭和二十六）七月休戦後の輸出キャンセルに大暴落した。これらが既製服メーカーに転売され、既製服業は活況を呈した。合繊の量産も既製服の需要拡大によって、可能である。綿紡は昭和三十年（一九五五）、毛紡は三十五年（一九六〇）、合繊メーカーは四十五年（一九七〇）頃から、既製服へ進出して、製品の系列化を行った。さらに、四十七年（一九七二）頃から、綜合商社と問屋が加わり、小売店までの系列化が行われて、製品の流通体系を形成し、アパレル産業が成立した。品質と生産性の向上は、アメリカの技術導入によって行われた。工場の分業は、従来のグループ・システムより合理的な方式として、三十三年頃から、全工程分業の流れ作業式のシンクロ・システムが普及した。しかし、この方法の没人間性が問題になり、三十八年頃から、部分工程分業方式のバンドル・システムを導入した。五十年以降は、コンピューターも採り入れられた。コンピューターの発達により、将来は画期的な省力化が行われるであろう。現在はパターン・グレーディング(原型の拡大・縮小)、裁断、ミシン自動装置の利用、商品管理等に用いられている。また、多品種少量生産の開発は、既製服のイメージを刷新した。

高度成長時代(昭和三十〜三十九年)の消費拡大には、衣料も増大した。しかし、家庭電化、自動車、旅行、スポーツ等、消費は多方面にわたって、被服にばかり費用をかけなくなった。消費に対する考え方が変化し、新しい流行品を求めて消費生活を楽しむ。現代生活に既製服が着用されるのは、従来のように価格が安いというだけでなく、消費の傾向が変化したためである。また、現代の多忙な生活には、すぐ着られる既製服が好まれる。既製服の経済性、スピード性が現代生活に適応し、百貨店のプレタポルテ(高級既製服)、専門店のセンス品、大販店・スーパーの大衆品等の多種多様な既製服が豊富に供給される。五十年(一九七五)の既製服化率は、紳士服では、ジーンズ九九・二%、セーター類九八・五%、コート九五・三%、替ズボン九六・一%、替上着九四・一%、礼服七〇%、背広六一・九%、婦人服では、セーター類九七・八%、パンタロン、ジーンズ九六・四%、ブレザー類九四・六%、コート八九%、スカート八八・九%、ワンピース七八・七%、スーツ七一・四%(国際羊毛事務局調)になった。

このような既製服伸長によって衰退したのは、服装革命に興隆した洋裁学校と家庭用ミシンであった。ファッショナブルになった既製服への欲求が高まり、家庭裁縫の必要がなくなった。洋裁学校は激減し、産業教育へ転換するか、趣味家のための施設が残るだけである。各戸に普及したミシンは、ジグザグミシン、電子ミシンが開発されたが、ホームソーイングの後退によって、家庭生活のアクセサリーになった。既製服を着用して家庭裁縫から解放された女性は、家庭電化により、家事労働が軽減した。そのため、結婚後も職業に止まる女性が増加し、パートタイムに働く家庭婦人も多くなった。このような生活様式の変化から、女性自立に有利な基盤が築かれた。

　現代の流行は、世界大衆の情報である。洋装化した現代日本のファッションも、世界情報の中にくみ込まれる。この大衆的マス・ファッションに対応して、アパレル産業は世界のファッション情報を収集する。海外諸国の企業と提携し、あるいは海外に情報収集基地を設けて、国際的情報ネットワークを張りめぐらし、世界のファッションを導入する。欧米諸国にとっても、わが国は有望な海外市場となり、各国からのファッション売り込みが盛んに行われる。また、日本のデザイナーが海外で活躍し、同一・同時性規模の世界ファッションとなった。世界の流行を最初に採り入れるのは若い世代であって、現代世界共通の現象である。パリのオート・クチュールが衰退し、諸国の既製服見本市が活況を呈し、世界の流行はヤング・ファッションにリードされる。わが国の若い女性もイギリスのミニスカート（図284）、フランスのロング・スカート（図285）、パンタロン（図286）、アメリカのジーンズを、現代的な生活着に着こなした。男子洋服もアメリカのピーコック・リボリューション（孔雀革命）に、若者から年寄までカラフルになった。地球単位と言われるカジュアル化、ニット化、ユニセックス、コーディネートなどが流行した。アパレル産業（図287・288）がファッション産業、ファッション・ビジネスと称せられるのも、世界化の意味で理解されるものであろう。

　経済の高度成長期に、電気冷蔵庫、電気洗濯機、テレビのある生活が実現した。さらに、自動車、カラーテレビ、クーラーが加わり、椅子、テーブル、ベッドの洋風生活が普及した。カラーテレビで海外風物に親しみ、ジェット機で諸外国へ行くことができて、世界地域への親近感が深まった。世界共通服装の洋服はこの新しい生活パターンに定着し、洋服着用には西洋化の意識が失われた。四十五年（一九七〇）頃から、家庭内の中高年婦人層にも洋装が普及したのは、着用意識が既に変ったからである。従来の社会通念を破る中高年婦人のズボン着用も抵抗なく行われ、洋服に対する現代的感覚が成熟している。五十年（一九七五）以降、経済低成長期のファッションは、多様化・個性化を志向した。これは産業資本に有利な流行づくりであったが、着用者は自由にモードを選択する。日本の洋装はこの頃から、礼服にも普及した。性別・年齢にかかわらず働き着から礼服まで、生活全般にわたって着用される洋装は、完全に日本服装として定着した。合理的機能性を指標とした洋服化が男女服装に完成したのは、女性にとって社会的平等の達成でもあった。

註

（1）『婦人の歩み、婦人解放年表』婦人民主クラブ、昭和二十五年
（2）日本婦人団体連合会編『婦人の歩み八十年』
（3）『アサヒグラフ』昭和四年九月十八日号
（4）「自由学園最高学部卒業制作」『婦人之友五十年の歩み』婦人之友社、昭和二十八年
（5）『婦人の歩み八十年』前掲
（6）『女工手服装研究座談会』京都府工場衛生会、昭和九年
（7）『三越のあゆみ』創立五十周年記念、昭和三十九年
（8）『図説昭和の歴史3　昭和の恐慌』集英社、昭和五十四年
（9）『三越のあゆみ』前掲
（10）飯島祥邦談話
（11）ジェームズ・レーヴァー『西洋服装史』飯田晴康訳、洋販出版、一九七三年
（12）J・アンダーソン・ブラック、マッジ・ガーランド『ファッションの歴史』山内沙織訳、パルコ出版局、一九七八年
（13）『婦人公論』昭和三年十二月号、中央公論社
（14）『東京周報』一九三三年三月五日号
（15）『婦人之友』昭和十二年六月号、婦人之友社
（16）西島芳太郎談話
（17）飯島祥邦談話
（18）『文化服装学院四十年のあゆみ』昭和三十八年
（19）清水学園七十周年記念誌『衣は人なり』昭和六十一年
（20）伊藤錦子談話
（21）渋谷君子談話
（22）『大日本ミシン新報』第三十三号、昭和十年七月十日
（23）遠藤政次郎「経過と抱負」『すみれ』昭和二十五年二月号
（24）『主婦之友』昭和十一年二月号、主婦之友社
（25）『大日本ミシン新報』第三十八号、昭和十年十二月十日
（26）前掲書、第三十九号、昭和十一年一月十日
（27）文化服装学院学友会誌『すみれ』大正十～十二年
（28）『大日本ミシン新報』昭和十一―十四年版
（29）「洋裁店の経営、若い娘さんが婚資を資本に、収入は三百円位」『大日本ミシン新報』第四十七号、昭和十一年九月十日
（30）「洋裁師の卵の懐ろ日記」前掲、第四十四号、昭和十一年六月十日
（31）飯島祥邦・岡本栄次郎・木村幸男談話

(32) 伊藤璋「ミシン発達史」『ミシン工業』昭和二十六—三十年
(33) 萩野金次郎弟子、河合喜三郎談話
(34) 黒川侊洋「手記」（黒川家蔵）
(35)『蛇の目ミシン創業五十年史』昭和四十五年
(36) 下園聡『怒濤を越えて——山本東作伝』昭和三十一年
(37)『ミシン年鑑』昭和十年
(38) 前掲書、昭和十二年
(39) 前掲書
(40) 前掲書
(41)「ミシン業界を回顧する」「長老大いに語る。小野種太郎談話」『ミシン情報』第二〇一号、昭和二十九年五月十一日
(42)『朝日新聞』昭和七年十月〜八年二月。『ミシン年鑑』昭和八年
(43)『日本統計年鑑』昭和七年
(44)『ミシン工業の概況』（昭和五年〜七年）、『ミシン生産及輸出入状況』（昭和八年〜十二年）、ミシン工業会
(45)『被服』第十巻第一号、昭和十四年一月、第十一巻第八号、昭和十五年十一月、被服協会
(46)『被服』第十一巻第八号、昭和十五年十一月。小川安朗「国民服令と国民衣生活」『被服文化』一六五号、昭和五十五年一月
(47) 吉田謙吉「国民服の着用表現学」『新生活雑誌　国民服』八月号、大日本国民服協会、昭和十七年
(48)『被服』第十二巻第五号、昭和十六年七月
(49)「婦人標準服彙報」『被服』第十二巻第六号
(50)『被服』第十三巻第二号、昭和十七年二月
(51) 洋装業、信濃正談話
(52)『アサヒグラフ』昭和十八年九月二十二日号
(53) 通産省繊維局衣料課編『戦後衣料行政の推移』「連合軍払下衣料品配給顚末記」昭和二十六年
(54)『ファッション年鑑』アド・センター、一九六二年
(55) セリア・ベルタン『パリ・モードの秘密』山田夏子訳、一九五七年
(56) フレディ『パリのモデルたち』山田夏子訳、一九五七年
(57)『朝日新聞』昭和二十八年十一月十六日
(58) 社団法人日本洋装協会調
(59) 岐阜婦人既製服協会編『岐阜婦人既製服業界史』昭和五十二年
(60) 全日本婦人子供服工業組合連合会調
(61) 大宅壮一「日本の企業」『週刊朝日』昭和三十三年一月二十六日号
(62) 前掲書
(63) 前掲書
(64)「日本人」『朝日新聞』昭和三十二年一月十三日
(65)「日本の企業」前掲
(66)『すみれ』昭和二十九年十二月
(67)「日本の企業」前掲
(68)「日本人」前掲
(69) 通産省調
(70) ジューキミシン株式会社研究課。昭和三十三年七月
(71)「在外事務所調査」ミシン工業会、昭和二十六年
(72) ミシン工業会調

結　語

外来服装を受容する変化のプロセスは具体的に、リアルな生活諸相に捉えられる。異国服とのコミュニケーションから、各時代の受容の基層は、次のように確認できる。

ヨーロッパの大航海時代に開かれた日欧交通によって、初めてわが国にもたらされた西洋服装は、南蛮趣味の一端として見られてきた。しかし、着用例を集めて考察すると、日本服装に及ぼした影響は、意外なほど大きい。切支丹の着用した宗服、戦国武将の機能的モード、民衆の祭礼・風流踊における若者の異装ファッション等の基盤には、西洋志向と機能性の二指標が認められる。鎖国後も、南蛮服の機能性は、襦袢・軽袴・合羽等の江戸和服として継承されている。南蛮志向は遮断されても、その機能的形態は完全に和服化された。

鎖国期の紅毛服は、参府旅行の商館長一行への好奇心と憧憬の対象であった。上陸を許されない紅毛婦人に対する同情と美的称賛はセンセーションを巻き起し、南蛮時代以上の西洋志向である。機能性への関心もあったことは、対馬藩儒者雨森《あまのもり》芳州《ほうしゆう》（寛文八年〔一六六八〕～宝暦五年〔一七五五〕）の『たはれぐさ』によって知られる。同書は巻頭に「たはれたるものゝ言葉も、かしこき人はえらぶといえるをたよりとして、見し、きゝし、おもひし事どもを、そゞろに書き」と言い、世事に対する人びとの論と彼の意見を記し、衣服についても述べている。彼らは衣服の活動性と経済性を論じて、常の衣服には便利で費用をかけないことを望み、長袖・長裾の和服に、異国服の細袖・短上衣・ボタンどめなどを採り入れる改良を提示した。袴の改良案にも、ズボン式が考案されている。これらは改良の論にとどまり、鎖国社会の服装を変えることはなかったが、着用することのない紅毛服にも、機能性を見出していた。しかし、彼らの論は男子和服に対して行われた。男子和服よりさらに非活動的な女性の和服は、彼らの意識にのぼっていない。男性に隷属する封建社会の女性の服装は、異国服に対応する改良案の対象にはならなかった。

安政開港に姿を見せた最初の近代洋服は、ペリー麾下の軍服であった。わが国は必要に迫られて、洋式軍備の軍服を採用した。外圧による開国は、軍服受容を先んじさせた。やがて、欧米修好によって拡大された世界に、西洋服装への接触が展開される。欧米派遣使節や留学生らの見聞記に、彼らの感激が生々しい。この頃、パリで高揚したジャポニスムのキモノ礼賛は、東西異文化の接点であった。国内では、開港地の横浜・長崎・神戸で描かれた浮世絵のマス性によって、西洋志向が高まった。このような状況に、男子洋服の着用が始まる。ミシンが伝わり、洋服産業の基礎が築かれたが、西洋の生活文化は男性社会にだけ導入された。

維新後、明治政府の欧化政策によって、わが国は洋服化へ突入した。文明開化の西洋志向は守旧派の抵抗を排除し、官員制服の機能性を採り入れ、服制を改正して公服を洋服化した。しかし、女性は服制改正から除外され、男子に奨励する断髪も女性には処罰し、洋装も男袴の女学生スタイルも非難攻撃された。開化洋装は、伝統的ファッション・リーダーの遊里女性に許容されるばかりであった。

近世以来の男だけの西洋文化を女性に解放したのは、鹿鳴館洋装である。不平等条約改正をはかり、欧化政策の天下り流行狂騒は、圧倒的な西洋志向であった。蜂腰長裾の鹿鳴館洋装は、機能性採用の動機にはならない。在留西洋人の洋装化反対のジャポニスム的発想にも、生活的機能性への視野が欠けていた。政府の洋装奨励と在留西洋人の反対は、両極端に見えるが、根本には相通ずる女性観がある。現在でもテレビに登場して、人気を集める鹿鳴館洋装は、女性にとって何であったか。内田魯庵は「滑稽欧化の大洪水は新しい文化を萠芽する養分を残している」(『思い出す人々、四十年間の文明の一瞥』大正四年)と、評価した。「滑稽欧化の大洪水」に、女性は古い社会的抑圧を免かれて、一挙に洋装することができた。洋装で外出することは、深窓に隠れていた上流社会の女性生活を一変する契機となった。

魯庵の指摘した鹿鳴館洋装の養分は、後期洋装を展開させた。ヨーロッパ風の天皇制の装いを完成した宮廷洋装と、資本主義成熟期のブルジョア洋装は、舞踏会衣裳から社交服に変って、上流階級の生活服装に定着した。洋装は貴族・上流婦人のステイタス・シンボルとして君臨し、ファッション・リーダーの地位も与えられた。ハイカラな西洋志向は、ヨーロッパと同様なスタイルの女性群をわが国に現出させた。この西洋化を鹿鳴館洋装養分の大きな潮流とすれば、小さな支流に萠芽したのは、西洋的職業服と体操・スポーツ着の着用であった。これらは、婦人洋装に初めて現われた機能性への指向である。この頃、和装に初めて女服改良論が行われたのも、洋装の機能性認識にほかならない。鹿鳴館洋装反動期の洋装衰微をもって、明治洋装の終焉とする定説が行われていたので、本書は後期洋装の発展を明確にした。このことは、業界形成過程にも明らかである。

市民社会が受容した二十世紀スタイルの大正洋装から昭和洋装への展開は、機能性の追求であった。市民社会の西洋志向は単なる欧化ではなく、残存する封建性を払拭して、合理的な近代社会がめざされた。服装の近代化は、機能的・経済的な洋服採用であった。女教員らインテリ層が文部省の生活改善運動に賛同して着用し始めた洋装は、職業婦人が増加すると、彼女らの勤労服として普及した。明治洋装の近代化は西洋化であったが、大正洋装の合理的機能性は、職業へ進出する服装の近代的付加価値である。

従来、女性の服装についての発言は、すべて男性から行われた。開化風俗への非難攻撃は勿論、洋装奨励も女服改良も、男性によって論じられてきた。しかし、大正以降は服飾に関する女性の発言が目立ってくる。服装を女性の問題として論じる地位を、近代女性は獲得した。明治以前には見られなかった種々なタイプの職業婦人によって、近代洋装は市民社会に広まった。異彩を放つ大衆的なアッパッパと先端的モダン・ガールについては、嘲笑的偏見が今日なお伝わっている。これらの社会的役割を確認して、正当に位置づけることは、近代洋装にとって重要な視点であろう。

戦後のアメリカ文化流入と女性の地位向上は、わが国にとって急速な現代化であった。職域に普及した男子洋服に対して、常に後進性を免れなかった婦人洋装は、拡大された職業生活に展開する。さらに、既製服化によって、日常生活にも普及した。洋装は若い女性の服装という年齢的縦関係、勤労服という場所的横関係の制約を脱して普及し、和洋二重衣生活は消滅して、服装革命が達成された。和服の改良もはかられたが、伝統的構成様式は近代化のインパクトに堪えることができず、和服は美しい民族衣裳に後退した。

二十世紀スタイルの洋服は、ヨーロッパ文化圏の世界諸国に着用され、世界服としての地位を占めている。近世の南蛮服・紅毛服を経て、近代洋服を受容した日本服装は、戦後の服装革命によって、世界服体系に参加した。古代に導入された大陸服装が日本化するには、数世紀を要した。テンポの速い近代世界の洋服は、明治初年から一世紀を僅かに超えた現在、日本服装に定着し、同時に世界化の道を進んでいる。国際社会の普遍的服装に帰属しながら、日本文化のアイデンティティ（主体性）を確保する現代ナショナリズムが、世界ファッションにどう対応するかが、今後の課題であろう。

表1　Directory 所在表

1983年8月作成　重久篤太郎　中山千代

	China Directory			Chronicle Directory			Japan Herard D.		Japan Gazett D.		そ　の　他	日本商人録
	東洋	大		東洋	大		公文		公文			
18(　7)				○					○		Kobe kansai D.　神戸中央図	
19(　8)				○					○		Kobe kansai D.　神戸中央図　J. D. (London) 横浜開港	
20(　9)						神戸中央図				東洋文庫		
21(　10)				○		京大法経, 上海図, 福建省図						
22(　11)				○		神戸中央図					List of persons buried one foreign cemetery Kobe (1867−1922) 神戸中央図	
23(　12)				○	○	神戸中央図			○			
24(　13)						名大経, 神戸大経, 神戸女学院, 神戸中央図						
25(　14)					○	東大図, 神戸中央図			○		The North-China Desk Hong List 上海図 Chronicle & D. of China 中国辽宁省図	
26(昭和1)					○	名大経, 神戸大経, 神戸中央図					The Directory of Japan　横浜市図	
27(　2)					○	神戸中央図					The Directory of Japan　横浜市図　神戸中央図	
28(　3)					○	神戸中央図					Kobe. Shoko-bu. the foreign firms directory of Kobe　上野図	
29(　4)					○	京大法経, 九大, 神戸中央図					Directory of Japan Ⅴ　東洋文庫	
30(　5)					○						Directory of Japan Ⅵ　東洋文庫	
31(　6)					○	京大法経					China Hong List　上海図	
32(　7)					○						Chronicle & Directory of China (London) 中国辽宁省図	
33(　8)					○						Chronicle & Directory of China (Hongkong)　中国辽宁省図	
34(　9)				○	○							
35(　10)					○							
36(　11)					○						Japan Chronicle. List of foreign residents in the Japanese Empire　上野図	
37(　12)					○						Kobe & Osaka Press. The foreign firms & residents of Japan　上野図	
38(　13)					○						Japan Chronicle directory　同志社大　ケリー文庫	
39(　14)				○	○	神戸大経研					Chronicle & Directory of China (London)　中国辽宁省図	
40(　15)					○	京大法経						
41(　16)					○	京大法経, 神戸中央図						

凡例　1　Chronicle & Directory は1903年以降 Directory & Chronicle に誌名変更。

2　The Japan Gazett Directory は1870年以降 The Japan Directory に誌名変更。

3　略号　D.＝Directory　J. D.＝Japan Directory　H.＝Herard　図＝図書館　横浜開港＝横浜開港資料館

（表３－４）

商館名 ＼ 商館番号 ＼ 年代	種類	一九〇四（明治37）	一九〇五（明治38）	一九〇六（明治39）	一九〇七（明治40）	一九〇八（明治41）	一九〇九（明治42）	一九一〇	一九二五（大正14）	一九二六（昭和元）
Cock Eye	T.	81	81	81	81	81	81	[illegible]		
Chun Chow	T.	16	16	16					97	97
Ah Shing	T.-T.D.	16	16	16	16	16	16	[illegible]		
C. Kwong Chee	T.	165	165	165						
Chun Seng	T.	51	51	51						
Yong Fat	T.D.	189	103	103	103	103	103	[illegible]		
Ung-Ki	T.D.	107	107	80	80	80	80	[illegible]	31	31
Yong Kee	T.D.	106	106	106	106					
Har Shing	T.	189	107	107	107	107	107	[illegible]		
T. Yong-Tai	T.D.	81	81	81	81	81	81	[illegible]		
See Kee	T.	108	108							
Tong Cheong	T.	81	81	81	81	81	81	[illegible]		
C. Tom & Co.	T.-T.D.	31	+D 31	31	31	31	31	[illegible]		
Ah Long	T.-T.D.	108	108	108	108	+D 35	35	[illegible]		
Yee Shing	D.	107								
Y. Sung	T.D.	16	16	16	16	16	16			
Sung Chong	T.	108								
En Don	T.	136	136							
Wing Chin Tai	T.	51	51	51	51	51	51	[illegible]		
Wan Shing	T.	125								
Cheng Ring	T.	151								
Cheong Tuck Kee	T.		126	126	126					
Kwan Kee	T.		133	133	133					
Kam Cheong	T.		151	151						
Your Shong	T.		187	187	81	81	81			
Cheong Hing	D.		151	151	151	151	151	[illegible]		
Ling Seng	D.		151							
Lin Kee	D.		151	151	151	151	151	[illegible]		
Kwon Yu Kee	D.		151	151	151	151	151	[illegible]		
Cheong Kee	D.		189	189	189					
Sang Lung	D.		189	189						
Tong Meng Kee	D.			107	107	107	107	[illegible]		
Song Ki	T.			103						
Hen Sin	T.			107						
Ah Cheong	T.			108	108	108	108	[illegible]		
Sung Cheong	T.			124						
Loo Lel Seng	T.			151	151	151				
Song Kong	T.			151						
Tong Men Kee	D.-T.			107	107	107	107	[illegible]		
Ron Kee	T.D.			106	106	106	106	[illegible]	36	36
Nan Sung & Co.	T.				181	181	181	[illegible]		
Shing Chong	D.-T.D.					106	106	[illegible]		
Fow Shing	T.					187	187			
Shon Shin	D.-T.D.					79	97	[illegible]		
Ching Shing	T.D.						80	[illegible]		
Shing Chong	T.D.						106	[illegible]		
H. Tom	T.						124			
Tsu Zon Ya	T.						132			
Ching Shing	T.						148			
Ah Chou	T.D.						184	[illegible]		
Ching Shing	T.D.							[illegible]		
Ching Sun & Co.	T.							[illegible]		
Yong Tai	T.							[illegible]		
Chon Kee	T.							[illegible]	36	
K. Thoms & Co.	T.							[illegible]	36	
Shang Kee	T.D.							[illegible]	73	73
Yuen Kee	T.							[illegible]		
Wan Loong Kee	T.							[illegible]		
A. Tong	T.D.-T.									
Ah Sung & S. Sekiya	T.									
Ah Yang	T.D.									
Kong Long	T.									
Yee Sung	T.									
Shing Sung	T.									
Wong Kee Sing	T.									

年表

和暦	西暦	事項	国内関係事項	国外関係事項
天文一二	一五四三	八月、ポルトガル人種子島漂着。初めて西洋服装知見。以後、ポルトガル船九州各地へ来航、日葡貿易開始。	八月、鉄砲伝来。	〔十六世紀スタイル〕ルネッサンス・モード スペイン拡大スタイル
一七	一五四八	イエズス会宣教師フランシスコ・サビエル、マラッカで日本人アンジロウに出会い、日本渡航を決心。	十二月、長尾景虎(謙信)、春日山城に入る。	
一八	一五四九	七月、サビエル一行鹿児島に上陸。島津貴久に会い、布教開始。	十一月、松平家康、今川義元の人質となる。	ネーデルランド、スペイン領となる。
一九	一五五〇	夏、サビエル、ポルトガル船入港の平戸へ往復。鹿児島のキリシタン約一五〇名。八月、サビエル一行平戸へ移る。松浦隆信、厚遇。十月、サビエル、フェルナンデスを伴い、山口へ行く。粗服の二人は途中迫害される。大内義隆に会い、布教開始。	二月、豊後守護大友義鑑、家臣に殺害され、長子義鎮、相続。十一月、三好長慶入京、将軍足利義輝、近江へ出奔。	明、世宗二九年、倭寇盛況。
二〇	一五五一	一月、サビエル入京。戦乱のため布教をあきらめ、平戸帰着。サビエル一行山口へ移る。義隆、珍奇な贈物を喜び布教許可、サビエルの金襴の祭服に感嘆。山口のキリシタン約五〇〇名。九月、盛装のサビエルとポルトガル商人、豊後へ行く。大友義鎮、歓迎。十一月、サビエル、日本人マテウスとベルナルドを伴ってインドへ出立。九州のキリシタン約九〇〇名。	三月、織田信秀没、長子信長嗣ぐ。七月、長慶、相国寺を焼き、管領細川晴元敗走。九月、大内義隆、部将陶晴賢に殺害される。	
二一	一五五二	マテウス、ゴアで没す。十二月、サビエル、上川島で没す。	細川氏綱入京、管領になる。	英国教会、祈禱書公布。
二二	一五五三	九月、ベルナルド、リスボン上陸、ローマへ行く。	八月、川中島戦(第一回)。	
二三	一五五四	九月、山口のキリシタン葬儀に、同宿ベルショール宗服着用。	八月、信玄、信濃攻略。	葡船の中国貿易公許。
弘治 三	一五五七	三月、府内の復活祭行列に二名のキリシタン、宗服着用。春、ベルナルド、コインブラ大学で没す。	七月、義鎮、筑前の秋月文種を滅ぼす。	マカオをポルトガル根拠地とする。
永禄 元	一五五八	松浦隆信、仏教徒の反対により、平戸の宣教師を追放。	藤吉郎、信長に仕える。	英、エリザベス一世即位。
二	一五五九	二月、織田信長入京、将軍義輝に面会する。	四月、景虎入京。	
三	一五六〇	宣教師ヴィレラ入京、説教開始、将軍義輝を訪問、布教免許状を下付される。平戸日葡商人の紛争起る。	五月、桶狭間の戦。義元、信長に敗れて戦死。	ポルトガル人、リオデジャネイロのフランス植民地を破

永禄	四	一五六一	三月、府内キリシタン、ジシピリナに宗服着用。復活祭には、少年らが宗服着用。	一月、三好義長・松永久秀、入京。	壊。水銀アマルガム銀精錬法盛行。フランスのパレ、近代的外科医術を始める。
	五	一五六二	堺のビセンテ、剃髪、宗服着用。府内の住院、義鎮を招き、少年ら白衣でビオラを奏す。大村純忠、横瀬浦に葡船誘致。	五月、義鎮、剃髪して宗麟と号す。	ユグノー戦争。スペインと仏、旧教徒援助。
	六	一五六三	平戸日葡商人、取引上の争を起す。純忠受洗。甲比丹モール、ダ・ゲーラ、純忠改宗祝に所持品一切を贈る。純忠、キリスト教意匠の肩衣着用。純忠の反対派、横瀬浦を焼く。	三月、宗麟、毛利元就と和睦。九月、一向宗徒、家康にそむく。	アントニオ・ガルヴァン『論述の書』刊行。
	七	一五六四	京都キリシタン葬儀行列に、キリシタンら剃髪、宗服着用。純忠、十字架旗を掲げ、キリスト教意匠服で戦い、大勝。	八月、信長、稲葉山城を降し、岐阜と改称。	
	八	一五六五	一月、宣教師フロイス入京。ヴィレラ、フロイス、将軍義輝に正月祝謁見。五月、松永久秀ら、義輝を殺害。七月、久秀、宣教師を京都から追放。九州度島キリシタン、ジシピリナに手製宗服着用。大村領福田にポルトガル船入港。	七月、義輝の弟義昭、近江に逃れる。八月、義昭、謙信に復興依頼。	スペイン人、フィリッピン諸島の征服開始。
	一一	一五六八	九月、信長、義昭を奉じて入京。十月、義昭、将軍となる。	九月、将軍義栄没す。	ネーデルランド独立戦争。
	一二	一五六九	四月、フロイスら、和田惟政の斡旋で帰京。信長に会い、布教免許状取得。義昭訪問。離京の信長訪問。信長の依頼により、将軍訪問の豪華な祭服を着て見せる。五月、仏教徒の迫害に信長の援助を求め、フロイス岐阜へ行く。信長、フロイスとロレンソにキモノを与える。	四月、将軍義昭、信長造営の二条城に移る。五月、家康、遠江を攻める。十月、信玄、小田原を攻める。	
元亀	元	一五七〇	二月、信長、信玄へ猩々緋南蛮笠を贈る。夏、布教長カブラル来航。天草支岐布教会議。カブラル、キモノ着用禁止。この年、純忠、ポルトガル船のために長崎港を開く。	一月、家康、浜松に移る。二月、信長、内裏修理。六月、姉川合戦。九月、森口合戦。	
	二	一五七一	夏、ポルトガル船、初めて長崎港に入港。八月、和田惟政、南蛮笠を被り、摂津で戦死。この年、キリシタン総数二万、会堂四〇。	五月、信長、長島一向宗徒征討。九月、叡山を焼く。	
	三	一五七二	信長、浅井攻め帰途、朽木家臣長谷川五右衛門に、ボタン止め革袴を与える。九月、村井長頼に南蛮笠を与う。	十二月、信玄、三方原に家康を破り、入京をはかる。	
天正	元	一五七三		四月、信玄没。室町幕府滅亡。	
	二	一五七四	信長、謙信に「洛中洛外図屏風」類を贈る。大村・諫早戦乱、ポルトガル商人の日本人妻、長崎住民に危険を通知。	七月、謙信、越中・加賀に出兵。	
	三	一五七五	五月、長篠の戦。信長、南蛮帽を掲げて鉄炮隊を駆使。	義昭、将軍回復を諸将に依頼。	
	四	一五七六	二月、信長、安土城に入る。この年、京都教会堂建立開始。	五月、信長、大坂一向宗徒征討。謙信、信長との合戦準備。	ネーデルランド諸州同盟。

七	一五七九	七月、巡察使ヴァリニャーノ来航。	前年三月、謙信没。	ユトレヒト同盟。
八	一五八〇	純忠、長崎・茂木をイエズス会へ寄進。	一月、三木城陥落。三月、大坂一向宗徒降る。	スペインフェリペ二世、ポルトガル国王を兼ねる。
九	一五八一	一月、安土城爆竹行事、信長、南蛮笠をかぶる。二月、京都馬揃、信長の南蛮椅子と黒奴大評判。この年、フロイス北国伝道、柴田勝家に許されて越前に布教。キリシタン総数一五万。会堂二〇〇。	八月、信長、高野山僧徒数百名を殺す。十月、秀吉、鳥取坂を破る。	オランダ、スペインから独立、共和国宣言。フェリペ二世、蘭船のリスボン入航を禁止。
一〇	一五八二	一月、ヴァリニャーノ「日本布教内規」に服装規定。遣欧少年使節、ローマへ出発。六月、本能寺の変、信長・信忠戦死。山崎の合戦、秀吉、明智光秀を敗る。	三月、武田勝頼滅亡。四月、羽柴秀吉、備中攻略、五月、高松城包囲。	
一一	一五八三	九月、秀吉、大坂城を築く。	四月、賤ヶ岳の戦。	
一二	一五八四	六月、ポルトガル商船平戸入港。アウグスチノ会士初来。	四月、長久手の戦。	
一三	一五八五	三月、キリシタン武将小西隆佐、根来出撃に南蛮服着用。	七月、秀吉、四国平定。	教皇グレゴリウス十三世、勅書発布。
一四	一五八六	三月、イエズス会副管区長コエリョ、大坂城に秀吉訪問。天主閣でカパ・寝台を見る。秀吉、コエリョの贈ったスカートを北政所につけさせる。四月、大友宗麟、大坂城の秀吉訪問、カパ・寝台を見る。	一月、秀吉、家康と和睦。二月、聚楽第竣工。十二月、秀吉、太政大臣に任じ、豊臣姓下賜。	
一五	一五八七	三月、秀吉、九州征討に大坂出発。六月、秀吉、長崎・茂木をイエズス会から没収、伴天連追放令発布。	五月、大村純忠・大友宗麟没す。	イギリス、スペイン艦隊を破る。翌年、無敵艦隊滅亡。
一八	一五九〇	六月、遣欧少年使節帰国。	八月、家康、江戸入城。	
一九	一五九一	閏一月、ヴァリニャーノ・少年使節、聚落第で秀吉に謁見。南蛮趣味流行。八月、秀吉、フィリッピンに入貢を促す。	九月、秀吉、奥州平定。	フェリペ二世、アラゴンの反対派を制圧。
文禄元	一五九二	二月、名護屋出陣の伊達政宗家中、ムリャウノジュバン着用。三月、文禄の役。秀吉、名護屋に出陣。七月、フィリッピン総督使節、ドミニコ会士コーボ来航、秀吉に謁見。	一月、後陽成天皇、聚楽第行幸。七月、秀吉の母、大政所没す。秀吉一時帰洛。	
二	一五九三	五月、和議の明使、謝用梓・徐一貫来航。八月、甲比丹モール、ダ・ローシャ、豪華な服装で名護屋の秀吉訪問。フィリッピン使節、フランシスコ会士バウティスタ来航。秀吉にスペイン服献上。秀吉帰京。	一月、小早川隆景ら明軍を碧蹄館に破る。四月、小西行長、沈惟敬と和議。	オランダ船、ギニー黄金海岸に到達。
三	一五九四	二月、吉野の花見、南蛮服飾着用。六月、瓜屋風趣の茶会、茶屋の亭主三上与三郎、南蛮扮装。	一月、伏見城を築く。この年、明の木綿を得て大和に植える。	
慶長元	一五九六	八月、秀吉、土佐浦戸に避難のスペイン船サン・フェリーペ号を没	九月、秀吉、明使の表文を怒	リンスホーテン『東方案内

		収、修道士らを捕える。十二月、二十六聖人殉教。	り、再征決定。	記』刊行。
慶長 三	一五九八	八月、秀吉没す。フランシスコ会士ジェズース、江戸伝道。	八月、在韓諸将召還。	フェリペ二世没す。
五	一六〇〇	三月、蘭船リーフデ号、豊後に漂着。家康、アダムスらを重用して日蘭貿易をはかる。九月、関ヶ原の戦に家康、リーフデ積荷の火砲・火薬使用。十二月、イギリス、東インド会社設立。	六月、家康、上杉景勝討伐に伏見出発。七月、石田三成挙兵。十月、関ケ原の戦、論功行賞。	〔十七世紀スタイル〕 **オランダ・モード** **バロック・モード**
七	一六〇二	オランダ、東インド会社設立。	家康、書を呂宋へ贈る。	
八	一六〇三	二月、家康、征夷大将軍となり江戸幕府を開く。	一月、呂宋使節来航。	
九	一六〇四	八月、豊国神社臨時祭。この頃、武士南蛮服のほか、南蛮犬曲芸師服、祭礼・風流の扮装・傾き者の異装に、民衆の南蛮服流行。	一月、幕府、蝦夷地交易の制を定める。八月、安南国王使節来航。	
一〇	一六〇五	リーフデ号船長クワケルナック、家康の朱印状を携え、松浦鎮信の船で船隊へ戻り、報告。	四月、秀忠、二代将軍となる。	この頃、アユチャ王朝、シャムに日本人町創設。
一一	一六〇六	イエズス会宣教師、江戸・上野地方布教。	南浦文之「鉄炮記」成る。	英仏通商条約締結。
一四	一六〇九	五月、蘭船二隻平戸入港。ブルークとニコラス、家康に謁見。八月、平戸オランダ商館開設。	八月、諸大名の大船建造禁止。	オランダ・スペイン、二年間休戦条約成立。
一五	一六一〇	フランシスコ会士ソテロ、江戸で伊達政宗に出会う。この年、信徒七〇万人。	幕府、明と勘合貿易をはかる。	ハドソン（英）、オランダのために、ハドソン湾探検。
一六	一六一一	ソテロ、政宗の布教許可を得て仙台へ行く。	四月、後水尾天皇即位。	
一七	一六一二	八月、幕府、直轄領のキリスト教禁止。	三月、京都教会堂を壊す。	スラトに英商館設立。
一八	一六一三	五月、イギリス船クローヴ号、初めて平戸入港。八月、イギリス平戸商館開設。九月、政宗、江戸殉教から救出したソテロによって、支倉常長らをローマに派遣。この年、阿牟自牟、仙台に入来。十二月、全国のキリスト教禁止。	春、家康、明との通商を望み、琉球王による連絡を島津家久に命じる。	ロシア、ロマノフ朝成立。オランダ、新ネーデルランド会社設立。
一九	一六一四	三月、幕府、高山右近らキリシタン武将をマカオに追放。四月、長崎プロセションに宗服のキリシタン、迫害を抗議。十月、家康、大坂城攻撃（冬の陣）。十二月、和議成立。	十二月、家康、冬の陣和議後、城濠を埋める。	ピント『遍歴記』刊行。
元和 元	一六一五	五月、大坂夏の陣。家康、かるさん・袖無羽織で出陣。豊臣家滅亡。閏六月、スペイン王使節、フランシスコ会士三名浦賀入港、家康に謁見。	七月、武家諸法度、禁中公家諸法度を定める。	イギリス、使者サー・トマス・ローをムガール帝国へ遣す。
二	一六一六	四月、家康、駿府で没す。八月、秀忠の禁教令、オランダ・イギリスの貿易を平戸と長崎に制限。	七月、家康に東照宮の神号下賜。	ガリレイ、教会から地動説破棄を命ぜられる。
八	一六二二	八月、元和大殉教。殉教女性、会服着用。七月、常長没す。		スペイン、台湾進出。

九	一六二三	十月、家光、江戸キリシタン処刑。全国のキリスト教厳禁。十二月、奥州キリシタン禁絶令。イギリス、平戸商館閉鎖。	七月、家光、三代将軍となる。	アンボイナの虐殺起る。
寛永一三	一六三六	五月、長崎に出島を築き、ポルトガル商人を移す。九月、ポルトガル人及び妻子二八七名をマカオに追放。この頃、ヘステル・コルネリヤ姉妹、バタビヤに送られる。	五月、伊達政宗没す。十二月、朝鮮通信使引見（翌年島原の乱起る）。	四月、満州、清朝成立。七月、スペイン軍及びドイツ海軍、仏国に侵入。
一六	一六三九	七月、ポルトガル船来航禁止。九月、閏十月、オランダ・イギリス人の妻子、バタビヤに追放。	五月、オランダ、巨砲献上。	オランダ、スペイン海軍撃破。
一八	一六四一	五月、平戸オランダ商館を長崎に移す。七月、商館員ハルチンク、夫人を同道。八月、高官ら、夫人を見るため宿舎を訪問。十一月、江戸参府開始。	二月、福岡藩主黒田忠之らの江戸参勤を止め、外船来航に備えさせる。	清軍、北京に侵入。
二〇	一六四三	十一月、商館長エルセラック参府、将軍家光に謁見。		
寛文 元	一六六一	七月、台湾戦乱避難の蘭船ス・ホラーフェランデ、長崎に来航、オランダ婦人ら、蘭館に入る。		鄭成功国姓爺、台湾に拠って清朝に抵抗する。
三	一六六三	ジャカタラのコルネリヤ夫妻、平戸の判田夫婦へ音信。		清、聖祖、康熙二年。
五	一六六五	四月、ジャカタラの六兵衛後家ふく、平戸の旧主に音信。この年、クーマン、「コルネリヤ家族図」にバロック・モードを描く。	三月、徳川光圀、朱舜水を招聘。	ポルトガル勢力、再びブラジルに伸張。
一一	一六七一	四月、コルネリヤ夫妻から判田夫婦へ音信。この頃、某女とシモンス後家お春の年月不詳の音信がある。		
元禄 四	一六九一	一月、ケンペル、江戸参府随行。将軍綱吉に謁見。		
五	一六九二	二月、ケンペル、江戸参府随行。将軍綱吉に謁見。		
正徳 五	一七一五	長崎奉行所法度、遊女に与えられた蘭品の届出を定める。	一月、長崎貿易新例。	〈十八世紀スタイル〉 **ロココ・モード**
享保 元	一七一六	この年、蘭館に入った遊女、三二九名。	七月、吉宗、将軍宣下。	
二	一七一七	二月、将軍吉宗、簾を除いて商館長謁見。三月、再度謁見。	享保の改革。	蘭・英・仏三国同盟。
元文 二	一七三七	蘭館に入った遊女六二二名。この頃から長崎に指輪流行。	幕府、産業奨励。	
明和 元	一七六四	この頃、長崎諏訪神社祭礼踊に紅毛扮装行われる。		フランス、ルイ十五世。
天明 八	一七八八	十月、司馬江漢長崎遊学、商人に変装して蘭館に入る。		翌年、フランス革命。
寛政 四	一七九二	九月、ロシア使節ラクスマン、ロシア服装の漂流日本人大黒屋光太夫らを伴い根室に来航、通商を求める。	十一月、沿海諸侯に海防を固めさせる。	フランス、ルイ十六世を廃し、共和制公布。
享和 元	一八〇一	九月、広東船五島漂着。紅毛服ロココ・スタイルのアンボン婦人マリヤら、奉行所は出島に上陸させて調べる。		〈十九世紀スタイル〉 **新古典スタイル** **一八〇〇〜三年**
文化 元	一八〇四	九月、ロシア使節レザノフ長崎に来航、通商を求める。	三月、伊能忠敬、測量開始。	**エンパイア・スタイル** **一八〇四〜二〇年**
二	一八〇五	長崎来遊の大田蜀山人、オランダ人と交際。		
四	一八〇七	四月、女性同乗のアメリカ船、長崎港外へ漂着。レザノフ部下、千島	三月、幕府、蝦夷地を直轄地	

文化 八	一八一一	・樺太襲撃。六月、アメリカ船モント・ヴァートン号、遭難日本人三名を長崎に連れ帰る。六月、ロシア軍艦長ゴロブニンら、千島測量中捕えられる。	とし、十月、松前奉行を置く。	ナポレオン戦争。ウィーン会議。オランダ独立、失地回復。
一四	一八一七	七月、新商館長ブロムホフ同伴の妻子、上陸を許されず同情集まる。そのエンパイア・スタイルは長崎洋風画・版画に描かれる。		
文政 六	一八二三	七月、商館医員シーボルト、長崎に来航。		**ロマン・スタイル 一八二〇～五〇年**
八	一八二五	七月、シーボルト助手ビュルガー、フィレネーフェ、長崎に来航。	二月、外国戦打払令。	サン・シモン派結成。葡、ブラジルの独立承認。
九	一八二六	一月、シーボルト、参府旅行出発。三月、将軍家斉謁見。旅行途次、蘭学者・蘭癖に会う。六月、長崎帰着。	十月、幕府、近藤重蔵を罰す。	
一二	一八二九	一月、フィレネーフェ、バタビヤに戻る。七月、夫人同伴で再来。上陸を許されない夫人の哀話が版画のマス性で広まる。十二月、シーボルト追放。	シーボルト事件。三月、江戸大火。物価引下令。	イギリス、旧教自由法案通る。最初の近代的労働組合結成。
弘化 二	一八四五	秋、長崎諏訪神社祭礼江戸町奉納踊、紅毛子供服着用。	六月、和蘭の開国勧告謝絶。	米国、テキサス併合。
三	一八四六	閏五月、アメリカ東インド艦隊司令長官ビッドル、浦賀来航、国交を求める。秋、長崎諏訪神社祭礼花車に、紅毛服扮装の男女同乗。	二月、孝明天皇即位。四月、英・仏船琉球来航、交易を求める。	アメリカ・メキシコ戦争起る。ポルトガル叛乱鎮圧される。
嘉永 四	一八五一	一月、アメリカ船、中浜万次郎を琉球に送り届ける。		八月、ウィルソンのミシン、シンガー・ミシンに特許。**クリノリン・スタイル 一八五〇～七〇年**
六	一八五三	六月、アメリカペリー艦隊浦賀来航、幕府国書を受ける。七月、ロシアプチャーチン艦隊長崎来航、国書を呈す。十二月、プチャーチン再来。同行の作家ゴンチャロフ、多数の日本人と交流。	八月、幕府、品川沖砲台を築く。十月、家定に将軍宣下。	十二月、ルイ・ナポレオン、クーデター。
安政 元	一八五四	一月、ペリー艦隊再来。三月、横浜で和親条約締結、下田・箱館開港。ペリー、御台所装束冠を献上。八月、日英和親条約。十一月、東海大地震、ロシア旗艦ディアナ大破。十二月、日露和親条約。	三月、吉田松陰、四月、佐久間象山捕えられる。七月、日章旗を日本国惣船印とす。	三月、クリミヤ戦争始まる（英仏対露）。七月、スペインに叛乱起る。四月、曽国藩ら太平天国軍を敗る。
二	一八五五	一月、アメリカ漁船カロラインイフート下田入港、女性三名同乗。三月、伊豆戸田村で建造のディアナに代る戸田号竣工、プチャーチンら帰国。十二月、日蘭和親条約。	二月、講武所設置。七月、長崎海軍伝習所開設。	
三	一八五六	七月、アメリカ総領事ハリス着任。		
四	一八五七	五月、下田で日米条約調印。オランダ海軍士官カッティンディケ来航、海軍操練伝習。十月、将軍家定、ハリス謁見。	一月、蕃書取調所開設。	ムガール帝国亡ぶ。

五	一八五八	六月、神奈川で日米通商条約調印。七月、日蘭、日露、日英通商条約。九月、日仏通商条約。	三月、条約勅許不許可。十月、家茂、将軍宣下。	英国、インド直接統治開始。
六	一八五九	一月、神奈川・長崎・箱館への出稼・移住・自由売買許可。五月、百姓町人の異風禁止。六月、三港開港。九月、ヘボン来航、神奈川成仏寺居住。十月、S・R・ブラウン来航、成仏寺に同居。十二月、ブラウン家族来航。	安政大獄。	イタリア統一戦争。九月、仏国、サイゴン占領。
万延 元	一八六〇	一月、遣米使節護衛艦咸臨丸、浦賀出発。使節新見正興ら米軍艦ポーハタンで品川沖出発。ホノルル着、ハワイ国王・王妃謁見。閏三月、ワシントン着。大統領ブカナン謁見。晩餐会・舞踏会などで、クリノリン・ドレスの知見拡大。四月、ゴーブル来航、成仏寺に同居。この年、芳盛「穏禰」に洋装を描く。二代広重、岩亀楼遊女図に洋風服飾を描く。芳員・貞秀らミシン裁縫を描く。五月、咸臨丸帰航、中浜万次郎、ミシン三台・写真機を持ち帰る。洋服仕立職植村久五郎、このミシン一台購入。九月、使節帰国。	三月、桜田門外の変。六月、日葡和親条約。十二月、米書記官ヒュースケン斬られる。	十月、英仏連合軍、北京占領、北京条約締結。十一月、リンカーン、アメリカ大統領に選ばれる。
文久 元	一八六一	一月、江戸商人竹口信義、ヘボンを成仏寺に訪問。ゴーブル家でミシン縫を見る。ブラウン家で夫人に接待される。妻のぶ、ブラウン夫人にミシン縫を習う。四月、幕府、海軍と武芸修業武士に筒袖・船中皮履許可。百姓町人の洋風禁止。十二月、開港開市延期交渉遣欧使節竹内保徳ら出発。	五月、水戸浪士、東禅寺のイギリス公使館襲撃。八月、和宮降嫁勅許。	
二	一八六二	四月、ハリス帰国。将軍家茂、前将軍に献上されたウイラー、ウィルソン・ミシン返礼品をハリスに托して、会社に贈る。五月、幕府、親衛常備軍を組織、羅紗筒袖・羽織・陣股引の軍服を定める。九月、幕臣榎本釜次郎ら一五名、オランダ留学。この頃、横浜足袋職人沢野辰五郎、ブラウン家に入り仕事（最初の洋裁師）。	一月、老中安藤信正、水戸藩士に襲わる（坂下門外の変）。八月、島津久光の臣、英人を斬る（生麦事件）。公武合体派を押え尊攘派勢力増大。	一月、フランス・メキシコ戦争。五月、ロンドン万国産業博覧会。二月、ギリシア革命。九月、ビスマルク、プロシャ宰相となる。
三	一八六三	五月、長州藩士井上聞多ら五名、密出国でロンドン留学。十二月、横浜鎖港交渉遣欧使節池田長発ら出発。この年、伊勢国竹川政胖『野人胡服論』、軍服採用を促す。開港地で西洋風俗浮世絵版行、横浜絵最多数。	朝議一変、尊攘派京都追放（八月十八日の政変）。八月、天誅組挙兵。十月、平野国臣ら生野挙兵。	一月、リンカーン、奴隷廃止令。仏国、カンボジヤを保護領とする。この年、アメリカのバタリック、型紙発明。
元治 元	一八六四	七月、洋服着用の佐久間象山、京都で殺される。この年、神奈川奉行定番役林百郎、軍服着用のイギリス式銃隊編成。	五月、海軍操練所設置。八月、長州征伐。	七月、太平天国滅亡。南北戦争、北軍優勢。
慶応 二	一八六六	一月、仏艦ゲリウェール乗組士官ボースマンらの伝習開始。四月、幕府、海外渡航解禁、勉学・商用渡航許可制。幕府・諸藩留学生洋服着用。五月、幕府、西洋銃隊調練服の西洋仕立と平常着用禁止。	三月、横須賀製鉄所起工。将軍家茂大坂で没す。慶喜に将軍宣下。	米国、全国労働組合組織。イタリア・オーストリア戦争始まる。

慶応 三	一八六七	一月、明治天皇即位式、唐風礼服廃止束帯着用。パリ万国博覧会派遣使節一行、横浜出発。フランス軍事教官団シャノアーヌら来航。幕府軍制改革、フランス軍服採用。三月、昭武パリ着、ナポレオン三世謁見。四月、長崎斉美館教授方柴田大介、洋服注文。五月、オランダ海軍留学生、開陽丸で帰国。イギリス海軍伝習のためトレッシイ少佐来日。十月、大政奉還。兵庫開港。冬、片山淳之介『西洋衣食住』刊行。この年、ドレスメーカー「ミセス・ピアソン」、テーラー「ラダーゲ、エールケ商会」「ロートムンド、ウィルマン商会」開業。	五月、兵庫開港勅許。十月、討幕の密勅。慶喜政権返上奏上。十二月、王政復古の勅。	
明治 元	一八六八	二月、パリ、ジャポニスム画家ティソ、昭武の画学教師となる。閏四月、新政府、政体書公布。六月、六官及び在京諸侯貢士に服制諮問。公議人初岡敬治、洋化反対建言。八月、軍服着用の榎本海軍、五稜郭に拠る。十二月、昭武帰国。この年、最初のハワイ移民、和服生活。この頃、中国人テーラーが開業する。	一月、新政府、外国との和親を布告。三月、五箇条の誓文発布。七月、江戸を東京と改称。	九月、スペイン革命。リーベルマン・クレーベル、アリザリン合成染料発明。
二	一八六九	五月、是洞比古太郎、公議所に「禁洋服ノ議」提出。六月、右大臣岩倉具視、服制を含む当今の急務七件を朝議に提出。七月、イギリス、エジンバラ王子来朝。十一月、集議院に服制御下問。	二月、公議所設置。三月、東京遷都。五月、箱館戦争、榎本ら降伏。八月、集議院設置。	十一月、スエズ運河開通。十二月、米国最初の婦人参政権法、ワイオミング准州で成立。
		＊明治初期洋装スタイル　終期クリノリン・ドレス		**バッスル・スタイル** **一八七〇～七六年** **一八八〇～九〇年**
三	一八七〇	春、山城屋本郷和助、天皇の洋服調製。三月、マンテル・ズボンを陣服に定める。九月、ミス・キダー、横浜ヘボン塾に女子クラス編成。十一月、衣冠に代る制服、官員・平民用略服制定。十二月、陸軍徽章・海軍服制を定める。	五月、工部省設置。富岡製糸所設置。七月、官制改正。九月、各港に生糸検査所設置。	普仏戦争、普軍勝利。
四	一八七一	一月、郵便開始、集配人服制定。八月、官吏・華士族に、散髪制服略服脱刀の自由を公布。九月、兵部省官員服制。近臣に服制を改める勅諭を下す。十月、岩倉具視特命全権大使一行、米欧へ出発、女子留学生津田梅子ら五名同行。東京府邏卒服制定。上野山内茶店女、散断でトンビ着用。西京二条新地芸妓七人、散髪して洋服や褄高袴を着る。散切物人気俳優尾上菊五郎、洋服着用。十二月、文部省、竹橋女学校設立。	一月、郵便規則制定。四月、戸籍法発布。華族の本分を説く勅語、華族の外国留学奨励。七月、廃藩置県。文部省創設。十月、新たに邏卒三〇〇〇名を東京府におく。	一月、ドイツ帝国成立、ウイルヘルム一世。三月、パリ・コミューン成立。五月、独仏講和条約。パリ・コミューン消滅。六月、上海・ロンドン間電信開通。九月、日清修好条約締結。
五	一八七二	一月、東京坂本町絃妓セイラン、洋服着用。蜂須賀茂韶夫妻の洋行前の洋装、『雑誌』が批難。シカゴ到着の女子留学生、クリノリン・ドレス着用。米国大統領謁見式に、大使は衣冠、書記官は直垂着用。日米条約改正準備交渉を調印交渉に変更。二月、答礼レセプションに、	一月、皇族・華族・士族・平民の身分制定まる。四月、庄屋・年寄を廃し、戸長・副戸長をおく。五月、天皇、中国	一月、スペインにドン・カルロスの内乱起る。二月、英国、オランダから南アフリカ黄金海岸獲得。九月、独・墺・露

年	西暦	服飾・風俗	政治	世界
		一同新調の燕尾服着用。三月、鉄道員服制定。四月、東京府、婦人断髪禁止の告諭公布。京都府立新英学校・女紅場開校、英国教師エヴァンス夫人、英語・洋裁を教授。五月、天皇、西巡に新制軍服着用。参議島津久光、鹿児島行在所の天皇に、欧化政策反対の建言書提出。六月、岩倉大使、条約改正断念。七月、ミス・キダーの学校野毛山に移転、英語教育から女子教育に変更、各自製作の洋風下着を着用させる。九月、大阪堂島米会所の一同洋服着用。新橋横浜間鉄道開業式、軍人・現業員以外は和装。福沢諭吉『かたわ娘』刊行。十月、独逸国女教師サイゼン、東京築地入舟町に洋裁教場開設。十一月、新服制公布、公服洋服化。東京府、違式詿違条令に女性の断髪禁止。岩倉大使一行、ヴィクトリア女王謁見式に新制大礼服着用。	・西国巡幸に東京出発（七月帰着）。八月、学制を制定。十一月、太陽暦採用。十二月、全国徴兵の詔及び太政官告諭。	の三皇帝、ベルリンで会談（三帝同盟）。オーストリア人パイエル及びヴァイプレヒト、北極探検出発（一八七三年、フランツ・ヨーゼフ島発見）。
六	一八七三	一月、長崎寄合町松月楼遊女六名、クリノリン・ドレス着用。この頃、東京の芸妓も洋服着用。二月、政府、大礼服着用に一年の猶予、判任官の通常礼服換用を認める。七月、エヴァンス夫人、浅草の時習社でミシン裁縫教授。十二月、蜂須賀侯夫妻帰国。『東京日日新聞』、夫人の洋装称賛。この年、勝山力松『改服裁縫初心伝』刊行。この頃、加藤祐一『文明開化』横河秋濤『開化の入口』等の開化論、服部孝三郎『当世利口女』等の反対論刊行多い。婦人断髪・女学生シャツ・男袴流行、新聞紙上反対論多い。 **＊明治中期洋装スタイル**　バッスル・ドレス	二月、キリスト教解禁。三月、皇后、御歯黒をはぎ眉墨をおとす。天皇断髪。八月、征韓論起る。九月、遣米欧大使岩倉帰国。十月、征韓論破れ西郷ら参議辞任。十一月、内務省創設。	二月、スペイン共和制宣言。五月、ウイーン国際大博覧会開催。露独軍事協約成立。ウィルヘルム一世とビスマルク、カソリックの権威に対抗。六月、清朝穆宗、外国使臣謁見。
七	一八七四	一月、官界・宮廷最高位者に夫人同伴参朝を許し、夫人の和装礼服を定める。三月、浅草御蔵前片町伊勢屋孫兵衛裏の花嫁、洋装。四月、ドイツ紙、日本大礼服の経済的負担を指摘。五月、島津久光を左大臣に任ずる。七月、久光、「礼服復旧」以下六カ条を太政大臣三条実美に迫る。十一月、阪谷素、『明六雑誌』に「女飾ノ疑」掲載、断髪禁令反対。	一月、板垣退助・後藤象二郎ら民選議院設立建白書提出。二月、佐賀の乱。四月、台湾出兵。十月、台湾事件、清国と条款調印。	三月、ベトナム、フランスの保護国となる。十月、第一回万国郵便会議、スイスのベルンで開催。十一月、スペイン、王政復古。
八	一八七五	二月、森有礼の契約結婚に新婦常、洋装。三月、久光、三条・岩倉に二〇カ条の確答を期限付で迫る。四月、両大臣、服制・兵制・暦制の復旧拒否。久光了承せず、両大臣、天皇に上奏。久光勅命を拒む。十月、久光上言書二通上奏、天皇から返付され、左大臣を辞任。十二月、佐田啓介、『世益新聞』創刊。洋服大害を論じ各地に舶来防止結社設立。	一月、大阪会議、大久保・木戸・板垣の政治改革意見一致。五月、ロシアと千島・樺太交換条約。十一月、東京女子師範学校開校。	二月、フランス国民議会、共和国憲法採択。五月、パリ会議で、メートル法条約調印、国際原器確定。
九	一八七六	一月、同志社英学校新島襄の結婚式に新婦八重、洋装。	熊本神風連、萩の乱。	六月、バルカン戦争。

明治一〇	一八七七	一月、善言堂黙庵、『東京新誌』に大礼服批判掲載。二月、長崎出島に英和学校開設、縫裁洋服科設置。	二月、西南戦争起る。八月、西郷隆盛自刃。	一月、ヴィクトリア女王の「インド帝国」成る。
一三	一八八〇	七月、『高知新聞』、高知女子師範学校女生徒の男袴反対。	三月、国会期成同盟。	ベルリンに電話開通。
一四	一八八一	一月、勅任官参内の夫人同伴を定め、和装服飾を指示、外交官夫人に限り洋装を認める。十月、『東京日日新聞』、山形県女教師・女学生の袴攻撃。この年、佐口鉄二郎、綾縫ミシン完成。	七月、天皇、東北・北海道巡幸出発（十月帰着）。十月、十四年の政変。自由党結成大会。	二月、パナマ運河建設工事開始。三月、露帝、アレクサンドル二世暗殺（皇太子、三世継承）。
一五	一八八二	十月、文部省、男子官立学校制服制定。この年、式部長三宮義胤、内廷の欧化を推進。	一月、軍人勅諭。四月、板垣退助、岐阜で遭難。	五月、独墺伊三国同盟成立。
一六	一八八三	十一月、鹿鳴館開館。井上外務卿、夜会開催。	七月、岩倉具視没。	八月、安南、仏保護領。
一七	一八八四	九月、勅任官以上の夫人に服制を定め、洋装を指示する場合のあることを公示。十一月、奏任官の夫人同伴を許し、服制を定め、場合により洋装を認めることを示す。	七月、華族令（公侯伯子男爵）。十月、秩父事件。十二月、京城出兵。	四月、ドイツ、アフリカに植民開始。八月、清仏戦争。仏、シャルドンネ、レーヨン発明。
一八	一八八五	七月、ドクトル渡辺鼎と記者石川映作、婦人束髪会を起す。秋田県女子師範学校女教員一同、洋服着用。八月、医師松本順、大磯海水浴場を開く。九月、宇都宮女子師範学校女教員一同、洋服着用。女子高等師範学校教員及び生徒、束髪採用。十月、村野徳三郎『洋式婦人束髪法』刊行。十二月、大阪、角藤定憲の壮士芝居、束髪新歌を歌う。この年、宮城県私立知新女学校制服を定め、洋裁教育実施。徳島県徳島女学校、束髪採用。刀鍛冶萩野金次郎、初めてミシン針を作る（後にミシン部品製造・ミシン修理業に発展）。この頃、束髪の錦絵出版される。	一月、日韓構和条約成立。四月、天津条約締結。五月、日本銀行、初めて兌換銀行券発行。十一月、大阪事件（大井憲太郎ら朝鮮クーデター計画）。十二月、太政官制廃止、内閣制度発足。第一次伊藤内閣成立。	アフリカ・太平洋地域に、英・仏・独侵入、領有する。
一九	一八八六	四月、文部大臣森有礼同郷の八木規、京都府尋常師範学校長を任ぜられ、師範学校女子部・女学校・婦人会に、ドイツ婦人エスデール指導の洋装化を推進。六月、服制に「礼式相当之西洋服装」定められ、宮廷服洋装化決定。侍医ベルッら在留西洋人、洋装化に反対。八月、秋田県師範学校女子部、バッスル・ドレスの制服着用。十月、渡辺辰五郎ら、衣服改良会設立。十一月、皇后、初めて新調のドイツ製ドレスを着用して招待会に出席。女子高等師範学校、洋服を採用（バッスル・ドレス）。フランス海軍将校ロチ、鹿鳴館の天長節祝賀舞踏会へ招かれ、『江戸の舞踏会』を著作。板崎斌、洋装の女性社員による『女新聞』発行。この年、華族女学校、東洋英和女学校、徳島女学校、洋服採用。白木屋、東コートを売り出す。	一月、正貨兌換開始（銀本位制）。三月、帝国大学令公布。四月、師範学校令・小学校令・中学校令公布。第一回条約改正会議、外務省で開催。六月、赤十字条約加入。静岡事件（自由党員の箱根離宮落成式襲撃計画が発覚）。十月、英船ノルマントン号紀州沖沈没、日本人乗客全員溺死。	一月、ビルマ、英領となる。四月、清・フランス停戦、天津条約締結。フランス、マダガスカルを保護領とする。この年、ドイツのダイムラー、ガソリンエンジンを工業化、ベンツ自動車を創る。

二〇	一八八七	一月、皇后の「婦女服制についての思召書」発表。平島嘉平、東京府京橋に婦人洋服裁縫女学校開設。二月、徳富蘇峰、『国民之友』に「婦人の衣服」発表。三月、『東京日日新聞』、束髪普及を分析解明。四月、徳富蘇峰、『国民之友』に「日本婦人論」発表。坪井正五郎ら風俗調査（東京、上野）。首相官邸仮装舞踊会、いかがわしい風評に世間の反感起る。五月、モール夫妻、宮廷制度・作法のドイツ式再編成のため着任。八月、宮城県築館小学校生徒、洋服着用。九月、条約改正井上案に反対起り、井上外相辞任。十二月、大日本風俗改良会、会誌に「無形的ノ改良ヲ望ム」発表。政府、保安条令公布。この年、正木安子『男女服装西洋裁縫指南』等の洋裁書刊行始まる。貴女洋装の錦絵版行。この頃、日本人の婦人洋服業、東京に起る。	一月、東京電灯会社、初めて電灯点灯。二月、大日本婦人教育会創立。三月、海防整備の詔。所得税法公布。五月、条約改正会議開催。博愛社を日本赤十社と改称。篤志看護婦人会創立。七月、井上外相、各国公使に条約改正会議の無期延期通告。九月、外相、首相兼任。	一月、ドイツ、露仏に対し軍備増強。二月、独墺伊三国同盟更新。四月、第一回植民地会議をロンドンで開催。五月、イギリス、南阿ズールランド併合。十月、イタリア・エチオピア戦争（イタリア惨敗）。十二月、フランス、赤道アフリカ占領。
二一	一八八八	二月、大日本風俗改良会、会誌に「虚飾を除き実利を図れ」発表。四月、第一次伊藤内閣総辞職。八月〜九月、吉岡哲太郎、『日本人』に「女服論」発表、男袴着用奨励。十月、宮城県通常議会、師範学校女子部の洋服着用議決。この年、新潟県尋常師範学校女子部、洋服着用。会計検査院判任官平塚定次郎夫人光沢、洋服着用。街や家庭の洋装婦人、錦絵に描かれる。	二月、大隈重信、外相就任。四月、黒田清隆内閣成立。七月、後藤象二郎、大同団結運動。十一月、大隈外相、新条約案を各国公使に通告。	二月、独議会、大軍拡案可決。五月、英国、北ボルネオを保護領とする。六月、独、ビスマルク群島占領。十月、米国、中国人排斥法強化。
二二	一八八九	二月、大日本帝国憲法発布式、男子大礼服、女子ローブ・デコルテ着用。四月、大日本風俗改良会、会誌に「衣服の改良」発表。	二月、憲法発布式当日、森有礼文相、官邸で西野文太郎に刺殺される。	三月、清、光緒帝親政。七月、パリ、第二インターナショナル成立。
二六	一八九三	四月、女子高等師範学校、制服を和服に決定。宮城県師範学校女子部、洋服廃止。十一月、鹿鳴館、華族会館に払い下げ。十二月、農商務次官金子堅太郎、『国民之友』に「絹織物輸出に就て」を特別寄書。この頃、フェリス教師ミス・デヨ、ブルマー服採用、デルサート体操実施。	五月、戦時大本営条令公布。八月、陸奥宗光外相の条約改正案決定。国歌君が代制定。	**ハイカラー、ゴアード・スカート** **一八九〇〜一九〇〇年** 一月、ハワイ革命。エジソン、活動写真発明。
二八	一八九五	この年、中国商館「雲記」、横浜に開業。日清戦争に看護婦服白衣普及。 **＊明治後期洋装スタイル（三十年代）** ハイカラー、ゴアード・スカート、レッグ・オブ・マトン・スリーブ（ジゴ袖）	三月、日清戦争講和会議。四月、講和条約。	四月、ロシア・ドイツ・フランス、日清戦争下関条約締結の日本に三国干渉、遼東半島を清に返付させる。ヨーロッパ諸国、清から各地を租借し、権益を獲得する。
三一	一八九八	一月、東洋商会春野栄吉、慈善洋行会懸賞論文募集。九月、渡辺辰五郎『婦人改良服指南』刊行。十月、「横浜日清同盟女洋服製造職工組	一月、第三次伊藤内閣成立。六月、第一次大隈内閣（隈板	

		合」結成。十一月、「西洋女洋服裁縫業日清同盟組合」組織。この頃、毎日新聞記者石川半山の新造語「ハイカラ」流行。	内閣）成立、最初の政党内閣。十二月、第二次山県内閣成立。	
明治三二	一八九九	一月、東京裁縫女学校教員・生徒、改良服着用。五月、『新撰東京名所図会』「麹町永田町之図」に、乗馬・自転車乗の洋装婦人登場。この年、第一回日清同盟成立。	七月、改正条約実施（外人内地雑居、税権・法権回復）	二月、米西戦争。五月、清、義和団起る。
三三	一九〇〇	七月、流行社『流行』、日本婦人衣服改良案懸賞募集。堺枯川『家庭の新風味』に改良服女袴提唱。十二月、政友会結成、新帰朝の議員たちが流行のハイカラーを付け、高襟党といわれる。この年、内田嘉一、和服裁縫ミシン製作。	二月、足尾鉱毒事件。三月、治安警察法公布。七月、北京へ出兵。九月、立憲政友会発足。	**Sカーブ・スタイル** **一九〇〇～一〇年** 六月、義和団の乱、清皇帝、列国に宣戦布告。
三四	一九〇一	一月、流行社日本婦人衣服改良案懸賞募集に、杉原忠吉の作品、二等当選。六月、梶田半古、『流行』に新案改良服発表。八月、中江兆民『一年有半』にハイカラ批判。九月、佐藤竹蔵『滑稽なる日本』にハイカラ批判。	二月、愛国婦人会創立。八幡製鉄所作業開始。四月、日本女子大学校開校。六月、桂内閣成立。	北清事変。八月、連合軍、北京占領。
三五	一九〇二	一月、日本体育会、女子嗜輪会を組織。六月、警察医長山根正次『改良服図説』刊行。この頃、ドクトル加藤一郎、子爵加納久宣ら、新聞・雑誌に改良服発表。	一月、日英同盟成立。	一月、ロシア、シベリア鉄道完成。
三六	一九〇三	二月、小杉天外『魔風恋風』読売新聞連載開始。三月、第五回内閣勧業博覧会式場に羽織・袴の着用を禁止。四月、伊沢峯子、共立女子職業学校・実践女学校・女子美術学校の洋裁専門教員となる。六月、原田貞子、『婦人之友』に新案婦人服発表。九月、内田謙之助『洋服奨励談』刊行。十月、大和灰殻『当世ハイカラー修業』刊行。この年、東京女子高等師範学校教授井口阿くり、アメリカ留学から帰国、アメリカ式体操服制定。日本女子大学校では、平野浜子がデルサート体操を指導。	三月、専門学校令公布。四月、京都帝国大学開校。十月、日露第一回交渉。十一月、幸徳秋水ら、平民社創立。週刊『平民新聞』創刊。	六月、セルヴィヤ革命。十一月、パナマ革命、共和国成立。ロシア兵満州占拠。この年、米人ライト兄弟、飛行機に成功。
三七	一九〇四	八木屋製造のブラジル移民婦人用刺繡ブラウス、高島屋が四円五〇銭で売り出す。	二月、日露戦争。十一月、社会主義協会解散。	九月、遼陽の戦・旅順の戦。
三八	一九〇五	三月、小栗風葉『青春』、読売新聞連載開始。	九月、日露講和条約。	一月、ロシア革命起る。
三九	一九〇六	一月、『風俗画報』、「婦人洋服の値段」発表。六月、『女子時事新聞』、飯島貴婦人専用洋服店主談「夏季の婦人洋服」掲載。 **＊明治後期洋装スタイル（四十年代）　アール・ヌーヴォー、Sカーブ・スタイル。**	一月、日本社会党結成。十月、平民社再興。十一月、南満州鉄道会社創立（四十年四月開業）。	一月、ロシア憲法発布。十二月、中米戦争。

四〇	一九〇七	四月、共立女子職業学校、東京勧業博覧会に、婦人洋服・帽子、「仕立順序」出品。九月、シンガーミシン裁縫女学院開校。	二月、足尾銅山暴動。日本社会党結社禁止。六月、別子銅山暴動。	三月、米国、日本移民制限法。フィンランド議会、婦人議員選出。
四一	一九〇八	七月、横浜中国商館洋服裁縫職人、同盟罷行。十月、シンガー裁縫女学院長秦利舞子『ミシン裁縫独学ビ』刊行。十二月、大日本洋裁普及会大見文太郎『洋裁宝典』刊行。	七月、第二次桂内閣。十月、戊申詔書。	一月、カナダ排日暴動起る。二月、ポルトガル王・皇太子暗殺。
四二	一九〇九	神名睦月作詞「ハイカラ節」発表。	十月、伊藤博文暗殺。	七月、ペルシア変乱。
四三	一九一〇	七月、日本赤十字社、看護婦服制定。この年、銀座、関口洋品店主関口源太郎、子供既製服製造、百貨店へ納入。	五月、大逆事件、幸徳秋水ら三十余名検挙。	**ホッブル・スカート 一九一〇〜一九一三年**
四四	一九一一	一月、『新婦人』、京都の女優巽糸子の洋装、八月、新劇女優上山浦路洋装掲載。この年、小出新次郎、小出式裁縫ミシン製作。この頃、日本人洋服業界盛況。	一月、大逆事件判決、幸徳秋水ら一二名死刑。三月、工場法公布。	六月、英国戴冠式。ポルトガル共和国成立。十二月、ノルウェーのアムンゼン、南極に達す。この年、ポアレのランプ笠形チュニック流行。ポアレのパンタロン・ローブ流行。
		＊大正洋装スタイル　チューブ・スタイル		
大正元	一九一二	山村久吉、赤坂溜池に男女子供既製服工場建設。関根安治、シンガー一五—三〇型ミシン製作。大正博覧会へ出品。		
二	一九一三	山内みな、東京モスリン女工員服着用。シンガーミシン社、家庭用ミシンを売り出す。甘利忠俊、「ころもミシン」の特許取得。	六月、『中央公論』、七月、『太陽』、婦人問題特集。二月、大正政変。	六月、第二次バルカン戦争始まる。翌年、第一次世界大戦となる。
四	一九一五	木崎都代子、アメリカから帰朝の洋装に人だかりして騒がれる。	一月、対華二十一ヵ条要求。	デンマーク・アイスランドに婦人参政権。
五	一九一六	一月、『婦人公論』創刊。四月、清水登美、大垣裁縫女塾開設。	一月、吉野作造、民本主義提唱。九月、工場法施行。	十二月、米大統領ウィルソン、平和交渉勧告。
六	一九一七	一月、大河内治郎、『婦人世界』に宮廷服流行スタイル、製作費発表。二月、『主婦之友』創刊。三月、『婦女界』、「特別懸賞我家に於ける生活改良の経験」募集。同誌、五月「生活改良号」、六月「一家経済号」、十二月「年末経済号」。	七月、富士ガス紡押上工場ストライキ。この年、米価狂騰続く。	三月、ロシア二月革命。臨時政府成立。この年、婦人参政権を認める。
七	一九一八	四月、尾崎芳太郎『経済裁縫術』刊行。十月、文部省、生活改善展覧会を東京教育博物館で開催（八年一月まで）。この年、横浜連合女洋服組合、横浜の友栄会結成。	八月、米騒動起る。十一月、第一次世界大戦終結。	十一月、ドイツ革命。休戦協定調印。イギリス、婦人参政権を認める。
八	一九一九	一月、山脇玄『是からの生活』刊行。東京市街自動車開通、女子車掌、白衿制服着用。四月、大垣裁縫女塾、東京に進出（昭和十年に東京服装学園と改称）。七月、津田敏子、『婦人之友』に「服装の改善を実行	二月、各地で普選期成運動激化。三月、朝鮮全土に独立示威運動拡大。六月、黎明会同	一月、パリ講和会議開催。五月、北京の学生、山東問題に抗議、五・四運動。六月、ベ

年号	西暦	服装	社会	世界
		して」発表。婦人之友社、婦人仕事着懸賞募集当選作品発表。八月、婦人之友社、軽快服《ライト・ドレス》製造・通信販売。九月、『婦人之友』、「軽快服を試みた方から」発表。婦人之友社、西島芳太郎の誌上洋裁開始。十月、『婦人之友』、「生活改善特集号」。山脇高等女学校、冬服実施。十一月、望月ゆり子・大橋広子、『婦人之友』に「洋服を着はじめて」発表。文部省、生活改善展覧会を東京教育博物館で開催（九年一月まで）。十二月、『婦女界』、専売局煙草製造所女工員服紹介。この年、女子医専、明華歯科女学校制服制定。木村幸男、東京京橋八丁堀に子供既製服業開業。婦人洋服業から子供既製服業分立。婦人洋服業・子供服業兼業の婦人子供洋服店成立。	人編『解放』創刊。十月、第一回国際労働会議に婦人顧問田中孝子出席。万国女医会議に井上友子出席。	ルサイユ講和条約調印。この年、ドイツ・スウェーデン、婦人参政権を認める。ドイツのグロピウス、バウハウス創設。
大正 九	一九二〇	一月、生活改善同盟会設立。二月、『婦女界』、文部省の生活改善展覧会紹介。六月、山脇高等女学校、夏制服実施。同校女教員全員、洋服着用。岡本一平、『婦女界』に漫画「俄仕込」掲載。同誌、森永製菓株式会社女工員服紹介。七月、平塚らいてう・市川房枝、洋服着用。二人の洋装姿を、『婦女界』『朝日新聞』掲載。生活改善同盟会服装改善調査委員会、「男子・婦人・児童服の洋装化」宣言。十二月、奥むめお、『女性同盟』に生活改善同盟会の結婚儀礼改善事項批判を掲載。この年、東京青バス、女子車掌採用。紺地白衿制服着用。	三月、戦後恐慌始まる。五月、第一回メーデー。七月、衆議院、普選案否決。十一月、東京で普選国民大会。この年、新婦人協会、婦人事務員協会設立。ガンドレット恒子、万国婦人参政権大会日本代表。	〔二十世紀スタイル〕 **ローウエスト** **ショート・スカート** **チューブ・スタイル** **一九二〇〜二五年** 一月、国際連盟成立。七月、アントワープに第八回オリンピック大会開催、日本の三島・金栗選手出場。この年、米国ピッツバーグで、初めてラジオ放送。婦人参政権、アメリカ・カナダ。エジプト独立。
一〇	一九二一	四月、日本服装改善会設立、第一回講習会開催。尾崎げん、洋服着用。婦人之友社、自由学園開校、生徒各自製作服着用決定。十一月、尾崎芳太郎『経済改善是からの裁縫』（前編）刊行。この年、長崎女教員会、女教員服制定。三越百貨店、女店員事務服制定。町田菊之助、婦人子供服普及会設立。	四月、尺貫法をメートル法に改正。四月、社会主義婦人団体赤瀾会結成。十一月、原敬首相、刺殺される。	一月、中国共産党結成。六月、ムッソリーニ、イタリア・ファシスト党結成。十二月、ワシントン軍縮会議開催。
一一	一九二二	一月、フェリス和英女学院、学生標準服制定。五月、文部省普通学務局編『生活の改善研究』刊行。六月、並木伊三郎・遠藤政二郎、文化裁縫学院開校（十二年に文化裁縫女学校、昭和十一年に文化服装学院と改称）。この年、文部省、全国高等女学校家事科主任女教師講習会開催。	二月、ワシントン会議海軍軍備制限条約調印。三月、堺真柄・丹野セツら、国際婦人デー参加。	十一月、オスマントルコ帝国滅亡。十二月、ソビエト社会主義共和国連邦（ソ連）成立。
一二	一九二三	二月、生活改善同盟会、「生活改善調査決定事項」発表。九月、シンガー裁縫女学院、関東大震災に焼失。震災に和装女性の遭難多く、服装改造論起る。福岡やす子、新装普及会設立、『読売新聞』に「服装改良も是非此際断行したい。大東京計画が洋風に拠るなら調和美の点で婦人服の採用」発表。伊藤錦子、アメリカから帰国、自宅で洋裁教	三月、第一回国際婦人デー。山野千枝子、丸の内美容院開設。九月、関東大震災、震災地に戒厳令・非常徴発令公布。朴烈事件。亀戸事件・甘	一月、パリ賠償会議。仏・ベルギー軍、ルール地方に侵入。八月、ドイツ、マルク紙幣大暴落。インフレ飢餓、大ストライキ。十一月、ヒット

		授開始。十月、婦人之友社、安価な簡単服売り出す。十二月、長谷川時雨、『解放』に新女性論発表。震災後、大阪商人、アッパッパを売り出す。洋服生地店の無料裁断始まる。横浜外国商館帰国、東京が洋服業中心地となる。ミシン中古品輸入業成立。	粕事件起る。十一月、国民精神作興に関する詔書発布。	ラー蜂起失敗。孫文、国民党改組宣言。
一三	一九二四	三月、山川菊栄、『婦人宝鑑』に「大試練を経た婦人の使命」発表、生活改善運動批判。四月、伊藤錦子、文華洋装学院開校。成田順、『裁縫の時代化』刊行。この年、開通の東京市バス女子車掌紺地赤衿制服、大阪市バスは青衿カーキ色上着にズボン。横浜友栄会結成。	一月、護憲三派同盟結成。二月、治安維持法反対労働団体大会開催。この年、婦人参政権獲得期成同盟結成。	一月、レーニン没。七月、米国の排日移民法実施。この年、蒙古共和国、婦人参政権を認める。
一四	一九二五	三月、東京朝日新聞社、「婦人参政権の可否」「家庭婦人の洋装可否」紙上討論。四月、『婦人公論』主幹島中雄作、「丸ビル中心の文化」特集。飯島栄次、飯島洋裁研究所開設。五月、今和次郎、銀座街風俗調査（女子洋装一%）。この年、飛松謹一・亀松茂、パインミシン製作開始（小型本縫ミシン国産第一号）。この年、第一回シンガーミシン争議 ＊昭和洋装スタイル（一九二〇年代）　ローウエスト、ショート・スカート	一月、日ソ条約調印（国交回復）。三月、普通選挙法可決。治安維持法成立。全国女子教育促進同盟結成。ラジオ放送開始。四月、全国女子学生連盟、全国小学校連合女教員会創立。	ニューファウンドランド、婦人参政権、ハンガリア、制限付婦人参政権、ギリシャ、地方選挙の婦人参政権。国際装飾美術展、パリに開催。アール・デコ・モード。
昭和元	一九二六	三月、婦人労働組合員数一万四〇〇〇人。四月、木崎都代子、東京青山にレディス洋裁学院開校。十月、杉野芳子、ドレスメーカー女学院開校。岩田浩太郎、大阪心斎橋通り風俗調査（女子洋装一%）。加藤兼吉、ラジオ洋裁講座「婦人服の裁断と仕立方」放送。この年、西島芳太郎、西島式製図法パーセント・カッティング創案。	二月、職業婦人連盟大阪に結成。八月、日本放送協会設立。十一月、職業婦人協会東京に結成。十二月、社会民主党。	ロング・スカート チューブ・スタイル アール・デコ調 一九二五〜三九年
二	一九二七	東京鉄道局、モダンガール事務員十数名馘首。警視庁、モボ・モガ検挙。五月、岸田劉生、東京日日新聞連載『新古細工銀座通《しんこざいくぎんざのみちすじ》』に「毛断嬢」掲載。六月、岡本一平、『太陽』に漫画「モダンボーイ、モダンガール」掲載。長谷川時雨、『太陽』に、モダンガール批判掲載。八月、銀座でモボ大検挙。九月、カフェーに営業停止。山川菊栄、『経済往来』に「モダンガール・モダンボーイ」発表。三越百貨店、最初のファッション・ショー開催。	一月、金融恐慌。四月、モラトリアム施行。五月、第一回汎太平洋会議。第一次山東出兵。六月、立憲民政党発会。東方会議開会。九月、野田醤油ストライキ。十月、連合女子青年団発会。	スペイン、婦人参政権。九月、ドイツ、国際連盟加入。十一月、第二インターナショナル会議開催。この年、トーキー映画、ニューヨークで初公開。
三	一九二八	二月、永井荷風、『中央公論』に「カフェー一夕話」発表。四月、渋谷君子、アメリカから帰国、新潟県長岡市で洋裁講習会開催。六月、『アサヒグラフ』、「カメラ幻想曲　モガの夢」掲載。十一月、ダンサー柴田貞子、『女人芸術』に「実生活の一頁。ジャズの中から」発表。	二月、普通選挙による最初の総選挙。三月、三・一五事件。四月、労農党、評議会、無産青年同盟に解散命令。第二次	四月、国際金融会議、パリに開催。五月、イタリア、トルコ和解仲裁判調印。六月、英国人スミス、太平洋横断飛

昭和四	一九二九	自由学園生徒、日本橋三越で風俗調査（女子洋装一六%）。この年、東京婦人服商組合結成。五月、上野松坂屋、ファッション・レヴューとモダン・バザー開催。九月、東京市小学校女教員修養会、洋装化決定。上野松坂屋で「現代職業婦人の標準服装」陳列会開催。この年、婦人子供服製造卸商組合結成。世界恐慌の大不況に職業婦人急増、九六万九〇〇〇人。	山東出兵。六月、治安維持法改悪。一月、労農大衆党結成。三月、労農党代議士山本宣治刺殺。六月、東洋モス争議。十一月、金解禁公布。	行。十月、ドイツ人のツェッペリン、大西洋横断。十月、世界恐慌始まる。ニューヨーク株式大暴落。
		＊昭和洋装スタイル（一九三〇年代） ロング・スカート、筒形スタイル		
五	一九三〇	四月、吉田謙吉、銀座通り通行人調査（女子洋服一三%）。百貨店連合ファッション・ショー開催。五月、黒川恍洋、コントロールミシン完成（最初の国産大型本縫ミシン）。七月、大阪毎日新聞、大阪アッパッパ大量生産と低コスト報道。『主婦之友』誌上洋裁。フランスや足立喜久子、文化裁縫女学校長並木伊三郎「浴衣地半反で仕立てた婦人家庭服《ハウスドレス》の簡単な仕立方」三着発表。十二月、コントロールミシン、販売開始。	二月、第二回普選。四月、統帥権干犯問題起る。九月、世界恐慌波及、生糸・米価暴落。十一月、浜口首相狙撃。	一月、ロンドン軍縮会議開催。
六	一九三一	八月、『主婦之友』誌上洋裁、新案実物大型紙付「大流行ハウスドレス仕立方」発表。この年、内山惣十郎作詞「銀座小唄」にモボ・モガが歌われる。	三月、陸軍三月事件未遂。九月、満州事変。十二月、金輸出再禁止。	四月、スペイン革命。九月、中国抗日運動激化。
七	一九三二	七月、三五年ぶりの暑い夏、アッパッパ大流行。八月、『アサヒグラフ』、アッパッパ流行を報道。十月、第二回シンガーミシン争議起る。十二月、白木屋百貨店火災。白木屋専務山田忍三、『東京朝日新聞』に「婦人への戒め」発表。和装女店員の墜落死に洋装化の世論高まる。この年、東京婦人子供注文服商業組合結成。蛇の目ミシン、輸出開始。	一月、上海事変起る。二月、前蔵相井上準之助暗殺。三月、満州国建国宣言。三井合名理事長団琢磨暗殺。五月、五・一五事件。	
八	一九三三	一月、シンガーミシン争議、横浜中央店襲撃流血事件起る。二月、シンガーミシン争議解決。この年、全国安全大会、女工員服洋装化を重要研究事項に指定。東京婦人洋服組合、「昭和八年度婦人服子供服裁縫料金表」作成。	一月、日中軍、山海関で交戦。三月、日軍熱河進攻、国際連盟脱退。七月、第一次大連会議。	一月、ナチス、政権獲得。二月、国連総会、満州国不承認。六月、米大統領ニューディール。
九	一九三四	二月、京都府工場衛生会、女工手服装研究座談会開催。この頃から、国産ミシン工業勃興、工業用ミシン国産化進行。	三月、満州国、帝政実施。四月、帝人疑獄。	八月、ヒットラー、総統に就任。
一〇	一九三五	四月、高橋武千代、アメリカから帰国、東京割烹女学校洋裁技芸部創設。七月、医学博士吉田房雄、京都大学医学部助教授北村直躬、『大	二月、天皇機関説事件起る。六月、梅津・何応欽協定。八	三月、ドイツ、再軍備宣言。十月、ドイツ、徴兵会実施。

		日本ミシン情報』にアッパッパ賛成論発表。三谷洋裁学院長三谷十糸子、同誌に「夏のアッパッパのデザインについて」発表。八月、『主婦之友』誌上洋裁、ファッションアート・デザイナー降矢ミキ子「被らずに着られる若向婦人用簡単服の仕立方」、菅谷洋裁女学院菅谷喜代子「授乳に便利で恰好のよい婦人家庭着」発表。この頃から、洋裁学校増加、洋裁教育盛況。洋裁学校生徒に洋装が多くなる。社会事業洋裁講習会、各地に開催。国産ミシン生産台数増加するが、シンガーミシン優越。	月、相沢三郎中佐、陸軍省軍務局長永田鉄山少将刺殺。政府、国体明徴声明。十一月、全日本労働総同盟結成。	イタリア、エチオピア侵入開始（エチオピア戦争）。十一月、フィリッピン連邦共和国成立。
一一	一九三六	四月、山口県、女学校教授種目を変更して洋裁科新設。五月、茅野雅子、『大日本ミシン新報』に「洋装の問題」発表。九月、『大日本ミシン新報』、夏期の洋装盛行を報道。この年、安井ミシン商会、バック機能押金付ブラザーミシン製造。	一月、ロンドン軍縮会議脱退。二月、第一九回総選挙。二・二六事件起る。十一月、日・独防共協定締結。	二月、スペイン人民戦線内閣成立。五月、イタリア、エチオピア併合。八月、スペイン内乱。十二月、西安事件。
一二	一九三七	五月、婦人之友社友の会会員、全国一九都市繁華街風俗調査（女子洋装全国平均二六％）。十月、国民精神総動員中央聯盟結成。十二月、内閣情報部、国民服制定提案。この年、山本東作、ミシンの箱型冶具完成。	四月、防空法公布。六月、第一次近衛文麿内閣成立。七月、蘆溝橋事件、日中戦争始まる。	七月、中国共産党、抗戦宣言。八月、中ソ不可侵条約締結。十一月、日独伊防共協定調印。
一三	一九三八	二月、商工省令、繊維製品にスフ三割混用。四月、国家総動員法公布。六月、商工省、内地向け綿製品の製造、加工、販売制限等規則公布、オールスフになる。この年、厚生省、国民精神総動員中央聯盟服装委員会設立。	二月、労農派グループ検挙。四月、灯火管制規則公布。十一月、近衛声明、東亜新秩序建設。	二月、ドイツ、オーストリアを合併。三月、日本軍による中華民国維新政府、南京に樹立。
一四	一九三九	一月、服装委員会、国民服制定決定。二月、国民精神総動員中央聯盟改組。六月、国民精神総動員小委員会、パーマネント禁止。十月、被服協会、国民被服刷新委員会設置、第一回委員会開催。十一月、国民服公募開始。この年、ビニロン発明。 ＊戦時スタイル	三月、兵役法改正。五月、ノモンハン事件。七月、国民徴用令。十月、物価等統制令公布。	九月、ドイツ・ポーランド開戦、第二次世界大戦始まる。英・仏、ドイツに宣戦布告。 戦時スタイル ショート・スカート いかり肩スタイル
一五	一九四〇	一月、被服協会、国民服発表。三月、『服装文化』、東亜の服装提唱。六月、各省次官会議、国民服着用申し合せ。七月、商工省・農林省、奢侈品等製造販売制限規則公布。十一月、勅令、国民服令公布。この年、国産ミシン、国内消費・輸出増大。	七月、日本労働総同盟解消。九月、日独伊三国同盟締結。十月、大政翼賛会発会。十二月、婦人参政同盟解散。	三月、中国、汪兆銘主席の中央政府成立。六月、伊、対英仏宣戦布告。独軍パリ占領。九月、独軍ロンドン空襲開始。
一六	一九四一	三月、厚生省社会局生活課、婦人服改善懇談会設置。六月、厚生省、婦人標準服研究会設置。十月、婦人標準服公募。婦人標準服研究会、	四月、六大都市の生活必需品配給制実施。日ソ中立条約締	六月、独ソ戦始まる。八月、米英共同宣言、大西洋憲章発

		入選作品をもとに婦人標準服作成。この年、婦人子供服業、六大都市協議会組織、生地配給獲得。夏、三徳四水、服装調査（女子夏服洋装五〇％、若い女性九〇％、冬期二五％）。	結。十月、東条英機内閣成立。十二月、太平洋戦争起る。ハワイ真珠湾奇襲攻撃。	表。十二月、米・英・国民政府、対日宣戦布告。独・伊、対米宣戦布告。
昭和一七	一九四二	二月、衣料切符制実施。次官会議、婦人標準服制定。三月、繊維製品配給消費統制規則公布。スタイルブック『クロニック』、『東亜服装』に改称。米陸軍機、日本都市に空襲開始。五月、東京婦人子供注文服商業組合、組合員名簿作成。女性業者激増、徒弟制停滞、内弟子制行われる。この夏、吉田謙吉街頭調査（国民服一二％）。	一月、大日本婦人会結成。三月、塩・ガス・味噌醤油配給制完了。四月、翼賛選挙。五月、南方進攻終了。六月、ミッドウェー海戦敗北。	一月、連合国共同宣言（二六国）。日独伊軍事協定締結。独、ユダヤ人殺害決定。十月、米英ソ中、重慶で作戦会議開催。
一八	一九四三	六月、スタイルブック『東亜の装ひ』、防空服掲載。政府、戦時衣生活簡易化要綱公布。大日本婦人服協会設立、婦人標準服普及活動。九月、商工大臣岸信介、『主婦之友』に「決戦衣生活」掲載。大日本婦人会、街頭で和服着用者に注意のカードを渡す。この年、洋服業界、統制組合となり人員減少。	二月、ガダルカナル島撤退。五月、アッツ島日本軍守備隊玉砕。十月、学徒出陣。	一月、東部戦線独軍、ソ連に降伏。五月、北アフリカ戦線独軍・伊軍降伏。七月、ムッソリーニ内閣崩壊。九月、伊、無条件降伏。
一九	一九四四	八月、井沢真太郎『新服装記』刊行。九月、皇室令、宮中女子通常服に戦時服追加。	六月、サイパン島玉砕。七月、東条内閣総辞職。	八月、ルーマニア降服。九月、仏ドゴール政権樹立。
二〇	一九四五	八月、終戦。十二月、衆議員議員選挙法改正、婦人参政権公布、国家総動員法廃止。	八月、原爆投下。ポツダム宣言受諾。終戦詔勅。	五月、独、無条件降伏。七月、ポツダム会談。
二一	一九四六	二月、臨時物資需給調整法公布。十一月、岐阜駅前ブラックマーケット出現、ハルピン街古着屋繁昌（岐阜既製服産業へ発展）。更生服着用。モンペ、ズボンスタイル、この年、再開。新設洋裁学校盛況。 ＊戦後ファッション	一月、天皇人間宣言。五月、極東軍事裁判所開廷。食糧メーデー。十一月、日本国憲法公布。	一月、国連第一回総会、婦人の地位委員会開催。二月、インドネシア独立。七月、ビキニ原爆実験。
二二	一九四七	三月、日本洋装協会設立。四月、労働基準法第七章技能者養成制定。六月、『装苑』創刊。八月、『アメリカン・ファッション』創刊。九月、衣料品配給規制及び衣料切符規則公布。この年、ジューキミシン完成。放出衣料・中古衣料着用。アメリカ軍国調ファッション。	一月、GHQ、二・一スト中止命令。三月、教育基本法公布。男女共学の原則。八月、戦後第一回国際婦人デー。	中国・ブルガリヤ・アルゼンチン・ヴェネズエラ、婦人参政権を認める。パキスタン、インド独立。
二三	一九四八	アメリカからニュー・ルック（ディオールのロング・スカート）大流行。六月、青木英夫、銀座でスカート長短比率調査（長スカート三分の二）。十月、日本デザイナークラブ（N・D・C）結成。この頃、アセテート進出。	一月、改正民法施行。四月、児童福祉法実施。新制女子大学発足。十一月、極東軍事裁判判決。	一月、ビルマ共和国独立。八月、大韓民国樹立。九月、朝鮮民主主義人民共和国樹立。
二四	一九四九	五月、『ドレスメーキング』創刊。九月、N・D・C第一回ファッション・ショー、日劇ダンシング・ショーの一部に披露。アメリカのデザイナー、ティナ・リーサ来日、ティナ・リーサ賞設置、二十七年ま	一月、家庭裁判所設置。三月、ドッジ・ライン発表。七月、下山事件、三鷹事件。八	五月、ドイツ連邦共和国（西独）成立。十月、中華人民共和国成立。ドイツ民主共和国

二五	一九五〇	で四回。この年、男子アロハシャツ、リーゼント・スタイル流行。デパート、紳士服イージーオーダー開始。九月、三越、五〇〇万円ショー。衣料切符廃止。英文毎日主催ティナ・リーサ・コンテスト。この年、ビニロン、生産開始。アコーディオン・プリーツ・スカート。ウィングカラー、ドルマンスリーブ、キモノスリーブ流行。朝鮮戦争特需糸へン景気。	月、松川事件。シャウプ勧告。一月、各地に生活共同組合成立。四月、綿製品を除きスフ・毛などの価格統制撤廃。七月、味噌・醤油自由販売。	(東独)成立。二月、中ソ友好同盟相互援助条約成立。三月、原爆禁止ストックホルム・アピール発表。六月、朝鮮戦争起る。
二六	一九五一	三月、三越、春のファッション・ショー。五月、N・D・C春・夏ファッション・ショー、キャバレー美松で開催。モデルは女給に依頼。六月、ティナ・リーサ賞発表ショー、帝劇で開催。モデル募集。ファッション・ショー・ブーム。この年、ナイロン生産開始、ナイロンブラウス、エバーグレース・ドレス流行。	一月、米講和特使ダレス来日。四月、マッカーサー罷免。九月、対日講和条約、日米安全保障条約調印。	七月、朝鮮休戦会談開始(戦争継続中)。八月、米・フィリッピン相互防衛条約調印。十一月、世界平和評議会、ウィーン開催。
二七	一九五二	三月、東京ファッション・モデル・クラブ(TFMC)結成、モデルブーム起る。アメリカ、パワーズ・モデル来日、ショー開催。この年、ナイロン・ドレス、ビニール・レインコート、トッパー流行。	四月、破防法反対ゼネスト。再軍備反対婦人委員会声明。五月、血のメーデー事件。	七月、エジプト、ナセル指導クーデター起る。八月、米・朝鮮休戦会議無期限休会宣言。
二八	一九五三	二月、ディオール、チューリップ・ライン発表。八月、伊東絹子、ミス・ユニバース第三位入選、八頭身ブーム起る。九月、日本流行色協会(JAFCA)設立。十一月、中央大学心理学研究室、「新しいモードを何によって知るか」調査結果を『朝日新聞』に発表。映画「君の名は」の真知子巻き流行。ディオール一行来日、豪華ショー、帝劇・東京会館で開催。十二月、すみれモデル・グループ(SMG)設立。この年、イギリス・コロネーション・カラー、プリンセス・スタイル流行。デパート、婦人服イージーオーダー開設。	二月、NHK、東京地区テレビ放送開始。五月、内灘基地反対闘争起る。六月、米価消費価格値上反対大会。九月、米価要求全国農民大会。十二月、奄美群島返還。	三月、スターリン没、後任マレンコフ。六月、英国女王エリザベス二世戴冠式、ロンドンで挙行。七月、朝鮮休戦協定調印。八月、イラン、ザヘディ将軍クーデター。九月、ソ連共産党書記長フルシチョフ選任。
二九	一九五四	二月、ディオール、Sライン(鈴蘭ライン)。三月、サロン・デ・モード第一回ショー、丸の内工業倶楽部。六月、映画「ローマの休日」のヘップバーン・スタイル、ヘップバーン刈り、「麗しのサブリナ」のサブリナ・シューズ、トレアドル・パンツ流行。八月、ディオール、Hライン。十月、アメリカからハワード・グリア来日、ショー開催。大丸、ディオール・サロン開設、デパートの海外デザイナー契約始まる。十二月、NDC分裂、日本デザイン文化協会(NDK)結成。この年、ラテン音楽「マンボ」のバンドマン服からマンボ・スタイル流行。男性的婦人スタイルを「M+W」という。獅子文六の小説『青春怪談』に用いられた新造語。ミシン輸出額、世界第一位となる。	一月、憲法擁護国民連合結成大会開催。三月、米のビキニ水爆実験に漁船第五福竜丸被災。日米相互防衛援助協定(MSA)発動。六月、防衛二法案成立。近江絹糸人権争議始まる(九月解決)。八月、原水爆禁止署名運動全国協議会結成。デフレ政策に完全失業六四万名。	六月、世界平和大集会。周・ネルー会談、平和五原則声明。ソ連原子力発電完成。九月、中華人民共和国憲法公布。国家主席に毛沢東選出。十月、西側九カ国会議開催、九カ国ロンドン協定、パリ協定調印。十一月、ソ連・東欧諸国、モスクワで欧州安全保障会議共同宣言。
三〇	一九五五	二月、NDK第一回ショー、東京会館で開催。ディオール、Aライ	二月、生産性本部創設。平和	一月、世界平和評議会、原子

		ン。八月、ディオール、Yライン。十月、マギー・ルフ来日、パリモード・ショー開催。この年、下着ブーム始まる。ペチコートでスカートをふくらませる落下傘スタイル、ウィークリー・パンティ（七色）流行。下着デザイナー鴨居羊子デビュー。	と生活を守る大集会。五月、北富士基地反対闘争。六月、第一回母親大会。この年、神武景気。	力戦争準備反対ウィーン・アピール。四月、アジア・アフリカ会議。南ベトナム、クーデター。
昭和三一	一九五六	二月、ディオール、アロー・ライン。十月、ディオール、マグネット・ライン。この年、ダスター・コート流行。石原慎太郎『太陽の季節』が芥川賞に選ばれ太陽族出現。ミシン、都市で七五％に普及。	五月、売春防止法成立。七月、沖縄問題解決国民総決起大会開催。この年、水俣病発生。	スーダン、モロッコ、チュニジア独立。十月、ハンガリー事件。スエズ戦争起る。
三二	一九五七	一月、朝日新聞社、洋裁学校入校目的調査発表。二月、ディオール、リバティ・ライン。四月、ジョージ岡、ニューヨークの国際ショーで「大納言」が一等入賞。日劇出演浜村美智子、カリプソスタイルの野性美。八月、ディオール、スピンドル・ライン。九月、アド・センター・ファッション・グループ、日本のファッション、ハンター・ライン発表。十月、ディオール没。十一月、パルキーセーターの流行起る。この年、洋裁学校、全国に七〇〇〇校。ミシン生高高、世界第一位。	一月、相馬ヶ原演習場事件。三月、売春対策国民会議。四月、婦人代表三〇名招待訪中。五月、中国から里帰り婦人到着。六月、全繊同盟、時間短縮闘争。八月、東海村原子炉点火。十月、米価値上げ反対運動。	三月、ガーナ共和国独立。欧州共同市場、欧州原子力共同体設立条約に関係国調印。八月、ソ連、大陸間弾道兵器実験成功発表。マラヤ独立。十月、ソ連、人工衛星打上げ成功。
三三	一九五八	四月、カルダン来日、特別専門技術講習会、主婦会館・上智会館・共立講堂で開催。五月、職業訓練法公布。この年、サックドレス・ブーム。イタリアン・モード流行。アド・センター、日本のライン、春に軸ライン、秋にサイド・ライン発表。アクリル繊維、ポリエステル繊維生産開始。	二月、米軍地上部隊引揚。三月、関門トンネル開通。八月、勤評闘争。この年、なべ底不況。十月、警職法反対運動。	三月、フルシチョフ、ソ連首相就任。七月、イラク、クーデター、共和国樹立。十二月、仏大統領ドゴール選出。
三四	一九五九	三月、映画「三月生まれ」のササール・コート流行。四月、皇太子御成婚、ミッチー・ブーム、カクテル・ドレス、毛皮ストール等。日本流行色協会、慶祝カラー発表。五月、パリのルイ・フェロー来日、日本生地の作品ショー開催。宮内裕、ミュンヘンの国際手工芸貿易展出品「金華山」、金賞受賞。七月、児島明子、ミス・ユニバース第一位入選。八月、パリ・コレクション、クラシック・モード。九月、日本洋装協会第一回全日本洋装技術コンクール発表会。十一月、トニー・ザイラー来日、ザイラー・ファッション。この年、流行色、チャコール・グレー。アド・センター、日本のライン、春はキューピッド・ライン、秋はクラシック・トーン発表。	一月、メートル法実施。四月、国民年金法成立。安保改定阻止第一次統一行動。五月、南ベトナム賠償協定調印。七月、日本・カナダ、原子力平和利用調印。九月、八幡製鉄溶鉱炉火入式。伊勢湾台風被害。十一月、水俣病問題紛糾。この年、岩戸景気。	一月、キューバ革命。二月、カストロ、キューバ首相就任。三月、チベット暴動、ダライ・ラマ、インド亡命。四月、中国国家主席劉少奇選出。六月、シンガポール独立、英連邦自治国。九月、フルシチョフ首相、米国訪問。中国訪問、中ソ意見対立。
三五	一九六〇	二月、パリ・コレクション、クラシック・モード。六月、中村乃武夫、パリで日本人最初のショー開催。この年、ビートルズのモッズ・ルック。アド・センター、春にファンキー・タッチ、秋にミュータン	五月、自民党新安保条約強行採決（国会周辺連日騒擾、十五日デモに樺美智子死亡）。	二月、仏、サハラで第一回原爆実験。四月、韓国四月革命、李承晩ハワイ亡命。この

		・タイプ発表、アンチ・モード宣言。レジャー・ウエア時代始まる。皮革衣料進出。	七月、岸首相退陣、池田内閣成立。	年、アフリカで一七国独立。
三六	一九六一	パリ・モードの女らしさ。カルダン、アシンメトリー・スカート。シャネル、刺繡入りカーディガン。ハワイのムウムウ・ドレス。セミ・スリーブ・シャツ（東レ）。ホンコンシャツ（帝人）。シームレス靴下。ポリプロピレン発売開始。六本木族出現。	前年末閣議決定の国民所得倍増計画、高度成長政策実施。六月、農業基本法公布。十月、御母衣発電所完工。	一月、米・キューバ国交断絶。ケネディ、大統領就任。四月、ソ連、人間衛星船打上げ。五月、米、人間ロケット打上げ。
三七	一九六二	シャネル・スーツ。カルダン、フェミニン・ルック。エレガンス・フリル・ブラウス。シフト・ドレス。レジャー・ウエア。カントリー・ウエア。ペーズリー模様。流行色、シャーベット・トーン。日本ユニフォーム・センター開設。	一月、公明会結成。五月、家庭用品品質表示法公布。サリドマイド系睡眠薬奇形児問題化。	二月、米国、在ベトナム軍事援助司令部設置。米、初の人間衛星船打上げ。十月、キューバ危機。
三八	一九六三	ボーイッシュ・スタイル。ペンシル・ライン。バカンス・ルック。フラワーモード。フルーツカラー。プレタポルテ起る。大阪店スーパーの既製服伸展。合繊メーカー、Ｔ・Ｐ・Ｏ（時・場所・場合）提唱。合繊生産高、アメリカに次いで世界第二位。	二月、熊本大学水俣病研究班、新日窒工場廃流が原因と発表。九月、松川事件再上告審、最高裁棄却、全員無罪確定。	六月、ソ連人間衛星船女性宇宙飛行士搭乗。十月、韓国大統領朴正熙選出。十一月、ケネディ暗殺事件起る。
三九	一九六四	オリンピック・キャッチフレーズ、モードＴＯＫＹＯ（東レ）、フレッシュＴＯＫＹＯ（帝人）等。オリエンタル・シック、シフト・ドレス、ノースリーブ、ニット・スーツ、アイビー・ルック（男子服）流行。トップレス水着広まる。みゆき族、銀座みゆき通りに出現。	十月、国鉄新幹線開業。第十八回オリンピック東京大会、九四カ国参加。十一月、佐藤内閣成立。公明党結成、物価上昇。	八月、トンキン湾事件。十月、フルシチョフ解任、第一書記にブレジネフ。十一月、米大統領選、ジョンソン当選。
四〇	一九六五	イギリス・フランスのミニスカート流入。森英恵、ニューヨークでファッション・ショー開催。労働省洋裁技能検定実施。	赤字国債発行。経済成長率実質一〇・三％、物価七・四％上昇。	二月、米機、北ベトナム爆撃。上海、文革起る。
四一	一九六六	ミニスカート流行。アメリカミリタリー・ファッションのスラックス。ビートルズのモッズ・ルック流行。アメリカ男子服のピーコック革命流入、男子服のカラー化始まる。	二月、物価メーデー。六月、ビートルズ来日公演。建国記念日定まる。	七月、インドネシア大統領スカルノ失墜。八月、北京天安門広場で、文革勝利集会。
四二	一九六七	ミニスカート大流行。ロンドンのモデル、ツィギー（小枝ちゃん、ミニの妖精）来日。パンタロン・スーツ、タートルネック、アメリカヒッピー・ルック、サイケデリック調、カジュアル化流行。プレタポルテ全盛。原宿族出現。	八月、ユニバーシアード東京大会。十月、明治百年記念式。洋服業界も挙行。テレビ普及八三・一％。	五月、香港、反英闘争。六月、中東戦争。七月、デトロイト、黒人暴動。十一月、南イエメン独立。
四三	一九六八	ミニスカート普及。パンタロン全盛。シティパンツ、シー・スルー、アール・ヌーボー調、民族服フォークロア流行。ピーコック革命の男子カラーシャツ普及。パンティストッキング、生産開始。	六月、小笠原諸島復帰。ＧＮＰ世界第二位。いざなぎ景気。昭和元禄。	五月、仏、五月危機。八月、ソ連、チェコ侵入。十一月、米、北爆停止。

昭和四四	一九六九	ミニスカート、パンタロン、ジャンプ・スーツ、シー・スルー、アール・デコ調、ロング・スカーフ流行。高田賢三、ニューヨークでファッション・ショー開催。	四月、沖縄デー。五月、東名高速道路開通。六月、原子力船むつ進水。	四月、ドゴール仏大統領辞任。七月、米アポロ一一号月面着陸。
四五	一九七〇	パリ・コレクションはロング・スカートに変ったが、ミニ衰えず、既製服メーカーのロンゲット失敗。アール・デコ調、フォークロアが続き、フィーリング、レイヤード・ルック、Tシャツ、パンツ・ルック流行。ノーブラジャー始まる。中高年婦人にズボン普及。合繊メーカー、既製服に進出。	二月、東大宇宙研、人工衛星打上げ。三月、日本万国博覧会開会。赤軍派学生、よど号乗取る。八月、歩行者天国開始。	三月、カンボジア、クーデター。四月、中国、人工衛星打上げ。五月、全米、反戦デモ。十月、中国・カナダ国交樹立。
四六	一九七一	ミニ、ミディ（ふくらはぎまでの長さ）、マキシ（くるぶしまでの長さ）スカートの三M時代。ホット・パンツ、ジーパン、ユニセックス流行。三宅一生、ニューヨークで、やまもと寛斎、ロンドンでファッション・ショー開催。	二月、成田空港建設第一回強制代執行。九月、天皇・皇后、ヨーロッパ七カ国訪問旅行出発。	六月、ソ連、宇宙ステーション成功。三飛行士事故死。八月、ニクソン米大統領新経済政策。
四七	一九七二	ミニ、ミディ、マキシスカート。クラッシック・モード、一九二〇～三〇年代調復活。テーラード・スーツ、パンタロン、ジーンズ、ジプシー・ルック流行。カジュアル、フォークロア志向強い。技能五輪に参加。既製服JIS（日本工業規格）制定。アパレル産業成立。	一月、グアム島元日本兵横井庄一救出。二月、札幌冬季五輪。連合赤軍事件。三月、高松塚壁画発見。五月、沖縄返還。	二月、ニクソン米大統領訪中、平和三原則共同声明。九月、田中首相訪中、日中国交正常化など共同声明発表。
四八	一九七三	ミニ衰えてスカート丈長くなる。ベル型スカート流行。パンタロン、ジーンズ定着。レイアウト・ルック、ニットウエア・ブーム。	十月、国際石油五社、日本供給原油一〇％削減。石油ショック起る。	三月、ニクソン米大統領、ベトナム戦争終結宣言。八月、金大中事件。
四九	一九七四	ネオクラシズム、一九二〇～五〇年代調。エレガンス、ロマンティックのレトロ・ファッション。自由なスカート丈定着。個性的コーディネート流行。フォークロア模様、アンティーク・アクセサリーにカジュアル進行。マンションメーカー急増。	一月、電力・石油消費規制。三月、ルバング島元日本兵小野田寛郎救出。五月、日本消費者連盟結成。狂乱物価。	二月、エチオピア、クーデター。三月、米、ウォーターゲート事件起訴。八月、ソウル、朴大統領狙撃事件。
五〇	一九七五	ビッグ・ルック。アンサンブル・スタイル。フォークロア・ベスト。タウン・ジャケット。ブレザー・ルック。フォーマル・ウェア伸長。オールシーズン・ブラック・フォーマル普及。洋裁学校、ミシン需要激減。	五月、エリザベス英女王来日。六月、初の国際婦人年世界会議。九月、天皇・皇后訪米。	一月、中国、新憲法採択。四月、台湾、蒋介石総統没。七月、米ソ宇宙船ドッキング。
五一	一九七六	ビック・スタイル。フォークロア・巻きスカート、ギャザー・スカート。膝下スカート。女らしく、ソフトにゆったり。シャツ・ブーム。ブーツ・ブーム。ジャンプ・スーツ。日本、人工スエード開発。婦人服JIS制定。	二月、ロッキード事件。六月、関係者逮捕。七月、田中前首相逮捕。ニューファミリー台頭。	一月、周恩来首相没。米、バイキング号火星軟着陸。九月、毛沢東没。十月、江青ら逮捕。
五二	一九七七	ソフトフェミニン。ニューミニ。キルティング・ジャケット。キャミソール・ブラウス。レタリング・ブラウス。トレーニング・ウエア。ブーツ・ブーム。森英恵、パリに進出、オートクチュール開店。大阪	七月、気象衛星ひまわり、ケネディ宇宙センターから打上げ。十月、カネミ油症訴訟、	四月、ヘイリー『ルーツ』、ピューリツァ賞受賞。五月、ロンドンで第三回先進国首脳

		大学米人講師フィリップ・カール・ペーダー、ジーパン女子学生の受講拒否に、ジーパン論争起る。	患者側勝利。スモン訴訟、和解派調印。円急騰。	会議開催。七月、中共中央委総会、鄧小平復活決議。
五三	一九七八	女らしさ。ネオクラシック。ヘビーデューティ（脱都会、自然愛着）。サバイバル（大自然の中で一人で生きる）。バックパッキング（道具を背負って歩く）。ダウンパーカー（羽毛服）。タンクトップ。ペアルック。ニュー・レイヤード。一枚仕立ブレザー。シャツ・スタイル。直線ライン。幾何学シルエット。膝下スカート。トレーニング・ウエア。毛皮コート。毛皮トリミング・コート。ブーツ。	五月、成田新東京国際空港開港。八月、日中平和友好条約調印。十月、鄧小平中国副首相来日。円高一ドル＝一七五円五〇銭。物価高騰。高齢社会へ進行。	一月、ソ連原子炉衛星炎上墜落。五月、初の国連軍縮会議開催。七月、英、世界最初の試験管ベビー誕生。九月、中東和平会談、米国で米・イスラエル・エジプト首脳会談。
五四	一九七九	生活の中で生かすファッション。ビッグ・スタイル。シンプル・ライン。パンツルック。スリップ・ドレス。キュロット・スカート。トレーニング・ウエア。ダウンジャケット。ブーツ。ジョーゼット（フェミニンドレス用）。世界的流行色トリコロールカラー（赤・白・黄）。竹の子族原宿に出現。	四月、第五回先進国首脳会議東京サミット。十月、総選挙。十一月、第二次大平内閣成立。十二月、KDD事件。	一月、米中国交正常化。五月、サッチャー女史、英首相就任。十月、朴韓国大統領射殺。十二月、国連、婦人差別撤廃条約。
五五	一九八〇	ビッグからスリムへ、セミタイト・スカート。ミニ、ホットパンツ復活。アシンメトリック（非対称）。スポーツ感覚、ポロシャツ、ダウンベスト、ジャンパー。健康志向、ジョギング・ウエア、トレーニング・ウエア、スポーツ・ウエアを日常着に。ジャンパースカート。ダウンジャケット。ライナーコート（裏地着脱）。下着レオタード。ミラノ・コレクションを代表する五名来日、イタリア・プレタポルテ・ショー。	一月、政府代表中村道子、婦人差別撤廃条約報告会。五月、初の女性大使高橋展子、デンマーク赴任。海外渡航四〇〇万人突破。経済低成長、不況ムード。	四月、経済開発機構（OECD）主催、婦人の雇傭に関するハイレベル会議、パリで開催。「国連婦人の十年」中間年、婦人問題世界大会コペンハーゲンで開催。
五六	一九八一	ファッションの多様化、個性化進行。スカート丈、長・短・ミニ。スタイル、ビッグ・スリム各種。シンメトリックとアシンメトリック。ニュー・レイヤードから伝統的ブレザーまで、個性的多様なモード。ジーンズの高級化、ディナー・ジーンズ。特殊体型イレギュラーサイズのトールレディス・ショップ成立。白・黒大流行。竹の子族全盛。ファッションビルブーム。DC（デザイナーとキャラクター・ブランド）ビジネス産業成長。	一月、民法・家事審判法改正施行、妻の座強化。二月、臨時行政調査会発足。三月、第一次中国残留日本人孤児来日調査。国際障害者年。	二月、ローマ法皇パウロ二世訪日。四月、イラン・イラク戦争激化。石油化学三井グループ撤退。五月、核兵器持込のライシャワー発言。
五七	一九八二	多様化個性化時代。スカート丈長短さまざま。長めのスカートにブーツ組合せ復活。スカート、パンタロン、ブラウス、ジャケットのアンサンブル。ジオメトリック幾何学模様。贅沢な刺繡。アメリカ風パッチワーク。クラシック調、ロマンチシズム、ロココ調、クリノリン型、アール・デコ調のレトロ（回顧調）、エスニック（民族調）等。特別なシルエットやフィーリングをすすめないモード。五人のデザイ	二月、行政改革第二次答申。減税メーデー開催。三月、ペルチーニ伊大統領来日。四月、ケニアのモイ大統領、ミッテラン仏大統領、趙紫陽中国首相来日。日米通商摩擦。	三月、ロンドン市、非核都市宣言。四月、フォークランド紛争。イスラエル、シナイ半島をエジプトに返還。五月、イラン・イラク戦争。六月、レバノン戦争。米、史上最大

		ナー、中国イメージ競う「ファッション・ショー、チャイナ、一九八二年秋冬」森英恵・川久保玲・稲葉賀恵・松田光弘・やまもと寛斎。きもの変身のこころみ、「和服地の洋服（永幡雄哉）」、「洋服的色彩と柄のキモノ（モレシャン。巴里友禅）」。	七月、教科書検定問題。十一月、中曽根内閣成立。女性作家台頭。キャリアウーマン増加。	反核デモ。十一月、ブレジネフソ連共産党書記長没。
昭和五八	一九八三	多様化個性化時代。モード中心地の多元化。女らしさの復活。セクシーとスポーティ。バックポイントに長スカート、細いパンツ。ミニスカート復活、街頭一〇人中二〜三人。マイクロミニスカート。キュロットのミニ。Tシャツにミニスカートとスポーツドリンク。服の枠を破って、ユニークなこじきルック。先端をいく古着。パロディを着る。お札プリントブラウス。何を着るかより、どう着るか、Tシャツの重ね着、ルーズなジャンパースカート。オーソドックスなスーツ、ジャケット・コート。超高収縮・高密度ザヴィーナDP生地のスポーツ・ウエア。カラフルなビニールのE・Tコート。日本のニューパワー、日本人若手デザイナー海外で活躍。竹の子族減少、ロックバンド・パフォーマンス、ブレーダンスらが出現。	二月、X線天文衛星てんま、鹿児島宇宙空間観測所から打上げ。三月、行政改革、臨調が最終答申。六月、米宇宙連絡船、初の女性飛行士を乗せて打上げ。七月、パキスタンのハク大統領来日。十月、公定歩合〇・五％下げ。十一月、レーガン米大統領来日。十二月、衆院総選挙、第二次中曽根内閣。	四月、中東で爆弾テロ続発。七月、英、九七年に香港返還を中国へ伝達。九月、ソ連、大韓航空機撃墜。十月、イ・イ戦争。米軍、グレナダ奇襲。十一月、ウィーンで第一回OBサミット開催。十一月、ソ連と米国及び欧州諸国の軍縮交渉中断。
五九	一九八四	多様化個性化時代。スカートは細身で長い。そのほか長短各種。エレガントなライフスタイル。ユニセックス、カジュアルの反動。カジュアルからフェミニンへ。メンズ感覚の中のシック。女らしさの回帰。ジェフリ・ビーン（ニューヨーク）「ウィーンの女性たちに捧ぐ」、五月七日・八日来日、シンポジウム（朝日ホール）、コレクション（郵便貯金ホール）。サンローラン（パリ）「ビザンチン様式のモチーフ」九月八日、発表会（赤坂プリンスホテル）。レトロ・モード。優雅なプリント復活。光る素材の贅沢感覚。朝日新聞社主催東京国際コレクション'85、十一月二十一〜二十四、二十七〜三十日（朝日ホール）。	三月、かい人21面相事件起る。六月、平均寿命、女七九・七八歳、男七四・二歳で世界一。八月、国民の九〇％が中流意識と総理府発表。九月、全斗煥韓国大統領初来日。十一月、米衛星回収成功。	一月、アフリカ飢餓深刻。二月、米、宇宙遊泳成功。ソ連アンドロポフ書記長没、チェルネンコ新書記長就任。七月、ロサンゼルス五輪。十月、インド、ガンジー首相暗殺。十一月、レーガン米大統領再選。イ・イ戦争続く。
六〇	一九八五	多様化個性化時代。女らしい造形美復活。裁断による造形的フォルム。ストレッチ織物による体の曲線表現。十七世紀のバロック調。フェミニンでセクシーなファッション。スポーティで贅沢な服。カジュアルでエレガント。現代社会の積極的女性モード。スキーパンツの街着。個性的差異のモード、多品種少量生産に脱大衆社会の分衆論起る。デザイナー三一名が東京ファッション・デザイナー協議会結成。十月七〜十六日、数カ所でショー。朝日新聞社主催東京国際コレクション'86、十一月二十四〜二十八日（朝日ホール）。	三月、国際科学技術博覧会（つくば科学博）始まる（半年間）。四月、ハレーすい星近づく。九月、女子雇傭労働者一五〇〇万人突破。外で働く主婦、家事専業者を初めて上廻る。この年、国連婦人の十年最終年。	一月、アフリカ飢餓拡大。三月、ソ連ゴルバチョフ新書記長就任。六月、米、戦略防衛構想（SDI）開発実験開始。十一月、米大統領とソ連書記長ジュネーブで会談、核不戦の原則確認、両首脳相互訪問の共同声明発表。

図版

I　南 蛮 屏 風　狩野内膳筆（右隻）

II　四都市図屏風（部分）

III　花下遊楽図屏風（部分）

Ⅳ　コルネリヤ家族図　ヤコブ・ヤンツ・クーマン筆　1665年

V　ブロムホフ家族図　川原慶賀筆

VI　フィレネーフェ夫妻図　石崎融思筆　天保元年

Ⅶ　ハリエット・レイン着用　クリノリン・ドレス　1860年

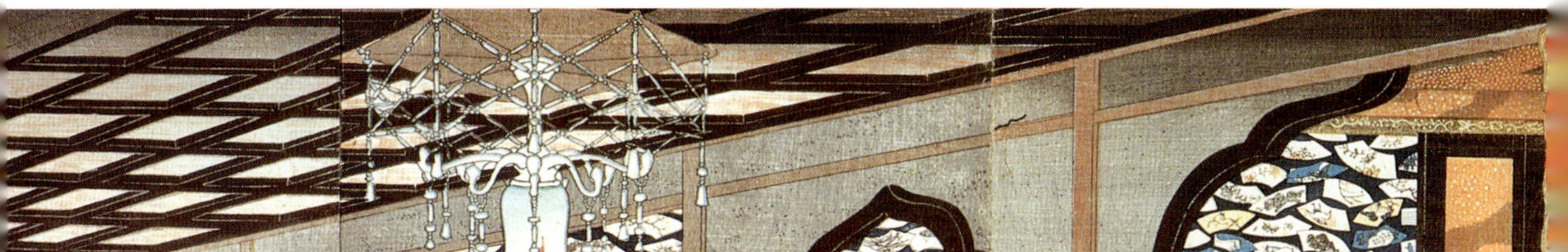

Ⅷ　横浜岩亀楼上　二代広重筆　万延元年

Ⅸ　外国人衣服仕立之図　一川芳員筆　万延元年

X　皇后着用　大礼服　明治45年

XI　新吉原全盛別品競　明治21年

XIII　駐独日本大使館一等書記官諸井六郎夫人彩子着用
Sカーブスタイル・ドレス　明治45年

XII　子爵稲垣長敬長女銑子着用（推定）
立衿ゴアードスカート・ドレス

XIV　移り行く姿　高畠華宵筆　昭和10年

INRI
SATISEST DNE SATISEST
IHS
P·FRĀCISCUS XAVERIUS SOCIETATIS

1　聖ザビエル像

8　1580年代型垂れ布　リンスホーテン『東方案内記』

9　1590年代型垂れ布　南蛮屏風　狩野光信筆（部分）

10　旧型襞衿　南蛮屏風　狩野内膳筆（部分）

11　新型襞衿　南蛮屏風　狩野光信筆（部分）

12－1

12－2

12　ポルトガル服上着

13　南蛮婦人像　南蛮屏風（部分）

14　南蛮婦人像　洋人奏楽図屏風（部分）

16　聖職服アルバ

15　洛中洛外図屏風　舟木家旧蔵本（部分）

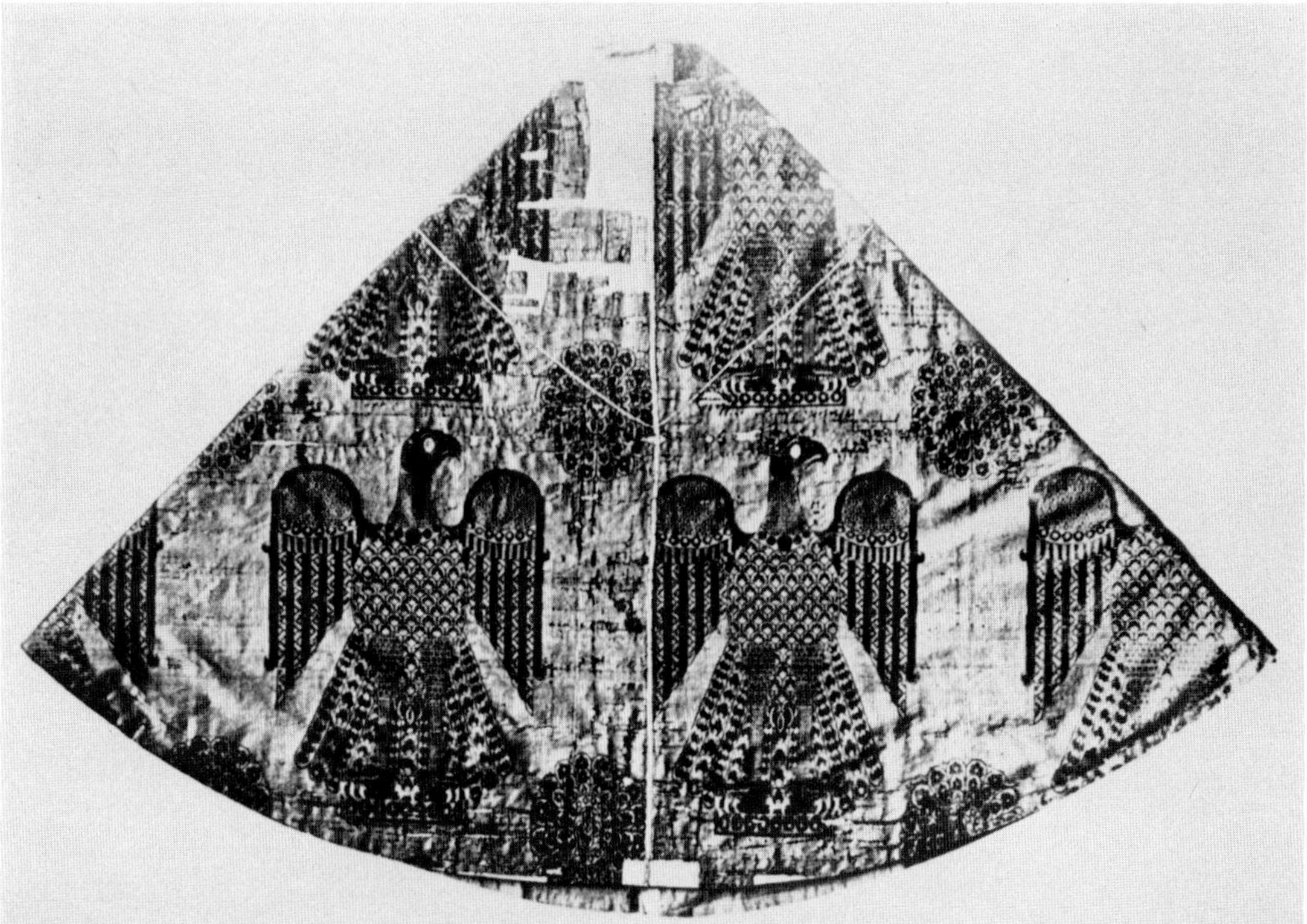

17　上祭服カズラ

20　頸垂帯　ストラ

18　司祭服　プルヴィアレ(カパ)

19　短白衣　ソブレペリイズ

23　フランシスコ会士服
南蛮屛風　狩野内膳筆（部分）

21　イエズス会士服　南蛮屛風　狩野内膳筆（部分）

22　ミサの祭服　南蛮屛風　狩野内膳筆（部分）

24　ドミニコ会士服

25　アウグスチノ会士服　ゴッツオーリ筆（部分）

26　元和大殉教図（部分）

27　織田信長所用　南蛮帽子

28　長篠合戦図屏風（部分）

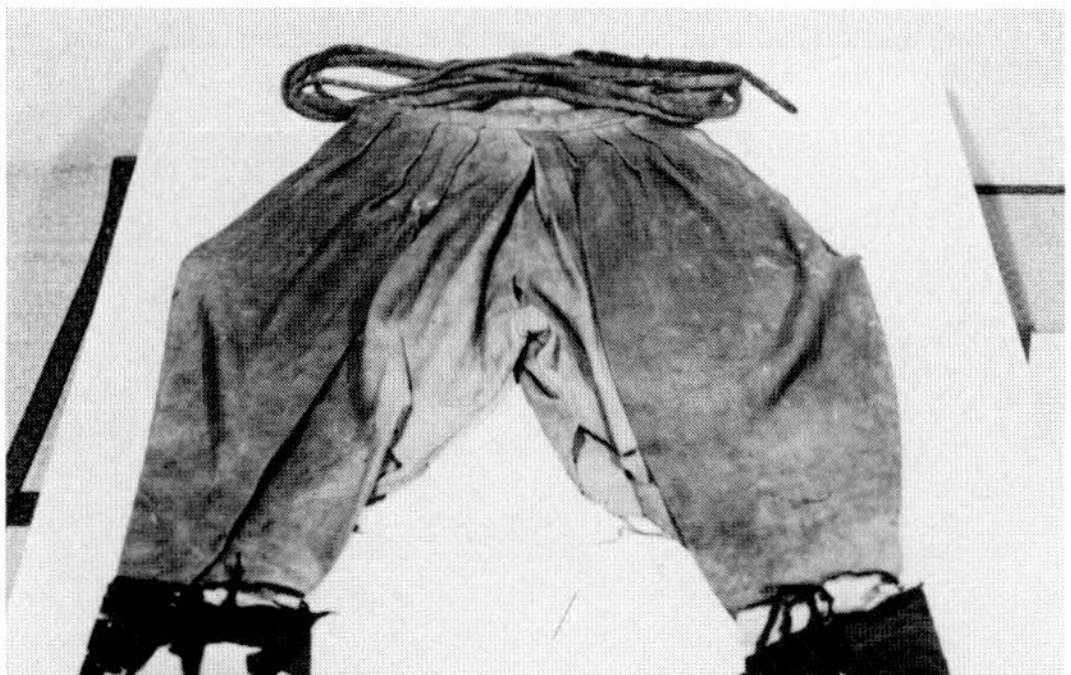

30　織田信長所用　革袴

29　織田信長所用　鎧下着

36　上杉謙信所用　赤地牡丹唐草文天鵞絨洋套

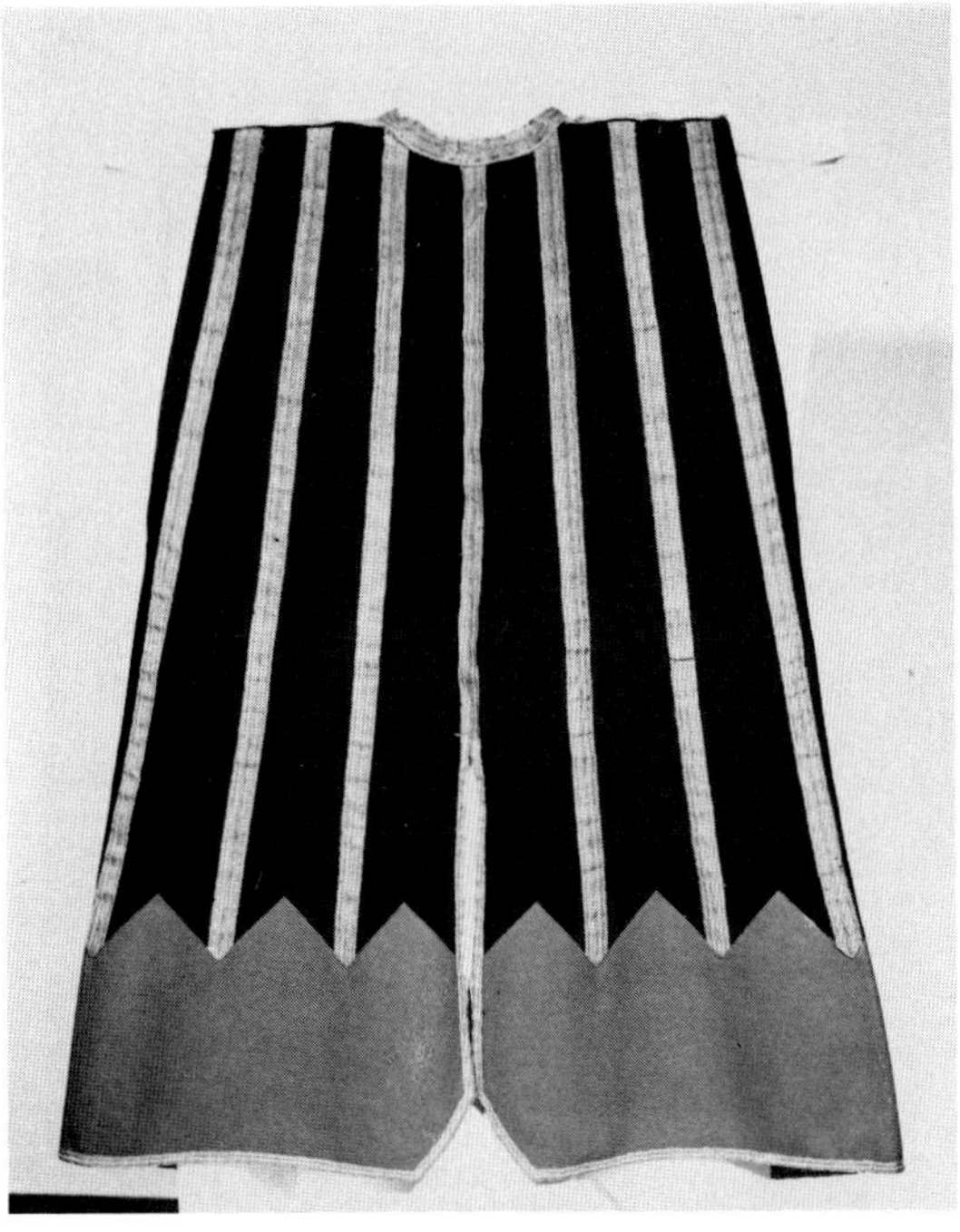

37　伊達政宗所用
黒羅紗地裾緋羅紗山形模様陣羽織

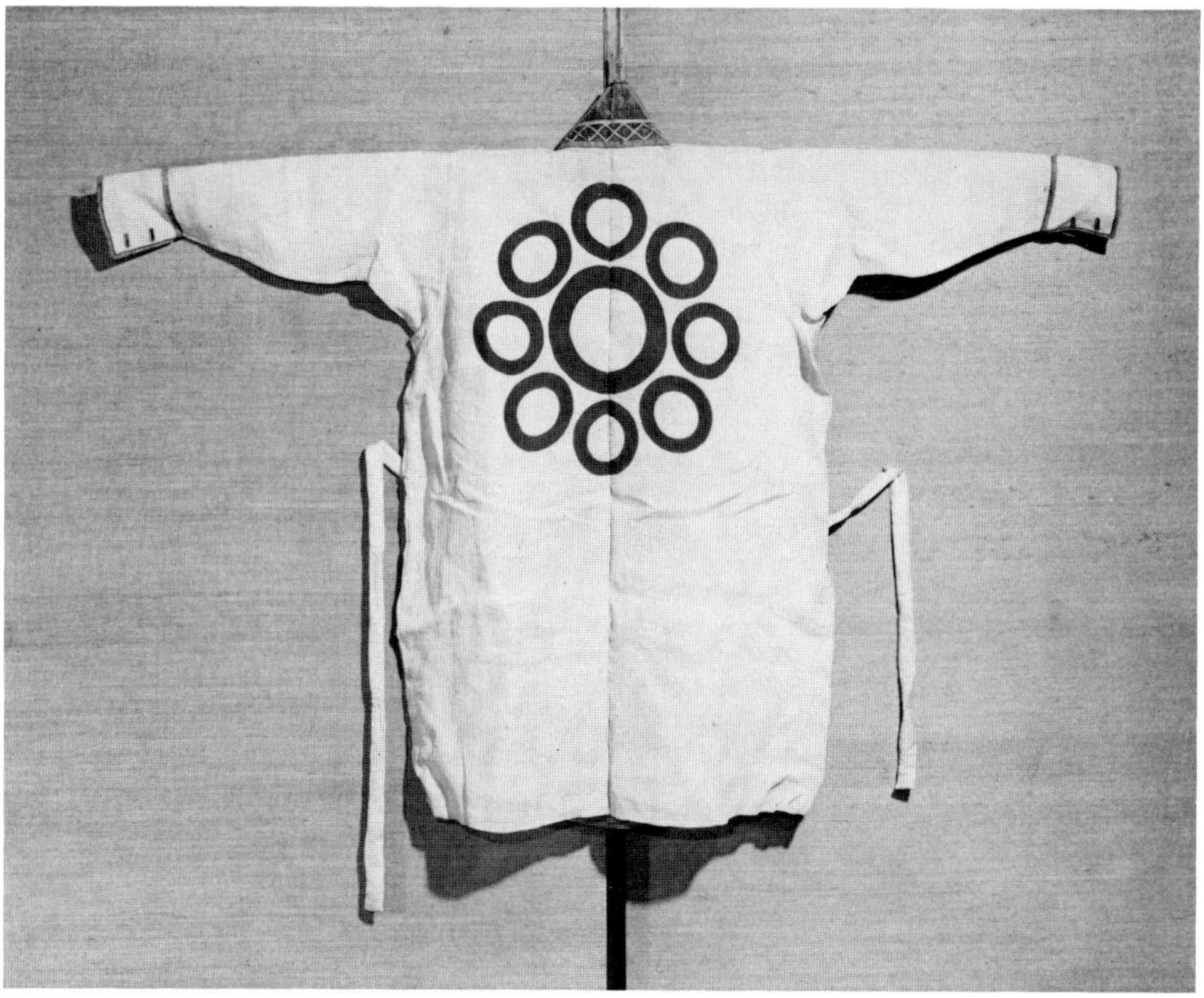

38-1

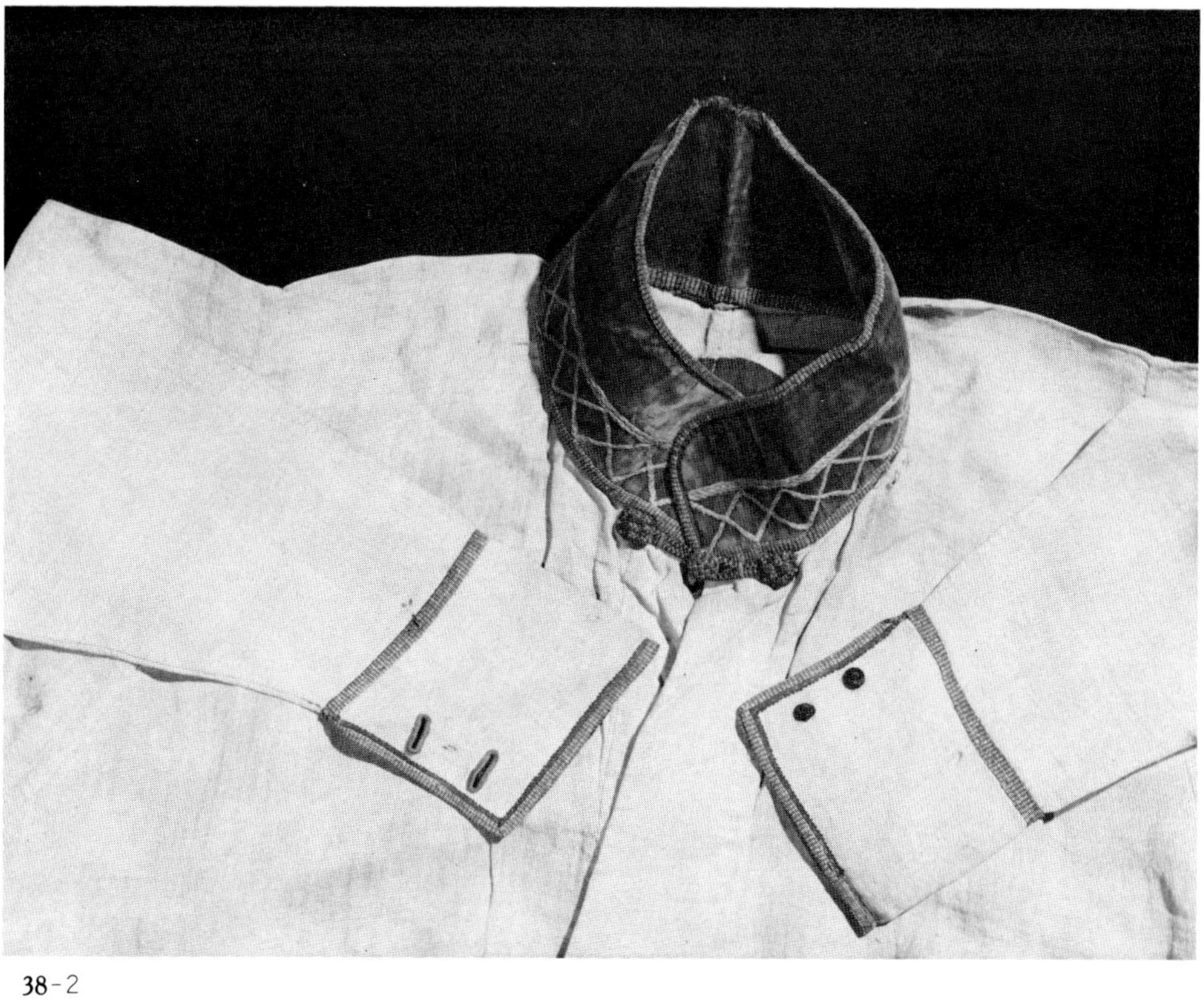

38-2

38　細川忠興所用　藍麻地九曜文鎧下着

39　南蛮帽子を売る店　南蛮屏風（部分）

40　南蛮帽子製作場　喜多院職人尽絵屏風（部分）

41　四条河原遊楽図屏風　静嘉堂文庫本（部分）

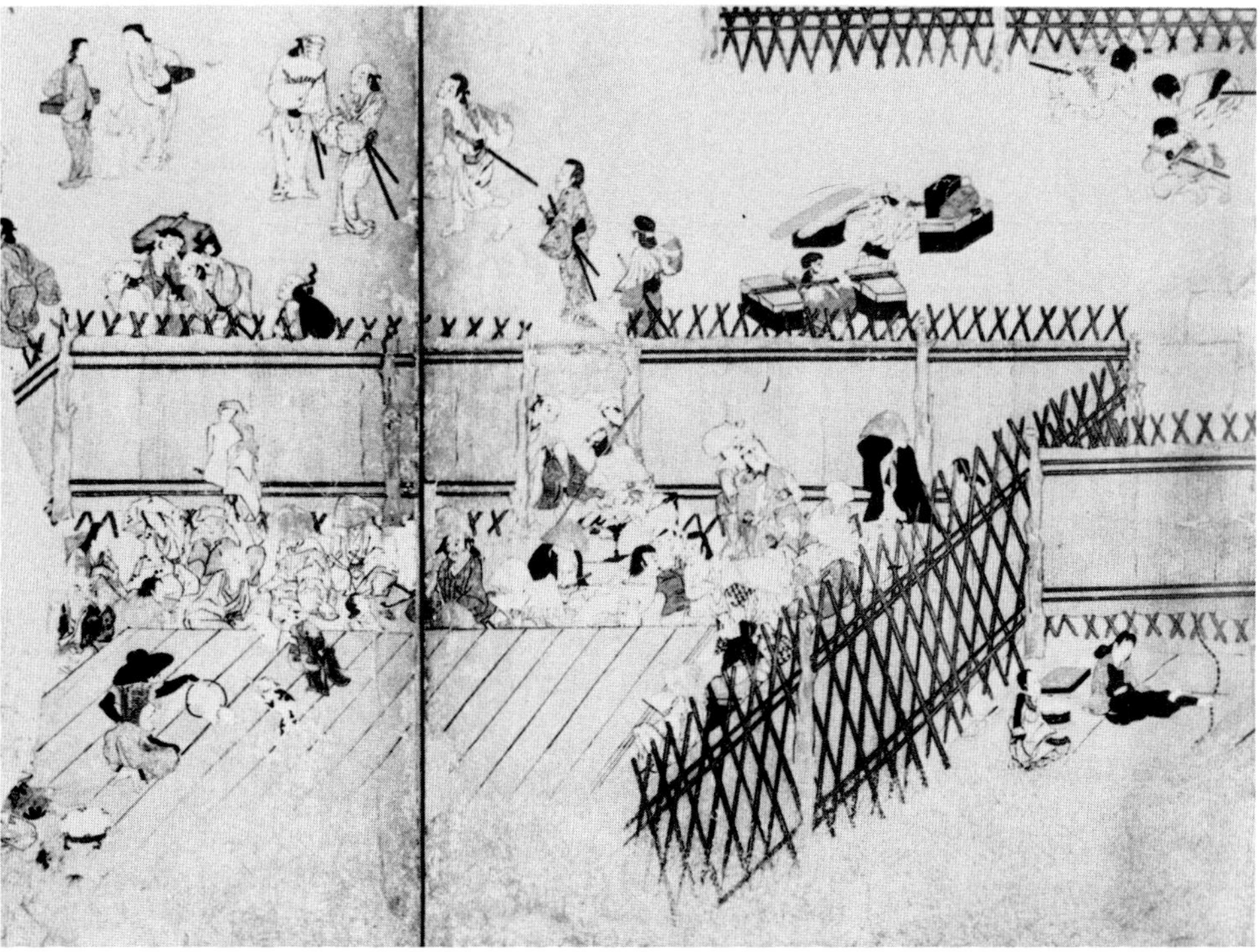

42　四条河原遊楽図屏風　ボストン美術館本（部分）

43　豊国祭礼図屛風　豊国神社本（部分）

44　祇園祭礼図屛風（部分）

45　築城図（部分）

46　歌舞伎図巻（部分）

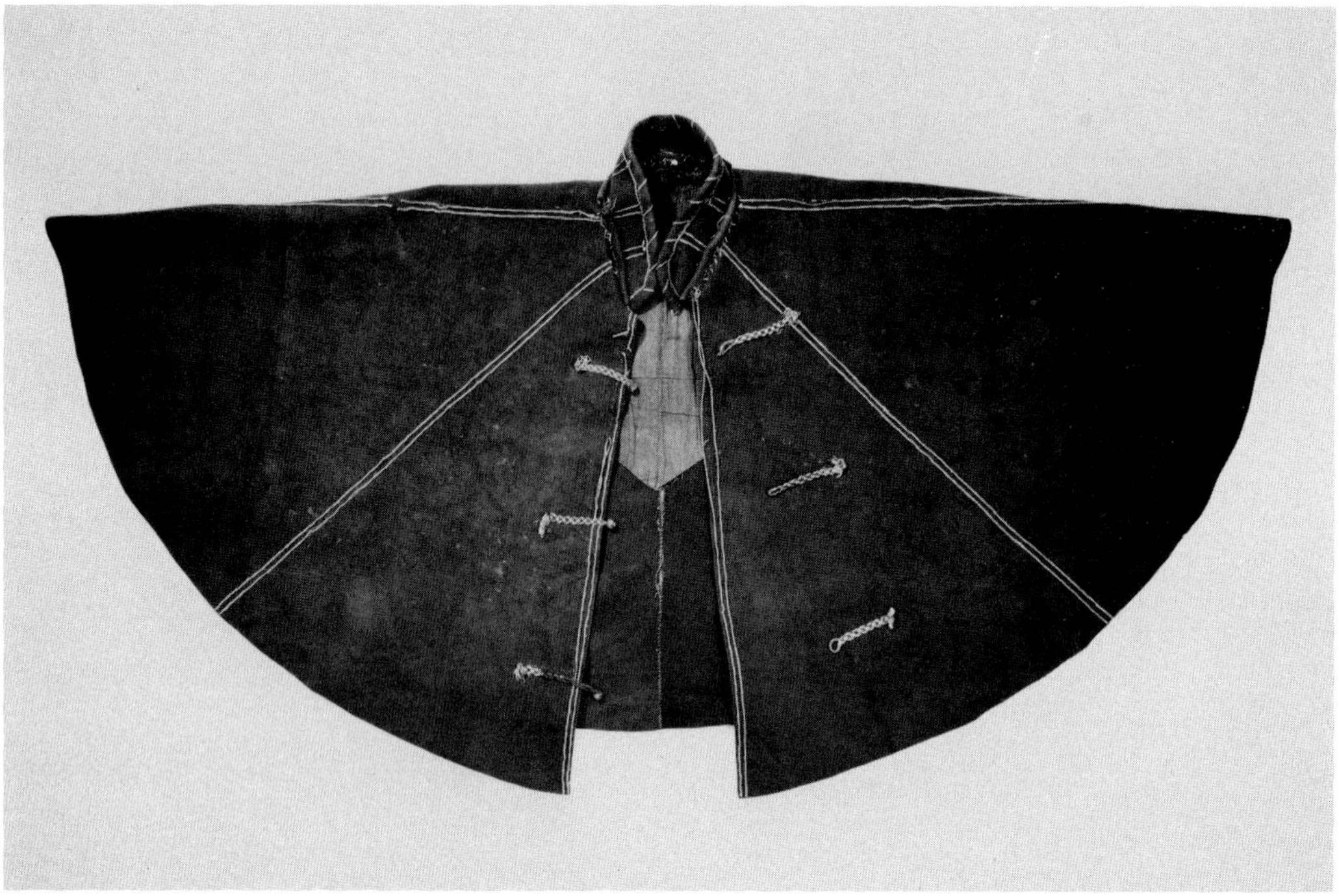

47　支倉常長遺品マント

48　支倉常長遺品下衣

49　支倉常長像

50　支倉常長像

51　花月蘭人遊饗図　原画＝石崎融思筆　（部分）

53　コルネリヤの木牌

52　杉田玄白像　石川大浪筆　（部分）　文化９年

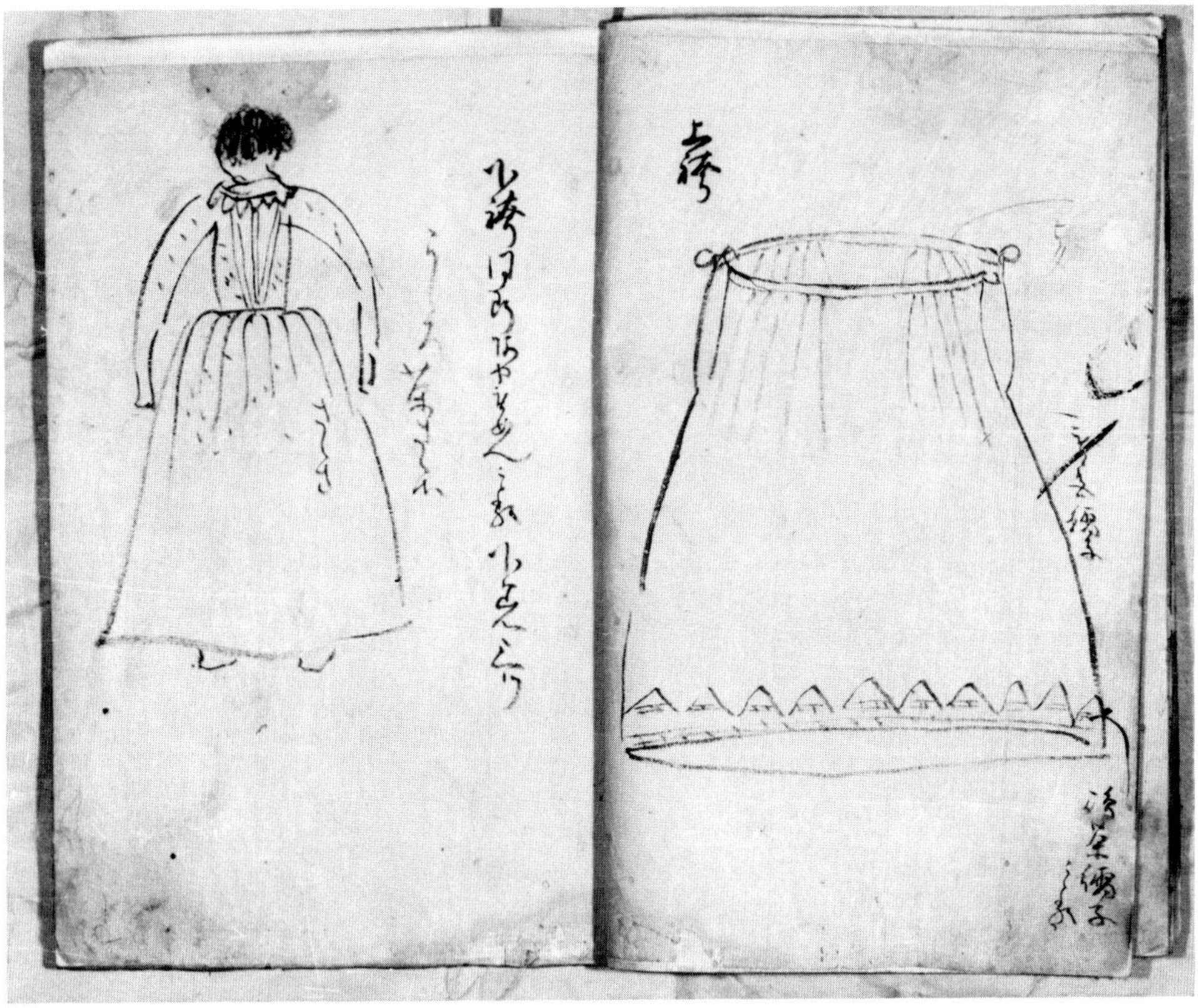

54－1

55　ブロムホフ家族図　石崎融思筆
文化14年

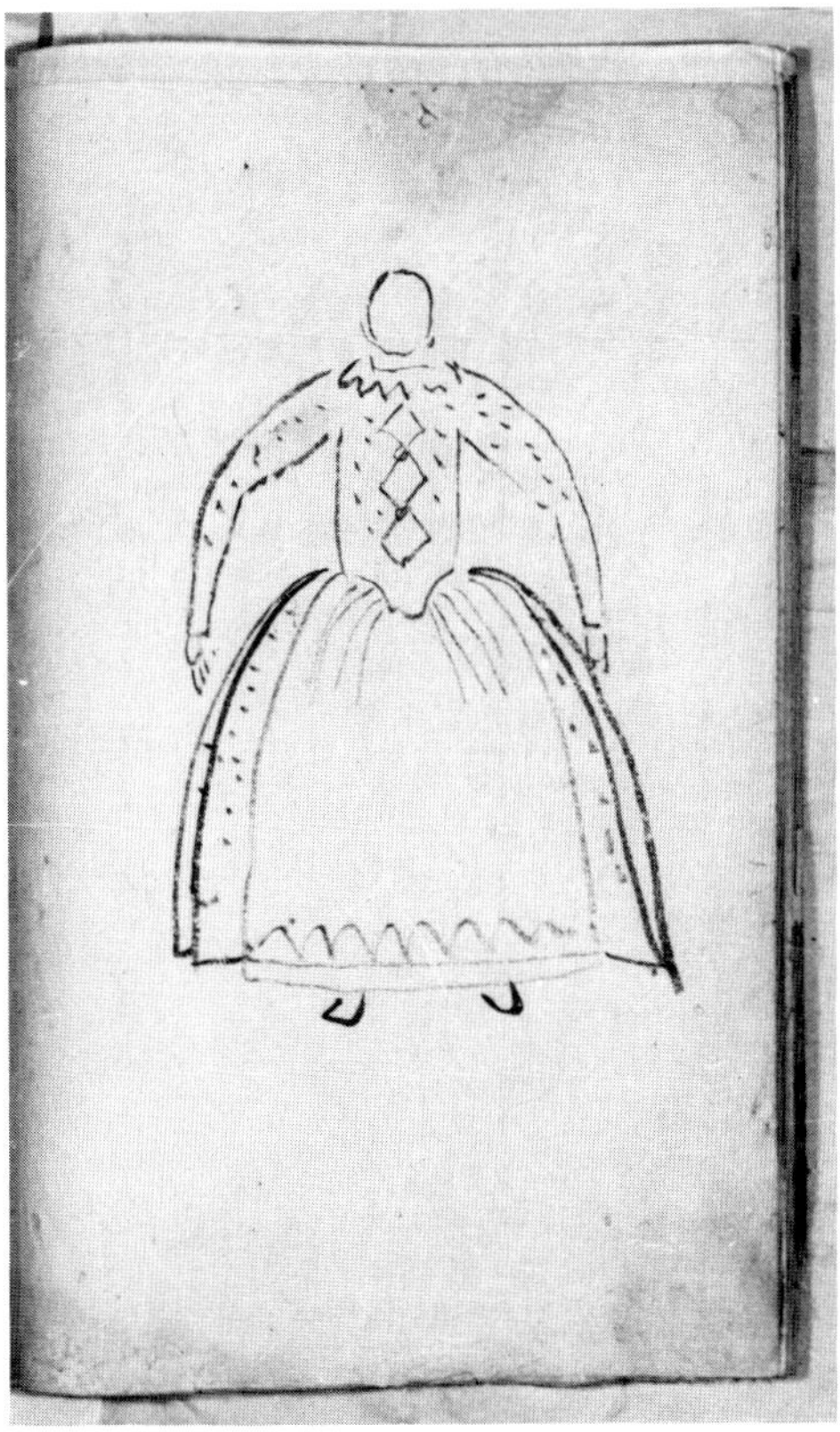

54－2

54　五嶋漂流異国人持渡鉄砲薬入剣之写　（部分）

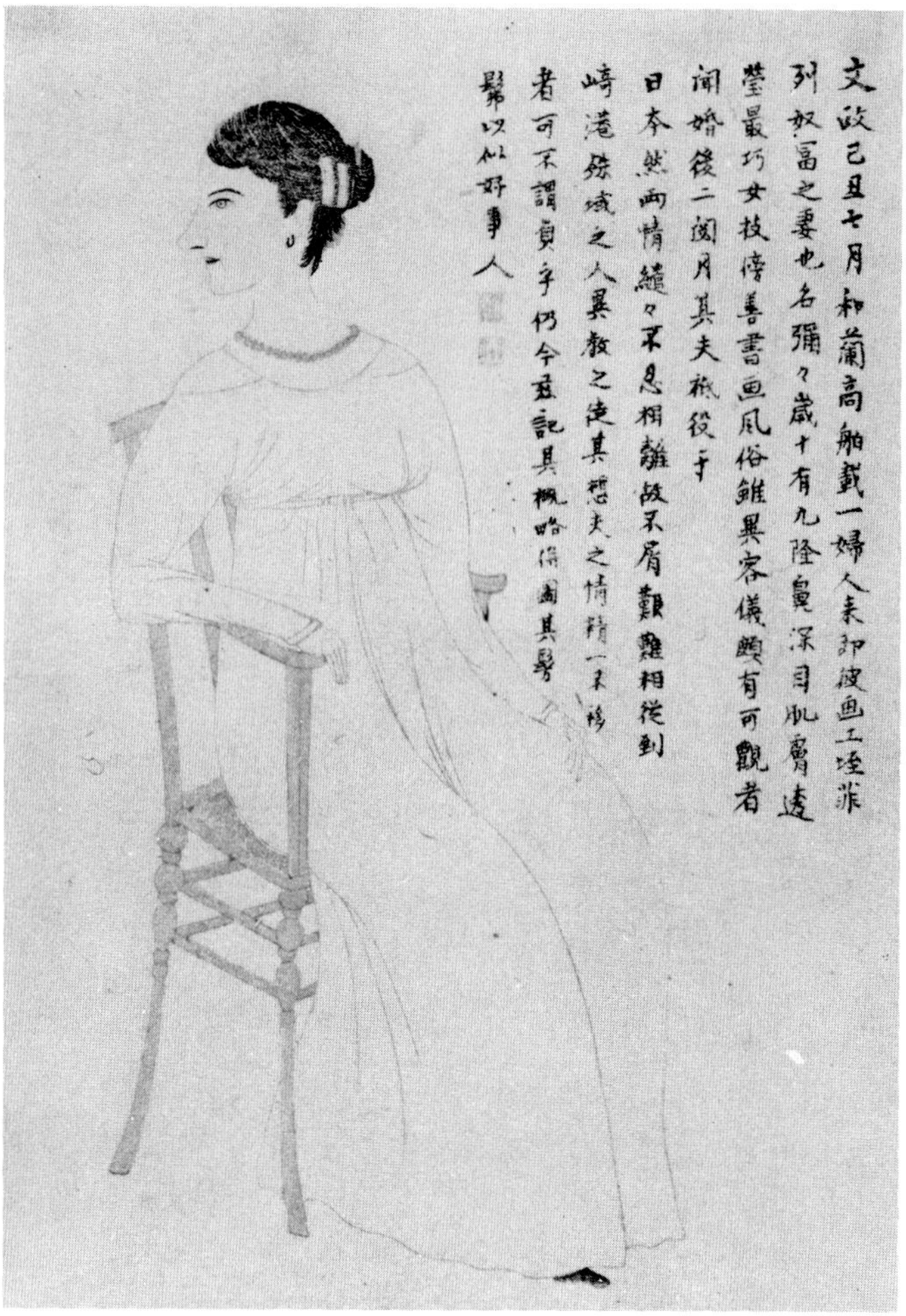

56　垤菲列奴富之妻　諸熊八郎筆

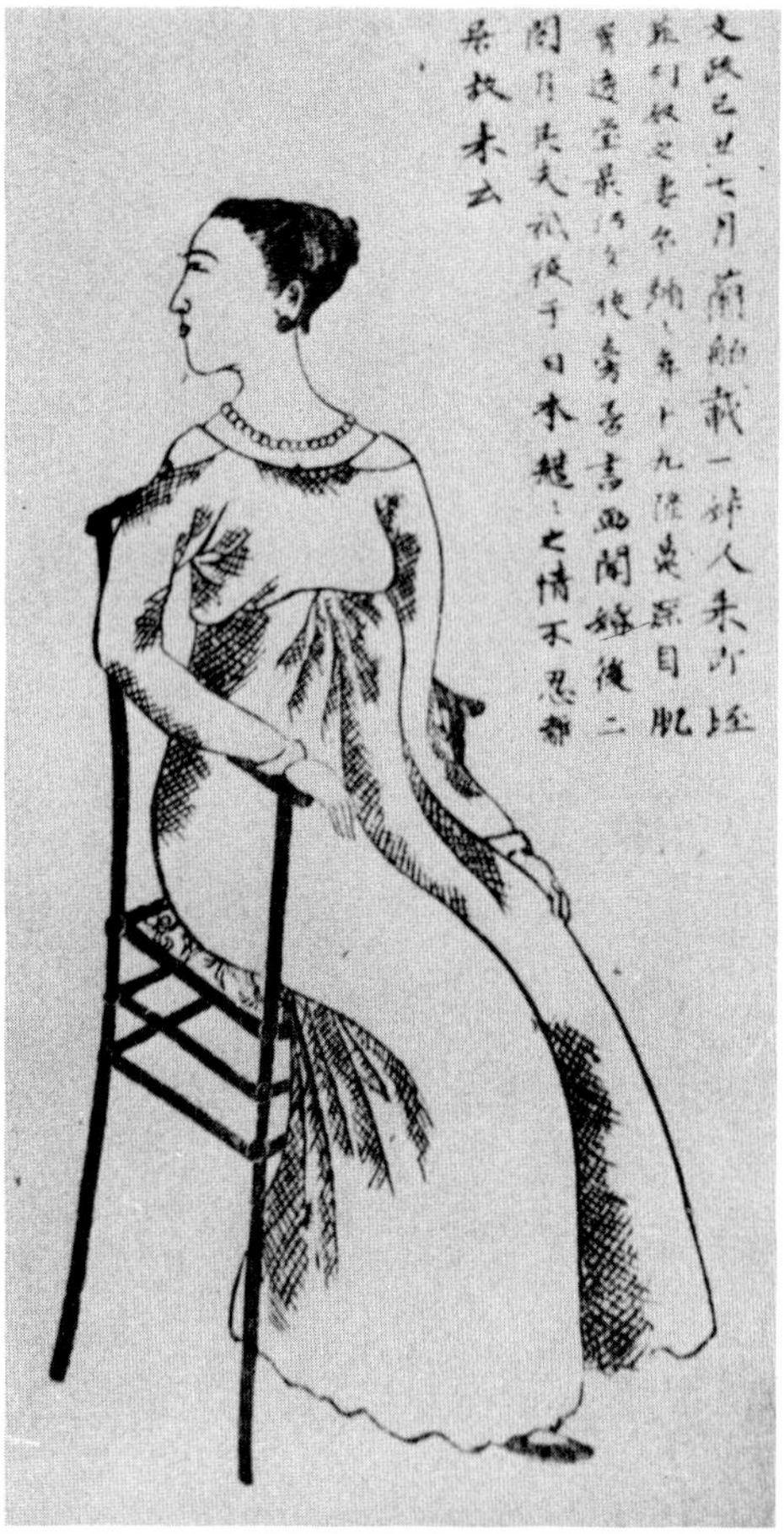

57　垤菲列奴富之妻　『長崎土産』
磯野文斎筆　弘化２年

58　Holland Vrouw

59　ロココ・スタイル　オペラで　ジャン・ミシェル・モロー筆　銅版画　1777年

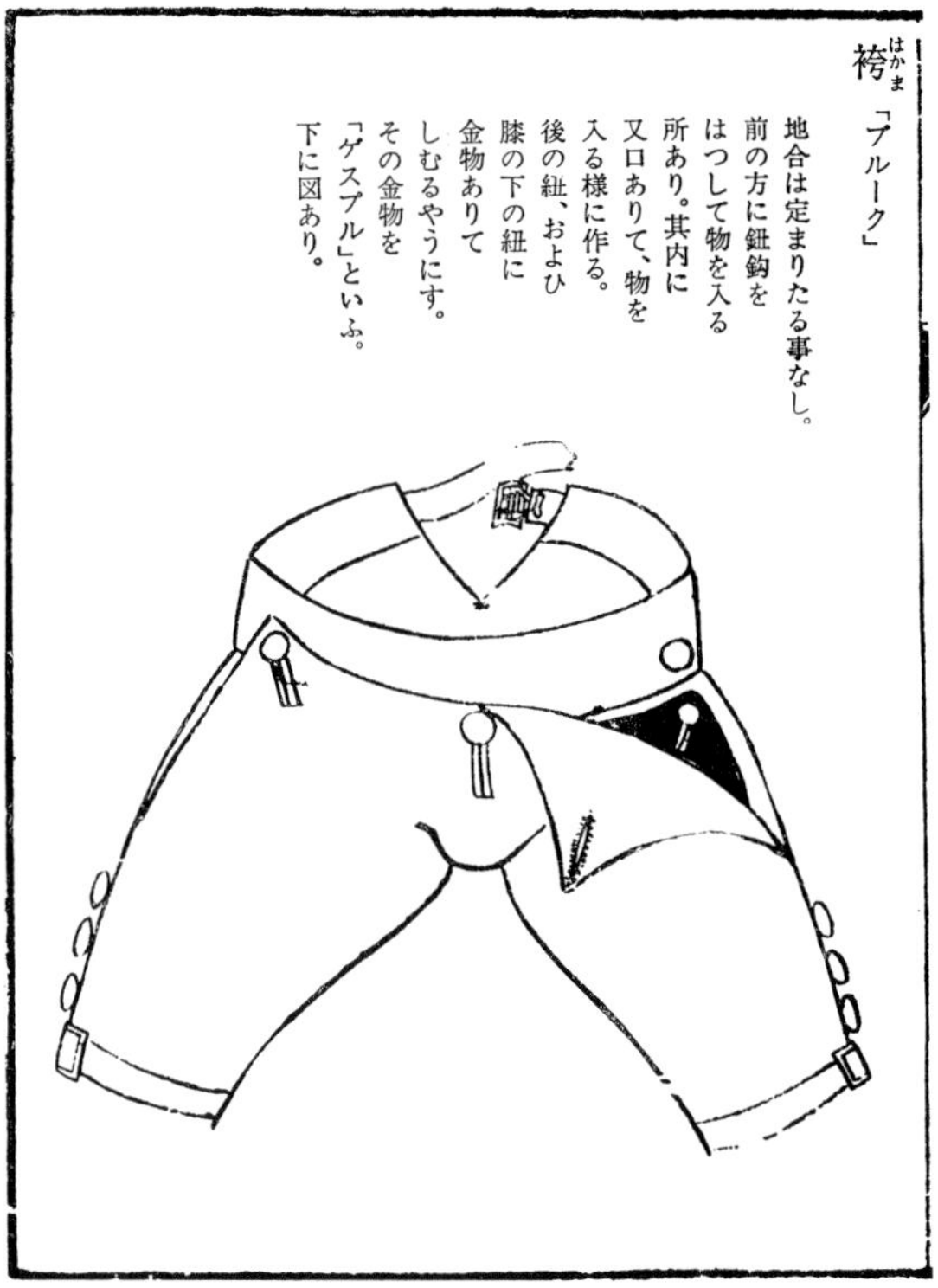
袴《はかま》「ブルーク」
地合は定まりたる事なし。
前の方に鈕鉤を
はつして物を入る
所あり。其内に
又口ありて、物を
入る様に作る。
後の紐、および
膝の下の紐に
金物ありて
しむるやうにす。
その金物を
「ゲスプル」といふ。
下に図あり。

62-4

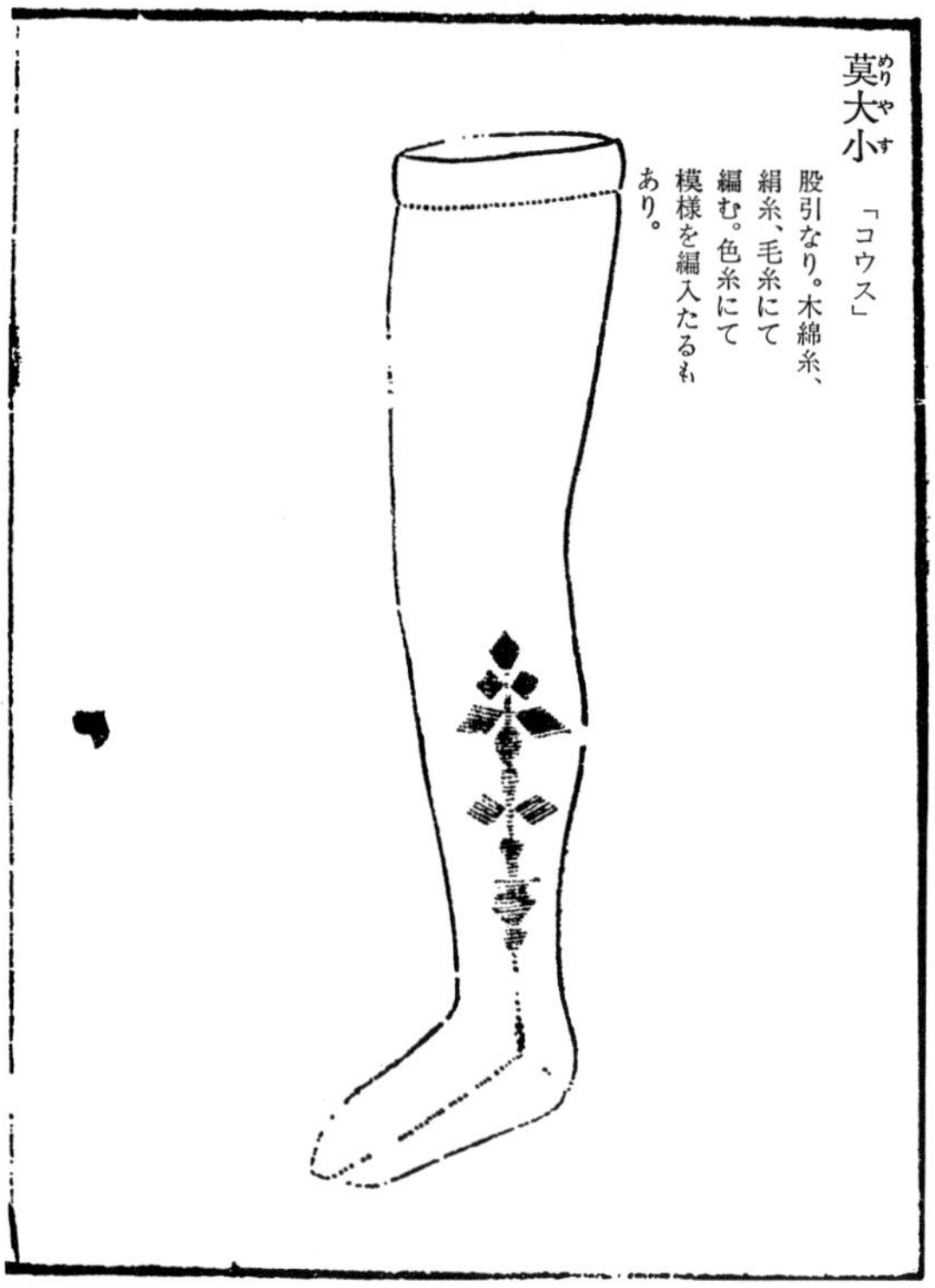
莫大小《めりやす》
「コウス」
股引なり。木綿糸、
絹糸、毛糸にて
編む。色糸にて
模様を編入たるも
あり。

62-5

63 長崎渡来時のシーボルト像

64　シーボルトが伊藤杢之允へ贈った品
大礼服上着

65　同　和蘭人形

66　同　上着，チョッキ，スリッパ

67　阿蘭陀女人之図

68　hollandsche vrouw 阿蘭陀女人図

69　西洋婦人図　平賀源内筆

70　異国風景人物図　司馬江漢筆（右幅）

71　ペリー像　『イラストレイテッド・ロンドン・ニュース』
1853年５月７日

72　下田入港アメリカ婦人図　安政２年

73　万延元年遣米使節

74　木村鉄太敬直像

75　カメハメハ4世と王妃　木村鉄太敬直筆

76　ピアノを弾くイギリス少女
木村鉄太敬直筆

77　大統領公式謁見

78　大統領大夜会　『フランク・レスリーズ・イラストレイテッド・ニュースペーパー』
1860年6月6日

79　大統領晩餐会　『フランク・レスリーズ・イラストレイテッド・ニュースペーパー』
1860年6月9日

80　ハリエット・レイン像

81　アメリカ男子・女子像　木村鉄太敬直筆

82　福沢諭吉とアメリカ少女　万延元年

83　パリ万国博覧会派遣委員一行　マルセイユ　慶応３年３月１日

84　徳川昭武像　ティソ筆　1868年

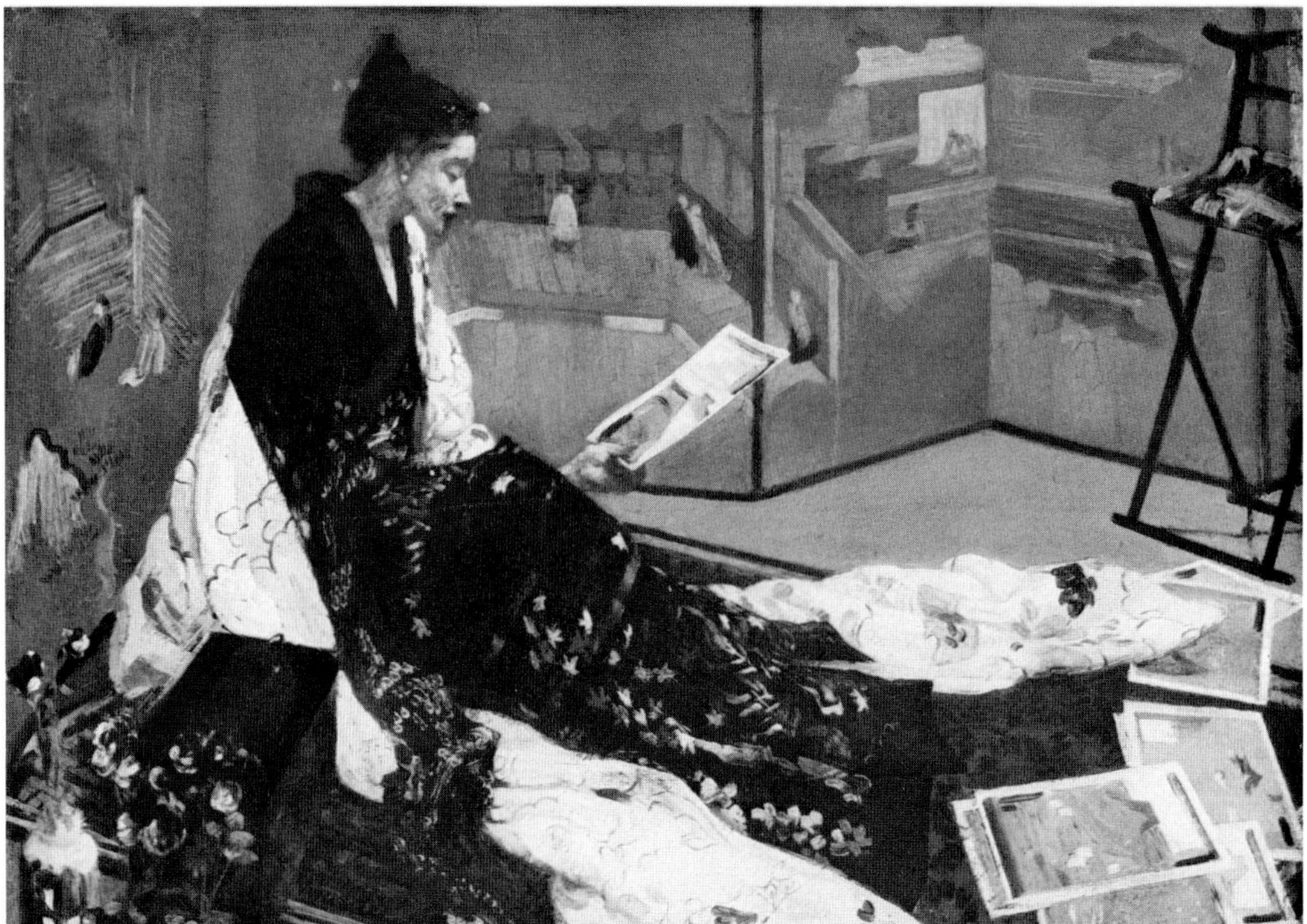

85　紫と金の奇想曲第二：金屏風　ホイッスラー筆　1864年

86　バルコニー　ホイッスラー筆　1867年

87　日本娘　モネ筆　1876年

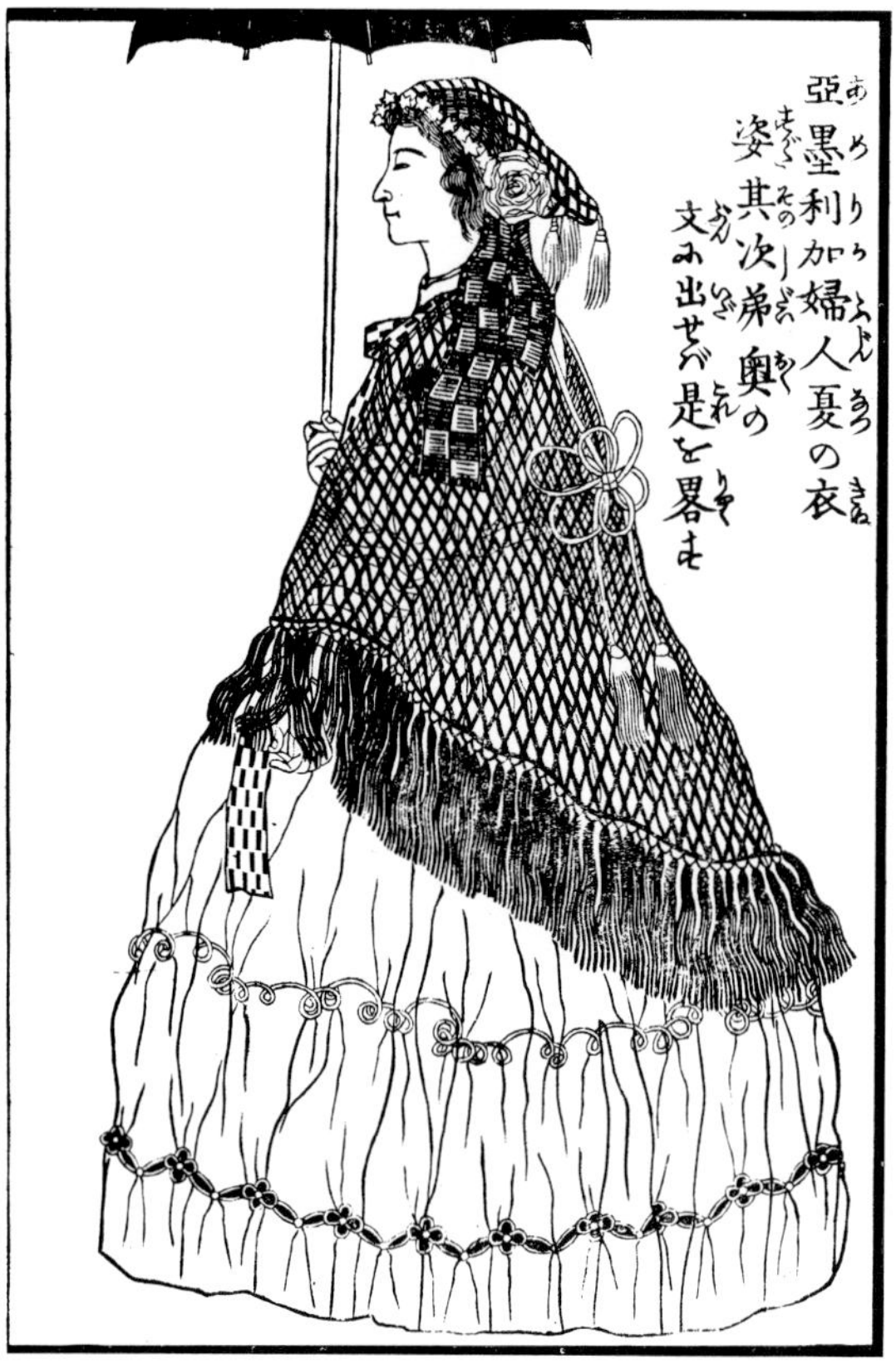

89　亜墨利加婦人夏の衣姿　『横浜開港見聞誌』

88　運上所より東異人商館町を見込たる之図（部分）『横浜開港見聞誌』

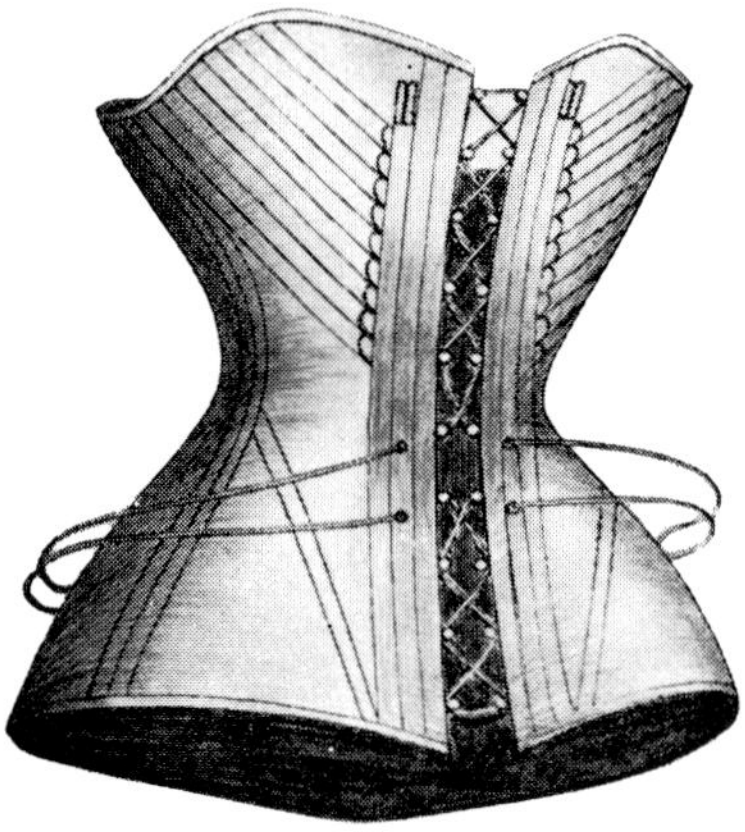

91　コルセット　1850年

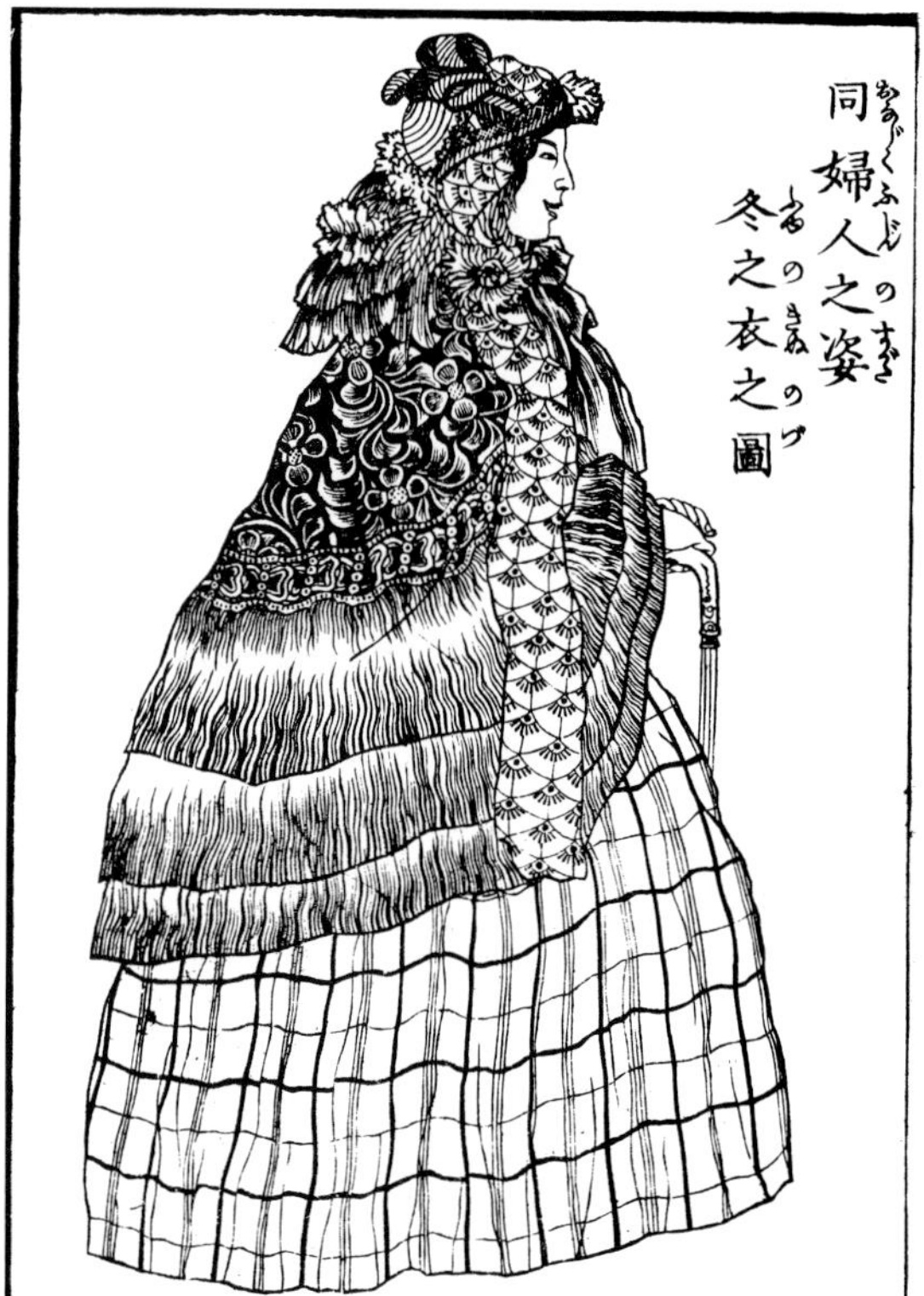

90　同婦人之姿冬之衣之図　『横浜開港見聞誌』

92　横浜海岸通り蘭人ミニストルの売場内部　『横浜開港見聞誌』

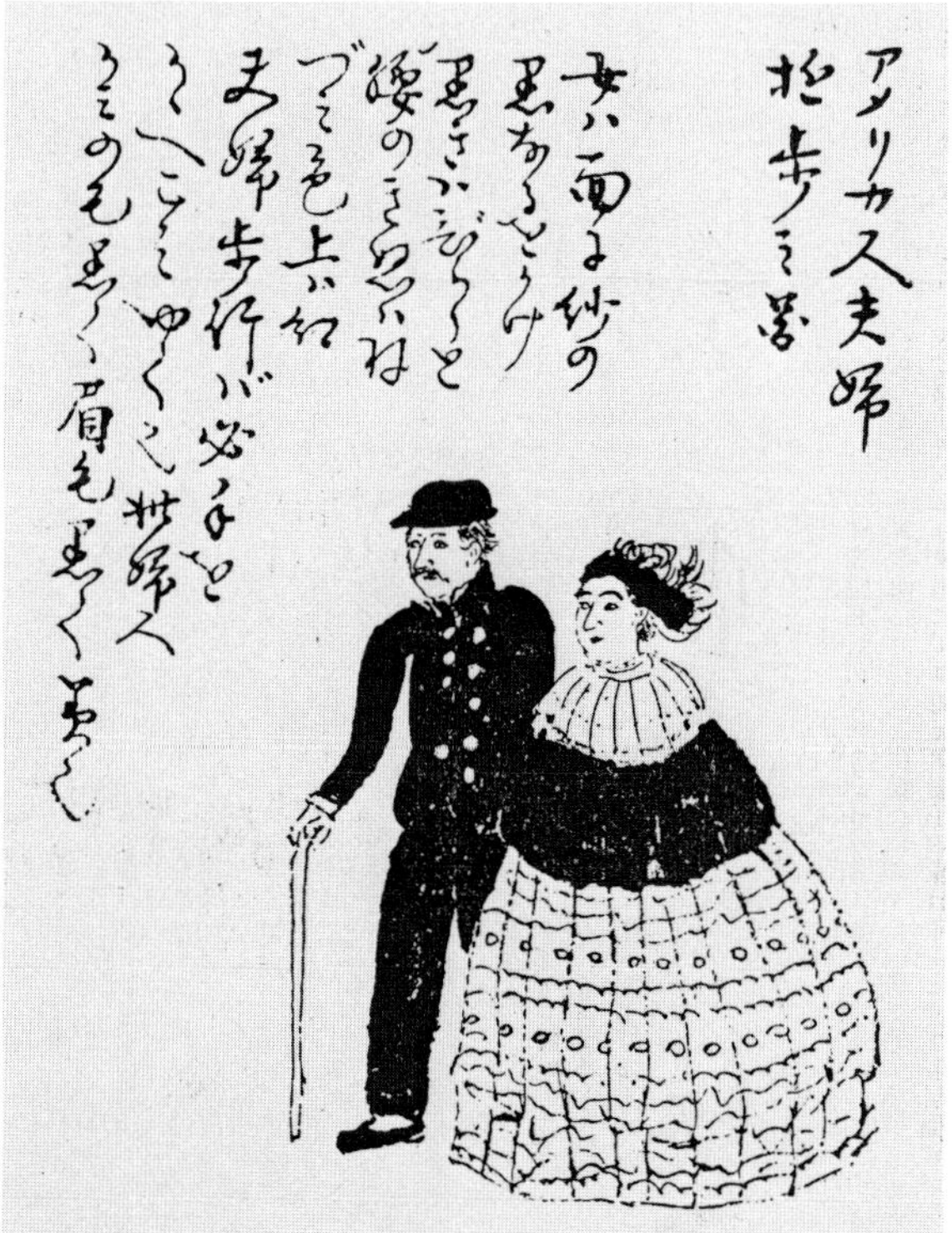

94　アメリカ人夫婦揺歩之図　『横浜日記』

93　西洋婦人図　『横浜日記』

95　亜墨利加国の婦人けはいするすがたを作るに二面鏡をもって合せ見る躰なり『横浜開港見聞誌』

96　イギリス　芳富筆　万延元年

97　運上所より東異人商館町を見込たる之図（部分）
『横浜開港見聞誌』

98　生写異国人物阿蘭陀婦人挙觴愛児童之図
貞秀筆　万延元年

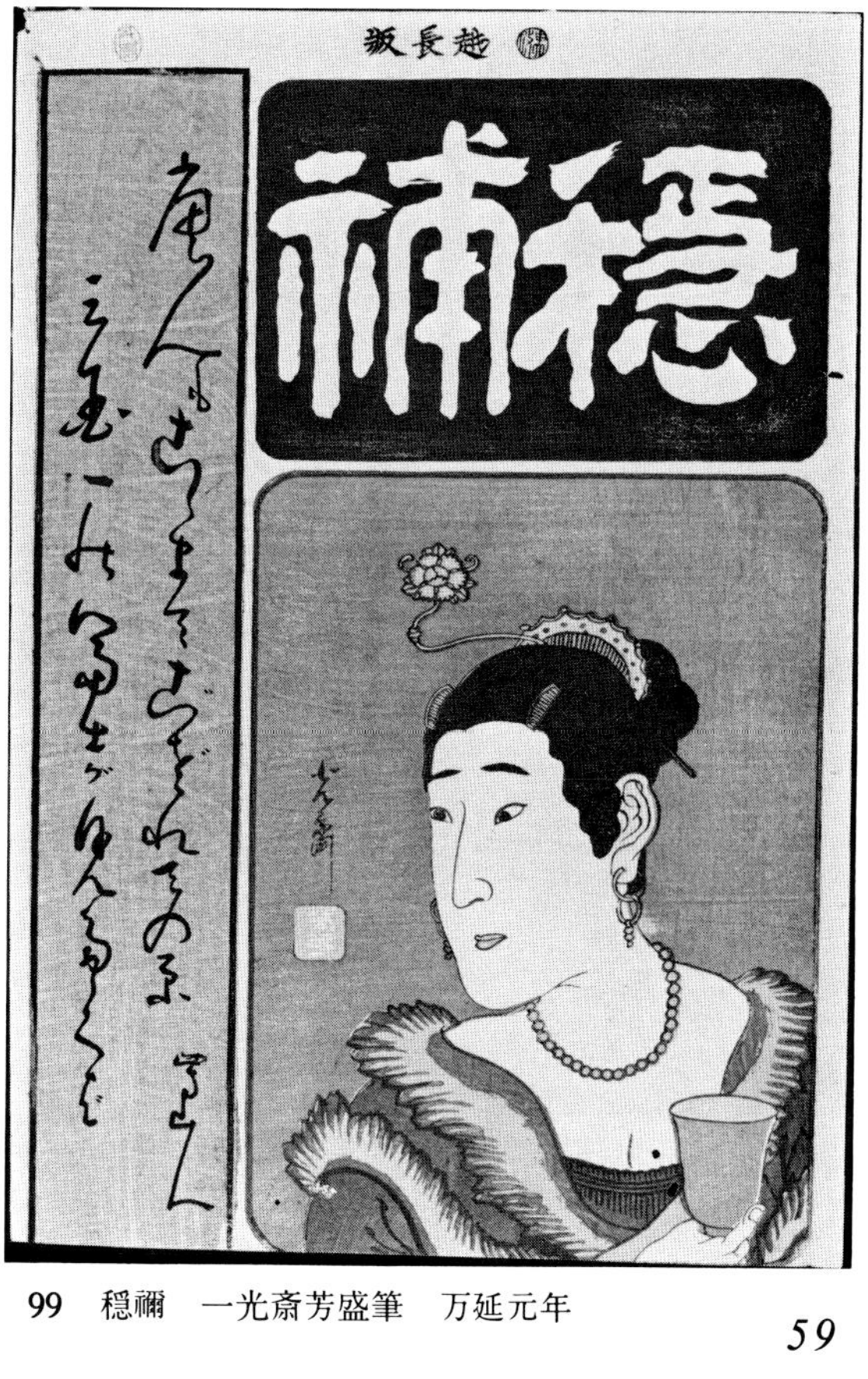

99　穏禰　一光斎芳盛筆　万延元年

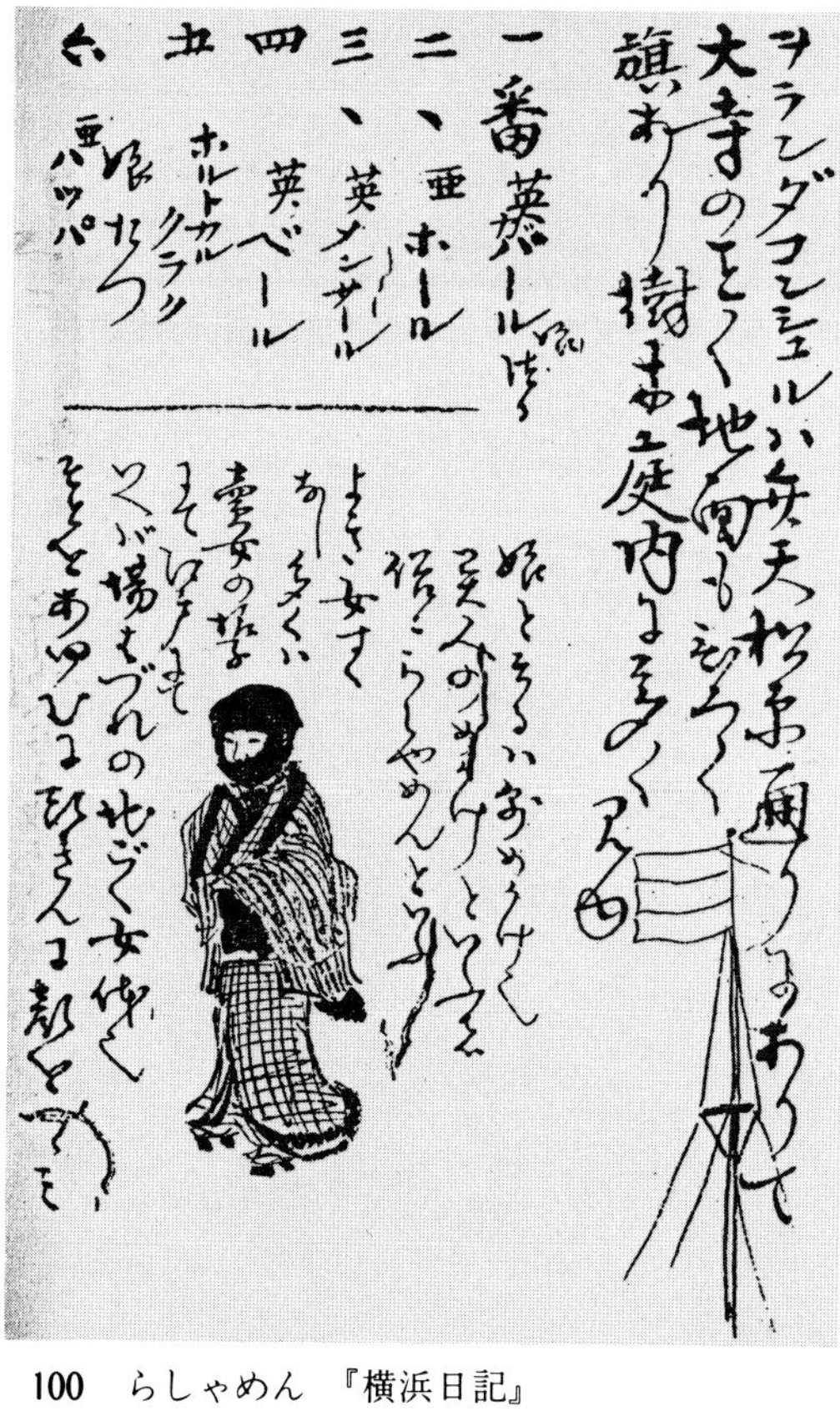

100　らしゃめん　『横浜日記』

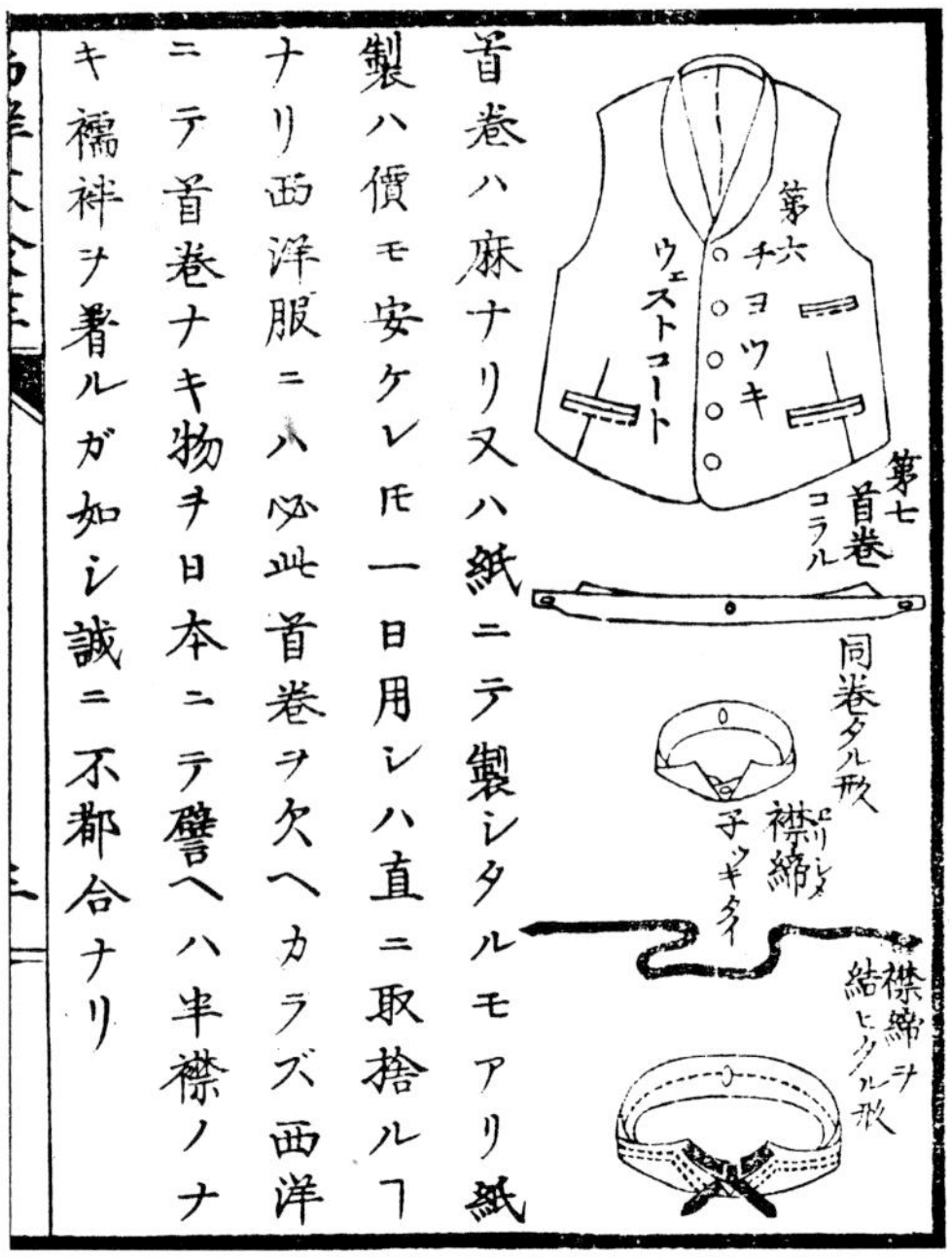

首巻ハ麻ナリ又ハ紙ニテ製シタルモアリ紙製ハ價モ安ケレ𪜈一日用レハ直ニ取捨ルヿナリ西洋服ニハ必ス首巻ヲ欠ヘカラズ西洋ニテ首巻ナキ物ヲ日本ニテ譬ヘハ半襟ノナキ襦袢ヲ着ルガ如シ誠ニ不都合ナリ

105-1

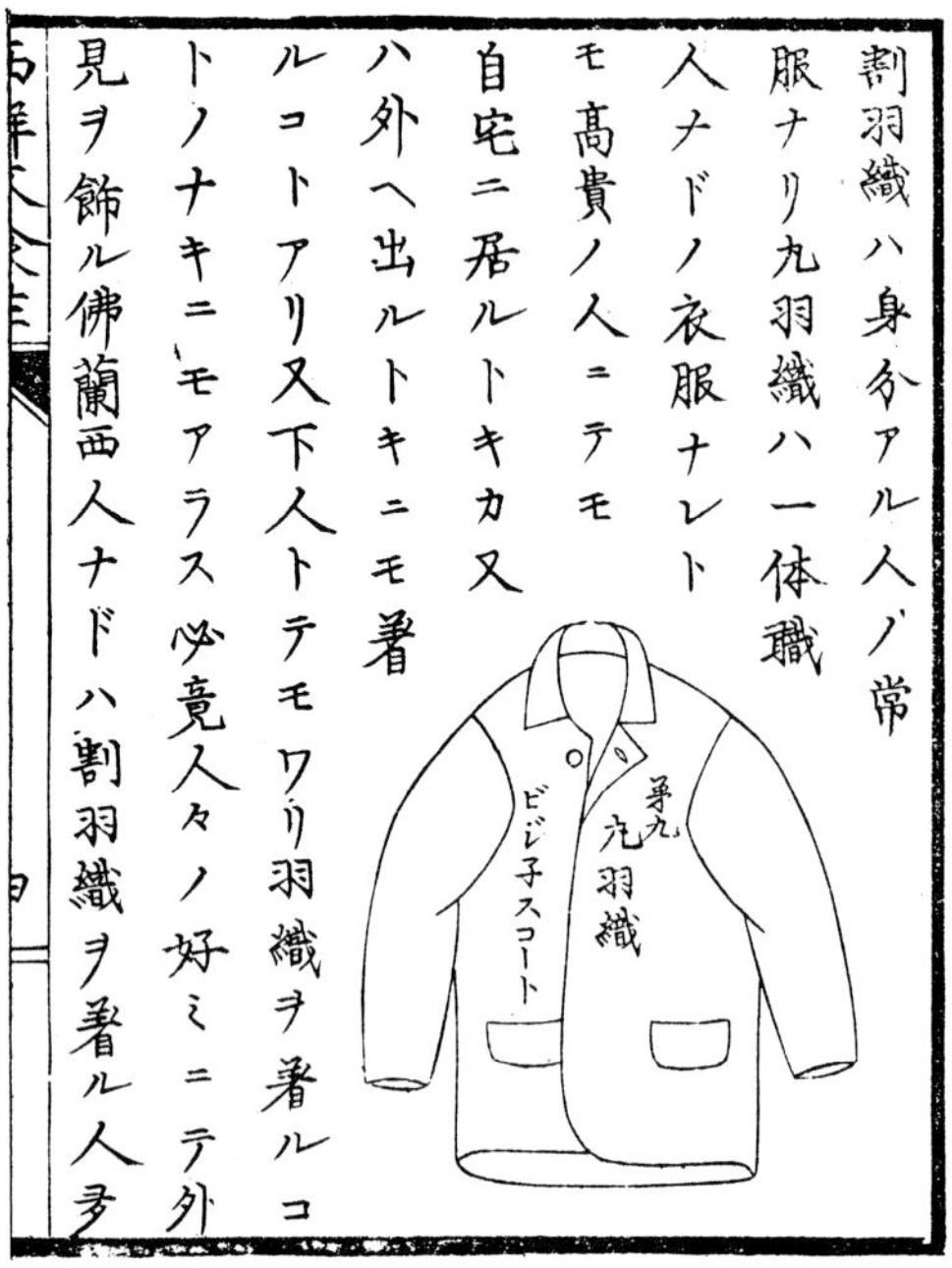

割羽織ハ身分アル人ノ常服ナリ丸羽織ハ一体職人ナドノ衣服ナレトモ高貴ノ人ニテモ自宅ニ居ルトキカ又ハ外ヘ出ルトキニモ着ルコトアリ又下人トテモワリ羽織ヲ着ルコトノナキニハモアラス必竟人々ノ好ミニテ外見ヲ飾ル佛蘭西人ナドハ割羽織ヲ着ル人ヲ

105-2

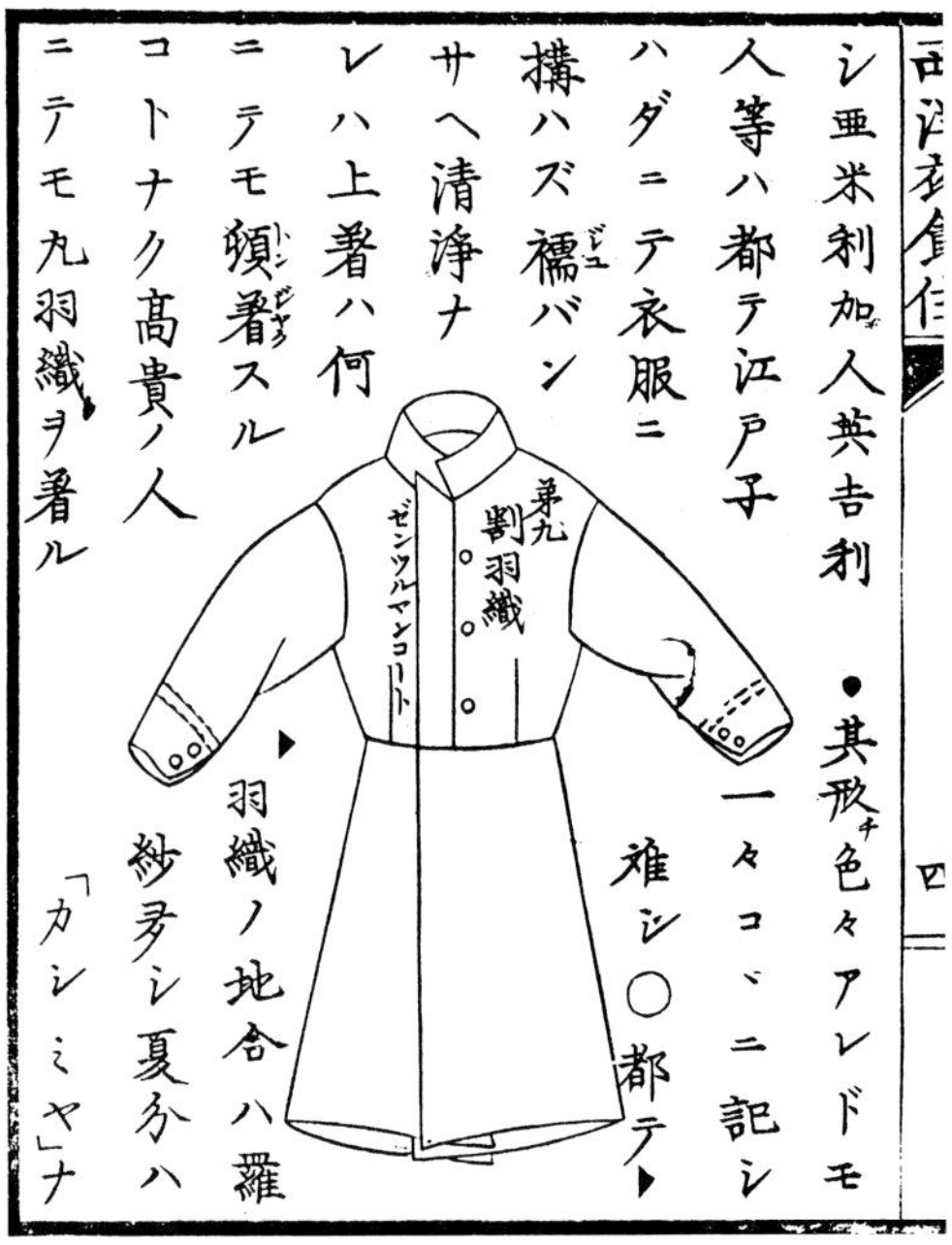

シ亜米利加《ガ》人共吉利人等ハ都テ江戸子ハダニテ衣服ニ構ハズ襦《ジユ》バンサヘ清浄ナレハ上着ハ何ニテモ頓《トン》着《ヂヤク》スルコトナク高貴ノ人ニテモ丸羽織ヲ着ル

●其形《チ》色々アレドモ一々コヽニ記シ難シ○都テ▶

▶羽織ノ地合ハ羅紗ヲシ夏分ハ「カシミヤ」ナ

105-3

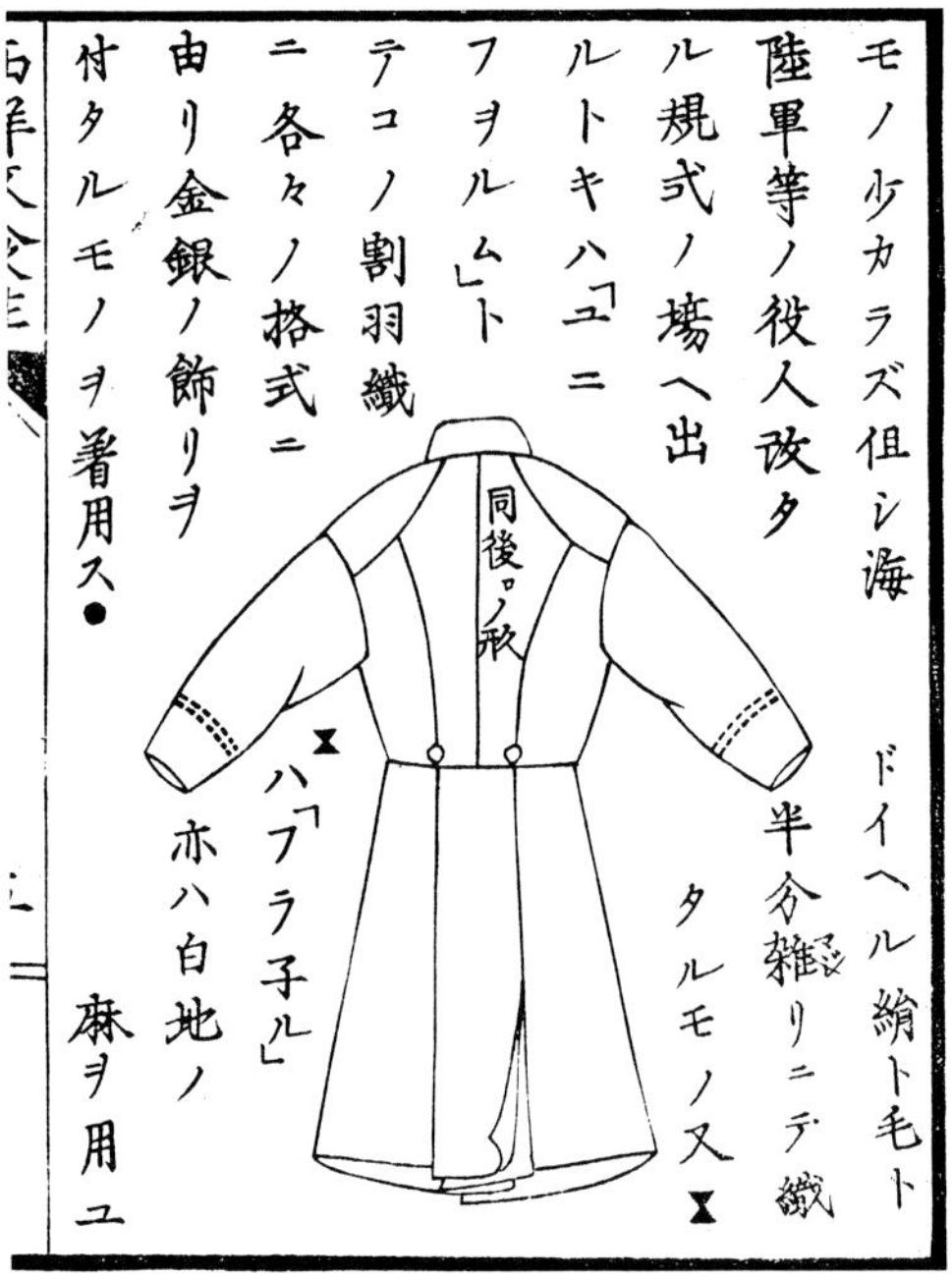

モノ少カラズ但シ海陸軍等ノ役人改タル規式ノ場ヘ出ルトキハ「ユニフヲルム」トテコノ割羽織ニ各々ノ格式ニ由リ金銀ノ飾リヲ付タルモノヲ着用ス●

ドイヘル絹ト毛ト半分雑リニテ織タルモノ又⧗

⧗ハ「フラ子ル」亦ハ白地ノ麻ヲ用ユ

105-4

105 片山淳之助『西洋衣食住』 慶応3年

106　ヘボン夫妻　金婚式記念撮影　明治23年10月27日

制服雛形

帽

色黒

紋径一寸八分筋ハ是迄ノ笠印ノ別ニ同シ

勅任金大筋幅一寸小筋幅一分筋間ハ三分

奏任銀同上

判任銀ノ廣筋一本幅一寸

以下二等銀細筋一本幅三分

掛緒総テ幅八分

111-1

袴

色深鼡又ハシモフリ

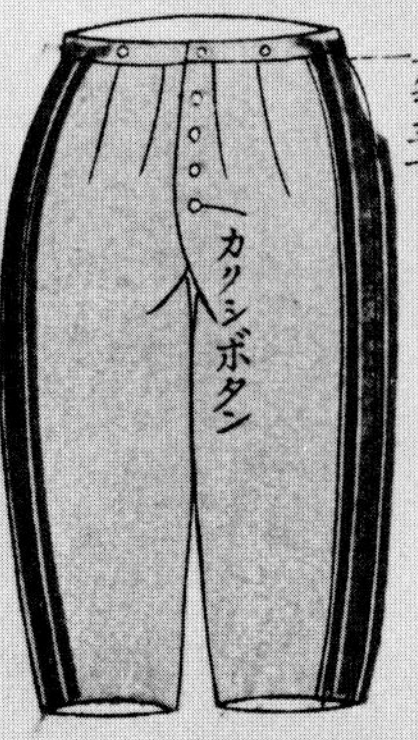

勅任金大筋一寸細筋一分筋間三分

奏任銀大筋五分細筋一分筋間二分

判任銀廣筋一本幅五分

従九位官以下白細筋一本幅一分

右地合何レモ毛織ノ事

111-2

勅任金

奏任銀

判任以下白色

形ハ海陸軍服同様尤地合ノ都合ニヨリ裁縫并ニボタンノ數等ハ勝手タルベキ事

111-3

111　制服　『太政官日誌』明治３年11月15日

112　鉄道開業式（部分）『イラストレイテッド・ロンドン・ニュース』 1872年12月7日

113　大礼服着用岩倉倶視像　銅版画

114-1

114-2

114　横河秋濤『開化の入口』挿絵　明治６～７年

116

115

118

117

115～118　長崎丸山寄合町松月楼遊女の洋装　明治６年

120　東京芸妓洋装　よし町小君

119　丸山遊女の洋装

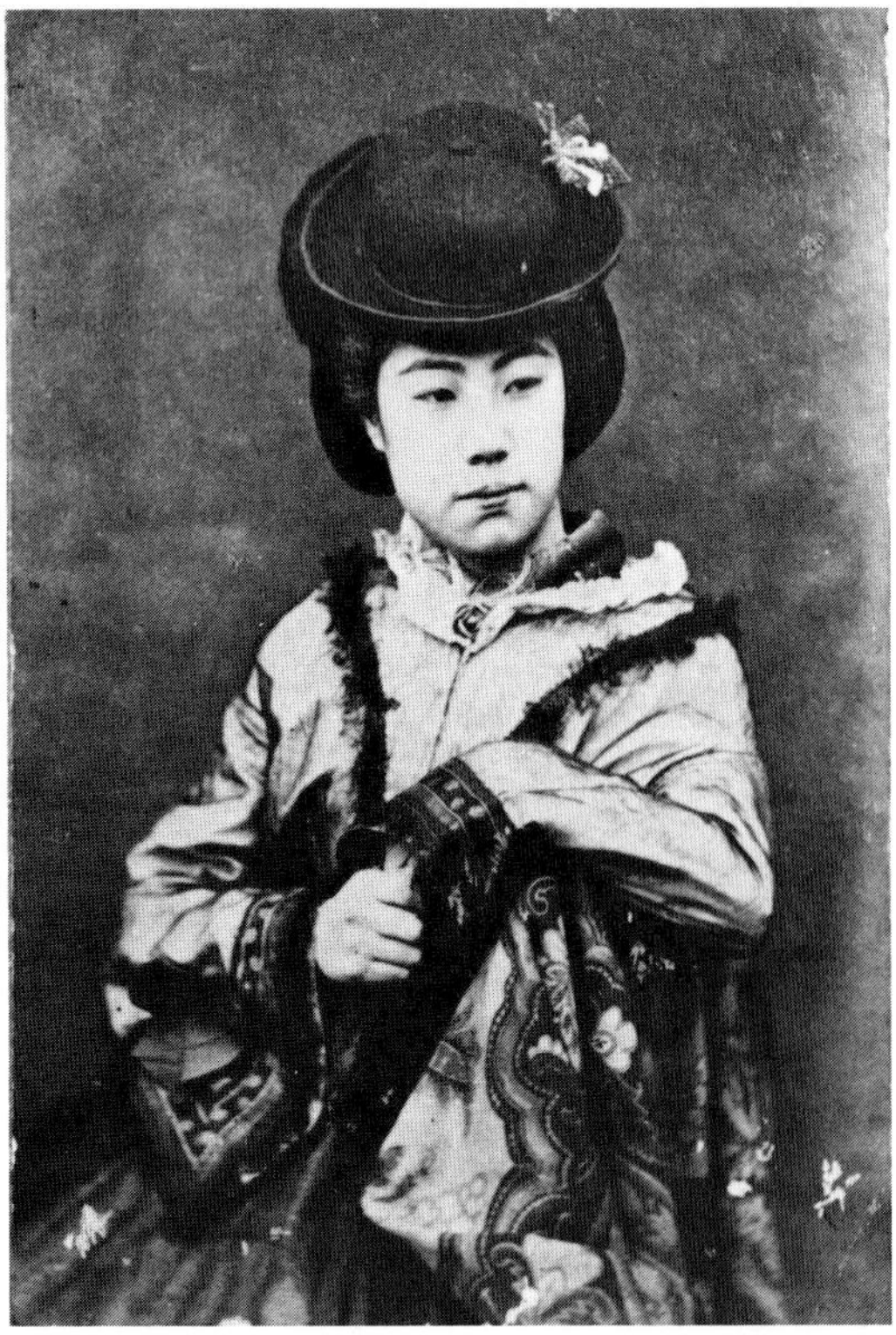

122　同　島原玉吉

121　同　仲ノ町小国

123　北海道開拓使派遣女子留学生出発の記念撮影　明治４年10月

124　同　シカゴでの洋装記念撮影　明治５年１月

133　明治天皇・皇后　キヨソネ筆

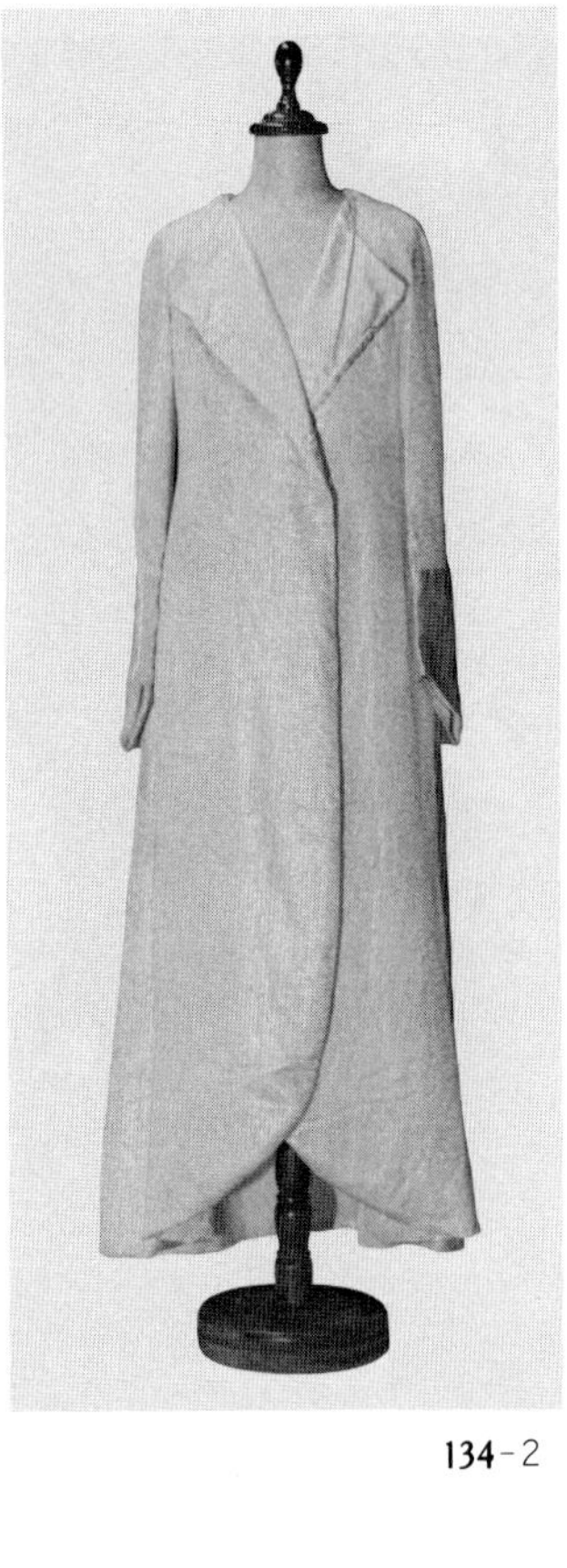

134-2

134-1

134-1　北白川宮妃着用　白サテン地銀ビーズ刺繡大礼服
134-2　同　白ブロケード地菊花模様ラメ入りコート

136　皇后着用　白綸子地桜花模様ベージュ色模様チュール重ね通常礼服

135　伯爵大谷光瑞夫人籌子着用　白サテン地に赤シフォンクレープ重ね中礼服

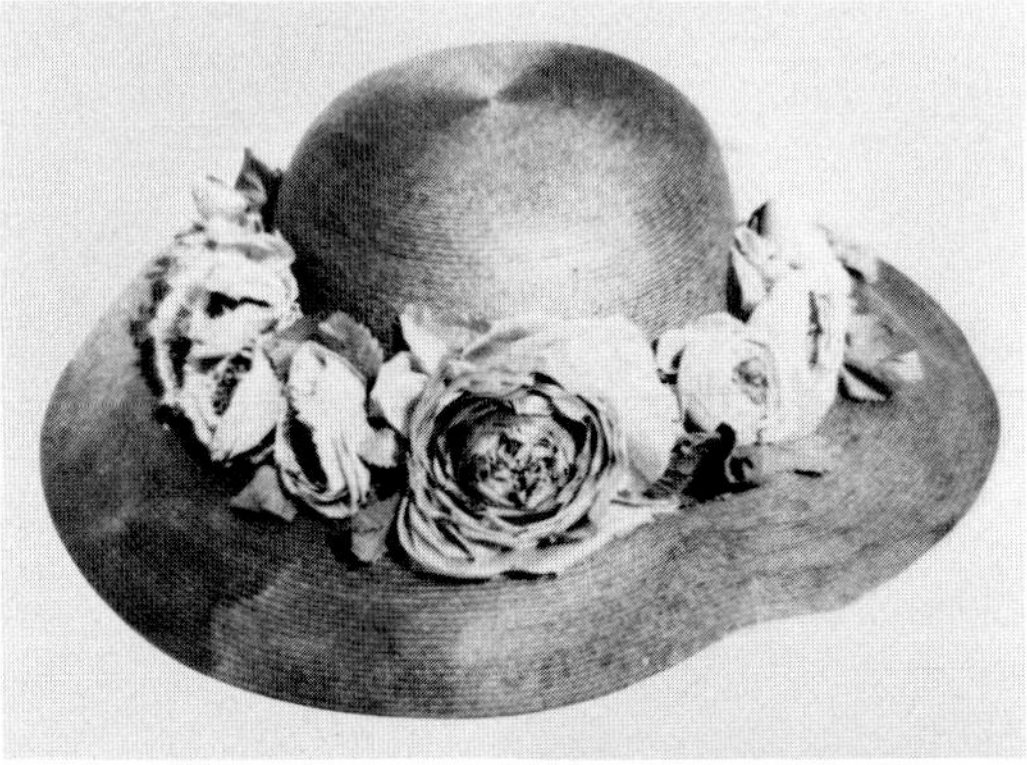

138-1

138-2

138-1　伯爵大谷光瑞夫人籌子所用　キャプリン型帽子
138-2　同　ビーズ飾パンプス型ハイヒール

137　皇后着用　紫色メリノ地テーラード型バッスル・ドレス

139　伯爵井上馨夫人武子

140　侯爵鍋島直大夫人栄子

141-1　片前三ツ釦背広服　モーニング・コート　フロック・コート　イブニング・コート　(左から)

141-2　バッスル・ドレス

141　ヨーロッパのファッション 1880～90年　銅版画

143　伯爵戸田氏共夫人極子

142　侯爵伊藤博文夫人梅子・長女生子

144　貴女裁縫之図　松斎吟光筆　明治20年

145　東京名所之内　西丸二重橋　楊斎延一筆　明治21年

146　東京名所之内　靖国神社真景　楊斎延一筆　明治21年

147　風俗参十二相　遊歩がしたそう　明治年間妻君之風俗
芳年筆　明治21年

148　教育誉之手術　勝月筆　明治23年

149　平塚光沢の洋装　明治21，22年頃

150　平塚光沢の和装　明治20年２月

151　女子高等師範学校制服　明治19年

152　新潟県尋常師範学校女子部洋服

154　今様柳語誌　水野年方筆（部分）明治21年

153　現世佳人集　楊州周延筆（部分）明治20年

155-2

155-4

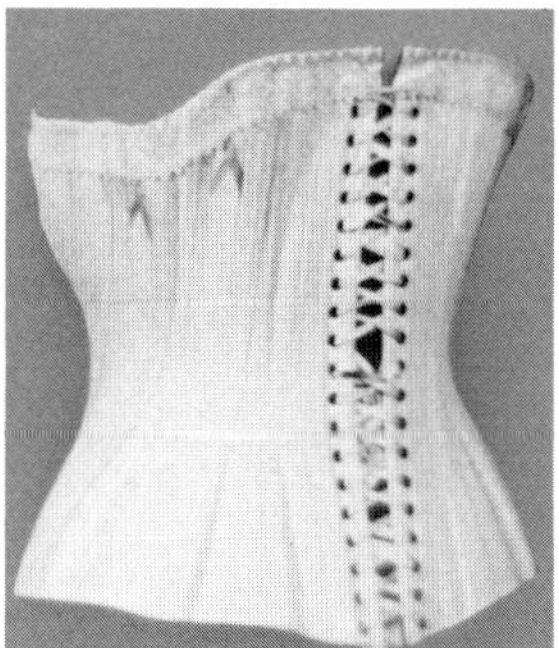

155-3

155-1

155-1　陸軍軍医総監石黒忠悳夫人クカ着用
黒ファイユ地黒ビーズ飾上着
155-2　同　黒ファイユ地レース飾クロッシェ型帽子
155-3　同　コルセット
155-4　同　コルセット

157　猿まね　ビゴー筆　1887年

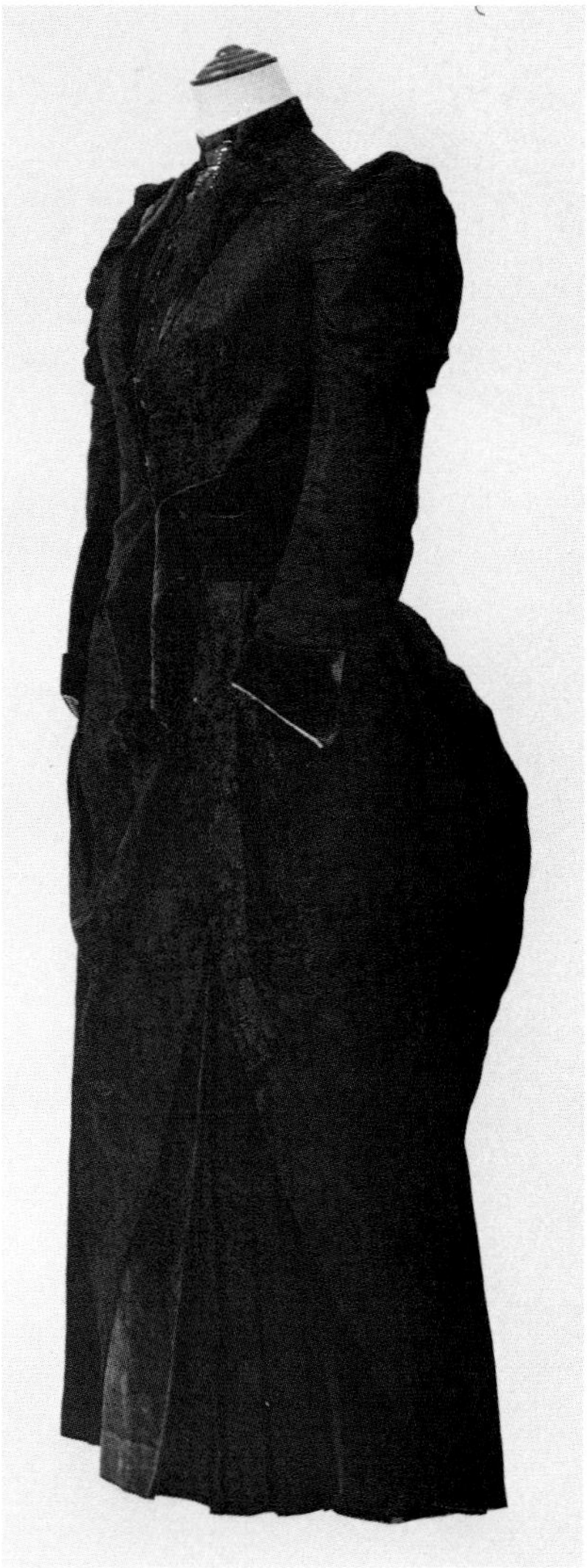

156　浦賀船渠創立者塚原周造夫人着用黒ブロケード地茶ビロード地組合せバッスル・ドレス

158　ハイカラ　『当世ハイカラ競』口絵　明治38年

159　憲法発布式　和田英作筆

160　麹町永田町之図　明治33年

161　御堀端の図　明治36年

163　ハイカラー，ゴアード・スカート　1895年

162　東宮妃のマントー・ド・クール　明治41年

164-3

164-2

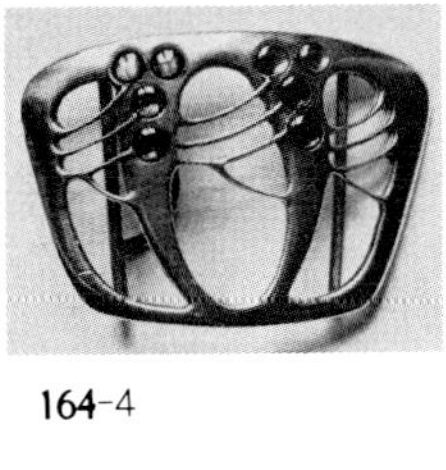

164-4

164-1　S型スタイル　1900年
164-2　アール・ヌーボー　ペンダント
164-3　アール・ヌーボー　鼈甲の櫛
164-4　アール・ヌーボー　銀製バックル

164-1

165　キモノスタイル，キモノスリーブ　1912年

166　梨本宮伊都子妃　明治44年

168　三井物産会社取締役小室三吉夫人みゑ子　明治45年

167　伯爵大隅重信夫人綾子　明治40年

169　春装　榊原蕉園筆　明治44年

171 シンガーミシン裁縫女学院広告
明治39年

170 伊沢峯子

172 大日本婦人衛生会臨場の総裁東伏見宮周子妃 大正３年

174　吾妻亭ウェートレス　ビゴー筆　1887年

173　日本赤十字看護婦服　明治43年

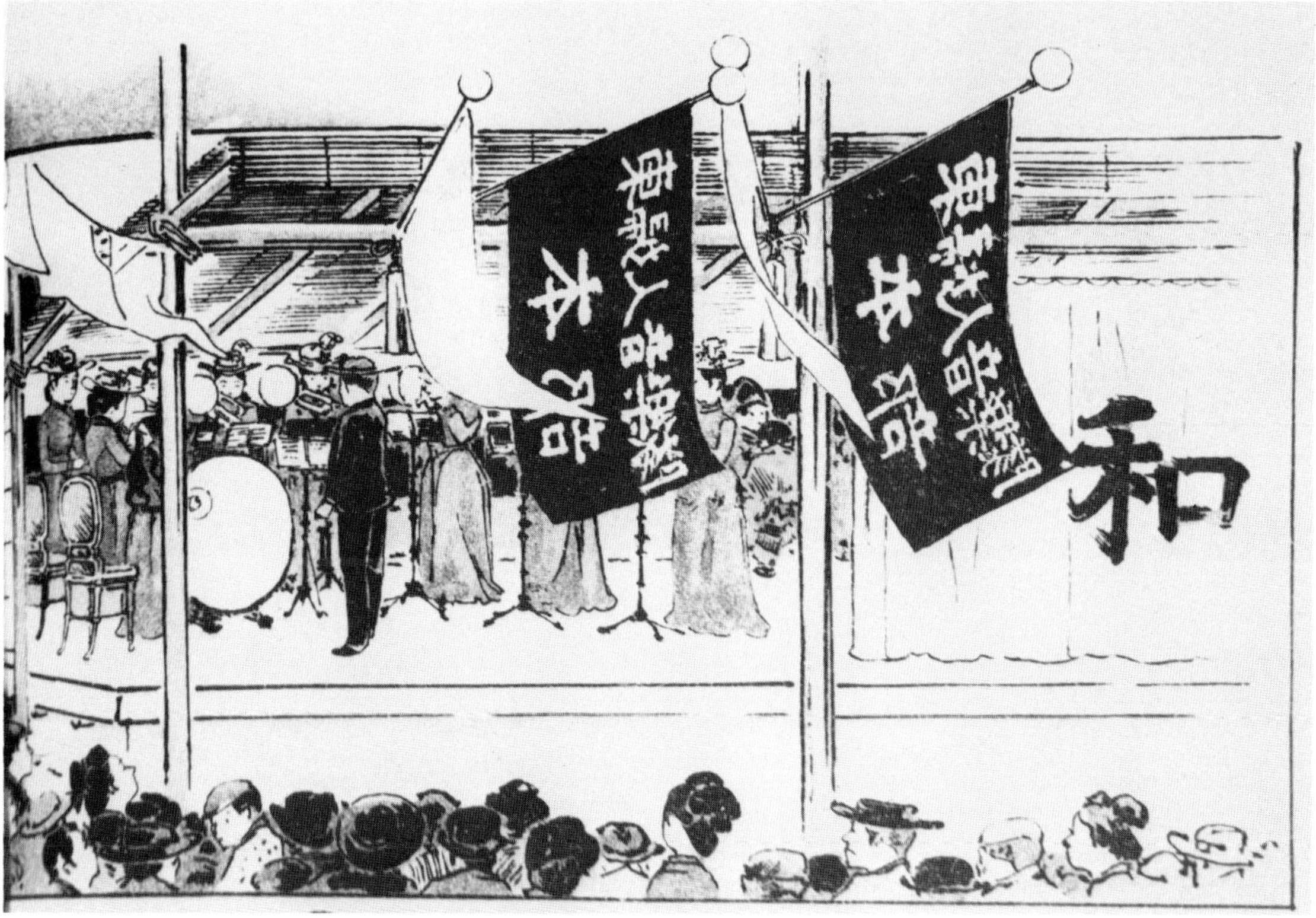

175　東婦人音楽隊　明治35年

177　京都の女優巽糸子　明治45年

176　西洋手品之図　明治28年

178　海水浴大磯冨士遠景図　明治18年

179　東京女子高等師範学校体操服　明治40年頃

180　日本女子大学校運動会　デルサート　明治39年

182　諸井六郎夫妻

181　侯爵蜂須賀茂韶夫人隋子着用
紺色紋繻子地菊花模様立衿ジゴ袖
上衣ゴアードスカート・ワンピース

183　大日本婦人束髪図解　松斎吟光筆　明治18年

184　小杉天外『魔風恋風』口絵　梶田半古筆　明治36年

185　女学生の和装と洋装　山口県山口町真鍋家　明治43年６月19日

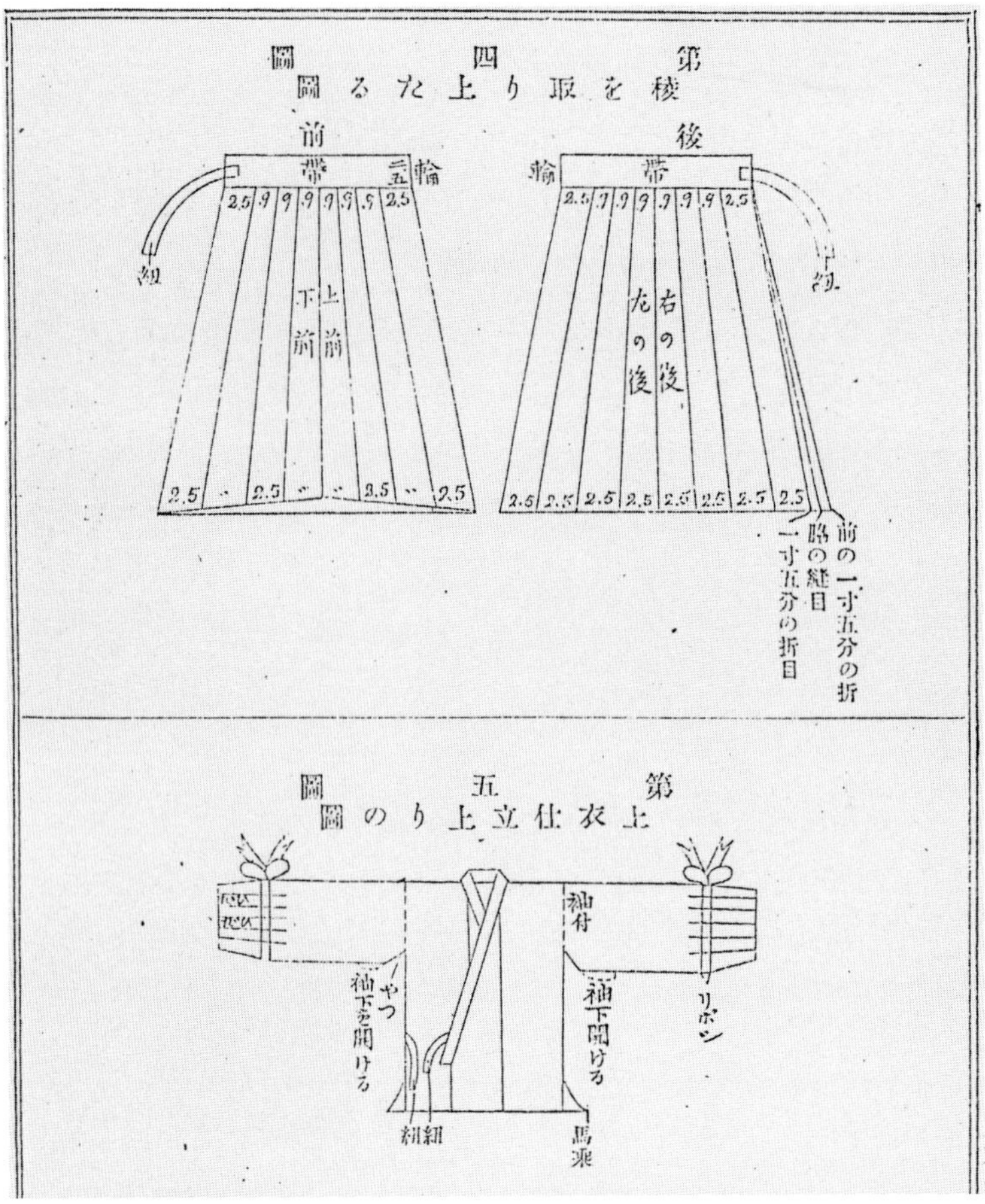

186　東京裁縫女学校改良服

187　実践女学校校衣　大正４年

189　梶田半古新案改良服　明治34年

188　流行社日本衣服改良案
懸賞募集　二等当選作品
明治34年

191　吾妻コート　明治45年

190　原貞子新案婦人服

193　諸工職業競　舶来仕立職　明治12年

192　中国人洋服業

195　鈴木濱子　明治45年

194　青木たけ　明治27年

196　徒弟　横浜元町，桜井貴婦人洋装店　昭和６年

197-2　同　横浜の店主時代　昭和８年

197-1　洋裁師島田平八　横浜の職人時代
大正10年

199　日本のブルマー服　国民学校高等科女生徒体操服　昭和17年

198　ブルマー服　1851年

200　ポール・ポアレのドレス　1912年

202　ショート・スカート，チューブ・スタイル　201　20世紀スタイル　1912年

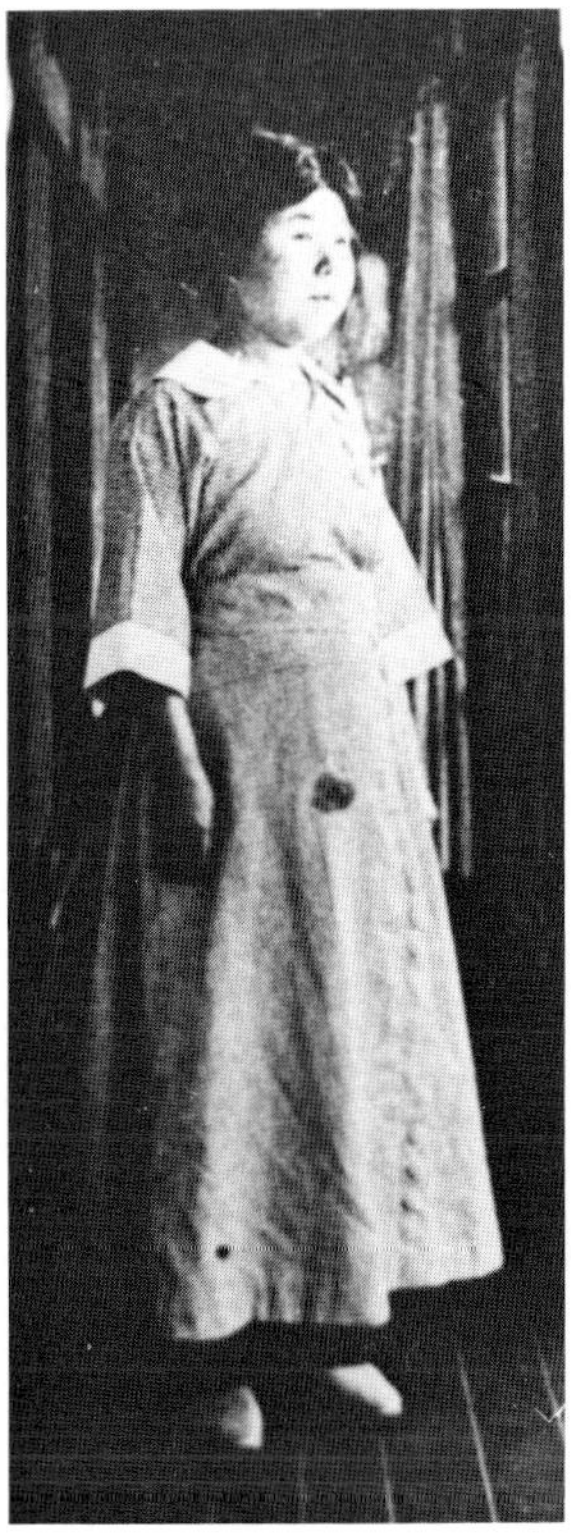

203-3　203-2　203-1

203　婦人之友社懸賞募集作品（１・２）と軽快服《ライトドレス》（３）　大正８年

204　日本服装改善会　中央は尾崎夫妻　大正10年

206　俄仕込　岡本一平漫画　大正９年

205　津田敏子の洋装　大正８年

207　新婦人協会幹部　大正９年

208　平塚らいてう，市川房枝の洋装　大正９年

209　婦選獲得同盟の女性たち　大正14年

211　山脇高等女学校制服　大正８年

210　尾崎げん　大正11年

212　山脇高等女学校職員旅行　大正９年

214　山口県立高等女学校教員中山セツ
大正10年１月

213　フェリス和英女学校標準服　大正11年

215-2

215-1

215　長崎女教員会制定女教員服　大正10年

217　森永製菓会社女工員制服　大正９年

216　東京市街自動車女子車掌服　大正10年

218　第１回メーデー　大正９年

219　紡績工場女工員　大正８年

221　和服を直した簡単服　大正12年

220　『女工哀史』の女工服
大正12年

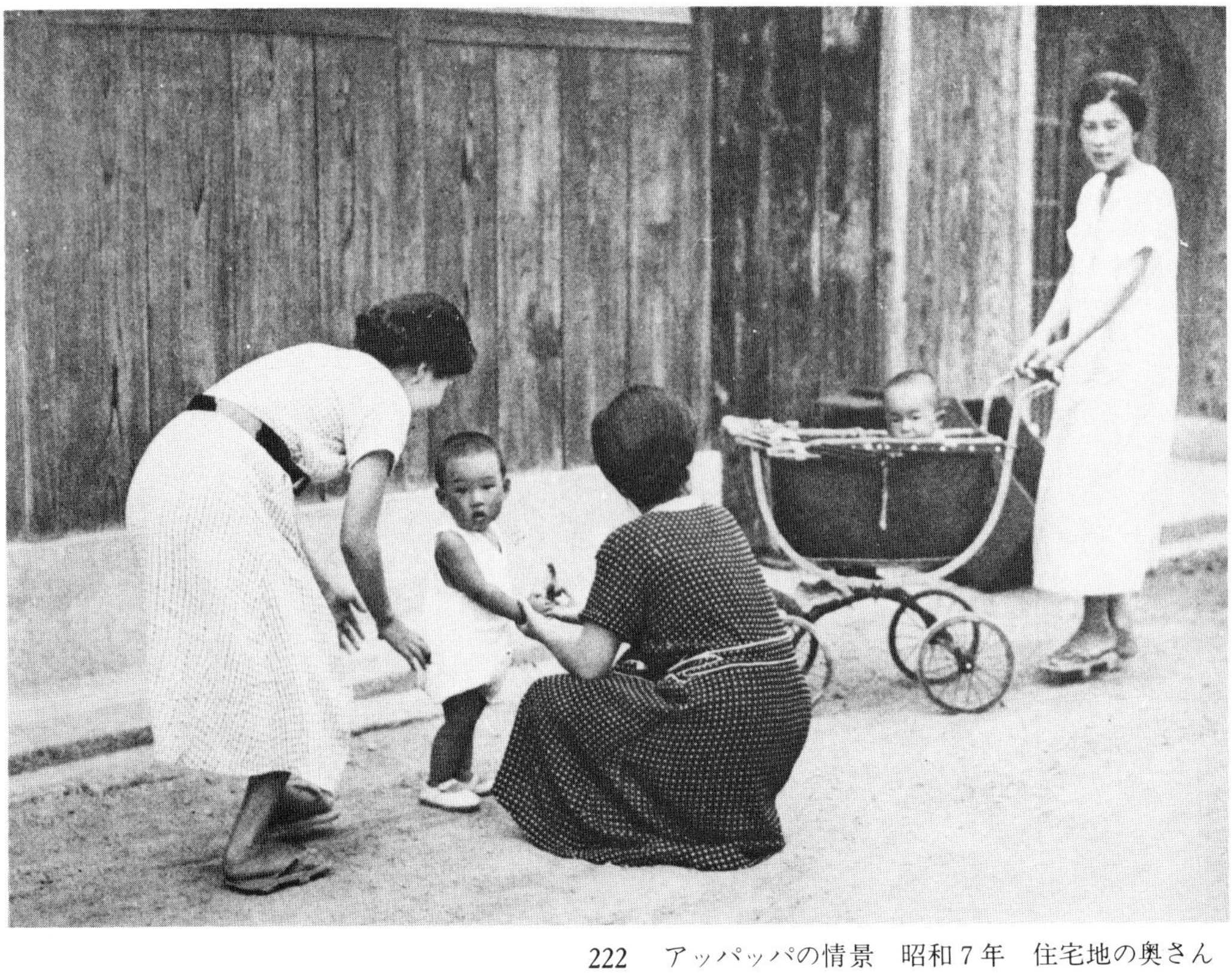

222　アッパッパの情景　昭和７年　住宅地の奥さん

223　同　げいこはんも

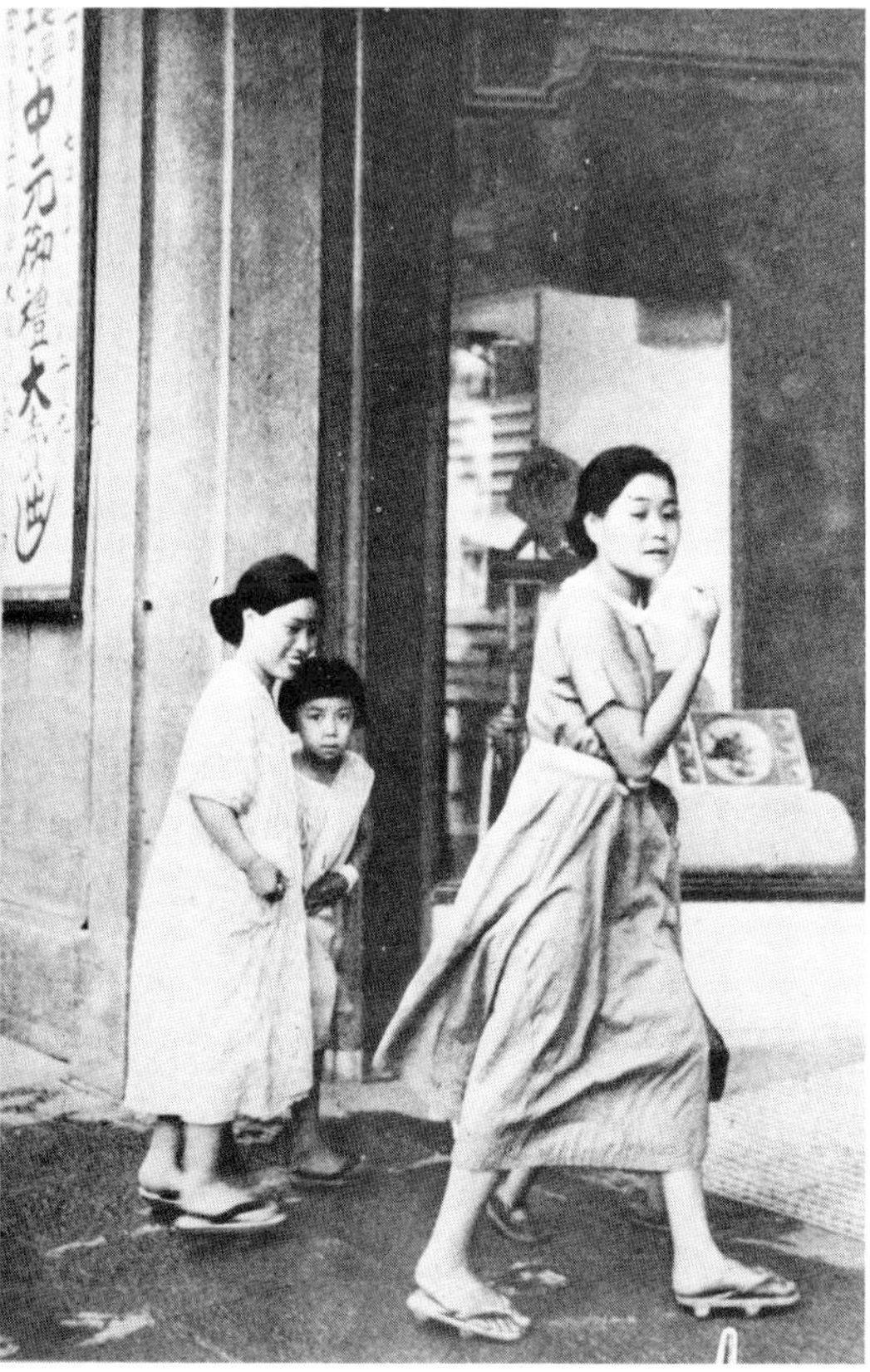

225　同　デパートへも

224　同　シネマ見ませうか

226　同　マネキン人形が泣く

227　同　海へも

228　吉屋信子　大正14年

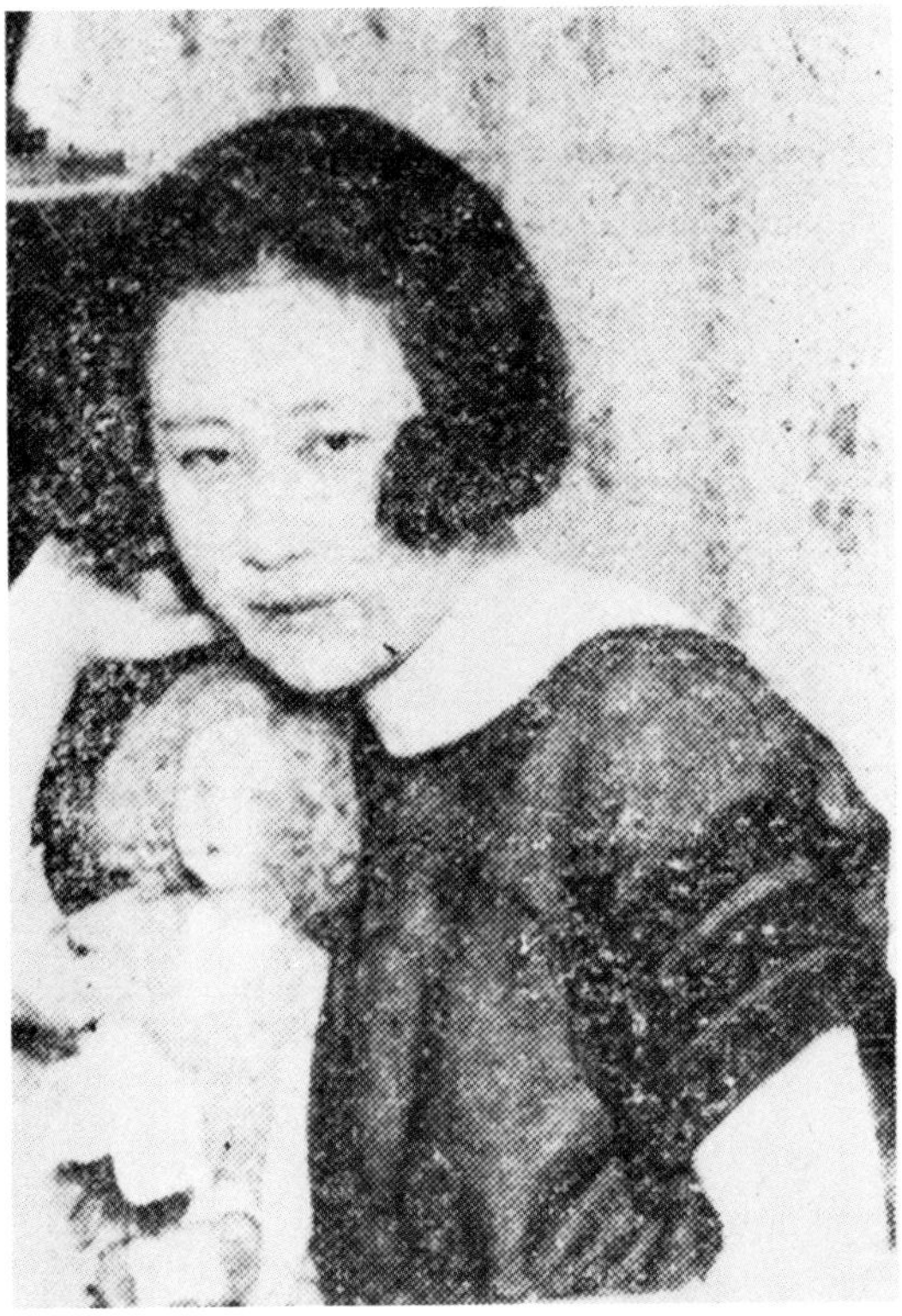

229　大橋房子　大正14年

230　銀座街頭毛断嬢之図　岸田劉生筆　昭和２年

231　モダン・ボーイ，モダン・ガール　岡本一平漫画　昭和２年

232　ダンサー　昭和６年

233　カフェー・ライオン　昭和10年頃

235　モボ・モガ二人連れ　昭和２年12月

234　海浜のトップ・モード　昭和５年

237　同　オフィスガール

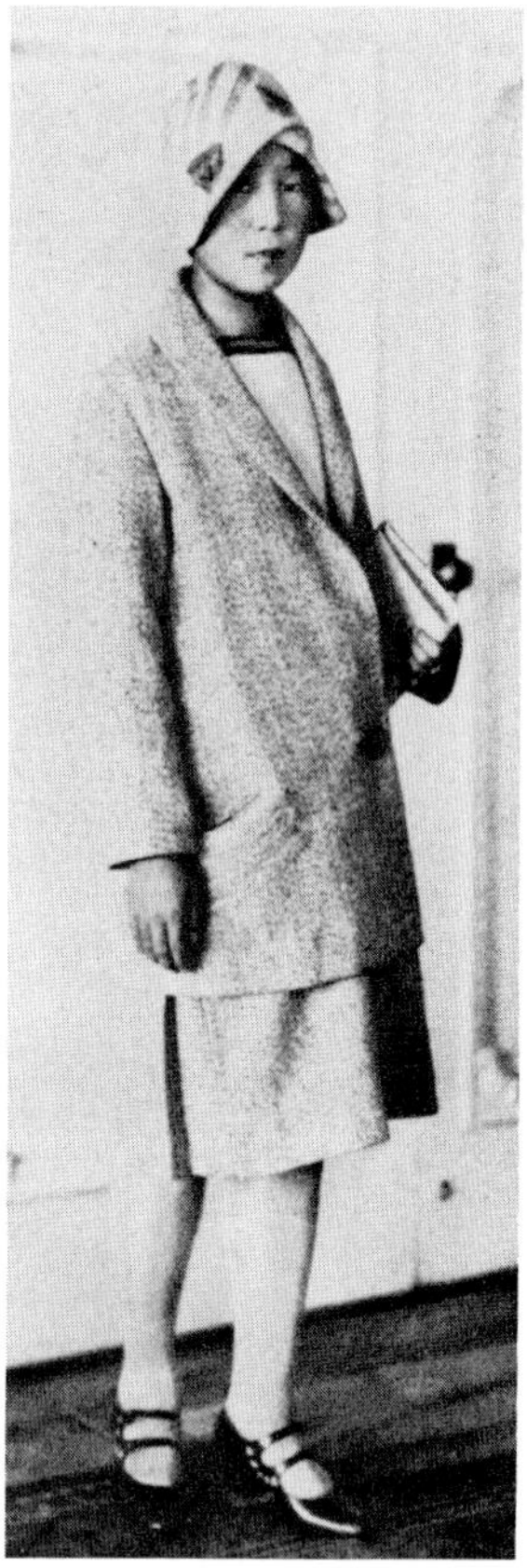

236　現代職業婦人の標準服装
オフィスガール　昭和4年

239　同　教員

238　同　車掌

240　同　新興支那シヨツプ・ガール

241　同　シヨツプ・ガール

242　同　キヤツシヤー

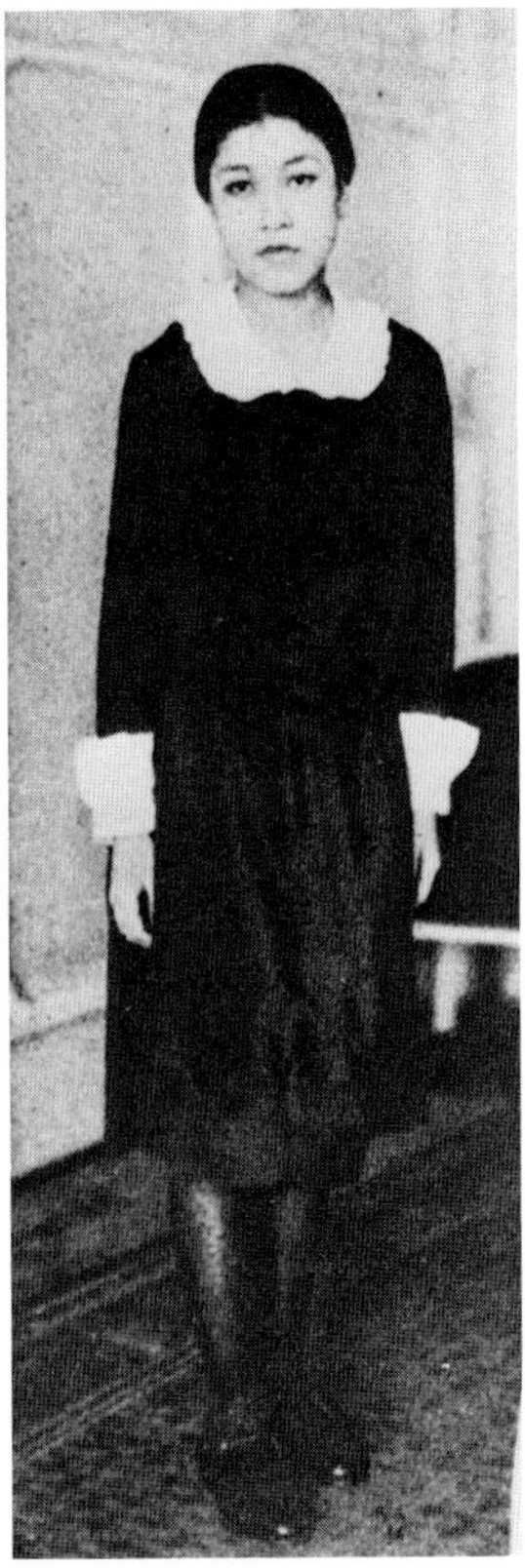

243　同　レディース・メイド

244　同　ウエートレス

246　同　チエムバー・メイド

245　同　劇場案内人

248　大阪乗合自動車女子車掌服
昭和７年

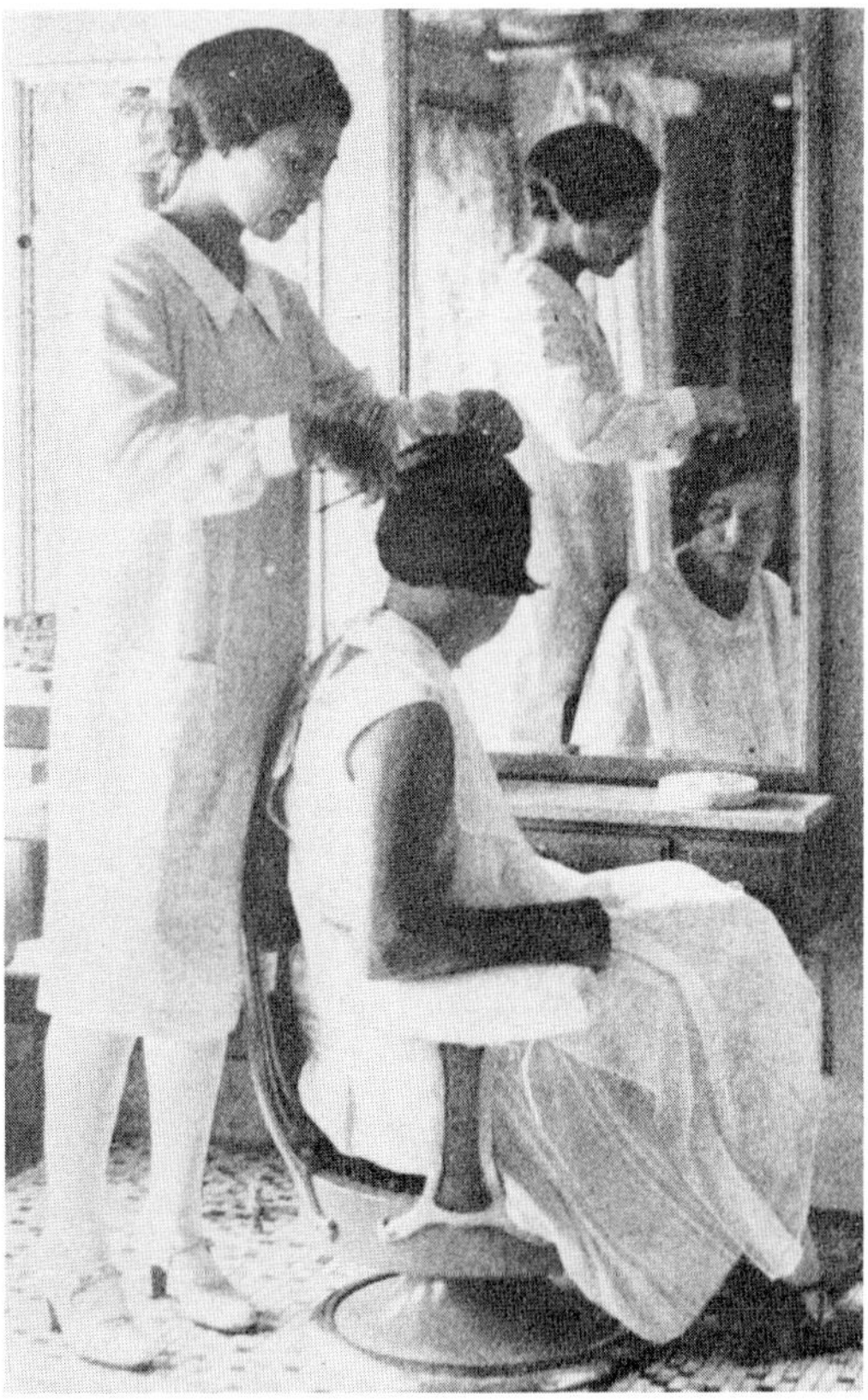

247　同　美容師

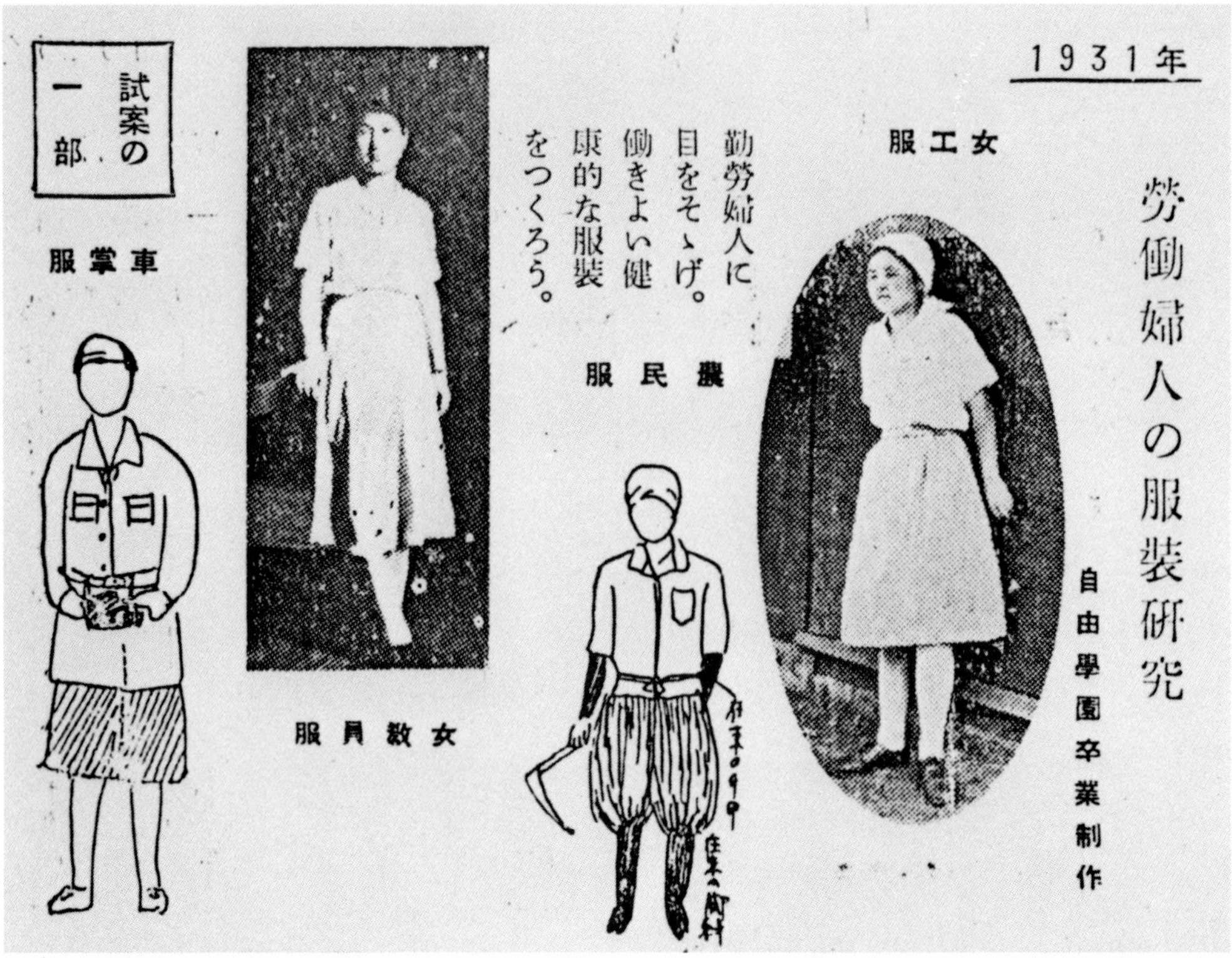

249　自由学園卒業制作勤労婦人服　昭和6年

251　上野松坂屋　フアツシヨンレヴュー　昭和4年5月

250　女子事務服　昭和4年

252　同　モダン・バザー，
スポーツ・アンサンブル

253　同　モダン・バザー，
アフタヌーン・ドレス

253

252

255　1930年代日本のロング・スタイル，
アール・デコ模様

254　1930年代ヨーロッパの
ロング・スタイル

256　レディス洋裁学院　昭和元年

257　渋谷君子洋裁講習会　昭和３年

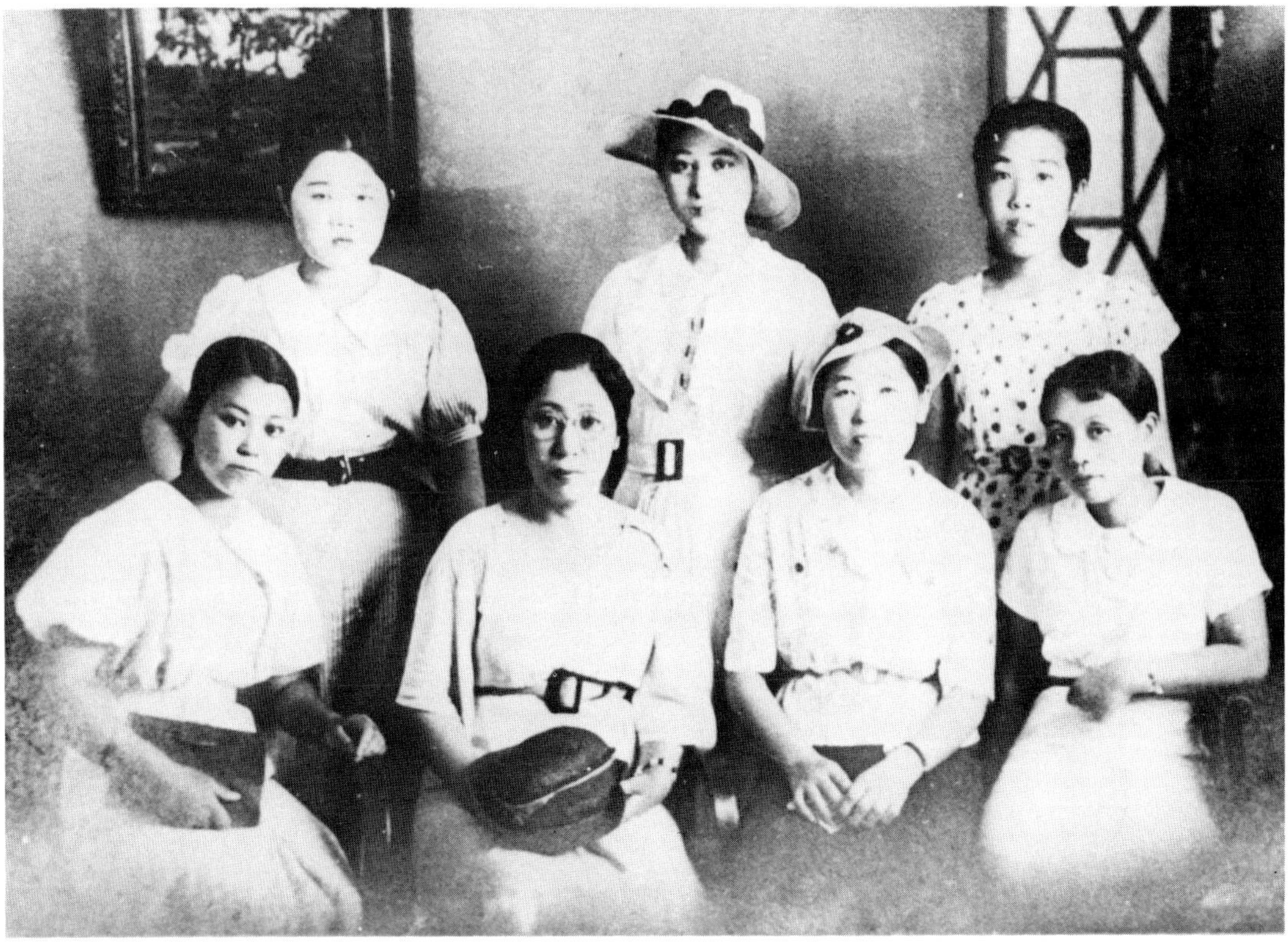

258　木村婦人洋服店　木村幸男夫人志んと内弟子　昭和５年頃

259-2　同　イタリアの部

259-1　日本の部

259　シンガーミシン宣伝絵ハガキ　明治44年

260　立正学園女子挺身隊　昭和18年

261　ヨーロッパ戦時ファッション　1941年

262　東亜の服装　昭和15年

263　日本的右前式スタイル　昭和17年

264　防空服　昭和18年

265　防空演習　東京都大田区上池上町会　昭和19年

266　アメリカン・ファッション　白いスーツ　昭和22年

267　同　スマートな仕事着

268　同　ロング・スカート

269　ニュー・ルック　昭和24年

270　短軀よく長裳を翻す（部分）昭和23年

274　Aライン

273　Hライン

272　Sライン

271　チューリップ・ライン

279　スピンドル・ライン

278　リバティ・ライン

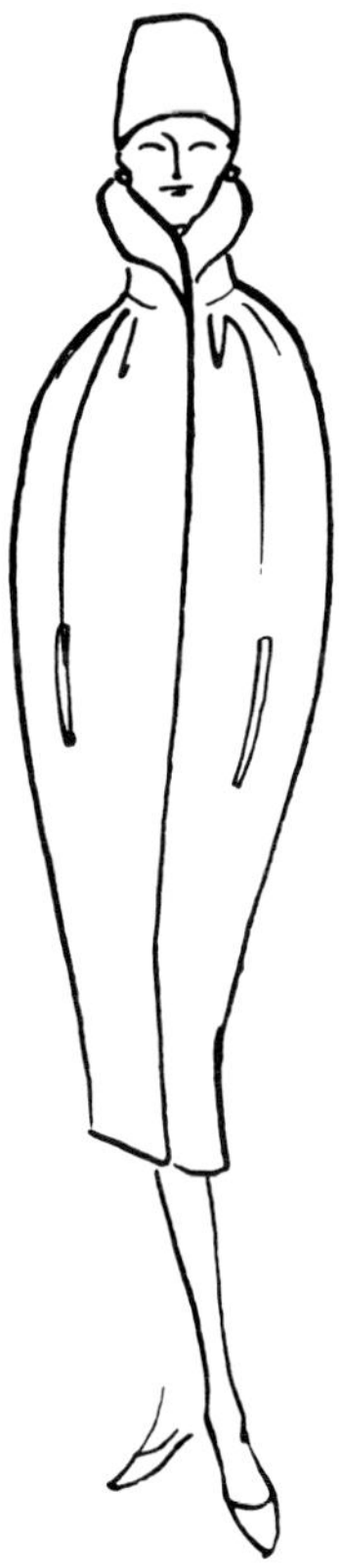

277　マグネット・ライン

276　アロー・ライン

275　Yライン

271〜279　ディオール・モード

280　第19回技能オリンピック　千葉会場　昭和47年

281　岐阜駅前ブラックマーケット　昭和22年

282　岐阜既製服街　昭和50年

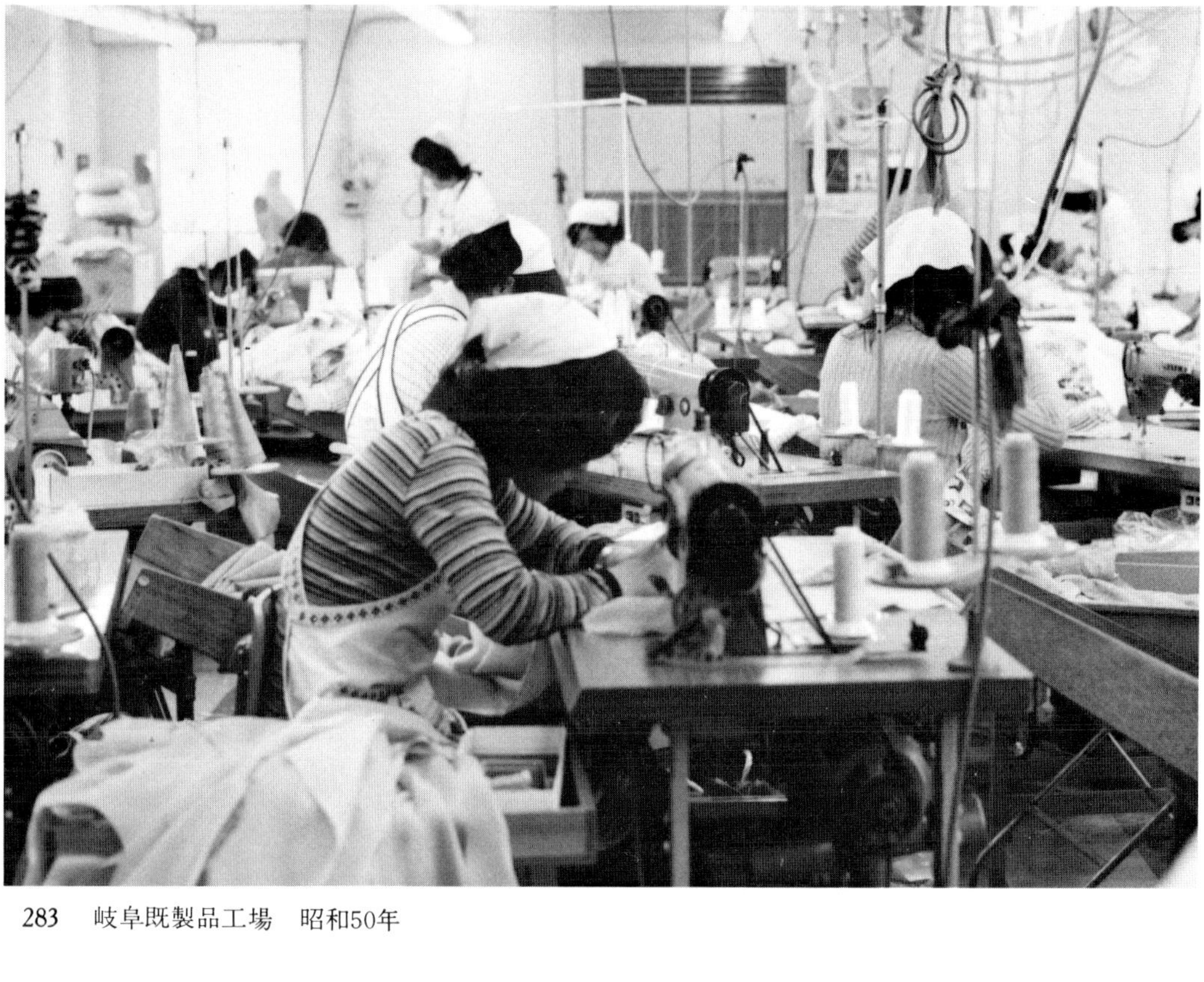

283　岐阜既製品工場　昭和50年

284　ミニスカート
昭和48年

285　ロング・スカート
昭和49年

286　パンタロン・スーツ
昭和53年

287　既製服　昭和57年

288　既製服　昭和57年

解説

増田美子

中山千代の『日本婦人洋装史』が吉川弘文館から上梓されたのは二十三年前のことであった。発刊当初、B5判でしかも図版を入れて六〇〇頁を上回るというその大部さに目を見張ったことは記憶に新しい。しかも、それが七十歳を超えてからの労作であり、長年の研究成果の集大成であるとはいえ、氏のエネルギーに敬服し、かつ啓発されたものである。

著者も記しているように、従来の「日本洋装史」といえば、近代以降に焦点を当てたものが多く、逆に、近世初期における洋装の渡来については、丹野郁の『南蛮服飾の研究』（雄山閣、一九七六年）にみられるように南蛮服飾のみの解明であり、本書のような近世初期の「南蛮服」から始まって江戸時代の「紅毛服」、そして近代への洋装化につながる詳細な著述は従来もみられなかったし、その後も発刊されていない。

『日本婦人洋装史』が世に出て以降、洋装化に着目した著作がいくつか出版されたが、いずれも表層的変化を述べたものであって、本書のように膨大な資料を渉猟し、日本に入ってきた洋装の実態と人びとの視線、そしてその拡大の様についてその一つ一つを傍証しつつ詳述しているものは、残念ながら見当たらない。わずかに氏の事跡を継承し、その一部分の洋裁教育と戦後の家庭洋裁に焦点を当てたものとして、小泉和子編著『洋裁の時代』（農文協、二〇〇四年）があるのみである。二〇一〇年二月に刊行された筆者の編著になる『日本衣服史』（吉川弘文館）では、これまでの研究を踏まえ、最新の研究成果を加えた形で近現代の洋装化を記している。しかし書籍の性格上紙幅の制限もあって概説に流れざるを得なかった。とはいえ、中山の『日本婦人洋装史』を大いに参考とさせていただいている。

出版後すでに二十余年の年月が経過したが、前述のようにその後これに比肩するような重厚な著作はあらわれておらず、本著は、今日でもまったく色あせずに光彩を放っている。しかもその内容は「婦人洋装」を主軸に据えたものであるものの、実は男性の洋装化を背景として述べる中での女性の洋装化という形で著述されており、日本の洋装史研究を始めるには、まずはこの本を手にとることがその第一歩であることは確かであろう。

中山千代は歴史学者である。氏の研究態度のベースには、まずこの歴史学研究の方法論がしっかりと根付いており、加えて勤務先との関わりからであろうか被服学の研究が加味され、かくして成立したのが本書である。とかく歴史学者は文献に頼り、論理を平面的に構成しがちであり、逆に被服学者はどのように製作されてどのように装うのかに視点がいってしまい、文献資料の分析や裏づけがおろそかになりがちな傾向にある。しかし中山の歴史学の立場と被服学の立場の双方からの考察方法は、本書にさらなる内容的な厚みを加えている。

第一部第一章では「南蛮服」について論じており、種子島の島津の家臣たちが漂着したポルトガル人の服装に驚愕し、その様子を領主島津貴久に書き送った記述から始まる。この時のポルトガル人の上着とズボンは譲り受けられ、鹿児島の伊集院家に寄贈されたようであるが、残念ながらその後の行方については記されていない。以降日欧交通が開かれ、ポルトガルの貿易商人とイエズス会宣教師、スペインの貿易商人とフランシスコ派修道士はわが国に「南蛮服」をもたらした。当時の「南蛮人」を描いたものや「南蛮服」の遺品は現在もいくつか伝わっているが、中山は把握できる範囲内での「南蛮人」を描いた絵画資料や「南蛮服」について、着用者・所蔵場所を含めた形での解説を列記し、また「南蛮服」に関しては、被服構成学の観点からの考察も加えている。資料についてできうる限り客観的に詳細に記すというこの態度は、本書に一貫して貫かれているものであり、後進の研究者への便を図り、洋装史研究の発展を願う中山の学者としての姿勢がうかがえる。

日本人の「南蛮服」着用は、キリシタンによる宗教服着用がその始まりであり、九州の豊後府内では十六世紀半ばには、日本人信者たちも宗教的行事の際に白衣の宗教服を着ることが一般的となっていた。この宗教服着用は都にも広まったようで、都で行われたアンタン結城庄衛門尉の葬儀には、大勢のキリシタンが僧侶のように頭髪を剃り、白衣を着て葬列に加わったという。巡察師ヴァリニャーノが署名した「神学校内規」にも、生徒たちは外出の際には青いマントと黒い衣服を着用し、著名な貴人の葬儀には宗教服で参列することが定められている。しかし、この規程は唯一あった女子修道院には及んでおらず、修道女は洋服ではなく、尼僧と同様、髪を切り黒衣を着ていたとのことである。このように、近世初期の洋装の渡来時期にあっても、男性とは異なって、女性が洋服を着用することはなかったのである。

第二章「紅毛服」では、長崎出島でのオランダ人と日本人の交流の中での服飾について論じており、江戸時代の「紅毛服」についての研究は空白部分に近かっただけに、本章の意義は大きい。幕府は、外人女性の上陸を禁止していた。しかし、江戸初期寛永十八年（一六四一）には上席商務員ハルチンクが夫人を同伴して出島に上陸し、商館に入っている。その後もいく人かのオランダ人女性が日本に上陸しており、中山はその記録を詳細に追い、婦人「紅毛服」に興味を抱いた日本人の様子を描いている。彼女達の様子は、「阿蘭陀女人之図」などの名称で版画に彫られて江戸末期まで摺られ続け、長崎のみでなく全国の港町や城下町でみやげ物として売られたようで、鎖国時代の日本にあっても、オランダ人女性のファッションは全国的規模で知られていたことがうかがえる。

第二部は、近代から現代までの日本人の洋装化の歴史を論じたものである。第一章「近代洋服の黎明」では、まず「紅毛服」とは異なったペリーとその艦隊の乗組員たちの服装に強い関心を示した人々が、錦絵・大津絵・瓦版等にその軍装・帽子・肩章等を詳細に描き、新しい装いに関わる情報が一般大衆に拡がっていく様が記されている。このように洋装が大衆へ拡大していく姿に着目しているのも本書の一貫した姿勢である。すなわち、近世においても近代においても、ファッションの変化の最先端にいるのは為政者であり、当然のことながら大衆への波及は一歩遅れた形となる。したがってその歴史を追うものは、最先端のファッションに目が行きがちであるが、中山の視線はむしろ一般大衆への拡大の方に向けられているのである。

　大衆への拡大の方向性の一つとして中山が力点を置いているのは、日本における洋服業の発展とミシンの普及についてである。すなわち、明治元年（一八六八）の新体制誕生とともに服制改革がなされ、明治二年から三年にかけて矢継ぎ早に天皇の洋服製作を皮切りとして、非常時・旅行の際の勅任官以下の洋服や、洋服軍服が制定され、さらには明治四年（一八七一）には郵便配達夫・警官の洋服制服制定など急速な洋装化が進められた。これら上からの洋装化とともに、「散髪制服略服脱刀、共可レ為二勝手一事」が交付され、服装が自由化されたことから大衆の間でも洋服を着用する者が出現し始める。当然のことながら、彼らに洋服を提供する洋服業者の需要も増した。この洋服業の形成過程を追うにあたって、中山は明治三年（一八七〇）版の香港刊行ディレクトリ以下明治期の横浜刊行のディレクトリ、これに倣って日本の出版社が明治十三年（一八八〇）から刊行した『商人録』などについて、これらの解説とともに所蔵場所を列記し、巻末に一覧表としてまとめている。改めて中山の後進研究者への心配りには感服する。これに加えて氏は、幕末の文久二年（一八六二）から昭和元年（一九二六）までの欧米人洋服業者数と、明治元年からの中国人洋服業者数について経年変化を追った表を作成するとともに、年度別横浜商館数についても併記している。これらの労作の結果、明治初期の洋服業は、イギリス人やドイツ人などの西洋人テーラーの独占場であったが、明治十年代以降になると中国人業者の伸長が目立ってくることを明らかにしている。

　わが国へのミシンの初伝は、文久二年（一八六二）の将軍家定へのアメリカからの贈り物であり、これは天璋院《てんしょういん》が愛用したとのことである。実用のミシンは、文久年間にブラウン夫人が足袋職人辰五郎にミシンと婦人洋服裁縫を伝授したことに始まる。ブラウン夫人は横浜で洋服業を開業したとされ、一般的にはこれが「婦人洋服裁縫の始め」ということになっているが、中山は詳細に資料をあげて、この時に開業したのは辰五郎であるとし、日本人最初の洋裁師誕生であるとしている。また、西洋人テーラーの商館に入って洋服裁縫技術を習得する日本人も出、彼らはいずれも明治初年には独立し、開業した。一方、女性の洋服仕立業は、辰五郎のように西洋婦人家庭への入仕事で覚えて開業したものである。

男性の洋装化が洋服服制の制定という上からの指示でなされていったのに対し、女性の洋装化は大幅に遅れた。明治四年（一八七一）に遣外使節団に同行しアメリカに向かって出国した津田梅子たち最初の女子留学生五名は、振袖での出国であった。また、明治元年（一八六八）のハワイへの最初の移民も着物姿であった。「散髪脱刀令」が出されて以降、女性の中にも断髪する者があらわれたが、これに対する世間の目は冷たく、東京府が明治五年に制定した「違式詿《いしきかい》違《い》条例」三十九条の女性の断髪禁止項目では、違反者に罰金を科すなど女性の服制改革は遅々として進まなかった。

しかし、明治十二年（一八七九）に外務卿となった井上馨が、幕末に締結した条約改正を目指して欧化政策を強化したことによって状況は変わる。明治十六年（一八八三）七月に完成した鹿鳴館での夜会では、男性は燕尾服を着用したが、女性の洋服着用者は少数であり、舞踏のできる者も少なかった。そこで、舞踏の講習会を開くとともに女性の洋装も奨励され、こうして洋装貴婦人が増えていった。洋装化の動きは、明治十九年（一八八六）に東京女子師範学校（中山が東京女子高等師範学校としているのは間違い）に洋装の制服が制定されたことを皮切りに、各府県師範学校女子部や女学校の制服の洋装化が図られる。中山は各学校史や『女学雑誌』の記事でこれらの事例を丁寧に拾うとともに、当時の洋装の遺品の製作地と所蔵場所も列記し、後進の実物調査への便宜を図っている。

男子服と同様に、婦人洋装の流行にあわせて、婦人服仕立業の需要も増すが、中山は先に記した欧米人および中国人洋服業者数の一覧表に加えて、婦人服仕立業者数の経年変化も掲載しており、これによると、婦人服に関しては、欧米人・中国人業者ともいずれも明治十年代にはその数は減少するという傾向がみられる。中山はその理由を、この時期が鹿鳴館時代と重なり、急速な婦人服需要の高まりに対応して日本人業者が台頭し、欧米人や中国人業者に代わって、彼らが婦人服業の主流を担っていくことに起因すると考えた。したがってこれを裏付けるべく、明治十年（一八七七）生まれから大正十年（一九二一）生まれまでの現存業者および先代業者の家族五十余名の聞き書きおよび商人録関係文書により「婦人洋服業界系譜」を作成した。これは日本人業者の台頭をうかがわせる貴重な資料である。

一方で、洋装化促進のための洋裁教育も急ピッチで進められた。明治十九年（一八八六）開校の知新女学校には洋服裁縫科が新設され、翌年東京に婦人洋裁女学校が開設されるなど、洋裁技術の普及が図られる。一方で洋服裁縫書も次々と出版されたが、中山はここでも、それらの裁縫書について一つ一つ丁寧に解説を加えた形で列記するという姿勢を貫いている。

明治二十年（一八八七）に井上馨が解任され、反動化の波の中で、女性の洋装化熱は沈静化し、明治二十三年（一八九〇）以降は女子学生の洋服制服は廃止され、ほとんどの女性は和服にもどっていく。しかし残念ながら、本書ではこの辺りの記述は希薄である。とはいえ、これは洋装化を追うことが目的の著者の姿勢を考慮すると無いものねだりなのかもしれない。

大正・昭和の洋装に関しての中山の研究で特筆すべきは、やはり洋服業の発展とミシンの普及に関してのものであろう。「東京婦人子供注文服商業組合名簿」をもとに東京洋装店分布表を作成しているが、昭和十八年（一九四三）時点では店舗総数一二八二店の内、男性業者五五・三％、女性業者四四・七％となっている。このようにこの業種においては女性業者の激増が特徴的にみられ、女性の服は女性が作る時代となりつつあることがうかがえる。またこの時期には、ミシンの所有率も一〇〇〇人当たり十七台にまで伸張した。これは輸入に頼っていたミシンの国産化が図られ、輸入ミシンに対して国産ミシンが安価で供給されるようになったことに起因するが、家庭洋裁が増加していることもうかがえる。

戦時中の衣生活、戦後の洋装化については、特に目新しい部分は見られない。言うまでもなく、わが国における婦人洋装化の歴史にあっては、戦後の衣生活の変化が占める位置は大きい。本書においてこの点が希薄となってしまっているのは、中山の著作の完成度からして残念ではあるが、これも明治までの洋装化解明への全力投球の結果と考えるとやむを得ないことかもしれない。氏の明治以前の洋装化解明の功績の大きさからすれば取るに足りないこととも思われる。ともあれ、今後中山千代の事跡を引き継ぎ、地道に資料を渉猟して、大正・昭和の婦人洋装史を完成する研究者が現れることが何よりも望まれる。

〈二〇一〇年四月〉

〈ますだ・よしこ　学習院女子大学教授〉

著者略歴

大正四年　東京に生まれる
昭和二十九年　立正大学文学部史学科卒業
昭和三十三年　立正大学大学院文学研究科修士課程
　国史学専攻修了
昭和四十六年　立正女子大学短期大学部専任講師
　同助教授を経て
昭和五十七年　文教大学女子短期大学部教授
昭和六十一年　定年退職
平成八年　死去

〔主要著書〕
浮世絵名作選集・春信　被服概論

日本婦人洋装史　新装版

一九八七年(昭和六十二)三月十日　第一版第一刷発行
二〇一〇年(平成二十二)七月十日　新装版第一刷発行

著　者　中《なか》山《やま》千《ち》代《よ》
発行者　前田求恭
発行所　株式会社 吉川弘文館
郵便番号一一三—〇〇三三
東京都文京区本郷七丁目二番八号
電話〇三—三八一三—九一五一〈代表〉
振替〇〇一〇〇—五—二四四
http://www.yoshikawa-k.co.jp/
印刷＝株式会社 平文社
製本＝誠製本株式会社

ISBN 978-4-642-01455-7

索　　引

I 人　名

ア

イ

ウ

シ

ス

セ

ソ

タ

チ

ツ

テ

II 件 名

家庭内職…………………………………… 420, 421, 422
合羽，マント，カパ capa（葡），大外衣プルヴィアレ pluviale（羅）……13, 18, 19, 21, 23, 28, 29, 30, 31, 33, 36, 38, 39, 40, 41, 43, 44, 46, 47, 48, 49, 51, 55, 56, 57, 60, 63, 64, 66
カフェー女給…………………………………394〜395
カプーチョ capucho（西）………………………… 33
カルサン calcão（葡），軽袴… 20, 21, 44, 46, 47, 49, 50, 51, 62, 63, 66, 363, 375
看護婦服……………………… 282, 285, 327, 328, 378

キ

既製服……282, 284, 322, 328, 330, 360, 361, 365, 379, 380, 384, 411, 461, 468, 469, 470, 471
技能オリンピック……………………………………… 461
技能検定……………………………………………… 461
キモノ（西洋人関係）…… 29, 32, 33, 35, 43, 153, 154, 155, 156, 276
キモノスリーブ…………………… 156, 276, 285, 287
金モール…………………… 19, 23, 31, 41, 43, 48, 123
金　襴…………………………………… 12, 28, 31, 32

ク

組　合……………… 319, 320, 336, 424, 425, 450, 453
経度尺《グラジュウザシ》…………………………………………263, 264
クリノリン crinoline（英）…141, 142, 143, 145, 165, 166, 167, 168, 169, 170, 171, 175, 224, 225, 231, 253, 265, 357
軍　服………… 176, 177, 178, 179, 180, 181, 213, 214

ケ

経済低成長期ファッション……………………… 472
頸垂帯，ストラ stala（英）…………… 30, 31, 34, 38
ケープ cape（英）……………………… 145, 168, 170
ケープ・カラー cape collar（英）………… 175, 176
元和大殉教…………………………………………38
憲法発布式………………………………………… 172

コ

合成繊維………………………………… 460, 468, 469
更生服…………………………………………… 451, 456
高度成長時代………………………………… 470, 471
子供服…… 258, 273, 296, 297, 363, 364, 366, 377, 451
コポティン・ハット copotain hat（英），シャポー・ドゥ・ムロ chapéu de muro（葡）……………23
コルセット corset（英）…94, 166, 245, 246, 261, 276, 282, 284, 386, 357, 358, 404
ゴロ gorro（葡）…………………………………23, 46
コンフラリヤ confraria（葡），コフラヂャ cofradia（西）……………………………………39

サ

サイア saia（葡）………………………………… 43
祭服，カズラ cazula（葡）…12, 13, 28, 31, 32, 33, 34, 40, 55, 56, 57
更　紗…………………………………90, 92, 97, 115

シ

ジゴ袖 manche à gigot（仏），レッグ・オブ・マトン・スリーブ leg-of-mutton sleeve（英）……………………………………… 117, 276
司祭用長白衣，ロバ loba（葡）……………………30
誌上洋裁…………………………………… 360, 361, 365
下穿，ズロース，ドロワーズ drawers（英）… 244, 245, 246, 256, 279, 364, 366, 373, 404, 408, 409
ジバン gibão（葡），襦袢…20, 22, 23, 46, 47, 49, 56, 61, 62, 63, 134, 201
社会事業洋裁講習会…………………………420〜421
シャツ camisola（葡）subucula（羅）…18, 40, 44, 55
シャマロテ chamalote（葡）……………………13, 30
十九世紀スタイル………………………………… 357, 368
十字架…………………… 28, 34, 35, 36, 37, 38, 39, 51
修道服，ルペータ rupeta（葡）… 9, 19, 29, 30, 31, 36
シュミーズ・ドレス robe à la chemis（仏）… 116, 356
猩々緋（緋羅紗）…… 37, 40, 48, 85, 100, 134, 177, 178
乗馬スタイル（馬乗りスカート）…171, 172, 283, 285, 335
条約改正………………………247, 248, 249, 265〜266
女学生服装…… 230〜231, 232, 233, 257〜258, 259〜260, 274, 281, 284, 293, 294, 295, 296, 297, 372, 373, 405, 419, 420, 436, 448
女教員服…… 232, 257〜258, 259, 372, 373, 378, 389, 401, 403, 419
職業訓練……………………………………… 460, 461
職業婦人…282, 284, 363, 364, 377, 387, 388, 389, 393, 394, 400, 401, 402, 403, 408, 411, 415, 419
職人緯名………………………………………………… 336
女工員服………374, 375, 403, 404, 405, 406〜407, 408
女子車掌服………………………373〜374, 401, 403
女性ズボン（スラックス，パンタロン，ジーンズ）……………232, 357, 358, 403, 445, 449, 450, 453, 454, 456, 470, 471
ショート・スカート，チューブ・スタイル short

ス

セ

ソ

タ

チ

ツ

テ

ト

ナ

ニ

ネ

ハ

ヒ

ピーコック・レボリューション peacock revolution (英)…………………………………………… 471
ビショップ・スリーブ bishop sleeve (英)…… 276
襞衿，マンテウ manteu，アヴァノ avano (葡) ……………………………… 22, 23, 43, 47, 49, 50
一つ物屋……………………………………………… 322
天鵞絨ビロード…13, 18, 19, 20, 23, 28, 37, 39, 40, 41, 42, 43, 48, 85, 116, 123, 224, 244, 246, 262, 275, 279, 285, 442

フ

ファッション・ショー………………… 409, 410, 411
風俗測定……260, 261, 289～290, 397, 398, 412, 413～414, 442, 458, 461
婦人運動家の洋装……………………… 371, 372, 397
婦人之友社(明治一家庭之友社)，自由学園……297, 359, 360, 361, 365, 371, 372, 379, 380, 397, 403, 413, 415
婦人洋服値段…257, 277, 282, 283, 288, 327, 330, 334, 360, 370～371, 372, 373, 376, 380, 401, 402, 404, 405, 406～407, 408, 410, 411, 421, 422, 423, 463
フランシスコ会 Franciscan order …20, 26, 27, 38, 39, 45, 51, 52
フランシスコ会士服(会服)…………………33, 38, 39
ブルマー bloomer (英)………283, 284, 288, 357, 404
ブロケード brocade (英)… 116, 238, 244, 245, 246, 262, 285
フロック・コート frock coat (英)… 164, 181, 222, 270
分取屋…………………………………………………… 322

ヘ

ベアタス修道院 Beatas (葡)………………………36
平面裁断半胸度割出製図法……………368～369, 417

ホ

防空服装…………………………………………… 453, 454
放出衣料…………………………………………… 456
ボタン botão (葡)…22, 41, 48, 49, 50, 61, 63, 65, 84, 164, 177, 181
ホッブル・スカート hobble skirt (英)…………358
ホームドレス………………… 385, 411, 412, 413, 414
ボンネット bonnet (英)……140, 165, 166, 168, 169, 175, 224
ボンバーシャ bombacha (葡)，ボクセン boksen (蘭)……………………………………… 22

マ

マンシュ・ブファント manches bouffantes (仏)，パフ・スリーブ puff sleeve (英)………… ·116
マントー・ド・クール manteau de cour (仏)，大礼服……………………240, 244～245, 275, 277, 376
マントレ mantelet (仏)……………… 165, 166, 168

ミ

ミシン争議…………………………… 431, 432, 433
三　越…………………… 329, 377, 397, 408, 409, 413
ミニスカート mini skirt………………………… 471
ミリタリー・スタイル militaly style……………457

メ

女唐服，メトウフク………………………… 324, 326
めりやす merias (西)，メイアス meias (葡)… 65

モ

モダン・ガール(モガ)…386, 387, 388, 392, 393, 394, 395, 396, 397, 398
モダン・ボーイ(モボ)…………… 392, 393, 397, 398
モーニング・コート morning coat (英)… 212, 270
モンペ…… 63, 363, 374, 375, 445, 449, 450, 451, 453, 454, 456

ヤ

夜会服，舞踏服… 143, 145, 170, 171, 240, 241, 250～252, 254, 260, 265

ヨ

洋裁学校……232～233, 262, 280～281, 415, 416, 417, 418, 419～420, 436, 462, 463, 464, 470
洋裁教育…… 232, 233～234, 254, 255, 256, 262, 263, 264, 280, 281, 360, 361, 365, 366, 369, 372, 375, 412, 415, 416, 417, 420～421
鎧下着(南蛮式)………… 41, 48, 49, 50, 52, 55, 61, 65

ラ

軽快服《ライトドレス》…………………………………… 360, 371, 379
ラジオ洋裁講座………………………………416～417
羅　紗……… 39, 85, 134, 137, 146, 176, 180, 201, 212
ラルソン女史服飾コレクション………………… 145
蘭　癖………………………………………… 123, 124

リ

立体裁断…… 276, 335, 368
留学生…… 138, 149, 150, 225

ロ

ロココ rococo (英・仏)…… 115, 122, 126, 127
ロザリオ rosário (葡)… 28, 34, 36, 39, 40, 49, 51, 52
ロバ loba (葡)……30
ローブ・デコルテ robe décolletée (仏), 中礼服 …… 140, 142, 240, 241, 245, 250, 272, 277, 376
ローブ・モンタント robe montante (仏), 通常礼服 …… 240, 241, 245, 376
ロマン・スタイル(ドレス) roman style (英)…116, 117, 126, 356
ロング・スカート(1930年代) long skirt ……411

ワ

和親条約…… 134, 136, 138
和洋二重衣生活…… 414
草蛙ぬぎ…… 333